CENTRO DE DIREITO DO CONSUMO
FACULDADE DE DIREITO
UNIVERSIDADE DE COIMBRA

ESTUDOS DE DIREITO DO CONSUMIDOR

Publicação do Centro de Direito do Consumo

Director
ANTÓNIO PINTO MONTEIRO

N.º 8 – COIMBRA, 2006/2007

Ficha Técnica

CENTRO DE DIREITO DO CONSUMO

Título: Estudos do Direito do Consumidor – n.º 8

Ano: 2006/7

Edição: Centro de Direito do Consumo

Director: António Pinto Monteiro

Correspondência: Centro de Direito do Consumo
Faculdade de Direito da Universidade de Coimbra
3004-545 Coimbra

Depósito Legal n.º 151684/00

ISSN 1646-0375

Execução Gráfica: G. C. – Gráfica de Coimbra

APRESENTAÇÃO

Cá estamos, de novo, com os **Estudos de Direito do Consumidor**. Com uma novidade: desta vez, reunimos no presente número dos **EDC**, o n.º 8, dois anos, os anos de 2006 e de 2007!

Quanto ao mais, mantém-se a tradição. Além da sempre útil informação de índole legislativa e jurisprudencial, contamos, como habitualmente, com artigos de elevada qualidade, de doutrina nacional e estrangeira. E com o registo de trabalhos de estudantes do **Curso de Pós-Graduação em Direito dos Contratos e do Consumidor**. Além do Curso na Faculdade de Direito de Coimbra, que promovemos anualmente, incluímos também, desta vez, testemunhos do 2.º Curso na Madeira.

Uma palavra, por último, à **Direcção-Geral do Consumidor,** por manter o apoio que o Instituto do Consumidor vinha concedendo ao **Centro de Direito do Consumo** da Faculdade de Direito de Coimbra – palavra de reconhecimento e de satisfação pelo apoio a esse Centro e a esta publicação.

Coimbra, Março de 2008

ANTÓNIO JOAQUIM DE MATOS PINTO MONTEIRO

O CDC – Centro de Direito do Consumo

O Centro de Direito do Consumo (CDC) da Faculdade de Direito da Universidade de Coimbra é um centro de documentação, investigação e ensino. Foi criado em Janeiro de 1998, por deliberação dos Conselhos Directivo e Científico da Faculdade. E constituiu-se como associação sem fins lucrativos em 26 de Fevereiro de 1998.

Entre os principais objectivos do Centro incluem-se a promoção e o desenvolvimento da investigação de nível universitário na área do direito do consumo, a organização do Curso de Direito dos Contratos e do Consumo da Faculdade de Direito de Coimbra, a realização de congressos, colóquios, seminários ou outras actividades congéneres, a publicação de monografias, lições, textos de seminários e outros trabalhos de divulgação e investigação, assim como a consultadoria a instituições públicas e a outras organizações.

No âmbito da sua actividade o Centro dispõe de professores universitários, assistentes, investigadores e de profissionais na área do direito do consumidor.

O CDC desenvolve a sua actividade nas instalações da Faculdade de Direito. Além do seu próprio *staff*, o Centro conta com o apoio das estruturas e serviços da Faculdade.

Em 15 de Março de 1998 foi assinado, na Faculdade de Direito, um Protocolo entre o CDC e o Instituto do Consumidor, tendo o mesmo sido subscrito pelos Prof. Doutor Avelãs Nunes, Presidente do Conselho Directivo da Faculdade, e Prof. Doutor Pinto Monteiro, Presidente da Direcção do CDC, em nome do Centro, e pelo Dr. Lucas Estêvão, Presidente do Instituto do Consumidor, e Eng. José Sócrates, Ministro Adjunto do Primeiro-Ministro, que homologou o Protocolo. Este Protocolo foi subscrito por 5 anos, tendo sido renovado em 2003. O Protocolo de renovação foi subscrito pelo Presidente do IC, Dr. Joaquim Carrapiço, pelo Presidente do Conselho Directivo da Faculdade, Prof. Doutor Manuel Lopes Porto, pelo Presidente do CDC, Prof. Doutor António Pinto Monteiro, e homologado pelo Ministro Adjunto do Primeiro Ministro, Dr. José Luís Arnaut.

Em Março de 1998 foi subscrita uma carta de intenções com o Brasilcon – Instituto Brasileiro de Política e Direito do Consumidor, o Instituto Ibero-Americano de Direito do Consumidor e o Instituto Argentino de Derecho del Consumidor, tendo em vista a celebração de um protocolo entre o CDC e aquelas entidades.

Ainda no Brasil, o CDC acedeu a colaborar com a AMB – Associação de Magistrados Brasileiros, que tem enviado juizes para frequentar o curso do CDC.

Na Europa, e com o mesmo objectivo, há contactos com o Centre de Droit de La Consommation, de Louvain-la-Neuve, e com outros Centros de Direito do Consumo, designadamente de Montpellier, Genève e Roma.

Tem igualmente havido estreita colaboração com a DG XXIV, Política dos Consumidores, da Comissão Europeia.

Em Janeiro de 2000, foi celebrado um protocolo entre o CDC e a DECO.

Em Outubro de 2000, foi celebrado um protocolo entre o CDC e o Governo Regional da Madeira, bem como um protocolo entre o CDC e a AACCDC – Associação de Arbitragem de Conflitos de Consumo do Distrito de Coimbra.

No ano de 2000 o CDC colaborou com o Centro de Estudos Judiciários na organização de um seminário na área do direito do consumo. Colaboração que se repetiu em 2001, com a realização do Seminário *"A protecção do consumidor na ordem jurídica portuguesa"*, que decorreu em Coimbra nos dias 23 e 24 de Março.

Em 2001, teve lugar o Curso Intensivo de Pós-Graduação em Direito do Consumo na Região Autónoma da Madeira, que o CDC organizou ao abrigo do Protocolo firmado com a Secretaria Regional dos Recursos Humanos do Governo Regional da Madeira. O CDC colaborou ainda com esta última entidade na organização das II Jornadas sobre o Consumo, que tiveram lugar no Funchal a 7 de Dezembro de 2001. Em 2006 realizou-se no Funchal o 2.º Curso de Direito do Consumidor.

Ao abrigo do protocolo celebrado com a AACCDC – Associação de Arbitragem de Conflitos de Consumo do Distrito de Coimbra, o CDC esteve envolvido num projecto com a AACCDC, o Instituto Galego de Consumo (Xunta da Galicia) e a Escola Galega de Administração Pública.

Órgãos estatutários

ASSEMBLEIA GERAL

Prof. Doutor Rui Moura Ramos – Presidente da Mesa
Prof. Doutora Maria João Antunes – Vice-Presidente
Mestre José Eduardo Figueiredo Dias – Secretário

DIRECÇÃO

Prof. Doutor António Pinto Monteiro – Presidente
Mestre Paulo Mota Pinto – Vogal
Mestre Pedro Maia – Vogal

CONSELHO FISCAL

Prof. Doutor João Calvão da Silva – Presidente
Mestre Luís Pedro Cunha – Vogal
Mestre Paulo Henriques – Vogal

Diário da República de 18 de Maio de 1998, III Série, p. 10686 (6)

CDC – CENTRO DE DIREITO DE CONSUMO

"Certifico que, por escritura de 26 de Fevereiro de 1998, lavrada a fl. 17 do livro n.º 48-H do 4.º Cartório Notarial de Coimbra, a cargo da licenciada Maria Dina de Freitas Alves Martins, notária do mesmo, foi constituída uma associação sem fins lucrativos com a denominação em epígrafe, abreviadamente designada por CDC, com sede em Coimbra, na Faculdade de Direito da Universidade de Coimbra, abreviadamente designada por FDUC.

A associação, cujo objectivo principal é a promoção e o desenvolvimento da investigação de nível universitário na área de direito do consumo, a organização do Curso de Direito do Consumo da Faculdade de Direito de Coimbra, bem como o desenvolvimento de acções no domínio da formação complementar profissional e de pós-graduação, a realização de congressos, colóquios, seminários ou outras actividades congéneres e o incentivo à participação dos seus associados e estudantes em iniciativas do mesmo tipo, em Portugal ou no estrangeiro, publicação de monografias, lições, textos de seminários e outros trabalhos de divulgação e investigação, consultadoria a instituições públicas e outras organizações ou organizações ou entidades, públicas ou privadas, no domínio do Direito do Consumo, concessão de bolsas de estudo ou subsídios de investigação, colaboração com outras entidades, públicas ou privadas, nacionais, estrangeiras ou comunitárias, em trabalhos, estudos ou acções para que seja solicitada ou de que tome a iniciativa, constituição e desenvolvimento de um centro de documentação, e a realização de outras acções, estudos ou iniciativas que contribuam para o desenvolvimento, em geral, do direito de consumo.

Podem ser associados do CDC a Universidade de Coimbra, através da sua Faculdade de Direito, os membros do corpo docente da FDUC, os docentes do curso de Direito do Consumo, os professores jubilados ou aposentados da FDUC, pessoas e entidades de reconhecido mérito na área do direito do consumo, sob proposta da direcção, bem como, nos mesmos termos, pessoas e entidades que hajam dado ao CDC contribuição especialmente relevante; são associados fundadores do CDC as pessoas que subscreveram os presentes estatutos, bem como aqueles que se inscreveram até à realização da primeira assembleia geral.

Perde-se a qualidade de associado: por desejo do próprio, uma vez comunicado por escrito à direcção; por falta de pagamento da quotização, nos termos a definir pela assembleia geral; por exclusão deliberada pela assembleia geral, após proposta fundamentada da direcção ou a requerimento de, pelo menos, um terço dos associados.

São causas de exclusão de um associado o desrespeito reiterado dos seus deveres para com a associação ou o não cumprimento injustificado das deliberações legalmente tomadas pelos órgãos do CDC; a adopção de uma conduta que contribua para o descrédito, desprestígio ou prejuízo do Centro.

A deliberação de exclusão de um associado só pode ser tomada se na reunião estiverem presentes, pelo menos, metade dos associados e se a proposta de exclusão for aprovada por dois terços dos votos expressos.

A sua duração é por tempo indeterminado.

Está, na parte respeitante, em conformidade com o original".

Curso de Direito dos Contratos e do Consumo

O CDC organiza anualmente um Curso de Pós-Graduação em Direito dos Contratos e do Consumo. Podem candidatar-se os titulares de uma licenciatura em Direito ou em outras licenciaturas adequadas, bem como, excepcionalmente, pessoas cujo curriculum e experiência ou actividade profissional o justifiquem. O Curso funciona, actualmente, aos Sábados.

O elenco das disciplinas e módulos do curso tem sido o seguinte:

DISCIPLINAS

- Direito dos Contratos
    - *Prof. Doutor António Pinto Monteiro*
- Compra e Venda e Garantias
    - *Prof. Doutor Sousa Ribeiro*
- Arrendamento (Novo Regime)
    - *Prof. Doutor Henrique Mesquita*
- Direito Internacional e Comunitário do Consumo
    - *Prof. Doutor Moura Ramos*
    - *Mestre Gorjão-Henriques*
- Direito da Publicidade
    - *Mestre Paulo Mota Pinto*

MÓDULOS

- Introdução ao Direito do consumidor
    - *Prof. Doutor António Pinto Monteiro*

- Direito Penal do Consumo
  - *Prof. Doutor Augusto Silva Dias*
- Direitos Fundamentais do Consumidor
  - *Prof. Doutor Vieira de Andrade*
- Responsabilidade por Informações
  - *Prof. Doutor Sinde Monteiro*
- Responsabilidade Civil do Produtor
  - *Prof. Doutor Calvão da Silva*
- Time-Sharing
  - *Prof. Doutor Henrique Mesquita*
- Garantias
  - *Prof. Doutor Ferreira de Almeida*
- A Tutela Jurisdicional do Consumo em Portugal
  - *Prof. Doutor Teixeira de Sousa*
- Viagens Organizadas
  - *Prof. Doutor Sousa Ribeiro*
- O Endividamento dos Consumidores, Perspectiva sócio-económica
  - *Prof. Doutora Maria Manuel Leitão Marques*
- Sistema organizatório de protecção do consumidor
  - *Prof. Doutora Maria da Glória Pinto Garcia*
- Obrigação Geral de segurança
  - *Prof. Doutor Cassiano dos Santos*
- Protecção do Consumidor de serviços financeiros
  - *Mestre Almeno de Sá*

- Sinais Distintivos
    - *Mestre Nogueira Serens*

- O Sobreendividamento
    - *Dr. Manuel Tomé Soares Gomes*

- Meios processuais de defesa do consumidor
    - *Mestre Maria José Capelo*

- Preços
    - *Mestre Carolina Cunha*

Outras intervenções

CONFERÊNCIAS DE:

Procurador Geral da República
Bastonário da Ordem dos Advogados
Prof. Doutor Antunes Varela
Prof. Doutor Mário Júlio de Almeida Costa
Prof. Doutor Rui de Alarcão
Prof. Doutor Oliveira Ascensão
Prof. Doutor Menezes Cordeiro
Prof. Doutor Menezes Leitão
Prof. Doutor Bernd Stauder
Prof. Doutor Guido Alpa
Prof. Doutor Enrique Rubio
Dr. Newton de Lucca
Prof. Doutor Gilles Paisant
Prof. Doutor Paulo Luiz Netto Lôbo
Dr. Joaquim Carrapiço, Presidente do Instituto do Consumidor
Dr.ª Manuela Flores
Prof. Doutor Christian Baldus

DEDATES COM:

Instituto do Consumidor
Associações de Defesa do Consumidor

Doutrina

GLOBALIZAÇÃO, DEMOCRACIA E DIREITO DO CONSUMIDOR[1]

Rui de Alarcão

Professor e antigo Reitor da
Universidade de Coimbra
Professor do Instituto Superior
Bissaya Barreto

Sumário: 1. Globalização: 1.1. Sentido; **1.2.** Vertentes; **1.3.** Valoração. **2. Democracia: 2.1.** Cidadania; **2.2.** Participação; **2.3.** Cosmopolitismo. **3. Direito: 3.1.** Renovação; **3.2.** Flexibilidade; **3.3.** Negociação. **4. Direito do Consumidor: 4.1.** Evolução; **4.2.** Paradigmas; **4.3.** Anteprojecto. **5. Conclusão.**

1. Globalização

1.1. *Sentido*

Sob o título "Globalização, Democracia e Direito do Consumidor", procurarei mostrar em que medida o significado e a importância do *Direito do Consumidor* têm a ver com o ambiente *sócio-político* e *jurídico* da contemporaneidade.

Esse ambiente, no plano social e político, configura uma sociedade de *globalização,* por um lado e, por outro, uma sociedade *democrática.*

---

[1] *Texto que serviu de base à conferência proferida, em 18.04.08, na Faculdade de Direito da Universidade de Coimbra, integrada no Curso de Pós-Graduação sobre "Direito dos Contratos e do Consumo".*

A globalização, a que hoje assistimos, acontece e desenvolve-se num contexto internacional que corresponde, em grande parte, aos países que vivem em *sistema democrático,* sistema que aliás potencia essa mesma globalização. É verdade que essa tendência globalizante abrange também países não democráticos. Mas tais países estão hoje, a nível mundial, em minoria, e portanto pode asseverar-se que a globalização se reporta a um universo maioritariamente democrático, além de ter, nesses Estados democráticos, uma força e uma dinâmica acrescidas.

A globalização, de que falamos, pode caracterizar-se, na interessante definição de Jacques Attali, como "a reunião da conexidade com a mundialização", essencialmente ligadas, a primeira, à tecnologia, a segunda ao mercado *(lato sensu),* aquela constituindo um factor de aproximação no tempo, esta, no espaço. Assim se redimensiona a clássica relação espaço-tempo e se constata que os mais diversos e importantes problemas da Humanidade tendem a tornar-se internacionais e interdependentes, só podendo verdadeiramente ser encarados e tratados à escala planetária.

1.2. Vertentes

Esta tendência globalizadora ou globalizante abrange não apenas a vertente técnico-económica, mas também a sócio-política e igualmente a cultural, a mais doutras. E tem obviamente importantes repercussões e impactos na Sociedade e no Estado, na Democracia também. Como igualmente no *Direito,* que influencia e pelo qual é influenciada. Tanto no Direito em geral, como, manifestamente, em áreas do jurídico, em particular. Assim, no *Direito do Consumidor.*

1.3. Valoração

O fenómeno da globalização exprime uma tendência que é inelutável em si mesma, mas não, necessariamente, quanto ao seu objectivo e conteúdo.

Daí os movimentos ou correntes antiglobalização ou de globalização alternativa, que alegam que a globalização se tem mostrado incapaz de resolver, e até tem porventura agravado, diversos conflitos, inclusivamente militares, que não resolve os problemas do subdesenvolvimento e da pobreza, a degradação do meio ambiente, pandemias várias, nem combate eficazmente a criminalidade altamente organizada, v.g., a nível internacional, etc. etc.

Por isso se diz, e em boa parte com razão, que se requer uma globalização "alternativa", de "rosto humano", uma globalização "ética". Que atenda aos problemas enunciados, e a outros mais, e que salvaguarde o Homem e a Terra, que respeite os direitos fundamentais, que promova a dignidade humana.

2. Democracia

2.1. *Cidadania*

Para além de um mundo globalizado, encontramo-nos hoje, prevalentemente, como disse, num universo *democrático*.

Na verdade, o desenvolvimento económico-social e político-social das sociedades contemporâneas acompanha e estimula, em geral, o desenvolvimento ou aprofundamento da democracia política.

É sabido que, nas últimas décadas, o sistema democrático passou claramente, a nível mundial, de minoritário a maioritário. Para além deste *desenvolvimento* da Democracia num plano geográfico, *horizontal,* digamos, ela desenvolveu-se também num plano *vertical,* ou seja, no sentido da sua *intensidade,* do seu *aprofundamento.*

Quer isto significar, na linha do apontado desenvolvimento, que a maior parte dos países se insere hoje no regime democrático. É certo que há vários *modelos* de democracia e, dentro de cada modelo, se nos deparam diversos *graus,* que é como quem diz, democracias de maior ou menor *intensidade,* de alta e de baixa intensidade.

Precisamente quanto a este último ponto, pode asseverar-se que, nas democracias contemporâneas mais avançadas se acentuou, para além do elemento básico de eleições livres e justas, o valor da componente dos direitos fundamentais e da cidadania activa, conformando-se, deste modo, o enriquecimento da democracia representativa através da democracia *participativa* ou em combinação com ela. Esta, aliás, não deve olhar-se apenas numa perspectiva estritamente política, mas também enquanto democracia sócio-económica e cultural, ou mesmo enquanto "democracia quotidiana" ("everyday democracy"), como refere VITAL MOREIRA.

2.2. Participação

A democracia *participativa* – que GOMES CANOTILHO define como "a estruturação de processos que ofereçam aos cidadãos efectivas possibilidades de aprender a democracia, participar nos processos de decisão, exercer controlo crítico na divergência de opiniões, produzir "inputs" políticos democráticos" –, a democracia participativa, dizia, para a qual aponta a Constituição da República portuguesa [arts. 2.º,9.º, al. c) e 109.º], apesar do relativo atraso na sua implementação, o que não deixa Portugal bem colocado no ranking internacional, coenvolve a ideia de uma *cidadania activa*. A cidadania está hoje, com efeito, no centro, no núcleo central da democracia. Melhor se falaria aliás, no plural: *cidadanias*. Como no quadro da União Europeia, com a articulação entre a chamada cidadania europeia e as várias cidadanias nacionais.

Este pendor *activista* da democracia contemporânea significa, a manter-se, que se tem em mira constituir progressivamente uma sociedade mais consensual ou contratualizada do que autoritária ou impositiva. Busca-se, assim, "democratizar a Democracia".

2.3. Cosmopolitismo

Se atentarmos nesta evolução sociológica e política do mundo contemporâneo, tanto no sentido do desenvolvimento como no do aprofundamento democrático, dar-nos-emos conta de que se caminha para "formular uma interpretação nova e sólida da democracia". Esse novo entendimento democrático consubstancia-se na "democracia para uma época global: a *democracia cosmopolita*" (DAVID HELM).

3. Direito

3.1. *Renovação*

A Sociedade global e democrática dos nossos dias, que sucintamente caracterizámos, é uma Sociedade emergente com a qual interage um *novo ou renovado Direito*.

Que *novo Direito* é este, que *novos caminhos* se propõe trilhar? Quando falo aqui em Direito, estou a pensar principalmente nos sistemas jurídicos *ocidentais*, com especial relevo para os da família *romanista* ou romano-germânica e da família *anglo-americana*.

No âmbito geográfico e cultural desses sistemas e dessas famílias jurídicas não pode propriamente falar-se de uma globalização-*mundialização*, mas apenas de uma globalização *sectorial* ou sectorizada, embora reportada a grandes espaços regionais ou geoestratégicos. É o caso, por ex., da *União Europeia*.

A renovação dos sistemas jurídicos europeus passa, entre outras, por iniciativas comunitárias de europeização do direito, nomeadamente na área do *Direito do Consumidor*, e por projectos legislativos, com destaque para os que visam a elaboração faseada de um Código Civil europeu, hipótese, esta última, que me merece grandes reservas. Como escrevi um dia, são "iniciativas de saudar, mas com prudência e reserva. A diferenciação europeia, mesmo jurídica, no amplo quadro de um multiculturalismo ou interculturalismo, existe e deve ser salvaguardada, embora naturalmente se aplauda a contribuição para o reforço de uma cultura jurídica europeia comum". Sem tal diferenciação descaracterizar--se-ia verdadeiramente a Europa, caminharíamos mesmo para uma *deseuropeização*.

3.2. *Flexibilização*

A respeito da renovação e dos novos modelos de realização do Direito, salientei, noutra ocasião, a ligação da ordem jurídica à evolução democrática, há instantes brevemente caracterizada, ligação essa traduzida numa "interacção que torna o Direito, a um tempo, expressão e factor dessa mesma evolução". E referi, igualmente, "a crescente valorização da aplicação [ou realização] do Direito, no entendimento de que 'o Direito só o é verdadeiramente em concreto' (CASTANHEIRA NEVES). "O Direito cada vez menos se entende como um sistema que sai pronto e acabado das mãos do legislador, para cada vez mais aparecer como algo a fazer em concreto, na prática dos tribunais e na prática jurídica não contenciosa. Há assim um certo deslocamento *do eixo--legislador* para o *eixo-juiz,* importando uma progressiva valorização da jurisprudência [...]. À tarefa do legislador junta-se, deste modo, a tarefa autónoma e decisiva do julgador, 'súbdito' da lei, mas ao mesmo tempo 'senhor' dela, na medida em que ajuda a vitalizá-la, a descobrir o seu profundo sentido, a tirar dela todas as suas virtualidades, contribuindo, por assim dizer, para 'fazer a lei', para 'fazer o direito'".

Afasta-se assim um abstraccionismo redutor da justiça e da equidade, em proveito de uma *efectiva e necessária flexibilização legal ou jurídica»*.

Acrescentei que, neste contexto, "melhor se compreendem também diversos aspectos da 'crise da justiça' e alguns caminhos da sua superação, dentro e fora do sistema judiciário. E se antevê o sentido de um 'direito negociado' e o alcance de um recuo do 'direito estadual ou estatal', sendo que aquela negociação e este recuo comportam perigos, relativamente aos quais importa estar prevenido e encontrar respostas, não avulsas, mas institucionais".

3.3. Negociação

Na senda das considerações anteriores, cumpre pôr em relevo o aspecto *negociatório* da evolução jurídica a que se está assistindo, um pouco por todo o lado.

Se é exagerado falar, enfaticamente, de uma "reinvenção" do Direito, nenhum desmando haverá em realçar os novos caminhos e os novos modelos do Direito e da sua realização.

A mais do já dito, relativamente ao "direito negociado", pode asseverar-se que "o Direito é, na etapa da sua produção, cada vez mais negociado entre os técnicos [...] e os grupos representativos, cada vez mais numerosos, a serem ouvidos, solicitados e mesmo reconhecidos [...]" (ANDRÉ-JEAN ARNAUD), garantindo-se assim, até por força da lei, uma audição dos interessados, sem se prescindir, naturalmente, da ulterior criatividade interpretativa e integradora, no quadro de princípios normativos e de cláusulas gerais.

Por outro lado, nos novos modelos de realização jurídica, há que destacar os modelos ou meios alternativos da realização jurisdicional do Direito, em acentuado desenvolvimento. De resto, poderá genericamente afirmar-se que naqueles novos modelos haverá lugar para *paradigmas contratuais* – que têm, de resto, tradição jurídico-política, precursora das dimensões contemporâneas –, cumprindo, porém, definir os seus valores e os seus limites. Paradigmas esses, acentue-se, em alguma medida facilitados ou potenciados por uma tendência autocompositiva e negociatória da sociedade, mormente da portuguesa (BOAVENTURA SOUSA SANTOS *et alii*).

4. Direito do Consumidor

4.1. *Evolução*

Das considerações precedentes, relativas ao direito em geral, passemos agora ao *Direito do Consumidor*.

Nesta altura do vosso Curso, e dado o objectivo desta prelecção, dispenso-me de analisar o tema em título.

Limitar-me-ei, num *relance*, a aludir ao percurso evolutivo do *Direito do Consumidor*, desde a denúncia das debilidades do consumidor até ao despontar do direito do consumo ou, melhor dito, do consumidor e ao seu coroamento como um verdadeiro *ramo jurídico* autónomo, tanto no ponto de vista científico, como didáctico e funcional. Percurso rematado com um Código do Consumidor, expressão de uma regulamentação "sistemática, unitária e coerente", que não se limita, pois, a ser um mero "Código-compilação", mas antes um "*Código-inovação*".

Não vigorando ainda no nosso País um "Código do Consumidor", aludirei, dentro de instantes, ao anteprojecto português de semelhante Código.

4.2. Paradigma

"Proteger o consumidor de uma forma global, integrada e coerente" (CALVÃO DA SILVA) não pode considerar-se uma moda, um modismo, antes constitui uma exigência jurídica e sócio-política da contemporaneidade, um verdadeiro ditame do pensamento jurídico dos nossos dias.

Trata-se de uma matéria que convoca o direito privado, civil e comercial, e o direito público – direito constitucional, administrativo, penal, processual, etc. – numa perspectiva inter – e pluridisciplinar, e até com assento ou cobertura constitucional (CRP, art. 60.º), e que busca adaptar o Direito a novos paradigmas de justiça e de solidariedade social.

No âmbito interno, comunitário e internacional, e em conformidade com os novos paradigmas do Estado e da Administração, este novo ramo jurídico processa-se através de diversos modelos e esquemas de protecção, envolvendo novas regras e novos enquadramentos jurídicos, ou dando-lhes novos dimensionamentos e novas dinâmicas, como no caso das cláusulas contratuais gerais e do princípio da boa-fé, dos meios alternativos de realização da justiça, de novos aspectos da responsabilidade civil, da publicidade, da concorrência, de outros temas mais.

O *Direito do Consumidor* reveste-se de grande importância, nomeadamente na área dos contratos, sendo que a protecção jurídica do consumidor é de grande relevância para o exercício de uma *cidadania activa* e para a edificação de uma sociedade mais justa e solidária, de uma "sociedade de bem-estar". Sociedade que deve, porém, estar atenta ao "mal-estar" gerado pelos excessos do consumismo, com todos os meios de persuasão da "tecnologia social". A gestão destes delicados equilíbrios sócio-políticos e jurídicos não é tarefa fácil e passa, como bem se compreende, por uma Sociedade *(mais) democrática*.

4.3. Anteprojecto

Como é sabido, o *Anteprojecto do Código do Consumidor*, elaborado por uma Comissão presidida pelo Prof. Doutor António Pinto

Monteiro, foi apresentado oficialmente em 2006 e submetido a discussão e debate público.

A elaboração de um *Código do Consumidor* é, em si mesma, uma questão *polémica*, não faltando, em Portugal e no estrangeiro, quem lhe seja desfavorável.

Não estando em causa a necessidade de legislação sobre o Direito do Consumidor, a questão que se põe é a da legitimidade ou conveniência de a reunir e concentrar num verdadeiro *Código*.

O Prof. Pinto Monteiro, Presidente da Comissão elaboradora do anteprojecto, analisou detidamente o problema. Remeto-me a essa análise, com a qual fundamentalmente concordo. Não vou aqui repeti-la ou resumi-la, pois é do vosso conhecimento e, de resto, minguar-me-ia o tempo.

Não deixarei, todavia, de salientar os seguintes pontos:

a) É necessário reagir contra a *"inflação legislativa"*, que grassa em Portugal e, aliás, noutros países e comunidades, como é o caso, na União Europeia, de significativa parte da legislação comunitária. Impõe-se assim reduzir e melhorar a produção legislativa. O ditame será: *menos leis, melhores leis.*

b) A este ditame deverá obedecer também, como é óbvio, a legislação relativa ao Consumidor e o próprio Código, quando o houver.

c) Não depõe contra a existência do Código o movimento da *"descodificação"*, pelo contrário. Aliás, esse movimento tem hoje um sentido prudencial, falando-se mesmo em *"recodificação"*.

d) Não parece adequada a integração do regime consumístico no *Código Civil,* quer porque isso não poderia resolver integralmente o problema, quer pelas graves dificuldades em aplicar tal esquema ao Código Civil português, e ainda porque semelhante solução se afigura, a vários títulos, "perigosa" tanto para o Código Civil como para a legislação relativa ao Direito do Consumidor.

e) Afigura-se, assim, preferível a publicação de um *Código do Consumidor,* elaborado em sintonia com os cânones da boa feitura das leis, e portanto em conformidade com os princípios da *teoria da legislação* e as regras da *legística*, formal e material.

Breves palavras, agora, sobre o *Anteprojecto do Código do Consumidor.*

Não irei apreciar o Anteprojecto na especialidade, embora me pareçam admissíveis ou recomendáveis algumas alterações, na sequência de certas críticas e reservas surgidas no debate público.

Quanto à apreciação na *generalidade,* entendo tratar-se de um projecto legislativo de grande valia, quer no ponto de vista jurídico--político, quer na perspectiva técnico-jurídica.

Diria, no entanto, que me parece demasiado *extenso* e com algum *excesso de regulamentação*. Esta crítica – ou reserva – tem particularmente a ver com o Título IV ("Das Instituições de Defesa e Promoção dos Direitos do Consumidor"). Entretanto, alterações surgidas em recente legislação, no âmbito do PRACE (Programa de Reforma da Administração Central do Estado), já obrigaria a reformular esse Título do anteprojecto. Atenta a natureza da matéria, afigura-se-me preferível não o inserir no Código.

Com as ressalvas assinaladas, a minha opinião é *altamente favorável* ao Anteprojecto, e felicito o Prof. Pinto Monteiro como principal obreiro e primeiro responsável por ele. Uma vez aprovado, e servindo--me das suas palavras, o Código virá a ser " a *matriz* e o *rosto* do direito do consumidor" e representará "uma nova era para o Direito do Consumidor em Portugal".

5. Conclusão

No contexto sócio – político e jurídico dos nossos dias e que procurei caracterizar, em rasgos essenciais, na minha palestra, e em face dos novos paradigmas, modelos e esquemas jurídicos, a que também aludi, o *Direito do Consumidor* ganha um especial significado e importância, e torna-se aconselhável a publicação de um *Código do Consumidor.*

Em que sentido irá este *novo Direito* evoluir? Só *o futuro* dará resposta segura a esta pergunta. Convém não esquecer, porém, que o futuro não é apenas algo por que se espera, é também, e sobretudo, algo que se constrói. O futuro está, assim, de algum modo, nas *nossas* mãos. Sobretudo nas *vossas* mãos, dado que sois novos ou, pelo menos, bem mais novos do que eu...

Obrigado pela vossa atenção.

DIREITO CIVIL E DIREITO DO CONSUMIDOR

J. OLIVEIRA ASCENSÃO

Professor Catedrático da Faculdade
de Direito de Lisboa

Sumário: 1. Origem e tendências da legislação; 2. Em demanda dum ramo do Direito; 3. O Anteprojecto português do Código do Consumidor; 4. O extravasar das leis sobre protecção do consumidor a outros destinatários; 5. Os caminhos da generalização; 6. Uns laivos de futurologia; 7. A natureza de Direito Civil; 8. As alternativas e a dignificação do *cives*.

1. Origem e tendências da legislação

Propomo-nos tratar de problemas de acomodação na ordem jurídica, derivados da emergência desse intruso, que é o Direito do Consumidor.

De facto, o ingresso deste é muito recente. Dificilmente lhe daríamos mais de 50 anos – mas ainda não se falava então num ramo do Direito, havia apenas regras dispersas que emergiam como um reflexo das preocupações sociais do pós-guerra. Temos todavia como pano de fundo uma economia de mercado, porque só numa economia de mercado seria possível a feição que revestiu.

Se quiséssemos marcar uma data fixa de nascimento, teríamos de nos reportar ao discurso do Presidente Kennedy de 15 de Março de 1962, em que afirma: *Consumer, by definition, include us all*. A partir daí, desenvolve-se rapidamente todo um sector do Direito.

À primeira vista, é surpreendente: é no país capitalista de vanguarda que se desenvolve e a partir do qual se expande um ramo que apresenta uma tonalidade social[1].

Há um objectivo nítido: dar confiança ao consumidor para que não se retraia e acorra ao mercado – com isso dar fluidez ao mercado. Seguidamente, houve a preocupação de exportar o regime para outras zonas (desde logo a Comunidade Europeia) para que esse tipo de protecção não cause distorções na concorrência em detrimento da empresa norte-americana.

A evolução em Portugal tem traços atípicos. Não emana tanto do sistema como do ataque ao sistema. Emerge no período pós-revolucionário. Elucidativamente, uma das primeiras leis neste domínio, se não a primeira, é de uma selvajaria bem caracterizada: o Dec.-Lei n.º 165/77, de 21 de Abril, tipifica como crime a entrega ou envio de produtos ou publicações não solicitados![2]

Em todo o caso, chega-se a breve trecho a uma lei sistemática, a Lei n.º 29/81, de 22 de Agosto, que dá um quadro-base para a defesa do consumidor. Só veio a ser revogada pela vigente Lei n.º 24/96, de 31 de Julho.

De todo o modo, vão-se multiplicando as leis nos vários países. Na Europa passam a ser impulsionadas pela Comunidade Europeia.

Perante a pluralidade de leis, põe-se a questão da ordenação destas, a nível nacional[3]. As respostas foram porém diferentes.

---

[1] Não obstante a fragilidade das estruturas internas de protecção. Mas não será tão estranho assim, se pensarmos que também o Direito do Trabalho é fomentado internacionalmente pelos Estados Unidos da América para eliminar a vantagem competitiva internacional dos países com escasso nível de protecção laboral.

[2] No Brasil há outro condicionalismo anómalo. A Constituição de 1988 traz um acento social, que se vai chocar com o positivismo rígido do Código Civil de 1916. O Código do Consumidor de 1990 (que foi o primeiro a nível mundial) permitiu realizar a adaptação expedita a alguns dos novos princípios constitucionais.

[3] Não a nível comunitário. As intervenções da Comunidade são por sua natureza fragmentárias. Não se prestam pois ao edifício global da codificação. Podem-na é fomentar indirectamente, pela necessidade de os países superarem as intervenções casuísticas.

A seguir ao Código do Consumidor brasileiro de 1990 surge o *Code de la Consommation* francês, de 1993, que continua hoje em vigor. Mas no século passado ficou-se por aí. Pelo contrário, na Holanda preferiu-se incluir a matéria na codificação civil em vez de autonomizar sistematicamente o Direito do Consumidor.

Só neste século a situação sofre mudança. Surgem dois monumentos-padrão, na Alemanha e na Itália.

Na Alemanha, aproveita-se a reforma do livro do Direito das Obrigações, em 2001, para introduzir no BGB os grandes princípios da protecção do consumidor. A matéria é porém trabalhada e depurada para tanto. Os preceitos especificamente relativos ao consumidor não são mais que meia centena. O restante é deixado para leis de aplicação, ou afastado por ter índole comercial, ou ainda generalizado. Efectivamente, verifica-se que muitas regras que surgiram sob a bandeira da defesa do consumidor são antes de referir a todas as pessoas, sejam ou não vistas pelo ângulo restrito de consumidor, como aquele que actua sem finalidade empresarial ou profissional (§ 3). A Reforma marca assim, além do mais, um considerável progresso do Direito Civil.

Na Itália segue-se um caminho bem diverso. Um *Codice del Consumo* é aprovado em 2005. Procura regular todos os aspectos relativos ao consumidor, mas não é exaustivo porque por vezes procede por mera remissão. Assim, regula os contratos a distância, seguindo a directriz comunitária que regula a matéria pelo ponto de vista da protecção do consumidor, mas quando chega à modalidade de contratos a distância que são os respeitantes ao comércio electrónico, limita-se a remeter para legislação especial. Terá sido movida não só pelo facto de haver legislação recente sobre o tema como ainda por as leis sobre comércio electrónico regularem muitas outras matérias, além da defesa do consumidor.

2. Em demanda dum ramo do Direito

Qual o ramo do Direito em que esta matéria se integrará? As respostas podem ser muito variadas.

A. Será **Direito da Economia**? Assim seria, a acreditar na designação do código italiano, *Codice del Consumo*. O consumo é uma função económica. Se se regula o consumo regula-se uma função comparável ao comércio ou ao crédito, por exemplo, o que cairia na alçada dum proteiforme Direito da Economia.

Segundo outra visão, partindo-se da noção de que esta matéria se refere ao consumidor final, poderia entender-se que se englobaria num vastíssimo e impreciso ramo do Direito dos Comportamentos no Mercado, que abrangeria desde a disciplina das vendas à concorrência desleal, por exemplo. Colocar-se-ia o acento na disciplina das actividades referentes ao consumo, quer seja por parte dos operadores no mercado (como o que respeita à publicidade) quer no que respeita à situação dos próprios consumidores.

Mas a epígrafe do código italiano é surpreendente. Também em Itália a legislação na matéria tem por núcleo a protecção do consumidor e não a função do consumo em si. Por isso há que falar sempre em Direito do Consumidor, que é o protagonista, e não em Direito do Consumo, função económica[4].

B. Será então **Direito Administrativo**?

A intervenção administrativa é de facto muito grande, para protecção do consumidor. Poderia então conceber-se como a regulação de uma das modalidades de intervenção dos órgãos públicos na economia, e portanto como Direito Administrativo. Ainda Antunes Varela, note-se, considerava esta matéria mais de Direito Administrativo[5].

Mas a verdade é que esse não é o núcleo do Direito do Consumidor, que disciplina em geral as formas de protecção do consumidor. Regula

---

[4] Surpreendentemente Carlos Ferreira de Almeida, que é pioneiro no estudo desta matéria em Portugal, passou a falar recentemente em Direito do Consumo, e não do consumidor: veja-se a própria epígrafe do seu livro *Direito do Consumo*, Almedina, 2005. No mesmo sentido, António Menezes Cordeiro, *Da natureza civil do Direito do Consumo*, in "Estudos em Memória do Prof. Doutor António Marques dos Santos – I", Almedina, 2005, 675 e segs.

[5] *Direito do Consumo*, in "Estudos de Direito do Consumidor" I, 1999, 391 e segs. (397).

muito mais comportamentos de participantes no mercado que a intervenção da Administração. A intervenção da Administração é meramente complementar. Por isso pode ser ampliada ou reduzida, que a essência deste sector do Direito não se altera.

C. Será então **Direito Comercial**? Deverá ser integrado neste ramo do Direito?

Neste caso estaria centrado no fornecedor, cuja actividade seria sempre comercial. Quer se assentasse na caracterização subjectivamente comercial, como comerciante, quer no carácter objectivamente comercial, por se basear na empresa ou no empresário, sempre se encontraria aqui matéria respeitante ao Direito Comercial. Acentuar-se-iam então matérias como a contratação de massa, tão característica dos dias de hoje, a densa disciplina das vendas (e das transacções empresarialmente sustentadas em geral) e a responsabilidade do produtor. A propósito desta última é interessante notar que não foi incluída na reforma do Livro das Obrigações do BGB, não obviamente por não interessar ao consumidor, mas porque assentaria na actuação profissional de um agente, o produtor, o que empurraria para o Direito Comercial[6].

Podemos ainda observar que esta caracterização pode levar a dois sentidos distintos:

1. Onde houver autonomia formal do Direito Comercial, pode levar a conceber todo a disciplina do consumidor como integrada naquele ramo. Pelo menos grande parte dos preceitos relativos ao consumidor seria absorvida, reduzindo drasticamente o corpo do Direito do Consumidor. O que sobraria seria o que respeitasse ao consumidor isolado, fora da relação com o fornecedor, o que não é facilmente configurável. Mas desfocaria justamente o que aparecera até agora como núcleo, que é a protecção do consumidor.
2. Onde pelo contrário não houvesse autonomia do Direito Comercial (pelo menos ao ponto de vista formal, como em Itália) a

---

[6] Uma vez que o Direito alemão mantém o entendimento profissionalizante do comerciante.

tendência poderia ser a oposta: construir um ramo autónomo do Direito do Consumidor, que abrangeria matéria que iriam desde a disciplina das vendas à protecção do investidor.

Um banco de ensaios poderia ser dado pela matéria da publicidade:

– ou seria incluída na totalidade num Código do Consumidor, como é proposto no Anteprojecto português de Código do Consumidor, que já de seguida examinaremos.

– ou seria excluída totalmente desta legislação. Neste sentido se orientou a legislação comunitária. A Directriz n.º 05/29, de 11 de Março, sobre práticas comerciais desleais e agressivas, afastou tão radicalmente esta matéria do Direito do Consumidor que até reformulou o art. 1 da Directriz n.º 84//450, de 10 de Setembro, sobre publicidade enganosa e comparativa, para eliminar toda a referência ao consumidor e passar a respeitar exclusivamente aos profissionais[7].

3. Terceira posição é a constante do *Codice del Consumo* italiano. Formalmente, inclui a publicidade. Mas afinal, regula-a de maneira a não abranger especificamente o consumidor, porque generaliza a disciplina a todo o destinatário.

D. Mas não será o Direito do Consumidor, afinal, **Direito Civil**?

É talvez este actualmente o maior desafio.

As regras protectivas comuns estão contidas no Direito Civil.

As regras do Direito do Consumidor são compagináveis com aquelas?

Há que remeditar se as regras protectivas do consumidor, que foram sendo casuisticamente introduzidas, não se reconduzem ao Direito Civil, ou como um sector deste, ou até como regras generalizáveis a todas as pessoas (logo, não apenas específicas do consumidor), dentro

---

[7] Cfr. o nosso *O Anteprojecto do Código do Consumidor e a Publicidade*, in "Estudos do Instituto de Direito do Consumo" (coord. Luís Menezes Leitão), Instituto de Direito do Consumo da FDL / Almedina, vol. III, 2006, 7-36, n.º 10.

do movimento geral de eticização do Direito Civil. Esta generalização seria particularmente impulsionada pelos actuais movimentos que privilegiam a justiça contratual.

3. O Anteprojecto português do Código do Consumidor

Foi editado em 2006 em Portugal um Anteprojecto de Código do Consumidor.

Resulta dos trabalhos desenvolvidos por uma Comissão, presidida por António Pinto Monteiro, que recebera logo como encargo elaborar o Código, sem lhe ser dada opção. Os trabalhos duraram 10 anos mas tiveram uma flagrante aceleração e inflexão na fase final[8].

O Anteprojecto absorve tendencialmente os vários institutos que estavam dispersos por legislação avulsa, muito particularmente em virtude da transposição de directrizes.

Pretende além disso ser abrangente. Não se limita a aspectos substantivos mas contempla também os adjectivos – sanção, orgânica (o "sistema de protecção do consumidor") e assim por diante.

Mesmo assim, não reveste carácter exaustivo. Nalguns casos isso poderá ter sido opção, que haverá que explicar. Embora regule aspectos da posição do destinatário de serviços financeiros, exclui os valores mobiliários (art. 240 *d*) e com isso a protecção do investidor nesses valores – o que é problemático, porque há aí ainda a prestação de serviços financeiros.

Também é afastado o comércio electrónico. É verdade que este fora há pouco regulado pelo Dec.-Lei n.º 7/04, de 7 de Janeiro, que transpusera para a ordem jurídica portuguesa à Directriz n.º 00/31, de 8 de Junho. Mas o que acentuamos é que nele estavam contidos nume-

---

[8] Sobre este Anteprojeto, cfr. a *Apresentação* de Pinto Monteiro, em *Código do Consumidor – Anteprojecto*, Comissão do Código do Consumidor/Ministério da Economia e da Inovação, 2006, 3 e segs.; cfr. ainda do mesmo autor, semelhante mas não coincidente, *O Anteprojeto do Código do Consumidor*, Rev. Legisl. Jurispr., 135.º, 190 e segs.

rosos aspectos de protecção do consumidor, como a informação a disponibilizar pelo prestador de serviços e o *spam*. Ainda, o Anteprojecto integra a disciplina dos contratos a distância mas não a dos contratos electrónicos, que têm especificidades grandes, enquanto protecção do consumidor.

A grande característica do Anteprojecto não está porém no que ele não contém, mas no que contém. Seguiu-se a técnica de integrar institutos inteiros onde havia regras de protecção do consumidor, normalmente por prática cópia dos diplomas avulsos em que estavam compreendidos. O Código do Consumidor passaria assim a ser um repositório de institutos variados, unificados apenas por incluírem *também* regras de protecção do consumidor. Isso realiza-se numa extensão impressionante, abrangendo a publicidade, o direito real de habitação periódica e muito mais. É neste sentido um anteprojecto de um diploma atípico, porque é afinal muito mais que um Código do Consumidor.

4. O extravasar das leis sobre protecção do consumidor a outros destinatários

Qual será, actualmente, a natureza do Direito do Consumidor? Limitando-nos à alternativa básica, é um ramo autónomo ou é Direito Civil?

O núcleo, já o dissemos, está na protecção do consumidor. E isto quaisquer que sejam os motivos que a isso tenham conduzido, mesmo que tivessem sido apenas a defesa do sistema económico em vigor através da fluidez do mercado.

O círculo de matérias abrangidas foi sendo sucessivamente ampliado. Isso, comparativamente, resulta até do próprio conceito de consumidor dominantemente utilizado na Europa, que é o da pessoa que não actua no exercício da sua actividade profissional. Estará nessa linha o art. 10/1 do Anteprojecto, ao definir consumidor como "a pessoa singular que actue para a prossecução de fins alheios ao âmbito da sua actividade profissional" na relação com um fornecedor.

A noção tem maior amplitude que a referência ao "consumidor final", na medida em que abrange figuras como o operador ou investidor não profissionais, que não são consumidores propriamente. Em consequência, não se colocam em Portugal as mesmas dúvidas que no Brasil, pelo que respeita ao enquadramento neste ramo do "consumidor" de produtos financeiros. Mas já excluirá situações como a do empresário que adquire para o equipamento da própria empresa, embora não para a revenda[9], muito embora este possa estar em situação de grande inferioridade perante o fornecedor, que conhece a fundo aquele ramo[10]. Mas já abrangeria o não-comerciante que compra para revenda[11].

Ainda podemos dizer hoje que o Direito do Consumidor é apenas um Direito restrito ao consumidor? [12]

A pergunta é paradoxal mas tem vários fundamentos.

I – *Cláusulas negociais gerais*

Pense-se no que se passa em matéria de *"cláusulas contratuais gerais"*, posteriormente ampliado para abranger também as cláusulas abusivas (disposições essas que foram quase *ipsis verbis* transcritas para o Anteprojecto). Aparentemente haveria uma contraposição marcada de matéria relativa ao consumidor do que respeita às relações interempresariais, no domínio das cláusulas proibidas (arts. 17 e seguintes do Dec.-Lei n.º 446/85, de 25 de Outubro). Mas o art. 17 mostra que não é nada disto: "Nas relações com os consumidores finais e genericamente, em todas as não abrangidas pelo artigo 17 [relações entre empresários

---

[9] Para a defesa e justificação dum conceito restritivo cfr. Carlos Ferreira de Almeida, *Direito do Consumo* cit., 254 e segs.

[10] Mas o art. 11/2 do Anteprojecto permitirá incluí-las, desde que provem que não têm competência específica e se proporcione uma solução equitativa. É uma situação cujos pressupostos de aplicação são inseguros.

[11] A limitação às pessoas singulares é criticada por Menezes Cordeiro, *Da natureza civil do Direito do Consumo* cit., n.º 13.

[12] Mesmo sem contar com a ampliação operada pelo Anteprojecto do Código do Consumidor, que não levamos aqui em conta por não ser Direito vigente. Cfr. Pinto Monteiro, *Sobre o Direito do Consumidor em Portugal e o Anteprojecto do Código do Consumidor, in* "Estudos de Direito do Consumidor", n.º 7 (2005), 245 e segs. (254//255), mas que conclui que a posição adoptada suscita dúvidas e está em aberto.

e entidades equiparadas], aplicam-se as proibições das secções anteriores e as constantes desta secção"[13]. Afinal, o que há é um regime comum, que abrange quer consumidores quer outras pessoas, e um regime especial para as relações entre consumidores e entidades equiparadas.

É interessante também o que se passa com as cláusulas *vessatorie*. Exclui da disciplina as que forem prestadas individualmente (art. 34/ /4). A matéria é pois, para o consumidor, retirada da disciplina do Código Civil. Simplesmente, este continua potencialmente aplicável em geral, salvo se o Código do Consumidor for mais favorável.

II – *Publicidade*

Se passarmos ao *Codice del Consumo* encontramos ampliações semelhantes. Assim, este regula genericamente a *publicidade*. Mas a pessoa a quem as regras protegem não é o consumidor – é *o destinatário*. Destinatário é toda a gente, sem que haja que restringir a uma categoria de consumidores.

E afinal, posições semelhantes encontram-se também no Anteprojecto português do Código do Consumidor.

O art. 95/2 regula a publicidade enganosa[14]. Mas o preceituado é declarado aplicável à publicidade dirigida a profissionais, "com as necessárias adaptações". Isto mostra que na realidade a matéria é geral, e apenas se sobrecarrega a prática com a destrinça do que carece ou não de ser adaptado a profissionais. Quando teria sido muito melhor regular a matéria da publicidade como disciplina geral, fosse quem fosse o destinatário, e apontar subsequentemente, caso necessário, os desvios que porventura se aconselhassem para a situação do destinatário-consumidor.

Mas, se não erramos, dizendo-se *destinatário* como no *Codice del Consumo*, já se dizia tudo. Por este caminho seguiu aliás o livro do

---

[13] Sobre esta matéria veja-se o nosso *Cláusulas contratuais gerais, cláusulas abusivas e boa fé*, Rev. Ord. Adv. 60 – II, Abril 2000, 573 e segs. (n.º 6).

[14] Sobre esta matéria, cfr. o nosso *O Anteprojecto do Código do Consumidor e a Publicidade* cit.

Direito das Obrigações do BGB, que regulou a publicidade quando considerou oportuno, mas nada especificou em relação ao consumidor.

III – *Direito Industrial: protecção do público ou do consumidor?*

Outro ponto-chave está no Direito Industrial (vulgo Propriedade Industrial). Deu-se uma evolução que passou despercebida e representa um precioso banco de ensaios.

Um dos pilares do Direito Industrial, particularmente no sector dos sinais distintivos do comércio, está na exclusão de modos de *indução do público em erro*. Assim se exprimem as legislações em geral e assim se dizia em Portugal até 1940.

Mas lentamente, começou a imiscuir-se uma referência à indução em erro *do consumidor*. Foi inconsciente, mas pegou do ar a aura da protecção do consumidor. Passou assim a usar-se promiscuamente quer protecção do público quer do consumidor.

Não desenvolveremos esta matéria, que reservamos para outro estudo. Limitamo-nos à conclusão: falar em indução *do consumidor* em erro não é só completamente equivocado como representa uma degradação do nível de protecção. É todo o público, toda a gente ou todas as pessoas que carecem de ser protegidas contra a indução em erro, e não apenas um círculo mais vulnerável.

As referências legais portuguesas à indução do consumidor em erro devem assim ser interpretadas como referentes ao público em geral, por não haver razão para distinguir. Também aqui, tomou-se como especialidade do Direito do Consumidor o que é já apanágio do público em geral.

IV – *Alteração das circunstâncias e onerosidade excessiva*

O instituto da alteração superveniente das circunstâncias permite outra breve meditação. Aqui é particularmente interessante o confronto com o Direito brasileiro.

No Brasil põe-se o acento na onerosidade excessiva superveniente. Não é nada que quebre as pontes com o Direito Português, uma vez que a alteração das circunstâncias tem efeitos por provocar uma onerosidade excessiva. Simplesmente a matéria foi prevista inicialmente apenas no Código do Consumidor, e aí foi levada muito longe a protecção do consumidor contra a onerosidade superveniente[15].

É outra limitação que seria deslocado relatar aqui[16]. Importa acentuar que a alteração das circunstâncias releva porque põe em causa a base do negócio, que fica assim sem ter mais condições para vincular. Não atinge o consumidor apenas, atinge a obrigatoriedade de qualquer contrato. Não é pois um instituto de Direito do Consumidor mas do Direito dos Contratos em geral. Toda a sectorização parece deslocada.

V – *Cláusulas abusivas*

Problemática análoga se pode traçar em matéria de cláusulas abusivas. São matéria geral ou matéria privativa do Consumidor?

Vemos com frequência as leis de Direito do Consumidor regularem as cláusulas abusivas. Podem fazê-lo mesmo no silêncio da lei civil sobre a matéria: é o caso do Código do Consumidor brasileiro. Podem fazê-lo como especificação de regime próprio do consumidor: é o que faz aparentemente o Dec.-Lei português n.º 446/85, de 25 de Outubro, sobre cláusulas contratuais gerais, como vimos; bem como o *Codice del Consumo* italiano, que no art. 34/4 contém curiosa regra, ao excluir da disciplina estabelecida as cláusulas em que tiver havido negociação individual.

A legislação sobre esta matéria nasceu fora do Direito do Consumidor, sob a égide das cláusulas contratuais gerais: é o caso das *condizioni generali del contratto* do Código Civil italiano (1942) e das *Allgemeine Geschäfts Bedingungen* alemãs (1977). Em França, porém regularam-se logo directamente as cláusulas abusivas, fossem ou não cláusulas gerais. A Comunidade Europeia intervém em 1993 e segue um caminho do meio: regula as cláusulas abusivas, não exigindo a generalidade, à semelhança do Direito francês, mas apenas quando

---

[15] Nomeadamente por se abranger também uma excessiva onerosidade subjectiva, como aquela em que se encontrasse o consumidor por superveniente perda de emprego.

[16] Foi superada com o Código Civil de 2002, que regulou o instituto em geral.

forem predispostas por uma das partes, como no Direito alemão. Como não se teve fôlego para entrar directamente na apreciação da Justiça contratual, ficou-se numa referência ainda subjectivante – a predisposição por uma das partes, que ainda poderia ser tomada como causa de debilitação da vontade contratual da outra parte, o que justificaria o controlo legal. No Brasil foi-se porém mais solto e apreciou-se directamente a justiça ou equilíbrio das posições, através de uma previsão do art. 51 IV do Código do Consumidor, aliás vastamente generalizável.

Matéria de Direito do Consumidor ou não? Mesmo que em vários casos a regulação tivesse sido fomentada pela protecção do consumidor, em si a problemática da justiça do conteúdo dos contratos é geral. Vai sendo paulatinamente absorvida pelo Direito Civil, à medida que o formalismo de que este se revestia recua. Dificilmente se poderá considerar ainda hoje matéria específica do Direito do Consumidor.

5. Os caminhos da generalização

Estas ilustrações põem-nos no encalce duma questão maior.

Não estaremos, afinal, a caminho duma generalização de matérias que estiveram antes englobadas no Direito do Consumidor?

Vamos examinar alguns pontos nucleares como pressupostos duma conclusão. Não deixamos á partida de observar que mesmo o Anteprojecto do Código do Consumidor, no art. 13, prevê a aplicação das disposições a "outros destinatários". É muito vago, vago demais, mas tem implícita a verificação que não há motivo para acantonar muitas das disposições apenas ao consumidor.

I – Recapitulemos primeiro o que acabamos de dizer sobre a *publicidade*, particularmente tendo em atenção a publicidade enganosa. A referência da publicidade ao consumidor revela-se uma aparência, na realidade já superada nas várias legislações. Para não repetirmos, basta notar que falar em destinatário da publicidade é muito mais rico que falar no consumidor, alvo da publicidade. Todos merecem ser protegidos da publicidade enganosa.

II – No *comércio electrónico*, haveria aparentemente uma pluralidade de regras que se dirigem à protecção do consumidor. Efectivamente, a lei especifica por vezes o acordo em contrário que é possível celebrar com partes que não sejam consumidores (arts. 18/1 e 19/2 do Dec.-Lei n.º 7/04, por exemplo). Mas isso mesmo mostra que tendencialmente a disciplina é genérica, abrange toda a relação entre um prestador de serviços ou fornecedor e um destinatário, sejam estes ou não tecnicamente consumidores.

Assim, as regras sobre comunicações publicitárias, por exemplo, exigem consentimento prévio do *destinatário* (art. 22/1 Dec.-Lei n.º 7//07). Não necessita de ser um consumidor. Doutras vezes a outra parte é qualificada como *cliente* (art. 22/3)[17].

III – Para não nos alongarmos demasiado, referiremos apenas mais um caso: a *responsabilidade do produtor*.

É temática que se desenvolve no âmbito do Direito do Consumidor. Efectivamente é neste que é genericamente incluída.

Mas, afigurando-nos bem, temos de concluir que é genérica. Particularmente agora, que a responsabilidade pelo produto ou serviço aparece configurada como responsabilidade objectiva, perde sentido distinguir consoante o destinatário possa ser considerado ou não tecnicamente um consumidor. Assim os danos provocados por um equipamento defeituoso num estabelecimento comercial parece deverem ser indemnizados em igualdade de condições com os danos sofridos por consumidor no sentido técnico[18].

Por isso, qualquer que seja o sentido da lei actual, cabe afirmar que esta matéria tem vocação para se generalizar, ou pelo menos para ultrapassar o círculo estreito do consumidor.

---

[17] Assim procede também a lei alemã para o comércio electrónico em geral no § 312 *e* BGB, embora admita depois acordos em contrário com partes que não sejam consumidores. Isto é sequência da directriz comunitária.

[18] E isto independentemente das muitas querelas que rodeiam o tema, como por exemplo a relativa a admitir ou não um *risco de desenvolvimento*, no sentido de isentar o fornecedor quando o produto ou serviço não tinha defeito à luz dos conhecimentos técnicos à data existentes. Cfr. por exemplo Christian Larroumet, *A noção de risco de desenvolvimento: risco do século XXI*, in "O Direito Civil no Século XXI", coord. Maria Helena Diniz / Roberto Senise Lisboa, Saraiva (São Paulo), 2003, 115.

Em conclusão: em numerosos institutos, ainda que nascidos e desenvolvidos à sombra da protecção do consumidor, observa-se uma tendência para ultrapassar essa fronteira, por se verificar que se justificam universalmente, ou pelo menos para um círculo mais amplo, e não apenas em benefício do consumidor.

Curiosamente, os traços que assinalámos surgem confirmados numa muito recente Resolução do Parlamento Europeu, sobre a "Confiança dos consumidores no ambiente digital": esta confiança é fomentada para contrariar o atraso que o comércio electrónico demonstra em relação aos Estados Unidos da América e à Ásia.

E, expressamente, aí se "manifesta a convicção de que a definição de consumidor deve ser mais ampla e mais bem adaptada à sociedade da informação". Mesmo nesse domínio vital se vai pois no sentido da ampliação do conceito.

6. Uns laivos de futurologia

Podemos tentar perscrutar os caminhos de futuro, desde que não nos tornemos muito a sério nas vestes de profetas.

A alternativa que hoje se coloca parece ser claramente a de "civilizar" ou de autonomizar o Direito do Consumidor.

Se se optasse pela "civilização", no sentido de redução do Direito do Consumidor ao Direito Civil, ainda assim haveria que distinguir vários aspectos.

Nunca poderia significar a integração de toda a matéria hoje referida ao consumidor no Direito Civil. O actual Direito do Consumidor engloba regras processuais, penais, creditícias, institucionais... Não são matérias que respeitem ao Direito Civil.

Também contém muita disciplina mais pormenorizada, aspectos de execução, relações especiais de consumo, por exemplo... Nada disto caberia num Código Civil.

Mas também isso não seria impeditivo de uma integração no Direito Civil, como ramo do Direito. Muitas matérias pertencem ao Direito Civil e todavia são reguladas à parte, como sectores específicos. Seja o caso do Direito das Associações ou das Fundações. E até podem dar lugar a diplomas vários e extensos: lembremos a legislação de menores. Todavia, é matéria indiscutida de Direito Civil.

Por outro lado, a integração no Direito Civil é antes de mais uma integração científica. Se na sequência se procede ou não a uma integração formal ou legislativa, como parte do Código Civil, é questão diferente. A reforma do Livro das Obrigações na Alemanha representa o zénite neste movimento: mas nem sempre se chegará tão longe. Já bastaria que sistemática e didacticamente fosse considerado integrante do Direito Civil.

Como, integrante? Originando uma nova Parte ou Livro, justamente dedicado ao Direito do Consumidor?

Supomos que não. No Direito do Consumidor manifestam-se muitos institutos civis, que não há motivo para manter segregados num corpo à parte. Temos sobretudo as Obrigações e os Contratos, mas também institutos da Teoria Geral e dos Direitos Reais: lembramos neste último caso as limitações no que respeita ao direito real de habitação periódica ou às participações em empreendimentos turísticos. Seria então melhor disseminar o que respeitasse ao consumidor por todos os institutos a que se referisse, em vez de o contrapor às matérias já precedentemente reguladas no Código Civil.

Esta integração traria por outro lado uma redução do conteúdo do Direito do Consumidor. O exemplo do Código Civil alemão volta a ser elucidativo. Daria oportunidade para generalizar aquilo que por sua natureza é geral mas que apenas por contingência histórica e facilidade maior de aceitação nasceu no âmbito do Direito do Consumidor.

A hipótese oposta seria, como dissemos, a autonomização. Autonomização que implicaria um ramo de Direito, como acontece ou vai acontecendo já agora em muitos países, seguramente já no plano didáctico e da exposição científica; mas que tenderia para a consolidação num Código do Consumidor.

O código autónomo pode apresentar por si argumentos ponderosos. Unifica toda a matéria relativa ao consumo, evitando a dispersão por várias leis. É hoje claro, dadas as matérias já abrangidas, que seriam muitas as regras que sobrariam de uma integração no Código Civil. E facilitaria o ensino, a sistematização e a elaboração de princípios gerais que pudessem fundar um ramo autónomo do Direito.

O que nunca se deveria porém fazer seria regular institutos inteiros, pela única razão de conterem também regras de protecção do consumidor

Mas é o que faz o Anteprojecto português. Transcreve, em geral literalmente ou quase, leis dispersas, como as relativas às cláusulas contratuais gerais e cláusulas abusivas, publicidade, direito real de habitação periódica, direitos em empreendimentos turísticos... Regula-os integralmente, com definições, erros e tudo. Quase se transforma num Código Civil II, regulando matéria civil geral, que surgiu posteriormente a 1966, mesmo não relativa exclusivamente ao consumidor, apenas por conter regras sobre o consumidor.

Isso é que seria uma deturpação inaceitável. O centro da nossa ordem jurídica de pessoas tem de estar no Código Civil. Outras codificações desenvolverão diferentes matérias ou matérias que pelo grau de pormenorização não caibam no Código Civil[19]. Mas nunca poderia um Código do Consumidor, mesmo que a matéria não fosse considerada de Direito Civil, ser a sede fundamental de institutos de Direito Civil.

Esta é para nós a crítica fundamental. A observação de Pinto Monteiro[20], que isso é o que se verifica *já hoje*, na legislação em vigor e seria mau que o Código do Consumidor viesse a *cindir* o regime em vigor, não responde. Um Código do Consumidor deveria justamente distinguir o que é e o que não é Direito do Consumidor. Absorver integralmente institutos gerais não é regular o estatuto do Consumidor, é criar o tal Código Civil II que rejeitamos.

7. A natureza de Direito Civil

A questão é porém antes de mais substancial, dissemo-lo já, e não de arrumação legislativa. É necessário decidir se se deve autonomizar definitivamente o Direito do Consumidor, ultrapassando a fase de mera

---

[19] Sem nenhuma perturbação, poderiam deixar-se os diplomas avulsos em vigor, à espera de melhores dias, e acolher apenas os preceitos deles constantes relativos especificamente ao consumidor.

[20] *Sobre o Direito do Consumidor* cit., 255-256

autonomia didáctica, ou se este deve lançar as suas raízes no corpo do Direito Civil.

Por outras palavras, o Direito Civil deve hoje abranger os princípios ou bases do Direito do Consumidor?

Antes de mais devemos ter em conta o movimento de eticização do Direito. O Direito Civil deve acolher tudo o que resulta deste movimento e lhe chega por via dos institutos de protecção do consumidor.

Lembremos o princípio da função social, que foi ofuscado durante o eclipse colectivista e carece hoje de ser revigorado; o combate às cláusulas abusivas (ou desequilibradas, ou desproporcionadas, ou injustas); o desequilíbrio manifesto no conteúdo dos contratos...

O Direito do Consumidor revela-se como motor de uma depuração substancial do Direito Civil. O princípio de Justiça, ínsito no Direito do Consumidor como correcção da desvantagem da parte mais fraca, deve dar frutos plenos no Direito Civil[21].

Mas uma coisa é a eticização do Direito Civil, outra a protecção do consumidor como entidade particularmente vulnerável. Até que ponto essa protecção, na medida em que se não deva generalizar, deve ser considerada matéria de Direito Civil?

A nossa resposta é afirmativa, à luz da própria noção de Direito Civil.

Entendemos o Direito Civil como o Direito Comum do Homem Comum. É aquele de que todos participamos, apenas pelo facto da nossa condição humana.

Para ser Direito Civil, nada mais se torna necessário que observar que o Direito do Consumidor regula relações em que alguém intervém

---

[21] Antunes Varela, em *Direito do Consumo* cit., nt. 7, afirma, com invocação de Larenz, que o Direito Civil assenta na liberdade contratual e na Justiça contratual; as cláusulas abusivas seriam contra a Justiça contratual. "É na área do Direito Civil que cabe inscrever tais excepções", afirma (405). Mas separa-as da disciplina dos contratos de massa. Quanto a Larenz, expõe a sua concepção em *A liberdade e a Justiça contratual*, in "Contratos. Actualidade e Evolução", Universidade Católica Portuguesa – Porto, 1997, 49 e segs., justamente motivado pela emergência do Direito do Consumidor. Esquematiza muito bem as várias orientações, mas apenas concebe para a Justiça uma função negativa, de meio de evitar a injustiça, que ainda por cima se revela mais como remédio institucional e não como susceptibilidade de controlo de relações concretas.

na qualidade de consumidor, que a todos nos iguala. O Direito do Consumidor não corresponde sequer a um sector autonomizável do Direito Privado, que adapte os princípios gerais a situações particulares: está no coração mesmo do Direito Civil. Essa natureza tem de ser a base do seu estudo, do seu ensino e da ordenação das fontes do Direito.

Na projecção legislativa, insistimos que não seria sequer necessário um livro novo do Código Civil. Ensina o modelo alemão que basta meia centena de preceitos esparsos, após se terem depurado as leis sobre Direito do Consumidor daquilo que é geral.

Ficaria evidentemente muita coisa de fora do Código Civil, porque um código não é uma compilação, é a estruturação nuclear dum ramo de Direito. Nada disso traz dificuldades. Lembremo-nos de institutos como o arrendamento, que se espraiam por densa legislação avulsa.

À proposta de integrar os princípios fundamentais da protecção do Consumidor no Direito Civil poderá objectar-se acentuando a magnitude da tarefa.

É salutar tê-lo presente. Todos recordamos os erros cometidos com alterações precipitadas e incongruentes das nossas leis fundamentais.

A tarefa é de longo prazo, ou quanto menos, de médio prazo. Devo dizer que nada me impressiona. Os 22 anos que demorou a elaboração do Código Civil foram bem empregados.

Mas pelo menos, enquanto não for viável tecnicamente integrar esta matéria no Código Civil, pelo menos haverá que absorvê-la cientificamente no Direito Civil. As grandes questões como a do dolo bom, a da integração da publicidade no conteúdo dos contratos, a da resolução *ad libitum* do contrato celebrado a distância e tantas outras, são questões essenciais em todo o estudo e ensino do Direito Civil.

8. As alternativas e a dignificação do *cives*

Pode então perguntar-se qual deverá ser o destino do que não for integrado no Código Civil, enquanto esta integração se não der; e pode perguntar-se também o que fazer dos preceitos remanescentes, que forçosamente ficariam de fora mesmo após essa integração. Basta pensar em todos aqueles elementos que têm sido integrados num amplíssimo Direito Comercial e realizam a defesa do público/consumidor, como as regras sobre protecção do cliente de instituições de crédito, sobre cartões de crédito, sobre protecção do investidor, eventualmente sobre insolvência... Isso não constaria fatalmente da lei civil, mesmo que os princípios gerais sobre protecção do consumidor nesta viessem a caber.

São problemas cientificamente menores, mas com grande relevância prática.

Valerá a pena pensar numa consolidação da legislação existente, nesse tempo intermédio que pode ser longo? Já se propôs que se aprovasse rapidamente o Anteprojecto, enquanto se trabalhava na reforma do Código Civil[22].

É uma má proposta. Por um lado porque ignora os defeitos muito graves do Anteprojecto: para aprová-lo tal qual, melhor seria deixar ficar tudo como está. Ou então contentarmo-nos realmente com uma consolidação e desistir do Código.

Note-se que não é o nome que assusta: hoje a tudo se chama código. A questão está em ele surgir em concorrência com o Código Civil.

Mas sobretudo, a aprovação deste diploma, mesmo que fosse a título provisório, mataria de vez a possibilidade de uma reforma mais a sério do Direito Civil. Como hoje só se legisla à pressão, o provisório tornar-se-ia definitivo. Nunca mais sairíamos da autonomia do Direito do Consumidor. O Código do Consumidor pode assim representar um passo atrás, que tornaria o regresso difícil, senão mesmo impossível.

Suponhamos porém que se realizava a integração da matéria no Código Civil. O que fazer com a actual legislação avulsa, na parte em que não tivesse dignidade para figurar no Código Civil?

É uma eventualidade meramente hipotética. Mas não cremos que mesmo então se justificasse um código, como o constante do Anteprojecto. Este corresponde realmente ao nome, procura fixar os prin-

---

[22] Cfr. Menezes Cordeiro, *Da natureza civil do Direito do Consumo* cit., n.º 12 V.

cípios e tem pretensões de universalidade[23]. Para dar facilidade de acesso a legislação dispersa, bastaria uma consolidação. Não é um instrumento que esteja na prática legislativa portuguesa recente, mas poderia ser muito útil.

Agora que a euforia legislativa comunitária abrandou, é a altura de pensar em arrumar a casa.

Seja-nos permitido, a encerrar, chamar a atenção para um ponto essencial.

Viu-se no empolamento dado ao Direito do Consumidor um modo de dignificar a Pessoa, por se intensificar a protecção desta.

Mas o protagonismo dado ao consumidor não dignifica a Pessoa. Pelo contrário, degrada-a.

Na base da nossa ordem jurídica está e deve estar a figura paradigmática do *cives*.

É o *cives*, como entidade plena que o Estado e a ordem jurídica reconhecem e consagram, a base do Código Civil, até no nome. Lembremo-nos do esquema do Código de Seabra, centrado no sujeito de direitos, apenas acentuando que a lei civil é a que tem como protagonista a pessoa, em si e nas suas relações. O *cives* é o protagonista.

Mas não se defende o *cives* encarando-o prioritariamente como consumidor. Então já não é o protagonista, mas um objecto ou destinatário duma protecção que lhe é concedida. Passa a ser visto como um ente tutelado e não como o actor principal.

A sede do estatuto do *cives*, até à margem de implicações políticas que são muitas vezes dúplices[24], deve continuar a encontrar-se no Direito Civil; e o Código Civil deve continuar a ser o seu profeta.

---

[23] Talvez demasiadas, por entrar em pormenores contingentes, e além disso muito pesados, de orgânica institucional. Somos porém informados que essa parte, aliás ultrapassada já pelos factos, seria eliminada.

[24] Pense-se na instabilidade das constituições políticas, em contraste com a estabilidade relativa da lei civil.

A DEFESA DO CONSUMIDOR NO BRASIL, SOB A ÓPTICA DOS TRIBUNAIS: A APLICAÇÃO DO CDC NO TRANSPORTE AÉREO

CARLOS FERNANDO MATHIAS DE SOUZA

Professor titular da Universidade de Brasília, magistrado (Desembargador Federal do Tribunal Regional Federal da 1ª Região, convocado para o Superior Tribunal de Justiça) e vice-presidente do Instituto dos Magistrados do Brasil.

O Brasil elevou a defesa do consumidor ao patamar constitucional e, por duas vezes, a Lei Maior trata dela, expressamente: no art. 5.º (que cuida dos direitos e deveres individuais e coletivos) e no art. 170, ao definir os princípios gerais da atividade econômica.

Dizem o art. 5.º, *caput* e seu inciso XXXII da Constituição de 1988: "*Art. 5.º Todos são iguais perante a lei, sem distinção de qualquer natureza, garantindo-se aos brasileiros e estrangeiros residentes no País a inviolabilidade do direito à vida à liberdade, à igualdade, à segurança e à propriedade, nos termos seguintes: XXXII – o Estado promoverá, na forma da lei, a defesa do consumidor*".

Por sua vez, prescrevem o art. 170 (*caput*) e inciso V: "*Art. 170. A ordem econômica, fundada na valorização do trabalho humano e na livre iniciativa, tem por fim assegurar a todos existência digna, conforme os ditames da justiça social, observados os seguintes princípios: V – defesa do consumidor*".

Tem-se assim que a defesa do consumidor, promovida na forma da lei, é, sob a óptica da Constituição brasileira, a um só tempo, direito e garantia fundamental e também princípio basilar da ordem econômica.

Alguns diplomas legais em defesa do consumidor têm advindo, como o principal deles – o Código de Proteção e Defesa do Consumidor, mais conhecido tão-só como o Código de Defesa do Consumidor – CDC (Lei n.º 8.078, de 11 de setembro de 1990) e, ainda, por exemplo, o Decreto n.º 2.181, de 20.3.97, dispondo sobre a organização do Sistema Nacional de Defesa do Consumidor – SNDC e estabelecendo normas gerais sobre a aplicação das sanções administrativas previstas no CDC e as Portarias de n.ºs 4 (de 13.3.98), 3 (de 15.3.01) e 5 (de 27.8.02), da Secretaria de Direito Econômico (Ministério da Justiça), divulgando as cláusulas contratuais consideradas abusivas.

Importante frisar que relações jurídicas em importantes áreas, como a transporte aéreo (responsabilidade civil das empresas) e as bancárias, que pareciam incólumes à tutela do CDC, por efeito da doutrina e, mormente, da jurisprudência passaram a submeter-se ao novo ordenamento.

Com relação à responsabilidade civil das empresas aéreas, questão da maior importância tem-se posto perante os Tribunais, qual seja a da aplicação ou da própria prevalência do Código do Consumidor sobre a Convenção de Varsóvia (e do Protocolo de Haia).

A Convenção de Varsóvia de 12 de outubro de 1929, como se sabe, ratificada pelo Brasil e promulgada pelo Decreto 20.704, de 24 de novembro de 1931, tem sido o esteio (de há muito), das empresas aéreas em matéria de responsabilidade civil. No direito interno, tem-se o Código Brasileiro de Aeronáutica (Lei n.º 7.565/86) altamente influenciado por tal convenção.

Com efeito, o Tratado de Varsóvia (como também se diz) unificou certas regras relativas a transporte aéreo internacional e, de plano, logo em seu artigo primeiro, prescreve: *"Aplica-se a presente convenção a todo transporte internacional de pessoas bagagens ou mercadorias efetuado por aeronave, mediante remuneração. Aplica-se igualmente aos transportes efetuados gratuitamente por empresas de transportes aéreos."*

A convenção em destaque, em seu art. 22, consagrou o princípio da limitação da responsabilidade. Veja-se: (1) *"No transporte de pessoas, limita-se a responsabilidade do transportador à importância de cento e vinte e cinco mil francos, por passageiro. Se a indenização, de conformidade com a lei do tribunal que conhecer da questão, puder ser arbitrada em constituição de renda, não poderá o respectivo capital exceder aquele limite. Entretanto, por acordo especial com o transportador, poderá o viajante fixar em mais o limite da responsabilidade. (2) No transporte de mercadorias ou de bagagem despachada, limita-se a responsabilidade do transportador à quantia de duzentos e cinqüenta francos por quilograma, salvo se provar ser esta superior ao interesse real que o expedidor tinha na entrega. (3) Quanto aos objetos que o viajante conservar sob sua guarda, limita-se a cinco mil francos por viajante a responsabilidade do transportador."*

A aplicação dessa norma, contudo, vem sendo atualmente superada pela justiça brasileira.

O *"schollar"* Ruy Rosado, em feito de seu relato como ministro do STJ, magistralmente, examinou o *punctum dolens* da questão: "(...) *sabe-se que a origem das cláusulas limitativas do valor indenizatório, inseridas nos tratados internacionais, está em se constituir o transporte aéreo uma atividade que, ao tempo, apresentava risco maior do que os outros meios de transporte, risco esse que deveria, ser repartido entre o transportador e o seu cliente. Os tempos mudaram e hoje o transporte aéreo, segundo as próprias companhias de aviação divulgam e o comprovam os dados estatísticos, é um dos mais seguros, com o que desapareceu a razão de ser da própria limitação.*

Mudaram as condições técnicas de segurança do vôo e também se modificaram as normas que protegem o usuário dos serviços prestados pelo transportador. O Código de Defesa do Consumidor tem regra expressa, considerando abusiva a cláusula que restringe direitos inerentes à natureza do contrato, de tal modo a ameaçar o equilíbrio contratual (art. 51, § 1.º, II, do CDC), como acontece no caso de exoneração ou diminuição excessiva da responsabilidade, ocasionados pelo mau serviço. No conflito entre o disposto no novo diploma e no tratado, "a doutrina e a jurisprudência atual têm negado a existência de superioridade hierárquica entre o tratado recebido no ordenamento jurídico interno e a legislação interna, principalmente em matéria tributária e comercial" (Claudia Lima Marques, "Responsabilidade do Transportador Aéreo pelo Fato do Serviço e o CDC", "Dir. do Consumidor", 3/155-166). A ilustre jurista ainda refere as restrições feitas por outros países à Convenção de Varsóvia, a começar pelos EEUU, e informa que o Tribunal Federal Alemão declarou nulas cláusulas de contrato de vôos internacionais, embora regulados por tratados".

E, mais adiante, sustenta o Professor Ruy Rosado: *"Inexiste, dentro do sistema jurídico e da lógica, qualquer razão para privilegiar o transportador aéreo, beneficiando-o com tarifas reduzidas pelo mau serviço prestado em terra, na atividade comum a qualquer transportador. Essa desigualdade ofende o bom senso e o princípio da igualdade constitucionalmente assegurado"*.

Em síntese, já se pode dizer que se vive hoje, por efeito do CDC, um novo tempo em matéria de responsabilidade civil das empresas aéreas.

Assim, a tutela da responsabilidade civil das empresas aéreas está posta em novas bases, sendo posta por terra o princípio de que tal responsabilidade deva ser limitada, como na letra da Convenção de Varsóvia (1929), e outros diplomas, de muitos modos decorrentes dela, como é o caso do referido Protocolo de Haia (1955) e, no ordenamento jurídico brasileiro, o Código Brasileiro de Aeronáutica.

Com efeito, a convenção de Varsóvia, como bem sabido, consagra o princípio da responsabilidade limitada que se expressa, em termos práticos, pela indenização tarifada, para as hipóteses de dano ocasionado por morte, ferimento ou qualquer outra lesão corpórea sofrida pelo viajante, que, naturalmente, resultem de acidente, ocorrido à bordo de aeronave, ou no curso de quaisquer operações de embarque ou desembarque.

Ademais, o mesmo princípio, à luz da convenção em destaque, aplica-se ao *"dano ocasionado por destruição, perda, avaria de bagagem despachada, ou de mercadorias, desde que o fato que causou haja ocorrido durante o transporte aéreo"*.

A própria Convenção (art. 20), contudo, mitiga ainda mais a responsabilidade em destaque, ao prescrever, expressamente: "1) *"O transportador não será responsável se provar que tomou ou tomaram seus prepostos, todas as medidas necessárias para que se não produzisse o dano, ou que lhes não foi possível tomá-las"*, e 2) *"No transporte de bagagem, ou de mercadorias, não será responsável o transportador se provar que o dano proveio de erro de pilotagem, de condução da aeronave ou de navegação, e que, a todos os demais respeitos,, tomou, e tomaram seus prepostos, todas as medidas necessárias para que se não produzisse o dano".*

Após o advento do CDC (e com a aplicação que lhe tem dado o judiciário), já se pode falar em uma autêntica revolução coperniciana (ou copernicana, como querem alguns), no campo da responsabilidade civil das empresas aéreas, passando, inclusive, pela indenização do dano moral.

Com relação a esse dano, por exemplo, desde decisão do Supremo Tribunal Federal, no ano de 1997, ficou superada a discussão sobre a impossibilidade de sua indenização, com respeito a extravio de bagagem.

Com efeito, o Supremo Tribunal Federal, ao julgar o Recurso Extraordinário 172.720/RJ, de relato do Professor e Ministro Marco Aurélio Mendes de Farias Mello, decidiu: *"O fato de a Convenção de Varsóvia revelar, como regra, a indenização tarifada por danos materiais não exclui a relativa aos danos morais. Configurados esses pelo sentimento de desconforto, de constrangimento, aborrecimento e humilhação decorrentes de extravio de mala, cumpre observar a Carta Política – incisos V e X do artigo 5.º, no que se sobrepõe a tratados e Convenções ratificadas pelo Brasil".*

Não bastara isto, veio o Superior Tribunal de Justiça oferecer inteligência, também revolucionária no referente à responsabilidade civil das transportadoras aéreas, quanto ao dano moral e ao dano material.

Foi o que resultou do julgado do Recurso Especial n.º 173.526/SP, de relatoria do, também, *"schollar"* e magistrado Ministro Ruy Rosado de Aguiar.

A decisão, tomada por unanimidade pela Quarta Turma da Corte Superior, foi a seguinte: *"RESPONSABILIDADE CIVIL. TRANSPORTE AÉREO INTERNACIONAL. LIMITE INDENIZATÓRIO. DANO MORAL. 1. A perda de mercadoria em transporte aéreo internacional, causada pela negligência da empresa, deve ser indenizada pelo seu valor real, não se aplicando a regra da indenização tarifada. 2. É possível a condenação pelo dano moral resultante da perda durante o transporte. Divergência superada (...)".*

Para que se entenda, de modo mais claro, o julgado tenha-se em consideração breve resumo.

Pela decisão do STJ, foi confirmada a condenação da VARIG ao pagamento de indenização à empresa Whinner Indústria e Comércio, por conta de negligência no transporte de mercadoria importada da Itália, em 1989. A justiça paulista já havia determinado à VARIG o ressarcimento dos danos morais e materiais sofridos com o extravio e foi essa decisão que a empresa aérea pretendeu reformar.

O caso concreto, em apertada síntese, foi o seguinte: a empresa Whinner, fabricante de conectores eletrotécnicos, acertou com a empresa italiana Tecnisa SRL a importação de 15 mil contados de cobre com tratamento térmico de US$3,45 mil, cujo transporte seria feito pela VARIG. A matéria prima em referência foi embarcada em julho de 1989 no aeroporto de Malpensa (Milão), mas nunca chegou ao seu destino, o aeroporto de Guarulhos, em São Paulo.

A empresa aérea reconheceu o extravio da mercadoria e enviou carta a Whinner, informando-lhe o depósito, em cruzados novos, no montante de NC$ 572,58 (valor de 1989), com o qual pretendia indenizar os prejuízos e dar o caso por encerrado. A questão, naturalmente. foi parar no Judiciário.

A Justiça de São Paulo, em primeiro grau de jurisdição, garantiu à empresa Whinner indenização, incluindo o valor da mercadoria, dano moral, lucros cessantes e as despesas com as viagens até o terminal no aeroporto de Guarulhos. Da decisão, recorreu a empresa aérea. Apreciando o apelo, o Primeiro Tribunal de Alçada de São Paulo confirmou a sentença, quanto à indenização pelo valor da mercadoria e pelo dano moral. Contudo, à míngua de prova suficiente, excluiu da condenação os dispêndios com as idas e vindas ao aeroporto, bem como a parte referente aos lucros cessantes.

Recorreu dessa decisão a empresa de aviação, para o STJ, ao fundamento de que os danos morais, não estão previstos na Convenção de Varsóvia e, *ipso facto* pretendia diminuir o montante da condenação.

Em voto lapidar, o relator, o magistrado professor Ruy Rosado, examinou a questão fundamental da limitação da responsabilidade civil das empresas aéreas, fulminando a pretensão da empresa, como se depreende da ementa transcrita do julgado.

E, quanto ao dano moral em si, registre-se de passagem, prevaleceu, naturalmente, a assinalada decisão do Supremo Tribunal Federal.

As decisões pioneiras são (a do RE 172.720/RJ e a do REsp. 173.526/SP), evidentemente, marcos (sem jogos de palavras) na jurisprudência pátria.

O Judiciário tem sido chamado a apreciar outras questões sobre responsabilidade civil das empresas aéreas, não só com relação ao extravio de bagagens (acompanhadas e desacompanhadas) como a indenizações por danos (inclusive moral) por atrasos de vôo, *overbook*, e outras práticas abusivas por parte das empresas aéreas.

De certo modo, já se pode dizer que a Convenção de Varsóvia, de muitos modos, já não resiste. E é algo que não ocorre só no Brasil.

Por significativo, ilustre-se com o fato, de que, em 15 de novembro de 1965, os Estados Unidos formalizaram denúncia à Convenção em destaque. Não é preciso dizer mais.

Quanto ao reparo ao dano moral, este erigido, praticamente, em garantia constitucional com o advento da Carta de 1988 (art. 5.º, incisos V e X), de modo que se poderia dizer irrestrito e abrangente, tem vindo, naturalmente, também em socorro do consumidor.

Antes de mais nada, recorde-se página de Rui Stoco, em seu Tratado de Responsabilidade Civil: *"Enfim nossa Carta de Princípios colocou um ponto final à divergência existente, como se vê no mencionado art. 5.º, incisos V e X, anotando Caio Mário que "o argumento baseado na ausência de um princípio geral desaparece. E assim a reparação do dano moral integra-se definitivamente em nosso direito positivo"* cabendo acrescentar que a enumeração constante do dispositivo inscrita na atual Carta de Princípios *"é meramente exemplificativa sendo lícito à jurisprudência e à lei ordinária aditar outros casos"*, completando de forma irresponsível que *"com as duas disposições contidas na Constituição de 1988, o princípio da reparação do dano moral encontra o batismo que a inseriu em a canonicidade de nosso direito positivo. Agora pela palavra mais firme e mais alta da norma constitucional, tornou-se princípio de natureza cogente o que estabelece a reparação por dano moral em o nosso direito, obrigatório para a legislação e para o juiz"* (q.v. Responsabilidade Civil, Ed. Forense, Rio, 3.ª ed. 1992).

O conceito clássico de dano moral, é dizer-se o concernente à ofensa ou violação que não fere propriamente a bens patrimoniais, liga-se, em geral, à pessoa do ofendido ou à pessoa de sua família, à profissão, ao desconforto psíquico, ao aborrecimento e à humilhação, citem-se, por exemplos.

Consoante lição de mestre Orlando Gomes (**in** Obrigações), em síntese, caracteriza-se o dano pelo constrangimento que alguém experimenta, em conseqüência da lesão em destaque, em direito personalíssimo, ilicitamente produzido por outrem.

A legislação infraconstitucional, em diferentes diplomas, tem cuidado do dano moral, como é o caso do Código de Defesa do Consumidor – CDC (Lei 8.078, de 11 de setembro de 1990).

– Caberia reparo ao dano moral, por exemplo, em decorrência de atraso de vôos, no que são useiras e vezeiras as companhias aéreas?

A resposta é afirmativa e vem pela voz firme dos Tribunais.

De plano, registre-se que no Recurso Especial 24.0078-SP (relator ministro Waldemar Zveiter) entendeu-se que *"os limites indenizatórios constantes da Convenção de Varsóvia não se aplicam às relações jurídicas de consumo, uma vez que, nas hipóteses como a dos autos, deverá haver, necessariamente, a reparação integral dos prejuízos sofridos pelo consumidor"*.

Observe-se que, no caso do recurso em destaque não se discutia dano moral, mas sim a relação de consumo, com a aplicação do CDC e afastamento da indenização tarifada, como prevista na Convenção de Varsóvia.

De modo mais amplo e significativo, contudo, decidiu a Corte Superior, no Recurso Especial 197.808-SP (relator ministro Antonio de Pádua Ribeiro) que é *"cabível a indenização por danos morais sofridos por passageiro em virtude de atraso de 10 horas em vôo internacional"*. Ademais, entendeu o STJ como razoável a indenização fixada em 5000 francos Poincaré, além de fixar que *"a prova do fato e das circunstâncias do atraso é suficiente para que se forme a convicção acerca do desconforto, dor ou aflição do passageiro"*.

Em outras palavras, na hipótese, além de reconhecer o dano moral e seu conseqüente reparo, reafirmou o entendimento de que é o bastante o atraso no vôo, sendo dispensável até a prova *"do desconforto, dor ou aflição do passageiro"*.

Outros precedentes, bem ilustrativos, encontram-se, ainda, na jurisprudência do STJ.

No Recurso Especial 234.472-SP (relator ministro Barros Monteiro), por exemplo, assim ficou decidido: *"RESPONSABILIDADE CIVIL. TRANSPORTE AÉREO. ATRASO DE VÔO INTERNACIONAL. DANO MORAL. PROVA DO PREJUÍZO. FIXAÇÃO DO "QUANTUM" INDENIZATÓRIO. – Provados o fato e as circunstâncias pessoais do viajante, para o reconhecimento do dano extrapatrimonial não se exige a prova do desconforto, da dor ou da aflição, que são admitidos através de um juízo da experiência (...)".*

O acórdão em destaque faz expressa invocação a precedentes da Quarta Turma da Corte, como por exemplo, o REsp 219.094-SP (relator ministro Sálvio de Figueiredo Teixeira), em caso em que se pleiteava dano moral, por atraso de vôo, por passageiros em viagem de lua de mel: *"Restando incontroverso o atraso em vôo internacional e ausente prova de caso fortuito, força maior ou que foram tomadas todas as medidas necessárias para que não se produzisse o dano, cabível é o pedido (...)"*

Interessante observar que, nesse caso, o relator invocou a própria Convenção de Varsóvia, em abono da indenização pretendida, por danos morais.

No mesmo sentido, ademais, o julgado no REsp 214.824-SP (relator ministro Ruy Rosado de Aguiar): *"TRANSPORTE AÉREO INTERNACIONAL. Atraso. Dano moral. Provada a existência do atraso de 24 horas em viagem internacional, e aguardando o passageiro no saguão do aeroporto, sem prova de que o transportador tenha tomado as medidas do art. 20 da Convenção de Varsóvia, é de se admitir a existência do dano moral pelo desconforto e aflição com a demora, dano cuja presença é reconhecida por um juízo da experiência (...)"*

Muito embora a clareza do aresto, a merecer destaque a reafirmação da tese do **juízo da experiência** como o bastante, em termos de prova, a justificar a indenização pelo dano moral.

A propósito, no acórdão do REsp 197.808, cuidou-se desse juízo de (ou da) experiência, com situação concreta, assim exposta: *"(...) o que foi efetivamente postulado e deferido foi o dano moral decorrente do considerável atraso no vôo dos recorridos e a conseqüente perda da conexão que fariam se tivessem chegado no horário previsto. Demonstrados os fatos externos que ensejaram o dano e com base na experiência comum, deve-se reconhecer o prejuízo, cuja presunção, na espécie, não afronta os princípios da responsabilidade civil nem as regras de distribuição do ônus da prova."*

Hoje já se fala em uma redução significativa (menos até de duas horas de atraso) a justificar a indenização por impontualidade nos vôos.

Na verdade, *tempora mutantur et nos in illis*. Sim, os tempos mudam e nós com eles.

Isto vem a propósito dessa autêntica revolução que se vem processando nas relações entre as empresas de navegação aérea e os seus usuários, agora já não mais tuteladas (tão-só) pela Convenção de Varsóvia (1929), como sabido, que foi modificada pelo Protocolo de Haia (1955) e, em redução para as relações no transporte aéreo interno, pelo Código Brasileiro de Aeronáutica (1986).

A jurisprudência, que, na feliz expressão de Franceso Ferrara *"é o estado atual do direito tal como refletido pelo conjunto de soluções que, sobre dada matéria, se encontram consagradas em pelas decisões judiciais"*, alterou, com profundidade os limites e o alcance da responsabilidade civil das empresas aéreas.

Em outras palavras, mais recentemente, a justiça brasileira (mas, isso não vem ocorrendo só no Brasil) tem reconhecido a responsabilidade objetiva das empresas aéreas, inclusive afastando a indenização tarifada, em hipóteses de extravio de bagagens, atrasos de vôos e *"overbooking"* (isto é a venda de passagens acima do número de lugares disponíveis para determinado vôo).

Essa nova visão do judiciário, decorre, precisamente, da Constituição de 1988, elaborada sob a égide (entre outros) dos chamados direitos de terceira geração, dos quais resultou o Código de Proteção e Defesa do Consumidor (Lei n.º 8.078, de 11.9.90), mais conhecido (como já registrado) por Código de Defesa do Consumidor (CDC) ou, simplesmente, Código do Consumidor.

De passagem, acrescente-se, uma nova óptica doutrinária, advinda, mais particularmente, com autores alemães, como, por exemplo, Konrad Hesse e Dieter Grimm.

De Konrad Hesse, no que ele denominou de *"força normativa da Constituição"*, observa-se o reconhecimento da função positiva da Lei

Maior (e com supremacia) e não mais tão-só na sua função negativa, isto é de limitação do Estado.

Ademais, vem-se reconhecendo, também, a importância dos direitos e garantias fundamentais nas relações privadas (ilustre-se, por exemplo, com o julgado do Recurso Extraordinário n.º 201.819-8/RJ, relator para o acórdão o Professor e magistrado Gilmar Mendes).

Por sua vez, o professor (Universidade Federal do Rio Grande do Sul) e magistrado (antigo Ministro do Superior Tribunal de Justiça), Ruy Rosado Aguiar, em voto como relator do Recurso Especial n.º 173.526, assinalou reflexão doutrinária, em tal sentido, do professor Dieter Grimm (que é juiz do Tribunal Constitucional da Alemanha) ao afirmar que os direitos fundamentais não se prestam *"apenas à defesa do cidadão contra o Estado* (efeito imediato), *como também criam dever de proteção ao indivíduo nas relações privadas, produzindo efeitos sobre terceiros (...). Essa eficácia reflexa e mediata nas relações de direito privado se dá através da interpretação das normas legais, muito especialmente das cláusulas gerais"*.

É sob essa óptica do direito que melhor se compreenderá que passado é o tempo de considerar-se o ordenamento jurídico (como no liberalismo clássico dos séculos XVIII e XIX) como sendo um sistema centrado mais nas codificações (e, mais especificamente, no código civil. Recordem-se, por bem significativos, os códigos de Napoleão e o BGB).

O direito, a partir do século XX, é outro, posto que forjado em idéias e realidades, como a do *"Welfare State"* ou Estado do bem-estar social, pelo reconhecimento da função positiva da Constituição e da prevalência dos direitos e garantias fundamentais, já havendo, inclusive, tendência no sentido do primado dos valores.

É daí, também, que resultam novas visões do direito, como, por exemplo, a da superação de cláusulas (citem-se, por significativas) ou regras da Convenção de Varsóvia (e, de certo modo, por extensão, de certas normas do Código Brasileiro de Aeronáutica), limitativas da responsabilidade civil das empresas aéreas.

É chegada a hora e a vez das indenizações, em sua exata extensão, pelos danos materiais, de responsabilidade dos transportadores aéreos, inclusive da responsabilidade por danos morais, resultante de extravio de bagagens, de atraso em vôos e de *"overbooking"*.

Repise-se que aquilo que se afirma com relação à Convenção de Varsóvia, sobre os pontos em destaque, vale também para o Código Brasileiro de Aeronáutica (Lei 7.565 de 19 de dezembro de 1986) que nela em muito se inspirou.

Recorde-se, por bastante oportuno, que o movel principal da Convenção em referência foi unificar certas regras relativas a transporte aéreo internacional.

O professor Antônio Chaves, de saudosíssima memória, em artigo publicado na Revista Direito do Consumidor (25/7) assinala que para boa compreensão do que ficou estabelecido no Tratado de Varsóvia é preciso remontar ao início do século XX *"quando a aviação ainda era uma atividade em nascimento e onde os riscos eram enormes tanto para os passageiros, para a carga transportada, para os tripulantes e para as próprias empresas aéreas. A aplicação das regras da responsabilidade comum dificultavam o desenvolvimento deste importante setor econômico e ao mesmo tempo permitiam que se incluisse nos contratos de transporte oferecidos pelas empresas cláusulas de exoneração da responsabilidade"* (q.v. Claudia Lima Marques **in** *"A responsabilidade do transportador aéreo pelo fato de serviço e o Código de Defesa do Consumidor - antinomia. entre a norma do CDC e de leis especiais"* – Revista Direito do Consumidor, n.º 3).

Registre-se, com ênfase, que a justiça brasileira tem sido bastante firme na aplicação do Código de Defesa do Consumidor, não só em casos de atraso de vôos, mas também no referente a extravio de bagagem (acompanhada ou não), e nos de *overbooking*.

Por sua óbvia importância, destaquem-se decisões do Supremo Tribunal Federal, órgão do judiciário que dá a última palavra em matéria constitucional, e do Superior Tribunal de Justiça, corte que tem, em síntese, por missão, preservar o direito federal.

Como o dano moral foi elevado, também, ao patamar constitucional, passando por ele e vinculada a extravio de bagagem aérea, foi apreciada no Recurso Extraordinário n.º 172.720-9 (relator o professor e magistrado Ministro Marco Aurélio), do que resultou, sem jogo de palavras, autêntico acórdão marco sobre a matéria. Eis, em síntese, a ementa do acórdão: *"IDENIZAÇÃO – DANO MORAL – EXTRAVIO DE MALA EM VIAGEM AÉREA – CONVEÇÃO DE VARSÓVIA –*

OBSERVAÇÃO MITIGADA – CONSTITUIÇÃO FEDERAL – SUPREMACIA. O fato de a Convenção de Varsóvia revelar, como regra, a indenização tarifada por danos materiais não exclui a relativa aos danos morais. Configurados esses pelo sentimento de desconforto, de constrangimento, aborrecimento e humilhação decorrentes do extravio de mala, cumpre observar a Carta Política da República – incisos V e X do artigo 5.º, no que se sobrepõe a tratados e convenções ratificados pelo Brasil."

No agravo (AGRAG 196379/RJ), o Supremo (relator, também, o Ministro Marco Aurélio) reafirmaria a tese: *"INDENIZAÇÃO – DANO MORAL – EXTRAVIO DE MALA EM VIAGEM AÉREA – CONVENÇÃO DE VARSÓVIA – Longe fica de vulnerar o art. 5.º, inciso II, e § 2.º* (da Constituição, naturalmente) *decisão mediante a qual, a partir do disposto nos incisos 5.º e 10 nele contidos, é reconhecido o direito de indenização por dano moral decorrente de atraso em vôo e perda de conexão (Precedente – Recurso Extraordinário n.º 172.720-9)"*

Da jurisprudência do STJ, é o bastante ilustrar-se com acórdão do RESP 173.526-SP, relator ministro Ruy Rosado Aguiar, cuja ementa (no essencial) já foi anteriormente transcrita.

Os Tribunais de Justiça dos estados, por sua vez, têm agasalhado a tese em destaque, que já começa também a ser consagrada em decisões dos juizados especiais cíveis da justiça comum.

Tais decisões expressam o estágio do direito contemporâneo em que a Constituição, como ápice do sistema jurídico e com sua força normativa não só determina o conteúdo das leis novas (isto é as que sejam aprovadas no seu regime), mas também manifesta sua força modificadora ou transformadora, por via interpretativa, quanto à legislação que lhe é pretérita.

A Turma Recursal dos Juizados Especiais e Criminais de Justiça do Distrito Federal, por exemplo, no julgamento da Apelação Cível no Juizado Especial – ACJ (1999011075436-0), decidiu: *"ATRASO DE VÔO E EXTRAVIO DE BAGAGEM. 1 – Causam dano moral que deve ser indenizado igualmente sem tarifação. 2 – O dano evidencia-se mediante a prova do fato que, de acordo com a experiência ordinária, é apto a produzi-lo. 3 – Tratando-se de relação de consumo, é objetiva a responsabilidade da companhia aérea pela inadequada prestação do serviço".*

Em seu voto, o relator, Juiz Fernando Habibe, de plano, assinala que a tese da empresa aérea apelante "*está superada e não encontra ressonância nos pretórios nem na melhor doutrina*", acrescentando que as regras insertas no Código Brasileiro de Aeronáutica (Lei 7.565/86), têm que ser reinterpretadas à luz da Constituição de 1988.

Assinala o mencionado juiz que não só o dano moral está constitucionalmente assegurado, sem limitação (de forma mediata ou imediata) como garantia, bem assim que a indenização tarifada não foi recepcionada pelo sistema da nova Carta.

Como argumento de reforço, enfatiza o magistrado (apenas para argumentar) que mesmo, caso não aceita a equação como posta, ficaria superada qualquer discussão com o advento do Código de Defesa do Consumidor (Lei 8.078, de 11 de setembro de 1990), diploma decorrente da letra expressa da Lei Maior.

E, prossegue o magistrado: "*O Código de Defesa do Consumidor assegurou a indenização livre de tarifas, dos danos morais e materiais causados ao consumidor, além de atribuir responsabilidade objetiva, também aos prestadores de serviços*" (art. 6.º, VI, 14 e 25 do CDC).

Como ilustração, sobre este último particular, o juiz traz abono doutrinário de Carlos Roberto Gonçalves (**in** Responsabilidade Civil, 5ª edição, Saraiva, com nota de que o extraiu de acórdão em apelação cível do TJDF (APC 4487697), de relato do desembargador José de Campos Amaral), no seguinte sentido: "*não se pode mais cogitar de qualquer modalidade de indenização tarifada, nem mesmo em caso de acidente aéreo*".

Enfrenta o juiz Fernando Habibe a questão da antinomia, em face das regras contidas no Código de Defesa do Consumidor e do Código Brasileiro de Aeronáutica (em razão da especialidade de cada qual), concluindo pela prevalência da disciplina contida no CDC, com suprimentos do mestre de sempre, Carlos Maximiliano: "*(...) precisa ser inteligentemente compreendido e aplicado com alguma cautela o preceito clássico: "A disposição geral não revoga a especial". Pode a regra geral ser concebida de modo que exclua qualquer exceção; ou enumerar taxativamente as únicas exceções que admite; ou, finalmente, criar um sistema completo e diferente do que decorre das normas positivas anteriores: nesses casos o poder eliminatório do preceito geral recente abrange também as disposições especiais antigas. Mais ainda: quando as duas leis regulam o mesmo assunto e a nova não reproduz um dispositivo particular da anterior, considera-se este como ab-rogado tacitamente"* (**in** Hermenêutica e Aplicação do Direito, 10.ª edição, Forense, Rio de Janeiro).

Por outro lado, do *"schollar"* e magistrado Professor Ruy Rosado Aguiar, a lição: *"(...) São cláusulas abusivas as que caracterizam lesão enorme ou violação ao princípio da boa-fé objetiva, funcionando estes dois princípios como cláusulas gerais do direito, a atingir situações não reguladas expressamente na lei ou no contrato. Norma de Direito Judicial impõe aos juízes torná-las operativas, fixando a cada caso a regra de conduta devida"* (**in** A proteção do consumidor no Brasil e no Mercosul).

Papel importante cabe ao Judiciário, no coibir tais cláusulas, cuja nulidade de *pleno iure*, é reconhecida por ofensa à ordem pública, no particular da defesa do consumidor.

Assim,, pode o juiz declarar a nulidade, motivado pelo autor em ação, ou pelo réu, em contestação ou em reconvenção e, ainda, de ofício, isto é independente,ente de requerimento pela parte interessada.

Atualmente, como se sabe, inclusive no direito civil, é dizer-se não só no que afetar relações de consumo, os contratos devem atender à função social, à boa-fé objetiva, ao equilíbrio econômico e, quando afetar a um consumidor, à sua vulnerabilidade, considerada sua fragilidade legalmente presumida nas relações de consumo.

Mas, o Judiciário tem também dado um basta em praticas abusivas, em que são contumazes as companhias aéreas, entre elas a do *overbooking*. E, já se vai fazendo farta a jurisprudência no particular.

O Tribunal de Justiça do Distrito Federal tem assentado que: *"RESPONSABILIDADE CIVIL. TRANSPORTE AÉREO DOMÉSTICO. ATRASO NO EMBARQUE. OVERBOOKING. ALEGAÇÃO DE TROCA DE AERONAVE NÃO COMPROVADA. LITIGÂNCIA DE MÁ-FÉ. Diante da demonstração inequívoca que os autores foram embarcados em vôo doméstico com muito atraso, em virtude da ocorrência de "overbooking", e que a alegada troca de aeronave a seu pedido não ocorrera, conforme atestou o Departamento de Aviação Civil, correto impor-se à requerida a pena de litigância de má-fé. Indenização por danos morais. Aplicabilidade do Código de Defesa do Consumidor. A prestação de serviço inadequada, haja vista a ocorrência de atraso no embarque dos autores, revela o descumprimento das normas que regulam o transporte aéreo de passageiros, dando origem à responsabilidade civil da companhia aérea em indenizar o incômodo causado aos seus passageiros. Tratando-se de companhia concessionária de serviço público de transporte aéreo, sua obrigação de indenizar é objetiva (§ 6.º, art. 37, CF) incidindo também na espécie as disposições contidas no Código de Defesa do Consumidor. Correta a fixação dos danos morais em 20 salários mínimos para cada autor. Sentença mantida. Recurso improvido"* (Apelação Cível 1990011039176-5, relator, desembargador Jerônymo de Souza).

O Tribunal de Justiça do Estado do Rio de Janeiro, consigne-se outra ilustração, no julgado da Apelação Cível 4.401/00, de relato do desembargador Carlos Raymundo Cardoso, decidiu: *"RESPONSABILIDADE CIVIL. TRANSPORTE AÉREO. PRÁTICA DE OVERBOOKING. DANO MORAL. REPARAÇÃO. LIMITES DO CÓDIGO BRASILEIRO DE AERONÁUTICA E DA CONVENÇÃO DE VARSÓVIA. As limitações, no plano da composição dos danos decorrentes do descumprimento do contrato de transporte aéreo constantes da Convenção de Varsóvia e adotadas no direito interno nacional pelo Código Brasileiro de Aeronáutica, não se podem sobrepor aos termos da Carta Constitucional de 1988, mormente no que diz respeito ao ressarcimento do dano moral, expressamente assegurado como garantia individual (art. 5.º, V e X da CF), pelo que não foram elas recepcionadas pela ordem constitucional vigente".*

E, prossegue o acórdão: *"Demais disto, havendo nosso sistema constitucional afastado a primazia dos tratados e convenções internacionais sobre as normas de direito interno, estabelecendo a equivalência entre ambos, as regras limitadoras de indenização contidas na Convenção de Varsóvia não se aplicam em face da norma de direito interno que dispõe de forma diversa, visto como posterior, devendo a transportadora, face à responsabilidade presumida constitucionalmente estabelecida para as concessionárias de serviço público, arcar com a indenização equivalente à completa reparação do dano,.*

A prática de mau vezo adotada pelas companhias aéreas, ao venderem bilhetes em número superior ao de assentos disponíveis na aeronave (overbooking), configura intolerável violação do direito do consumidor e do contrato de transporte, da qual decorre indiscutível dano moral indenizável, consubstanciado na decepção, revolta, ansiedade e frustração do passageiro que viu desrespeitada sua reserva.

Na fixação do valor da reparação, há que se levar em consideração, no caso, além da natureza, extensão e repercussão do dano, a vertente penal do ressarcimento, à vista da gravidade do ilícito civil indutor da lesão, cumprindo o papel de exemplar reprimenda ao infrator. Recurso da companhia aérea desprovido. Parcial provimento do recurso do passageiro, para elevar-se a indenização a quinze mil reais, limites do pedido inicial".

É mais uma evidência da superação da Convenção de Varsóvia.

A propósito, a Corte Constitucional Italiana declarou, por sentença de 2 de maio de 1985, a ilegitimidade constitucional do art. 1.º da Lei 841, de 19 de maio de 1932 e do art. 2.º da Lei 1832, de 3 de dezembro de 1962, na parte em que davam execução ao art. 22/1 da Convenção de Varsóvia (cf. art. XI do Protocolo de Haia).

Na hipótese discutia-se sobre a constitucionalidade de leis internas italianas (Leis 841/32 e 1832/62) que, acolhendo a Convenção de Varsóvia, asseguravam a limitação da responsabilidade do transportador aéreo em determinadas hipóteses.

A Corte Constitucional fez prevalecer, *in casu*, o art. 2.º da Constituição da República Italiana, que cuida de direitos invioláveis das pessoas, concluindo a sentença: *"dichiara l'illegimitá costituzionale dell'art. 1 della legge 19 maggio 1932, n.º 841 e dell'art. 2 della legge 3 dicembre 1962, nella parte cui danno esecuzione all'art 22/1 della Convenzione di Varsávia (...)".* Ou seja: *"declara a ilegitimindade constitucional do art. 1.º da Lei de 19 de maio de 1932, n.º 841, e do art. 2.º da Lei de 3 de dezembro de 1962, na parte que dão execução ao art. 22/1 da Convenção de Varsóvia (...)"*

Relembre-se que, no direito contemporâneo, os contratos devem atender à função social, à boa-fé objetiva, ao equilíbrio econômico e, quando afetar a um consumidor, à sua vulnerabilidade, considerada sua fragilidade (esta, legalmente presumida nas relações de consumo).

Acrescente-se, consoante Luiz Edson Fachin, que "(...) *o sistema de amparo às relações de consumo surge em consonância com a axiologia e principiologia constitucional com o escopo de auferir concretude ao princípio da igualdade material.*

Destarte, os direitos básicos fixados no Código de Defesa do consumidor são normas materialmente constitucionais (em que pese não se situarem topograficamente no texto constitucional) fundamentais (já que baldrames da tutela jurídica dos hipossuficientes, neste caso, os consumidores)", <u>in</u> "Estudos de Direito do Consumidor – CDC, n.º 7, 2005, Faculdade de Direito de Coimbra, p. 131.

Com efeito, a cada vez mais, amplia-se a ação do Código de Defesa do Consumidor.

O judiciário tem sido muito chamado a decidir questões que envolvam a defesa do consumidor. E, tem estado à altura, como está a indicar farta jurisprudência, e de qualidade.

Mais um passo significativo acaba de ser dado, envolvendo o judiciário, nas relações jurídicas ligadas ao transporte aéreo. Naturalmente, a referência é a instalação dos juizados especiais (da Justiça federal e da Justiça Comum) nos aeroportos de Brasília, São Paulo e do Rio de Janeiro, o que dá a esperança no dizer da Ministra Ellen Gracie, presidente do Supremo Tribunal Federal, de que até o fim do ano o setor *"esteja em céu de brigadeiro"*.

DOS CUESTIONES EN TORNO A LA PROTECCIÓN DEL CONSUMIDOR EN LA COMPRAVENTA DE PRODUCTOS DE CONSUMO: LA GARANTÍA DEL PRODUCTO SUSTITUTO Y LA DEL PRODUCTO QUE SE OBSEQUIA CON LA COMPRA DE OTRO.[*]

SILVIA DÍAZ ALABART

Professora Catedrática de Direito Civil
da Universidade Complutense de Madrid

Sumario: I. Introducción. II. La cuestión de la duración del plazo de garantía del producto sustituto en el caso de que la puesta en conformidad se haya efectuado mediante la sustitución del producto defectuoso. III. La cuestión de la garantía de otros productos que de forma gratuita se ofrecen al consumidor junto al producto que se adquiere.

I. Introducción

La Directiva 1999/44/CE, sobre determinados aspectos de la venta y garantía de los bienes de consumo se traspuso al Derecho español con la promulgación de la Ley 23/2003, de 10 de julio, de garantía en la venta de bienes de consumo[1] (BOE n.º 165, de 11 de julio de 2003). El posterior Real Decreto legislativo 1/2007, de 16 de noviembre, por

---

[*] Este trabajo se enmarca en el Proyecto de investigación SEJ 2007-66300/JURI.
[1] A partir de ahora LGVBC.

el que se aprueba el texto refundido de la Ley General para la Defensa de los Consumidores y Usuarios y otras leyes complementarias[2] (BOE de 30 de noviembre 2007) supone un cambio importante en la regulación de la protección de los consumidores en el Derecho español[3]. Su entrada en vigor[4] ha derogado algunas leyes especiales – entre otras – la mencionada LGVBC[5]. En este nuevo texto legal la regulación sobre *"garantías y servicios postventa"* se encuentra recogida en el Título V (arts 114-124) del DLTRCLU.

Las garantías en la compraventa que se abordaron en la LGVBC han suscitado gran interés entre los autores y ya existe un apreciable cuerpo de doctrina al respecto[6]. Asimismo la jurisprudencia menor[7] y

---

[2] Desde ahora DLTRLCU

[3] Durante años, un sector importante de la doctrina española ha venido criticando con dureza el que en el ámbito de consumo se haya empleado como regla la técnica legislativa de leyes especiales. Cosa que además de los graves problemas que la proliferación excesiva de normas ocasiona en cualquier sistema, iba convirtiendo a la Ley 26/1984, General de Protección de los Consumidores y Usuarios en un texto vacío de contenido. Han tenido que transcurrir más de veinte años para llevar a cabo la tarea de reformar dicha Ley (por mandato expreso de la disposición final quinta de la Ley 44/2006, de 29 de diciembre, de mejora para la protección de los consumidores y usuarios), introduciendo en el texto refundido la mayor parte de las Leyes especiales fruto de la trasposición de las normas comunitarias. Fuera del nuevo texto refundido quedan otras leyes de la misma procedencia por entender que las mismas"instrumentan regímenes jurídicos muy diversos que regulan ámbitos sectoriales específicos alejados del núcleo básico dela protección de los consumidores y usuarios". Entre esas normas están las que regulan los servicios de la información y comercio electrónico, garantías y uso racional de los medicamentos y productos sanitarios, crédito al consumo, comercialización a distancia de servicios financieros para consumidores, derechos de aprovechamiento por turno de bienes inmuebles de uso turístico. El legislador español, a diferencia de lo que sucede en otros países, si bien con el nuevo DLTRCU ha tratado de "racionalizar" de alguna forma la legislación de consumo, no se ha atrevido con la tarea de mayor envergadura de redactar un Código de consumo.

[4] Como en el DLTRLCU no se dice nada del momento en que ha de entrar en vigor se aplica el art 2 del Código civil que dispone que: "las leyes entrarán en vigor a los veinte días de su completa publicación en el BOE, si en ellas no se dispone otra cosa".

[5] En la Disposición derogatoria única se hace un elenco de las leyes (en su totalidad o parcialmente) que deroga expresamente el DLTRLCU

[6] Además de los estudios que en su día se hicieron sobre la Directiva 1999/44, son numerosos los que se han dedicado a LGVBC. Así, sin ánimo de hacer una enu-

los laudos de consumo[8] sobre las garantías en las ventas de bienes de consumo son ya abundantes. Obviamente dado lo reciente del DLTRLCU, todos los estudios y sentencias que se mencionan en este

---

meración exhaustiva: VERGEZ, Mercedes, *"La protección del consumidor en la Ley de garantías en la venta de bienes de consumo"*, Pamplona, 2004, CASTILLA BAREA, Margarita, *"El nuevo régimen legal de saneamiento en la venta de bienes de consumo"*, Dykinson, Madrid, 2005, DÍAZ ALABART, Silvia, HERNÁNDEZ DÍAZ-AMBRONA, Mª Dolores, ALVAREZ MORENO, Mª Teresa, FUENTESECA DEGENEFFE, Cristina, y REPRESA POLO, Patricia *"Garantía en la venta de bienes de Consumo (Ley 23/2003, de 10 de julio)"*, Edisofer, Madrid 2006. DÍAZ ALABART, Silvia *"La aplicación de la Ley de garantía en la venta de bienes de consumo. Primeros pronunciamientos"*, RDP, julio-agosto 2006, pags 3-26. MARÍN LÓPEZ, Manuel Jesús; *"Las garantías en las ventas de bienes de consumo en la Unión Europea. La Directiva 1999/44/CE y su incorporación en los Estados miembros"*, T.I y II (anexo documental), INC y Ministerio de Sanidad y Consumo, Madrid 2004, MEZQUITA GARCÍA-GRANERO, Mª Dolores, *"Los plazos en las compraventas de bienes de consumo. Estudio comparativo de la cuestión en el Derecho español y portugués"*, RDP, enero-febrero 2005, pags 71 y ss, O´CALLAGHAN MUÑOZ, Xavier, *"Nuevo concepto de la compraventa cuando el comprador es consumidor"*, en RDP, enero-febrero 2005, pags 23 y ss, PEÑA LÓPEZ, Fernando, *"La adquisición de bienes y productos por el consumidor"*, en *"Reclamaciones de consumo (Derecho de consumo desde la perspectiva del consumidor)"*, coordinado por BUSTO LAGO, José Manuel, 2005, pag 341 y ss, VV AA, *" La Ley 23/2003 de garantía de los bienes de consumo: planteamiento de presente y perspectivas de futuro"*, coordinado por REYES LÓPEZ, Mª José, 2005. AVILÉS GARCÍA, Javier, *"Los contratos de compraventa de bienes de consumo"*, Comares, Granada 2006, COSTAS RODAL, Lucia, *"El régimen de la falta de conformidad en el contrato de compraventa de bienes de consumo"*, en AC, n.º 2 bis, 2004/253, FUENTESECA DEGENEFFE, Cristina, *" La compraventa de bienes de consumo"*, La Ley, Madrid, 2007

[7] No existe aún ninguna sentencia del Tribunal Supremo, y dado que en España la regulación de garantías en la venta de bienes de consumo solamente se aplica a bienes muebles, por razón de la cuantía, las reclamaciones de los consumidores en este ámbito raramente llegarán hasta el Supremo.

[8] El arbitraje de consumo está plenamente implantado en España, y sus características se acomodan muy bien a las reclamaciones más frecuentes en relación con las garantías en las compraventas de bienes de consumo. Pero la larga experiencia en este sistema extrajudicial de conflictos ha evidenciado algunos extremos mejorables, lo que junto a la promulgación de una nueva Ley de Arbitraje en el año 2003 (Ley 60/2003, de arbitraje) obliga a hacer algunos ajustes en el RD 636/1993, de 3 de mayo, por el que se regula el sistema arbitral de consumo. En esta línea la Ley 44/2006, de 29 de diciembre, de mejora de la protección de los consumidores y usuarios en su

trabajo se refieren a la ley especial (LGVBC) que él mismo ha derogado, pero como la letra de los nuevos artículos difiere poco de la que tenían los de la LGVBC, todos esos materiales de trabajo siguen conservando todo su valor.

En su momento, la opinión común[9] valoró las mejoras que la citada LGVBC aportaba para la protección del consumidor en un ámbito de la contratación tan frecuente en la vida diaria, aunque señalaba algunas deficiencias, como lo inadecuado de que una norma que regula transacciones tan habituales no haya hecho una apuesta decidida por la sencillez. En este orden de cosas hay que destacar que en la LGVBC se utilizaba un elevado número de plazos (lo mismo que hace el DLTRLCU) cuyo conocimiento y comprensión no es fácil para un consumidor medio[10]. Al igual que resultaba llamativo en la Ley española que, después de haber optado por imponer al consumidor la carga de informar en plazo a su vendedor de la falta de conformidad del bien adquirido so pena de perder todos los derechos que aquélla le concede[11-12], la privara de sentido al establecer una presunción *"iuris tantum"* de que dicha comunicación había tenido lugar dentro del plazo establecido (art 9, 4 LGVBC). Este es uno de los puntos concretos de la responsabilidad en la compraventa en los que el DLTRLCU ha introducido una muy novedad importante. Actualmente el incumpli-

---

Disposición final 6ª concede al gobierno un plazo de un año para dictar una nueva regulación del sistema arbitral de consumo. En ese texto deberá incluirse el arbitraje virtual y el establecimiento por vía reglamentaria de los supuestos en que actuará un árbitro único en la administración del arbitraje de consumo. Hasta el momento, cerca ya del vencimiento del plazo, la única actuación conocida ha sido la elaboración un anteproyecto de escasa circulación.

[9] No sólo de los autores, sino también de las asociaciones de consumidores.

[10] En relación con lo dispuesto en la LGVBC española y que ha pasado sin cambios al DLTRLCU, se contabilizan siete plazos diferentes que tampoco cuentan con una naturaleza unitaria.

[11] Opción establecida como tal en el art 5, 2. de la directiva 1999/44

[12] También el Decreto-Lei N.O 67/ 2003 de 8 de abril, que traspone al Derecho portugués la directiva 1999/44 acoge la carga del consumidor de denunciar a su vendedor la falta de conformidad dentro del plazo de los dos meses o de un año (según se trate de un bien mueble o inmueble), pero no establece presunción alguna al respecto.

miento por parte del consumidor o usuario del deber de informar en plazo, no supone ya la pérdida de su derecho al saneamiento. La única consecuencia del incumplimiento del deber de información o denuncia, es que el consumidor deviene responsable "de los daños o perjuicios efectivamente ocasionados por el retraso en la comunicación" (art 123.4 DLTRLCU). Aunque el nuevo precepto no diga nada al respecto, de acuerdo con la regla general de que la carga de probar algo corresponde a quien lo alega, que en este caso es el vendedor o el productor[13], será a ellos a quienes corresponda probar dos extremos: primero, que el retraso en la comunicación les provocó determinados perjuicios. Y segundo, la cuantía de los mismo. Resulta evidente que esa prueba puede ser de difícil obtención.

Si sumamos a esta novedad el que se mantiene la presunción *"iuris tantum"* de que el consumidor denunció el defecto a tiempo, aún resulta menos explicable mantener la carga del consumidor de denunciar o informar de la existencia del defecto en el plazo bimensual, cuando su incumplimiento –visto lo visto –, muy rara vez tendrá consecuencias prácticas.

---

[13] La presunción de que se comunicó el defecto a tiempo al no precisar de forma determinada, hace casi imposible probar que no se llevó a cabo. Y si -pese a ello – se logra probar, para que tal circunstancia tenga alguna consecuencia práctica favorable al profesional no basta. Habrá también que probar que dicho retraso ocasionó daños y perjuicios. Se puede observar que el precepto no deja claro si esos daños son los que pueden haberse ocasionado en el propio bien defectuoso por no haberse reparado a tiempo, por lo que resultará mas caro o mas difícil la puesta en conformidad. O bien sin más, se refiere genéricamente a cualquier tipo de daños que esa falta de información puntual puede haber causado al profesional. Pensemos por ejemplo que el vendedor tiene en existencia una partida de bienes que son defectuosos, y que si el consumidor que adquirió el primero le hubiera comunicado en plazo la falta de conformidad, le hubiera permitido comprobar el estado de los demás productos iguales que tenía en existencia, y devolver los defectuosos al fabricante inmediatamente. En cambio, al haberse retrasado el consumidor en su denuncia, cuando ésta llega a conocimiento del vendedor ya ha vendido todos los demás bienes iguales que tenía en su almacén, y ahora tendrá que hacer frente a todas esas reclamaciones. Aunque luego pueda emplear la acción de regreso contra el fabricante (art 124 tercer párrafo DLTRLCU), es evidente que el retraso le ha podido perjudicar.

Como ocurre en toda reclamación de daños además de demostrar su existencia es preciso hacer igual con su cuantía.

También hay que subrayar la evidente dificultad interpretativa del art 10 LGVBC que regulaba la acción contra el productor[14], y que no ha variado prácticamente su redacción[15] en el art 124 DLTRLCU, por lo que dicha dificultad permanece.

Los autores han manifestado su opinión sobre estos extremos y otros muchos más. Sin embargo, aún después del tiempo transcurrido desde la entrada en vigor de la LGVBC, hay dos cuestiones de cierta trascendencia – cuestiones que permanecen idénticas en el DLTRLCU –, respecto de las que la directiva 1999/44 posiblemente no se pronunció con suficiente claridad, aunque lo cierto es que el problema sólo parece aflorar en la Ley española, y no en las leyes de trasposición de los otros distintos Estados miembros[16]. Tampoco la generalidad de los autores se han ocupado del tema, y los que lo han hecho ha sido sin profundizar en ellos.

---

[14] Una de las especialidades de la normativa española (en su momento en el art 10 LGVBC y ahora en el art 124 DLTRLCU), es que prevé la posibilidad de que el consumidor pueda reclamar directamente al productor (hay que recordar que la directiva 99/44 recogía que en el informe de su aplicación al Parlamento Europeo y al Consejo se examinaría la procedencia de introducir la responsabilidad directa del productor). El problema principal que plantea este precepto es el de cuando puede hacerse esa reclamación directa. ¿Solamente cuando al consumidor le resulte una carga excesiva dirigirse contra el vendedor?, o ¿estamos ante la posibilidad de que cuando la falta de conformidad se refiera al origen, identidad o idoneidad de los bienes de consumo, de acuerdo con su naturaleza y finalidad y con las normas que los regulan, el consumidor pueda optar libremente entre reclamar al vendedor o directamente al productor?

[15] En este precepto, como en general en todo el texto del DLTRLCU, donde antes se decía consumidor, ahora se le añade, "y usuario" con lo que se cubre más correctamente el ámbito subjetivo de la ley. Y en vez de hablar de "bien", en el DL se emplea el término "producto", pues en su artículo 6 se señala que a los efectos del nuevo texto legal producto es todo bien mueble..

[16] Para un estudio muy detallado sobre la trasposición de la directiva 99/44 en todos los Estados miembros de la UE, puede verse Marín López, M J, "Las garantías en las ventas de consumo en la Unión europea (La directiva 1999/44/CE y su incorporación en los Estados miembros)", T. I y T. II (anexo documental), edit. Ministerio de Sanidad y Consumo e INC, Madrid 2004, recogiendo todas las leyes de trasposición y con un breve comentario de Cristofaro, G., sobre la armonización parcial y las diferencias subsistentes, "Le garanzie post-vendita sui beni in Europa", edit Ministero dello Sviluppo Económico, Roma, 2006.

Por otra parte, hasta la fecha no existen sentencias que se ocupen de dichas cuestiones. Las páginas que siguen tan sólo pretenden reflexionar muy sucintamente sobre ambas.

II. La cuestión de la duración del plazo de garantía del producto sustituto en el caso de que la puesta en conformidad se haya efectuado mediante la sustitución del producto defectuoso

La primera cuestión afecta a algo tan esencial respecto al derecho del consumidor a la conformidad de los bienes con el contrato, como es el plazo durante el cual el vendedor responde de los defectos o vicios del bien o producto vendido, y el no menos importante momento en el que se inicia el cómputo de dicho plazo. La Directiva es tajante al respecto (art 5, 1), dejando claro que dicha responsabilidad se dará cuando el defecto de conformidad se manifieste dentro del plazo de dos años[17] computados desde la entrega del bien[18]. Ahora bien, cuando se ha manifestado el defecto dentro de plazo, el consumidor lo ha comunicado así a su vendedor dentro de los dos meses desde que tuvo conocimiento de su existencia[19], y la puesta en conformidad se lleva a cabo a través de la sustitución del producto defectuoso, puede surgir la duda sobre cual sea el plazo de responsabilidad del vendedor respecto de los vicios o defectos que puede presentar el nuevo producto, el producto sustituto.

Al respecto pueden mantenerse dos posturas antagónicas:

A) Al producirse la sustitución el vendedor entrega un bien o producto nuevo, distinto del adquirido originalmente por el

---

[17] Evidentemente siendo la Directiva -como la mayor parte de las dedicadas a los consumidores – de mínimos, los Estados miembros que así lo deseen pueden ampliar el plazo, pero en ningún caso reducirlo.

[18] Se inicia el cómputo en ese preciso momento por que es entonces cuando el consumidor puede conocer la existencia de vicios o defectos que no estaban a la vista al adquirir el bien.

[19] Aunque como ya he dicho más arriba, con el nuevo texto del DLTRLCU (art123, 4), aunque no se informe a tiempo el consumidor no pierde sus derechos de garantía legal.

consumidor, por lo tanto el plazo de garantía del producto que viene a sustituir al defectuoso es un plazo nuevo y completo de dos años. Plazo que habrá de computarse desde el momento en el que el nuevo producto, el sustituto, se entrega al consumidor-comprador[20].

B) En el momento en el que se produce la sustitución, el producto nuevo ocupa el lugar del defectuoso adquirido originalmente. No se trata en realidad de otra adquisición distinta. Por tanto, para ese producto sustituto no hay un nuevo plazo de garantía, sino que le cubre el correspondiente a la adquisición originaria del producto defectuoso sustituido. Esto es, el tiempo que reste del plazo de dos años que comenzó a computarse en el momento de la entrega del producto defectuoso que ha sido sustituido. Así el plazo de garantía del producto sustituto no tiene una duración homogénea prefijada, sino que ésta dependerá del lapso de tiempo transcurrido hasta el momento en que se haya producido la sustitución[21].

---

[20] DÍAZ ALABART, S, "Los plazos en la Ley de garantías en la venta de bienes de consumo", pag 205 y ss, en *"Garantía en la venta de bienes de consumo"*, (coordinado por Diaz Alabart, S.), Edisofer, Madrid, 2006, AVILÉS GARCÍA, J, *"Los contratos de compraventa de bienes de consumo"*, Comares, Granada 2006, pags 368-369. Este autor nos recuerda que el cambio que se produjo por una enmienda en el trámite parlamentario eliminando la mención clara de que cuando se entrega el bien sustituto comienza un nuevo plazo de garantía estaba motivada por "colocar la opción de sustitución del bien en justa paridad con la opción que persiga la reparación del mismo, pensando que con ello se evitará *"desincentivar el ejercicio de esta opción de saneamiento (la sustitución) desde el punto de vista del vendedor con el consiguiente perjuicio para el comprador"*. Añade después su opinión de que tal rebaja en los derechos del consumidor supone una trasposición incorrecta de la directiva, y que además es posible hacer una interpretación por la que se entienda que la remisión hecha al art 9, 1 LGVBC en nada afecta a que se entienda que al tratarse de un bien nuevo existen las mismas posibilidades de que tenga algún defecto de conformidad que las que existían respecto del bien adquirido originalmente, por lo que el plazo de garantía habrá de ser de dos años completos

[21] En este sentido se manifiesta CASTILLA BAREA, M., *"El nuevo régimen legal de saneamiento en la venta de bienes de consumo"*, Dykinson, Madrid 2005, pag. 286--288, si bien esta autora pone de relieve que es una opción que va en contra del interés

Ni la directiva 1999/44, ni en su momento la LGVBC, ni tampoco el DLTRLCU tienen ningún precepto que – tal como hubiera sido aconsejable –, resuelva la cuestión con total claridad[22]. Junto a esa falta de claridad, hay que añadir algo obvio: que sin duda la primera opción favorece el interés del consumidor, mientras que la segunda beneficia el del vendedor.

Simplemente de algo tan evidente ya se puede extraer un argumento a favor de la primera opción, puesto que la Constitución Española de 1978, dentro de su capítulo III, *"De los principios rectores de la política social y económica"*, el art 51[23] recoge expresamente las líneas fundamentales de la protección de los consumidores. Después en el art 53 señala que *"El reconocimiento, el respeto y la protección de los principios reconocidos en el capítulo tercero* (en el que se encuadra el art 51), *informará la legislación positiva, la práctica judicial y la actuación de los poderes públicos. Sólo podrán ser alegados ante la Jurisdicción ordinaria de acuerdo con lo que dispongan las leyes que

---

del consumidor. También lo hace así Mezquita García-Granero, M D, *"Los plazos en la compraventa de consumo. Estudio comparativo de la cuestión en el Derecho español y portugués"*, en Revista de Derecho Privado, enero –febrero 2005, pags 98-99. Por su parte, Vergez, M, *"La protección del consumidor en la ley de garantías en la venta de bienes de consumo"*, Aranzadi, Navarra, 2004, pag 108, opina que no es correcto dar el mismo trato a la reparación, donde si tiene sentido la suspensión del plazo, que a la sustitución, pues en ésta hay una nueva entrega de un bien distinto, y por ello seria más congruente que los plazos se interrumpieran en lugar de suspenderse, pero con todo no apuesta por que comience un nuevo plazo

[22] En el Proyecto de Ley de la LGVBC la redacción si era clara, pues respecto de la sustitución se decía que: *"d) La sustitución interrumpe los plazos a que se refiere el artículo 9, abriendo unos nuevos desde la entrega del segundo bien"*, y lo deseable es que hubiera continuado así en el texto aprobado por las Cortes, ya que en su letra quedaba perfectamente reflejado el espíritu de la directiva 44/99.

[23] " 1.Los poderes públicos garantizarán la defensa de los consumidores y usuarios, protegiendo, mediante procedimientos eficaces, la seguridad, la salud y los legítimos intereses económicos de los mismos.-2. Los poderes públicos promoverán la información y la educación de los consumidores y usuarios, fomentarán sus organizaciones y oirán a éstas en las cuestiones que puedan afectar a aquéllos, en los términos que la ley establezca. – 3. En el marco de lo dispuesto por los apartados anteriores, la ley regulará el comercio interior y el régimen de autorización de productos comerciales"

los desarrollen"[24]. Así en el ordenamiento español sin duda existe un principio constitucional de protección del consumidor. Dicho principio general[25] *"pro consumatore"*, además de ser desarrollado por la legislación ordinaria habrá de ser tenido en cuenta en su actuación tanto por los tribunales como por los propios poderes públicos. Ese principio, como no podía ser menos, se repitió en su momento en el artículo 1.°,1 de la Ley 26/1984, de 19 de julio, general para la defensa de los consumidores y usuarios, y ahora se recoge igualmente en el art 1 del DLTRLCU[26].

Así pues ante una norma de protección de consumidores cuya interpretación no resulte clara, aplicando tal principio habrá de inter-

---

[24] BERCOVITZ RODRÍGUEZ-CANO, Alberto, "La protección de los consumidores en el Derecho español", en BERCOVITZ RODRÍGUEZ-CANO, Alberto y Rodrigo, *"Estudios jurídicos sobre la protección de los consumidores"*, edit. Tecnos, Madrid 1987, pag. 29, apunta que la redacción de del art 53, 3 C E, en su segunda frase no es muy afortunada, "ya que atendiendo a la primera es evidente que sí que podrán alegarse ante la Jurisdicción ordinaria los principios reconocidos en el capítulo tercero, sin necesidad de tener un apoyo expreso en una ley, precisamente porque tales principios no sólo han de informar la legislación ordinaria, sino que además han de informar la práctica judicial y la actuación de los poderes públicos. Lo que ocurre es que la invocación tendrá un valor distinto según tenga apoyo expreso en una ley aplicable al caso concreto o se trate simplemente de la invocación de un principio constitucional, que, en cuanto tal, ha de ser tenido en cuenta también tanto porlos tribunales como por los órganos de la administración".

[25] No olvidemos que según el art 1, 4 CC, los principios generales del Derecho tienen una doble función: fuente del Derecho de tercer orden tras la ley y la costumbre y carácter informador del ordenamiento jurídico.

[26] El texto de este nuevo art 1, DLTRLCU tiene alguna diferencia de redacción con respecto a su homónimo del texto originario de la LCU. Sin embargo es destacable que ahora al decir como antes que la norma general de protección de consumidores y usuarios *"tiene por objeto establecer el régimen jurídico de protección de los consumidores y usuarios en el ámbito de la competencia de Estado"*. Esta frase, que a primera vista, puede parecer redundante para una norma general, en cambio en el sistema español del "Estado de las Autonomías", en el que no siempre son indiscutibles las competencias del Estado frente a las de las Comunidades Autónomas, y que en otros casos, en particular respecto de la protección de los consumidores y usuarios, las competencias del uno y las otras se solapan. Por tanto en esa mención en el DLTRLCU no es redundante.

pretarse *"pro consumatore"*, lo que en relación con la cuestión que me ocupa significa optar por que al bien sustituto le corresponda completo el plazo de dos años de garantía.

Pero lo cierto es que ese único argumento parece insuficiente, mientras que si examinamos con cierto detenimiento tanto la directiva 1999/44 como después la LGVBC, y ahora en el DLTRLCU, encontraremos en ellos argumentos suficientes para defender esa misma postura, quedando el que he apuntado más arriba como simple argumento a mayor abundamiento.

El art 123, 1 DLTRLCU[27] recoge una de las bases de la protección del consumidor en su ámbito objetivo, la duración estandart del plazo de garantía y el momento del inicio del cómputo del mismo. La otra base es el contenido de esa garantía, es decir lo que se entiende por conformidad del bien con el contrato, y cuando ésta falta los medios de saneamiento (reparación, sustitución, rebaja del precio), o en los casos que el DLTRLCU permite la resolución del contrato[28]. Puesto que ese plazo de dos años desde la entrega del bien es algo esencial en el DLTRLCU, es lógico pensar que las excepciones que pueda haber al mismo[29] se expongan con toda claridad en su articulado, y en

---

[27] La diferencia de redacción entre el art 123, 1, y su antecedente el art 9, 1 LGVBC no es más que ahora se ha cambiado el término bien por producto y que se ha incluido a los usuarios junto a los consumidores. Por lo demás el texto es idéntico.

[28] Aunque conforme a la redacción de la LGVBC parecía que las cuatro posibilidades señaladas son "puestas en conformidad de los bienes con el contrato", en sentido estricto solamente lo serán la reparación y la sustitución, puesto que ambas adecuan la prestación defectuosa o incorrecta a lo pactado. La rebaja del precio en realidad supone un reequilibrio de las prestaciones contractuales pactadas en su momento, y obviamente no lo es la resolución del contrato. Ahora el DLTRLCU toca esta cuestión con mayor claridad. A ello colabora la inclusión de un nuevo párrafo en la regulación de la reparación o sustitución del producto (art 119, 2 *"in fine"*), en el que se incluye la aclaración de que "para determinar si los costes no son razonables, los gastos correspondientes a una forma de saneamiento deben ser, además considerablemente mas elevados que los gastos correspondientes a la otra forma de saneamiento".

[29] Excepciones que tratándose la 99/44 de una directiva de mínimos, no pueden ser otras que aquellas que en la propia directiva se establezcan como tales, o que en su articulado aparezcan como opcionales para que los Estados miembros, si así lo entienden aconsejable lo introduzcan en sus normas de trasposición. En cuanto

el lugar previsto para los plazos[30], en el mencionado art. 123[31]. De hecho en ese mismo precepto y párrafo, haciendo uso de la opción que permite la directiva, en la norma española se establece que tratándose de bienes de segunda mano vendedor y consumidor podrán pactar un plazo menor, que no podrá ser inferior a un año desde la entrega. Esa es la única excepción a la bianualidad del plazo, y no hay ninguna en relación con el momento de inicio del cómputo.

Si examinamos las reglas sobre el régimen jurídico de reparación o sustitución del producto (art 120 DLTRLCU) observaremos que se

---

excepciones establecidas en la propia directiva tenemos que no se trate de un "bien de consumo", o que el vendedor no sea profesional, o que el comprador no tenga la condición de consumidor (art 1.º directiva 99/44). En cuanto a las opciones que presenta el articulado. Una es la de imponer al consumidor la carga de denunciar la existencia del defecto al vendedor, dentro de los dos meses desde que se conoció la existencia del mismo (art 5, 2). La otra, el que tratándose de bienes de segunda mano, se permite que acordándolo así comprador y vendedor fijen un plazo de responsabilidad del vendedor inferior a los dos años, pero nunca de menos de uno (art 7, 1, segundo párrafo)

[30] Castilla Barea, M., *"El nuevo régimen legal de saneamiento en la venta de bienes de consumo"*, Dykinson, Madrid, 2005, pag 243, pone de manifiesto que desde un punto de vista sistemático habría sido conveniente que lo referente a la suspensión de los plazos se hubiera incluido en el art que trata esta cuestión, el art 9. Ya que si bien la ubicación en el art 6 no es incorrecta obliga a remitir al art 9, remisión que de otra forma habría sido innecesaria., evitando una regulación dispersa en materia de plazos. Aunque esta autora escribe en relación con la LGVBC, como en este aspecto son mínimos los cambios efectuados en el DLTRLCU, lo dicho para la primera norma sirve igualmente para la segunda

[31] Uno de los derechos básicos de los consumidores y usuarios es la protección de sus legítimos intereses económicos y sociales (art 8 DLTRLCU). Dentro de la protección de dichos intereses está el que las leyes y reales decretos que regulan sus derechos se redacten de forma en que sean cognoscibles sin graves problemas por un consumidor medio. Esto que el legislador ya sea nacional o comunitario exige respecto de los contratos de consumo así respecto de las cláusulas abusivas, o en general respecto de las prácticas comerciales desleales (directiva 2005/29, de 11 de mayo, relativa a las prácticas comerciales desleales de las empresas en sus relaciones con los consumidores en el mercado interior, art 5, 3), también habría de exigírselo a sí mismo en las normas que promulgue para regular los derechos de los consumidores. De otra forma, la dificultad del conocimiento correcto de sus derechos irá en detrimento de la protección que para la exigencia de los mismos puedan obtener los consumidores.

dice que tanto una como otra han de ser gratuitas para el consumidor, y deberán llevarse a cabo en un plazo razonable y sin mayores inconvenientes para el consumidor. Respecto de la reparación se dice que suspende el cómputo de los plazos a que se refiere el art 123, señalando que la suspensión comenzará desde que el consumidor y usuario ponga el producto a disposición del vendedor y concluirá con la entrega al consumidor y usuario del producto ya reparado. Se trata de una regla de pura lógica si partimos de que el plazo de dos años es imperativo[32], pues la suspensión del plazo evita que el tiempo en el que el bien está en poder del vendedor para su reparación se pueda computar dentro del plazo innegociable de los dos años. Es decir, se trata de evitar cualquier posible reducción – aunque se haga indirectamente –, del plazo bianual[33].

Respecto de la sustitución se dice algo similar, que los plazos a los que se refiere el art 132 se suspenden desde el ejercicio de la opción[34] hasta la entrega del nuevo producto (art 120, e). Pero la frase final del mismo apartado d) añade "Al producto sustituto le será de aplicación, en todo caso, el art 123,1 párrafo segundo". Dicho párrafo tampoco dispone que el plazo de garantía del bien sustituto haya de ser más breve que el general de los dos años[35]. Literalmente el art 123,1, párrafo DLTRLCU dice que:" Salvo prueba en contrario, se presumirá que las faltas de conformidad que se manifiesten en los seis meses

---

[32] Como es regla general en las leyes cuyo fin es la protección de un colectivo (en este caso los consumidores) no es posible la renuncia previa a los derechos favorables al mismo contenidos en ellas (art 10 DLTRLCU).

[33] Aunque en el DLTRLCU no se recoja, en el considerando n.º 18 de la directiva se menciona también las negociaciones entre vendedor y consumidor con el fin de llegar a una solución amistosa, como una situación que permita suspender o interrumpir el período en el que la falta de conformidad puede aparecer. La idea sigue siendo proteger la integridad del plazo de los dos años, impidiendo que parte del mismo transcurra mientras el derecho del consumidor se encuentra paralizado por esas negociaciones.

[34] Tal como señala CASTILLA BAREA, M.., ob cit, pag 283, no se comprende muy bien porqué hay un trato distinto del "dies a quo"de la suspensión del cómputo de plazos en función de cual sea el tipo de medida primaria de saneamiento a ejecutar.

[35] Cosa que por otra parte no hubiera podido decir nunca siendo fiel a lo dispuesto en la directiva 1999/44, como enseguida veremos.

posteriores a la entrega del producto ya existían cuando la cosa se entregó, excepto cuando esta presunción sea incompatible con la naturaleza del producto o la índole de la falta de conformidad"[36].

La remisión al segundo párrafo del art 123, 1 DLTRLCU en puridad no era necesaria, puesto que al entregar un bien nuevo también habrá de contar con el semestre en el que se presume que los vicios que aparezcan eran preexistentes a la entrega. Se trata de una disposición tan genérica e irrenunciable como la de que la duración del plazo de garantía en las ventas de productos nuevos de consumo ha de tener una duración de dos años a partir de la entrega.

Sin embargo algún otro autor entiende también que la remisión del art 120 al 123 DLTRLCU[37] -sin ofrecer argumentos consistentes para apoyar su tesis –, lo que significa es que si en el producto sustituto se presenta algún defecto o anomalía calificables como faltas de conformidad, "ésta se presumirá también originaria si ello acaece en los seis meses siguientes a la entrega del nuevo objeto, con independencia del tiempo que haya transcurrido desde la entrega del primer producto que se adquirió", pero dicho autor, no piensa que la referencia a la presunción de los seis primeros meses, es redundante ya que es lógica habiendo comenzado un nuevo plazo con la entrega del nuevo bien, si no que lo considera como algo excepcional, puesto que entiende que la sustitución del producto, "no parece que pueda producir ni superposición ni prórroga alguna de los plazos de manifestación de la falta de conformidad, como efecto adicional a la propia suspensión que ordena el precepto"[38]. Esto es que el nuevo producto sustituto no tiene plazo propio de garantía, y con la remisión, al menos gozará de ese período de seis meses.

---

[36] El contenido de los artículos 120 y 123 DLTRLCU es prácticamente igual a la que en la LGVBC tenían los arts 6 y 9.

[37] Como el DLTRLCU es tan reciente, la doctrina española sobre garantías en la venta de bienes de consumo se refiere siempre a los artículos de la LGVBC (en este caso se trata de la remisión del art 6 d) al 9, 1), pero aún así sigue siendo igualmente útil por que salvo contadas excepciones, salvo en lo que respecta a la numeración de los artículos, las dos normas dicen prácticamente lo mismo

[38] CASTILLA BAREA, M., Ob cit, pag. 286.

Sin embargo, entiendo que esta es una interpretación forzada y desde luego contraria a la esencia de la directiva y por tanto a la que ha de mantenerse en todas las leyes que la trasponen a los ordenamientos de los Estados miembros de la UE.

Solamente se podría mantener pensando que en este punto se deben favorecer más los intereses del vendedor en detrimento de los del consumidor. Ese interés se protegería considerando que la sustitución del bien es un remedio mas gravoso para el vendedor que la mera reparación[39]. Se articularía con el argumento de que la remisión al artículo 123, 1, segundo párrafo DLTRLCU lo que realmente hace es, dar por sentado que el producto sustituto no tiene un propio plazo de garantía, sino que únicamente le corresponde como tal el lapso de tiempo que falte para completar el transcurso de los dos años en el momento en que se lleve a cabo efectivamente la sustitución. Ahora bien para evitar que en algún supuesto en el que la sustitución se haya producido ya casi al final de los dos años y por tanto el plazo de garantía que reste sea muy escaso o incluso casi inexistente, se le asegure – como he dicho ya –, que al menos siempre ha de contar con los seis meses posteriores a la entrega del nuevo producto.

Insisto en que en mi opinión esta interpretación no es la correcta, aún si esa hubiera sido la intención del legislador español. La entrega del producto sustituto (un producto nuevo) no supone, eso es verdad, ni superposición ni prórroga del plazo bianual de manifestación de las faltas de conformidad, porque en el momento en el que se produce la entrega del producto sustituto caduca el plazo de manifestación de las faltas de conformidad del producto sustituido, y nace uno nuevo para el producto sustituto. No olvidemos que si no fuera así traicionaríamos la idea básica de la directiva[40] y por tanto necesariamente del

---

[39] Probablemente en la mayor parte de los casos sea así, pero eso ya está contemplado en el DLTRLCU, pues el consumidor no puede optar por la sustitución cuando la falta de conformidad del bien no sea relevante, y siempre habrá de tomarse en consideración la proporcionalidad del remedio para evitar costes excesivos (art 119 DLTRLCU)

[40] En el considerando n.º 17 de la directiva 99/44, se dice que conviene limitar el plazo durante el cual el vendedor será responsable así como que los Estados miembros

DLTRLCU: cada producto de consumo entregado tiene un plazo de garantía legal de dos años[41]. El hecho de que la adquisición realizada por el consumidor sea la del producto sustituido, no puede significar que el que se entrega en su lugar sea un producto con una garantía devaluada o residual. El producto sustituto pasa a ser "el producto adquirido por el consumidor". Éste no recibe ningún regalo con la sustitución, que no es otra cosa que el cumplimiento correcto (y tardío) de lo pactado en la compraventa, a lo que hay que añadir las molestias e inconvenientes que para el consumidor supone la reclamación y, aunque sea por poco tiempo, verse privado del uso del producto que adquirió.

Lo menos que se podría pedir al legislador si realmente quiso establecer una excepción de tanto calado, es que lo expresara así en la ley con la misma claridad con la que establece el plazo bianual de garantía, y no lo ha hecho así. Además esta cuestión incide directamente en la protección de los derechos del consumidor puesto que la mayor parte de los bienes de consumo son productos fabricados en serie, y es algo frecuente el que cuando uno de ellos presente un defecto, el mismo aparezca también en todos los que se fabricaron simultáneamente con él. En un caso como ese es indudable que la posición del consumidor que opta por la sustitución puede transformarse en una situación especialmente débil en cuanto a su derecho a la conformidad del bien adquirido con el contrato celebrado[42].

Por otra parte, como es sabido las directivas comunitarias aún volcadas ya en los ordenamientos jurídicos de los Estados miembros, siempre conservan su valor de referencia para interpretar las leyes

---

pueden también establecer la limitación del plazo para que los consumidores ejerciten sus derechos, pero añade *"siempre que dicho plazo no expire antes de transcurridos dos años a contar del día de la entrega"*.

[41] Incluso para que los bienes de segunda mano tengan un plazo más breve (siempre que no esté por debajo del año) han de haberlo pactado así consumidor y vendedor.

[42] Además no podemos olvidar que en los supuestos de falta de conformidad, el comprador-consumidor ha cumplido o está cumpliendo (si el precio se aplazó) correctamente la prestación pactada, mientras que el vendedor no lo ha hecho así.

nacionales, así como el de "piedra de toque" para comprobar que la trasposición se ha realizado correctamente. Cuando en las normas de adaptación del Derecho comunitario no se respetan las reglas imperativas contenidas en la directiva que sea, el Estado infractor se arriesga a una condena del Tribunal de Justicia de las Comunidades Europeas que le conminará a recoger correctamente en su Derecho interno el contenido de la directiva en cuestión[43].

En cuanto a su función para interpretar las dudas que puedan surgir en la aplicación de las leyes de adaptación de los Estados miembros, en la directiva 1999/44 queda patente que para la protección que otorga al consumidor, el plazo de los dos años es fundamental[44], y así se manifiesta palmariamente en el art 5,1. Ya fuera del articulado de la directiva, en sus considerandos, el n.º 18 permite a los Estados prever que, en caso de reparación del bien, sustitución, o bien negociación entre consumidor y vendedor para lograr una solución amistosa[45], la suspensión o la interrupción del período durante el cual cualquier falta de conformidad debe ponerse de manifiesto[46] y en su caso, del término de prescripción de la acción de reclamación, pueden disponer libremente que suspendan o se interrumpan. Salvo que se diga expresamente otra cosa no me parece razonable interpretar esto de una forma distinta al

---

[43] Así por ej.el Reino de España, mediante sentencia de 9 de septiembre de 2004 (asunto C-70/2003), fue condenado por incumplir sus obligaciones en virtud de la directiva 93/13, sobre cláusulas abusivas en contratos celebrados con consumidores, en razón a que no se habían adaptado correctamente los artículos 5 y 6, apartado 2, de la citada directiva. En cumplimiento de esa directiva se modificó lo que no estaba bien adaptado con la Ley 44/2006, de 29 de diciembre, de mejora de la protección de los consumidores y usuarios, que también tocaba otros extremos.

[44] En el considerando 17 se insiste varias veces en que la duración del plazo en el que el vendedor responde por los defectos existentes ya en el momento de la entrega del bien no puede ser inferior a los dos años desde dicha entrega.

[45] Así para pactar una reducción del precio del bien defectuoso aceptable para ambos contratantes.

[46] Es curioso señalar que la versión española del texto del considerando 18 de la directiva 99/44 dice"Considerando que los Estados miembros pueden disponer libremente, mientras que en las versiones de la directiva en otros idiomas no aparece la palabra "libremente".

beneficio del consumidor. Es decir, impedir que siga corriendo el plazo mientras el consumidor no tenga en su poder el bien reparado o sustituido.

Si observamos otras normas de trasposición de la directiva 99/44 a los Derechos de otros Estados miembros podemos constatar que en su mayor parte no disponen la interrupción del plazo de garantía ni el de la acción para ejercitarla (para el caso de que se haya establecido dicho plazo), si no que se limitan a disponer genéricamente que los plazos para la reparación o sustitución han de ser breves, señalando en algún caso como duración máxima al respecto la de un mes. Entre los pocos Estados que han optado por establecer algún tipo de suspensión, veremos que ninguno tiene una norma tan confusa como la española. Así por ej. el Decreto-Lei N.O 67/2003 de 8 de abril portugués si establece la suspensión del plazo, pero solamente durante la reparación de la cosa porque el consumidor durante dicho período se ve privado del uso de la misma[47], o la ley luxemburguesa (Ley 21 de abril 2004, relativa a la garantía de conformidad, que en su art 6, "acciones para reclamar la garantía", dispone que el término para reclamar la puesta en conformidad se interrumpe por las negociaciones entre comprador y vendedor, así como por interponer cualquier acción judicial relativa al defecto.

En conclusión el DLTRLCU en lo referente al plazo de garantía de los productos entregados en sustitución del que se adquirió originalmente y que resultó defectuoso, es una ley confusa[48], cuya interpretación debe ser clarificadora o incluso – si fuera preciso –, correctora en la línea de lo dispuesto en la directiva 99/44, a la que la ley española como las de todos los demás Estados miembros, ha de acomodarse. En el supuesto de que el legislador español hubiera tenido voluntad de limitar el derecho del consumidor a la garantía efectiva de dos años en el caso de los bienes sustitutos, no me cabe duda de que, en este punto la trasposición de la directiva 99/44 al ordenamiento español estaría mal hecha por lo que sería preciso rectificarla.

---

[47] Art 5, 5

[48] Como lo era en este mismo punto la LGVBC, ya que en ese aspecto no se han producido cambios reseñables.

III. La cuestión de la garantía de otros productos que de forma gratuita se ofrecen al consumidor junto al producto que adquiere

La segunda cuestión a plantearse es la de si los productos que se entregan al consumidor como obsequio o regalo al realizar una compraventa, o bien que en la misma situación se ofrecen al consumidor a un precio muy inferior al de mercado, gozan o no de la garantía de conformidad durante los dos años a partir de la entrega establecidos en el DLTRLCU.

La primera alternativa sería excluirlos puesto que no se ha pagado precio por ellos por lo que puede decirse que no forman parte del objeto de la compraventa[49], y que la obligación de garantía del vendedor se refiere estrictamente a que el producto que entregue sea conforme con el contrato y si no lo fuera – a petición del consumidor –, a ponerlo en conformidad, rebajar su precio, o a resolver el contrato. Es decir que la garantía legal se predica unicamente del producto que se ha adquirido pagando su precio.

La segunda consistiría en considerar que aunque ciertamente el consumidor no ha pagado precio por los productos-obsequio, los mismos si han de considerarse incluidos en la compraventa a determinados efectos[50] ya que el propio vendedor condicionó su entrega a la realización de la misma para incentivarla, y es pensable que el hecho de conseguirlos así ha sido una de las causas de que el consumidor haya decidido adquirir cierto bien[51] a un vendedor determinado y no a otro.

---

[49] CARRASCO PERERA, A., *"Comentario al art.32 LOCM"*, en "Comentarios a las leyes de Ordenación del Comercio Minorista", coordinados por Bercovitz Rodríguez-Cano, R., y Leguina Villa, J., Tecnos, Madrid, 1997, pag. 550. Este autor manifiesta que "el bien en que consiste el obsequio no es parte del objeto de la compraventa y que por ello no está sujeto a sus reglas propias (v.gr., saneamiento por vicios ocultos, etc)".

[50] Por ej. la resolución del contrato con la restitución de prestaciones no siempre obligará al consumidor a devolver el bien recibido como obsequio. Será precisa esa devolución en los casos en los que el regalo esté integrado en el bien principal, como por ejemplo si con la adquisición de un coche se regala un radiocassette o un reproductor de CD.

[51] Evidentemente el obsequio tanto puede ser ofertado por el vendedor como por el fabricante. En este último caso

La cuestión no tiene una respuesta absolutamente segura, y no aparece mencionado ni en la directiva 99/44, ni en el articulado del DLTRLCU.

Como es sabido dentro del ámbito de la contratación en masa es muy habitual[52] que los vendedores o productores al ofrecer un producto, con el objeto de hacer más atractiva su oferta, incluyan en la misma el obsequio de otro producto de menor valor[53], o sin que sea totalmente gratuito, se ofrece a un precio muy inferior al de mercado, o incluso, la mera participación en un sorteo, en el que de resultar ganador obtendrá un producto como premio[54]. El que se ofrece como regalo no tiene por qué tener ninguna relación funcional con el producto principal adquirido.

Este tipo de ofertas comerciales se mencionaban en la LGDCU de 1984, si bien simplemente se señalaba que este tipo de técnicas de marketing ser regularían específicamente en otras normas[55]. Posteriormente la Ley 7/1996, de 15 de enero, de ordenación del comercio minorista[56] las incluyó entre las actividades de promoción de ventas

---

[52] Aunque en algunos países existen importantes restricciones al respecto.

[53] Bien que puede complementar las prestaciones del que se adquiere, como por ejemplo un reproductor de CD que se ofrece en forma gratuita con la compra de un coche, o que no tenga nada que ver con éste, por ejemplo con el coche se regala una batidora de cocina o cuatro botellas de vino.

[54] Obviamente también el obsequio o premio podría consistir en la prestación gratuita de algún tipo de servicios, pero el contemplar esa posibilidad ahora excede del propósito de estas líneas.

[55] El art 9 LGDCU dispone que: "La utilización de concursos, sorteos, regalos, vales premio o similares, como métodos vinculados a la oferta, promoción o venta de determinados bienes, productos o servicios, será objeto de regulación específica, fijando los casos, forma, garantías y efectos correspondientes". Obsérvese que entre los extremos que se establece que serán regulados posteriormente se mencionan las "garantías". Ahora bien el sentido del término más parece referirse a las garantías respecto del cumplimiento exacto de lo prometido en la oferta comercial respecto de la entrega del obsequio o regalo (al menos así se sigue de lo dispuesto en el art 33 de la Ley de Ordenación del Comercio Minorista), que a garantía entendida como adecuación del bien regalado a lo dicho sobre el mismo en el contrato de compraventa (o en su caso, en la publicidad que integre el contrato), que es la que aquí nos interesa

[56] A partir de ahora LOCM

que regulaba de su título II⁵⁷, pero lo cierto es que en su regulación (arts 32-34 LOCM), no se mencionaba para nada la cuestión de la garantía de los productos-obsequio, probablemente por que en la misma ley existía un precepto general sobre garantía, en el que se estableció la responsabilidad del vendedor por la calidad de los artículos vendidos (art 12 LOCM). El contenido de esa responsabilidad se fijaba reenviando a las normas generales en vigor en el momento de la promulgación de la LOCM⁵⁸.

El DLTRLCU tampoco aclara gran cosa, ya que el único artículo que dedica a las "promociones" (art 20⁵⁹), únicamente establece que todos esos métodos vinculados a la oferta, promoción o venta "serán objeto de regulación específica, estableciendo las condiciones de transparencia en que deben producirse y asegurando en su caso, la protección de los legítimos intereses económicos de los consumidores y usuarios"⁶⁰.

Así pues la respuesta a la cuestión planteada no la vamos a encontrar resuelta – al menos de momento –, en ninguna norma específica. En cualquier caso el exigir en todo caso transparencia puede tener un cierto valor aclaratorio.

En la búsqueda de argumentos en uno y otro sentido, para apoyar la tésis de que el contenido de la garantía y su duración es la misma

---

⁵⁷ El art 32 de la Ley 7/1996 las define como, "con la finalidad de promover las ventas, podrá ofertarse a los compradores otro producto o servicio gratuito o a precio especialmente reducido, ya sea en forma automática, o bien, mediante la participación en un sorteo o concurso".

⁵⁸ Código civil, Código de Comercio, LGDCU y normas concordantes. Además se menciona la posibilidad de la garantía comercial, y la necesidad de un servicio técnico para los bienes duraderos y suministro de piezas de repuesto durante un plazo mínimo de cinco años desde el momento en que el producto en cuestión dejó de fabricarse. Por último se dispone que la acción de recuperación de los bienes entregados para su reparación prescribirá a los tres años de la entrega.

⁵⁹ "La utilización de concursos, sorteos, regalos, vales-premio o similares, como métodos vinculados a la oferta, promoción o venta de determinados bienes o servicios, será objeto de regulación específica, estableciendo las condiciones de transparencia en que deben producirse y asegurando, en su caso, la protección de los legítimos intereses económicos de los consumidores y usuarios".

⁶⁰ Con lo que más de veinte años después de la LCU de 1984, hoy en el art 20 DLTRLCU se viene a decir lo mismo que se decía en el art 9 de aquella ley.

para el producto gratuito promocional que para el que se adquiere, nos podemos fijar en el tratamiento de la cuestión por parte del legislador comunitario (y posteriormente en la de los Estados miembros) respecto de los productos defectuosos. En estas normas (directiva 85/374, Ley 22/1994, de 6 de julio de responsabilidad civil por los daños causados por productos defectuosos) y ahora art 140 DLTRLCU, al enumerar las limitadas causas de exoneración de responsabilidad del fabricante incluyen "que el producto no había sido fabricado para la venta o cualquier otra forma de distribución con finalidad económica, ni fabricado, importado, suministrado o distribuido en el marco de una actividad profesional o empresarial" (texto del art 7, c) Ley 22/ 94, de responsabilidad por productos defectuosos, que sin modificación alguna se ha recogido en el art 140,1 c)[61]

A "sensu contrario" la doctrina mayoritariamente ha entendido que los bienes entregados como muestra, u obsequio, si bien no se venden si se entregan en el marco de la actividad comercial del productor ya que forman parte de su marketing[62]. Desde luego en un ámbito tan esencial para la protección de los consumidores como es su salud e integridad física no me parece que sea discutible que no funcione la

---

[61] Prácticamente lo mismo es lo que dice el art 7 de la directiva homónima.

[62] En este sentido REGLERO CAMPOS, F"Prescripción de acciones y límite temporal de aplicación del sistema de la Ley 22/1994, de 6 de julio, de responsabilidad civil por los daños causados por productos defectuosos", en *Iniuria*, n.º 5, 1995, pag 160, RODRÍGUEZ LLAMAS, S, "Régimen de Responsabilidad por productos defectuosos", 2ª ed, Aranzadi, Navarra, 2002, pag 124, PARRA LUCÁN, M. A, "*La responsabilidad civil por productos y servicios defectuosos. Responsabilidad civil del fabricante y de los profesionales*", en "Tratado de responsabilidad civil", coordinador, Reglero Campos, F., Aranzadi-Thomson, Navarra, 2002, pag 1233-1234, GUTIERREZ SANTIAGO, P, "Responsabilidad por productos defectuosos. Cuestiones prácticas", 2ª ed, Comares, 2006, pags 398-399, REYES LÓPEZ, M.J., "Seguridad de productos y responsabilidad del fabricante. Otro supuesto de responsabilidad civil especial: la del fabricante por productos defectuosos. (Análisis de la Ley 22/1994, de 6 de julio).Cuestiones materiales y procesales", edit. Práctica de Derecho, Valencia 1998, pags 208-209. JIMÉNEZ LIÉBANA D, "Responsabilidad civil: daños causados por productos defectuosos", Mcgraw Hill, Madrid, 1998, pag 311.

exención de responsabilidad del fabricante del art 140,1 DLTRLCU[63], en relación con los productos regalo, puesto que éstos se fabrican claramente para distribuirlo de alguna forma con fines económicos, y lo fabrican o distribuyen en el ámbito de su actividad profesional. Ahora bien, ¿ocurre lo mismo en relación con la garantía de la conformidad de los bienes con el contrato? Evidentemente la protección de los intereses económicos –que son los que se protegen con el derecho a la garantía legal de los productos de consumo duraderos –, no está en el mismo nivel que su derecho a que los productos no les causen daños a la salud o integridad corporal. Tampoco la el Tit. V del DLTRLCU ofrece ningún precepto en el que se hable de excepciones a la responsabilidad del vendedor que puedan servirnos como guía. Además puede considerarse excesivamente gravoso para el vendedor quedar obligado a la garantía legal que tiene su sentido por el hecho de haber pagado el precio del producto adquirido, a otro producto por el que no se pagó. Aunque por otra parte como ya he señalado es indudable que ese premio u obsequio está dentro de la actividad comercial del vendedor o del productor (quien quiera que sea en cada caso el que ofrezca el mencionado premio). Precisamente por tratarse de una actividad comercial promocional, creo que el régimen que le correspondería, mas que el de la garantía legal es el de la garantía comercial. Si ésta es un plus que se ofrece adicionalmente al consumidor, ese obsequio o regalo también lo es, y tiene idéntica misión comercial: procurar que entre productos mas o menos similares el consumidor se decante por aquél que ofrece esos beneficios adicionales. Eso nos llevaría a determinar que los productos regalados no estarían incluidos en la garantía legal sino en una garantía comercial. Por tanto a lo dispuesto en el art 125 DLTRLCU (que recoge lo dispuesto en el art 6.º de la directiva 99/44). Conforme a dicho artículo la garantía comercial expresará necesariamente una serie de datos, entre los que hay que

---

[63] "En aplicación de la presente directiva, el productor no será responsable si prueba:.......c) o que él no fabricó el producto para venderlo o distribuirlo de alguna forma con fines económicos, y que no lo fabricó ni distribuyó en el ámbito de su actividad profesional"

incluir el plazo de duración de la misma que quedará al libre arbitrio del profesional que la ofrezca. El único extremo que queda establecido en la ley y que se sustrae a la decisión del garante es el plazo de la acción para reclamar el cumplimiento del contenido de la garantía comercial, plazo de prescripción que se fija en seis meses desde que finalice el de la garantía[64]. Pero para que esto sea así sería preciso que quien ofrece el producto especificara los extremos de la garantía aplicable al mismo, que hubiera esas condiciones de "transparencia" que para las promociones exige en general el art 20 DLTRLCU.

Así si quien ofrece el producto obsequio no dice nada al respecto, entiendo que con esa actuación está dotando a ese bien de una garantía idéntica a la legal, ya que al no existir otros datos, ésta que está completamente regulada podría tener, conforme a las expectativas despertadas en el consumidor, una función supletoria. No olvidemos que uno de los medios mas efectivos para proteger los legítimos intereses y sociales de los consumidores es la integración de la oferta, promoción y publicidad en el contrato[65]. Si nada se expresó en dicho contrato sobre la garantía del producto obsequio, mientras que en la oferta, promoción o publicidad de los bienes y servicios se deja ver que los que se regalan tienen todas las mismas características de los productos que se ofertan como principales, es normal que el consumidor contrate con la creencia de que también están cubiertos por la garantía legal. Si en el contrato no se especifica que no es así y que están sometidos a un régimen distinto, la publicidad integrará el contrato haciendo que el producto regalo tenga la misma garantía que el producto principal; la que marca la ley.

En cualquier caso esta cuestión, como la primera que he abordado son de las que ofrecen pocas seguridades y sobre las que será interesante estudiar que en su día pueda decir al respecto las jurisprudencia.

---

[64] Art. 125, 4, DLTRLCU

[65] El art 61, 2, DLTRLCU, como anteriormente hacía la LCU dispone la integración de la oferta, promoción y publicidad en el contrato.

A PESSOA E O MERCADO[1]

CRISTINA DE CICCO

Professora Associada da Universidade de
Camerino (Italia)

1. O tema que me foi confiado, Pessoa e Mercado, pode ser abordado sob diversos ângulos. E essa foi, devo confessar, a minha primeira preocupação quando comecei a pensar neste tema, porque o enfoque necessariamente está condicionado ao perfil metodológico, sistemático e de conteúdo.

Já se falou hoje sobre o papel da Constituição na teoria das fontes e da interpretação e por isso não tratarei deste ponto. Gostaria, todavia, de evidenciar como a mensagem que emerge das intervenções dos ilustres colegas que me precederam seja clara no sentido de que hoje, estudar o valor positivo da autonomia privada, do contrato, significa obrigatoriamente partir das normas constitucionais e principalmente comporta verificar a efetividade daqueles institutos numa ordem jurídica e econômica em contínua evolução.

É necessário, portanto, repensar a relação entre o direito e a economia, sem contudo jamais esquecer que no nosso ordenamento (isto é, o brasileiro e o italiano), a tutela da pessoa, a dignidade humana

---

[1] Palestra proferida no I Congresso Internacional de Direito Civil-Constitucional da cidade do Rio de Janeiro – 21-23 de setembro de 2006. Preferiu-se manter o estilo coloquial e não foi possível, por falta de tempo, nem desenvolver alguns pontos tocados na intervenção e no debate, em geral, nem incluir referências bibliográficas mais desenvolvidas.

estão posicionadas no ápice da hierarquia dos valores previstos pela Constituição. Vale dizer, que estão no centro do sistema e representam o eixo em torno do qual gira todo o ordenamento, com a conseqüente subordinação das relações patrimoniais aos valores existenciais.

Pessoa e Mercado, dois termos frequentemente contrapostos mas que uma visão unitária e sistemática do ordenamento contribui a evidenciar o seu significado positivo e o seu recíproco condicionamento. Normalmente, querendo examinar a relação entre a pessoa e o mercado, esses termos são usados e colocados na ordem em que aparece no título da minha intervenção, isto é, Pessoa, em primeiro lugar e Mercado em segundo, querendo assim ressaltar que a Pessoa representa, como dissemos, o valor máximo do ordenamento.

Na realidade, o tema pode ser entendido de diversos modos, colocando, por exemplo, a tônica na Pessoa ou no mercado. Pode ser entendido como solidariedade e mercado, colocando-se em evidência então o conflito potencial que pode surgir entre a lógica estritamente egoísta dos sujeitos que atuam no mercado e a solidariedade vista como os atos que os poderes públicos prevêem em função da tutela dos direitos definidos normalmente como sociais: o direito ao trabalho, à saúde, à instrução. Ou então, na perspectiva de buscar um ponto de equilíbrio que neste caso estaria na ética. A ética do mercado.

Nos diversos ensaios publicados ou seminários que tratam a relação entre Pessoa e mercado, a ênfase acaba sendo colocada sempre sobre o Mercado. Mas como nós sabemos, o Mercado possui várias acepções, daí a necessidade de enquadrá-lo em uma ótica, digamos, pluralista, sem generalizações. Não é possível discorrer sobre o Mercado, no singular porque vários e diversificados são os interesses subjacentes nos diferentes segmentos do mercado. O legislador tem consciência disso, tanto é verdade que dispôs e dispõem uma disciplina diferenciada para cada setor, se bem que, temos de reconhecer, o fio condutor que os une ainda seja dado prevalentemente pela lógica mercantilista.

Como a sociedade não se reduz ao mercado e às suas regras, caberá ao direito, segundo ensinamento do Prof. Pietro Perlingieri, indicar os limites e as medidas corretivas que não podem ser ditados somente em razão da riqueza ou da sua distribuição, mas que, ao contrário, devem contribuir a alcançar e respeitar os valores fundantes a ordem jurídica.

Por esse motivo procurarei propor algumas reflexões a partir dos ordenamentos italiano e brasileiro.

2. Como se sabe, o direito italiano não pode mais ser analisado apenas a partir dele próprio, devendo-se hoje levar em conta o influxo do direito comunitário. Não é esta a sede para ocuparmo-nos do problema da harmonização do Direito Nacional em relação às fontes supranacionais. Rapidamente, podemos recordar que em razão do prevalecente reconhecimento da eficiência econômica dos primeiros Tratados constitutivos da Comunidade Européia, a Corte costituzionale italiana, na mesma linha da doutrina mais atenta, esclareceu que enquanto não fosse completada a unificação e até a promulgação de uma Constituição européia, a Constituição italiana constituiria a fonte primária hierarquicamente superior a todas as outras, confirmando a própria competência para julgar os atos comunitários. O problema da hierarquia das fontes diminuiu com o desenvolvimento do Direito Comunitário, em razão da maior abertura dos sucessivos Tratados em direção aos objetivos sociais e existenciais e da contribuição da jurisprudência comunitária, que norteia a relação entre Direito interno e Direito Comunitário, a um mecanismo de intercâmbio recíproco.

Todavia, ainda que de forma decrescente, continua prevalecendo a cultura mercantilista. Não existe ainda uma tutela forte da pessoa humana. A pessoa não é tutelada como pessoa, mas como trabalhador, consumidor, investidor. Uma demonstração deste fato pode-se encontrar no âmbito do direito de família. No ordenamento dos diversos Países membros, a pessoa é tutelada tanto individualmente quanto como membro de uma formação social, isto é, familiar. Na União Européia isso não acontece. A Comunidade européia nasceu com função estritamente econômica e por este motivo o direito de família por muitos anos não foi tomado em consideração. Somente nos últimos anos é que este setor está se desenvolvendo. Sabe-se que o direito de família é um ramo desde sempre ligado à identidade, à cultura de cada País, o que dificulta enormemente a harmonização desse setor. No âmbito comunitário começou-se a pensar à família como um momento importante para facilitar *a liberdade de circulação das pessoas e para garantir a realização do funcionamento do mercado interno*. O mercado interno é entendido como um espaço sem fronteiras internas, onde deve ser garantida a liberdade de circulação das mercadorias, dos trabalhadores e do capital, mas onde deve ser garantida, também, facilidades no trânsito das pessoas do ponto de vista da vida familiar. Portanto o primeiro passo do direito comunitário em relação à família foi feito pensando em alcançar o melhor funcionamento do mercado. Esta ótica está mudando, de forma lenta e progressiva e isso podemos notar também no art. III-269 do Tratado instituidor da Constituição européia que prevê que as instituições comunitárias podem legislar também nesse setor se existirem implicações transnacionais. Podemos encontrar um exemplo no novo Regulamento Comunitário em matéria conjugal e de poder parental n. 2201 de 2003[2] cuja base jurídica é representada pela referência expressa ao correto funcionamento do mercado (considerando n. 1). Salvo depois reconhecer no último considerando (n. 33) os direitos fundamentais e os princípios proclamados pela Carta de Nice.

A referência ao mercado interno começa a esmaecer, tanto que muitos juristas afirmam que a filosofia da União Européia hoje não é mais o mercado como fim, mas, sim, o mercado como instrumento. Dificuldades nesse sentido certamente não faltam, como pode-se verificar na Direttiva sobre reagrupamento familiar[3]. A diretiva tem por objetivo estabelecer as condições em que o direito ao reagrupamento familiar pode ser exercido por nacionais de países terceiros que residam legalmente no território dos Estados-Membros e salienta a importância de desenvolver uma política de integração com a ambição de lhes facultar direitos e obrigações semelhantes aos dos cidadãos da União Europeia. Com um particular: as exigências são tais que muitas vezes até mesmo os "nacionais" poderiam encontrar dificuldades em satisfazê-las. Por

---

[2] Regulamento (CE) n. 2001/2003 do Conselho, de 27 de Novembro de 2003, relativo à competência, ao reconhecimento e à execução de decisões em matéria conjugal e em matéria de responsabilidade parental e que revoga o Regulamento (CE) n. 1347//2000, in *JO* L n. 338 de 23 de Dezembro de 2003, p. 1-29.

[3] Diretiva 2003/86/CE do Conselho, de 22 de Setembro de 2003, relativa ao direito ao reagrupamento familiar.

exemplo, a Direttiva prevê que os Estados-membros podem pedir ao requerente que ele disponha de um alojamento que observe as normas gerais de segurança e salubridade, um seguro-saúde e de recursos estáveis para a sua própria subsistência e para a dos seus familiares, sem recorrer ao sistema de assistência social do Estado-Membro em causa. Muitas vezes, os próprios nacionais não possuem esses requisitos. Desse modo, o objetivo de proteção da família e do respeito da vida familiar não encontra completa atuação. A própria afirmação presente na diretiva no sentido de que ela respeita os direitos fundamentais e observa os princípios que são reconhecidos pela Convenção Europeia de Proteção dos Direitos do Homem e das Liberdades Fundamentais (art. 8) e pela Carta dos Direitos Fundamentais da União Européia torna-se vazia de significado. Creio que poderemos chegar a esse objetivo somente quando a União européia dispuser de uma própria Constituição e de um Tribunal constitucional que garanta o respeito pelos direitos fundamentais.

Muitos juristas, afirmam que na ótica da hierarquia das fontes e dos valores também o ordenamento comunitário dispõe de um catálogo de direitos fundamentais cuja observância é garantida pelo Tribunal de Justiça europeu de modo hierarquicamente prioritário frente às outras situações, mesmo as patrimoniais. Só que logo depois eles afirmam também que o livre desenvolvimento da personalidade humana é de per si fonte geradora de cada vez mais de demandas individuais e coletivas e, portanto, de *novos mercados de bens e serviços voltados a satisfazê-los*. O próprio principio de proteção do consumidor sob forma de tutela à saúde, à segurança assumiria um significado decisivo para fins do funcionamento do mercado. Volta-se sempre ao mesmo ponto, o mercado.

Embora a União Européia esteja paulatinamente caminhando para uma proteção do consumidor como pessoa e não mais exclusivamente como sujeito de uma relação econômica, ainda não se deu o reconhecimento da pessoa como valor absoluto do ordenamento. Um exemplo é representado pela Direttiva n. 95 de 2001 sobre segurança geral dos produtos[4] que, de um lado, tende a reforçar a obrigação geral de segu-

---

[4] Diretiva 2001/95/CE do Parlamento Europeo e do Conselho, de 3 de Dezembro de 2001, sobre segurança geral dos produtos, *JO* L de 15 de Janeiro de 2002, p. 4-17.

rança e a melhorar as disposições sobre segurança dos produtos compativelmente com um nível elevado de proteção da segurança e da saúde das pessoas na União Européia, de outro, há come objetivo a garantia de um adequado funcionamento do mercado interno.

O cenário, portanto, se repete: nada deve perturbar o correto funcionamento do mercado!

Essa constante referência ao bom funcionamento do mercado significa que a União Européia ainda não alcançou o nível de proteção dos direitos fundamentais existente na Itália e om outros Estados-membros. Da análise do ordenamento comunitário emerge, sim, uma maior atenção aos direitos fundamentais, mas sempre em uma lógica mercantilista. O centro da atenção do ordenamento não é a pessoa, como ocorre no ordenamento italiano ou brasileiro, mas, sim, o cidadão. E todos nós conhecemos bem a diferença entre cidadão e pessoa. Para o Direito comunitário, "a cidadania européia é destinada a ser o status fundamental dos cidadãos dos estados membros, garantindo o mesmo tratamento jurídico a quem se encontre na mesma situação, sem distinção quanto à nacionalidade"[5] (princípio de não discriminação). Essa não discriminação inclui alguns direitos sociais de maneira que hoje pode-se considerá-la integrada po um elemento de solidariedade que vai além da concepção desejada por seus formuladores quando a introduziram no Tratado de Maastricht.

O caminho em direção à subordinação das relações patrimoniais aos valores existenciais é longo e marcado por avanços e retrocessos. Até que o mercado deixe de ser o ponto de observação principal do direito comunitário, a pessoa não conquistará jamais a necessária e imprescindível centralidade que o ordenamento deve reconhecer e garantir com grau superior a todas as outras leis.

3. Quando se examina a relação Mercado-Pessoa, acaba-se sempre por fazer referência ao consumidor. Não devemos esquecer, contudo,

---

[5] Processo C-184/99, *Rudy Grzelczyk contra Centre public d'aide sociale d'Ottignies-Louvain-la-Neuve*, conclusões do Advogado-geral Alber apresentadas em 28 de setembro de 2000, in *Coletânea da jurisprudência*, 2001, p. I-06193.

que existe uma diferença fundamental entre pessoa e consumidor na medida em que os dois termos não se confundem. O consumidor, como bem evidencia o prof. Perlingieri, é somente um perfil da pessoa. Isso porque o consumidor é, antes de tudo, o homem, a pessoa, que por vezes age como consumidor. Mas como consumidor, ele goza também de uma tutela que vai além dos direitos fundamentais. O problema talvez seja justamente a superposição entre consumidor, pessoa e cidadão.

Mesmo no Brasil, normalmente afirma-se que o CDC elevou o consumidor a sujeito de direitos que passou então a ser visto como agente econômico, titular de posições garantidas pela ordem jurídica, conforme os princípios constitucionais da dignidade da pessoa humana e da isonomia. O fulcro da questão está justamente aqui. O consumidor antes mesmo de ser agente econômico, é pessoa e como tal deve ser tutelado. Vivemos em uma época de economia globalizada, mas não podemos por isso deixar de salvaguardar os essenciais direitos da pessoa, em um contexto social, como o nosso, caracterizado pela solidariedade constitucional.

Se a ordem jurídica condiciona o exercício do poder econômico, não é possível restringir a proteção somente ao consumidor. É necessário, se não quisermos trair o conteúdo axiológico da Constituição, ampliar essa proteção ao contratante, sem adjetivos. O contratante, não somente e não necessariamente consumidor, deve ser protegido antes de tudo como pessoa, por conseguinte, com referência direta ao art. 2 da Constituição Italiana e, no Brasil, ao art. 1, III.

Mas, afinal, o que é consumidor? Normalmente, ele é identificado com a parte vulnerável de uma relação contratual, com uma generalização quando menos preocupante porque é lógico que não é a mesma coisa empreender uma relação contratual para satisfazer interesses existenciais, que são sempre primordiais, ou para satisfazer interesses puramente consumistas, o mais das vezes criados pelas próprias empresas através da publicidade. Para verificar a eficiência, a efetividade da tutela dada ao consumidor, é necessário, então, levar em conta o consumidor-usuário potencial. Não podemos esquecer que consumidor não é um *status*, a vulnerabilidade a ser levada em consideração é uma situação que deve ser verificada em concreto.

Pode-se questionar sobre a necessidade de considerar a figura do contratante e não a do consumidor, ou, pelo menos, não somente a do consumidor. Tome-se como exemplo o trabalhador subordinado, ele também, em uma ótica mercantilista, é agente do mercado. Mas, no momento da conclusão do contrato de trabalho, ele é um contratante vulnerável. Não se pode negar esse fato, nem mesmo considerando que o trabalhador goza já de uma proteção específica. E mesmo assim, os juristas que tratam esse problema não levam em consideração o trabalhador, mas somente o consumidor, somente a relação de consumo. Por isso também é importante centrar a tutela do contratante no princípio fundamental do respeito da dignidade e dos direitos invioláveis da pessoa. A própria função social do contrato, cláusula introduzida pelo novo Código Civil brasileiro, entendida como limite interno, como conteúdo mesmo do contrato, indica como os termos de referência mudaram, privilegiando o princípio de solidariedade na autonomia contratual.

A Constituição italiana é 40 anos mais velha do que a brasileira. A Corte costituzionale italiana comemorou este ano 50 anos de atividade. Nesses 50 anos, nas inúmeras sentenças que emanou em tema de autonomia privada, somente em duas delas fez referência ao art. 2 Const. que prevê a cláusula geral de tutela da pessoa humana! Preocupante, não é mesmo?

4. No mercado, o reequilíbrio das posições contratuais é realizado, antes de tudo, com a correção das assimetrias informativas entre operadores econômicos e consumidores, confiado a regras pontuais em matéria de transparência e de deveres de informação.

O princípio de transparência, orientado para a correta formação da vontade contratual, externa-se no dever de informação que tem como objetivo alcançar o consentimento informado e, através dele, a autodeterminação representada pelo poder de escolha. Na Itália, o consentimento informado refere-se ao tratamento médico. Normalmente, de consenso informado fala-se em relação ao tratamento dos dados sensíveis, ao tratamento sanitário. O contratante vulnerável, a parte hipossuficiente, para usar o termo empregado pelo legislador brasileiro, necessita dessas informações (que o outro contratante é obrigado a fornecer) para poder exprimir o próprio consentimento livre e conscientemente. Se assim é, então adquire relevância o que a doutrina chama de *vis espansiva* do princípio de transparência – criado e introduzido inicialmente no âmbito dos contratos bancários e estendido sucessivamente aos contratos dos consumidores e que agora norteia toda a matéria contratual relativa não somente aos contratos de natureza patrimonial, mas também os de natureza existencial. Nessa ótica, o princípio de transparência deverá ser aplicado também nas relações médico-paciente, o que nem sempre se dá. Contraente vulnerável, portanto, visto não somente em relação ao mercado, mas em todas as situações em que o contratante necessite de informações para exprimir conscientemente a própria vontade.

De um ponto de vista formal, exigir transparência nas relações de mercado e nos contratos que nelas se origina, significa pretender que o conhecimento do objeto e das condições da oferta sejam facilmente acessíveis aos interessados. Na sociedade da informação, como a hodierna, a transparência refere-se principalmente à quantidade e à qualidade da informação que o contratante que oferece o bem ou o serviço (mas não somente) deve fornecer à outra parte com o objetivo de colmatar o *deficit* informativo que este último, por razões objetivas, tem. Isso foi colocado em evidência, em nível comunitário, no Considerando n. 4 da Resolução do Conselho europeu de 1999 sobre aspectos relativos ao consumidor na sociedade da informação. A transparência das condições contratuais a cargo do consumidor, principalmente se de natureza econômica, é um dos objetivos de praticamente toda a legislação relativa ao consumo. Aqui, motivos de regulamentação institucional do mercado e de funcionalidade dos mecanismos da concorrência conjugam-se de forma relevante com a proteção dos interesses econômicos do consumidor. De um ponto de vista substancial, emerge a importância da repartição dos riscos por meio da previsão específica dos direitos e dos deveres das partes. O objetivo neste âmbito é oferecer ao sujeito protegido uma garantia de certeza quanto à sua posição jurídica assim como resulta do contrato. Este aspecto adquire uma relevância especial, por exemplo, nas garantias abusivas, que vocês bem conhecem, onde o garantido se auto-atribui direitos e faculdades sem uma precisa indicação dos pressupostos e limites do seu exercício.

A informação representa o cavalo de batalha de quantos atuam no setor relativo aos consumidores. Mas será que a informação, somente a informação, é suficiente para proteger o consumidor? Será que é verdade que a informação coloca o consumidor em condições de escolher livremente? Será que satisfaz o direito de escolha? Não creio. O consumidor, o usuário, o cliente, o contratante em geral, pode conseguir um número infinito de informações, mas, no âmbito dos contratos de adesão, não conseguirá jamais modificar uma única cláusula contratual a seu favor. Tome-se como exemplo um contrato bancário, para não falar dos planos de saúde. Que poder tem o consumidor em relação à empresa? Nenhum. Então, como é possível afirmar, confirmar e reafirmar que a informação, ou pelo menos, a correta informação torna efetivo o direito de escolha do contratante.

5. O fenômeno da constituzionalização do direito privado implica a leitura do direito civil à luz da Constituição e implica também uma atenção especial do operador do direito com a efetividade social dos direitos fundamentais.

Nessa ótica, a atividade empresarial na sua relação com outras empresas ou com os clientes não pode encontrar o seu fundamento exclusivamente na lei econômica, devendo, ao contrário, levar em consideração a segurança, a saúde e outros interesses do usuário final que, afirma-se, acabam por identificar-se com o próprio interesse da empresa[6]. A normativa européia e, por conseguinte, a normativa dos países membros, impede que uma empresa coloque à venda brinquedos que sejam perigosos para as crianças, por exemplo, apesar dessa circunstância dificultar a atividade das empresas. No Brasil a disciplina relativa à tutela do consumidor é no mesmo sentido. É minha convicção, todavia, que a questão "pessoa-mercado" esteja intimamente ligada às técnicas contratuais da empresa. E aqui adquire relevância a ética no mercado e do mercado. As empresas na realidade não estão preocupadas com a

---

[6] P. Perlingieri, *Il diritto civile nella legalità costituzionale secondo il sistema italo-comunitario delle fonti*, Edizioni Scientifiche Italiane, Napoli, 3.ª ed., 2006, p. 477, nota 27; ID, *O direito civil na legalidade constitucional*, trad. por Maria Cristina De Cicco, Renovar, Rio de Janeiro, no prelo.

"pessoa" cliente ou consumidor, mas sim, em obter lucro. Uma demonstração disso, caso fosse mesmo necessário demonstrar essa afirmação, pode ser dada pelo problema da utilização de corantes em alimentos. No final de agosto, foi publicada num quotidiano de São Paulo, mas talvez também em outros, o resultado de uma pesquisa do Instituto de Defesa do Consumidor (Idec) relativo aos corantes usados em guloseimas. Em 44 produtos estudados, 25 apresentavam algum problema no uso dos corantes. Ou porque a embalagem não informava corretamente o tipo de corante utilizado ou porque a quantidade de corantes estava acima do permitido pela lei. Desse estudo resultou que um dos corantes mais utilizados nos alimentos é proibido na Europa porque prejudicial à saúde. O fato é conhecido também no Brasil é lógico. A utilização dos corantes, prejudiciais à saúde, em alimentos destinados às crianças, contudo, parece não preocupar as empresas (o que pode-se entender, mas não justificar, na lógica mercantilista que as norteia) mas parece não preocupar nem mesmo quem, ao contrário, deveria ser encarregado de tutelar os consumidores desses produtos. Tanto que a Agência Nacional de Vigilância Sanitária obriga que se alerte sobre a presença desse corante, mas somente nos medicamentos. E isso apesar desses alimentos, balas, confeitos, refrigerantes, serem direcionados principalmente às crianças. Como pode-se notar, apesar do Código de Defesa do Consumidor impor que sejam fornecidas ao consumidor todas as informações relativas com clareza, a situação não é das mais róseas. Solicitadas a dar alguma explicação a respeito, as empresas responderam estar conscientes do dano que o corante pode trazer à saúde, mas que estão "dentro da lei", para usar uma expressão típica.

Não só. Mesmo no Brasil, onde a tutela do consumidor é muito forte, podem-se notar algumas distorsões, principalmente em matéria de publicidade comercial, nem sempre respeitosas da dignidade humana. Como facilmente pode-se imaginar, a vulnerabilidade da contraparte do predisponente se traduz não só em termos econômicos, intelectuais ou técnicos, mas também na necessidade de satisfazer exigências e necessidades no mais das vezes criadas artificialmente "pelo martelar publicitário incessante dos meios de comunicação que, através de campanhas publicitárias perversas, induz os consumidores a perseguir sistemas de vida frequentemente inalcançáveis pela média, gerando problemas de superendividamento. Não se trata de publicidade enganosa. A publicidade nesse caso incide sobre a dignidade da pessoa com o objetivo de induzi-lo a comprar. A mensagem que o produtor passa é simples: "você é alguém somente se usar tal produto". Um exemplo emblemático pode ser dado por uma publicidade martelante para a venda de televisores veiculada anos atrás. Os destinatários da campanha eram pessoas compreendidas na faixa de renda mais pobre da popolução e que não podiam possuir uma televisão. Em geral, como normalmente ocorre nesses casos, essas pessoas iam à casa de um vizinho, com melhores condições de vida, para poder usufruir daquele mundo, para eles fantástico, representado pela televisão. A chamada Tele-Vizinho. O slogan publicitário, largamente difundido pelo rádio e televisão e colocados em outdoors nas zonas mais pobres da cidade era centrado justamente sobre esta situação e dizia: "Você não se envergonha de ter que ir ao vizinho para assistir TV?" Não havia nenhum convite expresso para comprar, somente o slogan e a marca do produto, mas durante toda a campanha publicitária, a venda do produto daquele televisor aumentou muito, do mesmo modo que o recurso ao crédito ao consumo, vejam só que coincidência, na companhia financeira ligada ao grupo daquela empresa. Era a década de 70, o Código de Defesa do Consumidor não existia e, pelo menos no Brasil, não se pensava minimamente em tutela da dignidade humana. Recentemente, conversando com uma nossa colega perguntei se depois do CDC esse tipo de publicidade seria ainda possível. A resposta, como vocês bem podem imaginar, foi negativa. Absolutamente não! Bem, alguns meses depois, voltando ao Brasil deparei-me com uma publicidade de uma companhia de seguros de um importante grupo bancário veiculada em outdoors. Objeto da publicidade era a previdência privada, a cena era a de um pai rodeado pelos filhos e a mensagem era do seguinte teor: você não vai querer pesar sobre seus filhos, não é mesmo? Pense no futuro. Faça a previdência privada etc. A mensagem na minha opinião fere a dignidade da pessoa humana. Qual o pai que quer depender dos filhos quando chegar a uma idade avançada? Acredito que nenhum. A mensagem poderia ter sido focada na perspectiva de poder realizar na terceira idade, os sonhos não concretizados antes, por exemplo, na possibilidade de uma viagem, de uma vida sem grandes aflições financeiras. O resultado teria sido o mesmo. Mas não, preferiu-se tocar em um ponto vital para os pais: a preocupação com o futuro dos filhos. E isso apesar do Código ético-publicitário recomendar que as peças publicitárias não provoquem situações de constrangimento com o propósito de impingir o consumo. Mas, como evidenciado num artigo publicado no próprio site do CONAR,

"O Conar não visa proteger a integridade do telespectador nem a dignidade do cidadão. Ele existe para proteger somente a credibilidade do discurso publicitário. Ele protege a publicidade da má publicidade. Se recomenda que uma publicidade saia do ar, é menos para fazer respeitar os direitos humanos e mais para evitar que a publicidade perca sua autoridade aos olhos do público. Pode haver uma coincidência entre evitar abusos que desgastem a imagem da instituição, da propaganda e proteger a dignidade humana, mas é apenas isso, uma coincidência de momento. O Conar apenas defende a boa imagem da publicidade. Seu interesse fundamental é fortalecer o mercado anunciante e, para isso, ele sabe, e faz saber, que a credibilidade é indispensável. Aparecendo como defensor do cidadão indefeso, o Conar ajuda a melhorar o conceito que a sociedade tem do negócio da propaganda. É só disso que se trata".

Como pode-se notar, um predomínio total da lei do consumo e do lucro.

6. Se o fenômeno da constitucionalização do direito privado implica a leitura do direito civil à luz da tábua axiológica da Constituição e o necessário compromisso do intérprete com a efetividade social dos direitos fundamentais, não é possível concordar com quem afirma que a aplicação direta das normas constitucionais está criando um problema de governabilidade e colocando em crise o judiciário brasileiro na medida em que as demandas se tornam excessivas, sob a alegação, entre outras, de que "se todos têm direito, um direito anula o outro"[7]. Deve-se saudar, portanto, com favor a posição de quem sustenta a

---

[7] Assim, Prof. Ney Prado, *18 anos de Constituição*, palestra conferida no 1.º Congresso Anual de Estudos Constitucionais, São Paulo, 30-31 de agosto e 1.º de setembro de 2006.

necessidade de se resolver as questões na perspectiva do direito e não da economia. E é nessa perspectiva que a necessidade de repensar a relação entre direito e economia torna-se mais evidente.

Em uma pesquisa realizada recentemente, nas decisões relativas à demanda judicial de remédios gratuitos e, portanto, com evidente referência ao direito à saúde, 80% das sentenças deferiram o pedido com fundamento na dignidade da pessoa humana, das 20% que indeferiram o pedido, 10% reconheceu o direito da pessoa, mas acabou por negar o pedido porque o Estado não poderia arcar com a despesa decorrente[8]. Nessa mesma ótica, como comentar a decisão por maioria de votos do STF em sessão plena[9] que, reformando a própria orientação anterior, declarou constitucional a penhorabilidade de bem de família dos fiadores de contratos de locação. A alegação foi que o direito social à moradia não poderia ser aplicado diretamente, dependendo, ao contrário da atuação da Administração Pública, não sem antes ressaltar, porém, o impacto econômico negativo que uma diversa decisão teria sobre o mercado locatício brasileiro. Também sem comentários é a decisão, que imagino quase todos vocês conhecem, da 7.ª Vara da Fazenda Pública de São Paulo que indeferiu pedido de portadores de AIDS para obter gratuitamente nova medicação contra a moléstia sob a alegação, entre outras, de que não havia dano irreparável ou de difícil reparação porque "todos somos mortais e mais dias, menos dias, não sabemos quando, estaremos partindo, alguns por seu mérito, para ver a face de Deus. Isto não pode ser tido como dano.". Uma decisão, se me permitem a expressão, absurda; uma sentença incorreta de um ponto de vista metodológico e principiopiológico, além de discriminatória.

Privilegiar a ótica do mercado leva a posições e a decisões manifestamente contrárias aos princípios constitucionais. O problema da prisão civil na hipótese de alienação fiduciária está aí para confirmar essa afirmação.

A subordinação das relações existenciais às relações patrimoniais e, portanto, contrária à ordem jurídica, assim como a análise econômica

---

[8] Dados oferecidos pelo prof. Marcus Orione Gonçalves Correira na palestra *Direitos Sociais enquanto embaraço ao desenvolvimento econômico?* no 1.º Congresso Anual de Estudos Constitucionais, cit.

[9] STF, RE 407.688, em 08 fevereiro 2006.

do direito pode levar a absurdos como estes que acabamos de mencionar. O Estado não deve e não pode se desinteressar do objetivo primário que é assegurar a toda pessoa uma existência digna e livre. Não podemos esquecer ademais que a dignidade somente não basta. A dignidade é um valor que deve ser associado à liberdade e à igualdade[10]. De fato, como o prof. Dalmo Dallari afirma, existe uma diferença profunda entre poder e direito de ser livre. Por exemplo, o favelado tem direito de ser livre, mas não o poder de ser livre; ele vive no barraco não porque assim escolheu, ou por achar isso pitoresco, mas porque impedido, de fato, de alcançar outra solução. Somente a libertação da necessidade poderá então efetivar o verdadeiro respeito à dignidade humana.

7. Não é por acaso que a Constituição italiana subordina a iniciativa econômica privada ao respeito da segurança, da liberdade e da dignidade humana. Isso significa que a iniciativa econômica privada é instrumental à segurança, à liberdade e à dignidade humana. Em um ordenamento que coloca a pessoa no ápice da hierarquia dos valores, essa norma representa a chave de leitura do sistema que impõe a subordinação dos valores econômicos à realização dos valores existenciais da pessoa.

A consideração da pessoa humana como um todo, a prevalência do valor da personalidade sobre as situações patrimoniais, o respeito dos deveres inderrogáveis de solidariedade permitem tecer um sistema jurídico-econômico-social que não dá espaço nem para uma intervenção forte do Estado, com um dirigismo exasperado das atividades da empresa, nem para uma absoluta liberdade de mercado. A intervenção do Estado é necessária para assegurar a ética no mercado ou do mercado, dependendo do ponto de vista. Uma intervenção que possa conjugar eficiência econômica e direitos fundamentais. Portanto, que conjugue mercado e solidariedade.

Profa. Dra. Maria Cristina De Cicco
Scuola di specializzazione in diritto civile
Università degli studi di Camerino

---

[10] Assim também M.C. BODIN DE MORAES, *Danos à pessoa humana* – uma leitura civil-constitucional dos danos morais, Rio de Janeiro, 2003, p. 83 s.

HARMONIZAÇÃO DA LINGUAGEM JURÍDICA AO NÍVEL DO DIREITO CONTRATUAL EUROPEU BREVES NOTAS[1]

António Pinto Monteiro

Professor Catedrático da Faculdade
de Direito da Universidade de Coimbra

Mafalda Miranda Barbosa

Assistente da Faculdade de Direito
da Universidade de Coimbra

1. Introdução

Num mundo cada vez mais globalizado, em que a facilidade de comunicação passa a ser a nota dominante das comunidades, colocam-se com grande acuidade problemas relativos à *linguagem jurídica*, sobretudo tendo em conta que a negociação – entenda-se, a negociação tendente à celebração de um contrato – se processa num contexto de *multilinguismo*. Não poucos são os autores que alertam para o *risco linguístico*, como algo co-natural a essa mesma contratação.

Por outro lado, também não se pode ignorar a existência de comunidades onde, havendo legislação uniforme, convivem sistemas jurídicos muito diversos e com línguas diferentes. Isto mesmo é vivido actual-

---

[1] O texto que aqui se publica corresponde à versão em língua portuguesa do relatório elaborado no quadro do projecto de estudo da harmonização da linguagem jurídica ao nível do direito europeu dos contratos (Projecto Como).

mente ao *nível europeu*. Resultado da proliferação de legislação comunitária, os legisladores dos Estados-membros vêem-se confrontados com documentos jurídicos emanados em *vários idiomas*. E se nos centrarmos exclusivamente na realidade que representam as *directivas comunitárias*, enquanto um dos concretos modos de surgimento da normatividade jurídica vigente ao nível europeu, veremos que, a par de um criterioso trabalho de *tradução*, a cargo das próprias instâncias comunitárias, há que, posteriormente, proceder a um trabalho de *transposição*.

Ressaltam, pois, duas importantes ideias quando confrontados com uma directiva comunitária.

Por um lado, e na medida em que existem *múltiplas versões linguísticas* da mesma directiva, há que ter em conta um processo de *simples tradução* – simplicidade essa que só se entende por detrás da complexidade que uma tarefa destas encerra. Por outro lado, há uma tarefa que vai para além da simples tradução para dar lugar a uma *verdadeira transposição*. Como se sabe, a transposição de uma directiva não se queda na simples cópia do seu conteúdo, mas na procura da solução mais adequada, dentro do quadro normativo em que o legislador pátrio se move, para se alcançar o resultado pretendido. Assim, se numa primeira fase somos confrontados com conceitos amplos, muitas vezes desnudados de rigor técnico-jurídico, isso poder-se-á justificar pelo simples facto de se pretender garantir uma margem de manobra suficientemente grande que permita a adaptação referida. O que não invalida que, ainda assim, muitas das versões com que somos confrontados sejam deficientes. Mais grave, porém, até porque empobrecedor, se revela a insuficiência de muitas transposições. Longe do rigor a que nos habituou a produção legislativa, somos agora confrontados com a utilização de conceitos fora do seu sentido natural, fazendo da sinonímia o denominador comum de termos que não são equivalentes[2].

---

[2] Cf., neste sentido, ANTÓNIO PINTO MONTEIRO, "La transposition de la directive 1999/44/CE dans le droit portuguais", in *Garantías en la venta de bienes de consumo/ Les garanties dans da vente de biens de consommation*, Universidad Santiago Compostela, ed. Javier Lete Achirica, 2004, p. 247 e ss., bem como in *Boletim da Faculdade de Direito*, vol. LXXIX, Coimbra, 2003, p. 47 e ss.

2. A versão portuguesa das directivas em análise

Partindo de uma lista de palavras-chave, conexionadas com o domínio contratual, e tendo em conta uma série de directivas comunitárias, tivemos oportunidade de comprovar a equivalência dos termos utilizados nas respectivas versões portuguesas com os que são usados nas versões italiana, inglesa e francesa, entre outras.

Uma panorâmica geral em torno dessas directivas – bem como a confrontação de linguagens – permitir-nos-á uma breve conclusão, aliás, já denunciada anteriormente. Parece ser, fruto do mecanismo próprio de funcionamento das directivas, nota dominante a utilização de conceitos amplos, que se aproximam muitas vezes de uma linguagem mais corrente do que da precisão técnico-científica com que, *a priori*, documentos desta índole estão conotados.

Assim, e tendo em conta as possibilidades de extinção das obrigações, verificamos que, no tocante ao cumprimento ou incumprimento destas, a nomenclatura comunitária varia entre a utilização da expressão *cumprimento* e da expressão *execução* (das prestações), introduzindo-se a partícula negatória ou conjugando-se a frase na negativa quando se quer referir às situações de não cumprimento das obrigações. Surgem, nessa medida, conceitos como os de *incumprimento, não execução do contrato ou das prestações, execução defeituosa*.

Se tivermos em mente as eventuais consequências do não cumprimento das obrigações, rapidamente ecoa à lembrança o problema da indemnização pelos danos decorrentes daquele inadimplemento. Outro dos conceitos propostos – na lista de palavras-chave a que fizemos alusão – é, justamente, o *direito à indemnização*. Tendo como função colocar o lesado na posição em que estaria se não tivesse ocorrido o incumprimento obrigacional, o direito à indemnização é, também, designado por *direito à compensação* ou *direito ao ressarcimento*, não se descortinando diferenças sensíveis entre estes termos, pelo menos a este nível.

Distinto do direito à indemnização afigura-se o *direito ao reembolso*. Não se trata, aqui, de colocar o lesado na posição em que ele estaria se não tivesse ocorrido o incumprimento ou o cumprimento defeituoso, mas, antes, de restituir ao cliente/consumidor/utente tudo aquilo que ele haja pago como início do cumprimento da sua obrigação, não se pressupondo, sempre e necessariamente, o incumprimento. Pode, ainda, corresponder ao próprio cumprimento da obrigação por parte do devedor nas hipóteses de contrato de crédito, em que aquele cumprimento equivale a uma liquidação do montante anteriormente recebido a título de empréstimo.

Mais controversa parece ser a utilização conjunta dos termos *rescisão* e *resolução* do contrato. Na verdade, não há consenso entre as várias versões das directivas ao lançarem mão destes termos. Se é certo que a utilização da expressão *rescisão* surge, literalmente, como equivalente à expressão "recesso" ou "rescissione", não é menos correcto verificar que situações tratadas pela versão italiana como resolução do contrato são identificadas na tradução portuguesa por rescisão. Aliás, em bom rigor, há que salientar que, mesmo dentro da versão italiana, em preceitos que regulam o direito à rescisão, acaba por se falar de resolução, criando a aparência de que os dois termos identificam, indiferentemente, a mesma realidade. Do mesmo modo, urge sublinhar que o direito de rescindir o contrato é tratado, em certos casos, na tradução portuguesa, como o *direito a renunciar aos efeitos do compromisso que se assumiu*, ou, em alternativa, e em outros textos legislativos, como o *direito de pôr termo/fim ao contrato*.

Fora do sentido técnico-jurídico surge também o conceito de *anulação*. Se, entre nós, ele é usado sobretudo para identificar uma modalidade concreta de invalidade negocial – a anulabilidade, cujo regime difere, em vários pontos, do da nulidade –, ao nível que agora curamos, a anulação identifica o *cancelamento* da viagem que tinha sido contratada entre a agência de viagens e o seu cliente. É claro que, no que diz respeito à directiva sobre crédito ao consumo, encontramos a expressão *anulação* num sentido mais próximo do primeiramente citado. Contudo, e causando alguma perplexidade, na tradução italiana, o que entre nós se refere ao direito à anulação é considerado *direito à compensação de créditos*, num desacerto de tradução evidente.

Uniforme parece ser a consideração do conceito de *reclamação*, embora se denote a variante da utilização do vocábulo *queixa*, para designar a mesma realidade, o que não comporta, em termos substanciais, diferenças assinaláveis.

3. Transposição de conceitos para o direito português

Deste modo, torna-se imperioso perceber como foi operada a transposição dos referidos conceitos para o ordenamento jurídico português. Numa primeira abordagem, seguiremos de perto, numa perspectiva de contextualização, cada um dos diplomas legislativos pertencentes ao nosso ordenamento jurídico interno, só depois procedendo a uma análise crítica, onde faremos apelo aos contributos da doutrina sobre a matéria.

3.1. *Directiva 1999/44/CE, do Parlamento Europeu e do Conselho, de 25 de Maio*

No que respeita à *venda de bens de consumo e às garantias a ela associadas*, o legislador nacional transpôs a Directiva 1999/44/CE, do Parlamento Europeu e do Conselho, de 25 de Maio, através do Decreto-Lei n.º 67/2003, de 8 de Abril de 2003. Não se fala aqui de cumprimento ou de não cumprimento das obrigações contratualmente assumidas. Em homenagem ao que a Directiva sanciona, proclama-se o *princípio da conformidade* dos bens vendidos com o contrato de compra e venda, estabelecendo-se diversos índices de conformidade, cuja não verificação pode dar origem, entre outras consequências, à resolução do contrato.

Sublinhe-se que, embora não se fale de incumprimento contratual, a resolução está aqui intimamente ligada a um comportamento defeituoso por parte do profissional que fornece os bens. Ao mesmo tempo, urge referir que o direito à resolução, bem como os outros direitos que são colocados na disponibilidade do consumidor, fica dependente de um comportamento activo da sua parte, qual seja o de "denunciar ao vendedor a falta de conformidade no prazo de dois meses". Trata-se de um expediente idêntico a uma reclamação, embora não receba tal designação por parte do legislador nacional, que opta por uma forma mais descritiva e menos analítica. Pelos danos patrimoniais e não patrimoniais resultantes do fornecimento de bens ou prestação de serviços defeituosos, haverá direito a uma indemnização.

3.2. Directiva 1994/47/CE, do Parlamento Europeu e do Conselho, de 26 de Outubro

Já no que diz respeito ao diploma que entre nós regula o *direito real de habitação periódica* – Decreto-Lei n.º 180/99, de 22 de Maio, que simultaneamente transpõe a Directiva 1994/47/CE, do Parlamento Europeu e do Conselho, de 26 de Outubro, e altera o anterior regime, previsto no Decreto-lei n.º 275/93, de 5 de Agosto –, fala-se, expressamente, em *cumprimento* e *incumprimento* das obrigações emergentes do contrato. Porém, independentemente do eventual incumprimento, o art.16.º permite ao adquirente do direito real de habitação periódica *resolver* o respectivo contrato, sem indicar o motivo e sem quaisquer encargos, no prazo de dez dias úteis a contar da data da sua celebração, alargando-se o prazo para três meses na eventualidade de faltar a indicação de determinados elementos que, obrigatoriamente, deveriam constar do conteúdo do documento que formaliza o contrato celebrado entre as partes. Os mesmos direitos são previstos no caso de celebração de um contrato-promessa de aquisição de um direito real de habitação periódica.

Repare-se que, aqui, a resolução surge independentemente de uma situação de incumprimento contratual, assemelhando-se, ao invés, a um *direito de arrependimento*. Trata-se do chamado *direito de livre resolução do contrato*, expressão que o legislador português vem ultimamente utilizando para este efeito.

No fundo, confere-se *um prazo de reflexão* ao adquirente do direito real de habitação periódica, durante o qual ele pode, livremente, revogar a sua declaração de vontade tendente à celebração do contrato, já concluído. Para este efeito, outra designação possível será o de *direito de retractação,* ou, pura e simplesmente, *direito de arrependimento.*

O artigo 16.º fala ainda de direito a que sejam restituídas ao adquirente todas as quantias recebidas até à data da resolução do contrato. Referindo-se ao direito ao reembolso, o legislador optou por não fixar uma designação específica para ele.

3.3. Directiva 97/7/CE, do Parlamento Europeu e do Conselho, de 20 de Maio de 1997

Idêntico desenho é traçado pelo Decreto-Lei n.º 143/2001, de 26 de Abril, que vem transpor a Directiva 97/7/CE, do Parlamento Europeu e do Conselho, de 20 de Maio de 1997, sobre as *vendas à distância* (alterando em simultâneo o regime anteriormente vigente, plasmado no Decreto-Lei n.º 272/87, de 3 de Julho, que transpunha a Directiva 85/ /577/CEE, do Conselho, de 20 de Dezembro de 1985). O artigo 6.º do diploma consagra o referido direito de livre resolução, prevendo-se igual regulamentação para os casos de contratos ao domicílio, nos termos do artigo 18.º e ss. O consumidor dispõe, então, de um prazo de catorze dias para resolver o contrato, sem ter de pagar uma indemnização, e sem ter de indicar o motivo, ficando o vendedor obrigado a reembolsá-lo no prazo máximo de 30 dias de todas as quantias que haja pago.

Refira-se a possibilidade de resolução do contrato, mas com fundamento no incumprimento por parte do fornecedor do bem. Consagra o artigo 9.º, no seu n.º 4, que se o consumidor vier a optar pelo direito de livre resolução, nas situações em que lhe é enviado um bem de qualidade e preço equivalente, as despesas de devolução ficam também a cargo do fornecedor.

Por outro lado, sempre que o preço do bem esteja coberto por um contrato de crédito, a resolução do primeiro contrato implica a automática resolução do segundo.

É aqui claro que o legislador utiliza o conceito de *resolução* de forma a abarcar duas realidades que, materialmente, são díspares. Não só contempla situações em que o consumidor tem um fundamento para pôr termo ao contrato (sentido tradicional da resolução), como versa outras situações em que a desvinculação contratual apenas tem como justificação o seu querer, que pode até ser arbitrário, falando-se, neste último caso, para o distinguir do primeiro, de direito de *livre resolução*.

Ou seja, o mesmo conceito está a ser utilizado num duplo sentido – como forma de reacção a um eventual *incumprimento* contratual, e como *direito ao arrependimento*. Aliás, esta natureza de direito a desistir do contrato estava bem patente no anterior regime das vendas foram do estabelecimento e ao domicílio. No Decreto-Lei n.º 272/87, de 3 de Julho (agora revogado), apesar de no artigo 4.º se falar de direito à resolução do contrato (dentro do prazo de sete dias úteis contados da data da sua assinatura ou desde esta última e até sete dias úteis ulteriores à entrega da mercadoria, se esta for posterior, devendo o consumidor ser reembolsado das despesas efectuadas com a devolução), podia ler-se no artigo 11.º , n.º 4: *"é aplicável às vendas por correspondência o disposto no n.º 4 do artigo 4.º quanto à irrenunciabilidade do direito de desistência e à não penalização do seu exercício, assim como o disposto no artigo 6.º quanto à não exigibilidade e natureza do pagamento antecipado"*. Ou seja, está aqui a sublinhar-se que o direito de *livre resolução* é, no fundo, um direito que se confere ao consumidor para que, durante um período de reflexão, possa *livremente arrepender-se* e, consequentemente, *desvincular-se* do contrato preteritamente celebrado.

3.4. Directiva 87/102/CEE, do Conselho, de 22 de Dezembro de 1986

Trata-se, no fundo, da possibilidade de revogar a declaração de vontade, tendente à celebração do contrato, como expressivamente consta do Decreto-Lei n.º 359/91, de 21 de Setembro, que transpôs para a ordem jurídica interna a Directiva 87/102/CEE, do Conselho, de 22 de Dezembro de 1986, e que entretanto foi alterado pelo DL n.º 101/2000, de 2 de Julho, em virtude da necessidade de transposição da Directiva 98/7/CE, de 16 de Fevereiro de 1998. Na verdade, nos termos do artigo 8.º, *"a declaração negocial do consumidor relativa à celebração de um contrato de crédito só se torna eficaz se o consumidor não a revogar, em declaração enviada ao credor por carta registada com aviso de recepção e expedida no prazo de sete dias úteis a contar da assinatura do contrato, ou em declaração notificada ao credor, por qualquer outro meio, no mesmo prazo"*.

Saliente-se, igualmente, e na medida em que isso releva para a análise que estamos a levar a cabo, que o diploma agora em apreço fala, ainda, de cumprimento defeituoso das obrigações, de cumprimento antecipado das obrigações, bem como prevê situações em que o contrato deve ser considerado nulo ou anulável.

3.5. Directiva 90/314/CEE, do Conselho, de 13 de Junho de 1990

Mas somos também, ao nível da legislação interna portuguesa, confrontados com o conceito de *rescisão*. Centremo-nos no Decreto--Lei n.º 209/97, de 13 de Agosto, alterado pelo Decreto-Lei n.º 12/99, de 11 de Janeiro, que vem revogar o Decreto-Lei n.º 198/93, de 27 de Maio, responsável pela transposição da Directiva 1990/314/CEE, do Conselho, de 13 de Junho de 1990, e posteriormente objecto de novas alterações, introduzidas pelos Decretos-Lei n.º 76-A/2006, de 29 de Março, e 263/2007, de 20 de Julho[3].

Regulando os *contratos de viagens organizadas e viagens à medida*, o artigo 26.º consagra que, em caso de alteração do preço, não permitida, o cliente tem o *direito de rescindir* o contrato, sendo-lhe conferido igual direito no caso de impossibilidade de cumprimento, por facto não imputável à agência, que afecte uma obrigação essencial (art. 27.º). Pode, ainda, rescindir o contrato fora destas situações e, nos termos do art. 29.º, a todo o tempo, sendo então reembolsado das quantias pagas, deduzidos os encargos a que, justificadamente, o início do cumprimento do contrato e a rescisão hajam dado lugar e uma percentagem do preço do serviço não superior a 15%.

Continuando a calcorrear o regime das *viagens organizadas*, somos confrontados com outros conceitos que foram erigidos em ponto de partida da nossa investigação. Assim, fala-nos o artigo 30.º das situações de *incumprimento do contrato* por parte da agência, bem como daquelas em que as prestações foram incorrectamente executadas pelos terceiros prestadores de serviços com quem a agência celebrou contratos, e nos artigos 39.º e ss. sanciona-se a responsabilidade das agências de viagens perante os seus clientes, pelo pontual cumprimento das obrigações

---

[3] Cf. JOAQUIM DE SOUSA RIBEIRO, "O contrato de viagem organizada, na lei vigente e no Anteprojecto do Código do Consumidor", no *Livro de Homenagem ao Professor Doutor Inocêncio Galvão Telles: 90 anos*, e agora, de novo, o texto revisto e actualizado, tendo em conta as alterações introduzidas pelo DL n.º 263/2007, de 20 de Julho, publicado neste volume dos *Estudos de Direito do Consumidor*, n.º 8, Coimbra, 2008.

assumidas, sendo esta uma responsabilidade agravada em muitas situações, embora depois balizada por determinados quantitativos monetários expressamente previstos nos artigos subsequentes.

Acresce que o artigo 16.º consagra a obrigação de em qualquer agência de viagens existir um livro de reclamações. Utiliza-se aqui a expressão *reclamação*, consignando-se um direito em sentido amplo que não está directamente conectado com um contrato singular celebrado entre um utente e a agência de viagens.

3.6. *Directiva 93/13/CEE, do Conselho, de 5 de Abril de 1993*

Extremamente rico do ponto de vista terminológico afigura-se o Decreto-Lei n.º 446/85, de 25 de Outubro (alterado sucessivamente pelo Decreto-Lei n.º 220/95, de 31 de Agosto, e pelo Decreto-Lei n.º 249/99, de 7 de Julho, que transpõe a Directiva 93/13/CEE, do Conselho, de 5 de Abril de 1993, relativa às cláusulas abusivas nos contratos com os consumidores).

Disciplinando, actualmente, de forma alargada, todos os *contratos de adesão*, sejam ou não celebrados com recurso a *cláusulas contratuais gerais*, o diploma fala-nos de *não cumprimento definitivo, mora, cumprimento defeituoso, resolução do contrato*, associando-a ao incumprimento contratual, e inviabilizando cláusulas que permitam a resolução do contrato sem motivo justificativo, fundado na lei ou em convenção; e trata, ainda, de *denúncia do contrato*, enquanto outra forma de fazer cessar um vínculo obrigacional. Particularmente relevante é a própria formulação legal, para lá da utilização dos conceitos, na medida em que, adequadamente compreendida, nos pode fornecer úteis pistas, ao mesmo tempo que nos fará questionar qual o verdadeiro âmbito de aplicação de cada um desses conceitos.

Assim, podemos ler que são proibidas as cláusulas que *excluam a excepção de não cumprimento do contrato ou a resolução por incumprimento; permitam, a quem as predisponha, denunciar livremente o contrato, sem pré-aviso adequado, ou resolvê-lo sem motivo justificativo, fundado na lei ou em convenção; estipulem a fixação do preço de bens na data da entrega, sem que se dê à contraparte o direito de resolver o contrato, se o preço final for excessivamente elevado em relação ao valor subjacente às negociações; impeçam a denúncia imediata do contrato quando as elevações dos preços a justifiquem.*

3.7. Síntese

Façamos um esforço de síntese a fim de sistematizar os principais nichos problemáticos em que, de agora em diante, nos teremos de mover.

Assim, partimos de uma lista de palavras-chave no domínio contratual: *rescisão, resolução, cumprimento, incumprimento, reclamação, anulação, reembolso, indemnização e ressarcimento*.

Não nos parece que haja, quer ao nível da mera tradução, quer ao nível da transposição das directivas, grande clivagem no que tange à utilização dos conceitos de *cumprimento* ou *incumprimento*. É certo que muitas vezes se fala de *execução das prestações*, ou das obrigações, mas em nada esta forma menos analítica altera o sentido do que se procura identificar. Na verdade, o incumprimento ou o cumprimento defeituoso mais não são do que falhas, totais ou parciais, na execução do plano contratualmente gizado entre as partes, de forma a satisfazer um interesse do credor digno de tutela.

Particularmente interessante é tentar perceber qual a relação entre o conceito de *incumprimento* e o conceito de *conformidade*, plasmado nos textos legislativos respeitantes à venda de bens de consumo e às garantias a elas associadas.

Nas palavras de PAULO MOTA PINTO, autor do anteprojecto do diploma, "supera-se, assim, a concepção segundo a qual a obrigação do vendedor seria apenas entregar uma coisa (...)"[4], para, noutro local, referir que "o princípio fundamental, consagrado no artigo 2.º, n.º 1 da directiva, é o de que o vendedor tem o dever de entregar ao consu-

---

[4] PAULO MOTA PINTO, "Anteprojecto de diploma de transposição da Directiva 1999/44/CE para o direito português – Exposição de motivos e articulado", *Estudos de Direito do Consumidor*, n.º 3, Centro de Direito do Consumo, Coimbra, 2001, p. 190

midor bens que sejam conformes com o contrato de compra e venda. O legislador comunitário recebeu assim o conceito de conformidade com o contrato de compra e venda, já utilizado na Convenção de Viena das Nações Unidas sobre o Contrato de Compra e Venda Internacional de Mercadorias e noutras ordens jurídicas, utilizando-o em lugar das noções de defeito, vício ou falta de qualidade da coisa vendida, ou, em geral, de não cumprimento ou inexecução do contrato".[5]

O autor chama-nos a atenção para o facto de a ideia de não conformidade traduzir uma *noção ampla e unitária de não cumprimento,* sendo, nesse sentido, "mais abrangente do que as noções de defeito, vício, ou falta de qualidade"[6].

Deixando de lado questões relativas ao modo de transposição da directiva, como sejam as que envolveram a discussão sobre se aquela deveria ser feita por alteração do Código Civil e da lei de defesa do consumidor ou num diploma avulso, foi debatido o verdadeiro alcance do princípio da conformidade dos bens vendidos com o contrato, questionando-se se o mesmo se aproximaria do problema dos vícios da vontade ou, pelo contrário, implicaria o incumprimento de um contrato validamente celebrado, entendendo-se que o que estaria verdadeiramente em causa seria o cumprimento defeituoso da prestação. Na verdade, ao considerar-se que "o vendedor tem o dever de entregar ao consumidor bens que sejam conformes com o contrato de compra e venda", está a afirmar-se a existência de um dever de entregar a coisa sem defeitos, pelo que a entrega de uma coisa que não respeite os índices de conformidade estabelecidos legalmente configura-se como a violação de um dever, aproximando-se do "regime do cumprimento defeituoso – sem prejuízo de se dever discutir a aplicabilidade também do regime geral dos vícios da vontade ou da impossibilidade originária às hipóteses em apreço"[7-8].

---

[5] PAULO MOTA PINTO, "Conformidade e garantias na venda de bens de consumo – A Directiva 1999/44/CE e o direito português", *Estudos de Direito do Consumidor*, n.º 2, Centro de Direito do Consumo, Coimbra, 2000, p. 222

[6] PAULO MOTA PINTO, "Conformidade..."...cit., p. 222.

[7] PAULO MOTA PINTO, "Anteprojecto de diploma..."...cit., p. 192

[8] Alarga-se, pois, por via legal, o conceito de incumprimento, numa óptica que nos aproxima da própria ideia de relação obrigacional complexa, firmada em termos doutrinais.

Compreende-se, por isso, que na transposição da directiva o legislador português se tenha afastado da possibilidade de anulação do negócio de compra e venda, rejeitando, por conseguinte, a solução proposta no Código Civil para a venda de bens defeituosos, onde se prevê, a par dos outros remédios, a invalidade do contrato, num desacerto doutrinal que, desde sempre, motivou críticas na doutrina e gerou alguma perplexidade[9].

E com isto fazemos referência – uma explícita, outra implícita – a dois outros conceitos chave que orientam a nossa investigação. Falamos do conceito de *anulação* e do conceito de *resolução*, remédio previsto pelo legislador para os casos de falta de conformidade dos bens vendidos com o contrato.

A *anulação*, entre nós também designada por *anulabilidade*, identifica uma forma de invalidade negocial menos gravosa que a nulidade. Só poderá, portanto, ocorrer quando algum vício, entendido em sentido amplo, afecte o negócio *ab initio*, isto é, desde o momento da sua formação. Torna-se, por isso, preferível a utilização da expressão *cancelar* ou *cancelamento*, quando se pretende dizer que a agência de viagem – no regime que regula as viagens organizadas e as viagens por medida – se decidiu pela *não realização da viagem*. Na verdade, trata-se, aí, de uma situação que nada tem a ver com a invalidade do contrato. Pelo contrário, é a existência de um contrato válido que justifica que a agência de viagens venha, num momento anterior ao cumprimento do mesmo, dizer que, afinal, *já não irá realizar a viagem*[10].

---

[9] Diz PAULO MOTA PINTO, a esse respeito, que "a solução do código civil não é inteiramente coerente, pelo menos, se os direitos à reparação e substituição da coisa forem vistos como expressão do direito do comprador ao cumprimento, pois tal direito ao cumprimento é dificilmente compaginável com a aceitação de uma anulabilidade por falta ou vício da vontade – ou seja, de uma consequência típica de perturbações na fase estipulativa" – "Anteprojecto de diploma…"…cit., p.191.

Na doutrina portuguesa, já BAPTISTA MACHADO alertara, há muito, para este ponto – cf. BAPTISTA MACHADO, "Acordo negocial e erro na venda de coisas defeituosas", *Boletim da Faculdade de Direito*, 46, 1970, p. 35 e ss. (e também no *Boletim do Ministério da Justiça*, 215, Abril 1972, p. 5 e ss.)

[10] MIGUEL MIRANDA, *O contrato de viagem organizada*, Almedina, Coimbra, 2001, p. 184, referindo-se à hipótese de cancelamento da viagem pela agência de viagens, salienta que tal implica "deixar de cumprir a sua obrigação principal".

Parece, pois, fazer todo o sentido falar-se de *resolução* do contrato nestas situações de falta de conformidade dos bens vendidos com o contrato de compra e venda.

Tradicionalmente, a *resolução* é vista como uma forma de cessação de um contrato intimamente ligada à impossibilidade de cumprimento, incumprimento ou cumprimento defeituoso imputáveis ao devedor.[11] Mais se diga, e acompanhando o pensamento de VAZ SERRA, que, em regra, o problema é tratado a propósito dos contratos bilaterais – "a resolução dos contratos bilaterais por inexecução é um efeito do chamado sinalagma funcional"[12] –, embora idêntica solução deva ser propugnada para todos os contratos em que, embora não bilaterais, existam prestações correspectivas.

Independentemente da discussão em torno da relação da figura da resolução com o carácter bilateral ou unilateral de um contrato, a verdade é que, no pensamento do autor, ela surge sempre conexionada com uma falha no plano contratual gizado pelas partes, seja ela objectiva, seja ela subjectiva[13].

Parece, pois, voltamos a repetir, ser melhor a opção pelo termo resolução no que diz respeito à consequência da não verificação da conformidade dos bens com o que foi acordado no contrato. A este propósito, PAULO MOTA PINTO diz-nos que "termina-se com a remissão

---

[11] Nesse sentido, e com amplo desenvolvimento, cf. VAZ SERRA, "Resolução do contrato. Estudo para a reforma do Código Civil", *Boletim do Ministério da Justiça*, n.º 68, 1957, p. 153 a 289.

[12] VAZ SERRA, *op. cit.*, p. 158, nota 8-a).

[13] CARLOS MOTA PINTO, *Teoria Geral do Direito Civil*, 4ª edição, por António Pinto Monteiro e Paulo Mota Pinto, Cª. Editora, Coimbra, 2005, p. 627 e ss., refere que a resolução resulta, não de um vício na formação do contrato, mas de um facto posterior à sua celebração, "normalmente um facto que vem iludir a legítima expectativa de uma parte contratante, seja um facto da contraparte – inadimplemento da obrigação – seja um facto natural ou social – alteração anormal das circunstâncias" (p. 628). Liga-se, portanto, e indiscutivelmente, a resolução a um fundamento que afecte o equilíbrio contratualmente estabelecido entre as partes. Sobre as consequências do exercício do direito de resolução sem fundamento, cf. ANTÓNIO PINTO MONTEIRO, *Contrato de agência. Anotação ao Decreto-Lei n.º 178/86, de 3 de Julho*, 6ª edição, Coimbra, 2007, p. 132-134.

para a anulabilidade por erro ou dolo, que já era também dificilmente conciliável com os direitos à expurgação dos ónus e limitações e à reparação e substituição da coisa. Prevê-se, antes, a possibilidade de resolução do contrato pelo comprador, que constitui a consequência adequada à configuração destas hipóteses como de cumprimento defeituoso".[14]

Actualmente, porém, o termo resolução tem sido utilizado num outro sentido.

Assim, podemos ver – e recapitulando o que ficou dito atrás – que, independentemente do eventual incumprimento, o artigo 16.º do Decreto-Lei n.º 180/99, de 22 de Maio, referente ao direito real de habitação periódica, permite ao adquirente daquele direito resolver o contrato, sem indicar o motivo e sem quaisquer encargos, num determinado prazo.

Do mesmo modo, o artigo 6.º do Decreto-Lei n.º 143/2001, de 26 de Abril, dispõe que o consumidor – no que respeita às vendas à distância – tem o direito de, no prazo de 14 dias, resolver o contrato, sem ter de pagar uma indemnização e sem ter de indicar o motivo, prevendo-se igual direito para os casos de vendas ao domicílio (artigo 18.º), e considerando-se automaticamente resolvido o eventual contrato de crédito com base no qual aquela aquisição seria financiada.

Como vemos, há nestas situações a ausência do motivo que, abalando a economia contratual, justifique que se ponha termo aos efeitos do mesmo.

---

[14] PAULO MOTA PINTO, "Anteprojecto..."...cit., p. 196. Noutro estudo, anterior à transposição da directiva, e centrando-se unicamente no corpo desta, o autor refere que, "segundo o considerando 15, segunda parte, as disposições de pormenor mediante as quais a rescisão do contrato ganha efeito podem ser fixadas na legislação nacional. Assim, a configuração deste direito como direito à anulação ou como direito de resolução (equiparada, nos seus efeitos, pelo artigo 433.º do Código Civil, à anulação) não é prejudicada pela directiva. A expressão "rescisão" empregue nesta não é, aliás, utilizada pelo Código Civil (cf. apenas o artigo 702.º deste) e não costuma ser destacada na doutrina como correspondendo a uma modalidade autónoma de cessação dos efeitos negociais" – "Conformidade e garantias..."...cit., p. 264, nota 151.

De modo semelhante se passam as coisas ao nível do Decreto-Lei n.º 359/91, de 21 de Setembro, que afirma, no seu artigo 8.º, que *a declaração negocial do consumidor relativa à celebração de um contrato de crédito só se torna eficaz se o consumidor não a revogar, em declaração enviada ao credor por carta registada com aviso de recepção e expedida no prazo de sete dias úteis a contar da assinatura do contrato, ou em declaração notificada ao credor, por qualquer outro meio, no mesmo prazo*, sem que, contudo, a fisionomia concreta dos direitos conferidos ao consumidor seja a mesma.

Tratar-se-á, portanto, de um *direito de arrependimento*, que, em termos técnicos, se aproxima mais de uma revogação unilateral do contrato do que de uma resolução do mesmo. PAULO DUARTE alerta-nos para a configuração particular deste direito, mostrando que ele se traduz numa forma de, *ab initio*, impedir o surgimento de efeitos jurídicos.[15]

Assim, e sintetizando, podemos dizer que o termo *resolução* pode ser utilizado em três acepções. No sentido tradicional, como um remédio para o não cumprimento contratual ou para o caso de alteração superveniente das circunstâncias; mais recentemente, como direito de *livre resolução*, assumindo, assim, a forma de um *direito ao arrependimento*. Este último sentido presta-se a confusões, até porque contraria o sentido mais tradicional e comum da resolução, que carece de ser *fundamentada*.

Quanto ao termo *rescisão*, vemos que ele é empregue no âmbito da regulamentação das viagens organizadas, confirmando-se aquilo que por nós foi avançado acerca do carácter tendencialmente caleidoscópico da noção. Não só se confere o direito ao turista que vê o preço da viagem ser alterado fora dos casos permitidos por lei, como também nas hipóteses de impossibilidade de cumprimento por causa não imputável à agência, que afecte uma das obrigações essenciais, e bem assim, fora destas situações, sempre que o cliente o entenda fazer, nos termos do artigo 29.º. Quer isto dizer que o mesmo conceito surge a identificar

---

[15] PAULO DUARTE, *Contratos de concessão de crédito ao consumidor: em particular as relações trilaterais resultantes de intervenção de um terceiro financiador*, Coimbra, 2000.

uma tripla situação que não se pode confundir entre si. A saber: uma situação de alteração do contratualmente pactuado que afecta a relação funcionalmente estabelecida; uma situação de impossibilidade de cumprimento; uma situação em que o cliente, unilateralmente, e sem motivo justificativo, resolve desvincular-se do acordo firmado. Melhor seria, portanto, destrinçar-se claramente cada uma das hipóteses normativas fazendo corresponder-lhes diferentes remédios jurídicos. Se no primeiro caso se poderia falar de resolução, num segundo caso seria adequado falar-se de extinção da obrigação por impossibilidade de cumprimento[16] e na derradeira hipótese em direito de arrependimento ou, porventura, como alguns preferem, em revogação unilateral do contrato[17-18].

Não obstante a utilização do conceito neste diploma, importa dizer que ele caiu em desuso no quadro conceptual português. Na verdade, se era corrente a sua mobilização no período de vigência do Código Civil de 1867 (Código de Seabra), com a aprovação do Código Civil de 1966 caiu em declínio, sendo praticamente remetido para o âmbito da legislação laboral[19-20]. Tratava-se, então, de uma forma de

---

[16] Refira-se, contudo, que, em obediência ao que a directiva estabelece, é possível que o cliente venha a optar por uma viagem diversa daquela que previamente foi acordada.

[17] Cf. MIGUEL MIRANDA, *O contrato de viagem organizada*, cit., p. 184 e ss. O autor refere que, em caso de cancelamento da viagem organizada, o cliente teria "em alternativa ao direito de ser indemnizado nos casos de cancelamento imputável à agência organizadora, duas opções: a) exigir o cumprimento nos casos em que a prestação ainda fosse possível; b) resolver o contrato, devendo ser-lhe restituída a contraprestação quando já a tivesse efectuado. Em qualquer dos casos, teria ainda o direito a ser indemnizado pelos prejuízos sofridos". "Quando a viagem se tornasse impossível por facto não imputável à agência organizadora, ficaria esta desonerada da sua obrigação, não recaindo sobre si qualquer dever de indemnização".

Cf., igualmente, JOAQUIM DE SOUSA RIBEIRO, "O contrato de viagem organizada, na lei e no anteprojecto do Código do Consumidor", ... cit., n.º 7.

[18] MIGUEL MIRANDA, *O contrato...*cit., p. 198 – 199.

[19] Sobre o facto de a designação rescisão ter caído em desuso, cf. INOCÊNCIO GALVÃO TELLES, *Direito das obrigações*, 7ª edição, p. 454.

[20] Cf. CARLOS MOTA PINTO, *Teoria Geral do Direito Civil*, 4ª ed., por ANTÓNIO PINTO MONTEIRO e PAULO MOTA PINTO, cit., p. 627 e ss. Entre as formas de cessação dos efeitos contratuais, apresenta-se a resolução, revogação, caducidade e denúncia, deixando-se de lado a referência à rescisão.

pôr termo ao contrato que não equivalia à resolução na exacta medida em que se previam casos de rescisão sem justa causa, correspondentes a situações de revogação unilateral do contrato[21]. E, mesmo aí, no direito do trabalho, o conceito deixou de ter autonomia, com a entrada em vigor do novo Código do Trabalho[22].

Outro binómio que foi colocado à nossa consideração foi o da *indemnização/ressarcimento*. Em rigor os dois conceitos não se distinguem. Traduzem duas formas de identificar a mesma realidade, no âmbito do instituto da responsabilidade civil. Por vezes, em lugar de indemnização ou direito à indemnização, ressarcimento ou direito ao ressarcimento, somos confrontados com a ideia de *compensação*. Longe da ideia de compensação de créditos, o que aí se identifica, na verdade, é a indemnização por danos morais ou não patrimoniais, que, pela sua natureza, são aqueles que não são susceptíveis de ser avaliados em dinheiro, pelo que não se podem tornar indemnes, veiculando-se, portanto, uma ideia de compensação do lesado pelos danos sofridos.

---

[21] Refira-se que nos trabalhos preparatórios do Código Civil de 66, VAZ SERRA usou indiferentemente os dois termos – "Há casos em que uma das partes num contrato tem o direito de o resolver ou rescindir" – VAZ SERRA, *op. cit.*, p. 153

[22] Nos termos do novo Código do Trabalho, são formas de cessação do contrato a resolução, a revogação, a caducidade e a denúncia.

Por todos, pode ver-se PEDRO ROMANO MARTINEZ, *Da cessação do contrato*, 2.ª ed., Livraria Almedina, Coimbra, 2006, p. 377 e ss.

O CONTRATO DE VIAGEM ORGANIZADA, NA LEI VIGENTE E NO ANTEPROJECTO DO CÓDIGO DO CONSUMIDOR*

JOAQUIM DE SOUSA RIBEIRO

Professor Auxiliar da Faculdade
de Direito da Universidade de Coimbra
Juiz do Tribunal Constitucional

1. O fenómeno do turismo de massas

Nas últimas décadas, o sector do turismo conheceu alterações profundas, acompanhando o vertiginoso evoluir das condições económico-sociais. Ainda não há muito, uma actividade de elite, reservada aos estratos sociais de rendimentos mais elevados da população dos países mais desenvolvidos, o turismo, mesmo o levado a cabo além-fronteiras, é hoje exercitado por faixas cada vez mais alargadas de utentes. E de tal forma que se tornou, sem dúvida alguma, um fenómeno de massas, que se destaca como um dos traços marcantes das sociedades dos nossos dias.

Vários factores, actuando conjugadamente, contribuíram para isso[1]. O desenvolvimento económico do pós-guerra propiciou a subida

---

* Texto redigido para o "Livro de Homenagem ao Professor Doutor Inocêncio Galvão Telles – 90 anos", onde foi publicado, em Maio de 2007, agora revisto e actualizado, tendo em conta as alterações introduzidas, nesta matéria, pelo DL n.º 263/ /2007, de 20 de Julho.

[1] Para uma indicação sintética desses factores, v. NOTARSTEFANO, "Lineamenti giuridici dei rapporti turistici", *Riv. Dir. Comm.*, 1993, 581.

generalizada de rendimentos, pondo ao alcance de uma camada significativa da população empregada a satisfação de necessidades não elementares. O gozo de um período anual de repouso, com o reconhecimento do direito a férias pagas[2], e posteriormente a férias subsidiadas, inscreveu no programa de vida dos beneficiários, como uma componente normal, estadias em locais de veraneio, com a procura dos correspondentes serviços. O progresso tecnológico dos meios de transporte, sobretudo dos meios aéreos, facilitou enormemente as deslocações, reduzindo, de forma drástica, durações e custos, o que levou à mundialização do mercado turístico.

Essas novas condições materiais foram acompanhadas por mudanças culturais e de mentalidades, as quais, também elas, contribuiram para a procura crescente de serviços turísticos. Os padrões dominantes de realização pessoal e de estilos de vida passam a incluir exigências de divertimento e de lazer, de utilização intensiva de tempos livres em actividades lúdicas de fuga ao quotidiano e à rotina laborais. Por sua vez, o acréscimo de informação disponível, sobretudo através de meios audiovisuais, e a difusão eficaz de mensagens publicitárias alimentam o imaginário de muitos com representações atractivas de locais apetecíveis.

O mundo tornou-se mais pequeno, aumentou a curiosidade de o conhecer, e a satisfação desse desejo tornou-se mais fácil para um número progressivamente maior de pessoas.

A oferta de serviços turísticos acompanhou e incentivou estas significativas alterações estruturais. Assistimos, na verdade, à diversificação, não só dos destinos das viagens turísticas, como também da natureza das prestações oferecidas. Tradicionalmente concentradas no transporte, alojamento e actividades subsidiárias, elas passam a abranger uma complexa gama de serviços, de conteúdo muito variado, tendo a ver com actividades lúdicas, culturais, recreativas, desportivas, educa-

---

[2] Entre nós, apenas em 1966, pelo Decreto-Lei 47.032, de 27 de Maio, mas já, em 1949, proclamado, pela Declaração Universal dos Direitos do Homem, como direito social (art. 7.º) e, antes disso, vigente na generalidade dos países europeus, a partir das primeiras décadas do século (a Áustria foi pioneira, em 1910).

tivas, curativas, religiosas e outras, formando, no seu conjunto, o que, até nalgumas legislações, se passou a designar por "pacote turístico".

Por outro lado, os modos de produção e de comercialização deste serviço sujeitam-se à lógica mercantil, hoje imperante, da programação uniformizadora. Concebidas, organizadas, transaccionadas e executadas, em regra, por operadores profissionais, as viagens turísticas ingressam no universo dos produtos homogéneos oferecidos em massa ao grande público. É a propria combinação, espacial e temporal, de todas as componentes da viagem, articuladamente ajustadas com os fornecedores directos das correspondentes prestações, que é objecto de uma actividade empresarial de idealização e "fabrico", e depois posta no mercado e repetidamente realizada, nos mesmos moldes, para grupos mais ou menos numerosos de utentes.

Alterou-se, assim, radicalmente, a natureza das relações jurídico--económicas estabelecidas entre as agências e os seus clientes. Num passado não muito longínquo, a organização da viagem era um facto eminentemente pessoal e de recorte individualizado. De acordo com os seus gostos e propensões, o interessado traçava o seu próprio plano de viagem. Quando contactada, a agência funcionava apenas como prestadora de informações (sobre a existência e os horários de meios de transporte, preços e tarifas, disponibilidades hoteleiras, documentação exigível, etc.) e como intermediária na obtenção das prestações singulares requeridas pelo cliente (reserva de bilhetes de viagem, marcação de estadia em hotéis, etc.). Em qualquer caso, a sua função era meramente a de auxiliar externa na realização de uma viagem gizada pelo próprio.

No actual panorama, a indústria do turismo põe à disposição do público, como um produto acabado, viagens e serviços conexos em que tudo está prefixado, mesmo as variantes eventualmente oferecidas. O cliente tem apenas que comprar, por um preço global, esse produto, a viagem *prêt-à-partir*[3], composta por serviços diversificados, mas integrados para formar uma unidade prestativa, encarada na sua individualidade própria e na sua utilidade global.

---

[3] O trocadilho dever-se-á a COUVRAT – v. MARCO ARATO, "Le condizioni generali di contratto e i viaggi turistici organizati", *Riv. dir. comm.* 1982, 357 s. (361).

Como veste jurídica desta operação típica do moderno mercado de turismo, afirmou-se, na prática negocial, um novo tipo contratual: o *contrato de viagem organizada*. Ao receber disciplina jurídica própria, a figura assumiu a natureza de um contrato típico, com um estatuto normativo autonomamente consagrado na lei.

São os traços fundamentais desse regime e os problemas mais relevantes que ele suscita que vamos de seguida analisar, tendo em conta as alterações mais significativas constantes do Anteprojecto do Código do Consumidor, apresentado em 15 de Março de 2006, e do recente DL n.º 263/2007, de 20 de Julho.

2. O complexo quadro normativo

Na generalidade dos ordenamentos dos países que integram a União Europeia, a consagração legislativa de um regime específico dos contratos de viagem organizada resultou da transposição da directiva 90/314/CEE, de 13 de Junho de 1990, relativa às viagens organizadas, férias organizadas e circuitos organizados[4].

Dos considerandos introdutórios deste diploma, retira-se que a sua promulgação e conteúdo obedeceram a dois propósitos distintos, ainda que interligados e complementares: por um lado, a formação e regulação, no sector do turismo, de um mercado interno, de dimensão comunitária, sujeito a regras suficientemente harmonizadas para se eliminarem os obstáculos à livre prestação de serviços e as distorções da concorrência entre os operadores; por outro, a institucionalização de medidas de informação e defesa do consumidor, de acordo com os programas comunitários, nesta matéria.

---

[4] A Alemanha foi excepção, pois já dispunha de legislação específica nesta matéria, introduzida no *BGB* pela *Reisevertragsgesetz*, de 1979 (§§ 651a s.). Esta disciplina foi adaptada à directiva por uma lei de 29.6.1994, tendo sofrido alterações posteriores, pela *Zweite Reiserechtsänderung*, entrada em vigor em 1.9.2001, e pela *Schuldrechtsreform*, de 1.1.2002 – cfr. RONALD SCHMID, "Pauschalreiserecht – Die Änderung durch die Zweite Reiserechtsnovelle und die Schuldrechtsreform", *Monatsschrift für Deutsches Recht*, 2002, 789 s.

Na transposição inicial desta directiva, pelo DL n.º 198/93, de 27 de Maio, o legislador nacional fez então farto uso da faculdade que o art. 8.º lhe reconhecia, de adoptar "disposições mais rigorosas para defesa do consumidor", particularmente ao não estabelecer como requisito do conceito de viagem organizada uma duração mínima de 24 horas (cfr. o art. 3.º) e ao não limitar a responsabilidade das agências nos casos em que os prestadores directos dos serviços beneficiavam de uma responsabilidade limitada por força de convenções internacionais.

Este regime suscitou a reacção crítica dos operadores turísticos nacionais, através da sua associação representativa, chamando a atenção para a posição concorrencial desfavorável em que eram colocados, em face das agências estrangeiras. O acolhimento destas razões esteve na origem da revisão do quadro jurídico desta actividade, levada a cabo pelo DL n.º 209/97, de 13 de Agosto.

Este diploma mantém-se em vigor, mas já foi objecto de alterações. Primeiramente, pelo DL n.º 12/99, de 11 de Janeiro; em seguida, e já posteriormente à apresentação do Anteprojecto do Código do Consumidor, pelo DL n.º 76-A/2006, de 29 de Março, e pelo DL n.º 263//2007, de 20 de Julho.

Se o primeiro destes dois últimos diplomas procedeu a uma única alteração, de escasso relevo, quanto à documentação exigível para instruir o pedido de licenciamento do exercício da actividade de agências de viagens e turismo[5], já o segundo representa uma verdadeira revisão global do regime jurídico deste sector, com o objectivo, como se diz no respectivo preâmbulo, de «simplificar procedimentos, reforçar a protecção do consumidor e clarificar situações». Tornou-se, assim, o referencial normativo dos trabalhos preparatórios do futuro Código do Consumidor.

---

[5] Essa alteração resultou da desformalização dos actos constitutivos das sociedades comerciais, operada por aquele diploma, que pôs termo à obrigatoriedade da escritura pública, para esse efeito. Em consequência, onde a al. a) do n.º 2 do art. 6.º do DL n.º 209/97, na anterior versão, exigia "certidão da escritura pública de constituição da empresa", para instruir o processo de licenciamento da agência, passou a exigir-se "certidão do acto constitutivo da empresa" (art. 23.º do DL n.º 76-A/2006).

Nota singular do regime português é o facto de os sucessivos diplomas de transposição não se cingirem à disciplina do contrato de viagem organizada. Na verdade, o DL n.º 209/97 contém a regulação global da actividade económica desenvolvida pelas agências de viagem, cobrindo também aspectos de estruturação subjectiva e organizatório--administrativos, condicionantes da sua entrada no mercado e do seu funcionamento regular, bem como o tratamento das relações por elas estabelecidas a montante, com os prestadores directos dos serviços (empreendimentos turísticos). Combinam-se, assim, normas de direito administrativo e de direito publico da economia com normas de direito privado, numa simbiose com valência paradigmática da hodierna interconexão, sob múltiplos aspectos, da regulação do mercado e do direito dos contratos, em particular na área do direito do consumidor.

O Anteprojecto do Código do Consumidor não manteve, todavia, esta conjunção normativa, contendo quase exclusivamente, numa opção de fidelidade estrita ao seu âmbito de codificação, matéria atinente à relação estabelecida entre a agência e o cliente que com ela contrata uma viagem turística. Isso levou a uma proposta de revogação apenas parcial do DL n.º 209/97 (cfr. o ponto 7.2 da apresentação), para que remetem os arts. 361.º e 362.º. Prevê-se, ainda, a promulgação de um diploma complementar sobre a actividade das agências de viagem e turismo (ponto 7.4).

Para além da disciplina sectorial específica desta operação jurídico--económica, os contratos de viagem organizada estão sujeitos ao regime dos *contratos de adesão* fixado no DL n.º 446/85, de 25 de Outubro, uma vez que as prestações nela compreendidas são invariavelmente oferecidas ao público sob *condições gerais* predispostas pelas empresas operantes no ramo.

Têm, assim, que respeitar ambas as disciplinas, tanto a que lhes é própria, como a disciplina por assim dizer "horizontal" dos contratos de adesão, atinente a um determinado modo de contratar, qualquer que seja o tipo contratual em causa. Onde elas regulem diferentemente o mesmo ponto, aplicar-se-á a que for mais favorável ao aderente-turista, dada a ressalva do art. 37.º do DL n.º 446/85.

Para além destes enquadramentos normativos, há que atender também ao disposto na "Lei de Defesa do Consumidor" (Lei n.º 24/96, de 31 de Julho), que fixa o quadro genérico de tutela desta categoria de contraentes.

Em tudo o que não for contrariado por estas regulações especiais, são ainda naturalmente aplicáveis o regime comum dos contratos e a disciplina geral do negócio jurídico.

3. Âmbito subjectivo do contrato

A organização e venda de viagens turísticas é, nos termos do art. 2.º, n.º 1, al. a), uma actividade própria das agências de viagens e turismo. Mas não é uma actividade a elas exclusivamente reservada, pois admite-se que sujeitos não licenciados como agências possam desenvolver essa actividade. A definição dos entes legitimados para tal é matéria que sofreu alterações significativas pelo DL n.º 263/2007.

No regime anterior ao início de vigência deste diploma, para além de outros entes empresariais (n.ºs 2 e 3 do art. 3.º), determinadas instituições de economia social (as previstas no n.º 4 do mesmo artigo) e, mesmo, pessoas singulares (n.º 5) podiam organizar e vender viagens turísticas.

Mas com restrições assinaláveis. Em primeiro lugar, a actividade desses entes não empresariais tinha que ser exercida, em qualquer caso, sem fim lucrativo. Tratando-se das pessoas colectivas nomeadas no n.º 4, podia ter carácter regular, mas o círculo dos destinatários estava limitado aos respectivos associados, beneficiários e cooperadores (cfr. também o art. 52.º). Fora desse círculo "interno", isto é, tratando-se de viagens turísticas para "terceiros", como referia o n.º 5, essa actividade só era admissível se não tivesse carácter regular – exigência sempre imposta quando o organizador fosse uma pessoa singular.

O regime aplicável variava, consoante a actividade fosse ou não levada a cabo com carácter regular. Na primeira hipótese, ou seja, no âmbito da previsão do n.º 4 do art. 3.º, os contratos a que ela desse azo ficavam sujeitos ao mesmo regime dos contratos celebrados por agências de viagens (arts. 17.º a 51.º do DL n.º 209/97), excepto no que se referia ao montante mínimo da caução a prestar, reduzido ao equivalente em euros a 1.000.00$00 (art. 53.º). Se, pelo contrário, se tratasse de uma actividade esporádica, não regular, (n.º 5 do art. 3.º), a disciplina contratual ficava fora do âmbito do regime traçado pelo DL n.º 209/97. Sobre os sujeitos organizadores apenas recaía, nos termos do n.º 1 do art. 54.º, o dever de celebrarem um seguro obrigatório de responsabilidade civil, no caso de o número de participantes na viagem ser superior a oito.

Com o DL n.º 263/2007, desapareceu do art. 3.º qualquer referência aos sujeitos anteriormente referidos no n.º 4 e no n.º 5, encontrando-se a matéria hoje exclusivamente regulada no art. 52.º (os artigos 53.º e 54.º foram revogados).

Do conteúdo dessa norma resulta que apenas as pessoas colectivas designadas no n.º 1 (*grosso modo*, as anteriormente enunciadas no n.º 4 do art. 3.º) podem organizar viagens. E o exercício dessa actividade fica sujeito a requisitos mais apertados, pois apenas o podem fazer "de forma ocasional ou esporádica" (al.c) do n.º 1), e já não de forma regular[6], ficando-lhes vedada, mesmo nessa forma, a organização de viagens para terceiros (al. b) do mesmo número).

Em sintonia com esta restrição, não se aplica às viagens organizadas (sem regularidade) por estas categorias de sujeitos o regime das viagens turísticas estabelecido nos arts. 17.º a 51.º[7]. A única obrigação que sobre elas impende é a celebração de um seguro de responsabilidade civil "que cubra os riscos decorrentes da viagem a realizar" (n.º 2 do art. 52.º).

Este novo regime faz com que, hoje, estes contratos se configurem sempre como contratos de empresa, pelo lado da oferta. O que não quer dizer que estejamos forçosamente em face de contratos de consumo, em sentido técnico.

---

[6] A esse regime só se subtrai o INATEL, atento o disposto no n.º 3 do art. 52.º. Mas, em contrapartida, as viagens organizadas por esta entidade ficam sujeitas, com as devidas adaptações, à mesma disciplina aplicável às viagens turísticas comercializadas por agências de viagens.

[7] As dúvidas que porventura pudessem subsistir pela leitura do n.º 1 do art. 52.º são definitivamente desfeitas pela contraposição com o regime especial predisposto, no n.º 3, para o INATEL.

Na verdade, atento o objecto do contrato, não actuam aqui as restrições, de carácter morfológico e teleológico, que qualificam, pelo lado da procura, os contratos de consumo. O utente directo é sempre, pela natureza dos serviços turísticos, uma pessoa singular que intervém como destinatário final desses serviços. Não releva o estatuto jurídico do sujeito outorgante no contrato, nem se exige que a viagem seja motivada por razões não profissionais.

Por isso mesmo, a legislação portuguesa, ao contrário da directiva, não designa nunca o sujeito da procura como "consumidor", mas antes como "cliente", esclarecendo o art. 39.º, n.º 7 (reproduzido no art. 379.º, n.º 7, do Anteprojecto) que clientes são "todos os beneficiários da prestação de serviços, ainda que não tenham sido partes no contrato". Em muitas situações, efectivamente, o turista que participa na viagem organizada não teve intervenção na celebração do contrato[8] (por exemplo: familiares dependentes; membros de um grupo por conta de quem um único sujeito contratou). Nessas situações, o contrato de viagem organizada estrutura-se como contrato a favor de terceiro (a favor da pessoa ou pessoas identificadas no contrato como participantes na viagem), assumindo o(s) beneficiário(s) a correspondente posição creditória[9].

---

[8] Prevendo essa hipótese, o art. 2.º, n.º 4, da directiva utiliza um conceito de consumidor que abarca a pessoa que contratou (o "contratante principal"), "os outros beneficiários", ou qualquer pessoa a quem o contratante principal ou um dos outros beneficiários tenha cedido a viagem organizada (o "cessionário").

[9] Por isso temos como certo que, embora o conceito de cliente venha referido, no art. 39.º, n.º 7, "para os efeitos previstos para o presente artigo", ou seja, para efeitos de responsabilidade civil, o seu âmbito de valência deve ser alargado a muitos outros pontos da disciplina legal. O termo é utilizado indistintamente, havendo que atender ao contexto aplicativo para determinar o sentido que ele denota. Só quando atinente directamente ao contrato e à sua celebração se pode entender que visado é apenas o sujeito que nele outorgou. É assim, por exemplo, no âmbito do art. 22.º, n.º 2 e n.º 3. O mesmo se diga quando está em causa a restituição do preço ou de parte dele. Pelo contrário, quando é disciplinada a relação contratual, na fase executiva da prestação dos serviços turísticos, seguramente que por "cliente"se designa, na maior parte das previsões, o beneficiário desses serviços, participante na viagem. Veja-se, por exemplo, o disposto nos arts. 30.º, n.º1, e 31.º, n.º1.

4. Âmbito objectivo. O problema da qualificação das "viagens por medida"

O primeiro diploma de transposição (DL n.º 198/93) preocupou-se apenas, na esteira da directiva, em caracterizar o objecto do contrato de viagem organizada.

Mas o DL n.º 209/97 veio estabelecer um quadro sistemático dos tipos de viagens turísticas, entendidas como género em que as viagens organizadas se integram, como espécie. Em consonância, muito embora dedique o essencial da disciplina reguladora a este contrato, fá-la anteceder de duas "disposições comuns" (arts. 18.º e 19.º), designação que se justifica pela sua aplicabilidade a todo o género de viagens turísticas.

Esta categoria compreende, ao lado das viagens organizadas, as viagens por medida e as viagens turísticas que, não se amoldando a nenhuma destas duas espécies, poderemos, à falta de melhor, designar por "viagens turísticas *stricto sensu*"[10]. Nos termos do n.º 2 do art. 17.º, só podem ser qualificadas como viagens organizadas as que são comercializadas a um preço com tudo incluído, excedem vinte e quatro horas ou incluem uma dormida[11], e combinam previamente pelo menos duas das três categorias de serviços aí enumeradas[12] (transporte, alojamento e serviços turísticos não subsidiários do transporte e do alojamento[13]).

---

[10] A designação, que não tem consagração legal, é utilizada por MIGUEL MIRANDA, *O contrato de viagem organizada*, Coimbra, 2000, 103. O último qualificativo permite distinguir a designação desta espécie da do género "viagens turísticas".

[11] É esta exigência que, na prática, diferencia mais frequentemente as viagens organizadas das viagens turísticas em sentido estrito. Ainda que satisfaçam os restantes requisitos da primeira figura, estas viagens são de ida e volta no mesmo dia, não comportando alojamento. É o caso, em primeira linha, das excursões domingueiras, em transporte normalmente rodoviário, e com uma ou mais refeições incluídas no preço. Note-se que o Decreto-Legislativo n.º 24/99M, que adapta o DL n.º 209/97 à Região Autónoma da Madeira, prescinde expressamente dessa nota caracterizadora. Dispõe, na verdade, o art. 3.º desse diploma que "consideram-se viagens turísticas organizadas aquelas que como tal são definidas no n.º 2 do artigo 17.º do Decreto-Lei n.º 209/97, de 13 de Agosto, mesmo quando a sua duração não excede as vinte e quatro horas ou não incluem uma dormida".

[12] Diga-se que a letra do art. 17.º, n.º 2, contrariamente à do art. 2.º, n.º 1, da directiva, ao referir que o contrato deve combinar previamente "dois dos serviços

As viagens por medida são definidas no n.º 3 do mesmo artigo como as "preparadas a pedido do cliente para satisfação das solicitações por este definidas".

Esta opção taxonómica e regulativa, que as revisões de 1999 e de 2007 deixaram intocada e o Anteprojecto também fez sua[14], levanta a, porventura, mais controversa questão de política legislativa que se tem suscitado, nesta matéria. Na verdade, ao autonomizar tipologicamente o contrato de viagem por medida, pondo-o fora do conceito e do âmbito aplicativo do regime dos contratos de viagem organizada, o diploma português desprotege um largo círculo de clientes de serviços turísticos, particularmente no que toca ao regime da responsabilidade civil das agências.

A apreciação da justificação desta medida pode ser feita a dois níveis: um inteiramente *de jure condendo*, ajuizando do seu mérito intrínseco, no quadro de uma política interventiva por razões (também) de tutela do consumidor; um outro que avalie a compatibilidade deste regime com o disposto na directiva.

No primeiro plano, a análise deve ter sobretudo em conta o *specificum* dos contratos de viagem por medida, para determinar se, de um ponto de vista material-valorativo, ele constitui razão bastante para um regime diferenciado.

---

seguintes", não deixa expresso que essa é uma exigência mínima, nada obstando a que possam estar reunidas mais de duas categorias de serviços turísticos. Mas essa interpretação, a única razoável, é agora explicitada pelo art. 364.º, n.º 2, ao prescrever que "são viagens organizadas as viagens turísticas que (...) combinem previamente pelo menos dois dos serviços seguintes".

[13] O enunciado normativo desta terceira categoria de serviços, constante da al. c) do art. 17.º, foi alterado pelo DL n.º 263/2007. Na versão actual, corrigiu-se a incompreensível omissão da exclusão dos serviços subsidiários do alojamento, ficando agora claro que eles não contam para preencher os requisitos da viagem organizada. A restrição, perfeitamente justificada, é conforme à directiva 90/314 CEE, atento o disposto no art. 2.º, n.º 1, al. c) deste diploma.

[14] O art. 17.º do DL n.º 209/97 tem o seu equivalente no art. 364.º do Anteprojecto, que o reproduz quase *ipsis verbis*. Só foi ligeiramente alterada a formulação do n.º 2, dando-lhe, através de uma outra ordem enunciativa, uma redacção mais elegante, e estabelecendo a precisão referida na nota anterior.

E esse traço distintivo é o facto de a iniciativa caber ao cliente. É ele quem, pelo menos em traços gerais, desenha primariamente o "pacote turístico" em que está interessado, o tipo de viagem (quanto a destino, duração, itinerário, serviços a incluir, etc.) que intenta empreender. Ainda que o turista possa acolher eventuais sugestões da agência, corrigindo, nalguns aspectos, o seu projecto inicial, a viagem comercializada acaba por corresponder, em maior ou menor medida, às "solicitações por este definidas". Por isso mesmo, ela não se ajusta inteiramente a nenhum dos produtos que constam da oferta ao público da agência[15]. Sendo assim, podem estar presentes os restantes elementos dos contratos de viagem organizada (e normalmente será esse o caso), sem que essa qualificação possa ser atribuída, por a viagem não obedecer ao figurino previamente delineado por uma agência organizadora.

Justificará este dado o tratamento diferenciado do cliente, respondendo a agência apenas "pela correcta emissão dos títulos de alojamento e de transporte e ainda pela escolha culposa dos prestadores de serviços (...)"(art. 39.º, n.º 5, do DL n.º 209/97, e art. 379.º, n.º 5, do Anteprojecto)?

Apontará no sentido afirmativo a consideração de que, por iniciativa do cliente, e apenas para satisfazer o interesse deste, a agência pode vir a operar fora dos destinos, das rotas e do tipo de serviços que lhe são familiares, sendo levada a estabelecer contactos negociais com fornecedores estranhos ao círculo das suas relações regulares. Actuará, assim, fora do domínio onde adquiriu competência especializada, pela experiência ganha com a prática consolidada de um certo tipo de operações turísticas.

Tratando-se de programas objecto de oferta ao público, para viagens em grupo, comercializados repetitivamente, por vezes ao longo de anos, com um elevado número global de participantes, as agências estão em condições de conhecer bem a oferta disponível, de fornecer sobre ela informações completas e fidedignas e de acompanhar e controlar regularmente, *in loco*, as condições de execução dos serviços

---

[15] É claro que, se o turista, tendo inicialmente manifestado interesse numa viagem "por medida" acabar por ser convencido a optar por um dos pacotes que constam da oferta da agência, estaremos perante um contrato de viagem organizada.

compreendidos. A cognoscibilidade e relativo controlo dos factores de risco, a sua fácil contabilização e absorção como custos empresariais, tornam admissível uma responsabilização que se estenda para além da imputação por culpa.

No caso das viagens por medida, nada disto está garantido. Pode tratar-se de uma operação que, para a agência, obedeça a moldes singularizados, a um figurino particularizado, correspondente ao pedido específico do cliente. É este quem se expõe, com a sua iniciativa, a factores suplementares de risco, podendo então a necessidade de suportar as consequências danosas da sua efectivação ser vista como o preço a pagar pela voluntária colocação fora dos padrões massificados do consumo de produtos homogéneos.

O argumento não é, contudo, decisivo, pois sempre poderá dizer-se, em contrário, que o papel desempenhado pela agência é o de um operador profissional, procurado por um leigo, também nesta hipótese, não como mero intermediário na conclusão de contratos (de transporte, de hospedaria, etc.) já previamente definidos, mas como detentor do conhecimento técnico que dará suporte e garantia a uma eficaz selecção e combinação unificadora dos serviços parcelares pretendidos. A intervenção da agência é um factor de confiança para o turista, a todos os níveis, e não apenas no da criteriosa escolha dos prestadores de serviço. A actividade por ela desenvolvida tenderá a ter também, em maior ou menor grau, uma dimensão organizativa[16], assegurando o ajustamento recíproco dos elementos componentes do todo da viagem idealizada pelo cliente e dando-lhe uma composição definitiva e em detalhe – ainda que "por medida", a viagem não deixa, nesta perspectiva, de ser organizada pela agência contactada...

O regime de responsabilidade das agências, no caso das viagens por medida, parece não levar isso em conta, assentando numa representação redutora do conteúdo funcional do papel por elas desempenhado, neste âmbito.

Atendendo a esse papel, pode dizer-se que estão presentes, no relacionamento entre as partes, os diferenciais de "domínio" do objecto

---

[16] Nesse sentido, MIGUEL MIRANDA, ob. cit., 109.

do contrato e de competência quanto às condições da sua prestação que, em geral, justificam a tutela do consumidor.

De resto, a própria lei prevê a hipótese de inclusão, no contrato de viagem organizada, de serviços não constantes do programa anunciado ao público, em atendimento de interesses particulares do cliente. Satisfazendo "exigências específicas que o cliente comunique à agência e esta aceite", esses serviços são também objecto de menção obrigatória no documento contratual, nos termos do art. 22.º, n.º 1, al. n).

Quer isto dizer que a qualificação como contrato de viagem organizada não é posta em causa pela configuração individualizada de algum ou alguns dos serviços compreendidos. Esses serviços não resultam da planificação prévia da viagem, por parte da agência, mas antes da aceitação de pretensões que, em face de determinado programa, o cliente manifeste. O que vem comprovar que o tipo "viagem organizada" não subentende uma rigidez absoluta dos serviços integrantes de um "pacote" turístico, sendo compatível com a inclusão de serviços por iniciativa do cliente.

A característica apontada como distintiva dos contratos de viagem por medida – a iniciativa do cliente – não representa, pois, um dado absolutamente singularizador das viagens por medida, tendo em conta que, nos contratos de viagem organizada, parte dos serviços pode promanar dessa iniciativa. Inversamente, as viagens por medida não rejeitam uma intervenção organizativa da agência, com acolhimento, pelo cliente, de propostas de serviços e de combinações de serviços não previstas no seu projecto inicial de viagem. A diferença entre as duas categorias, quanto ao papel que cabe a cada um dos sujeitos, é de grau, não de natureza, pelo que pode questionar-se se ela é o bastante para fundamentar uma diferença tão radical de regimes de responsabilidade.

Num outro plano de análise, o que se pretende ajuizar é o cumprimento, no que a este ponto se refere, das exigências que a directiva coloca ao direito interno. Admitirá aquele diploma o abaixamento para o nível fixado no n.º 5 do art. 39.º da tutela contra danos do contratante de uma viagem por medida?

Da directiva 90/314/CEE não consta qualquer alusão a esta categoria. Mas o Tribunal de Justiça já se pronunciou expressamente sobre a matéria, num acórdão de 30 de Abril de 2002, em decisão de duas questões prejudiciais suscitadas pelo Tribunal Judicial da Comarca do Porto (proc. C-400/00).

Fez vencimento a interpretação de que «as viagens organizadas ("com tudo incluído") por uma agência de viagens, a pedido do consumidor ou de um grupo restrito de consumidores, em conformidade com as suas exigências específicas» cabem na definição que delas dá o art. 2.º, n.º 1, da directiva. O Tribunal de Justiça decidiu, pois, em sentido contrário ao disposto no nosso diploma de transposição, negando a autonomia conceptual e de regime das viagens por medida[17].

Deporiam nesse sentido o teor da própria definição, o disposto na al. j) do anexo (de conteúdo equivalente ao da já referida al. n) do n.º 1 do art. 22.º do DL n.º 209/97), bem como os trabalhos preparatórios. Quanto a estes, salienta-se que não constava da proposta originária da Comissão, de 23 de Março de 1988, a referência de que a viagem organizada é a *vendida ou proposta* para venda. Entendeu o Advogado-Geral, nas suas conclusões, que a especificação desta alternativa, no texto final, «confirma, em substância, que o legislador comunitário optou intencionalmente por passar de uma noção de viagem organizada, concebida e proposta para venda sem qualquer intervenção do consumidor, para uma noção que não permite excluir o serviço "por medida", ou seja, o que é "vendido" satisfazendo as exigências específicas de um dado consumidor».

Não pode ser negado o peso destes argumentos, mas a verdade é que eles parecem chocar com o requisito de que haja "combinação prévia" dos elementos compreendidos na viagem. A combinação dos serviços turísticos só merece aparentemente esse qualificativo quando estabelecida e comunicada antes de qualquer contacto negocial específico, ou seja, quando é um dado para o cliente interessado (por constante do programa que lhe é disponibilizado), e não o resultado do relacionamento particular com a agência, na fase pré-contratual. A viagem de que o cliente toma conhecimento já é uma viagem combinada,

---

[17] Todos os cinco governos que se pronunciaram sobre a questão propuseram uma decisão neste sentido. O Governo português incluiu-se, surpreendentemente (dada a opção consagrada no DL n.º 209/97), nesse número.

o que pressupõe uma anterior concepção e organização unilaterais por parte da agência. A anterioridade reportar-se-á, assim, ao momento da publicitação da viagem, e não ao da conclusão do contrato.

Este ponto foi objecto de uma segunda questão prejudicial no mesmo processo, tendo o Tribunal decidido que "o conceito de "combinação prévia" utilizado no artigo 2.º, n.º 1, da Directiva 90/314, deve ser interpretado no sentido de que inclui as combinações de serviços turísticos efectuadas no momento em que o contrato é celebrado entre a agência de viagens e o consumidor".

Mas nenhuma consideração substancial foi avançada em fundamento desta interpretação. Ela apresenta-se-nos, antes, como resultado necessário da decisão anterior sobre o tratamento das viagens por medida[18], no que parece constituir uma clara petição de princípio.

E pode perguntar-se se, nesta interpretação, a exigência de "combinação prévia" não perderá o carácter de requisito específico deste tipo contratual, para passar a corresponder a um dado inócuo, por comum a qualquer contrato. Na verdade, a "combinação prévia" das prestações (prévia no sentido de anterior à conclusão) é o que genericamente caracteriza qualquer contrato de tipo combinado, pois é sobre o conteúdo previamente fixado que incide o acordo.

Poderá contrapor-se que, mesmo assim entendida, a referência não perde todo o sentido útil, pois fica mais claro que não estão abrangidos os serviços que o cliente teve a iniciativa de contratar no decurso da viagem, ou seja, já na fase de execução do contrato de viagem organizada. Mas não parece que a exclusão desses serviços do âmbito do contrato (e da correlativa responsabilidade da agência) pudesse suscitar dúvidas legítimas.

Numa apreciação conjunta, cremos poder concluir-se que os elementos fornecidos pela directiva não facultam uma conclusão inteiramente segura quanto ao estatuto jurídico das viagens por medida[19],

---

[18] Cfr. o considerando 19 da sentença e as conclusões 24 e 25 do Advogado-Geral.

[19] Para SUSANNE STORM, "La protection des consommateurs dans les voyages à forfait – la loi danoise relative aux voyages à forfait", *Rev. Europ. de Droit de la Consommation*, 1994, 166 s., o art. 2.º, n.º 1, da directiva abrange as viagens combinadas

sobretudo tendo em conta a dúvida quanto ao alcance da exigência de "combinação prévia". A própria Comissão parece tê-lo reconhecido, ao propor, no Relatório sobre a implementação da directiva, apresentado em 1999, a supressão do último termo, considerando que ele «parece ser artificial, com um significado e efeito confuso»[20].

Neste quadro, cremos que é decisiva a consideração da teleologia da directiva e do seu proclamado objectivo de tutela do consumidor. Ora, já vimos que as razões justificativas dessa tutela não decaem (ou não decaem inteiramente) pelo simples facto de, na definição da viagem, o turista ter tido uma participação relevante[21]. Essa iniciativa não anula que a intervenção da agência seja solicitada também em função organizativa, buscando o cliente as vantagens e garantias que, num mercado como o turístico, que exige competências específicas, só um operador profissional pode proporcionar.

Na dúvida (se é que dúvida existe), e tendo também presente que o art. 95.º, n.º 3, do Tratado, exige, em matéria de defesa dos consumidores, "um nível de protecção elevado", somos levados a considerar que as viagens por medida deverão ser consideradas viagens organizadas e como tal tratadas, no que se refere aos critérios de responsabilização das agências.

"preparadas individualmente"; também para F. INDOVINO FABRIS, "Viaggi, vacanze e circuiti tutto compreso", *Le nuove leggi civili commentate*, 1997, 10, na noção de viagens organizadas estão compreendidas, não somente as viagens em oferta ao público, mas também as "viagens a pedido"; no mesmo sentido, em referência à lei italiana, G. SILINGARDI/F. MORANDI, *La "vendita di pacchetti turistici. La direttiva 13 giugno 1990, n. 90/314/CEE, ed il d.lg. 17 marzo 1995, n. 111*, 2.ª ed. Torino, 1998, 29, e, no tocante à lei inglesa, NELSON-JONES/P. STEWART, *A Practical Guide to Package Holiday Law and Contracts*, 3.ª ed., Totton, 1993, 7.

[20] Cfr. SEC(1999) 1800 final, p. 9. Essa opinião é referida na conclusão 26 do Advogado-Geral, que manifestou concordância com ela, considerando o termo "supérfluo".

[21] Como se diz no Relatório citado na nota anterior: "As necessidades de protecção do consumidor podem, em algumas circunstâncias, ser as mesmas tanto no que diz respeito às viagens organizadas por medida como em relação às outras viagens organizadas" (p. 9).

A ser assim, o actual regime português não satisfaz os parâmetros fixados pela directiva. A promulgação de um Código do Consumidor é uma oportunidade a não desperdiçar de correcção desse défice.

5. Formação do contrato

O DL n.º 209/97 é extremamente exigente no que se refere às obrigações pré-contratuais de informação a cargo da agência[22]. A oferta ao público de viagens organizadas deve constar de um programa (art. 20.º, n.º 1), onde obrigatoriamente se comuniquem, "de forma clara, precisa e com caracteres legíveis", numerosos aspectos do conteúdo contratual (art. 20.º, n.º 2).

Esse regime não decorre apenas das razões gerais que fundamentam o direito do consumidor à informação, em compensação dos défices cognitivos de que enferma. Atende também a razões específicas, atinentes ao objecto do contrato e à natureza das prestações que ele coenvolve, as quais acentuam a vulnerabilidade, sob este aspecto, da posição do sujeito que procura serviços turísticos.

Estamos em face, na verdade, de prestações cuja efectiva conformação e qualidade não são susceptíveis de controlo presencial, antes da celebração do contrato, por parte do cliente. Este forma expectativas apenas com base em descrições caracterizadoras, provindas, em regra, da contraparte, de cunho fortemente promocional e com objectivos publicitários. Se estas afirmações não forem verídicas e completas, o turista corre um sério risco de frustração da utilidade procurada e aparentemente prometida.

A informação que a agência fica obrigada a disponibilizar cumpre, assim, em primeira linha, uma específica *função de esclarecimento pré-contratual*. Obedecendo a um *imperativo de transparência*, visa

---

[22] Mais exigente, mesmo, do que a própria directiva, pois esta não obriga à disponibilização de um programa, apenas impondo certas regras de transparência quanto à comunicação de alguns elementos da viagem "caso seja colocada à disposição do consumidor uma brochura" (art. 3.º, n.º 2).

colocar o cliente em situação de avaliar com exactidão qual a opção negocial mais ajustada e conveniente aos seus interesses, tal como autonomamente os avalia.

Mas, uma vez o contrato celebrado, essa informação cumpre também uma *função de certificação*. De facto, na medida em que certas menções obrigatórias contêm uma definição precisa da espécie e qualidade dos serviços a que o cliente ganha direito, vinculando a agência ao seu cumprimento pontual (art. 21.º, n.º 1), permitem ao turista ajuizar mais facilmente da conformidade entre as prestações devidas e as realizadas. Esse dever pré-contratual de informação é impulsionador, assim, da efectivação da responsabilidade contratual da agência.

Pode ainda, por último, ser-lhe associada, idealmente, um certo *efeito preventivo* e dissuasor da falta de cumprimento e do cumprimento defeituoso, pois, ficando definidos, com precisão e completude, os serviços a prestar, os fornecedores e a agência ficam sem espaço de manobra para se refugiarem na indeterminação dos termos a que esses serviços devem obedecer.

Para além da identificação completa da agência organizadora e das entidades que garantem a sua responsabilidade (als. a) e b) do art. 22.º) e de indicações relativas ao preço (als. c) e d) do mesmo artigo), o programa deve descrever as prestações que compõem a viagem (als. e), f), g), h) e l)), bem como certos aspectos da disciplina contratual (als. i) e j)).

O Anteprojecto introduziu aqui algumas alterações. Uma é de ordem formal-sistemática: enquanto que as menções obrigatórias do programa são estabelecidas, no diploma em vigor, por atinência ao que deve constar do documento contratual (as als. a) a l) do art. 22.º, para que remete o art. 20.º, n.º 2), no Anteprojecto é o inverso, fixando-se directamente as menções obrigatórias do programa, a reproduzir no documento do contrato, caso este venha a ser elaborado (cfr. os arts. 367.º, n.º 2, e 369.º, n.º 1 e n.º 3).

A modificação justifica-se plenamente, pois, sendo o programa obrigatório e facultativo o documento autónomo de formalização do contrato, é um contra-senso referenciar por este o conteúdo daquele.

Para além disso, a al f) precisa que a data-limite para notificação ao cliente do cancelamento da viagem, por não se ter atingido o número mínimo de participantes, não poderá ser inferior a 8 dias. Findo esse prazo, o cliente ganha uma garantia firme de que a realização da viagem não pode frustrar-se, por essa causa. Já consagrada noutras legislações, e constando das condições gerais recomendadas pela associação representativa das agências de viagens (APAVT), esta restrição é de fundamento incontroverso, pois evita que o cliente possa ser surpreendido com o cancelamento em data demasiadamente próxima da da partida, vedando-lhe a possibilidade de procurar, para o mesmo período, uma alternativa consentânea com os seus interesses.

Foram ainda acrescentadas, como menções obrigatórias do próprio programa, as referidas nas três últimas alíneas.

A da al. m) é desnecessária, porque repetitiva da previsão do art. 365.º, n.º 1. Esta é uma das "disposições *gerais*" do regime das viagens turísticas (cfr. a epígrafe da subdivisão em que se integra), justamente porque incide sobre todo os contratos com essa natureza, isto é, os definidos no n.º 1 do art. 364.º. Aí estão compreendidas as viagens organizadas, como espécie dentro desse género mais amplo[23].

A nova al. n) tem uma função "cautelar", diríamos, visando "capturar" para a exigência de informação pelo programa qualquer outra característica especialmente conformadora da viagem tal como previamente delineada, mas não contemplada em nenhuma das alíneas anteriores. Uma vez que o programa é informativo do conteúdo da viagem organizada pela agência e oferecida ao público, em geral, é nesse sentido que deve ser interpretado o qualificativo "especiais", e não no sentido de características de prestações singularmente acordadas com um cliente. Estas só no momento da conclusão de um concreto contrato ficam definidas, pelo que só em documentos que a esse contrato particularmente se refiram podem vir expressas. Congruentemente, a necessidade

---

[23] Esta previsão, bem como a da alínea seguinte, foi "repescada" do DL n.º 198//93, de 27 de Maio, o primeiro diploma de transposição da directiva (art. 20.º, n.º 2, al. c)). Mas sem que, aparentemente, se tenha dado conta de que o DL n.º 209/97 a incluiu no conteúdo da obrigação de informação prévia a prestar em qualquer contrato de viagem turística (art. 18.º, n.º 1).

da sua menção vem estabelecida no art. 369.º, n.º 1, a essas prestações se reportando a alusão aí feita a "todas as exigências específicas que este [o cliente] haja comunicado à agência e ela tenha aceitado".

Esta norma parece prever a aposição da menção a estes eventuais serviços específicos no próprio programa. Interpretada à letra, o cumprimento da exigência está altamente dificultada nos programas que constam de brochuras ou desdobráveis, uma vez que estes suportes são pré-impressos, e é virtualmente impossível no caso das comunicações *on line*, num sítio na *web*. Se o contrato for reduzido a escrito, a questão fica solucionada, pois, nos termos do n.º 3 da mesma norma, a menção deverá ser aí incluída. Mas, se nenhuma das partes tiver interesse nessa formalização, parece que esta não deve considerar-se imprescindível para o único efeito de propiciar prova documental do acordo sobre serviços "fora do programa-padrão". Bastará que a menção conste de um anexo ao programa (ou de um *email*, no caso do comércio electrónico), com identificação iniludível da sua proveniência da agência. Desde que o recibo de quitação a que se refere o n.º 2 se reporte também a esse aditamento ao programa transaccionado, o processo satisfaz integralmente a razão de ser da exigência, sem pôr em causa a possibilidade de celebração do contrato de um modo informal e expedito.

A introdução da al. o) merece inteiro aplauso. Tratando-se do reconhecimento de uma faculdade que contraria o efeito de vinculação irrevogável decorrente de um contrato, o qual corresponde, não só a um princípio normativo básico, como a uma representação comum, interiorizada pela grande massa dos contraentes, é de utilidade manifesta a comunicação expressa do poder de revogação pelo cliente. Só assim se garante a efectivação do exercício desse direito e a obstaculização de práticas empresariais que não levem em conta os termos em que ele está regulado.

A atribuição de carácter vinculativo ao programa (art. 21.º do DL n.º 209/97 e art. 368.º do Anteprojecto) torna patente que a sua comunicação vale como proposta contratual, sob as vestes de uma oferta ao público. O que traz consigo duas implicações interligadas: o contrato aperfeiçoa-se mediante a aceitação do cliente e o programa integra o seu conteúdo. Esta última consequência vem agora explicitada no art. 368.º do Anteprojecto, mas já resultava iniludivelmente da natureza jurídica do programa e do disposto no art. 7.º, n.º 5, da Lei n.º 24/96.

A aceitação do cliente não necessita de ser expressa em declaração formalizada. Se nenhuma das partes tomar a iniciativa prevista no n.º 3 do art. 22.º, a comprovação da celebração do contrato obedece ao disposto no n.º 2 desse mesmo artigo (reproduzido no n.º 2 do art. 369.º do Anteprojecto), norma que sofreu alterações pelo DL n.º 263/ /2007.

No regime anterior, a conclusão do contrato era atestada pela exibição do recibo de pagamento, no todo ou em parte, do preço da viagem. A realização de uma prestação monetária, tendo por causa a aquisição dos serviços turísticos constantes de um determinado programa, como documentalmente se provava por aquele meio, certificava que entre o cliente e a agência fora celebrado um contrato de viagem organizada, tendo por conteúdo esse programa.

Na actual formulação do art. 22.º, n.º 2, «(...)considera-se celebrado o contrato com a entrega do documento de reserva e do programa desde que se tenha verificado o pagamento, ainda que parcial, da viagem (...)». Ainda que mais explícita, não cremos que a nova redacção introduza mudanças substanciais de regime. Na verdade, se considerarmos que o documento de reserva, só por si, não é o bastante, pois exige-se que o cliente tenha efectuado o pagamento, no todo ou em parte (o que se compreende, pois a reserva pode ser provisória e não vinculativa), e que este acto implica a entrega do correspondente recibo de quitação, afigura-se-nos que este continua a ser o elemento decisivo.

De qualquer forma, quer na anterior, quer na actual formulação, cremos que o disposto n.º 2 do art. 22.º tem um alcance meramente probatório. Muito embora a norma relacione a entrega ao cliente do documento de reserva, do programa de viagem e do recibo de quitação, de forma equívoca, com a celebração do contrato, esses actos não valem como elementos do seu processo formativo, necessários à perfeição do acordo. O contrato é puramente consensual, não estando sujeito a qualquer espécie de formalização nem a qualquer acto material constitutivo. A entrega do programa cumpre uma função meramente informativa, pelo que a referência se encontra aqui deslocada[24]; o recibo

---

[24] O carácter supérfluo dessa referência acentua-se com o Anteprojecto, pois, neste, o art. 369.º, n.º 1, já estabelece que "ao celebrar-se o contrato de venda de

de quitação é um elemento suficiente (mas também necessário, não constando o contrato de documento escrito, nos termos do número seguinte)) de prova da celebração. Melhor seria prescrever directamente, sem mais, que o documento de reserva e o recibo de quitação fazem prova bastante da conclusão do contrato.

A elaboração de um documento autónomo de manifestação da vontade negocial, subscrito por ambas as partes, é meramente facultativa (n.º 3 do art. 22.º do DL n.º 209/97 e n.º 3 do art. 369.º do Anteprojecto). E como, na esmagadora maioria dos casos, a agência exige um início de pagamento imediato, nos termos constantes do próprio programa (cfr. o art. 22.º, n.º 1, al. d)), esta solução desoneradora não deixa o cliente desprovido de meios probatórios, quanto à conclusão e quanto ao conteúdo do contrato. Ele só terá interesse em exigir documento escrito das declarações negociais se, excepcionalmente, o início de pagamento não for simultâneo da conclusão do contrato.

Na sua aparente singeleza e "normalidade", este desenho legal do processo formativo representa um importante contributo para a tutela da posição do cliente, vindo contrariar práticas anteriores que a fragilizavam. Na verdade, a formação sucessiva do contrato obedecia normalmente a uma estrutura convencionada, nos termos da qual o processo de conclusão só era posto em marcha com a iniciativa do cliente. A anterior difusão do programa pela agência era tida como um mero *convite a contratar*, sem eficácia negocial. A proposta contratual só surgia com a "inscrição" ou "reserva" do cliente, firmando-se o contrato com a posterior "confirmação" da agência. Quer dizer, os papéis que cada um dos sujeitos desempenha na dinâmica real da operação

---

viagem organizada deve ser entregue ao cliente o programa de viagem (...)". Este preceito coaduna-se mal, aliás, com o disposto no n.º 1 do art. 367.º, nos termos do qual as agências "deverão dispor de programas para entregar *a quem os solicite*" [itálico nosso]. O que verdadeiramente interessa é que os clientes tenham acesso fácil, antes de tomarem a sua decisão negocial, a um programa cujo conteúdo satisfaça os deveres informativos que o diploma impõe. A prescrição de um acto específico de entrega, de difícil ou impossível comprovação, reportado ao momento da celebração e associado, para mais, ao recibo de quitação (que pressupõe um contrato já celebrado) parece algo artificial e inútil.

económica invertiam-se, do ponto de vista técnico-jurídico: a agência que oferecia serviços no mercado, em termos por ela predispostos, apresentava-se em veste de (eventual) aceitante da proposta imputada ao cliente. E, entretanto, uma vez esta formulada, ia auferindo importâncias por aquele pagas, com anterioridade ao momento da confirmação da viagem (e de conclusão do contrato respectivo), isto é, sem que nenhuma vinculação assumisse quanto à sua realização.

Ficam à vista os riscos assim transpostos para a esfera do cliente[25]. A intervenção legislativa pôs termo a esta prática generalizada.

6. Modificações subjectivas e objectivas do contrato

Em desvio ao regime comum dos contratos, a disciplina própria dos contratos de viagem organizada admite alterações da pessoa do credor da viagem e do conteúdo do contrato, por iniciativa unilateral do cliente, no primeiro caso, e da agência, no segundo. Compreende-se bem este dado normativo, se atentarmos em que o contrato de viagem organizada é, muitas vezes, celebrado com antecedência significativa em relação à data da partida, apresentando, a mais disso, a peculiaridade de exigir a participação pessoal do credor no aproveitamento da actividade prestativa. Fica, assim, particularmente exposto a vicissitudes várias ocorridas entre o momento da conclusão do contrato e o da realização da viagem, em termos de comprometer a sua viabilidade ou utilidade.

A possibilidade, expressamente prevista no art. 24.º, de o cliente se fazer substituir por outra pessoa não tem, em si, nada de singular, pois representa uma *cessão da posição contratual*, figura de âmbito geral, nos termos dos arts. 424.º e seguintes do Código Civil. Mas o regime fixado para este contrato desvia-se da disciplina comum na medida em que prescinde do consentimento da agência, o contraente cedido. Sobre o cliente-cedente recai apenas o ónus de informar a

---

[25] Para uma descrição desses riscos, cfr. ENZO ROPPO, "Contratti turistici e clausole vessatorie", *Il foro italiano*, 1992, col. 1571 s.

agência da transmissão, por escrito, no prazo de 7 dias, alargado para 15 dias quando se trate de cruzeiros ou de viagens aéreas de longo curso (n.ᵒˢ 1 e 2 do art. 24.º). Em contrapartida, o cliente inicial e o cessionário são, nos termos do n.º 3 da mesma disposição, «solidariamente responsáveis pelo pagamento do preço e pelos encargos adicionais originados pela cessão». Estamos, pois, perante uma *cessão sem liberação do cedente*, continuando este vinculado ao pagamento do preço, como dívida própria.

Se descontarmos mudanças de somenos na formulação do n.º 1, o Anteprojecto reproduz fielmente, no art. 371.º, o regime que constava do DL n.º 209/97[26]. E não sofre dúvida de que a não exoneração do cedente se justifica, pois, se, na disciplina comum da cessão da posição contratual, o cedido pode, ao prestar o seu consentimento, controlar a solvabilidade do cessionário, de igual possibilidade não usufrui, neste domínio. Mas cremos que se justificaria uma solução que estabelecesse apenas a responsabilidade subsidiária do cliente anterior, como garante do cumprimento da obrigação pelo cessionário, o devedor principal.

Uma tal solução ajustar-se-ia melhor à colocação real dos dois sujeitos, em face dos interesses em presença. De facto, sendo o cliente a quem a posição foi transmitida o beneficiário efectivo da viagem, sobre ele deve recair primariamente a responsabilidade pelo pagamento do seu preço. Por outro lado, tendo-se "desligado" da viagem, é normal que o cedente deixe de se preocupar com essa prestação, como obrigação sua.

O regime que, do nosso ponto de vista, melhor atenderia a essa situação, sem desconsiderar os interesses da agência, seria o correspondente ao do art. 1408, II, do Código Civil italiano, que permite ao credor da prestação em dívida agir contra o cedente *"qualora il cessionario non adempia le obbligazioni assunte"*. O cliente inicial asseguraria o cumprimento tempestivo do novo cliente, podendo ser

---

[26] Regime esse que sofreu algumas alterações, com o DL n.º 263/2007. No n.º 1 do art. 24.º foi acrescentada uma nova condição para a cessão (a sua admissibilidade em face dos regulamentos de transportes aplicáveis à situação), introduzindo-se um novo n.º 5, impondo o dever de informação ao cliente, no momento de reserva, em caso de impossibilidade de cessão da posição contratual por força desses regulamentos.

interpelado logo que este entrasse em mora, sem gozar, ao contrário do fiador, no regime-regra, do benefício da excussão[27]. Para activação da responsabilidade do cedente, a situação de incumprimento do cessionário teria que lhe ser comunicada pela agência[28]. E este ónus encontrar-se--ia plenamente justificado pelo facto de a cessão ser também do seu interesse, dado que contraria o risco de cancelamento da viagem por não preenchimento do número mínimo de clientes.

Bem sabemos que o diploma português se limitou a transpor o que, sobre o ponto, dispõe a directiva (art. 4.º, n.º 3). Mas a solução proposta seria compatível com esta, uma vez que dela não resultaria um abaixamento do nível de defesa do consumidor (cfr. o art. 8.º).

Quanto às alterações objectivas por iniciativa unilateral da agência, tem previsão autónoma a respeitante ao preço (art. 26.º). Desta norma se conclui que a faculdade de revisão é excepcional, ficando sujeita a um limite temporal e a pressupostos condicionantes: só é admissível até 20 dias antes da partida (dentro dos quais o cliente tem direito à realização da viagem pelo preço inicialmente fixado), devendo estar prevista no contrato, com determinação das regras de cálculo da alteração, e resultar de variações no custo de certos factores, indicados na al. b) do n.º 2.

Mantendo este regime, o Anteprojecto propõe-se colmatar uma flagrante lacuna do diploma em vigor, ao introduzir, pela al. d) do n.º 2 do art. 373.º, a regra de que o cliente pode desistir da viagem, "se o aumento do preço for superior a 10% do que tinha sido estabelecido"[29]. Pelo n.º 3 do art. 26.º do DL n.º 209/97, o direito do cliente de rescindir o contrato apenas é concedido para a hipótese de um aumento não permitido, mas não no caso de uma alteração que obedeça aos critérios legais.

---

[27] É esta a solução que C. MOTA PINTO considera mais ajustada à situação dos interesses e à intenção normal das partes, nos casos de convenção não exoneradora do cedente, sem caracterização precisa da sua vinculação – cfr. *Cessão da posição contratual*, Coimbra, 1982, 482 s.

[28] Esse procedimento está previsto no art. 1408.º, III, do *Codice Civile*, fixando--se aí o prazo de 15 dias para a comunicação.

[29] Idêntica regra consta do art. 11.º, n.º 2, da lei italiana (decreto legislativo n. 111, de 17 de Março de 1995).

Ora, a solução em vigor peca pela sua unilateralidade, pois, se contempla o interesse da agência no ajustamento do preço, por força de certas mudanças na base negocial, deixa desamparado o (eventual) interesse do cliente em não continuar preso a um contrato que lhe vai exigir um esforço pecuniário substancialmente superior ao que ele teve em conta ao tomar a decisão de contratar. A solução proporcionada é a que atende simultaneamente, na justa medida, a ambos os interesses: se pode justificar-se, em certas circunstâncias, um aumento de preço, não sendo razoável impor à empresa a prestação ao preço inicial, também não é legítimo forçar o adquirente a aceitar o novo preço, a que se não vinculara. Deve, pois, ser-lhe reconhecida, em face de um preço mais gravoso do que o constante do contrato, a possibilidade de reponderação do seu interesse na viagem.

Esta valoração subjaz, aliás, ao disposto na al. f) do n.º 1 do art. 22.º do DL n.º 446/85, ao declarar relativamente proibidas as cláusulas que "impeçam a denúncia imediata do contrato quando as elevações dos preços a justifiquem".

7. Direito de revogação do cliente

O art. 29.º do DL n.º 209/97 prevê um direito de rescisão do cliente, exercitável *"ad nutum"*, sem dependência de quaisquer pressupostos objectivos. Isso mesmo é vincado ao dizer-se que "o cliente pode *sempre* rescindir o contrato (...)". Para além dos casos, previstos nos artigos anteriores, em que, por força de um aumento de preço não permitido ou superior a 10% do preço (art. 26.º), uma impossibilidade de cumprimento de alguma obrigação essencial (art. 27.º, n.º 2), ou do cancelamento da viagem (art. 28.º) há um fundamento para essa decisão desvinculativa, está sempre em aberto a faculdade de o cliente desistir da viagem contratada, sem necessidade de justificar essa atitude.

A disposição – sem equivalente na directiva, pelo que representa um acréscimo de tutela do consumidor em relação ao por esta imposto – tem tradições no nosso ordenamento, já constando, em termos muito aproximados, do n.º 3 do art. 33.º do DL n.º 478/72, de 28 de Novembro. Outras legislações consagraram também um regime análogo – cfr., por exemplo, o § 651i do *BGB* e, no direito espanhol, o art. 9.º, n.º 4, da *Ley* 21/1995 – o qual, entre nós, tem correspondentes funcionais, ainda que em termos diferenciados, no art. 1229.º do Código Civil, ao prever a possibilidade de desistência do dono da obra, e nas numerosas previsões, em legislação avulsa, do direito ao arrependimento do consumidor.

Ao contrário da lei alemã, que estabelece que este direito só pode ser exercido antes do começo da viagem, o art. 29.º não fixa qualquer limite temporal, sendo expresso, pelo contrário, em admitir a rescisão "a todo o tempo". A mais disso, põe a cargo do cliente os encargos resultantes do "início do cumprimento do contrato", fórmula que parece abranger, não só os actos preparatórios, como também os de execução, propriamente dita, da prestação. Deve concluir-se, pois, que a desistência pode ocorrer, quer antes da data de partida, quer por não comparência (*no show*), quer já no decurso da viagem. Mas, nestes dois últimos casos, dado o regime estabelecido, ela terá, como iremos ver, um escasso ou nulo efeito útil para o cliente, quanto ao direito ao reembolso de parte do preço, a não ser, porventura, nas viagens de longa duração, se a desistência se processar numa fase inicial.

Quanto às consequências, a agência perde, com a ineficácia do contrato, o direito ao preço. Daí que, prevendo apenas a hipótese comum de pagamento (total ou parcial) antes do momento da rescisão, a norma ponha a seu cargo a obrigação de restituição "do montante antecipadamente pago" pelo cliente. Mas a essa importância há que deduzir "os encargos a que, justificadamente, o início do cumprimento do contrato e a rescisão tenham dado lugar". Estabelece-se, assim, uma compensação obrigatória entre o crédito do cliente ao reembolso do que pagou e o crédito da agência por custos que ela, não obstante a não participação do cliente na viagem, tenha suportado ou venha a ter que suportar. Só o saldo, se o houver, está sujeito a devolução. Quer haja, quer não haja, custos a deduzir, a agência pode sempre reter uma percentagem do preço não superior a 15%. Na primeira hipótese, essa importância adiciona-se à verba correspondente aos custos, dando-nos a soma o montante que a agência pode subtrair à quantia recebida a título de preço.

A justificação da dedução de encargos deve ser valorada tendo em conta, sobretudo, a possibilidade de a agência cancelar, por seu turno, sem qualquer indemnização, a(s) reserva(s) efectuadas junto dos prestadores directos dos serviços, em nome do(s) desistente(s). Dispõe sobre a questão o art. 34.º. Para a hipótese mais comum do cancelamento de reservas individuais ou que não excedam 25% do total, o prazo a respeitar é o de 5 dias de antecedência (al. c) do n.º 1), antecedência que, neste contexto, deve ser reportada à data de início de prestação do serviço e não à de início da viagem. Nos termos do n.º 2, sendo observado este prazo, "o empreendimento turístico é obrigado a reembolsar o montante pago antecipadamente pela agência"[30].

Fica, deste modo, claro que, sendo a comunicação da desistência anterior aos limites temporais fixados no art. 34.º, a agência não poderá nunca incluir, entre os encargos a deduzir, os correspondentes aos preços que teria que pagar às empresas directamente fornecedoras dos serviços turísticos, se o cliente participasse na viagem.

Mesmo fora desses prazos, não pode dar-se por automaticamente adquirido que essas verbas são justificadamente dedutíveis. A agência tem sempre o ónus de provar que, com a diligência exigível, tentou, sem êxito, que essas empresas não cobrassem o preço dos serviços a prestar ao cliente que desistiu da viagem. No quadro de relações continuadas de negócios, é perfeitamente crível que os empreendimentos turísticos, mesmo não estando a tal obrigados, se disponham a reembolsar ou a não exigir esses montantes, desde que a agência se mostre nisso seriamente empenhada.

Há, pois, que combater o risco real de, na prática negocial, as agências contabilizarem sistematicamente, por rotina, sem mais, entre as verbas a deduzir ao montante do reembolso, o que elas próprias alegadamente têm a pagar aos empreendimentos com que contrataram, ou, pior ainda, o de recusarem qualquer restituição, retendo, sem mais, o montante total do preço[31]. Salvo o correspondente a 15%, no máximo,

---

[30] Note-se que, no comum dos casos, a questão a pôr nem é a de reembolso, pois, à data de cancelamento, ainda não haverá pagamentos efectuados pela agência, dado que o art. 33.º, n.º 3, dispõe, supletivamente, que " o pagamento deve ser feito até 30 dias após a prestação dos serviços".

[31] A ilicitude desta prática é manifesta, pois os "encargos" que o art. 29.º autoriza a deduzir correspondem a custos, ou seja, a verbas pagas aos fornecedores dos serviços compreendidos na viagem, ao passo que o preço inclui, como é evidente, a percentagem de lucro da agência.

do preço, devido a título de *multa penitencial*[32], a agência tem que apresentar ao cliente justificação cabal para o não reembolso do que este pagou. De outro modo, o art. 29.º é esvaziado do seu alcance tutelador, reduzindo-se a nada o direito ao reembolso conferido ao cliente.

Há que ter também todo o cuidado em diferenciar a hipótese do art. 29.º das situações em que o cliente toma a iniciativa de rescindir, não por formação de uma vontade contrária à anteriormente expressa, mas por condições ligadas ao local do destino, que impossibilitem uma prestação satisfativa do interesse correspondente ao fim contratual. Nesta hipótese, o caso deve ser tratado como de impossibilidade de cumprimento de todas ou de alguma obrigação essencial, recaindo sob a previsão do art. 27.º. Se, por exemplo, o cliente adquiriu um pacote turístico de viagem a uma estância de esqui, para prática dessa actividade, sendo esta a causa (e não apenas o motivo) do contrato, tem direito, em caso de desistência com base na ausência de neve, devida a condições climatéricas de todo anormais, ao reembolso integral do que tenha pago, nos termos da al. a) do art. 28.º[33].

Já se nos afigura que entram no âmbito de previsão do art. 29.º as situações de não participação na viagem por força de circunstâncias obstativas da esfera de vida do cliente, como uma doença grave, sua ou de um acompanhante, ou a morte de um familiar próximo.

Estes casos não poderão ser reconduzidos à impossibilidade da prestação, porque a utilidade que esta visa pode ser proporcionada pelo devedor. O credor é que se vê impossibilitado, por contingências que só a ele dizem respeito, de aproveitamento de uma prestação, em si, e no seu fim, perfeitamente possível. Tratando-se de um contrato em que

---

[32] Trata-se, na verdade, de uma multa penitencial, representando o correspectivo do direito de arrependimento do cliente, pois a agência não tem o direito de exigir o cumprimento da obrigação (como teria se se tratasse de uma cláusula penal), mas apenas o pagamento da pena.

[33] A lei dinamarquesa, que igualmente prevê um direito de revogação do cliente, é expressa em prever que, quando este é exercido por circunstâncias ligadas ao local do destino, o cliente tem direito ao reembolso integral, sem qualquer penalização – cfr. SUSANNE STORM, *ob. cit.*, 171.

a satisfação do interesse do credor implica uma actividade própria, de gozo e consumo de bens que a contraparte se obriga a disponibilizar-lhe, é à omissão dessa actividade participativa que se deve a frustração da utilidade procurada. A situação não pode, nessa medida, ser equiparada à impossibilidade de cumprimento por impossibilidade do acto de prestar, nem, sequer, à impossibilidade de cumprimento por frustração (objectiva) do fim contratual.

Não parece, assim, na falta de uma previsão específica – presente no direito espanhol[34] – que os princípios gerais de repartição do risco contratual permitam alcançar uma solução mais favorável ao cliente do que a contemplada no art. 29.º. Apenas é de entrar em linha de conta com o preceituado na 2.ª parte do n.º 2 do art. 795.º do Código Civil.

Todavia, *de jure condendo*, cremos que se justificaria uma solução que, nestas circunstâncias, exonerasse o cliente de qualquer penalização. A seu cargo, na hipótese de não participação por um motivo de força maior, ficariam apenas os custos já suportados ou a suportar pela agência (os seus danos emergentes), nada mais podendo esta exigir. Seria um regime análogo ao consagrado no art. 1227.º do Código Civil, para o contrato de empreitada.

O Anteprojecto manteve, sob a acertada qualificação de "direito de revogação", a faculdade de desistência do cliente (art. 376.º). No que diz respeito à dedução de encargos, o regime em vigor é inteiramente mantido (n.º 1), mas a multa penitencial só se torna exigível se a desistência se der dentro dos 15 dias imediatamente anteriores à data da partida (n.º 2). Esta última solução corresponde à consagrada na lei espanhola (art. 9.º, n.º 4, al. a), da *Ley* 21/1995, de 6 de Julho).

---

[34] O n.º 4 do art. 9.º da *Ley* 21/1995, de 6 de Julho, estabelece, na verdade, o dever do cliente indemnizar a agência, em caso de desistência, *"salvo que tal desistimiento tenga lugar por causa de fuerza mayor"*.

8. Responsabilidade civil

O ponto nevrálgico da tutela do turista que contrata uma viagem organizada localiza-se certamente na disciplina da responsabilidade civil da agência, por falta ou defeituoso cumprimento de prestações devidas.

E, nesta matéria, a directiva e os diplomas de transposição operaram uma verdadeira inversão da lógica inspiradora da posição em que as agências sistematicamente se colocavam. Na verdade, na sequência de uma estrita demarcação da sua actividade da dos directos fornecedores dos serviços, as agências declinavam qualquer responsabilidade por danos com estes relacionados. Quando muito, comprometiam-se a devolver aos clientes as importâncias que conseguissem recuperar, correspondentes a serviços não prestados ou deficientemente prestados.

Reagindo contra esta prática, o art. 5.º, n.º 1, da directiva 90/314/ /CEE veio determinar a adopção de medidas, pelos Estados-membros, por forma a que os operadores "sejam responsáveis perante o consumidor pela correcta execução das obrigações decorrentes do contrato, quer essas obrigações devam ser executadas por eles próprios ou por outros prestadores de serviços (...)".

Isto é, o cumprimento pontual das prestações coenglobadas na viagem organizada é objecto da vinculação da agência com quem o cliente entrou em relação[35]. O crédito deste tem como sujeito passivo a agência; contra ela se dirigirão, em conformidade, as pretensões indemnizatórias resultantes da sua não satisfação. A esfera de responsabilidade da agência não abrange apenas a prévia preparação da viagem, na sua dimensão organizativa de idealização e planificação de todas as

---

[35] A directiva distingue entre o "operador" (*tour operator*), a empresa organizadora da viagem e que directamente, ou por intermédio de uma agência, a vende ou propõe para venda (n.º 2 do art. 2.º) e a "agência" (*travel agency*), a empresa que a comercializa (n.º 3 do mesmo artigo), permitndo o art.º 5.º que as ordens jurídicas nacionais diferenciem a responsabilidade das duas categorias de sujeitos. O direito português não fez uso dessa faculdade, antes estabeleceu a responsabilidade solidária de ambas, o que representa, como é bom de ver, um acréscimo de tutela para o turista.

componentes que a integram. Abrange também a criação e a garantia das condições para que, na fase executiva, o serviço prestado esteja em conformidade com o que era devido.

A legislação portuguesa acolheu devidamente esta directriz. E assim é que o art. 39.º do DL n.º 209/97, depois de proclamar, no n.º 1, como princípio geral, a responsabilidade das agências "pelo pontual cumprimento das obrigações resultantes da venda de viagens turísticas", precisa, no número seguinte, que essa responsabilidade se mantém "ainda que os serviços devam ser executados por terceiros e sem prejuízo do direito de regresso". No caso de a agência contratante comercializar uma viagem organizada por uma outra agência, ambas respondem solidariamente (n.º 3).

Em face deste regime, resulta que a agência é obrigada a indemnizar, não só por facto seu – quando tenha violado, ela própria, um dever contratual[36] (de informação, de criteriosa selecção e controle dos prestadores de serviços, de correcta articulação destes, etc.) – como também por facto de terceiro, de qualquer dos intervenientes na execução do programa de viagem. E, neste último âmbito, basta considerar que se trata de responsabilidade por facto de terceiro para que se tenha que concluir ser ela sempre de natureza objectiva.

Na medida em que alarga a responsabilidade da agência aos danos imputáveis a falhas nas prestações efectuadas por terceiros que não foram parte no contrato de viagem organizada – desde que, bem entendido, essas prestações se incluam no programa –, este regime deixa bem vincado que ela é a devedora da obrigação de realização desse programa, intervindo aqueles sujeitos na veste de meros *auxiliares* no cumprimento dessa obrigação.

---

[36] Foi o caso na questão decidida pelo acórdão da Relação de Guimarães (MANSO RAINHO), de 5 de Fevereiro de 2003 (*CJ*, XXVII (2003), t. I, 288 s.): devido a atraso no voo Porto-Madrid, os turistas não puderam tomar lugar no voo projectado Madrid-República Dominicana. Só realizaram esta viagem no dia seguinte, perdendo assim um dia de estadia no local de destino. Ainda que o atraso do primeiro voo tenha tido uma causa não imputável à agência, esta não diligenciou, como devia, para que os turistas tomassem lugar, em Madrid, no mesmo dia, num voo para a República Dominicana, em que havia lugares disponíveis.

Mas a responsabilidade da agência resulta agravada, em face do regime-geral do art. 800.º. Isto porque, para se desonerar, não lhe basta provar que o prestador do serviço em causa actuou sem culpa. Terá que provar a ocorrência de alguma das circunstâncias exoneratórias taxativamente previstas no n.º 4 do art. 39.º.

Na versão inicial do DL n.º 209/97, se pusermos de lado o cancelamento pelo facto de o número de interessados na viagem ser inferior ao mínimo exigido, essas circunstâncias eram basicamente a imputação do incumprimento ao próprio cliente ou a um terceiro alheio ao fornecimento das prestações previstas no contrato (al. c) do n.º 4) ou a uma causa de força maior (2.ª parte da al. b) do mesmo número)[37]. Isto é, para além de objectiva, quando por facto imputável a um fornecedor de um serviço, a responsabilidade civil da agência incorporava também, como título de imputação, o critério do risco, em sentido estrito[38]: bastava que o dano se inserisse no círculo da sua actividade empresarial para que ela ficasse obrigada a indemnizá-lo, a menos que comprovasse a verificação de uma das causas de exclusão. Poderia, assim, ser chamada a reparar o dano sem que nenhuma responsabilidade recaísse sobre o seu directo agente, por, não se tratando de uma zona da vida social coberta pela responsabilidade pelo risco, a situação deste sujeito dever ser valorada de acordo com os critérios gerais da responsabilidade por factos ilícitos.

---

[37] Na versão inicial da al. b), ainda esta circunstância exoneratória era reportada ao "cancelamento" da viagem, noção mais restritiva do que a de incumprimento, pois denota apenas a falta de cumprimento (e não o cumprimento defeituoso) de todas ou de alguma(s) das componentes da viagem. Na formulação dada pelo DL n.º 12/99, de 11 de Janeiro, passou a referir-se o incumprimento. O Anteprojecto, todavia, repõe a referência ao "cancelamento" (al. b) do art. 379.º, n.º 4). Em qualquer dos diplomas, as situações de força maior, como causa exoneratória, aparecem associadas às de caso fortuito, sendo este qualificado como "o motivado por circunstâncias anormais e imprevisíveis, alheias àquele que as invoca, cujas consequências não poderiam ter sido evitadas apesar de todas as diligências feitas".

[38] É elucidativa a flagrante analogia das circunstâncias exoneratórias com as previstas no art. 505.º do Código Civil, para a responsabilidade civil por danos causados por veículos de circulação terrestre.

O DL n.º 12/99 veio, todavia, introduzir duas novas previsões exoneratórias que, do nosso ponto de vista, subverteram inteiramente este regime. De facto, nos termos da nova al. d), a agência também não responde quando "legalmente não puder accionar o direito de regresso relativamente a terceiros prestadores dos serviços previstos no contrato, nos termos da legislação aplicável". O mesmo se passa quando "o prestador de serviços de alojamento não puder ser responsabilizado pela deterioração, destruição ou subtracção de bagagens ou outros artigos" (al. e)).

Bastaria a primeira norma, de âmbito aplicativo genérico, para que fique evidenciada uma mudança radical quanto à definição das situações de responsabilidade da agência. No que se refere aos danos causados no âmbito das prestações de serviços por terceiros, ela, na verdade, passa a ser inteiramente decalcada pela responsabilidade que sobre estes recaia, de acordo com os critérios de imputação (a culpa, em princípio) que lhes sejam aplicáveis. A agência responde se, e na medida, em que esses sujeitos respondam. Deixa de ser considerado qualquer factor autónomo de risco empresarial da agência, como devedora de um resultado não alcançado. Ela é chamada em função de garantia da responsabilidade do directo causador do dano, correndo como único risco o da insolvência deste.

A previsão da al. d) não se limita, assim, a acrescentar uma nova causa de exclusão, deixando intocados o significado e alcance das anteriormente enunciadas. O que ela faz, verdadeiramente, é absorvê--las e diluí-las, roubando-lhes qualquer autonomia operativa. De facto, para se subtrair à responsabilidade, a agência já não tem que se preocupar com a prova positiva de uma das circunstâncias exoneratórias taxativamente previstas nas alíneas anteriores. Basta-lhe demonstrar que os terceiros prestadores de serviços não respondem, pois, nessa eventualidade, fica inviabilizado o direito de regresso sobre eles, direito que, nos termos da norma, condiciona a sua própria responsabilidade. E, para tanto, será suficiente, em regra, a prova de que esses terceiros actuaram sem culpa.

Eis como, sob a capa de uma aparente nova causa de exclusão, de âmbito circunscrito e de ocorrência previsivelmente excepcional, se fixa, na verdade, um requisito de base da responsabilidade da agência, que lhe transmuda a natureza e o sentido. É, aparentemente, uma recondução ao regime comum do art. 800.º, sem qualquer agravamento da responsabilidade aí cominada.

Parece claro que, com a introdução destas duas alíneas, o nível de responsabilidade da agência ficou aquém do imposto pela directiva, pois este diploma apenas prevê, como causas exoneratórias, as previstas na versão inicial do DL n.º 209/97 (cfr. o art. 5.º, n.º2).

Igual juízo inspirou o Anteprojecto, ao eliminar, em boa hora, as als. d) e e) do art. 39.º, n.º 4. Os termos do art. 379.º, n.º 4, repõem, assim, em vigor o regime fixado pelo DL n.º 209/97, na sua versão originária. Deste modo, a menos que prove a ocorrência de uma das circunstâncias exoneratórias taxativamente previstas, a agência é responsabilizada por todos os danos advenientes da não produção do resultado por ela devido – a realização da viagem nos exactos termos programados –, mesmo quando tal não é imputável a uma actuação culposa dela própria ou dos terceiros prestadores dos serviços.

Quanto aos danos abrangidos, saliente-se que, dada a natureza do objecto do contrato, eles vão normalmente muito para além do dano patrimonial resultante da turbação da relação qualidade-preço, da menor valia dos serviços prestados em face dos que eram devidos. O que avultam são danos não patrimoniais, consistentes na perda da satisfação do interesse (não patrimonial) que levara o cliente ao contrato. Não se trata aqui de danos marginais e eventuais, mas de danos verdadeiramente centrais, de afectação da utilidade que dá sentido ao contrato.

Daí que, para além dos casos de lesão de um bem da personalidade, como a integridade física ou a saúde – em que a reparação nunca estaria em dúvida, dada a verificação cumulativa de uma ilicitude extracontratual – são abrangidas, não só as aflições, ou mesmo angústias, em que certas situações de incumprimento podem colocar o turista, mas também a simples frustração do gozo que a viagem proporcionaria. Em linha de conta entram também o desapontamento, a perturbação emocional (*emotional distress*), a perda do relaxamento, da tranquilidade e do repouso e, em geral, da qualidade da fruição a que o cliente tinha direito.

Mesmo nos ordenamentos mais restritivos em relação à reparabilidade de danos não patrimoniais, estes danos têm sido contemplados. É o caso do direito italiano, em que, após o *leading case* decidido pelo

Tribunal de Roma, em 6 de Outubro de 1989, os tribunais têm reconhecido, de modo quase uniforme, o direito a indemnização pelo "dano das férias estragadas" (*danno da vacanza rovinata*)[39]. Este tipo de dano encontra-se, aliás, expressamente previsto no § 651f do *BGB*, como dano "por uso sem utilidade do tempo de férias" (*wegen nutzlos aufgewendeter Urlaubszeit*)[40]. Também o Tribunal de Justiça, num acórdão de 12 de Março de 2002 (processo C-168/00), proferido a título prejudicial a pedido do *Landesgericht* Linz, e a propósito de um litígio em que estava em causa a reparação do dano causado pela perda do gozo de férias, decidiu que o art. 5.º da directiva "deve ser interpretado no sentido de conferir, em princípio, ao consumidor um direito à reparação do dano moral resultante da não execução ou da incorrecta execução das prestações incluídas numa viagem organizada".

Entre nós, a ressarcibilidade destes danos não patrimoniais está expressamente confirmada no art. 41.º, n.º 2, al. c), ao fixar o âmbito de incidência das garantias a prestar obrigatoriamente pela agência de viagens, e já resultava da previsão genérica da al. f) do art. 3.º da Lei n.º 24/96. Aquela primeira norma é mantida no Anteprojecto (al. c) do art. 381.º).

Também foram mantidos, convertidos para euros, os limites legais à responsabilidade da agência que constam dos três primeiros números do art. 40.º (cfr. o art. 380.º. n.º 1 a n.º3)[41]. De igual modo, continua a ser admissível a limitação convencional da responsabilidade ao valor correspondente a 5 vezes o preço da viagem, no que diz respeito aos danos não corporais (n.º 5 do art. 40.º e do art. 380.º).

Mas esta norma tem que ser conjugada com as proibições das als. c) e d) do art. 18.º do DL n.º 446/85, em face das quais ela é, simul-

---

[39] Cfr. PIERALBERTO MENGOZZI, "Il risarcimento del danno morale da vacanza rovinata dopo la sentenza della Corte di giustizia CE del 13 marzo 2002", *Contratto e impresa/Europa*, 2003, 589 s. (591, n. 4).

[40] Para uma análise do tratamento do "dano das férias estragadas", em Itália e na Alemanha, cfr. ALCESTE SANTUARI, *I contratti di viaggio 'all inclusive' tra fonti interne e diritto transnazionale*, Padova, 2003, 155 s.

[41] Os valores em euros constantes do DL n.º 263/2007 não coincidem inteiramente com os apresentados no Anteprojecto. Tudo indica que o legislador daquele diploma rejeitou qualquer tipo de arredondamentos.

taneamente, mais e menos restritiva. Mais restritiva, porque exclui, em qualquer caso, a licitude da exclusão da responsabilidade; menos restritiva, porque não condiciona expressamente a validade da cláusula à responsabilidade por culpa leve.

Em obediência ao disposto no art. 37.º do DL n.º 446/85, é de concluir que a isenção de responsabilidade é sempre proibida, ao passo que a limitação só é válida se for prevista para o caso de culpa ligeira.

9. Apreciação final das alterações introduzidas pelo Anteprojecto

Pode dizer-se, como deixámos expresso ao longo da análise empreendida, que as alterações introduzidas pelo Anteprojecto – não muito numerosas, aliás – são plenamente justificadas, trazendo melhorias, nalguns casos significativas, à disciplina do contrato de viagem organizada. Estranha-se, nessa medida, que elas não tenham sido minimamente consideradas pelo DL n.º 263/2007.

Apenas se poderá apontar àquele documento preparatório do Código do Consumidor uma excessiva contenção reformista, deixando intocados pontos que, a nosso ver, mereceriam uma reponderação ou uma melhor clarificação de regime. Saliente-se, quanto à primeira, o tratamento dado às "viagens por medida" e, quanto à segunda, a função meramente probatória do recibo de quitação.

De um ponto de vista formal-sistemático, e ainda que em aspectos pontuais e de somenos alcance, também se abre oportunidade para alguns aperfeiçoamentos. Destacaríamos a deslocação do art. 372.º para local mais adequado, uma vez que regula um aspecto da execução da viagem, nada tendo a ver com a disciplina de vicissitudes que podem ocorrer entre a conclusão do contrato e a realização da viagem, zona onde actualmente está inserido. Também o n.º 4 do art. 380.º parece dispensável, dada a previsão genérica do direito de regresso, no art. 379.º, n.º 2.

RESPONSABILIDADE CRIMINAL DAS PESSOAS COLECTIVAS E ENTIDADES EQUIPARADAS

– ALTERAÇÕES INTRODUZIDAS PELA LEI N.º 59/2007, DE 4 DE SETEMBRO

Maria João Antunes

Professora Associada da Faculdade
de Direito da Universidade de Coimbra
Juíza do Tribunal Constitucional

Segundo o disposto no artigo 22.º do Código Penal de 1852, *somente podem ser criminosos os indivíduos que têm a necessária inteligência e liberdade*. Entendimento que o Decreto de 16 de Setembro de 1886 mantém, quando aprova a nova publicação oficial do Código Penal: *somente poderem ser criminosos os indivíduos que têm a necessária inteligência e liberdade* (artigo 26.º – *Imputabilidade*); *a responsabilidade criminal recai única e individualmente nos agentes de crimes ou de contravenções* (artigo 28.º – *Individualidade da responsabilidade criminal*).

No Código Penal de 1982, na versão primitiva e depois na do Decreto-Lei n.º 48/95, de 15 de Março, o *carácter pessoal da responsabilidade* é mantido, estabelecendo o artigo 11.º que, *salvo disposição em contrário, só as pessoas singulares são susceptíveis de responsabilidade criminal*. De acordo com a *Exposição de Motivos* do diploma que aprova este Código, com esta regra, a par do consagrado no artigo 12.º, *ficava já sob a alçada do direito penal grande parte da criminalidade que se alberga e se serve das pessoas colectivas*.

As excepções abertas pela lei foram-se sucedendo (cf., entre outros, o Decreto-Lei n.º 28/84, de 20 de Janeiro, sobre as infracções contra economia e contra a saúde pública; a Lei n.º 15/2001, de 5 de Junho, relativa ao regime geral das infracções tributárias; o Decreto-Lei n.º 34//2003, de 25 de Fevereiro, quanto às condições de entrada, permanência, saída e afastamento de estrangeiros do território português; e, mais recentemente, a Lei n.º 52/2003, de 22 de Agosto, sobre a previsão e a punição dos actos e organizações terroristas), a partir de um discurso político-criminal progressivamente mais aberto à responsabilização das pessoas colectivas (cf., entre outros documentos, as Resoluções do Conselho da Europa, de 27 de Setembro de 1977 e de 25 de Junho de 1981, em matéria de protecção do ambiente e de criminalidade económica, e as Decisões Quadro do Conselho da União Europeia, de 13 de Junho de 2002, de 19 de Julho de 2002 e de 22 de Dezembro de 2003, em matéria de combate ao terrorismo, ao tráfico de seres humanos e à exploração sexual de crianças e pornografia infantil).

Com as alterações introduzidas pela Lei n.º 59/2007, a regra de que *só as pessoas singulares são susceptíveis de responsabilidade criminal*, que continua a ser afirmada, não obstante a modificação da epígrafe do artigo 11.º (*Responsabilidade das pessoas singulares e colectivas*), admite agora mais desvios. Alterações que, segundo a Exposição de Motivos da Proposta de Lei n.º 98/X, se justificam por a responsabilidade penal das pessoas colectivas ser "indispensável para prevenir actividades especialmente danosas".

Para além de continuarem a ser ressalvados os *casos especialmente previstos na lei*, o n.º 1 do artigo 11.º do Código Penal ressalva também o que se dispõe no n.º 2 do mesmo artigo. Segundo esta disposição inovadora, *as pessoas colectivas e entidades equiparadas, com excepção do Estado, de outras pessoas colectivas públicas e de organizações internacionais de direito público,* são responsáveis pelos crimes previstos nos artigos 152.º-A e 152.º-B, nos artigos 159.º e 160.º, nos artigos 163.º a 166.º, sendo a vítima menor, e nos artigos 168.º, 169.º, 171.º a 176.º, 217.º a 222.º, 240.º, 256.º, 258.º, 262.º a 283.º, 285.º, 299.º, 335.º, 348.º, 353.º, 363.º, 367.º, 368.º-A e 372.º a 374.º, *quando cometidos em seu nome e no interesse colectivo por pessoas que nelas ocupem uma posição de liderança*; ou *quando cometidos por quem aja sob a autoridade destas pessoas em virtude de uma violação dos deveres de vigilância ou controlo que lhes incumbem*. Sendo a responsabilidade das pessoas colectivas ou entidades equiparadas *excluída* quando o agente tiver *actuado contra ordens ou instruções* de quem de direito (n.º 6 do artigo 11.º).

As pessoas colectivas e entidades equiparadas passam a ser susceptíveis de responsabilidade criminal também em relação a comportamentos que o Código Penal incrimina, considerando-se *entidades equiparadas a pessoas colectivas as sociedades civis e as associações de facto* (n.ºˢ 2 e 5 do artigo 11.º). O n.º 2 do artigo 11.º ressalva o Estado, outras pessoas colectivas públicas e organizações internacionais de direito público, abrangendo a expressão "pessoas colectivas públicas" *pessoas colectivas de direito público, nas quais se incluem as entidades públicas empresariais, entidades concessionárias de serviços públicos, independentemente da sua titularidade* e *demais pessoas colectivas que exerçam prerrogativas de poder público* (n.º 3 do artigo 11.º). Por outro lado, entende-se que ocupam uma *posição de liderança* nas pessoas colectivas e entidades equiparadas os *órgãos e representantes da pessoa colectiva e quem nela tiver autoridade para exercer o controlo da sua actividade* (n.ºˢ 2, alínea *a)*, e 4 do artigo 11.º).

As pessoas colectivas e entidades equiparadas são susceptíveis de responsabilidade criminal, sem que esta exclua a responsabilidade individual dos respectivos agentes ou dependa da responsabilização destes (n.º 7 do artigo 11.º), relativamente aos crimes de: *Maus tratos* e *Violação de regras de segurança* (artigos 152.º-A e 152.º-B); *Escravidão* e *Tráfico de pessoas* (artigos 159.º e 160.º); *Coacção sexual, Violação, Abuso sexual de pessoa incapaz de resistência* e *Abuso sexual de pessoa internada*, sendo a vítima menor (artigos 163.º a 166.º); *Procriação artificial não consentida, Lenocínio, Abuso sexual de crianças, Abuso sexual de menores dependentes, Actos sexuais com adolescentes, Recurso à prostituição de menores, Lenocínio de menores* e *Pornografia de menores* (artigos 168.º, 169.º e 171.º a 176.º); *Burla, Burla qualificada, Burla relativa a seguros, Burla para a obtenção de alimentos, bebidas ou serviços, Burla informática e nas comunicações* e *Burla relativa a trabalho ou emprego* (artigos 217.º a 222.º); *Discriminação racial, religiosa ou sexual* (artigo 240.º); *Falsificação ou contrafacção de documento* e *Falsificação de notação técnica* (artigos 256.º e 258.º); *Contrafacção de moeda, Depreciação do valor de moeda metálica, Passagem de moeda falsa de concerto com o falsificador, Passagem de moeda falsa, Aquisição de moeda falsa para ser posta em circulação, Contrafacção de valores selados* (artigos 262.º a 268.º e 271.º); *Contrafacção de selos, cunhos, marcas ou chancelas* e *Pesos e medidas falsos* (artigos 269.º a 271.º); *Incêndios, explosões e outras condutas especialmente perigosas, Energia nuclear, Incêndio florestal, Instrumentos de escuta telefónica, Infracção de regras de construção, dano em instalação e perturbação de serviços, Danos contra a natureza, Poluição, Poluição com perigo comum, Perigo relativo a animais ou vegetais, Corrupção de substâncias alimentares ou medicinais* e *Propagação de doença, alteração de análise ou receituário* (artigos 272.º a 283.º e 285.º); *Associação criminosa* (artigo 299.º); *Tráfico de influência* (artigo 335.º); *Desobediência* (artigo 348.º); *Violação de imposições, proibições ou interdições* (artigo 353.º); *Suborno, Favorecimento pessoal, Branqueamento* (artigos 363.º, 367.º e 368.º-A); *Corrupção passiva para acto ilícito, Corrupção passiva para acto lícito* e *Corrupção activa* (artigos 372.º a 374.º).

A estes crimes correspondem as *penas principais* de *multa* ou de *dissolução* (n.º 1 do artigo 90.º-A), previstas, respectivamente, nos artigos 90.º-B e 90.º-F. A pena de *multa* pode ser substituída por admoestação (artigos 90.º-C e 90.º-M), por caução de boa conduta (artigo 90.º-D) ou por vigilância judiciária (artigo 90.º-D). Segundo o n.º 2 do artigo 90.º--A, às pessoas colectivas e entidades equiparadas podem, ainda, ser aplicadas as *penas acessórias* de *injunção judiciária* (artigo 90.º-G), *interdição do exercício de actividade* (artigos 90.º-J e 90.º-M), *proibição de celebrar contratos ou contratos com determinadas entidades* (artigo 90.º-H), *privação do direito a subsídios, subvenções ou incentivos* (artigo 90.º-I), *encerramento de estabelecimento* (artigos 90.º-L e 90.º M) e *publicidade da decisão condenatória* (artigo 90.º-M).

Sem prejuízo do direito de regresso, as pessoas que ocupem uma posição de liderança são *subsidiária* e *solidariamente responsáveis* pelo pagamento das *multas*, bem como de *indemnizações* em que a pessoa colectiva ou a entidade equiparada for condenada, relativamente: aos crimes praticados no período de exercício do seu cargo, sem a sua oposição expressa; aos praticados anteriormente, quando tiver sido por culpa sua que o património da pessoa colectiva ou entidade equiparada se tornou insuficiente para o respectivo pagamento; ou aos praticados anteriormente, quando a decisão definitiva de as aplicar tiver sido notificada durante o período de exercício do seu cargo e lhes seja imputável a falta de pagamento (n.os 9 e 10 do artigo 11.º). Se as multas ou indemnizações forem aplicadas a uma entidade sem personalidade jurídica, responde por elas o património comum e, na sua falta ou insuficiência, solidariamente, o património de cada um dos associados (n.º 11 do artigo 11.º).

De acordo com o disposto no n.º 8 do artigo 11.º, a *cisão* e a *fusão* não determinam a extinção da responsabilidade criminal da pessoa colectiva ou entidade equiparada, respondendo pela prática do crime a pessoa colectiva ou entidade equiparada em que a fusão se tiver efectivado e as pessoas colectivas ou entidades equiparadas que resultarem da cisão. No caso de *extinção*, o respectivo património responde pelas multas e indemnizações em que a pessoa colectiva ou entidade equiparada for condenada (n.º 2 do artigo 127.º).

Relativamente aos prazos de prescrição do procedimento criminal, o artigo 118.º, n.º 3, passou a estabelecer que se este respeitar a pessoa colectiva ou entidade equiparada, os prazos previstos no n.º 1 são determinados tendo em conta a pena de prisão, antes de se proceder à conversão prevista nos n.os 1 e 2 do artigo 90.º-B.

A lei penal portuguesa passa a ser aplicável a factos cometidos fora do território nacional *por pessoa colectiva ou contra pessoa colectiva que tenha sede em território português*, segundo o que dispõe o artigo 5.º, n.º 1, alínea *g)*.

Ainda por força das alterações introduzidas pela Lei n.º 59/2007 (artigos 4.º, 5.º, 6.º e 7.º), *as pessoas colectivas e entidades equiparadas são responsáveis, nos termos gerais, pelos crimes previstos* no Decreto-

-Lei n.º 15/93, de 22 de Janeiro, que define o regime jurídico aplicável ao tráfico e consumo de estupefacientes e substâncias psicotrópicas (artigo 33.º-A deste diploma); na Lei n.º 32/2006, de 26 de Julho, sobre procriação medicamente assistida (artigo 43.º-A desta Lei); na Lei n.º 52/2003, de 22 de Agosto, que tem como objecto a previsão e a punição dos actos e organizações terroristas (artigo 6.º deste diploma); no Código do Trabalho, aprovado pela Lei n.º 99/2003, de 27 de Agosto (artigo 607.º deste Código); e nos artigos 86.º e 87.º da Lei n.º 5/2006, de 23 de Fevereiro, que aprova o novo regime jurídico das armas e suas munições (artigo 95.º desta Lei). Por força do disposto no artigo 3.º da Lei n.º 50/2007, de 31 de Agosto, as pessoas colectivas e entidades equiparadas, incluindo as pessoas colectivas desportivas, são responsáveis, nos termos gerais, pelos crimes previstos nesta Lei, a qual estabelece o *regime de responsabilidade penal por comportamentos antidesportivos, contrários aos valores da verdade, da lealdade e da correcção e susceptíveis de alterarem fraudulentamente os resultados da competição.*

Por último, o artigo 8.º da Lei n.º 59/2007 dispõe que, enquanto não for revisto o regime jurídico da identificação criminal, é aplicável à identificação criminal das pessoas colectivas e entidades equiparadas o disposto na Lei n.º 57/98, de 18 de Agosto, e nos Decretos-Leis n.ºs 381/98, de 27 de Novembro, e 62/99, de 2 de Março, com as adaptações necessárias.

FUNÇÃO SOCIAL DO CONTRATO E DIREITO DE EMPRESA

RACHEL STAJN

Professora da Faculdade de Direito da USP – Universidade de São Paulo (Brasil)

I. Introdução: Contratos, diz Eve Truillé-Marengo[1], são, ao lado da moeda, a outra força que impulsiona as economias; instrumento fundamental para dar segurança nas trocas econômicas e, no que tange ao comércio, indispensáveis. Vincezo Roppo explica que *L'area del contratto è, in parole più empiriche, l'area degli impegni economici concordati e legalmente vincolanti (cioè coercibili coi mezzi della legge): area strategica di ogni organizzazione sociale, e segnatamente nelle società evolute.*[2]

Dessas declarações poder-se-á inferir que contrato, instituto jurídico é, também, instituição social, com clara função cuja importância para a segurança dos agentes econômicos nas inter-relações que venham a celebrar, não encontra paralelo em qualquer outro instituto. Como, sem contratos, imaginar a regular e segura circulação de bens na sociedade? A possibilidade de as pessoas, livremente, disporem sobre seus interesses, assumindo deveres e obrigações umas em face de outras, não

---

[1] Towards a European Law of Contracts in European Law Journal, vol. 10, n. 4, pp. 463 a 478

[2] Il Contratto Trattato di Diritto Privato a cura di Giovanni Indica e Paolo Zatti Dott. A. Giuffré Editore SpA Milano 2001 p. 3

existiria sem contratos. Esse é o suporte normativo que os ordenamentos põem à disposição dos cidadãos e cuja utilidade, outra não fora que a de garantir a possibilidade de exigir o cumprimento das obrigações assumidas, aparece na organização social pois que, ainda quando se elimine o conteúdo patrimonial das declarações, o emprego, por via indireta, da noção de contrato e de vinculação, permite desenhar regras que atendem à boa convivência social.

Bastaria isso para afirmar que o instituto contrato tem relevante função social. Sendo assim, a pergunta que emerge da leitura do art. 421 do Código Civil Brasileiro, Lei n. 10.406/2002, cujo teor: "A liberdade de contratar será exercida em razão e nos limites da função social do contrato.", demanda reflexão sobre o sentido da expressão "função social do contrato" de vez que serve ela como limitadora da autonomia privada, quanto menos nos moldes em que se a interpretava na vigência do Código Civil de 1917.

Dado que a lei não deve conter palavras inúteis, a determinação desse novel parâmetro referido a decisões individuais no exercício de atividades econômicas, precipuamente da empresa, notadamente no que se relaciona à previsibilidade e segurança das operações, que nem sempre são repetidas ou tendencialmente uniformes, porque as necessidades do tráfico criam inovações, além de uma certa dose de especulação está presente, é típica desse tipo de atividade, são fatores que geram, por si sós, razoável incerteza.

Contratos estão no núcleo mesmo da organização empresarial na qual têm função decisiva para reduzir, ou aumentar, custos de transação. Entretanto, se a par de elevar custos de transação, a busca ou determinação de uma função social a qualquer contrato empresarial propiciar comportamentos oportunistas, fazer uma parte refém da outra, ou ainda implicar a formulação de complexas estratégias defensivas, então, possivelmente, o legislador terá se equivocado ao condicionar a liberdade de contratar à observância de uma função social. Dificultar a circulação de riquezas em qualquer sociedade para tentar induzir os agentes econômicos a cumprirem desideratos que não são os seus, não atendem aos interesses individuais, redunda em perda de bem-estar contrariando até mesmo as distribuições Kaldor-Hicks na discussão da alocação eficiente dos bens escassos.

O que se pretende é, de forma sumária apresentar algumas discussões gerais relacionadas à função social, associá-las à empresa e contratos para antecipar alguns efeitos, e em que direção se manifestarão, se os houver. Portanto, na busca de inteligência prestável para tal inovação, admite-se que possa ser vazia de conteúdo, neutra em face do exercício da empresa, ou que, inversamente, tenha efeitos perniciosos, restrinja o exercício da autonomia privada e, conseqüentemente, impacte negativamente a criação de bem-estar.

II. Função social – considerações gerais: A idéia de função como utilidade, serventia, valor, proveito, demanda um conjunto de medidas a serem executadas para atingir ao fim. Em matemática diz-se que uma variável é função de outra quando se associa a cada valor da segunda um e um só valor da primeira. Função é o papel de um elemento lingüístico na construção da frase; gramaticalmente o papel que a palavra desempenha na frase em relação às demais; conceitualmente indica a existência de uma relação biunívoca entre dois elementos, por exemplo, no caso presente, vinculação e liberdade.

Social é o concernente à sociedade, ao conjunto de cidadãos de um país, assim como é, também, o conveniente para a sociedade ou que dela é próprio, que é público ou, ainda, o que se refere ao bem-estar das pessoas menos favorecidas em uma dada sociedade.

A associação de função e social, ou seja, a idéia de função social, ao menos no campo das ciências sociais, em especial em sociologia, prende-se à concepção de funcionalismo, de análise funcional em que se pretende explicar instituições sociais como formas coletivas de atender a necessidades biológicas individuais. Mais adiante se altera o foco para pensar a maneira pela qual as instituições sociais garantiriam a estabilidade social, teoria essa associada a Émile Durkheim. No plano político, talvez a expressão mais forte do funcionalismo tenha aparecido na Rússia czarista quando os artistas, a "intelligentsia", buscam apoio nos estratos mais baixos da sociedade da época, propondo uma utilidade social para a arte como eixo de desenvolvimento social.

Durkheim analisou a forma pela qual a organização social se manifestava nos vários tipos de sociedade, sobretudo o que distinguia as organizações tradicionais daquelas modernas. Nas primeiras, dizia, a consciência coletiva subsume a individual, e as normas sócias são fortes e o comportamento social é bem regrado. Na sociedades modernas, a complexidade geraria solidariedade porque os diversos e distintos atores sociais dependeriam uns dos outros para satisfazerem suas necessidades. Mais ainda, Durkheim associava essa solidariedade com um dado sistema jurídico, explicando que nas primitivas o sistema jurídico tende a ser repressivo, nas sociedades em que a solidariedade seja orgânica, o sistema seria restitutivo, não visaria a punir mas a disciplinar a atividade normal de uma sociedade complexa.

De seu lado Niklas Luhman vê os sistemas sociais como meios de comunicação, de relação entre o individual e o social que se dá por intermédio do sentido, do *Sinn*. Supondo o sistema como uma relação entre diferentes ambientes que são separados de um exterior caótico, Luhman entende que servem para reduzir a complexidade, notadamente numa sociedade como a atual que é sociedade mundial.

Poder-se-ia, pois, considerar que a noção de função social se limitaria a descrever as instituições em face dos efeitos constatados sem aprofundar as causas, dizem alguns críticos. Outros consideram que explicações funcionalistas são condicionadas pela história das ações humanas e suas conseqüências. O que se vê é que, no plano sociológico não há consenso quanto ao sentido próprio da expressão função social, há apenas indícios de que se pretende desenhar fatos, modelos, características do ambiente social subjacentes a determinadas instituições.

Sem descartar a importâncias das discussões filosófico-sócio-antropológicas, e ainda que possam estar subjacentes e representar valores ou instituições sociais, quando o legislador inserta, em norma de direito positivo, a expressão **função social,** levanta dúvida sobre seu alcance como indutora ou incentivadora de comportamentos dos agentes econômicos racionais. Afinal, o conceito, no plano jurídico, não pode ter a mesma definição que se lhe dá nos planos filosófico ou sociológico.

Será que um código de direito privado – mesmo que seja visto como a constituição do homem comum na dicção de Miguel Reale – deve conter dispositivos que induzam as pessoas a agirem tendo em vista interesses de terceiros, distribuir benesses ou agir de conformidade com interesses do governo? Esse o sentido que se dava à expressão função social no ordenamento italiano à época do fascismo. Prever função social para a empresa, assim como para a propriedade, nada mais eram do que meios para facilitar a intervenção ou controle do Estado sobre a atividade econômica ou a propriedade fundiária, de vez que a titularidade sobre esses bens era reconhecida na medida em satisfizessem o interesse nacional. Contudo os italianos, assim como os alemães, não se atreveram a impor função social aos contratos! Foram contidos por algum sentido de prudência.

Retrospecto histórico permite constatar que recorrer à função social é característica de regimes não democráticos fazendo com que os interesses nacionais (do governo) se sobrepusessem aos individuais.

Outro argumento recorrente para justificar a função social é a perseguição de equilíbrio entre classes sociais, entre o dito poder econômico e os trabalhadores, por exemplo, ou entre aquele e os menos favorecidos. Há ainda quem considere a função social como meio promover a solidariedade entre membros da comunidade, visando ao maior bem-estar geral.

Associada à liberdade de contratar a função social poderia ser entendida como exigência para que os contratos, a par de harmonizar os interesses das partes, perseguissem interesses externos, numa espécie de distribuição de benefícios sem os correspectivos riscos.

O legislador de 2002 tenta compatibilizar, nas ações individuais, interesses coletivos o que, no limite, implica desenhar novo modelo de responsabilidade individual em que será dever de cada um cuidar para que suas ações gerem efeitos favoráveis a terceiros. Abandonou-se o princípio de que o contrato produz efeitos entre contratantes facilitando-se controle social externo sobre os negócios entre particulares.

Não se trata da questão estudada pelos economistas e relacionada à produção de externalidades, isto é, efeitos que afetam terceiros estranhos à relação, derivados de ações ou contratos. Quando se trata de externalidades negativas, mister sejam internalizadas, isto é, os efeitos negativos externos devem ser suportados (impedidos ou indenizados) por que lhes dê causa. As positivas, que trazem benefícios aos terceiros, de seu lado, não geram direito a qualquer pretensão dos produtores em face de quaisquer terceiros que delas aufiram benefícios.

Atenção a esse tipo de discussão serve para compreender que, se fora esse o caso, o comando legal referente à função social, seria desnecessário pois outras formas de defesa existem para vincular as externalidades negativas aos seus causadores, exigindo que suportem os custos produzidos. Quanto aos beneficiários de externalidades positivas ficam isentos de pretensão por parte de quem as tenha produzido.

III. Contrato e autonomia privada: Comum na visão de Vincenzo Roppo, Eve Truillé-Marengo, Iudica e Zatti[3], é a indispensabilidade do contrato para o exercício da atividade econômica. Sem contratos como promover a regular e pacífica circulação de bens na economia?

Iudica e Zatti destacam o fato de o pacto preceder à moderna distinção entre esfera pessoal e econômica, que o transforma no instrumento das relações de troca e que, em processo de adaptação às necessidades humanas, facilita a organização do mercado de bens. A ligação entre contrato e mercados é direta: sem contratos não há mercados, estes construto jurídico em que as relações entre agentes são uniformes e despersonalizadas. Liberdade de mercado e liberdade de contratar são o verso e o reverso da mesma moeda. Contratos, pode dizer-se, são a mais bem arrematada expressão da liberdade individual, representando a faculdade que cada um tem para, voluntariamente, vincular-se.

No que tange à função dos contratos, Iudica e Zatti explicam que são o instrumento mediante o qual se perfaz a auto-regulação de interesses patrimoniais, e que a fórmula pela qual essa função é desempenhada depende da variedade de emprego dos instrumentos negociais, de como se organiza a produção de bens, da forma pela qual circulam, de como são estruturas as relações empresariais, de trabalho, de fornecimento, ou de consumo, por exemplo[4].

---

[3] Iudica, Giovanni e Paolo Zatti, in Linguaggio e Regole Del Diritto Privato Cedam 2002 os quais afirmam que: *Il contratto, prima che um concetto giuridico, è un'antica esperienza umana ed uno strumento ineliminabile dell'attività economica.*, p. 267

[4] ob. cit. p. 269

Consideram que a função do contrato, no plano do direito, se extrai de duas normas, as dos arts. 1321 e 1272 do *codice civile:* a primeira definidora do contrato cuja função é criar, modificar ou extinguir relações jurídicas patrimoniais; e a outra que atribui ao contrato força vinculativa (força de lei) entre partes contratantes,[5] daí dizer-se que liberdade de contratar á ato de autonomia, faculdade que o ordenamento dá aos particulares para dar-se regras, dispor sobre seus interesses.

Para Roppo, a redação do art. 1.321 do *codice civile*, destaca o acordo como o elemento mais característico do contrato, elemento que precisa ser associado aos demais presentes na definição o que passa pelo escopo, intencionalidade, vontade. Acordo é vontade comum das partes, diz o autor, para quem o princípio do acordo exprime dois valores primários. Inicialmente indica a existência de uma esfera de liberdade dos particulares diante do poder público e da lei, o segundo valor do acordo especifica o primeiro, pois que o princípio do acordo protege a autonomia e a liberdade dos sujeitos contra ataques provindos de outros sujeitos.[6]

Referindo-se a promessas, Roppo explica serem atos voluntários pelos quais o autor assume uma obrigação em face do sujeito ao qual a promessa é endereçada. Dois são os tipos de promessas: as unilaterais e as contratuais, sendo estas a maioria, explica. As unilaterais, porque excepcionam a regra geral, sendo, via de regra, taxativamente previstas no ordenamento, até como forma de tutela do promitente, mas sobretudo, entende Roppo, para *salvaguardare l'applicazione della disciplina Del contratto, come disciplina equa e razionale delle operazioni economiche e delle corrispondente relazioni fra i protagonisti di queste*.[7]

Em suma, trata-se de determinar os limites de exercício da autonomia privada admitidos pelo sistema jurídico.

Para Luca Nivarra, Vincenzo Ricciuto e Claudio Scognamiglio,[8] autonomia privada compreende uma série de prerrogativas conferidas

---

[5] ob. cit. p. 269

[6] Il Contratto, cit. pp. 23 a 25

[7] ob. cit. pp. 30 e 31

[8] Istituzioni di Diritto Privato G. Giapichelli Editore Torino, 2004, p. 140 L'autonomia privata si estrinseca in uma serie di **prerrogative** (liberta do concludere o non

aos particulares; Roppo a vê, à autonomia; como o poder de dar-se regras[9]; e Iudica e Zatti, no ser "senhor", ter poder sobre os próprios interesses dentro dos limites fixados em lei Para esses autores o princípio da autônima tem duas faces:se cada um tem poder para decidir sobre seus interesses, ninguém pode dispor dos interesses de outra pessoa, portanto há um aspecto negativo que é a defesa individual quanto a imposições de terceiros, que, concluem, é visão especular do disposto no art. 1372 do *codice civile*, aquele que limita os efeitos do contrato às partes.[10]

No que concerne à liberdade de contratar, Roppo aponta tendência na evolução do direito dos contratos que se manifesta nas restrições à liberdade de contratar que, segundo o autor, espelham a passagem do estado liberal para o social. Naquele, o princípio da plena liberdade econômica tinha como corolário o princípio da liberdade contratual; neste, a idéia é que o poder público atue para assegurar aos cidadãos liberdade e igualdade, tanto formal quanto material, no contratar, do que resulta aumento de normas especiais, dirigidas para setores do mercado e das relações econômico-sociais que se caracterizam por serem, essencialmente, restritivas da liberdade contratual. Neste contexto ganha relevância a inclusão das pessoas em determinadas categorias ou classes sócio-econômicas, como é o caso, por exemplo, dos consumidores.[11]

Também caberia aqui a questão de preservação do meio-ambiente e o exercício da empresa que pode estar subjacente à noção de função social da empresa mas que melhor enquadramento receberia se concebida como forma de responsabilidade social.

Analisando o art. 1.321 do *codice civile,* Roppo afirma que embora o acordo seja o primeiro dos elementos constitutivos do contrato, ele

---

concludere il contratto, liberta di determinare il contenuto Del contratto, liberta di contrarre, di stipulare contratti atipici) ciascuna delle quali va incontro a taluni **limiti,** funzionali alla tutela di interessi superiori e Che rappresentano la cornice all'interno della quale essa può effettivamente esplicarsi. (negritos do orginal)

[9] ob. cit. p.24
[10] ob.cit. p. 275
[11] ob. cit. pp 46 a 48

exprime dois valores primários: reconhece uma esfera de liberdade dos sujeitos perante o poder público e a lei, pelo que as posições jurídicas patrimoniais das pessoas dependem da sua escolha voluntária e livre e não de fatores externos que se sobreponham à sua liberdade e vontade, ou seja, representa expressão de autonomia, poder de dar-se regras.[12] Que esse princípio pode ser um limite porque a liberdade de conformar, como quiser, sua esfera jurídica, tem limite no fato de não poder fazê-lo sem a concordância de outro sujeito, a outra parte contratante. Isso garante que ninguém terá sua esfera jurídica invadida sem concordância ou consentimento, este o segundo valor do acordo, que é especificação do primeiro: é o princípio que protege a autonomia e a liberdade dos sujeitos contra ataques provindos de outros; ou contra a intromissão de estranhos em sua esfera jurídica.[13]

Quanto aos efeitos do contrato, comentando a regra de que este não produz efeitos em relação a terceiros, Roppo entende que a noção decorre da projeção do princípio do acordo que, de sua parte, deriva do valor da autonomia[14]. A vinculação entre partes não pode ser estendida a terceiros estranhos ao negócio que, entretanto, podem ser alcançados por efeitos fáticos os quais, por vezes, são relevantes. Exemplo de efeito prejudicial, danoso, que oferece é o de uma sociedade que adote política de vendas agressiva tendo como efeito a redução de vendas e, por via de conseqüência, dos lucros de seus concorrentes, sem que isso viole o princípio da relatividade dos contratos.

---

[12] ob. cit. *Il principio dell'accordo esprime due valori primary. In primo luogo, indica l'esistenza di una sfere di libertà dei soggetti di fronte al potere pubblico e alla legge: significa che c'è un ambitto entro cui la sorte delle posizioni giuridiche patrimoniali dei soggetti dipende dale scelte volontarie e libere degli stessi soggetti interessati, e non da fattori esterni che si sovrappongano alla loro volontà e libertá.* pp. 23 e 24

[13] ob.cit. *Il secondo valore dell'accordo è uma specificazione del primo: il principio dell'accordo protege l'autonomia e la liberta dei soggetti contro gli attacchi proveniente da altri soggetti; ovvero contro lê intrsuioni di estranei nella loro sfere giuridica.* p. 24

[14] autonomia, (auto + nomos) expressão da liberdade individual, é a possibilidade de dar-se regras.

Referindo-se à tutela da confiança, eu dá às relações econômicas maior expressão, a disciplina dos contratos adotou a teoria da declaração abandonando a da vontade que, por força da concepção subjetiva, gerava incertezas que inibiam iniciativas econômicas em razão da insegurança sobre a validade e eficácia dos contratos.[15] Não quer dizer que a vontade não interesse embora fique em segundo plano porque, a objetivação das relações contratuais pela teoria da declaração, realça a projeção social externa, a forma pela qual a vontade é percebida pela parte dela destinatária em relação à interna.

As pessoas contratam se, e quando, desejarem fazê-lo exercendo sua autonomia; dizer autonomia contratual equivale a dizer exercer liberdade contratual. Elemento positivo da autonomia privada, e este é o que ora interessa, é a <u>liberdade</u> <u>de</u> <u>contratar,</u> que se manifesta nas liberdades para contratar, ou não, para dispor sobre o conteúdo do contrato e, finalmente, para celebrar contratos atípicos. A faculdade ou poder de livre vinculação entre pessoas e a legitimidade de circulação de bens na economia, formam a base do direito dos contratos e por isso sua importância quando se agrega à liberdade de contratar outro fator de validade – a função social.

Segundo Guido Alpa[16], em matéria de contratos, a evolução da elaboração teórica, da disciplina normativa, e da prática, não aparece apenas na criação de novos modelos relacionados à circulação de bens, de prestação de serviços ou de proposta de investimentos, nem mesmo

---

[15] ob.cit. p. 30

[16] Lineamenti di diritto contratuale in Diritto privato comparato Istituti e problemi Editori Laterza 2004 *Per contro, in materia d icontratti, ciò che connota l'evoluzione dell'elaborazione teorica, della disciplina normativa e delle prasso non è solo la creazione di nuove figure contrattuali relative alla circolazione di beni, all'offerta di servizi, alla proposta di investimenti, e neppure soltanto la regolamentazione di nuove tecniche di contratto negoziale e di formazione del contratto, con riguardo specialmente all'impiego di mass media, di visite domiciliari, di tecnologie informatiche e telematiche. Ciò che più stupisce è la sostanziale uniformità dei trends evolutive nelle esperienze straniere di maggior riferimento, nei progetti di codificazione uniforme e nelle regole del commercio internazionale: una uniformitá che si risovel nel ripensamento della stessa categoria logica e pratica di "contratto", e nel dissolvimento del modello tradizonale di contratto. pp. 147*

às novas técnicas de formação dos contratos, mas, se manifesta, sobretudo, na uniformidade, nas tendências comuns, o que pode ser explicado pela organização e funcionamento de mercados, particularmente diante da globalização da economia. Essa tendência, se assemelha, parece-me, ao processo que deu origem ao direito comercial, no que diz respeito à uniformidade de regras para dar maior segurança aos mercadores.

Em relação ao modelo italiano (e creio, este é o que interessa dada a similitude embora não identidade das normas) Alpa[17] explica que a doutrina peninsular partia da disciplina geral (arts. 1.321 a 1469) do *codice civile,* afirmando que as regras especiais seriam aplicáveis apenas de forma supletiva ou residual. Recentemente, diz o doutrinador, o raciocínio foi invertido: aplicam-se primeiro as normas especiais aos contratos especiais e, apenas no caso de lacunas, recorre-se às regras gerais, o que, salvo quanto aos contratos atípicos, parece-me, afasta a subsunção a modelos adrede predispostos.

Sobre o direito inglês, Alpa explica que a noção de contrato corresponde, de forma marginal, à do direito continental europeu, como o acordo que cria direitos e obrigações para as partes, sendo a declaração instrumento de autonomia.[18] Mas, dada a pluralidade de posições doutrinárias, atendo-se a Treitel, o qual diz que, no sistema inglês, o contrato é *agreement giving rise to obligations which are enforced or recognized by law*, com o que fica mais fácil extremar o contrato de outros institutos que produzem efeitos similares naquele sistema[19]. De reconhecer-se, porém, que outros autores, ingleses e norte-americanos, assentam a definição de contrato nas promessas, havendo quem entenda que o cerne do contrato é a *bargain,* a negociação, a troca, a operação econômica subjacente à roupagem jurídica.

Quanto à função de um direito dos contratos e da promessa, pode-se considerar que o contrato resulta de uma troca de promessas que criam direitos e obrigações e, portanto, diz Alpa, a função imediata

---

[17] ob.cit. p. 162 e segs.
[18] ob.cit. p. 171
[19] ob.cit. p. 173

do direito dos contratos no sistema da *common law* é de dar legitimidade às expectativas das partes geradas pelas promessas.[20]

Em seguida o autor avança No que diz respeito a princípios gerais, para discutir-lhes a noção, função e efeitos quando aplicados aos contratos, Alpa se refere especialmente aos arts. 1321,1322, 1372, 1 e 2, 1366 e 1375 do *codice civile,* no que não se distancia de Roppo e Iudica e Zatti.O primeiro define o instituto jurídico contrato, o segundo permite contratos atípicos, o seguinte dispõe sobre a eficácia do contrato, o último sobre a boa-fé na sua execução, enquanto o art. 1366 determina que a interpretação do negócio atenda ao requisito da boa-fé.

Tomando o contrato como operação econômica, diz Alpa, existe valor comum que é o consenso, a vontade de contratar, a liberdade para contratar a que se soma a exigência de preservar a operação econômica. Mesmo quando se ressalta o valor da pessoa incidindo na apreciação da validade do contrato, o reconhecimento dos possíveis objetos ou conteúdo do contrato, revela valores e limites de cada ordenamento.[21]

Parece claro que, nada obstante peculiaridades de cada ordenamento jurídico, a tendência uniformizadora em matéria de contratos vem ligada às necessidades do tráfico econômico, e é esse substrato econômico que Guido Alpa designa *il tessuto connettivo di questi processi; è la concezione del contratto come "veste giuridica" dell'operazione economica quella che accomuna i testi predisposti per il raggiungimento di uma lingua comune, una autentica 'koiné' terminológica, concetuale e normativa.*[22]

Em face de um quadro que extrapola os limites das fronteiras do Estado nacional, da tendência à uniformização das estruturas e normas disciplinadoras de operações negociais, a função social do contrato padece de todas as dificuldades de se lidar com um conceito vago, ambíguo, que dá margem a variadas e nem sempre homogêneas interpretações e que, em certa medida, constitui entrave à liberdade econômica das pessoas.

---

[20] ob. Cit. P. 183
[21] ob. cit. p. 150
[22] ob. cit. P. 151

Que o contrato tem função social e que ela é importante para a coordenação de interesses, aparece no fato de ser a roupagem jurídica de uma operação econômica livremente acordada entre pessoas. É necessário tutelar a confiança entre agentes, estimular a boa-fé, o que o sistema prevê, e deve fazê-lo mediante imputação de responsabilidade a quem atue de forma desviante do padrão ético escolhido pela comunidade.

Convém, pois enfrentar, a questão das normas sociais e do reconhecimento de sua importância. Convenções sociais são produto de necessidades sociais, das quais a coordenação entre pessoas é apenas uma; outra é o interesse em criar práticas socialmente desejáveis ou penalizar as indesejáveis, explicando-se seu surgimento para a resolução de problemas complexos envolvendo relevantes interesses sociais. Há quem as considere normas primárias sendo as dotadas de força obrigatória, com a previsão de sanções aplicáveis por autoridade reconhecida, normas jurídicas.

Que problema de coordenação, insolúvel mediante convenção social, explica, justifica, o legislador brasileiro de 2002, a positivar um conceito impreciso? Possível intenção de conformar as relações privadas de forma a garantir que as ações, individuais ou coletivas, sejam balizadas por interesses de governo, o denominado interesse nacional?

Fato é que as regras convencionais são, na maioria, arbitrárias, em geral há alternativa(s) para atingir o mesmo resultado ou efeito mediante outra convenção, portanto trata-se, no caso, de opção de política legislativa, uma vez que, por serem arbitrárias, as normas convencionais, quando não seguidas, não respeitadas, tendem a desaparecer. Daí que supor-se o viés interventivo do legislador. A pergunta é se estaremos diante de uma lei que "não pega", ou se a função social será, de alguma forma preenchida satisfatoriamente. Que interesses socialmente relevantes estarão contemplados? que instituições sociais consolidadas dependem da função social (no sentido de mecanismo de intervenção) do contrato para balizar interesses individuais?

Quando se modifica norma vigente que atende aos interesses das pessoas mediante outra que não é a que a maioria deseja, a escolha do legislador estará socialmente legitimada? Há razões para valorizar as normas jurídicas, normas de direito positivo, dentre as quais ressalta-se resolver conflitos sociais, criar bens públicos (o direito é um bem público), equacionar problemas de ação coletiva, entre outros.

Talvez o legislador brasileiro, em 2002, não tenha dado atenção maior ao fato de que o Código Civil, que a proposta mudança de paradigma do individualismo para a socialidade, não era prioridade para a sociedade, a globalização da economia estava instalada na sociedade e que, normas constitucionais haviam, já, alterado a aplicação de dispositivos do Código Civil de 1917, sem que a sociedade reclamasse.

Contudo, por conta de uma função social da propriedade (basicamente da propriedade fundiária) prevista na Constituição do Brasil de 1988, o Código Civil de 2002 reproduz texto ideado na Itália, à época do fascismo, e que visava a direcionar a liberdade de contratar, uma das liberdades individuais, para que o Estado interviesse nas relações patrimoniais intersubjetivas de forma a estimular (ou impor) a realização de seus interesses.

Um dos argumentos para justificar a regra do art. 421 do Código Civil de 2002, baseia se no princípio da socialidade, segundo o qual a ênfase da disciplina jurídica recai sobre o social deixando o individual em segundo plano, abandonando o personalismo que caracterizara o Código Civil de 1917. Mas, se o sistema jurídico é do tipo aberto, se influi sobre e é influenciado pela sociedade sobre a qual incide, a socialidade existente e reconhecida pela comunidade, não demandaria normas nem constitucionais, nem infra constitucionais, particularmente o Código Civil pois, como explicou Alpa, em matéria de contratos a doutrina abalizada vai no sentido de que a aplicação das regras especiais precede a das gerais quando disciplinam o modelo ou tipo negocial.

Por isso, parece-me pouco convincente o argumento invocado, a socialidade ao invés do individualismo, pois, embora o contrato seja produto da liberdade individual, da autonomia dos agentes, não se pode ignorar que, na evolução do sistema sócio-econômico, visa-se, cada vez mais, a preservar as manifestações de autonomia coletiva. Por isso há contratos que operam em dimensão coletiva e despersonalizada, forma de reação ao poder contratual entre partes situadas em diferentes categorias sócio-econômicas e cujas regras se destinam, especialmente, a reforçar a posição daquela vulnerável[23] ou débil. Mas nem todos os contratos devem satisfazer a essa autonomia coletiva. Alguns se destinam a reger interesses individuais e devem ficar contidos nessa esfera.

Contratos, e não há divergência entre os estudiosos, antes de instituto jurídico, são instituição social que se destina a resolver problemas de coordenação na circulação de bens e na distribuição de riscos entre contratantes. A percepção vai ainda no sentido de que, sem contratos, a alocação eficiente dos recursos econômicos escassos, encontraria dificuldades, aumentariam os custos de transação e, talvez os mercados concorrências não produzissem os desejados excedentes de consumo, isto é, bem-estar social.

Retomando o discurso de Guido Alpa, reproduzido de forma sumária atrás, entende-se que a disciplina jurídica do contrato deve tutelar uma forma de liberdade individual, a econômica, o poder de dispor sobre os próprios interesses para satisfazer necessidades pessoais. A economicidade do negócio contrato estrutura sua utilidade social e preenche a sua função nas sociedades modernas. Liberdade de contratar, com todos os seus consectários, pode bem ser considerada instrumento de valorização da pessoa por permitir-lhe alcançar objetivos econômicos e sociais, de forma livre.

Limites para a liberdade de contratar existem e aparecem na medida das necessidades de promover a convivência entre agentes em sociedade. A ilicitude do contrato, quando invocável, funda-se no fato de que as partes perseguem objetivos contrários aos valores essenciais do ordenamento, valores esses determinados pelos princípios, pelas normas imperativas ou cogentes, pela ordem pública e, também por valores sociais que se ajustam aos anseios da comunidade a cada momento.

A nulidade ou anulabilidade de contratos celebrados para prejudicar terceiros deriva de violação de outros princípios, como a ordem pública ou bons costumes; a inobservância do princípio da relatividade dos efeitos dos contratos nada tem que ver com a ilicitude dos fins visados.

---

[23] ob. cit. p. 45

IV. Contrato e direito constitucional econômico: A produção e circulação da riqueza são um dos eixos da disciplina constitucional econômica conformados pelos bons costumes e o respeito à dignidade da pessoa humana, tanto que não apenas no art. 1.º, inciso IV, toma-se a livre iniciativa como fundamento e, no art. 170, Título VII, da lei fundamental, a livre iniciativa está no *caput*, antecedendo o respeito à dignidade das pessoas e à justiça social.

A opção política dos constituintes em 1988 pelo modelo capitalista de organização do sistema econômico é clara, sendo este o parâmetro primeiro a ser observado pelo legislador infra constitucional para legitimar as normas de direito positivo.

Lembrando ensinamento de Kelsen, para quem o sistema de direito positivo é erigido a partir de uma norma fundamental, embora esta não deva ser, necessariamente, a constituição nacional, deve ser, ao revés, a norma que legitima o PODER, a que impõe a obediência ao sistema, ou, ainda, a posição de H. Hart, que vê na aceitação da regra por convenção social, a fonte de força ao comando, ao **dever** que a norma impõe, permite entrever nas duas posições, suporte para o argumento que aqui se desenvolve, a importância das normas, ainda quando não positivadas, que estimulam comportamentos ou práticas sociais respeitadas, fruto de decisões que visam à cooperação entre as pessoas.

Sendo a aceitação pela comunidade o que dá força a um dado comando normativo, porque solve um problema de coordenação de interesses, crê-se que, recorrendo à terminologia contida no ensinamento de Ronald Coase, a escolha recairá sobre a norma mais eficiente, a que produz menores custos de transação; assim não fora e sua aceitação seria, rapidamente, questionada e outra alternativa buscada porque, sabe-se, em geral os problemas de coordenação podem ser equacionados mediante outras opções socialmente viáveis.

Contudo, se coordenar interesses é problema relativamente fácil quando se trata de grupos pequenos, porque o acordo interno é mais simples, quando se está diante de interesses de grupos grandes e dispersos, a solução tende a aparecer em torno de uma convenção social, uma alternativa que permite desenhar um acordo necessário para solver recorrentes problemas de coordenação. Nesses casos, de grupos grandes e dispersos, as consultas individuais são difíceis até para indicar a direção de algum consenso majoritário. A opção do legislador, ainda que objeto de aprovação congressual e posterior sanção, nem sempre basta para legitimar uma norma jurídica, particularmente quando seja pouco aderente às instituições sociais existentes à época.

Assim é que o regime capitalista, de mercado, mesmo com as restrições – dignidade da pessoa humana e justiça social, não implica abandono da livre iniciativa no plano econômico, da assunção de riscos e da apropriação privada dos benefícios produzidos.

Atuar em mercados, dentro de um modelo concorrencial, demanda normas que estimulem a disputa entre agentes econômicos ao mesmo tempo em que não prescinde de algum grau de segurança e certeza que permita fazer previsões sobre a permanência no mercado, o esperado retorno de investimentos, e, portanto, o sistema de contratos precisa conviver com o dinamismo das ações dos agentes econômicos. Sem regras flexíveis, ou estímulo à confiança quanto à distribuição dos riscos entre partes, notadamente quando se trate de operações de longo prazo, de execução continuada ou diferida, provoca-se elevação nos custos de transação que, no limite, desestimulará certas operações reduzindo o bem-estar da comunidade.

A plasticidade do sistema a que acima se referiu depende de serem poucas as normas imperativas na comparação com as facultativas ou supletivas até para facilitar releituras e acomodações, sem o que a demanda por regras de direito positivo será permanente e a insegurança jurídica grassará.

De outro lado, a assimetria de informações indica que a intervenção de terceiros, quando de eventual revisão do conteúdo contratual, que, no mais das vezes, é feita por via judicial, pode gerar efeitos de segunda ordem, que extravasam os limites do caso concreto, quando não favorece, de forma não intencional, oportunismos. Exemplo é a discussão dos contratos de "leasing" nos quais, a correção por variação cambial foi questionada em face da mudança abrupta, mas não inesperada, da paridade da moeda nacional em relação ao dolar norte-americano, no início de 1999.

Sem atentar para o fato de que o risco de eventual variação extraordinária do câmbio fora aceito pelos consumidores em troca de uma taxa de juros menor do que as praticadas no mercado quando os contratos era ajustados em moeda corrente, as decisões judiciais favoráveis aos demandantes consumidores foram causa do desaparecimento do "leasing" no país com o que, no médio prazo, a sociedade perdeu bem-estar.

Outros exemplos de decisões judiciais há que revelam efeitos de segunda ordem que se abatem sobre certos mercados, sem que o Judiciário se dê conta do fato. Um dos mais recentes, provocado pelo art. 421 do Código Civil, prende-se a contratos de venda de soja por agricultores à indústria. A variação para mais no preço da soja e derivados, que não foi dividida com os produtores, e a invocação da "função social do contrato" deu causa a sentenças que resolveram operações contratadas antes do evento variação de preço. E, como efeito de segunda ordem, o fato de que, a quebra da relação de confiança entre produtores e indústria, fez cessar práticas como a antecipação, por conta do preço a ser pago ao final, de fornecimento pela indústria aos agricultores, de sementes, adubo, defensivos, ou outros insumos. Resultado foi o endividamente frente ao sistema financeiro, com o que, o risco que antes era dividido entre industrial e produtor, recaiu inteiramente sobre o último.

O legislador não pretendia tal efeito, mas, como não há normas que possam afastar a incidência desse art. 421 das operações interempresariais, assumiu o risco dos efeitos de uma regra mal projetada e pior aplicada.

Pensando uma linguagem comum que facilite operações celebradas por agentes sujeitos a diferentes ordenamentos nacionais a discussão da teoria dos contratos, dada a tendência de uniformização de modelos, até porque o contrato é a roupagem de uma operação econômica, a norma que limita o exercício da autonomia privada exigindo a observância de uma função social desconhecida em outros ordenamentos, parece ser a "jabuticaba" do sistema, aquela fruta que existe no Brasil, que é exótica, mas sem a qual as pessoas vivem bem. Há que coordenar, na redação da norma, interesses da população ou grupo sobre o qual incide, mas também as relações externas das pessoas que integram o grupo e as que não o integram.

A livre iniciativa, faculdade para entrar, permanecer ou sair de mercados, para organizar a empresa que, segundo Ronald Coase, é um feixe de contratos que, ao organizarem a atividade econômica, reduzem custos de transação, bastaria para explicar uma função social do instituto contrato, sem que a liberdade de contratar fosse atrofiada pelo vezo controlador de terceiros. A organização e exercício da empresa enquadra o contrato dentre aqueles institutos com função social.

Bastariam essas observações para evidenciar que o legislador extrapolou sua competência, ficando sem legitimidade social a regra do art. 421 do Código Civil de 2002, quando pretendeu impor uma nova dimensão à função social do contrato que, por si só existe e se manifesta na formatação de operações econômicas ao permitir que o espírito inovador dos agentes econômicos tenham espaço para dispor e disciplinar seus interesses, coordenar suas ações, criar bens e serviços para oferecer em mercados, nos quais, sem contratos para promover a regular circulação da riqueza, não haveria criação de nova riqueza. Cabe ao sistema de normas oferecer instrumentos que favoreçam a previsibilidade, que dêem segurança recíproca de que as "promessas" serão cumpridas voluntariamente e, se não no forem, haverá instrumentos que tornem o adimplemento coercitivo. E a segurança do cumprimento das promessas que estimula operações cuja execução dar-se-á em momento futuro, os contratos de execução diferida, ou de execução continuada, de trato sucessivo.

Estudos de economistas que se debruçaram sobre tais estruturas contratuais consideram que, em geral, são incompletos por faltar previsão completa relativa a eventos futuros, certos ou incertos e dos mecanismos para recompor a relação dados certos efeitos deles derivados que podem alterar a distribuição de riscos entre as partes. Por isso entendem que interessa criar mecanismos para desestimular oportunismos ao inadimplemento por qualquer das partes, mediante renegociação. No que diz respeito à alocação de riscos entre os contratantes, a regras que disponham sobre a repartição dos benefícios e dos ônus, mereceriam maior atenção do legislador em 2002 sendo certo que o art. 421 do Código não serve para suprir lacunas existentes em contratos.

Em comentário a trabalho de Stephen Waddams, denominado *Dimensions of Private Law: Categories and Concepts in Legal Reasoning,* Robert A. Hillman[24] afirma que "a combinação de princípios e

---

[24] The Many Dimensions of Private Law Cornell Law School research paper No. 04-013

teorias a respeito do contrato, o leva a concluir que as várias normas de direito dos contratos refletem a maioria das instituições, das forças sociais e econômicas de uma sociedade pluralista.". Essa a visão que se esperaria de um diploma legal para o século XXI.

Ao discutir a *procedural unconscionability*, o agir alguém sem escrúpulos, fora de padrão de razoabilidade, Hillman diz que se trata de um ilícito que aparece sob diferentes formas ou maneiras uma das quais seria a redação de um documento em que se oculta termos ou o emprego de palavras que a outra parte não entende; outras envolvem o que denomina a qualidade do consentimento de parte. Se o contrato serve a um propósito razoável no contexto em que foi pactado, diz, os tribunais de *common law* aceitam o que as partes decidiram em virtude do reconhecimento da liberdade de contratar pelos juízes daquele sistema, levando em conta, ainda, em que medida a decisão inibirá novos comportamentos semelhantes ou apenas eliminará o infrator do mercado às expensas daqueles que desejam contratar.

Mas, sobretudo, Hillman afirma que a lei deve ser clara, definida e previsível para que as pessoas possam planejar seus negócios. Que a lei deve ser objetiva e resistir a manipulações que favoreçam um ou outro grupo, ou que crie vias para que os juízes usurpem a função legislativa.

Portanto, se o direito dos contratos pode facilitar a coordenação de interesses individuais pelos particulares, vital é que haja meios para garantir o cumprimento das obrigações assumidas. Ora, o exercício da empresa implica aceitar riscos, um dos quais é a não manutenção da atividade se não atender a padrões de eficiência e economicidade. Não se faz necessário amplificar esse risco mediante a redação de normas de direito positivo vagas, vazias de conteúdo. Cláusulas abertas, imprecisas, típicas normas em branco, tal como arcas vazias, podem ser preenchidas segundo critérios individuais de cada intérprete ou aplicador da lei que, no caso concreto, podem até fazer sentido mas que, por força de efeitos de segunda ordem, se ou quando reproduzidas, geram insegurança social com a conseqüente adoção de medidas defensivas que aumentam custos de transação, portanto reduzem o bem-estar. É que, no exercício da empresa, a tendência de repetir experiências bem sucedidas, reproduzir modelos contratuais que deram certo, é regra, porque são estratégias eficazes e testadas.

Admita-se, e é desejável, a aproximação do direito codificado a esquemas típicos da *common law,* mas cláusulas abertas que esvaziam a certeza e segurança da norma positivada podem comprometer o funcionamento dos mercados o que se quer evitar.

Contudo, na opinião de dois juristas, Miguel Reale e Calixto Salomão Filho, há que louvar a norma do art. 421 do Código Civil.

V. Função social do contrato – a opinião dos juristas

V.1. Miguel Reale[25] argumenta que o art. 421 do Código Civil é um de seus pontos altos porque: a) "na elaboração do ordenamento jurídico das relações privadas, o legislador se encontra perante três opções possíveis: ou dá maior relevância aos interesses individuais, como ocorria no Código Civil de 1916; ou dá preferência aos valores coletivos, promovendo a "socialização dos contratos"; ou, então, assume uma posição intermédia, combinando o individual com o social de maneira complementar, segundo regras ou cláusulas abertas propícias a soluções equitativas e concretas.". Conclui afirmando ter sido a última a opção do legislador de 2002. Portanto, a interpretação do art. 421 do Código Civil deve ser interpretada sob tal enfoque, o da combinação do público com o particular, restando saber qual deles há de predominar em cada caso concreto.

A justificativa que se segue tem fundamento na Constituição da República no concernente à função social da propriedade e que essa função social requer, para sua realização, a extensão do princípio ao direito dos contratos "cuja conclusão e exercício não interessam somente às partes contratantes, mas a toda a coletividade". (*verbis*) A afirmativa, que contratos interessarem à toda a coletividade como extensão do princípio da função social da propriedade indica tendência a fazer prevalecer o interesse coletivo sobre o individual, como se as pessoas, ao contratar, tivessem, sempre, de deixar seus interesses em segundo plano.

---

[25] O Estado de São Paulo de 22 de Novembro de 2003, p. A2

Referido argumento está assentado sobre os incisos XXII e XXIII ao art. 5.º da Constituição da República de 1988, que tratam do direito de propriedade e sua função social, que vem ampliada no Código Civil para alcançar os contratos porque, para que aquele se efetive, que também o instrumento que promove a regular e lícita circulação da riqueza tenha aquela característica. Se a função social da propriedade é gerar riqueza, bem-estar, inquestionável que contratos atuam como instrumento para fazer circular, de forma regular, a riqueza, criando ou aumentando o bem-estar. Raro que contratos sejam fonte de bem-estar distribuído além daquele que interessa às partes contratantes.

Aos que temem que o comando legal reduza a garantia (segurança, pergunta-se?) dos contratos, Reale afirma que tal receio não procede vez que não há conflito entre o adimplemento dos contratos e a nova regra; a idéia do *pacta sunt servanda* não desaparece, ao revés, o art. 422 vem reforçá-la ao positivar e ampliar o alcance do princípio da boa-fé que deve ser observado não apenas antes e na conclusão do contrato, mas ao depois, na sua execução. O acréscimo do princípio da boa-fé à função social do contrato, denotaria o temor de que esta, cláusula aberta, é vazia que precisa ser preenchida? Comportamento ético, o princípio da boa-fé, sequer deveria ser positivado uma vez que, instituição social, sua observância deveria ser regra geral de interpretação de qualquer conduta negocial.

Insiste em que não há razão para sustentar que o contrato deve atender apenas aos interesses das partes uma vez que, inerente ao poder negocial, exerce ele função social, correspondendo à livre iniciativa constitucionalmente garantida, portanto é "natural que se atribua ao contrato uma função social, a fim de que ele seja concluído em benefício dos contratantes sem conflito com o interesse público."

O raciocínio parece tortuoso porque, conforme explica Natalini Irti, mercado, *lócus artificialis,* é configurado pela lei que o constitui, governa, orienta e controla.[26] De sua lado, livre iniciativa, tal como prevista no art. 170 da Constituição da República é poder conferido a cada qual para entrar, permanecer ou retirar-se do mercado, estrutura

---

[26] L'ordine giuridico Del mercado Editori Laterza- 2003 p. 112

normativa que torna a troca econômica eficiente, impessoal, sendo as relações nele encontradas massivas e idênticas.

Ora, quando se afirma haver contratos cuja conclusão interessa não apenas às partes, é porque seus efeitos se espraiam sobre terceiros que suportam ônus ou danos deles decorrentes e cujos direitos e interesses devem ser respeitados. Está-se no campo das externalidades derivadas da contratação, ou seja efeitos que recaem sobre terceiros seja de forma negativa, seja de forma positiva. De supor que as externalidades positivas, desejáveis, satisfariam à "função social" atribuída ao contrato, enquanto as negativas deixariam de cumpri-la. É que, segundo Reale, "Não há razão alguma para se sustentar que o contrato deva atender tão-somente aos interesses das partes que o estipulam, porque ele, por sua própria finalidade, exerce uma função social inerente ao *poder negocial* que é uma das fontes do direito, ao lado da legal, da jurisprudência e da consuetudinária".

A função social inerente ao poder negocial das partes, não será ela produto da liberdade, da autonomia individual? Afinal, se as pessoas não tiverem poder negocial, faculdade de, livremente, disporem sobre seus interesses, que liberdade de ação lhes está assegurada? Claro que quem causa dano a outrem deve responder, e para tanto há no sistema norma expressa, diferente da situação em que, se alguém, ao contratar, beneficia outrem que não a contraparte, possa ser ressarcido de parte das despesas em que incorre. Por isso as externalidades positivas são admitidas e, quanto às negativas, buscam-se meios de internalizá-las. Nada a ver com função social limitativa da liberdade de contratar mas simples alocação ou realocação de ônus.

Conclui-se, ante as explicações acima resumidas, que a afirmativa sobre atribuir-se ao contrato uma função social em nada "colide com os livres acordos exigidos pela sociedade contemporânea, mas antes lhes assegura efetiva validade e eficácia.", o que, entendo, ainda deixa obscuras várias questões.

Retomando o discurso baseado na Constituição de 1988, Reale se reporta, agora, ao art. 173 que trata de abuso de poder econômico visando à dominação de mercados, à eliminação da concorrência e ao aumento arbitrário de lucros; como essas seriam hipóteses extremas, aduz que, dada a criatividade dos agentes, a possibilidade de serem desenhados negócios que privilegiem os contratantes, ou um só deles, é grande e, por isso, é que se deve socializar sua função.

Os argumentos se orientam no sentido de explicar a restrição ao poder negocial, sendo, creio, disso que se trata, pois com base em hipotéticas ilicitudes que violam valores sociais quando o contrato puder causar danos à coletividade, se insiste em função social. Afirma Reale que, em face do princípio da socialidade combinado com o da eticidade, não referir ao "valor social do contrato implicaria esquecimento do papel da boa-fé na origem e execução dos negócios jurídicos, impedindo-se que o juiz, ao analisá-los, indague se neles não houve o propósito de contornar ou fraudar a aplicação das obrigações previstas na Constituição e na Lei Civil."

A associação da função social à boa-fé, instrumentos para análise de eventual fraude à lei é necessária? Não havia, no sistema de direito privado, formas outras de avaliação da prática de fraudes? A busca de soluções eqüitativas e concretas mediante o recurso a normas ou cláusulas abertas escolhida pelo legislador, frente às várias alternativas possíveis, combinando interesses individuais e coletivos, pode colidir com a liberdade de iniciativa econômica requerida pela sociedade contemporânea?

Para Reale a interpretação do art. 421 do Código Civil assegura-lhe, ao revés, efetiva validade e eficácia. A conclusão, se baseada no ditado de que, a liberdade de cada um vai até onde começa a liberdade do outro, está correta; porém, no plano da liberdade de mercado, de iniciativa econômica, a conformação de mercados não pode ser argumento para tolher a criatividade dos agentes.

E como tratar a idéia de incompletude contratual a que fazem referência estudos de economistas quando tratam da imprevisibilidade relativamente a eventos futuros que possam afetar contratos de execução continuada ou diferida (imprevisibilidade voluntária, ou não) e que torna mais aflitiva a existência desse tipo de norma aberta, que defere ao magistrado a integração dos interesses das partes. Será que o magistrado pode, sempre, substituir-se à parte no interpretar o que queria e como se dispunha a obter o desejado?

Em face de externalidades negativas como emissão de poluentes, exercício de poder em mercado, exercício de poder contratual em relações de massa, coibir tais práticas é salutar dado seu poder de propagação. Fora dessas situações, casos quase patológicos nas relações inter-individuais, será que privilegiar a intromissão do judiciário no seio da operação negocial não favorecerá comportamentos oportunistas? E se isso ocorrer, quais os efeitos sobre a sociedade?

V.2. Calixto Salomão Filho[27], cujos argumentos não divergem dos de Miguel Reale, parte do art. 153 da Constituição de Weimar, do qual extrai a regra de que a propriedade obriga, embora se refira à importância da propriedade fundiária como sinal de riqueza e poder, própria de período anterior à Revolução Industrial, vê ampliado, para abranger coisas móveis, o critério de valoração da riqueza de bens quando indústria e comércio ganham papel de destaque no cenário econômico.

A ligação, tal como faz Miguel Reale, que tem base na noção de função social da propriedade, se estende ao contrato com fundamento agora no art. 170, III da Constituição de 1988. Esse artigo, que inicia o capítulo da ordem econômica, em que o legislador dispõe sobre a livre iniciativa, portanto ao o exercício da empresa, não se restringe a esta. Para Salomão Filho a função social da empresa norteia a regulamentação externa dos interesses envolvidos pela grande empresa, notadamente nos direitos concorrencial, ambiental e do consumidor. Ao destacar a grande empresa e a produção de externalidades, reconhece o poder que pode ser exercido por esse agente econômico.

Reconhece que a concepção social é intervencionista, mas que, por estar voltada para o re-equilíbrio das relações sociais e, tendo presente o interesse do Estado em matéria de exercício de atividades econômicas, considera que é possível alargar o âmbito de aplicação da função social da empresa, tornando-a "função social de toda e qualquer relação da vida civil". Qualquer relação da vida civil implica a extensão de função social a outras relações como, por exemplo, de amizade que são, por natureza personalíssimas. Perigoso o caminho apontado por tal

---

[27] Função Social do Contrato: Primeiras Anotações in RDM vol. 132 Malheiros Editores Ano XLII (Nova Série) outubro-dezembro/2002 pp.7 a 24

leitura da função social do contrato, mesmo porque, se o argumento é construído sobre a noção de grande empresa, portanto tendo como elemento subjacente, possível exercício de poder, faltando, pois, motivo para que se o aplique a todas e quaisquer atividades econômicas, empresárias, ou não.

Afasta-se de argumento de Reale o qual, ao transpor a idéia de função social da propriedade para o plano dos contratos, parte do art. 5.º, da Constituição de 1988, cláusula pétrea fincando as raízes do seu raciocínio no art. 170 da Carta Magna, trazendo para o debate seus incisos II e III. Naquele se dispõe sobre a propriedade privada garantida constitucionalmente se e quando respeitada sua função social.

Explica função social dizendo que "sua essência decorre da evolução de sua utilização na realidade histórica.". Ao discorrer sobre o alargamento da noção de função social, transportada da propriedade imobiliária para a empresa (conquanto veja nesta uma forma de propriedade, a dos bens de produção) e daí para o contrato, afirma que "à grande liberdade organizadora e estruturadora das relações jurídicas por ela envolvidas corresponde uma obrigação muito mais abrangente em relação à sociedade, que envolve a responsabilidade por todos os efeitos sociais dessas relações livremente organizadas." Vale dizer que a função social da empresa na verdade se traduz na idéia de responsabilidade social, cara a todos os operadores do direito. Responsabilidade social significa agir de conformidade com a *mores* social, com a ética exigida pela sociedade.[28]

Continua explicando que a definição de função social tem a ver com interesses de terceiros e a tutela institucional que merecem, idéia desenvolvida no direito alemão no que diz respeito às *Schutzgesetze* que fundamentariam a tutela de interesses individuais ou individuais homogêneos, gerando a *Verbandsklage,* que se refere a interesses difusos, embricados com interesses institucionais.

---

[28] Irti, ob. cit. entende que liberdade de mercado deve ser mensurada tendo como padrão a solidariedade que, no direito italiano, tem no art. 41 da Constituição seu núcleo. Mas, explica, se a solidariedade se tornar ato devido, então a liberdade perde sua função, até porque a solidariedade é situação pessoal. pp. 111 e segs.

Fundado em Mario Cappeletti, busca conciliar interesses público e privado, aquilo que interessa à coletividade e a cada um dos membros; para tanto se alicerça sobre o direito do consumo (arts. 81 e 103), que é logo abandonado para enveredar por matéria concorrencial. Sua hipótese de trabalho é a formação de cartel, pelo que conclui ser preciso considerar não o interesse individual mas sim o objeto do acordo, entendido como interesse institucional. Em realidade o cartel é uma espécie de acordo que distorce a concorrência, altera a estrutura de mercado, produz externalidades negativas.

Após tratar da legitimidade para a propositura de demandas afirma Calixto Salomão Filho haver relação entre as garantias institucionais e a função social do contrato o que permite que o Judiciário faça a tutela das garantias institucionais. Assim vê com bons olhos a limitação da liberdade de contratar, e entende que apenas a ligação aos interesses institucionais dará concretude à expressão função social do contrato que não se identifica com os interesses individuais das partes ou aos de grupos específicos porque isso dificultaria as operações comerciais e a vida econômica.

Que, por ser cláusula geral, à função social do contrato deve-se atribuir flexibilidade de forma a adaptar o contrato às novas realidades sociais; que o equilíbrio entre segurança jurídica e flexibilidade depende de serem respeitados interesses institucionais externos aos das partes o que levaria a recorrer à aplicação de outra cláusula geral, a da boa-fé e a *rebus sic stantibus*. A conclusão é que há um novo contrato, instrumentalizado para os interesses da sociedade, cujos limites são as garantias institucionais, tornando-se "poderoso canal de proteção da sociedade civil e controle social da atividade empresarial e civil."

Para Calixto Salomão Filho ainda que a expressão seja vazia de conteúdo seu preenchimento deverá ter no interesse público o vetor determinante. E, nesse caso, o interesse público, o do Estado, predominará no desenho do conteúdo contratual o que, em última análise, restringe a inovação.

Vejo aí o reconhecimento expresso de que se trata de permitir intervenções nas relações entre particulares de forma mais ampla do que as existentes até a vigência do Código Civil de 1917.

VI. Função social – opinião de economista

VI.1. Sergio Werlang, economista, em matéria de função social do contrato, manifesta-se em artigo publicado no jornal Valor Econômico de 17/04/2004, questionando a prestabilidade da regra do art. 421 do Código Civil. Afirma que os contratos existem porque "...acordos podem permitir que as pessoas envolvidas estejam numa situação mais vantajosa do que no caso de não poderem fazê-los."; que, quando duas partes optam por, voluntariamente, contratar, ambas preferem essa alternativa à outra que é não contratar, porque, contratando ambas ficarão melhor do que estavam antes de se vincularem, ou o contrato não será celebrado. Conclusão: a liberdade de contratar é fundamental para aumentar o bem-estar de todos. Essa a função social do contrato, criar bem-estar.

Embora admita que o contrato poderá restringir liberdades de escolha futuras, o economista entende que interferência externa que venha a modificar os termos negociados, geraria dois efeitos: uma das partes recusar-se a contratar ou integrar ao "preço" o custo do risco da interferência o que introduz ineficiências no sistema em virtude do temor de alteração forçada no pactado, ineficências que destroem valor o que deve ser evitado.

Assim, segundo Werlang, o art. 421 do Código Civil, é redundante uma vez que "função social do contrato é justamente dar mais alternativas aos cidadãos, permitindo que haja maior nível de bem-estar na coletividade", sendo este papel mais eficiente quanto menos interferência houver. Aduz, ainda: "Se a interpretação jurídica deste artigo for de acordo com os conceitos aqui vistos, ou seja, que o contrato cumpre sua função social quanto menos alteração forçada dos termos originais houver, então é auto-evidente."

Por outro lado, uma interpretação errônea pode levar ao entendimento que os contratos devem submeter-se a algum outro desígnio extracontratual, que seja denominado "social". Neste caso, o artigo é extremamente danoso e poderá causar uma generalizada desconfiança nos procedimentos contratuais, com os conseqüentes problemas daí decorrentes. Dessa forma a interpretação deste artigo pode dar margem a um grave problema de eficiência econômica, podendo levar até mesmo a um questionamento da propriedade privada.

Segue-se, dessa visão, que o artigo 421 deve ser revogado, pois na melhor das hipóteses é redundante.

VII. À guisa de conclusões: A pergunta que permanece sem resposta é o que será a tal função social do contrato que aparece como fundamento e limite para o exercício da liberdade de contratar?

A tentativa de resposta terá apoio em direito e economia, seja porque é opção de quem escreve seja porque o instituto contrato, negócio econômico, é área comum ao direito e à economia. Não interessa privilegiar uma em detrimento da outra, mas sem alguma sinergia entre elas, a instituição social contrato, tal como o entendem os economistas, e o instituto jurídico contrato, argumentos jurídicos não bastam para eliminar os temores do leitor.

Miguel Reale, coordenador do grupo de juristas que elaborou o projeto do Código Civil, e Calixto Salomão Filho estão acordes no sentido de que a atribuição de uma função social aos contratos representa avanço do sistema jurídico pátrio e que não há motivo para temer os efeitos que possam daí derivar. Ambos consideram que o Código facilita o controle judicial das relações intersubjetivas, mas nenhum deles avança no plano econômico e nos efeitos que a norma pode gerar assim como não se manifestaram sobre os efeitos da função social do contrato presa ao exercício da empresa, (salvo para questionar operações de concentração em mercados) e como a função social e os contratos de execução continuada conviverão diante do dinamismo dos mercados, como se pode recorrer à função social para estimular a confiança entre partes contratantes.

As declarações não se ocupam com o fato de que a potencial insegurança, típica de relações contratuais de longo prazo poderá ser amplificada com a atribuição de uma função social ao contrato, amplificação que independente de vício do consentimento de qualquer das partes contratantes. A regra, parece-me, joga uma ducha de água fria na norma constitucional da livre iniciativa econômica, considerada de utilidade social. Até a dignidade do ser humano que constitui um dos parâmetros impostos em 1988, não permite aceitar exista dever de solidariedade econômica absoluto entre as pessoas pois isso tolheria o funcionamento dos mercados. Pior, quando se avança sobre os contratos de empresa, nos quais a continuação e estabilidade da atividade devem estar no centro da avaliação, a função social tem potencial danoso de grande magnitude pois sem respeito a regras de economicidade e eficiência, presentes na organização interna, os efeitos externos, que afetam a coletividade em que venha inserida, serão danosos, perversos.

Se a liberdade de contratar for limitada por uma função social, que não se sabe qual seja efetivamente, competindo com as instituições sociais, será que um dos efeitos da norma não è o de estimular oportunismos como se viu com os agricultores? Onde a segurança jurídica desejada? O art. 421 do Código Civil de 2002 não preenche requisitos propostos por Hillman porque a previsibilidade que se demanda no planejamento dos negócios empresariais, como, demais disso, de qualquer operação de longo prazo.

As declarações de ambos, Reale e Salomão Filho, permitem entrever que a insegurança, típica de relações contratuais de longo prazo, poderá ser amplificada pela função social do contrato, e isso independente de vício do consentimento ou de intenção de causar danos a terceiros.

A regra pode ser vista como uma ducha de água fria que se abate sobre a livre iniciativa econômica, que o legislador constituinte considera valor social, sem, contudo, impor dever de solidariedade econômica.

No campo da empresa estes são valores internos e externos, que incidem sobre toda a sociedade. Fundamento e princípio constitucional, a livre iniciativa é a base para a especulação que fazendo circular a riqueza cria nova riqueza. O art. 421 do Código Civil pode, conforme a interpretação que se lhe dê, ser entendido como inconstitucional. Lembre-se a recente experiência no setor do agro-negócio a que se fez referência, e o caso do *leasing* de veículos automotores, em que, com fundamento em normas positivadas tutelares, a exacerbação de uma pretensa vulnerabilidade no segundo caso e da nova regra no primeiro, chegou-se a situações socialmente indesejáveis que trouxeram mais danos do que benefícios em virtude dos efeitos de segunda ordem. No caso do *leasing* de veículos automotores o contrato desapareceu do mercado; os produtores de soja, de seu lado, perderam o financiamento da indústria, tendo de recorrer ao sistema financeiro o que deve representar maior desembolso.

Indubitável que o art. 421 do Código Civil de 2002 inova no direito dos contratos, mas fá-lo na direção correta, desejável? E a uniformização a que se refere Alpa, as novas técnicas de interpretação e aplicação das normas, serão aceitas pela doutrina brasileira rapidamente? Se forem, o art. 421 do Código Civil poderá ter o destino preconizado por Werlang. Se não forem, como serão tratados os contratos atípicos? E as cláusulas atípicas presentes em contratos tipificados? E a criação de novos instrumentos que disciplinem interesses patrimoniais, como será afetada se a aplicação das regras gerais for prioritária? Restringirá a criatividade dos empresários ou, aumentará custos de transação, ou ambos os efeitos estarão presentes? A sociedade pagará o preço dessa novidade.

Por isso quem escreve, entendendo que a empresa é organização econômica que serve ao desenvolvimento nacional, teme que a aplicação da regra do art. 421 do Código Civil aos contratos empresariais, na maior parte dos casos representados por operações de longa duração e execução continuada, contratos incompletos dos economistas e cujas lacunas deveriam ser preenchidas para que a distribuição de riscos *ex post,* seja adequada, venha, por força de intervenção de magistrados, os quais, de regra, não têm informação completa sobre a operação, dará origem a efeitos de segunda ordem. Essa preocupação é real, concreta, e tem fundamento empírico suficiente para tirar a tranqüilidade.

Normas jurídicas de expresso viés ideológico ou político-ideológico e regimes democráticos capitalistas combinam mal; elas atendem melhor aos interesses do poder nos regimes ditatoriais, em que o governo, confundido com o Estado, crê saber melhor do que qualquer cidadão o que convém a todos e a cada um.

LIMITES DOGMÁTICOS DA INTERVENÇÃO JUDICIAL NA LIBERDADE CONTRATUAL COM FUNDAMENTO NA FUNÇÃO SOCIAL DOS CONTRATOS

GERSON LUIZ CARLOS BRANCO

Doutor em Direito Civil pela Universidade Federal do Rio Grande do Sul, Professor de Direito Civil na Universidade Luterana do Brasil e Advogado em Porto Alegre

Sumário 1. Introdução. 2. Tensão entre função social do contrato e liberdade contratual. 3. Limites sistemáticos da funcionalização. 4. Conclusão. 5. Referências Bibliográficas.

1. Introdução

Dentre os diversos enfoques possíveis sobre a função social dos contratos, um é crucial: a extensão e eficácia que as decisões judiciais podem atribuir à funcionalização como condicionante da liberdade contratual. Em outras palavras, quais os limites jurídicos da atividade jurisdicional ao executar ou interpretar contratos, sob o fundamento da função social dos contratos?

Essa problemática sempre esteve no centro dos debates que tratavam tanto da funcionalização dos direitos no âmbito das relações privadas, mas a sua retomada e tentativa de fixação de contornos dogmáticos passou a ser uma exigência premente por força do reconhecimento legal da "função social dos contratos" sob a forma de uma cláusula geral no Código Civil brasileiro.

E, é a partir da análise do dispositivo legal posto no art. 421 do Código Civil brasileiro[1] que este artigo busca apresentar os limites da atuação judicial. Dentre os diversos caminhos possíveis, parte-se de dois extremos: primeiro, em que a função social como prevista na lei é norma com caráter programático de pouca aplicação prática; e, segundo, em que tal cláusula geral é verdadeira "carta branca" para que os Juízes intervenham em todo e qualquer contrato para proteção dos interesses sociais, consubstanciados na idéia de que o contrato precisa cumprir uma *"função social"*[2].

Este texto rejeita os dois extremos, mas fixa-os como pontos de referência para que se possa chegar ao ponto crítico da matéria: qual é o real poder que uma disposição legal como a do art. 421 do Código Civil brasileiro outorga aos Juízes para decidir conflitos entre contratantes e quais os parâmetros para o controle das decisões judiciais?

A proposição deste artigo é de que a extensão do poder dos juízes e o controle do conteúdo das decisões judiciais dependem da delimitação da esfera de atuação judicial a partir de dois pontos de apoio: análise da composição dialética entre liberdade de contratar e função social; e inserção de tal disposição no sistema axiológico que estrutura o Código Civil brasileiro, em sua dimensão legal e constitucional.

---

[1] As referências ao Código Civil e aos artigos de lei dizem respeito ao Código Civil brasileiro.

[2] No período que antecedeu a promulgação do Código Civil via-se um turbilhão de manifestações contrárias à nova Lei. Promulgado o texto legal, houve uma radical mudança de cenário, passando muitos dos afiados críticos a comentadores do Código que até então era considerado inoportuno. É claro que ainda remanescem opiniões "contrárias" ao Código e a sua oportunidade, mas tais vozes cada vez produzem menos ruído. Porém, este artigo parte do pressuposto de que o tempo da crítica está começando. Não da crítica ao Código ou à função social dos contratos, mas do tempo em que precisamos pensar criticamente os modelos jurídicos postos na Lei para compreender os seus efeitos na vida do destinatário da norma, que é o homem comum.

2. Tensão entre função social do contrato e liberdade contratual

A relação entre a "função" do contrato e a "liberdade contratual" está no âmago da discussão a respeito dos limites da atuação judicial do art. 421 do Código Civil brasileiro, pois o dispositivo legal acolheu determinada concepção de funcionalidade e de "liberdade contratual", que impede a compreensão dos elementos de maneira isolada, salvo para fins de análise do significado dos elementos integrantes da síntese de sentido que decorre da totalidade concreta objeto deste artigo[3].

---

[3] Deve-se registrar que a idéia de co-implicação funcional está presente nos seguintes artigos de autoria de Judith Martins-Costa: MARTINS-COSTA, Judith. O novo Código Civil brasileiro: em busca da "Ética da Situação". *In*: MARTINS-COSTA, Judith; BRANCO, Gerson Luiz Carlos. **Diretrizes Teóricas do novo Código Civil**. São Paulo: Saraiva, 2002. p. 159-160. Neste último, a autora afirma que a função social do contrato posta no art. 421 constitui uma "condicionante ao princípio da liberdade contratual" e também carrega uma conotação "substantiva", "de elemento integrante do conceito de contrato", que leva à interpretação do referido dispositivo legal não só como um instrumento para "interpretação dos contratos, mas, por igual, na integração e na concretização das normas contratuais particularmente consideradas". Tal idéia também está desenvolvida nos textos MARTINS-COSTA, Judith. Reflexões sobre o princípio da função social dos contratos. **Revista DireitoGV**. São Paulo, v. 1, n. 1, mai. 2005; MARTINS-COSTA, Judith. Notas sobre o princípio da função social dos contratos. **Revista Literária de Direito**, p. 17 e ss., ago./set. 2004. Também afirmam essa natureza do contrato PRATA, Ana. **A tutela constitucional da autonomia privada**. Coimbra: Almedina, 1982; PERLINGIERI, Pietro. **Perfis do Direito Civil. Introdução ao Direito Civil Constitucional**. 2. ed. Tradução de Maria Cristina de Cicco. Rio de Janeiro: Renovar, 2002. Observe-se, porém, que as primeiras manifestações de co-implicação funcional estão no pensamento de CIMBALI, Enrico. La funzione sociale dei contratti e la causa giuridica della loro forza obbligatoria. Archivio Giuridico, n. 33, fasc. I e II, 1884, p. 187-217. *In*: CIMBALI, Enrico. **Opere complete**. Torino: Unione Tipográfico--editrice Torinese, 1907. Sua proposição é a de um Direito que promova a reconciliação e reintegração do individual com o social, em uma época caracterizada pela revolução industrial, cujos efeitos jurídicos foram a descoberta de que o homem individualmente considerado é sociologicamente incompleto. Afirma que a idéia de convenção, de acordo de vontades, não contradiz a idéia de função, assim como a idéia de liberdade não contradiz a de necessidade. Afasta a concepção de que há uma antítese invencível, pois isso é característica própria da organização da civilização.

Partindo-se da funcionalidade básica do contrato, pode-se afirmar que este, serve para que os particulares auto-regulamentem sua vida privada, podendo com ele regular as suas relações patrimoniais em geral, segundo os deveres que foram determinados pelo ato voluntário que lhe dá origem[4].

Esta noção de funcionalidade tem ligação com o sentido histórico da funcionalização dos modelos jurídicos do Direito Privado[5], sem a qual corre-se o risco de aproximação de um dos extremos apontados na introdução. Busca-se evitar os riscos do alargamento desmesurado da função social, mediante interpretação extensiva que transforma a cláusula geral em uma verdadeira norma em branco, sem sua peculiaridade dogmática, para transformar-se em parte de um discurso jurídico--político pela realização de uma suposta justiça social, ou, de uma interpretação adstrita aos limites da literalidade do texto que transforma a função social em um simples limite da autonomia privada, servindo unicamente como instrumento de controle da liberdade de estipulação.

---

[4] BETTI, E. **Teoria Geral do Negócio Jurídico**: *"Ele é o acto pelo qual o indivíduo regula, por si, os seus interesses, nas relações com outros (acto de autonomia privada): acto ao qual o direito liga os efeitos mais conformes à função económico--social que lhe caracteriza o tipo"*, p. 108.

[5] Ver JHERING, Rudolf von. **A finalidade do Direito**. Edição histórica. Tradução de José Antônio Faria Correa. Rio de Janeiro: Rio, 1979. JHERING, Rudolf von. Do lucro nos contratos e da suposta necessidade do valor patrimonial das prestações obrigatórias. *In*: **Questões e Estudos de Direito**. Campinas: LZN, 2003. CIMBALI, Enrico. **Opere complete**. Torino: Unione Tipografico-editrice Torinese, 1907. GOMES, Orlando. Lineamentos gerais do anteprojeto de reforma do Código Civil. **Revista Forense**, v. 206, 1964. GOMES, Orlando. **Transformações Gerais do Direito das Obrigações**. 2. ed. São Paulo: RT, 1980. BETTI, Emilio. Negozio Giuridico. **Novissimo Digesto Italiano**, p. 209 e ss. ASCARELLI, Tullio. **Panorama do Direito Comercial**. São Paulo: Saraiva, 1947. DUGUIT, Leon. **Las transformaciones generales del Derecho Privado desde el Código de Napoleón**. 2. ed. Madrid: Francisco Beltran, Libreria española y extranjera, 1920, p. 69-74. RENNER, Karl. **Gli istituti del diritto privato e la loro funzione giuridica. Un contributo alla critica del diritto civile**. Bologna: Società editrice il Mulino, 1981. Tradução da edição de 1929, por Cornelia Mittendorfer. Realizei estudo sobre as origens doutrinárias da função social dos contratos na obra **As origens doutrinárias da função social dos contratos no Código Civil**, tese de doutorado defendida em junho de 2006 na UFRGS, no prelo.

Além da conexão histórica da liberdade contratual, é preciso compreender seu sentido dentro do sistema constitucional, em que assume uma função promocional da atividade econômica e circulação de bens. A limitação à liberdade contratual é a restrição à esfera do "deixar fazer": a via da restrição coativa da liberdade de agir está de acordo com a função promocional, pois estimula os particulares a realizarem as atividades que continuam não proibidas[6].

Ao propósito, o modelo jurídico da *função social dos contratos* é instrumento promocional de ações que estejam de acordo com a principiologia do ordenamento e, portanto, com a função coativa de proibir contratos no âmbito da circulação de bens contrários aos interesses sociais, ou de estimular contratos que estejam conforme os interesses sociais. Ou, como apresenta Francisco Amaral, a funcionalização significa que o Estado se preocupa com a eficácia social de determinado instituto jurídico, que, no caso dos contratos, representa o seu condicionamento à utilidade social que a circulação de bens pode representar[7].

Por isso, o contrato é considerado meio, instrumento, ou até mesmo *processo* para que sejam alcançados determinados fins[8].

Contudo, a funcionalidade é apenas uma das dimensões das relações contratuais, que também tem uma dimensão estrutural. A dimensão estrutural evidencia a relação entre crédito e débito, com um caráter

---

[6] Bobbio, Norberto. **Dalla struttura alla funzione**. Milão: Edizioni di Comunità, 1977. p. 80.

[7] AMARAL, Francisco. **Direito Civil**: introdução. Rio de Janeiro: Renovar, 2000. p. 357.

[8] Orlando de Carvalho considera que o negócio jurídico é um "processo" para "a livre obtenção de escopos individuais". O caráter instrumental, porém, serve para evitar os excessos da liberdade individual e para funções idôneas sob o ponto de vista coletivo. Carvalho, Orlando de. Negócio jurídico indireto. **Boletim da Faculdade de Direito de Coimbra**. Coimbra, 1951, suplemento X, p. 32.

Não há um esclarecimento maior sobre o significado do negócio jurídico como processo, mas no conjunto da obra percebe-se a compreensão de que o negócio jurídico é formado por um *iter*, não no sentido de Larenz ou Clóvis do Couto e Silva, que a partir das fases do negócio jurídico concluem pela sua totalidade concreta, mas, no sentido de um "todo orgânico" que possui "coesão e individualidade" a partir de seus elementos, em especial pelo entrelaçamento da causa e de sua tipicidade.

neutro em relação aos sujeitos. A dimensão funcional, por sua vez, estabelece uma vinculação entre essa relação e sua origem, a sua causa e, por isso, a partir da função prático-social a que corresponde, há a definição dos direitos, obrigações, poderes do credor[9].

Nos casos em que a função é tutelada de maneira direta, a própria lei estabelece qual é o "escopo", como no caso das regras sobre locação e sobre o contrato de mútuo para financiamento habitacional[10].

O art. 421 do Código Civil brasileiro não deixa dúvidas sobre a base da liberdade contratual e do contrato que estruturam o sistema do Direito Privado. Isto é diferente da regulação das leis especiais que estavam voltadas para a socialidade, nas quais não havia menção expressa da "socialidade", tampouco havia espaço para que o Juiz se utilizasse deste princípio para resolução de casos concretos: o próprio legislador dava a solução que entendia mais conforme à socialidade.

A título de exemplo, tome-se a Lei do Inquilinato (Lei 8.245, de 18.10.1991), com sua forte conotação social e sua limitação à autonomia privada. Embora tal lei consagre o princípio da socialidade, não há um só dispositivo que autorize o Juiz a decidir de maneira expressa em favor da "teleologia social" posta nos seus artigos, tampouco cláusula

---

[9] A busca da função está relacionada ao 'aspecto causativo': "*Ela assume uma disciplina segundo a sua causa, a qual é expressão da sua disciplina: o aspecto funcional e aquele causativo exprimem a mesma exigência, isto é, individuar e completar uma relação entre situações subjetivas. O credor, segundo seja a causa uma ou outra, tem, ou não, determinados poderes, obrigações...*". PERLINGIERI, Pietro. **Perfis do Direito Civil. Introdução ao Direito Civil Constitucional**. 2. ed. Tradução de Maria Cristina de Cicco. Rio de Janeiro: Renovar, 2002. p. 117.

[10] No mesmo sentido de associar a concepção de "função" enquanto "finalidade" é a de Luis Renato Ferreira da Silva: "*A idéia de função está presente no direito, no plano da compreensão global, quando se pensa em que o conjunto de regras positivas deve ter um tipo de finalidade e buscar alcançar certos objetivos. (...). Ao supor-se que um determinado instituto jurídico esteja funcionalizado, atribui-se a ele uma determinada finalidade a ser cumprida, restando estabelecido pela ordem jurídica que há uma relação de dependência entre o reconhecimento jurídico do instituto e o cumprimento da função*". FERREIRA DA SILVA, Luis Renato. A função social do contrato no novo Código Civil e sua conexão com a solidariedade social. *In:* SARLET, Ingo Wolfgang (Org.). **O novo Código Civil e a Constituição**. Porto Alegre: Livraria do Advogado, 2003. p. 134.

geral que reconheça tal papel. A disposição que permite alguma liberdade de decidir ao Juiz é o art. 45 ao fazer referência aos "objetivos da lei", uma teleologia dirigida à proteção dos fins reconhecidos expressamente, como é o caso da renovação compulsória do contrato etc.[11].

Ou seja, em leis como a do Inquilinato, o legislador reconheceu a necessidade de intervir no direito contratual para que os particulares, ao contratar, respeitem valores que interessam à sociedade e não apenas aqueles que interessam unicamente às partes. Porém, ao fazê-lo, reservou a si o papel de dizer expressamente os limites de tal intervenção.

Situação diversa está posta no art. 421 do Código Civil brasileiro, pois a estrutura legislativa (cláusula geral)[12] deixa ao juiz um "espaço" para que identifique e faça valer a "função social" do contrato, construindo a regra no caso concreto. Obedecidos os limites sistemáticos, legais e aqueles forjados pela tradição[13], é facultada a aplicação direta do princípio da socialidade.

---

[11] "*Art. 45. São nulas de pleno direito as cláusulas do contrato de locação que visem a elidir os objetivos da presente Lei, notadamente as que proíbam a prorrogação prevista no art. 47, ou que afastem o direito à renovação, na hipótese do art. 51, ou que imponham obrigações pecuniárias para tanto*". A lei do inquilinato em comento é a Lei brasileira.

[12] Enquanto técnica legislativa, a cláusula geral é um dispositivo que contém suporte fático em abstrato, dotado de mobilidade e vagueza de sentido derivados de uma "intencional imprecisão" de significado, com um grau mínimo de tipicidade na descrição da conduta. Tal "vagueza semântica" não significa ambigüidade ou mera generalidade, mas apenas que não é possível definir abstrata e teoricamente quais são todos os fatos que se subsumem a determinada disposição legal, o que somente será possível no caso concreto. MARTINS-COSTA, Judith. **A boa-fé no Direito Privado. Sistema e tópica no processo obrigacional**. São Paulo: RT, 1999. p. 298.

[13] A tradição é compreendida como conjunto de ferramentas históricas e culturais. Assume relevante papel para a composição da tradição a doutrina, elemento indispensável para a aplicação das cláusulas gerais. A falta de referência à tradição ou às idéias subjacentes à cláusula geral da função social dos contratos afasta a possibilidade concreta de controle na aplicação da regra legal, com grave risco de subjetivismo das decisões judiciais. De extrema importância é o conceito de tradição apresentado por HESPANHA, António Manuel. **Panorama histórico da cultura jurídica europeia**. Lisboa: Europa-América, 1997. p. 26-27, para quem "*a tradição não representa um resultado, um valor, uma norma; mas uma série de ferramentas (...) com as quais são produzidos novos resultados. Na verdade, o trabalho de produção de novos efeitos jurídicos (novas*

No sistema que tinha como núcleo o Código Civil de 1916, as leis especiais que limitavam o poder de contratar excepcionavam o sistema. A partir do advento do Código Civil vigente (2002), deixa-se de falar de "autonomia da vontade" e passa-se a tratar da "liberdade de contratar" e da "autonomia privada".

Isso porque a função social deixou de ser um simples limite da "autonomia da vontade" para tornar-se um elemento estrutural da "autonomia privada", cujo instrumento essencial é o "contrato".

O fato de o art. 421 ter previsto expressamente função social é importante, mas *não é essa a razão essencial*. A razão essencial foi a estruturação das normas do direito contratual voltadas para a diretriz da socialidade, tendo no art. 421 a cláusula geral que irradia e centraliza normativamente tal diretriz no âmbito do direito contratual.

O art. 421 trouxe como ingrediente uma regra geral sobre o controle do conteúdo do contrato, mediante a exigência de que este corresponda a valores socialmente úteis e relevantes, o que implica modificação dos três principais efeitos da liberdade contratual: possibilidade de escolha do tipo jurídico, liberdade de estipulação e faculdade de decidir entre contratar ou não contratar.

A razão subjacente da intervenção operada pela funcionalização do contrato é ampliação da obrigação de contratar e, portanto, a limitação da liberdade de contratar. A função dessa limitação é a exigência social de retirar da "*álea do jogo e da procura e da oferta daqueles bens e serviços que, em número sempre crescente, são destinados a satisfazer exigências essenciais dos indivíduos*", ou naqueles casos em que "*a recusa se demonstre, nas circunstâncias de cada caso, lesiva à dignidade humana e à efetiva igualdade e liberdade*"[14].

---

normas, novos valores, novos dogmas) é levado a cabo com ferramentas recebidas da tradição: ferramentas institucionais (instituições, papéis sociais), ferramentas discursivas (linguagem técnica, tópicos, modelos de argumentação e de prova, conceitos e dogmas), ferramentas comunicacionais (bibliotecas, redes acadêmicas ou intelectuais). É desta forma que o passado modela o presente. Não pela imposição directa de valores e de normas, mas pela disponibilização de uma grande parte da utensilagem social e intelectual com que se produzem novos valores e novas normas".

[14] PERLINGIERI, Pietro. *Op. cit.*, p. 289. A funcionalização também limita a liberdade de contratar de maneira indireta, através de expressões que não são explícitas, unívocas

Todavia, essa razão não fica adstrita ao art. 421 do Código Civil. A funcionalização, regra geral, se dá de maneira direta, como no caso em que a lei estabelece a finalidade (lei do inquilinato, estatuto da terra, etc.), ou, perfectibilizar-se através da preservação de bens como a "natureza e o vulto dos investimentos", caso do art. 473 do Código Civil, em que o juiz irá moldar os efeitos do contrato tendo em vista o aspecto causativo da obrigação.

Embora o sistema tenha uma regra geral (art. 421) e diversas outras disposições orientadas pelo princípio da socialidade, tais regras não atingem de maneira geral os atos de autonomia privada, pois tais regras estão adstritas aos contratos. Ficam excluídos os negócios jurídicos não patrimoniais, os negócios jurídicos de caráter puramente dispositivo (tal como os do Direito das Coisas)[15] e os negócios abstratos[16]. A estrutura formal dos modelos abstratos é suficiente para garantir que sua função seja cumprida. Não há uma exigência direta de funcionalidade para sua eficácia ou validade, o que também está ligado ao princípio da tipicidade vigente em relação aos negócios jurídicos em geral.

Já no direito contratual o princípio vigente é o da atipicidade, razão por que assume maior importância uma cláusula geral como a do art. 421.

Deve-se observar, no entanto, que a funcionalização em relação a outras áreas do Direito civil que não o Direito contratual não se deu pela exigência de que o negócio jurídico cumpra uma determinada função, mas que o exercício do direito obedeça à finalidade social

---

e taxativas, como são os casos da "natureza do bem, a peculiaridade dos sujeitos etc.", p. 292.

[15] Sobre a distinção entre negócios jurídicos preceptivos e negócios jurídicos dispositivos, ver COUTO E SILVA, Clóvis. Negócios Jurídicos e Negócios Jurídicos de Disposição. **Revista do Grêmio Universitário Tobhias Barreto**. UFRGS, p. 29-39, 1958; PONTES DE MIRANDA, Francisco Cavalcanti. **Tratado de Direito Privado**. São Paulo: RT, 1974. v. 5; LARENZ, Karl. **Derecho Civil. Parte General**. Madrid: Revista de Derecho Privado, 1978.

[16] Sobre os negócios abstratos e sua função ver ASCARELLI, Tullio. **Panorama do Direito Comercial**. São Paulo: Saraiva, 1947; ASCARELLI, Tullio. **Títulos de Crédito**. São Paulo: Saraiva, 1967; BETTI, E. *Op. cit.*, v. 1.

típica, mediante a norma do art. 187 do Código Civil[17]. Outro aspecto importante dessa relação tipicidade/atipicidade está no art. 50 do Código Civil, que pressupõe uma função para as pessoas jurídicas. Por isso, o desvio da função econômica e social justifica a desconsideração da personalidade jurídica para certas e determinadas relações jurídicas.

Embora o requisito da patrimonialidade circunscreva a área de atuação do contrato, o que o afasta de outros negócios jurídicos bilaterais como os celebrados no plano do direito das coisas e até mesmo do casamento, essa área não coincide com a esfera dos interesses patrimoniais ou com as finalidades econômicas do indivíduo, como é o caso dos negócios jurídicos plurilaterais com caráter patrimonial[18].

Delimitado o âmbito de incidência da norma, torna-se necessário explicitar o mecanismo de proteção contra uma funcionalização arbitrária do contrato: a necessidade de disposição normativa para reconhecimento dos fins sociais a serem perseguidos.

Em outras palavras, o art. 421 não representa propriamente uma faculdade do Juiz, mas um limite de sua atuação: o juiz não pode limitar a liberdade contratual, exceto quando houver uma razão vinculada a um interesse social reconhecido normativamente, seja por disposição legal, seja pelo acolhimento jurisprudencial ou costumeiro de comportamentos socialmente típicos[19].

---

[17] Os arts. 187 e 421 do Código Civil levam em consideração a funcionalização do Direito Privado e a necessidade de obediência ao princípio da socialidade. A diferença está no âmbito de incidência: enquanto o art. 187 incide sobre todo e qualquer exercício de direito, seja de natureza contratual ou não contratual, limitando a extensão e as condições para a eficácia de um determinado direito, nascido a partir de um ato válido, o art. 421 é instrumento de controle que permite a valoração do preceito nascido a partir da declaração negocial, a fim de que se identifiquem os efeitos objetivados pelas partes que podem ser produzidos. Em resumo, o art. 421 controla a validade do preceito, limitando a eficácia do contrato ou de suas cláusulas.

[18] GALGANO, Francesco. **Il negozio giuridico. Trattato di Dirito Civile e Commerciale.** 2. ed. Milano: Dott. A. Giuffrè, 2002. p. 41.

[19] O reconhecimento da relevância e utilidade tem como principal critério o construído pela teoria do negócio jurídico de Emilio Betti, que identifica na tipicidade social da operação econômica subjacente, na causa do contrato, os elementos necessários para que o Juiz avalie a existência de uma razão objetiva que justifique a tutela estatal. A liberdade contratual não é liberdade para se fazer o que quer, mas um poder de

A funcionalização do contrato é instrumento de flexibilidade normativa que permite que determinadas relações obtenham proteção diferenciada, tendo em vista uma razão social relevante. Assim, a função social dos contratos tem uma eficácia específica nas relações paritárias e outra, nas relações em que o direito é chamado a intervir de maneira mais intensa, como é o caso das "ordens públicas de proteção" – nas relação entre locadores e locatários, fornecedores e consumidores etc.

Isso significa que o Juiz, na resolução de problemas concretos, deve buscar os "fins contratuais" e confrontá-los com comportamentos sociais típicos ou com os desvios sociais típicos. Nos casos em que as declarações negociais e a lei não oferecem explicitamente soluções para os conflitos entre as partes, é de se utilizar a sugestão de Gunther Teubner[20], segundo o qual há normas sociais que surgem no contexto de relações bilaterais, como normas informais de conduta vinculadas às expectativas recíprocas das partes, que são recepcionadas através da análise dos fins contratuais ou dos deveres objetivos de conduta.

Em outras palavras, há normas com eficácia jurídica que surgem dos usos e costumes, dos comportamentos sociais típicos, a serem apreendidos pelo Juiz na aplicação das cláusulas gerais, tal qual propõe a ética da situação[21].

Na mesma linha é o pensamento de Joaquim de Souza Ribeiro, que põe a autodeterminação e a funcionalidade como elementos inerentes à autonomia privada. Embora a autodeterminação tenha um caráter

---

ordenar os próprios interesses em uma dimensão social, em que não se pode deixar de compreender a essencial relatividade histórica do que se qualifica como "típico" segundo o ordenamento vigente. BETTI, Emilio. Negozio Giuridico. **Novíssimo Digesto Italiano**, p. 216. Não obstante isso, a criação de uma disposição que permite a criação de negócios atípicos, tal qual o art. 425 do Código Civil vigente, é um mecanismo para que o caráter conservador do Direito não emperre o desenvolvimento social e, conseqüentemente, jurídico.

[20] TEUBNER, Gunther. **O direito como sistema autopoiético**. Lisboa: Calouste Gulbenkian, 1993. p. 238.

[21] Sobre ética da situação e seu papel no Código Civil vigente ver MARTINS--COSTA, Judith. O novo Código Civil brasileiro: em busca da "ética da situação". *In*: MARTINS-COSTA, Judith; BRANCO, Gerson Luiz Carlos. **Diretrizes Teóricas do novo Código Civil**. São Paulo: Saraiva, 2002. p. 88-170.

intencional, há situações em que são criados deveres de maneira paralela à vontade das partes, seja por problemas no processo de formação do contrato, pela preservação da confiança, seja por outros princípios jurídicos[22]. Nesta hipótese o ordenamento não acolhe integralmente o fim almejado pelas partes, operando-se vetores funcionais em razão das exigências de regulamentação das relações econômicas. O aspecto funcional deixa sua latência em razão da necessidade de uma *"ordenação social equilibrada"*[23].

Os padrões sociais de moralidade do tráfico econômico transformam-se em normas jurídicas pela formulação de regras para o caso concreto a partir da aplicação da cláusula geral, o que é permitido naquelas situações em que fica caracterizada a insuficiência regulatória das relações econômicas a partir da lei.

Nesses casos, ao invés de normas particulares ditadas pelo legislador, o juiz utilizar-se-á dos padrões de comportamento reconhecidos e aceitos socialmente, tal como propõe a ética da situação, obedecidos os limites sistemáticos da funcionalização.

3. Limites sistemáticos da funcionalização

A identificação dos limites sistemáticos da funcionalização depende da compreensão de que o Código Civil vigente é estruturalmente diferente do Código Civil de 1916. Trata-se de um sistema flexível,

---

[22] Sobre o problema da confiança e os mecanismos de sua proteção no direito brasileiro tratamos no texto BRANCO, Gerson Luiz Carlos. A proteção das expectativas legítimas derivadas das situações de confiança: elementos formadores do princípio da confiança e seus efeitos. **Revista de Direito Privado**. São Paulo: RT, n. 12, p. 169--226, out./dez. 2002; MARTINS-COSTA, Judith. **A boa-fé no Direito Privado. Sistema e tópica no processo obrigacional**, p. 472 e ss.; MENEZES CORDEIRO, António Manuel da Rocha e. **Da boa fé no Direito Civil**. Coimbra: Almedina, 1997. p. 861 e ss.; MARQUES, Claudia Lima. **Contratos no Código de Defesa do Consumidor**. 5. ed. São Paulo: RT, 2006. p. 1.142 e ss.

[23] RIBEIRO, Joaquim de Sousa. **O problema do contrato as cláusulas contratuais gerais e o princípio da liberdade contratual**. Coimbra: Almedina, 2003. p. 46-47.

aberto e orientado por valores, tendo como "valor fonte" a pessoa e como princípios ordenadores, a socialidade, operabilidade e eticidade[24].

Como todos os sistemas orientados por valores e princípios, o sistema do Código Civil vigente tem suas normas articuladas para propiciar a realização dos valores e princípios que o estruturam, o que amplia substancialmente o papel da funcionalização dos modelos jurídicos.

Ou seja, a funcionalização dos contratos está integrada no sistema e por isso se submete aos limites deste, não podendo ser vista como panacéia para a resolução de todos os problemas do Direito Contratual[25]. A funcionalização serve para evitar a tendência de conceitualizações puras e para *"garantir as dimensões teleológicas de base, naquelas situações particulares em que não é possível ligar, de modo directo, os institutos a quaisquer normas"*[26].

Porém, a sua aplicação indiscriminada sem cuidado para os respectivos limites dogmáticos implica riscos para o próprio sistema, pois,

---

[24] Sobre a pessoa como "valor fonte", os princípios e diretrizes do Código Civil vigente ver REALE, Miguel. Invariantes Axiológicas. **Revista Brasileira de Filosofia**, v. XXXIX, n. 167, 1992; REALE, Miguel. Visão geral do Projeto de Código Civil. **Revista dos Tribunais**, v. 752, jun. 1998; MARTINS-COSTA, Judith; BRANCO, Gerson Luiz Carlos. **Diretrizes Teóricas do novo Código Civil**. São Paulo: Saraiva, 2002.

[25] O funcionalismo normativo *"traduz-se na conhecida consideração teleológica das normas, ou, de modo mais incisivo, de todo o sistema de princípios e dos conceitos dele formados"*. A funcionalidade institucional que pode coexistir com a funcionalidade normativa, define os institutos a partir da função que desempenham, partindo dos institutos aplicados em razão de sua função que possibilita reagrupamentos, para posterior aplicação de suas normas. A funcionalidade sociológica está associada à chamada "teoria dos papéis", segundo a qual tem como ponto de partida *"o sujeito actuante na sociedade: a cada posição jurídica corresponde um papel, um desempenho, complexo de actuações sociais. O conhecimento dos diversos papéis permite elucidar as figuras de direito em jogo, precisando os seus contornos"*. MENEZES CORDEIRO, António Manuel da Rocha e. **Da boa fé no Direito Civil**. Coimbra: Almedina, 1997. p. 1.126.

A perspectiva funcional normativa e institucional são concretizadas mediante a interpretação e aplicação teleológica das normas jurídicas, enquanto operações incindíveis. Trata-se de uma perspectiva que não visa em si à "justeza" da solução, mas à busca de uma solução a partir do conhecimento das conseqüências. MENEZES CORDEIRO, A. *Op. cit.*, p. 1.126.

[26] *Idem, ibidem*, p. 1.127.

ao mesmo tempo em que a análise funcional pode proteger contra o excesso de abstrações generalizantes, pode resultar no seu oposto, que é um pragmatismo sem freios.

O principal risco decorrente desse pragmatismo é o apresentado por Menezes Cordeiro: a *"mera ponderação dos institutos, ainda que nas suas funções, descamba, com riscos, no empirismo"*, com possibilidade de provocar distorções na sua redução dogmática e dificuldade no controle das decisões judiciais[27]. E, mais, lembra que a funcionalização teve papel prático importante no período em que era predominante uma interpretação liberal do Direito Civil, como forma de combater abusos manifestos da aplicação exegética do direito, numa época em que uma interpretação sistemática era incipiente[28].

Tal alerta tem lugar certo no cenário jurídico brasileiro contemporâneo, tendo em vista que se vive justamente um momento de transição decorrente da vigência do novo Código Civil em substituição ao sistema rígido, fechado e axiomático do Código Civil de 1916.

Mesmo durante a vigência do Código Civil anterior, o Direito Civil vigente já tinha conotações funcionais fortes em razão do trabalho da doutrina e jurisprudência, com aplicação do princípio da socialidade ou com a ponderação dos efeitos em relação à funcionalidade do modelo jurídico respectivo.

Tendo em vista esses aspectos, o princípio da socialidade através de uma cláusula geral traz mais segurança do que a aplicação direta do princípio jurídico, sem mediação da lei, pois o sistema de uniformização das decisões dos Tribunais e o controle da legalidade por parte do Superior Tribunal de Justiça é um meio de balizar e controlar o conteúdo atribuído pelos juízes à cláusula geral. Ou seja, é possível a interposição de recurso especial com fundamento no art. 105, III, da Constituição Federal contra decisões que sejam arbitrárias no preenchimento da cláusula geral.

De qualquer maneira, a crítica de Menezes Cordeiro precisa ser levada em conta, tendo em vista o óbice da Súmula 07 do Superior

---

[27] *Idem, ibidem*, p. 1.127.
[28] *Idem, ibidem*, p. 1.231.

Tribunal de Justiça, que impedirá a admissão de recursos em que a análise da matéria fática seja determinante para a decisão.

Ou seja, a única garantia que se tem contra o preenchimento arbitrário do conteúdo da cláusula geral é o sistema geral de controle da legalidade e constitucionalidade das decisões judiciais.

A esse respeito é importante o resgate das idéias de Miguel Reale, que, na estruturação do Código Civil, afirma que, *"se o Direito é, antes de tudo, fruto da experiência, bem se pode afirmar que o nosso trabalho traz a marca dessa orientação metodológica essencial"*[29].

Isso é relevante como instrumento de controle das decisões judiciais pela necessidade de obediência do juiz ao sistema do Código Civil.

Nesse aspecto, o julgador deve prender-se ao método de concreção que foi posto no Código Civil, e que exige *"que o **individual ou o concreto** se balance e se dinamize com o **serial ou o coletivo**, numa unidade superior de sentido ético"*[30].

A estruturação normativa dos "modelos" situa a concepção do Código Civil dentro da perspectiva da "funcionalidade institucional" indicada por Menezes Cordeiro, com o objetivo de fugir das concepções conceitualistas e para que o Direito sempre tome em consideração as conseqüências, os efeitos dos contratos.

Na consideração dos efeitos, deve-se levar em conta a natureza operacional e "dinâmica" do Código. A dinâmica é resultado da flexibilidade conceitual que permite a adaptação dos modelos jurídicos às transformações sociais, mediante incorporação do trabalho da hermenêutica. Porém a atividade hermenêutica precisa preservar o equilíbrio entre o princípio da socialidade e o da liberdade contratual para que a lei não seja ferida.

O juiz precisa preencher a cláusula geral a partir da "estrutura normativa concreta" que é fornecida pelas regras da própria autonomia privada no plano da vida social e econômica, das regras do mercado,

---

[29] REALE, Miguel. **Exposição de Motivos**..., p. 116.
[30] *Idem, ibidem*, p. 118.

segundo os usos e costumes, da ética que governa as relações intersubjetivas, segundo as características sociais, econômicas e culturais das partes[31].

Apesar da plasticidade que a concepção de "funcionalidade" permite na "adequação dos modelos jurídicos aos fatos sociais", deve-se enfrentar a crítica à funcionalização, em especial a de que transformar linhas funcionais de aplicação do direito em ações vinculativas implica possibilidade de "*supressão radical das liberdades pessoais*"[32].

Em razão disso, quando se trata da função social e econômica no Direito Privado, não se está "funcionalizando" estritamente todas as condutas e comportamentos, mas sim, reconhecendo que nos espaços de liberdade, de livre-arbítrio,

a referência a uma função social e económica exprime a idéia de que a discricionariedade aí implícita não seria total: os comportamentos levados, no seu seio, a cabo, deveriam respeitar o escopo social e económico que presidiu à sua constituição, quer produzindo uma maior utilidade pessoal – função pessoal – quer social – função social, a que se pode acrescentar o complemento de económica[33].

A menção a uma função social não permite determinações em abstrato, mas somente caso a caso, tendo em vista a apuração do espaço de liberdade concedido pelo ordenamento[34].

Mesmo com a intervenção do Estado na autonomia privada, a função e o papel de instrumento criativo do contrato continua existindo, pois permanece a livre possibilidade de escolha da parte contrária, bem como há liberdade sobre o momento em que se estipula o contrato e

---

[31] Em outras palavras, a "estrutura normativa concreta" do Código Civil não se vincula a "valores formais abstratos", mas a valores que são identificados pelo Juiz por detrás da boa-fé, eqüidade, probidade, finalidade social do direito, equivalência das prestações etc., num processo "de permanente adequação dos modelos jurídicos aos fatos sociais *in fieri*". *Idem, ibidem,* p. 119.

[32] MENEZES CORDEIRO, A. *Op. cit.*, p. 1.231.

[33] *Idem, ibidem,* p. 1.231.

[34] *Idem, ibidem,* p. 1.231.

é fixado o conteúdo do acordo, não obstante seja o contrato sujeito ao controle da justiça estatal[35].

A partir dessa análise, a possibilidade de o juiz valorar se um contrato é economicamente ou socialmente relevante, somente não contraria o princípio do Estado de direito[36], se o Juiz tiver como fundamento uma razão jurídica ou social relevante, sendo essa relevância reconhecida pela lei ou por padrões socialmente típicos.

Um dos casos típicos de intervenção que a doutrina reconhece como razão suficiente para intervenção, em razão de ser um *desvio socialmente típico* da sociedade contemporânea, ocorre quando o contrato é usado por uma das partes contra a outra, como instrumento de poder. Em tal caso a função de proteção da liberdade contratual passa para um segundo plano, tendo primazia a justiça, para readequar a liberdade contratual com os valores que são protegidos[37].

Essa afirmação, tomada a partir do pensamento de Ludwig Raiser, oferece um importante critério para solução do problema proposto por Menezes Cordeiro, de que a funcionalização pode ser meio de supressão radical das liberdades.

O fato de o contrato ter um caráter instrumental e de o princípio da socialidade incidir sobre as relações contratuais não transforma o contrato em um servo dos interesses sociais exteriores à liberdade de contratar, tal qual ocorreu nas experiências totalitárias do século XX (interesses da comunidade). O contrato não serve como instrumento de distribuição de renda, de realização de justiça social ou de promoção de fins típicos do Estado. O contrato é instrumento da autonomia privada, condicionado ao cumprimento dos fins sociais da liberdade de contratar.

O caráter instrumental deriva de sua concepção "institucional" que preserva naturalmente espaço de livre-iniciativa e criatividade pessoal para os contratantes, pois o fim institucional da liberdade contratual

---

[35] Raiser identifica a origem de seu pensamento em Husserl, Burchardt, v. Hippel, e Manigk. RAISER, Ludwig. **Il compito del diritto privato. Funzione del contrato e libertà contrattuale**. Milano: Giuffrè, 1990. p. 76 e 288, nota 11 e p. 59.
[36] *Idem, ibidem*, p. 90.
[37] *Idem, ibidem*, p. 56.

pressupõe a possibilidade de intervenção judicial nos casos em que ocorre a utilização disfuncional, produz situações que contrariam o seu próprio fundamento: nesse sentido, *"a liberdade contratual tem, pois, que ser protegida contra a liberdade contratual, ou, dito de outro modo: a autonomia privada não está à disposição da autonomia privada"*[38].

A liberdade contratual precisa respeitar seu sentido funcional que institucionalmente lhe é próprio, o que cria limites imanentes tanto à liberdade contratual, como também à possibilidade de intervenção judicial como instrumento de controle, pois deve-se sempre preservar a teleologia imanente do instituto, considerada como fator de liberdade individual, de mobilidade e adaptabilidade do sistema das relações privadas[39].

Em outras palavras, a intervenção na autonomia privada com fundamento na função do contrato somente pode ser realizada naqueles casos em que o contrato é usado por uma das partes contra a outra como instrumento de opressão econômica ou de poder, caso em que está presente a razão para intervenção judicial, com o fito de proteger os valores sociais para os quais o contrato existe.

A regra posta no art. 421 está inserida em um sistema axiológico, e, nesse sistema, a funcionalização não pode ser usada discricionariamente ou segundo o livre-arbítrio, pois os fins não podem justificar quaisquer meios.

Ou seja; o juiz não pode justificar sua decisão com base nos fins sociais sem respeitar a característica individual dos atos da autonomia privada, bem como o fato de que o contrato é instrumento para o exercício da liberdade contratual e não, um meio programático de atuação de interesses sociais exteriores ao contrato.

A crítica precisa ser tomada em consideração a partir da análise da expressão "em razão", posta no texto do art. 421: a expressão não subordina a liberdade de contratar à socialidade, apenas condiciona uma à outra, partindo-se da relação dialética cuja tensão interna entre

---

[38] RIBEIRO, Joaquim de Sousa. *Op. cit.*, p. 500-504.
[39] *Idem, ibidem*, p. 502.

liberdade e preservação dos interesses sociais para os quais foi instituída, formam um todo que é o modelo de contrato, com suas essenciais características (construídas pelo devir histórico e descritas pela teoria geral dos contratos).

A lei não fez, como não poderia fazer, um elenco de todas as funções do contrato, sendo a "função social" expressão do reconhecimento de uma "multifuncionalidade" típica dos modelos jurídicos, que, na expressão de Joaquim de Sousa Ribeiro, realiza simultaneamente todas as funções, em vários níveis, *"sem esquecer a de prossecução da autonomia pessoal"*[40].

Isso porque a funcionalização implica intervenção no regime dos efeitos para proteção do interesse social, que não representa a "sociedade" corporificada em um "interesse" concreto eventualmente oposto ao interesse das partes, mas a uma atribuição normativa para o contrato considerado como modelo jurídico, que pode estar presente na realização dos interesses individuais dos contratantes, sem qualquer limitação por parte da coletividade.

O "interesse" somente adquire a adjetivação "social" se o contrato for observado sob o ponto de vista macroeconômico e normativo, inserido no sistema de Direito Privado, pois, sob o ponto de vista singular, a conseqüência direta da função social dos contratos é a proteção do interesse econômico particular de um dos contratantes: a finalidade imediata a ser alcançada é de natureza econômica e particular, e a finalidade mediata é de natureza social[41].

---

[40] Idem, ibidem, p. 14: *"No que – por nossa parte, pelo menos – não vai implícita uma posição funcionalista, no sentido da vinculação do exercício dos poderes subjectivos de conformação a objectivos e interesses estranhos à pessoa do seu titular. Esta posição resolve os problemas de compatibilização das exigências funcionais das dimensões individual e coletiva do contrato eliminando do campo de valoração, pura e simplesmente, as finalidades específicas daquele plano".*

[41] A referência a uma finalidade imediata e outra mediata no âmbito da autonomia privada é apresentada sob o ângulo do interesse por Ana Prata, a partir de reflexão de Salvatore Pugliatti. PRATA, Ana. **A tutela constitucional da autonomia privada**. Coimbra: Almedina, 1982. p. 20: *"Um direito subjectivo privado, seja qual for, tem como fonte a norma que protege um interesse privado (finalidade imediata) para a realização daquele interesse público (finalidade mediata) que se encontra na base da própria protecção, e é a razão última pela qual a protecção é concedida".*

Se a análise for feita a partir do ângulo dos interesses e não propriamente das finalidades, pode-se dizer que não são toleráveis os custos sociais à custa de um aproveitamento individual injustificado.

Essa característica está vinculada à impossibilidade de análise estanque de qualquer das perspectivas conceituais do contrato, pois não há uma função puramente econômica, puramente jurídico-institucional ou tampouco puramente social[42].

Tomando-se o parágrafo único do art. 473 do Código Civil como outra disposição legal com forte carga funcional a título de exemplo, pode-se ver que o objetivo da disposição legal é a preservação da "economia do contrato", o equilíbrio das atribuições patrimoniais, com a finalidade de evitar o enriquecimento ilícito e preservar a comutatividade contratual, respeitada a "natureza" da operação econômica da qual o contrato é a "*veste jurídica*"[43].

A tutela desse direito individual, com severa limitação à liberdade de contratar realiza uma "função econômica", que somente pode ser compreendida como "função social" se analisada a função do contrato como instrumento que o Estado põe à disposição dos particulares para que estes regulamentem as suas relações intersubjetivas.

Embora a afirmação possa parecer "patrimonialista" em contraposição com uma posição "personalista" de contrato, deve-se lembrar que o art. 421 não trata de todo e qualquer ato da "autonomia privada", mas, da autonomia privada no âmbito do Direito Contratual, que é a "liberdade de contratar". O art. 421 não incide sobre os demais atos da autonomia privada.

Faz parte do interesse social a preservação do mercado e das normas básicas que garantem a integridade da autonomia privada, da qual o contrato é o instrumento essencial para que se possa promover a circulação de bens e serviços, com segurança jurídica e previsibilidade.

Em outras palavras, os limites da funcionalidade são dados pela teleologia do sistema que busca preservar a totalidade concreta consubstanciada no art. 421 cuja essência não é singular, mas composta

---

[42] Sobre as diferentes perspectivas conceituais do contrato e sua ligação com a liberdade contratual ver RIBEIRO, Joaquim de Sousa. *Op. cit.*, p. 11 e ss.

[43] ROPPO, Enzo. **O contrato**. Coimbra: Almedina, 1988.

pela liberdade contratual com sua inerente idéia de autodeterminação e pelo seu condicionante social, derivado da indissociável socialidade dos negócios destinados a regular as relações econômicas.

4. Conclusão

Pode-se dizer que precisamos nos aproximar do "problema" criado pela vigência do art. 421 do Código Civil brasileiro, que é mais uma via, ao par de tantas outras, de intervenção judicial no âmbito dos contratos celebrados pelos particulares.

O contrato é multifuncional. Além de uma função social enunciada pela lei, sua principal função é a de "instrumento da autonomia privada", razão pela qual a fixação de limites para a aplicação da cláusula geral do art. 421 do Código Civil é garantia de sua eficácia e eficiência na solução dos conflitos, sem que se perca o controle sobre o conteúdo das decisões judiciais.

Por isso, o suposto "mandato" outorgado pelo legislador ao Juiz para preenchimento do conteúdo da cláusula geral contém limites e a obrigação de "prestação de contas".

A construção do limite passa por diversas considerações não exaustivas do problema:

a) a proteção contra uma funcionalização arbitrária depende do reconhecimento e identificação dos fins sociais que estão sendo perseguidos: qualquer limitação da autonomia privada que não seja justificável em termos de utilidade social é arbitrária e inconstitucional;

b) a cláusula geral do art. 421 não é uma faculdade concedida ao Juiz, mas um limite de sua atuação, pois a liberdade contratual para ser limitada exige fundamentação, apresentação de uma razão vinculada a um interesse social reconhecido pelo sistema jurídico;

c) a análise funcional do contrato evita o excesso de abstrações generalizantes e a falta de conexão das soluções jurídicas com a realidade. Porém, a falta de limites dogmáticos para a funcio-

nalização gera um pragmatismo particularizante, com risco de subjetivismo e empirismo nas decisões judiciais;
d) os limites dogmáticos da cláusula geral do art. 421 somente podem ser dados pela união de dois elementos: compreensão da função social dos contratos a partir da tradição doutrinária e jurisprudencial; e, pelo dispositivo constitucional que outorga ao Superior Tribunal de Justiça a função de uniformização das decisões judiciais dos tribunais do país.

A funcionalização de que trata a cláusula geral do art. 421 do Código Civil implica limitação no regime dos efeitos em razão da proteção do "interesse social" presente em todo e qualquer contrato.

O "interesse" social não é oposto ao interesse das partes, mas, uma atribuição do ordenamento sob a perspectiva macroscópica e normativa, pois faz parte do interesse social a preservação do mercado e da própria integridade da autonomia privada, da qual o contrato é o instrumento por excelência para a promoção da circulação de bens e serviços com segurança jurídica e previsibilidade.

A identificação da "tipicidade social dos contratos" e dos "esquemas típicos de burla da função social" é o melhor mecanismo para o controle do cumprimento da função social dos contratos, servindo de balisa para que a autoridade judicial reconheça os casos em que a liberdade contratual é extrapolada.

Isso não significa que o contrato que não corresponde ao tipo social é ilícito. Ele até pode ser fruto da criatividade empresarial ou criatividade negocial dos agentes privados. Porém, se faltar correspondência entre a função social típica e o preceito decorrente da estipulação entre as partes haverá autorização legal e constitucional para a intervenção judicial com fundamento na função social dos contratos.

5. Referências bibliográficas

AMARAL, Francisco. A Autonomia Privada Como Princípio Fundamental da Ordem Jurídica. Perspectivas Estrutural e Funcional. **Revista de Direito Civil**, n. 46, p. 07-26, 1988.

_____. **Direito Civil**: introdução. Rio de Janeiro: Renovar, 2000.

AZEVEDO, Antonio Junqueira de. Os princípios do atual direito contratual e a desregulamentação do mercado. Direito de exclusividade nas relações de fornecimento. Função social do contrato e responsabilidade aquiliana do terceiro que contribui para o inadimplemento contratual. *In*: **Estudos e Pareceres de Direito Privado – Com remissões ao novo Código Civil**. São Paulo: Saraiva, 2004.

BETTI, Emilio. Negozio Giuridico. **Novíssimo Digesto Italiano**, p. 209 e ss.

_____. **Teoria Geral do Negócio Jurídico**. Coimbra: Coimbra, 1969, t. I, II e III.

BOBBIO, Norberto. **Dalla struttura alla funzione**. Milão: Edizioni di Comunità, 1977.

BODIN DE MORAES, Maria Celina. O conceito de dignidade humana: substrato axiológico e conteúdo normativo. *In*: SARLET, Ingo (Org.) e Outros. **Constituição, Direitos Fundamentais e Direito Privado**. 2. ed. Porto Alegre: Livraria do Advogado, 2006. p. 107-149.

_____. A caminho de um Direito Civil Constitucional. **Revista de Direito Civil**, v. 25, p. 21-30.

BRANCO, Gerson Luiz Carlos. A proteção das expectativas legítimas derivadas das situações de confiança: elementos formadores do princípio da confiança e seus efeitos. **Revista de Direito Privado**. São Paulo, n. 12, p. 169-225, 2002.

CIMBALI, Enrico. La funzione sociale dei contratti e la causa giuridica della loro forza obbligatoria. Archivio Giuridico, n. 33, fasc. I e II, 1884, p. 187-217. *In*: CIMBALI, Enrico. **Opere complete**. Torino: Unione Tipográfico-editrice Torinese, 1900. v. III.

COMPARATO, Fábio Konder. Função social da propriedade dos bens de produção. **Direito Empresarial**. São Paulo: Saraiva, 1990. p. 30.

COUTO E SILVA, Clóvis do. **A natureza jurídica dos contratos cogentes e dos incentivos fiscais**. Porto Alegre: RCCGERGS, 1972. p. 13-28.

FACCHINI NETO, Eugênio. Reflexões histórico-evolutivas sobre a constitucionalização do direito privado. *In*: SARLET, Ingo (Org.) e Outros. **Constituição, Direitos Fundamentais e Direito Privado**. 2. ed. Porto Alegre: Livraria do Advogado, 2006. p. 13-62.

FERREIRA DA SILVA, Jorge Cesa. Princípios de direito das obrigações no novo Código Civil. *In*: SARLET, Ingo Wolfgang (Org.). **O novo Código Civil e a Constituição**. Porto Alegre: Livraria do Advogado, 2003. p. 99-125.

GALGANO, Francesco. **Il negozio giuridico. Trattato di Dirito Civile e Commerciale**. 2. ed. Milano: Dott. A. Giuffrè, 2002.

GODOY, Cláudio Luiz Bueno de. **Função Social do Contrato**. São Paulo: Saraiva, 2004.

GOMES, Orlando. **Contratos**. 18. ed. Rio de Janeiro: Forense, 1998.

GOMES, Orlando. **Transformações Gerais do Direito das Obrigações**. 2. ed. São Paulo: RT, 1980.

HIRONAKA, Giselda M. Fernandes Novaes. A função social do contrato. **Revista de Direito Civil**. São Paulo: RT, v. 45, p. 141.

IRTI, Natalino. **Letture bettiane sul negozio giuridico**. Milano: Dott. A. Giuffrè, 1991.

JHERING, Rudolf von. **A finalidade do Direito. Edição histórica**. Tradução de José Antônio Faria Correa. Rio de Janeiro: Rio, 1979.

JORGE JÚNIOR, Alberto Gosson. **Cláusulas Gerais no novo Código Civil**. São Paulo: Saraiva, 2004.

MARTINS-COSTA, Judith; BRANCO, Gerson Luiz Carlos. **Diretrizes Teóricas do novo Código Civil**. São Paulo: Saraiva, 2002.

MARTINS-COSTA, Judith; ORLANDINI, Lourenço Floriani. **A Doutrina Italiana e a Socialização do Direito Civil**: a Formação de uma Nova Mentalidade. Relatório de projeto de pesquisa apresentado na UFRGS, em junho de 2004

MARTINS-COSTA, Judith. Notas sobre o princípio da função social dos contratos. **Revista Literária de Direito**, ago./set. 2004.

_____. Reflexões sobre o princípio da função social dos contratos. **Revista DireitoGV**. São Paulo, v. 1, n. 1, p. 41-67, mai. 2005.

MENEZES CORDEIRO, António Manuel da Rocha e. **Da boa fé no Direito Civil**. Coimbra: Almedina, 1997.

NEGREIROS, Teresa. **Teoria do Contrato. Novos Paradigmas**. São Paulo: Renovar, 2002.

PEREIRA, Caio Mário da Silva. **Projeto de Código de Obrigações**. Rio de Janeiro: Serviço de Reforma de Códigos. Comissão de Estudos legislativos do Ministério da Justiça e Negócios Interiores, 1965.
PERLINGIERI, Pietro. **Perfis do Direito Civil. Introdução ao Direito Civil Constitucional**. 2. ed. Tradução de Maria Cristina de Cicco. Rio de Janeiro: Renovar, 2002.
PRATA, Ana. **A tutela constitucional da autonomia privada**. Coimbra: Almedina, 1982.
RAISER, Ludwig. **Il compito del Diritto Privato**. Milano: Giuffrè, 1990.
REALE, Miguel. **A função social**. Disponível em: <www.miguelreale.com.br>. Acesso em: 22 jan. 2004.
____. **Experiência e cultura**. 2. ed. Campinas: Bookseller, 2000.
____. **Exposição de Motivos**. Diário do Congresso Nacional (Seção I) Suplemento, 14.09.1983.
____. **Fontes e modelos do direito – para um novo paradigma hermenêutico**. São Paulo: Saraiva, 1999.
____. **O Projeto do Novo Código Civil**. 2. ed. São Paulo: Saraiva, 1999.
____. **Questões de Direito Privado**. São Paulo: Saraiva, 1997.
____. Visão geral do Projeto de Código Civil. **Revista dos Tribunais**, v. 752, jun. 1998.
ROPPO, Enzo. **O Contrato**. Coimbra: Almedina, 1988.
SALOMÃO FILHO, Calixto. Função social do contrato: primeiras anotações. **Revista dos Tribunais**, v. 823, p. 67-86, mai. 2004.
TARTUCE, Flávio. **A função social dos contratos – do Código de Defesa do Consumidor ao novo Código Civil**. São Paulo: Método, 2005.
WALD, Arnoldo. **Estudos e Pareceres de Direito Comercial.** (Os contratos de concessão exclusiva para distribuição de gasolina no direito brasileiro). São Paulo: RT, 1979.

DANO DA PRIVAÇÃO DO USO*

PAULO MOTA PINTO
Professor Auxiliar da Faculdade
de Direito da Universidade de Coimbra

1. O problema

Tradicionalmente (e na linha da proposta de Friedrich Mommen[1]) reconduz-se a noção de dano relevante para a obrigação de indemnização, no nosso direito (cf. o artigo 566.º, n.º 2, do Código Civil) e no direito alemão, à chamada *"fórmula da diferença"*: o dano patrimonial é igual à diferença entre a situação patrimonial em que estaria o lesado se não se tivesse verificado o evento que obriga à reparação e a sua situação patrimonial estaria actual (ou "no momento mais recente que puder ser atendido pelo tribunal"). Um dos problemas

---

* O texto que agora se publica resultou de uma investigação mais ampla sobre a noção de dano (e de interesse) relevante para a obrigação de indemnização, em vias de publicação e incluída na dissertação de doutoramento que apresentámos na Faculdade de Direito da Universidade de Coimbra no início de 2007. Apenas foram, pois, consideradas referências bibliográficas e jurisprudenciais publicadas até essa data.

[1] FRIEDRICH MOMMSEN, *Zur Lehre von dem Interesse, Beiträge zum Obligationenrecht, II*, Braunschweig, Schwetschke, 1855, p. 3: "Mais precisamente, por interesse, no seu sentido técnico, entendemos a *diferença entre o valor do património de uma pessoa, tal como ele existe num certo momento, e o valor que este património teria no momento em questão sem a interposição de um certo acontecimento danoso*" (tal momento poderia ser diversamente fixado, mas, para Mommsen, seria o momento presente)."

em que tal "fórmula da diferença" encontrou manifestas dificuldades foi, porém, o da explicação da indemnização pela privação do uso.

Não estão em causa as hipóteses em que a privação do uso se reflecte imediatamente no *património*, quer como *lucro cessante* (por exemplo, pela falta de percepção de rendas ou alugueres)[2], quer como *dano emergente* (pelos custos locativos de um outro bem), em que a existência de um dano patrimonial ressarcível não é problemática[3]. Por outro lado, também não está em causa a *reconstituição natural*, nos termos do artigo 566.º, n.º 1, mas antes uma indemnização *por equi-*

---

[2] V. agora uma referência expressa a lucros cessantes decorrentes da imobilização de um veículo (embora não à privação do uso), no novo art. 20.º-B, n.º 1, al. *c*), aditado ao Dec.-Lei n.º 522/85, de 31 de Dezembro, pelo Dec.-Lei n.º 83/2006, de 3 de Maio.

[3] Concedendo uma indemnização pelas despesas efectuadas por causa da privação do uso do veículo, designadamente com o aluguer de outra viatura, v., por ex., os acs. do TRE de 12 de Fev. de 1987 (relator: FARIA DE SOUSA; *CJ*, 1987, 1, p. 300) e 2 de Maio de 2002 (proc. n.º 288/02, in ANTÓNIO ABRANTES GERALDES, *Temas da responsabilidade civil – I: Indemnização do dano da privação do uso*, 2.ª ed., Coimbra, Almedina, 2005, pp. 132-137), do TRC de 26 de Abr. de 1990 (*CJ*, 1990, 2, p. 73; relator: PIRES DE LIMA) e do STJ de 19 de Fev. de 2002 (relator: TOMÉ DE CARVALHO, rev. n.º 4396/01, in *Base Jurídico-Documental do ITIJ – www.dgsi.pt*) e 27 de Fev. de 2003 (relator: FERREIRA GIRÃO, in *CJ-STJ*, 2003, 1, pp. 112-114, tb. em *CDP*, 2003, 3, pp. 52-62, com anot. de J. GOMES, "Custo das reparações, valor venal ou valor de substuição?"). Noutros casos estão em causa os lucros cessantes em resultado da impossibilidade de utilização da viatura (por ex., para a actividade de transporte oneroso) – v. os acórdãos do TRL de 6 de Nov. de 2001 (proc. 681/00, relator: A. A. GERALDES) e do TRP de 10 de Jan. de 2002 (rel. J. J. SOUSA LEITE), in A. A. GERALDES, ob. cit., pp. 101-17 (onde se podem colher mais elementos jurispr. – v. anexos, pp. 87 e ss.). V. tb., para um caso de privação de uso de uma máquina, o ac. do TRL de 1 de Jul. de 2003 (rel. M. ROSÁRIO MORGADO, in A. A. GERALDES, ob. cit., pp. 209-13).

É tb. claro que as despesas (imposto automóvel, seguro, garagem, etc.) suportadas com a coisa de cujo uso o titular se viu privado são um "dano mínimo" patrimonial a cujo ressarcimento ele tem direito. V. assim já o BGH, numa decisão de 30 de Set. de 1963, *NJW*, 1964, pp. 717-8. Na doutrina, concordando com o cômputo do ressarcimento segundo as despesas relativas ao período de tempo em causa, v. KARL LARENZ, *Lehrbuch des Schuldrechts, I – Allgemeiner Teil*, 14.ª ed., München, Beck, 1987, p. 501, HERMANN LANGE/GOTTFRIED SCHIEMANN, *Schadensersatz*, 3.ª ed., Tübingen, Mohr, 2003, p. 287. Entre nós, v. JOÃO DE MATOS ANTUNES VARELA, *Das obrigações em geral*, vol. I, 10.ª ed., Coimbra, Almedina, 2000, p. 909, n. 2, A. A. GERALDES, ob. cit., p. 54.

valente. Depois do evento lesivo, o lesado tem, por exemplo, direito a pedir que o lesante (ou a sua seguradora) ponha à sua disposição um veículo de substituição, com fundamento no direito à reconstituição natural da sua situação[4]. O problema da indemnização pela privação do uso põe-se, não quanto às despesas do aluguer, a que o lesado tem direito[5], mas quando o lesado se viu *privado do uso* do bem e *não recorreu* a (ou não lhe foi fornecido) um *sucedâneo*[6].

---

[4] O art. 20.º-J aditado pelo Dec.-Lei n.º 83/2006, de 3 de Maio, ao Dec.-Lei n.º 522/85, de 31 de Dezembro, veio dispor, no seu n.º 1, que o lesado apenas tem direito a um veículo de substituição de características semelhantes ao seu "a partir da data em que a empresa de seguros assuma a responsabilidade exclusiva pelo ressarcimento dos danos resultantes do acidente", embora, nos termos do n.º 5, tal não prejudique "o direito de o lesado ser indemnizado, nos termos gerais, no excesso de despesas em que incorreu com transportes em consequência da imobilização do veículo durante o período em que não dispôs do veículo de substituição". O que resulta das regras gerais sobre a indemnização é, porém, que o lesado tem direito à reconstituição natural logo após a privação do uso do veículo, não devendo entender-se que, quando a seguradora não reconheça logo a sua responsabilidade, mas esta venha posteriormente a apurar-se, fique prejudicado também o direito à compensação dos custos do aluguer de uma viatura pelo próprio lesado. Tal *aluguer pelo lesado*, em lugar do recurso a outros meios de *transporte*, não configura, só por si, um agravamento dos danos que conduza à exclusão da indemnização nos termos gerais do art. 570.º, n.º 1, ficando, aliás, a dever-se ao não reconhecimento imediato pela seguradora de uma responsabilidade que depois se veio a apurar existir.

[5] A compatibilização do montante da compensação dos custos do aluguer com o da indemnização pela privação do uso levanta, aliás, problemas – cf. STAUDINGER//SCHIEMANN, ob. cit., § 251, n.ºˢ 72, 85 (justificando o primeiro como montante necessário para evitar ou diminuir a produção do dano).

[6] Nas primeiras decisões da jurispr. alemã sobre a indemnização pela privação do uso foi deixada em aberto a questão de saber se aquela era exigível a título de ressarcimento dos custos da reconstituição natural, nos termos do § 249, n.º 2, ou de indemnização em dinheiro. Considerando que reconstituição natural será em regra, no momento do processo, já impossível devido ao próprio decurso do tempo e ao facto de o lesado poder novamente utilizar o seu próprio automóvel, a jurispr. veio a fixar-se na indemnização por equivalente, o que explicaria tb. o facto de o seu montante ser inferior ao dos custos do aluguer de uma viatura de substituição, os quais, sim, seriam exigíveis a título de compensação dos custos da reconstituição natural.

Uma restrição *drástica* ao direito à reconstituição natural, com afastamento da prioridade da ordenação real sobre a ordenação de valor e concomitante transformação do direito sobre muitos veículos danificados no seu mero valor económico, resultou do art. 20.º-J, n.ºˢ 1 a 4, aditado ao Dec.-Lei n.º 522/85, de 31 de Dezembro, pelo Dec.-Lei n.º 83/2006, de 3 de Maio. Para além de outras críticas que o diploma mereceria (cf., por ex., a imprecisa utilização do termo "posse", no art. 20.º-I, n.º 3), note-se que, segundo o regime que institui – não exigido pela Directiva n.º 2005/14/CE, do Parlamento Europeu e do Conselho, de 11 de Maio, que visou transpor, mas antes, numa certa perspectiva, ele sim, contrário ao direito comunitário (pela desigualdade de direitos dos lesados que introduz entre o nosso direito e outros países europeus) –, considera-se que existe "perda total", em que a obrigação de indemnização é cumprida em dinheiro, quando o "valor estimado para a reparação dos danos sofridos, adicionado do valor do salvado, ultrapassa 100% do valor venal do veículo imediatamente antes do sinistro" (n.º 1, al. c)). Como a indemnização em dinheiro por perda total é (n.º 3) determinada com base no valor venal do veículo (deduzido do valor do respectivo salvado), a natureza "excessivamente onerosa" da reconstituição natural para o devedor, que era decisiva segundo o regime geral do art. 566.º, n.º 1, é, pois, reduzida simplesmente ao *menor valor* da indemnização em dinheiro em relação, nem sequer só à reparação, mas a esta mais o valor do salvado... É certo que, nos termos do n.º 4 do referido art. 20.º-J, se o veículo tiver uma idade superior a cinco anos a percentagem de 100% do valor venal do veículo imediatamente antes do sinistro "é majorada em 2% por cada ano de antiguidade acima de cinco anos, com o limite de 20%". Simplesmente (e para além da manifesta falta de clareza da disposição, que se refere à relevância desta percentagem "para a determinação do valor da indemnização por perda total", sendo que esse valor é determinado com base no valor venal do veículo, como referimos, e que a referida percentagem apenas releva, nos termos do cit. n.º 1, al. *c)*, para a qualificação como "perda total" e consequente opção entre reconstituição natural e indemnização por equivalente), tal percentagem não pode deixar de ser considerada *muito baixa*, e, mesmo, *irrisória* ou manifestamente inadequada como concretização de um critério de *desproporção* ou de *excessiva onerosidade* entre a reconstituição natural (reparação) e a indemnização em dinheiro (perda total), isto é, do critério geral que não se vê por que razão há-de deixar de valer simplesmente porque quem paga a indemnização é uma seguradora. Para comparação, refira-se apenas que, por ex., na Alemanha, os tribunais não consideram excessivamente onerosos (ou importando "despesas desproporcionadas", nos termos do § 251, n.º 2, do BGB) custos de reparação que vão até 130% do valor de obtenção de um veículo semelhante, e não incluem sequer na comparação o valor dos salvados (o que, considerando que no valor da indemnização em dinheiro é deduzido o valor residual ou salvado, torna ainda mais difícil a existência de uma desproporção), falando-se quanto aos 30% que excedem esse valor de um "adicional de integridade" (*"Integritätszuschlag"*). V., por ex., BGH, 15 de Out. de

1991, in *BGHZ*, vol. 115, pp. 364-74, *NJW*, 1992, pp. 302-5; 17 de Mar. de 1992, *NJW*, 1992, pp. 1618-1620, e 8 de Dez. de 1998, *NJW*, 1999, pp. 500-501, e, na doutrina, por ex., H. LANGE/G. SCHIEMANN, *Schadensersatz*, cit., pp. 237, 398 ("a consideração pelos interesses restitutivos do lesado exige, segundo a opinião dominante, não considerar as despesas da reparação desproporcionadas (...) logo que ultrapassem os custos para a obtenção de um outro veículo"), HARTMUT OETKER, in *Münchener Kommentar zum Bürgerlichen Gesetzbuch*, München, Beck, 4.ª ed., §§ 241-432, § 251, n.º 42 (aconselhando, porém, uma aplicação não automática do limite, e remetendo para o padrão da desproporção); entre nós, v. J. GOMES, "Custo...", cit., p. 60. Já aquela solução introduzida pelo legislador seria, só por si, sem dúvida suficiente para merecer as maiores reservas, eventualmente mesmo de inconstitucionalidade, pela restrição que introduz ao direito à reconstituição natural, com reparação do veículo acidentado, a favor da indemnização em dinheiro por perda total, a conduzir, na prática, a que em muitos acidentes que atingem veículos com alguns anos, se verifique por força do acidente uma veradeira *expropriação forçada* por utilidade particular (no caso, das seguradoras). Como escreve LUÍS MENEZES LEITÃO, *Direito das obrigações*, Coimbra, Almedina, vol. I, 5.ª ed., 2006, p. 396, n. 835, se alguém danifica um automóvel usado de reduzido valor comercial, mas que o lesado quer continuar a utilizar, "não faria sentido autorizar-se o lesante a indemnizar apenas o valor em dinheiro do automóvel, sob pretexto de a reparação ser mais cara do que esse valor, já que tal implicaria privar o lesado do meio de locomoção de que dispunha e que não pretendia trocar por dinheiro". Mas é justamente esta a solução (ou pior, pois à reparação ainda há que somar o valor do salvado) que está prevista no cit. art. 20.º-J, n.º 1, al. c).

O manifesto desacerto deste regime poderia, ainda, porém, ser mitigado (embora não inteiramente anulado) pela previsão de um valor para a indemnização em dinheiro que permitisse a obtenção de um veículo semelhante ao declarado em perda total – solução que, atendendo ao valor de aquisição, corresponderia à compensação dos custos de uma reconstituição natural. Acresce, porém, que o mesmo diploma veio prever (cit. art. 20.º-J, n.º 2) que o valor venal do veículo antes do sinistro é calculado com base no *valor de venda no mercado* do veículo no momento anterior ao acidente, afastando-se assim do critério da jurisprudência do Supremo Tribunal de Justiça que, mesmo quando a reparação é excessivamente onerosa (e para isso já atribuía tb. relevância ao valor de uso), tendo em conta o interesse do lesado em continuar a dispor de um veículo semelhante ao que tinha, lhe concedia uma indemnização "que lhe permitia, no vasto mercado de automóveis usados, adquirir um veículo da marca, tipo, idade e estado de conservação idêntico ao sinistrado" – v., além do ac. STJ de 16 de Nov. de 2000 (in *CJ-STJ*, 2000, 3, pp. 124-125, relator: NORONHA NASCIMENTO), os ac. do mesmo Trib. de 7 de Jul. de 1999 (*CJ-STJ*, 1999, 3, pp. 16-19, relator: ARAGÃO

Se a privação do uso não teve reflexos numa diferença patrimonial concreta, põe-se o problema de saber se aquela privação é, só por si, um dano ("abstracto") que deve ser ressarcido, encontrando-se também decisões na nossa jurisprudência que põem em causa uma tal indemnização[7].

Seia) e de 27 de Fev. de 2003, com a cit. anot. concordante de J. Gomes, "Custo das reparações, valor venal ou valor de substituição?"), bem como, mais recentemente, o ac. de 21 de Fev. de 2006 (relator: Ferreira Girão, *CJ-STJ*, 2006, t. 1, pp. 83-85), e tb., por ex., o ac. do TRL de 9 de Fev. de 2006 (relator: Gil Roque), in *CJ*, 2006, 1, pp. 98-101. Isto é, de acordo com esse novo regime, não só se *impede a reconstituição natural*, por reparação do próprio veículo do lesado, quando o valor da reparação somado com o do salvado é (não excessivamente oneroso, mas) *simplesmente superior* ao valor de mercado do veículo anteriormente ao acidente, como não se faculta ao lesado meios para adquirir um automóvel semelhante, pois a própria indemnização em dinheiro mede-se pelo valor de *venda* do veículo no mercado, que pode ser, e frequentemente é (sobretudo nos automóveis usados mais antigos, mas ainda em bom funcionamento), bastante inferior ao valor de substituição (o *Wiederbeschaffungswert* tb. relevante na prática alemã e de outros países – v., com indicações, H. Lange/G. Schiemann, *Schadensersatz*, cit., pp. 408 e ss., e, sobre as possíveis causas de tal divergência, J. Gomes, anot. cit., pp. 58 e ss.). Salientando que a indemnização deve atribuir ao lesado o valor necessário para comprar uma coisa idêntica à destruída (ou "uma coisa com um valor de uso idêntico"), v. tb. já A. Vaz Serra, por ex. na anot. ao ac. do STJ de 26 de Out. de 1965 (relator: Albuquerque Rocha), in *RLJ*, ano 99.º, pp. 180-192 (189). Como não se vê que a alteração introduzida pelo Dec.-Lei n.º 83/2006 seja adequada à renovação do parque automóvel – e não se pretenderá com certeza que tal medida seja financiada pelos lesados em acidentes de viação, para mais possuidores de automóveis cujo valor de venda no mercado é baixo –, e não pode assim deixar de concluir-se que estamos perante uma mal disfarçada (ou "contrabandeada" a pretexto da transposição de uma Directiva) medida de claro favorecimento das seguradoras em prejuízo dos lesados, tem de concluir-se que as soluções em causa suscitam as mais sérias reservas, não só no plano da escandalosa injustiça material que comportam (parecendo necessário recordar a este propósito que o proprietário do veículo lesado, a ressarcir, não é o culpado pelo acidente), como, mesmo, eventualmente, no plano da constitucionalidade, pela violação da garantia constitucional contra uma privação forçada da propriedade (falando do direito do lesado a dispor do seu próprio património, v. L. Menezes Leitão, *Direito das obrigações*, I, cit., p. 396) e pela manifesta desproporcionalidade e injustiça das soluções consagradas.

[7] Cf. já a sentença de 24 de Maio de 1976 da 1.ª Vara Cível do Porto, *CJ*, 1979, 2, p. 675 ("O não uso pode ser causa de danos, mas não é, só por si, um dano. Pode até ser uma economia"), e, mais recentemente, o ac. do STJ de 12 de Jan. de 2006

2. Posições defendidas

Embora, por vezes, se tenha exigido a alegação e prova, pelo lesado, das *utilidades concretas* extraídas do bem de cujo uso se viu privado[8], a posição hoje dominante na jurisprudência admite, porém, uma indemnização, seja por responsabilidade delitual, seja por responsabilidade contratual[9], pela privação do uso, seja por equiparar tal privação a um dano não patrimonial (compensável desde que seja grave,

---

(relator: SALVADOR DA COSTA, proc. n.º 4176/05, in *Base Jurídico-Documental do ITIJ*) e as decl. de voto (SALVADOR DA COSTA) apostas ao ac. do STJ de 4 de Dez. de 2003 (relator: OLIVEIRA BARROS, proc. n.º 3030/03, in A. A. GERALDES, ob. cit., pp. 155-60), excluindo a qualif. como dano não patrimonial, o ac. do STJ de 29 de Nov. de 2005 (relator: ARAÚJO BARROS), in *CJ-STJ*, 2005, III, pp. 154-5 ("a mera privação do uso de um veículo automóvel, isto é, sem qualquer repercussão negativa no património do lesado, ou seja, se dela não resultar um dano específico, emergente ou na vertente de lucro cessante, é insusceptível de fundar a obrigação de indemnização no quadro da responsabilidade civil", invocando-se igualmente a "fórmula da diferença" no sentido de que "a mera privação do uso de uma coisa é insusceptível de indemnização no quadro da responsabilidade civil extracontratual"), e o ac. do STJ de 8 de Jun. de 2006 (proc. n.º 06A1497, relator SEBASTIÃO PÓVOAS, in *Base Jurídico-Documental do ITIJ*), dizendo ser necessário que a privação do uso "se repercuta em termos negativos na situação patrimonial do lesado". Cf. tb. já o ac. do Trib. do TRP de 17 de Out. de 1984 (relator: ALVES RIBEIRO, *CJ*, 1984, IV, pp. 246-9), e o ac. do TRE de 26 de Out. de 2000 (relator: FERNANDO BENTO), *CJ*, 2000, 4, pp. 266-9.

[8] Cf. o cit. ac. do TRE de 26 de Out. de 2000, exigindo, com invocação da "teoria da diferença", a prova dos concretos fins ou utilidades que visava e que, por via da privação do uso, se frustraram, bem como os reflexos que isso teve no seu património. Noutro sentido, porém, além de acs. cits. na n. anterior, o ac. do TRC de 26 de Nov. de 2002, in *CJ*, 2002, 5, pp. 19-20 (relator: NUNO CAMEIRA), onde se admitiu a ressarcibilidade do dano da mera privação do uso de um veículo automóvel, determinado com base na equidade (art. 566.º, n.º 3), mesmo que não exista prova de qualquer utilização lucrativa.

No ac. STJ de 16 de Nov. de 2000 (cit.), afirmou-se, em *obiter dictum*, a consideração tb. do valor de uso de um veículo (táxi) para o proprietário, e não só do valor comercial ou de mercado, para apreciar a excessiva onerosidade da reconstituição natural.

[9] V., por ex. o ac. do TRP de 9 de Fev. de 2004 (rel. MARQUES PEREIRA, in A. A. GERALDES, ob. cit., pp. 203-8).

nos termos dos arts. 496.º, n.º 1, e 494.º)[10], seja, sobretudo, por aceitar que o uso de um bem constitui uma vantagem susceptível de avaliação pecuniária, consubstanciando um dano patrimonial a sua privação[11] – designadamente, de viaturas automóveis ou de imóveis[12].

---

[10] Cf. o ac. do TRE de 26 de Março de 1980, in *CJ*, 1980, II, pp. 96-7 (relator: FIDALGO MATOS, num caso de atraso na reparação de uma viatura) e 17 de Set. de 1998, in *CJ*, 1998, 4, pp. 255-7 (relator: FONSECA RAMOS, num caso de privação do uso de uma piscina de um aldeamento), e os acórdãos do STJ de 17 de Nov. de 1998 (relator: AFONSO DE MELO, proc. n.º 977/98), 23 de Jan. de 2001 (relator: SIMÕES FREIRE, proc. n.º 3670/00), in *Base Jurídico-Documental do ITIJ*, e de 4 de Dez. de 2003 (cit.: a invocação da utilização do veículo "para passear" significa a invocação de um dano não patrimonial). Criticamente, v. AMÉRICO MARCELINO, *Acidentes de viação e responsabilidade civil*, 7.ª ed., Lisboa, Petrony, s.d. (mas 2005), p. 359.

[11] É a tendência que se tem vindo a impor na jurispr., determinando-se o dano, se necessário, com recurso à equidade, nos termos do art. 566.º, n.º 3. Cf. os arestos do TRE de 28 de Jul. de 1980 (relator: MANSO PRETO, in *CJ*, 1980, 4, p. 258), de 9 de Março de 1999 (relator: PAIS DE SOUSA, proc. n.º 6786/98, in A. A. GERALDES, ob. cit., pp. 95-100) e 15 de Jan. de 2004 (proc. 2070/03, rel. M. LAURA LEONARDO, in A. A. GERALDES, ob. cit., pp. 167-72); o ac. do TRC de 2 de Dez. de 2003 (relator: CARDOSO DE ALBUQUERQUE), in *CJ*, 2003, V, pp. 23-6; os acórdãos do TRP de 5 de Fev. e 26 de Fev. de 2004 (relator: PINTO DE ALMEIDA, in *CJ*, 2004, I, resp. pp. 178-80 e 200-2); do TRGuim de 28 de Abr. de 2004 (in A. A. GERALDES, ob. cit., pp. 173-179, com rel. VIEIRA DE CUNHA, atribuindo o valor de um veículo de substituição); e os acórdãos do STJ de 30 de Abr. de 1996 (relator: PAIS DE SOUSA, proc. n.º 88230) e 13 de Nov. de 2001 (relator: AZEVEDO RAMOS, proc. n.º 3307/01), ambos com sumário in *Base Jurídico-Documental do ITIJ*, de 5 de Fev. (relator: FERREIRA RAMOS, proc. n.º 3968/01, negando que o dano resultante da privação do uso de veículo seja equivalente ao custo do aluguer de um veículo de substituição, quando o aluguer não chegou a ser efectuado) e 9 de Maio de 2002 (relator: FARIA ANTUNES, proc. n.º 935/02: o autor não carece de alegar e de provar a impossibilidade de, durante o período de privação, utilizar outro veículo com aproximada eficácia), 23 de Set. de 2004 (relator: FERREIRA GIRÃO, *CJ-STJ*, 2004, 3, pp. 27-9, num caso de esbulho, e independentemente de o lesado ter entretanto adquirido outra viatura), 21 de Abr. (relator: LUCAS COELHO, rev. n.º 2246/03), 20 de Set. (relator: RIBEIRO DE ALMEIDA, rev. n.º 1992/05) e 29 de Nov. de 2005 (relator: ARAÚJO BARROS, in *CJ-STJ*, 2005, III, pp. 151-155, 153, distinguindo o dano emergente, o lucro cessante e o dano da privação do uso, a apreciar segundo a equidade), 28 de Set. e 10 de Out. de 2006 (respectivamente proc. n.º 06B2732, relator OLIVEIRA BARROS, e proc. n.º 06A2503, relator NUNO CAMEIRA, ambos in *Base Jurídico-Documental do ITIJ*).

No ac. do STJ de 11 de Dez. de 2003 (relator: SALVADOR DA COSTA, rev. n.º 3997/03), decidira-se que, estando verificado na acção que o dano de valor ilíquido pela

A doutrina que tem tratado da matéria pronuncia-se favoravelmente a uma indemnização pela privação do uso[13], embora sem aprofundar o problema de saber se deve atender-se à *possibilidade de utilização*

privação do uso de um veículo é manifestamente superior à diferença entre o valor já assente dos restantes elementos do dano e o que resulta do limite máximo de indemnização no quadro da responsabilidade pelo risco, se torna dispensável a relegação da sua quantificação para execução de sentença, e deve operar a condenação global pelo valor máximo da espécie. No ac. do STJ de 25 de Nov. de 2003 (relator: PONCE LEÃO, in *Base Jurídico-Documental do ITIJ*), estavam em causa prejuízos causados pela imobilização de uma locomotiva e pelo atraso na circulação de comboios, tendo-se utilizado para cômputo do dano tabelas de reintegração e de amortizações previstas para efeitos contabilísticos.

[12] A maioria das decisões refere-se a viaturas, mas existem tb. casos relativos a máquinas e a imóveis. Sobre estes, v., além dos cits. acórdãos do TRE de 17 de Set. de 1998 e do TRP de 9 de Fev. de 2004, o ac. do TRL de 11 de Março de 2003 (relator: ABRANTES GERALDES), in *CJ*, 2003, II, pp. 70-4, e os acórdãos do STJ de 29 de Março de 2001 (inédito, relator SOUSA INÊS, revista n.º 624/01), 12 de Dez. de 2002 (relator: FERNANDES MAGALHÃES, in A. A. GERALDES, ob. cit., pp. 193-4), 1 de Jul. de 2003 (relator: NUNO CAMEIRA, rev. n.º 1805/03) e 5 de Dez. de 2006 (relator: ALVES VELHO, *CJ-STJ*, 2006, 3, pp. 154-156, em que a *ratio decidendi* esteve, porém, no enriquecimento sem causa). Algumas decisões referem-se aos frutos civis do imóvel: v. os dois acórdãos do STJ de 7 de Abr. de 2005 (rev. n.º 306/05, relator: ALVES VELHO, e rev. n.º 2107/ /04, relator: PIRES DA ROSA, ambos sumariados no boletim interno de jurisp. do STJ). Excluindo a relevância de um dano não patrimonial por falta de prova, v. o ac. do STJ de 14 de Abr. de 2005 (relator: ABÍLIO VASCONCELOS, rev. n.º 400/05). Cf. tb. o ac. do STJ de 8 de Março de 2005 (relator: AZEVEDO RAMOS, rev. n.º 203/05: danos não patrimoniais resultantes da privação da disponibilidade da casa pelo não cumprimento de um contrato de empreitada). No ac. do STJ de 8 de Out. de 2002 (rel. SILVA SALAZAR, in A. A. GERALDES, ob. cit., pp. 187-92), concedeu-se uma indemnização correspondente ao valor locativo de um imóvel (casa de porteira) não restituído. Por sua vez, no ac. do STJ de 28 de Fev. de 2002 (relator: QUIRINO SOARES, rev. n.º 283/ 02, in A. A. GERALDES, ob. cit., pp. 181-6), o enriquecimento sem causa à custa do proprietário do prédio privado do uso foi medido pela quantia que os demandantes receberiam pela autorização para utilização do local.

[13] A favor da indemnização do dano da privação do uso, v. J. GOMES, "Custo das reparações...", cit., ID., *O conceito de enriquecimento, o enriquecimento forçado e os vários paradigmas do enriquecimento sem causa*, Porto, Univ. Católica Portuguesa, 1998, pp. 257 e ss., 274 e ss. (e já a orientação geral em "O dano da privação do uso", cit., apesar da conclusão pouco clara a p. 236), ANTÓNIO ABRANTES GERALDES, *Temas...*, *Indemnização do dano da privação do uso*, cit., pp. 45 e ss., 72-3, A. MARCELINO,

concreta ou se estamos perante uma indemnização avaliada de forma *abstracta*, resultante da *simples afectação da possibilidade de utilização*, como integradora das faculdades do proprietário[14].

A questão foi também debatida no direito alemão, onde a posição da jurisprudência foi objecto de acesas críticas da doutrina. A jurisprudência alemã admitiu a indemnização da privação do uso[15], mas,

---

Acidentes de viação..., cit., pp. 359-61, RUI M. RANGEL, *A reparação judicial de danos na responsabilidade civil/Um olhar sobre a jurisprudência*, 3.ª ed., Coimbra, Almedina, 2006, pp. 33-35, L. MENEZES LEITÃO, *Direito das obrigações*, I, cit., p. 333, n. 697 (invocando o arg. da impossibilidade de penalizar a poupança do aluguer de um veículo de substituição, e remetendo para o critério do valor locativo), e MÁRIO JÚLIO DE ALMEIDA COSTA, *Direito das obrigações*, 10.ª ed., Coimbra, Almedina, 2006, pp. 777, n. 3 (remetendo para os princípios gerais da responsabilidade civil a indemnização da privação do uso, "ainda que se reconduza a puro e simples impedimento da utilização"). Referências ao problema, sem assumirem uma posição clara, em J. ANTUNES VARELA, *Das obrigações em geral*, vol. I, cit., p. 909, n. 1, e JOSÉ CARLOS BRANDÃO PROENÇA, *A conduta do lesado como pressuposto e critério de imputação do dano extracontratual*, Coimbra, Almedina, 1997, nota 2328 (dando conta da controvérsia na Alemanha entre o ressarcimento do prejuízo concreto e uma indemnização "abstracta" pela privação do uso, e dando conta da orientação da jurisp. nacional).

[14] Bastando-se claramente com tal possibilidade abstracta, apenas A. A. GERALDES, ob. cit., pp. 48, 57-8, 72. Diversamente, atendendo à possibilidade ou impossibilidade de utilização concreta da coisa pelo proprietário (pelo que conclui que se não pode afirmar de antemão que a privação do uso constitua o dano – "pode ou não constituir, consoante o que em concreto se apure"), v. MAFALDA MIRANDA BARBOSA, *Liberdade vs. Responsabilidade: a precaução como fundamento da imputação delitual? A propósito dos* cable cases, Coimbra, 2004, policop., pp. 148-150.

[15] Sobre o que se diz a seguir, v., por ex., SUSANNE WÜRTHWEIN, *Schadensersatz für Verlust der Nutzungsmöglichkeit einer Sache oder für entgangene Gebrauchsvorteile?*, Tübingen, Mohr Siebeck, 2001, pp. 61 e ss., HORST HAGEN, "Entgangene Gebrauchsvorteile als Vermögensschaden? Eine kritische Bestandsaufnahme der Rechtsprechung des BGH", *JZ*, 1983, p. 833-41, GOTTFRIED SCHIEMANN, in STAUDINGER, *BGB*, 13.ª ed., ed. de 2005, § 251, anots. 73 e ss., K. LARENZ, *Schuldrecht*, I, cit., pp. 496 e ss., WOLFGANG FIKENTSCHER, *Schuldrecht*, 9.ª ed., Berlin-New York, De Gruyter, 1997, n.º 550, pp. 340-341, e já ALFF, em *Das Bürgerliche Gesetzbuch mit besonderer Berücksichtigung der Rechtsprechung des Reichsgerichts und des Bundesgerichtshofes*, Berlin – New York, De Gruyter, 12.ª ed., 1989m anot. pr. ao § 249, n.º 4. Entre nós, v. J. GOMES, "O dano da privação...", cit., pp. 178 e ss.

Uma das decisões precursoras da tendência de "comercialização" de vantagens de uso foi, como se salientou na doutrina (H. HAGEN, ob. cit., p. 833, J. GOMES, "O dano

para contrariar um alargamento desmesurado de pretensões indemnizatórias, exigiu que o bem lesado na sua possibilidade de uso fosse um *bem económico de relevância geral e central para a condução da vida* – como veículos automóveis[16] e imóveis de habitação (uniformemente depois de uma decisão do pleno das secções cíveis do *Bundesgerichtshof* de 1986[17]) ou outros bens[18] –, que a privação se verifique por um

---

da privação...", cit., p. 178), o caso do cruzeiro (*Seereise-Fall*), em que foi concedida uma indemnização pela retenção aduaneira indevida das malas com roupa de um casal que ia frequentar um cruzeiro de luxo (de Roterdão às Canárias), no qual tiveram de usar sempre a mesma roupa sem poder participar plenamente na vida a bordo. O BGH considerou que as vantagens da participação num tal cruzeiro estão "comercializadas", apenas podendo ser adquiridas com dispêndios patrimoniais, e concedeu uma indemnização por dano *patrimonial*. Criticamente, v., por ex., DIETER MEDICUS, *Bürgerliches Recht*, 20.ª ed., Köln, Heymanns, 2004, n.º 823.

[16] Desde o ac. do BGH de 30 de Set. de 1963 (*BGHZ*, vol. 40, pp. 345-55, *NJW*, 1964, pp. 542-545, decidindo que a indemnização pela privação da possibilidade de uso de um automóvel tb. é devida mesmo que o lesado não tenha alugado nesse período uma viatura de substituição); depois, v. por ex. os ac. de 15 de Abr. de 1966 (*BGHZ*, vol. 45, pp. 212-21, *NJW*, 1966, pp. 1260-2) e 18 de Maio de 1971 (*BGHZ*, vol. 56, pp. 214-21, *NJW*, 1971, pp. 1692-4). A indemnização "abstracta" pela privação do uso não inclui, porém, a privação que resultaria da reparação fictícia, cujos custos o lesado pode pedir mesmo que tenha vendido o automóvel sem reparar (ac. do BGH de 23 de Mar. de 1976, *BGHZ*, vol. 66, pp. 239-50, *NJW*, 1976, pp. 1396-8; criticamente, v. HEINRICH HONSELL/FRIEDRICH HARRER, "Entwicklungstendenzen im Schadensersatzrecht", *JuS*, 1986, pp. 161-170, 162 e ss.). As revistas jurídicas publicam normalmente extractos das tabelas de indemnização pela perda de uso para viaturas (v., por ex., *NJW*, 2005, pp. 32-7), as quais ficam muito abaixo do custo de um aluguer de uma viatura (rondando normalmente os 30% – v. STAUDINGER/SCHIEMANN, ob. cit., § 251, n.ºˢ 76, 85). Tais tabelas são hoje mantidas e publicadas pela *EurotaxSchwacke GbmH* (cf. *www.schwacke.de*). Contra um tratamento indemnizatório específico dos automóveis, enquanto objectos lesados, v. H. HONSELL/F. HARRER, ob. cit., p. 170.

[17] Os 3.º, 6.º, 7.º e 8.º *Zivilsenaten* concediam uma indemnização desde que a concepção dominante no tráfico reconhecesse à idoneidade da coisa para o uso valor patrimonial e que a sua perda fosse "sensível" para o titular, porque este a teria podido e querido utilizar sem o evento lesivo, argumentando com o facto de a disponibilidade dessas coisas ser normalmente adquirida com dinheiro, pelo que o impedimento do uso seria uma lesão patrimonial equivalente aos respectivos custos. Por outro lado, o lesante não deveria ser desonerado por o lesado suportar por si próprio os incómodos resultantes da renúncia ao uso. Cf., por ex., num caso de resp. contratual, a decisão de 14 de Jun. de 1967 (*NJW*, 1967, pp. 1803-1804: impossibilidade temporária de uso de uma habitação

devido a culpa do locador) e 10 de Out. de 1985 (*BGHZ*, vol. 96, pp. 124-129, *NJW*, 1986, pp. 427-8: resp. do empreiteiro pela impossibilidade de utilização de lugares de parqueamento numa garagem comum). Só não seria assim para utilizações vistas em geral como "capricho", "luxo" ou mero meio de "ocupação de tempos livres". O 5.º *Zivilsenat*, diversamente, recusava-se a estender a indemnização pelo uso para além do "domínio claramente delimitado de riscos típicos de massa", excluindo, por ex., a simples perturbação do uso de um terreno. Na sequência da colocação da questão da divergência por esta última secção (*NJW*, 1986, pp. 2037-43), o pleno das secções cíveis do BGH decidiu em 9 de Jul. de 1986 (*BGHZ*, 98, pp. 212, ss., *NJW*, 1987, pp. 50-4, *JR*, 1987, p. 107, *JuS*, 1988, pp. 20-5, com anots. de G. HOHLOCH, T. RAUSCHER e G. SCHIEMANN) que a perturbação do uso de uma casa de habitação devido a uma ofensa delitual pode ser um dano, não existindo para bens económicos de relevância geral e central para a condução da vida o risco de desmesurada extensão da indemnização para interesses imateriais. V., posteriormente, por ex., os ac. de 31 de Out. de 1986 (*NJW*, 1987, pp. 771-3) e 21 de Fev. de 1992 (*BGHZ*, vol. 117, pp. 260-264, *NJW*, 1992, pp. 1500-1). Excluindo uma indemnização pela obstrução temporária do acesso a uma garagem, v., porém, a decisão de BGH de 5 de Mar. de 1993 (*NJW*, 1993, pp. 1793-4).

[18] É o caso de uma televisão (*Amtsgericht* de Frankfurt, 16 de Jun. de 1992, *NJW*, 1993, p. 137), de um cão-guia para invisual (AG Marburg, 3 de Mar. de 1989, *NJW-RR*, 1989, p. 931), de uma cadeira de rodas eléctrica (*Landgericht* de Hildesheim, 29 de Jun. de 1990, *NJW-RR*, 1991, p. 798) e de uma bicicleta (*Kammergericht*, Berlim, 16 de Jul. de 1993, *NJW-RR*, 1993, p. 1438). Não é o caso, como dissemos, de bens vistos pela "concepção geral do tráfico" como "bens de luxo", "capricho" ou mero meio de "ocupação de tempos livres", tais como um casaco de peles (BGH, 12 de Fev. de 1975, *BGHZ*, vol. 63, pp. 393-399, *NJW*, 1975, p. 733), uma piscina (BGH, 28 de Fev. de 1980, *BGHZ*, vol. 76, pp. 179-87, *NJW*, 1980, p. 1386), um barco a motor para desporto de recreio (BGH, 15 de Nov. de 1983, *BGHZ*, vol. 89, pp. 60-4, *NJW*, 1984, p. 724), um avião de uso privado (OLG de Oldenburg, 24 de Fev. de 1993, *NJW-RR*, 1993, p. 1437) ou uma caravana (BGH, 15 de Dez. de 1982, *BGHZ*, vol., 86, pp. 128-34, *NJW*, 1983, p. 444), salvo quando e na medida em que esta for utilizada como automóvel (OLG Celle, 8 de Jan. de 2004, *NJW-RR*, 2004, p. 598, e LG Kiel, 16 de Maio de 1986, *NJW-RR*, 1987, p. 1515). Mas cf. uma indemnização por privação de uso de um carro de luxo (*Rolls-Royce*) na decisão do LG Aachen de 9 de Mar. de 1988 (*NJW-RR* 1989, p. 414). Também foi recusada uma indemnização pela privação do uso por entrega e montagem tardia de uma cozinha completa (*Einbauküche*) – cf. AG Friedberg, 10 de Nov. de 1999 (*NJW-RR*, 2000, p. 1223), LG Kassel, 18 de Nov. de 1990 (*NJW-RR*, 1991, p. 790; mas cf. LG Tübingen, 5 de Jan. de 1989, *NJW*, 1989, p. 1613, LG Osnabrück, 24 de Jul. de 1998, in *NJW-RR*, 1999, p. 349) – e de um quarto de banho (LG Stuttgart, decisão de 11 de Jan. de 1989, *NJW*, 1989, p. 2823).

impedimento, fáctico ou jurídico, que *atinge o próprio bem* e não o titular lesado (por exemplo, ferido num acidente)[19], e que a perturbação do uso seja *"sensível"*, isto é que se tenha revelado concretamente como perturbação real, o que não acontece se o lesado não podia, de qualquer modo, utilizar a coisa durante o período de tempo em causa (faltando a possibilidade de utilização hipotética, por exemplo, se o lesado estava internado, e ainda que devido ao mesmo acidente[20]), ou se podia ter utilizado, em vez dela, outra coisa que de outro modo não teria utilização (falta de vontade, ou pelo menos necessidade, de utilização hipotética)[21].

A posição da jurisprudência alemã, tendo levado, depois de 1986, a um provisório ponto de chegada do debate[22], não deixou de ser

---

[19] A distinção entre a lesão da possibilidade de utilização de uma coisa e o impedimento do legitimado na utilização, com manutenção da possibilidade objectiva de uso (v., por ex., K. LARENZ, *Schuldrecht*, I, cit., p. 502-3), é clara no *Jagdpachtfall* (BGH, 15 de Dez. de 1970, *BGHZ*, vol. 55, pp. 146-52, *NJW*, 1971, p. 796): o demandante não pôde, em consequência de ferimentos num acidente pelo qual o demandado era responsável, gozar o direito a utilizar o espaço de caça que pagara durante um ano. Entendeu-se que o ressarcimento desta desvantagem não era devido, como dano patrimonial, pelo lesante. No ac. do BGH de 8 de Nov. de 1990 entendeu-se, porém, que, mesmo quando é perturbado (por manobras militares) o exercício da caça em si (e não o titular do direito), a afectação implica apenas um dano patrimonial não indemnizável nos termos gerais (*NJW*, 1991, p. 1421).

Não basta, pois, para fundar uma indemnização pela privação de uso de um veículo que a carta de condução do lesado seja indevidamente apreendida ou furtada – v. indicações em STAUDINGER/SCHIEMANN, ob. cit., § 251, n.º 82. Diversamente, porém, quando estão em causa os documentos do veículo – v. a decisão do BGH de 15 de Jun. de 1983 (*NJW*, 1983, p. 2139, *BGHZ*, vol. 88, pp. 11-7).

[20] BGH, 7 de Jun. de 1968, in *NJW*, 1968, p. 1778, ss., 1780.

[21] Basta, porém, a possibilidade de utilização hipotética pelo cônjuge, por um parente ou outras pessoas – v., por ex., as decisões do BGH de 16 de Out. de 1973 (*NJW*, 1974, p. 33), de 28 de Jan. de 1975 (*NJW*, 1975, p. 922). Na decisão do OLG de Koblenz de 19 de Jan. de 2004 (*NJW*, 2004, p. 1964) concedeu-se mesmo indemnização a um dos cônjuges pela privação do uso, pelo outro cônjuge, de um automóvel que adquirira para utilização por este último.

[22] V. STAUDINGER/SCHIEMANN, ob. cit., 2005, § 251, n.º 85. Reconhecendo que o dano da privação de uso é já, por virtude de direito consuetudinário, indemnizado como dano patrimonial, DIETER MEDICUS, "Allgemeines Schadensrecht: insbesondere

submetida à *apreciação crítica da doutrina*. Um sector significativo reconhece a indemnização pela privação do uso, com fundamentações variadas, que vão desde a ideia de que a possibilidade de uso é objecto de uma "*comercialização*" ("*Kommerzialisierungsgedanke*"), até a uma analogia com os princípios do *enriquecimento sem causa* (e da reserva do "conteúdo de destinação" ao titular), passando pela invocação da *frustração de despesas* efectuadas para obtenção da faculdade de uso ou pela ideia de que está em causa um *dano normativo*[23]. Vários autores, seguindo a linha da jurisprudência, salientam a necessidade de uma *ponderação valorativa por grupos de casos* (designadamente, tendendo a reservar a indemnização pela privação do uso a automóveis)[24], e

---

zur Grenzziehung zwischen Vermögens- und Nichtvermögensschäden", in *50 Jahre Bundesgerichtshof*, vol. I, 2000, pp. 201-222.

[23] V., por ex., WOLFGANG GRUNSKY, *Aktuelle Probleme zum Begriff des Vermögensschadens*, Bad Homburg vor der Höhe, Gehlen, 1968, pp. 30 e ss., ID., em *Münchener Kommentar zum Bürgerlichen Gesetzbuch*, 2.ª ed., anot. pr. ao § 249, n.os 17, 19 e ss. (comercialização); HANS-JOACHIM MERTENS, *Der Begriff des Vermögensschadens im Bürgerlichen Recht*, Stuttgart, W. Kohlhammer, 1967, p. 157; DIETER NÖRR, "Zum Ersatz des immateriellen Schadens nach geltendem Recht", *AcP*, vol. 158, 1959, pp. 1-15 (6); HELMUT RÜSSMANN, in *Alternativkommentar zum bürgerlichen Gesetzbuch*, Neuwied, Luchterhand, 1980, anot. pr. aos §§ 249 a 253, n.º 32 e s. (combinação da comercialização do uso com a frustração de despesas); ROBERT NEUNER, "Interesse und Vermögensschaden", in *AcP*, vol. 133 (1931), pp. 277-314 (288 e ss.) (dano normativo); GÜNTHER JAHR, "Schadensersatz wegen deliktischer Nutzungsentziehung – zu Grundlagen des Rechtsgüterschutzes und des Schadensersatzrechts", in *AcP*, vol. 183, 1983, pp. 725-794 (751 e ss.: analogia com a indemnização pelo uso indevido de direitos de exclusivo); MANFRED WERBER, "Nutzungsausfall und persönliche Nutzungsbereitschaft", *AcP*, vol. 173, 1973, pp. 158-85 (182 e ss.), GÜNTHER WIESE, *Der Ersatz des immateriellen Schadens*, Tübingen, Mohr, 1964, pp. 22 e s. Para uma análise recente da "comercialização" como arg. para a indemnização, cf. GERHARD WAGNER, *Neue Perspektiven im Schadensersatzrecht – Kommerzialisierung, Stafschadensersatz, Kollektivschaden/Gutachten A z. 66. Deutschen Juristentag – Stuttgart 2006*, München, Beck, 2006, pp. 24 e ss. (criticamente, e verificando um ressurgimento da doutrina sobretudo no domínio dos direitos de personalidade).

[24] Seguindo a posição do BGH, v. MK/OETKER, cit., § 249, n.os 63 e ss., STAUDINGER/SCHIEMANN, ob. cit., 2005, § 251, n.º 85 (reconhecendo a indemnização como criação jurispr., embora crítico sobre a compatibilidade entre o ressarcimento dos custos locativos e a indemnização, de valor mais limitado, pela perda do uso), ERWIN DEUTSCH, *Allgemeines Haftungsrecht*, 2.ª ed., Köln, etc., Carl Heymann, 1996, n.os 822-3. Em

tentam explicar essa posição mediante uma reanálise da noção de dano[25] ou explicitando os *fundamentos das correcções normativas* introduzidas neste[26]. Essa posição jurisprudencial foi, porém, recebida com fortes críticas por grande parte da doutrina, mantendo uma atitude *reticente em relação a uma indemnização "abstracta"* pela privação do uso – isto é, que vá para além das concretas despesas efectuadas ou dos lucros cessantes devidos à privação do uso, ou das despesas efectuadas com a coisa em questão, durante o período da privação do uso[27].

HELMUT HEINRICHS, in OTTO PALANDT, *BGB*, 66.ª ed., 2007, anot. pr. ao § 249, n.ºˢ 11, s., concorda-se com a jurisp. que se baseia em correcções normativas da hipótese da diferença, a efectuar nos termos de uma ponderação valorativa de todos os pontos de vista materialmente relevantes, segundo grupos de casos (para automóveis, v. n.ºˢ 20 e ss.). Para PETER SCHLECHTRIEM/MARTIN SCHMIDT-KESSEL, *Schuldrecht, Allgemeiner Teil*, 6.ª ed., Tübingen, Mohr Siebeck, 2005, n.º 267, a qualificação da possibilidade de uso como interesse de valor patrimonial inclui-se ainda no domínio de uma legítima constituição autónoma do Direito pela jurisprudência, embora o elemento do "significado central para a condução da vida" seja criticável, e deva ser substituído pelos testes da necessidade e proporcionalidade do recurso a um sucedâneo, sem culpa do lesado.

[25] S. WÜRTHWEIN, *Schadensersatz für Verlust der Nutzungsmöglichkeit einer Sache oder für entgangene Gebrauchsvorteile?*, 2001, cit., esp. pp. 368 e ss., tenta explicar a indemnização pela perda de concretas vantagens de uso a partir de uma reformulação da noção relevante de dano, com rejeição da teoria da diferença e assente no dano real.

[26] Assim, defendendo a posição do BGH, ERICH STEFFEN, "Der normative Verkehrsunfallschaden", *NJW*, 1995, pp. 2057-63 (2061).

[27] Assim, BRIGITTE KEUK, *Vermögensschaden und Interesse*, Bonn, Ludwig Röhrscheid, 1972, pp. 208, ss., 241 e ss.; MARTIN TOLK, *Der Frustrierungsgedanke und die Kommerzialisierung immaterieller Schäden. Darstellung und Versuch einer Kritik*, Berlin, Duncker&Humblot, 1977, pp. 95 e ss., K. LARENZ, *Lehrbuch des Schuldrechts*, I, § 29 II c; pp. 495-503 (jurispr. "que deixou os trilhos habituais e apenas pode tactear de caso para caso enredando-se aí em contradições"; a questão fundamental, que passaria ao lado da jurispr., é saber se a possibilidade de uso é um valor patrimonial autónomo do valor substancial; apenas admite o ressarcimento dos custos com a viatura no período em que o lesado esteve privado do uso, como imposto, seguro, garagem, etc.), KARL LARENZ, "Der Vermögensbegriff im Schadensersatzrecht", in ROLF DIETZ/ /HEINZ HÜBNER, *Festschrift f. H. C. Nipperdey z. 70. Geburtstag*, vol. I, München-Berlin, Beck, 1965, pp. 489-507 (498, ss.), JOSEF ESSER/EIKE SCHMIDT, *Schuldrecht, Band I: Allgemeiner Teil*, 6.ª ed., Heidelberg, C. J. Müller, 1984, § 31 II 2, esp. pp. 485 e ss., EDUARD BÖTTICHER, "Schadensersatz für entgangenen Gebrauchsvorteil", *VersR*, 1966, pp. 301 e ss., WALTER LÖWE, "Schadensersatz bei Nutzungsentgang von Kfz", *VersR*,

3. O alargamento da noção de dano

Não nos interessa, agora, discutir os exactos termos em que uma indemnização (por equivalente, e não por reconstituição natural) pela privação do uso é de admitir, independentemente da prova de qualquer prejuízo patrimonial concreto, mas apenas verificar que quem se preocupe em resolver coerentemente os problemas da avaliação do dano é forçado a admitir, quer para uma indemnização "abstracta" (independente da concreta possibilidade e vontade de uso), quer para a reparação pela perda das concretas vantagens de utilização da coisa, *alargamentos*

1963, pp. 307 e ss., H. LANGE/G. SCHIEMANN, *Schadensersatz*, cit., § 6 VII 4, pp. 284 e ss. Contra a indemnização pela privação do uso nos casos de responsabilidade pelo não cumprimento, v. HERBERT WIEDEMANN,"Thesen zum Schadensersatz wegen Nichterfüllung" in *FS für Heinz Hübner*, Berlin-New York, de Gruyter, 1984, pp. 719-733 (729 e s.).

Para posições críticas em relação ao BGH, v. tb. AXEL FLESSNER, "Geldersatz für Gebrauchsentgang", *JZ*, 1987, pp. 271-82 (281), AXEL FLESSNER/KADNER, "Neue Widersprüche zum Gebrauchsentgang – BGHZ 99, 182 und 101, 325", in *JuS*, 1989, pp. 879-88, GOTTFRIED SCHIEMANN, "Luxusvilla auf schwankendem Grund: Der Nutzungsschaden an Wohneigentum (BGHZ-GS – 98, 212)", *JuS*, 1988, pp. 20-5 (24 s.), THOMAS RAUSCHER, rec. a U. MAGNUS, *Schaden und Ersatz*, NJW, 1988, pp. 2591-2 (e, sobre a questão colocada ao *grosser Zivilsenat* do BGH, ID., "Abschied vom Schadensersatz für Nutzungsausfall?", *NJW*, 1986, pp. 2011-8), DIETER MEDICUS, "Das Luxusargument im Schadensersatzrecht", *NJW*, 1989, 1889-95, ID., *Schuldrecht I: Allgemeiner Teil*, 16.ª ed., München, Beck, 2006, n.os 631-632, ID., *Bürg. Recht*, cit., n.º 827-829, ID., "Entscheidungen des BGH als Marksteine für die Entwicklung des allgemeinen Zivilrechts", *NJW*, 2000, pp. 2921-7 (2924: com a decisão que exclui bens de luxo e atende à utilidade geral da coisa atingida, o BGH "fixou um marco que está algo fora da ordem"), e, por último, G. WAGNER, *Neue Perspektiven im Schadensersatzrecht*, cit., p. 32.

Admitindo excepcionalmente a indemnização para a privação de uso de automóveis, apesar das objecções de índole dogmática, v. STAUDINGER/MEDICUS, *BGB*, 12.ª ed., § 253, n.os 33 ss., 36, 41, GOTTFRIED SCHIEMANN, *Argumente und Prinzipien bei der Fortbildung des Schadensrechts: dargestellt an der Rechtsprechung des BGH*, München, Beck, 1981, pp. 66, 298 e ss., HORST HAGEN, "Entgangene Gebrauchsvorteile als Vermögensschaden? Eine kritische Bestandsaufnahme der Rechtsprechung des BGH", *JZ*, 1983, p. 833-41 (836, s.). Contra esta limitação, v. K. LARENZ, *Schuldrecht*, I, cit., p. 504.

da noção de dano além da "hipótese da diferença" entre situações patrimoniais (e incluindo, pelo menos, o dano real).

Em primeiro lugar, não está apenas em causa uma alegada estreiteza – aliás, entre nós apenas condicionada pela exigência de danos que "pela sua gravidade, mereçam a tutela do direito" (artigo 496.º, n.º 1) – com que se prevê (e, no direito alemão, quanto à afectação apenas da possibilidade de um direito de utilização de um bem, se continua a prever[28]) a reparação de *danos não patrimoniais* no § 253 do Código Civil alemão (não tendo, aliás, deixado de existir propostas no sentido de uma redução teleológica desta norma, as quais, porém, não singraram[29]). Mesmo entre nós, e pretendendo evitar-se (como se deve) a *banalização* da compensação por danos não patrimoniais (ou "danos morais"), há-de aceitar-se que *nem toda a privação do uso* concreto de um bem origina danos *não patrimoniais*, isto é, insusceptíveis de avaliação em dinheiro, que "pela sua gravidade, mereçam a

---

[28] A *Zweite Schadensersatzrechtsänderungsgesetz* ("2.ª Lei de alteração de disposições sobre o regime da indemnização"), que entrou em vigor, no essencial, em 1 de Agosto de 2002, veio, entre outras alterações, integrar o direito a uma indemnização por danos não patrimoniais (*Schmerzengeld*) no regime geral da indemnização do Código alemão, revogando o § 847 do BGB e acrescentando um n.º II ao § 253, nos termos do qual se for devida indemnização por lesão do corpo, da saúde, da liberdade ou da autodeterminação sexual, "pode também ser pedida uma indemnização equitativa em dinheiro pelo dano que não é patrimonial". Tal alteração implicou a extensão da possibilidade de indemnização por danos não patrimoniais tb. à responsabilidade pelo risco e à responsabilidade contratual. Mas não foi previsto um *Schmerzensgeld* pela privação do uso.

Entre as outras alterações referidas destaque-se, no presente contexto, a limitação do âmbito da indemnização pelos custos de uma reparação "ficcionada", relevante para ressarcimento dos custos "fictícios" (*"fiktive Kosten"*) da reparação natural (§ 249, n.º 2), prevendo-se que só será ressarcido o montante do imposto de transacções (do *Umsatzsteuer*) na medida em que ele tenha sido efectivamente suportado pelo lesado. Sobre as referidas alterações, v. GERHARD WAGNER, "Das Zweite Schadensersatzrechtsänderungsgesetz", *NJW*, 2002, pp. 2049-64 (2053 e ss., 2058, ss.).

[29] Cf. REINER SCHULZE, "Nutzungsausfallentschädigung – Zu Funktion und Grenzen des § 253 BGB", *NJW*, 1997, pp. 3337-42, com uma proposta de resolução do problema da indemnização pela privação de uso mediante a redução teleológica do § 253 do BGB para certos grupos de casos, e, portanto, enquadrando a privação do uso como dano não patrimonial.

tutela do direito" e que sejam, portanto, ressarcíveis. Conclui-se, assim, pela insuficiência da admissão de uma compensação por danos não patrimoniais para tutelar a privação do uso, e isto seja por que não se quer que esta acabe por ser "banalizada" (e encontram-se casos na nossa jurisprudência em que a compensação foi negada por não se ter considerado existirem prejuízos com gravidade), seja por se reconhecer que não está em causa um prejuízo não avaliável em dinheiro. Na verdade, para além do problema de insuficiência do alcance de uma tal compensação, o "dano da privação do uso" de que se trata aqui é, enquanto prejuízo resultante da falta de utilização de um bem que integra o património[30], e avaliável em dinheiro, naturalmente um dano *patrimonial*[31].

---

[30] A cabal comprovação desta afirmação requereria, naturalmente, o aprofundamento do problema do critério da distinção entre *danos patrimoniais* e *danos não patrimoniais*, que não pode aqui ser efectuado. O problema envolve o conceito de património para efeitos civis (no direito penal, cf., com perspectivas diversas, PEDRO CAEIRO, *Sobre a natureza dos crimes falenciais*, Coimbra, Coimbra Ed., 1996, pp. 56 e ss., e ANTÓNIO M. ALMEIDA COSTA, comentário ao art. 217.º, §§ 5 e ss., in *Comentário Conimbricense ao Código Penal*, vol. II, Coimbra, Coimbra Ed., 1999, pp. 277 e ss.) e, em particular, a delimitação dos direitos ou bens patrimoniais perante os não patrimoniais. A nossa doutrina não tem desenvolvido o problema em geral (v., ainda assim, MANUEL DE ANDRADE, *Teoria geral da relação jurídica*, I vol., Coimbra, Almedina, lições publicadas em 1960 por A. FERRER CORREIA e RUI DE ALARCÃO, pp. 205-209, CARLOS ALBERTO DA MOTA PINTO, *Teoria geral do direito civil*, 4.ª ed. por ANTÓNIO PINTO MONTEIRO e PAULO MOTA PINTO, Coimbra, Coimbra Ed., 2005, n.º 87, pp. 344, ss., ANTÓNIO MENEZES CORDEIRO, *Tratado de Direito Civil Português, I – Parte Geral, Tomo I –Introdução, doutrina geral, negócio jurídico*, 3.ª ed., Coimbra, Almedina, 2005, cit., n.º 79, pp. 307 e s., J. GOMES, "O dano da privação...", cit., pp. 189, ss., 233, s., ID., *O conceito de enriquecimento...*, cit., pp. 248 e ss.; sobre o património, cf. ainda a monografia de PAULO CUNHA, *Do património: estudo de direito privado*, Lisboa, 1934), e ainda menos a propósito da delimitação entre danos patrimoniais e não patrimoniais. Normalmente, a *patrimonialidade* é identificada com a *pecuniaridade*, ou "susceptibilidade de avaliação em dinheiro" (v. M. ANDRADE, ob. cit., pp. 205 e s., ID., *Teoria geral das obrigações*, Coimbra, Almedina, 1958 (3.ª ed., Coimbra, Almedina, 1966, com a colab. de RUI DE ALARCÃO), p. 164, ORLANDO DE CARVALHO, *Direito das coisas*, Coimbra, 1977, em fasc., p. 13, n. 3, A. MENEZES CORDEIRO, ob. cit., 307, C. MOTA PINTO, *Teoria geral...*, 4.ª ed. por A. PINTO MONTEIRO e P. MOTA PINTO, cit., n.º 27, III, p. 345, RABINDRANATH CAPELO DE SOUSA, *Teoria geral do direito civil*, vol. I, Coimbra,

Coimbra Ed., 2003, p. 188, HEINRICH HÖRSTER, *A Parte Geral do Código Civil Português: teoria geral do direito civil*, Coimbra, Almedina, 1992, LUÍS CARVALHO FERNANDES, *Teoria geral do direito civil*, vol. I, Lisboa, Universidade Católica, 2001, p. 141; cf. tb. JOSÉ DE OLIVEIRA ASCENSÃO, *Direito civil – Teoria geral, vol. III: Relações e situações jurídicas*, Coimbra, Coimbra Ed., 2002, p. 21, remetendo para a susceptibilidade de avaliação pecuniária como "critério de base"). E os danos patrimoniais são distinguidos dos danos não patrimoniais por os últimos, não tendo por objecto um bem (ou interesse) de natureza patrimonial, não serem susceptíveis de avaliação em dinheiro: v., além de M. DE ANDRADE, *Teoria geral das obrigações*, cit., pp. 166 e s., J. ANTUNES VARELA, *Das obrigações em geral*, vol. I, cit., pp. 600 e s., M. J. ALMEIDA COSTA, *Direito das obrigações*, cit., p. 592, FERNANDO PESSOA JORGE, *Ensaio sobre os pressupostos da responsabilidade civil*, Lisboa, Cadernos de Ciência e Técnica Fiscal, 1968, pp. 373, ss., ID., *Direito das obrigações*, 1.º vol., Lisboa, AAFDL, 1975-76, pp. 469-70, C. MOTA PINTO, *Teoria geral...*, 4.ª ed. por A. PINTO MONTEIRO e P. MOTA PINTO, cit., p. 129; A. PINTO MONTEIRO, "Sobre a reparação dos danos morais", in *RPDCorp.*, ano 1.º, 1, 1992, pp. 17-25, 18-9, RUI DE ALARCÃO, *Direito das obrigações*, texto elaborado pelos Drs. J. SOUSA RIBEIRO, J. SINDE MONTEIRO, ALMENO DE SÁ e J. C. PROENÇA, com base nas lições do Prof. Dr. RUI DE ALARCÃO ao 3.º ano jurídico, Coimbra, 1983, p. 271, JORGE SINDE MONTEIRO, "Rudimentos da responsabilidade civil", *RFDUP*, ano II, 2005, pp. 349-390 (377), JORGE RIBEIRO DE FARIA, *Direito das obrigações*, I vol., Coimbra, Almedina, 1987 (reimpr. 2001), pp. 486, s., L. MENEZES LEITÃO, *Direito das obrigações*, I, cit., pp. 332-3; na jurispr., v., por ex., os cits. acórdãos do STJ de 9 de Maio de 2002 e 4 de Dez. de 2003 e o ac. o TRC de 26 de Nov. de 2002; cf. tb. INOCÊNCIO GALVÃO TELLES, *Direito das obrigações*, 7.ª ed., Coimbra, Coimbra Editora, 1997, p. 374 (remetendo para o "conteúdo económico" do sacrifício), ANTÓNIO MENEZES CORDEIRO, vol. II, 1980 (cit. na reimpr. 1986), p. 285 (natureza económica ou espiritual da situação vantajosa prejudicada), e PEDRO ROMANO MARTINEZ, *Direito das obrigações. Apontamentos*, 2.ª ed., Lisboa, AAFDL, 2004, p. 99 (distinguindo entre danos que afectam e que não afectam o património). Referindo-se ainda, por vezes, que o que releva não é a natureza dos bens atingidos, que podem ser patrimoniais ou não, mas antes a susceptibilidade de avaliação pecuniária dos prejuízos resultantes da lesão (podendo os danos patrimoniais ser indirectos).

O que seja a *susceptibilidade de avaliação pecuniária* é, porém, ponto que não é normalmente aprofundado. Ora, como salienta MENEZES CORDEIRO (loc. cit.), este critério apenas aparentemente é claro, perdendo nitidez na sua aplicação prática quando se nota que todas as posições, "mesmo as mais pessoais, tendem a poder ser avaliadas em dinheiro", tendo mesmo em certa medida de sê-lo em ramos como o direito dos seguros ou para fins estatísticos ou de cálculo financeiro – por ex., para determinação dos recursos que devem ser afectados à prevenção de acidentes (v., com interesse, mostrando uma correlação entre o valor estatístico de uma vida e indicadores como o P.I.B. *per capita*, W. KIP VISCUSI/JOSEPH ALDY, "The Value of a Statistical Life: A Critical Review of Market Estimates throughout the World", Novembro de 2002, *Harvard Law & Economics Discussion Paper*, n.º 392, acessível em *www.ssrn.com*). Tratando do estabelecimento de uma conexão entre o bem e o padrão pecuniário (avaliação em dinheiro), THOMAS SCHOBEL, *Der Ersatz frustrierter Aufwendungen. Vermögens- und Nichtvermögensschaden im österreichischen und deutschen Recht*, Wien, Wien, 2003, pp. 47, ss., distingue, para a delimitação do dano patrimonial, três formas dessa conexão: *a)* a possibilidade de aquisição e sobretudo alienação por dinheiro no mercado, isto é, a possibilidade de troca por dinheiro (entendimento clássico do dano patrimonial); *b)* a possibilidade normal de aquisição do bem no mercado em troca de dinheiro (critério da comercialização do bem), sem atender, porém, à concreta possibilidade de alienação da posição adquirida (no que reside a diferença em relação às anteriores posições); *c)* o facto de terem concretamente sido efectuadas despesas em dinheiro para aquisição do bem ou posição, correspondente ao critério da "frustração de despesas". A utilização do critério da susceptibilidade de transacção num mercado – considerando patrimoniais os bens que não estão fora do comércio jurídico e, portanto, são adquiridos em mercados e, sobretudo, podem neles ser alienados – parece corresponder ao entendimento clássico da patrimonialidade relevante para a qualificação de um dano como patrimonial (v. T. SCHOBEL, *Der Ersatz frustrierter Aufwendungen...*, cit., pp. 49, 51 e ss.). Para a crítica da tese da comercialização e da frustração de despesas, v. a seguir, no texto.

Entre nós, MENEZES CORDEIRO (ob. cit., p. 308) resolve o problema da pecuniaridade (e da patrimonialidade) das "situações jurídicas" pela "normativização do critério", sendo patrimonial aquela situação cuja troca por dinheiro seja admitida pelo direito, mas não aquelas cuja troca por dinheiro a ordem jurídica proíba. O que levaria a que a qualificação como patrimonial pudesse variar, consoante o período histórico atravessado. O critério normativo da licitude da troca por dinheiro não parece, porém, de aceitar para todos os efeitos. É certo que a possibilidade de transmissão num mercado tende a facilitar muito a avaliação pecuniária, e que a referência a um mercado não é possível se o objecto não pode ser nele transaccionado por razões jurídicas. O problema complica-se, porém, quando se pergunta pela perspectiva relevante na relação de "troca por dinheiro". A admissibilidade de *troca* de um bem por dinheiro pode não coincidir com a sua *alienabilidade*, pois esta pode não afectar a possibilidade de avaliação em dinheiro – sem o que, por ex., direitos como o de uso e habitação, consabidamente não transmissíveis, nos termos do art. 1488.º, teriam de ser qualificados como não patrimoniais, o que não parece adequado (v. C. MOTA PINTO, *Teoria geral*...,

4.ª ed. por A. PINTO MONTEIRO/P. MOTA PINTO, cit., p. 345, n. 404). A "situação cuja troca por dinheiro seja admitida pelo Direito" poderia, pois, tendo em conta esses casos, ser aquela cuja *aquisição* por dinheiro é lícita. Mas também este critério não é aceitável em geral: por ex., um imóvel que seja património artístico e cuja aquisição seja proibida por lei não deixa, por isso, de ser susceptível de avaliação em dinheiro e de ser objecto de um direito patrimonial, sendo a sua destruição igualmente de considerar como dano patrimonial; enquanto, por outro lado, existem bens que podem ser obtidos em troca de dinheiro (pense-se, por ex., no prazer de uma viagem, na estética facial, ou, mesmo, em certa medida, na saúde) que são indiscutivelmente não patrimoniais. Em geral, não se vê por que razão rejeitar o critério da necessidade de uma despesa pecuniária para a aquisição: a susceptibilidade de avaliação em dinheiro não tem de resultar do *valor de troca* do bem, por este ser alienável a troco de dinheiro, mas pode resultar tb. de um *valor de uso* "traduzido em o direito, não sendo embora permutável, proporcionar o gozo de um bem, material ou ideal, que só se obtém mediante uma despesa" (C. MOTA PINTO, *Teoria geral...*, 4.ª ed. por A. PINTO MONTEIRO/ /P. MOTA PINTO, cit., p. 345, n. 404; referindo tb. a possibilidade de avaliação pecuniária do bem porque "o titular, para adquiri-lo, faz um sacrifício económico, uma despesa", v. M. DE ANDRADE, *Teoria geral da relação jurídica*, I, cit., p. 206).

De qualquer modo, não se vê que a susceptibilidade de avaliação em dinheiro relevante para cada efeito jurídico (por ex., para a distinção entre danos patrimoniais e não patrimoniais) tenha de depender da licitude geral da troca de uma posição por dinheiro, porque esta pode resultar de razões que nada têm a ver com a patrimonialidade relevante, por ex., para a qualificação dos danos – antes com a inalienabilidade de certos bens ou a sua exclusão do comércio jurídico por razões de índole variada. Não que a possibilidade de transacção num mercado não seja, em regra, condição da possibilidade de uma avaliação pecuniária objectiva. Mas, como critério sem excepções, a licitude da troca por dinheiro é inadequada para fixar a patrimonialidade para todos os efeitos, já que a sobrecarrega com momentos normativos que podem não a afectar (inadequada, portanto, não por ser uma "normativização", mas por não ser a mais correcta), e, designadamente, não atende às diversas *funções* para que pode relevar a qualificação como patrimonial. Pensamos que tb. a patrimonialidade – isto é, a susceptibilidade de avaliação pecuniária ou pecuniariedade – se perfila como uma noção ou conceito determinado pela função, podendo a susceptibilidade de avaliação pecuniária variar consoante a finalidade que está em causa. Nesse sentido, o critério da patrimonialidade poderá variar, por ex., entre a delimitação do património relevante para efeitos de responsabilidade patrimonial e a distinção entre danos patrimoniais e não patrimoniais (recorde-se que nesta o que está em causa é, não a consequência, patrimonial, da responsabilidade, mas a delimitação dos seus requisitos de fundamentação).

Com a distinção de regime entre danos patrimoniais e danos não patrimoniais não se trata de limitar a circulação dos bens em causa (como, por ex., para efeitos da concretização da contrariedade de certos negócios à ordem pública). Sobretudo em ordens jurídicas que admitem em geral a compensabilidade dos danos não patrimoniais (incluindo na responsabilidade contratual – v. ANTÓNIO PINTO MONTEIRO, *Cláusula penal e indemnização*, Coimbra, Almedina, 1990, n. 77, pp. 31 e ss.), com a única condição de, pela sua gravidade, merecerem tutela jurídica, o que está em causa é, antes, assegurar um mínimo de *objectividade* na avaliação das posições ou bens afectados e evitar um *desmesurado alargamento* (não só da juridificação de certas relações, como mostra o critério da gravidade e do merecimento de protecção, mas sobretudo) das pretensões compensatórias, com as correspectivas incerteza e restrição da liberdade de acção (vendo o problema já na relação entre os planos subjectivos do lesado e o problema do valor, v. JÜRGEN BRINKER, *Die Dogmatik zum Vermögensschadensersatz: Differenzierungsdefizite, Ressourcenverwendungspläne und das Wertproblem*, Berlin, Duncker & Humblot, 1982, pp. 288 e ss., 318 e ss.). Pelo que o critério a atender há-de ser tal que garanta uma objectividade de avaliação, isto é, que a posição em causa não tenha apenas um significado irremissivelmente limitado ao lesado, mas para o típico "participante no mercado". Nas palavras de FRANZ BYDLINSKI (*System und Prinzipien des Privatrechts*, Wien-New York, Springer, 1996, p. 221), é decisivo apurar "se a uma modificação desvantajosa real da situação do lesado pode ser reconduzida, para compensação, uma determinada quantia de dinheiro quantificável mediante uma referência compreensível a fenómenos reais de mercado, e portanto sem decisões discricionárias, hipóteses ousadas ou tabelas e percentagens de desconto livremente inventadas". Isto, para além de se ter de garantir a congruência entre o bem afectado e o utilizado para padrão de avaliação (o que não acontece, por ex., se se avalia o valor do uso de uma *viatura própria* pelo valor de obtenção de uma *viatura de aluguer*) e de assumir a perspectiva relevante para fins indemnizatórios – cf. T. SCHOBEL, *Der Ersatz frustrierter Aufwendungen...*, cit., pp. 62 e ss., dizendo que, na alternativa entre a posição do adquirente e a do alienante, a primeira deve ser relevante, não na indemnização por equivalente, mas apenas para o ressarcimento dos custos da reconstituição natural (mas a conclusão parece-nos duvidosa, não sendo aqui que, a nosso ver, assenta a principal crítica à "tese da comercialização").

[31] Qualificando a privação do uso como dano patrimonial, v. L. MENEZES LEITÃO, *Direito das obrigações*, I, cit., p. 333 (o simples uso constitui uma vantagem susceptível de avaliação pecuniária), e já antes, ID., *O enriquecimento...*, cit., p. 792, n. 6, A. MARCELINO, *Acidentes de viação...*, cit., p. 359, A. A. GERALDES, ob. cit., pp. 48 e ss. Como mostram os problemas de avaliação da susceptibilidade de uso, mesmo enquanto dano patrimonial, o debate germânico entre as teses da "comercialização" e da "frus-

O problema também não residia, por outro lado, no encerramento da doutrina do dano num *dualismo* insuficiente, entre dano patrimonial e dano não patrimonial, não merecendo melhor sorte do que o alargamento da compensabilidade dos danos não patrimoniais as correspondentes propostas de enquadramento da indemnização pela privação do gozo num *tertium genus*[32] – fosse ele o de um *"prémio à poupança"* (*"Sparsamkeitsprämie"*) por parte do lesado que não incorre em despesas de aluguer de um automóvel mas pretende o ressarcimento do seu dano da privação do uso[33], o do *"dano da necessidade"* (*"Bedarfsschaden"*) de um valor para cobrir a falta[34], acorrendo à necessidade de

---

tração" (v. a seguir, no texto), não tem, pois, sentido apenas por causa das limitações à admissão de compensação de danos não patrimoniais, no direito alemão (assim, porém, L. MENEZES LEITÃO, *O enriquecimento...*, loc. cit.).

[32] Pensamos, aliás, que é logo no plano lógico que a própria definição "negativa" dos danos "não patrimoniais" inviabiliza um tal *tertium genus*. Mas não se insistirá nesta objecção.

[33] A fundamentação da indemnização pela privação do uso num *"Sparsamkeitsprämie"*, que não deveria desonerar o lesante, foi invocada por D. MEDICUS, em STAUDINGER, *BGB*, 12.ª ed., § 253, n.ºˢ 33-6, ID., *Bürg. Recht*, cit., n.º 828, ID., *Schuldrecht. AT*, cit., n.º 632 (a indemnização pela privação do uso estimula o lesado a satisfazer-se provisoriamente de forma mais modesta, abaixo do que corresponderia a uma reparação total; não deve, pois, ficar de mãos vazias, se opta por renunciar a um aluguer de uma viatura de substituição e resolve as suas necessidades de outra forma). V. tb. E. STEFFEN, "Der normative...", cit., p. 2061. Entre nós, o ponto é salientado por L. MENEZES LEITÃO, *Direito das obrigações*, cit., vol. I, p. 333, nota 697.

Tal pode ser um bom argumento de política legislativa. Todavia, como se nota em STAUDINGER/SCHIEMANN (cit., § 251, n.ºˢ 72, 85), é difícil enquadrá-lo dogmaticamente, pois há uma contradição entre a atribuição de uma pretensão compensatória correspondente aos custos do aluguer, pelo próprio lesado, de um veículo de substituição como medida para prevenir um dano da privação do uso (arg. "de baixo para cima"), e a justificação da indemnização pela privação do uso como forma de "recompensa" pela opção pela variante menos cara, prescindindo da locação (arg. "de cima para baixo"). Além de faltarem dados empíricos que permitam comprovar se o referido "prémio" atinge o seu objectivo.

[34] A *Bedarfstheorie* de ALBRECHT ZEUNER, "Schadensbegriff und Ersatz von Vermögensschäden", *AcP*, 163 (1964), 380-400 (380 e ss., 396 e ss.). V. tb. AXEL FLESSNER, "Geldersatz für Gebrauchsentgang", *JZ*, 1987, 271-82 (277 e ss.), e, para crítica, D. MEDICUS, "Das Luxusargument...", cit., pp. 1893 e s., J. BRINKER, *Die Dogmatik...*, cit., pp. 207-209, HANS-JOACHIM MERTENS, in HANS THEODOR SOERGEL/

utilização, ou um alargamento do entendimento da reconstituição natural[35]. Antes, reconhecendo que a questão do dano da privação do gozo se situa (se não inteiramente, pelo menos na dimensão mais problemática, e que agora interessa considerar) no terreno do *dano patrimonial*, há que procurar critérios para este que pudessem incluir, por exemplo, a conhecida hipótese do roubo ou destruição do bilhete de teatro[36], ou

---

WOLFGANG SIEBERT (orgs.), *Bürgerliches Gesetzbuch mit Einführungsgesetz und Nebengesetzen, Kohlhammer-Kommentar, begr. von Hs. Th. Soergel*, 11.ª ed., Kohlhammer, 1990, anot. pr. ao § 249, n.os 57-8; entre nós, cf. J. GOMES, "O dano da privação...", cit., pp. 216-7. A doutrina de ZEUNER parece mais adequada a uma pretensão de compensação pelos custos da reconstituição natural, nos termos do § 249, n.º 2 (pretensão cuja admissão entre nós é problemática) do que a uma verdadeira indemnização por equivalente. No plano desta, com a invocação do "dano da necessidade" de um montante pecuniário, aberta pela privação do uso, não se está verdadeiramente a propor o ressarcimento da própria privação do uso, mas antes da diminuição de recursos económicos que seriam eventualmente necessários para assegurar aquele. A necessidade (e a possibilidade) de utilização desses recursos para proporcionar um uso está, porém, dependente de muitos factores, que podem não se verificar (desde a possibilidade de o lesado usar a coisa até à vontade para tal, passando pela falta de disponibilidade de outra coisa ou, mesmo, de meios económicos em abundância).

[35] Cf. THOMAS RAUSCHER, "Abschied vom Schadensersatz für Nutzungsausfall?", *NJW*, 1986, p. 2011-8.

[36] Uma situação em que a ideia da diferença patrimonial encontra dificuldades é a hipótese de escola da destruição ou furto de bilhetes para um espectáculo (ou, tb., de, por virtude um acidente, o lesado ser impedido de assistir a este), exigindo o titular, que não comprou outro bilhete, um ressarcimento por equivalente depois de aquele ter tido lugar (v. S. WÜRTHWEIN, *Schadensersatz...*, cit., pp. 401, ss., STAUDINGER/MEDICUS, § 253, n.º 55, STAUDINGER/SCHIEMANN, ob. cit., § 251, n.º 103, H. LANGE/G. SCHIEMANN, *Schadensersatz*, cit., § 6, III, n. 26, PALANDT/HEINRICHS, anot. pr. ao § 249, n.º 35; para um caso de um acidente que impediu a participação num cruzeiro, v. BGH, 29 de Nov. de 1985, *NJW-RR*, 1986, pp. 963-5). Tivesse ou não o evento lesivo tido lugar, a situação patrimonial do lesado seria hoje a mesma, mas a consequência da negação de uma indemnização é vista em geral como injusta (sendo certo, por outro lado, que o problema não é simplesmente resolvido pelo recurso à compensação de danos não patrimoniais). Alguma doutrina recorre à existência de uma "comercialização" da vantagem (imaterial) consistente no espectáculo para afirmar um dano patrimonial (v., por ex., STAUDINGER/MEDICUS, loc. cit.), enquanto outros invocam a existência de um "dano da frustração" de despesas (v. H.-J. MERTENS, *Der Begriff des Vermögensschadens*, cit., p. 160, para o qual, quando a lesão atinge o titular, só haveria direito ao ressarcimento

designadamente, os problemas suscitados pela privação do gozo, não só de veículos automóveis como de uma série de outros bens, para a qual se pretendeu obter indemnização.

Destes critérios, os que não romperam com uma "fórmula da diferença" limitada à comparação entre situações patrimoniais (como a doutrina do "dano objectivo", ou o uso, como cripto-argumento, do "dano normativo"), apesar de terem conhecido algumas adesões, parecem, porém, revelar-se *insuficientes*[37].

A via primeiro seguida pela jurisprudência alemã baseou-se na relevância da existência de uma *"comercialização"* do bem – no caso, do uso do bem – no tráfico jurídico, para afirmação da existência de um dano patrimonial[38], extraindo-se da delimitação pela comercialização

---

quando este já tinha fixado um "objectivo vital" determinado, como assistir a um espectáculo ou tomar um certo avião, tendo realizado despesas para tanto, o que não aconteceria quando está em causa a possibilidade geral de gozo num prazo longo, como quando está em causa o arrendamento de uma casa para passar os fins de semana, de um campo de ténis ou de um couto de caça; rejeitando a equiparação de despesas frustradas a um dano, salvo no domínio contratual, v., porém, posteriormente, SOERGEL/MERTENS, anot. pr. ao § 249, n.os 92-102).

O problema parece resolver-se se se atentar em que a frustração do gozo destrói simultaneamente todo o valor tanto de uso como substancial do bilhete, que deixa de ser utilizável (só não é assim se, por ex., a lesão do titular tem lugar com a antecedência suficiente para permitir que o bilhete venha a ser usado por outrem), por causa da vinculação temporal da prestação devida ao titular do bilhete. Uma concepção de dano centrada no dano real dá, pois, conta da solução adequada destes casos. Já a lesão do titular levanta questões mais delicadas, por comparação com a intervenção sobre o próprio bem, remetendo para o problema da qualificação como dano patrimonial ou como dano não patrimonial do prejuízo resultante da "frustração de despesas". V. o nosso *Interesse contratual negativo e interesse contratual positivo*, Coimbra, 2007, n.º 27.

[37] Sobre as propostas referidas e outras, cf. GERHARD HOHLOCH, "Allgemeines Schadensrecht", in BUNDESMINISTERIUM DER JUSTIZ, *Gutachten und Vorschläge zur Überarbeitung des Schuldrechts*, vol. II, Köln, Bundesanzeiger, 1981, pp. 375-478 (408, ss., 419, ss.), J. BRINKER, *Die Dogmatik...*, cit., pp. 204 e ss., S. WÜRTHWEIN, *Schadensersatz für Verlust...*cit., pp. 30, ss., 37, ss.

[38] Assim, logo no *Seereise-Fall*, cit., de 1956, mas depois tb. em decisões relativas ao uso de viaturas (v. os cits. ac. do BGH de 30 Mar. 1963, *NJW*, 1964, p. 542, e 15 de Abr. de 1966) ou ao gozo frustrado de férias (v., por ex., BGH, 10 de Out. de 1974,

a consequência de que o valor relevante para a indemnização era o preço de mercado para o bem (por exemplo, o valor do aluguer de uma viatura). O critério estava, pois, na *referência ao mercado*, resultante de o bem em causa ser *normalmente* transaccionado[39], e designadamente adquirido, com dinheiro[40]. Nem sempre, contudo, esse critério era uniforme, tanto se considerando relevante, para delimitar o uso ressarcível, a possibilidade de aquisição da coisa[41], como o facto de o gozo em si mesmo ser uma vantagem objecto de comercialização, por o lesado ter podido adquirir num mercado um correspondente direito de gozo, ou, noutra versão, porque poderia ter alienado tal vantagem[42].

NJW, 1975, p. 40), vendo o dano no preço de mercado (por ex., os custos locativos) de um bem semelhante, descontando o lucro empresarial e os custos gerais da empresa. Para a frustração da possibilidade de gozo de um empréstimo sem juros, v. a decisão do BGH de 26 de Abr. de 1979, *NJW*, 1979, p. 1494.

[39] Nesse padrão de normalidade – contraposto à realização concreta de uma despesa para aquisição – reside a diferença em relação ao critério da frustração de despesas, que referimos a seguir. Assim, segundo este critério, se o lesado adquirira o bem por um preço abaixo do mercado, a diferença era indemnizável, constituindo um lucro seu. V. J. ESSER/E. SCHMIDT, *Schuldrecht*, cit., pp. 195, s.

[40] O critério da "comercialização" é defendido por WOLFGANG GRUNSKY, *Aktuelle Probleme zum Begriff des Vermögensschadens*, 1968, pp. 30 e ss.; ID., in: *MK*, 2.ª ed., anot prévia ao § 249 n.os 12b, ss., 17, 19 e ss.; v. tb. ID., "Neue höchstrichterliche Rechtsprechung zum Schadensersatzrecht", in *JZ*, 1986, pp. 170-177. Favoráveis à ideia de comercialização, tb. PALANDT/HEINRICHS, anot. pr. ao § 249, n.os 10-12, MK/ /OETKER, cit., § 249, n.º 40, AK/RÜSSMANN, anot. pr. aos §§ 249-253, n.os 26, ss., 33. Para mais elementos, v. T. SCHOBEL, *Der Ersatz frustrierter Aufwendungen...*, cit., pp. 59 e ss., S. WÜRTHWEIN, *Schadensersatz...*, cit., pp. 40 e ss., H. LANGE/G. SCHIEMANN, *Schadensersatz*, cit., pp. 253 e ss. Cf. tb. JOHANNES KÖNDGEN, "Ökonomische Aspekte des Schadensproblems. Bemerkungen zur Kommerzialisierungsmethode des Bundesgerichtshofes", *AcP*, vol. 177, 1977, pp. 1-34. Na perspectiva da análise económica, v. tb. CLAUS OTT/HANS-BERND SCHÄFER, "Begründung und Bemessung des Schadensersatzes wegen entgangener Sachnutzung", *ZIP*, 1986, pp. 613-24.

[41] Considerando que o que distingue a tese da comercialização é ver a avaliação pelo mercado na perspectiva do adquirente, v. T. SCHOBEL, *Der Ersatz frustrierter Aufwendungen...*, cit., pp. 62 e ss.

[42] Um dos problemas da crítica da tese de comercialização é, justamente, a sua imprecisão, tendo sido modificada e "ajustada" consoante as críticas que lhe foram sendo feitas – v. T. SCHOBEL, *Der Ersatz frustrierter Aufwendungen...*, cit., pp. 61, ss.

Mesmo deixando de lado os problemas levantados pela referência ao mercado[43], a ideia da "comercialização" não parece contudo bastar[44], não só por não abranger *todos os casos* relevantes (designadamente, quando se trata de uma utilização ou gozo de uma prestação única, irrepetível) como por apontar para um *excessivo alargamento* da ressarcibilidade: muitas vantagens que são de qualificar como não patrimoniais (desde logo, a saúde) podem hoje ser mais ou menos directamente adquiridas com dinheiro, e, por outro lado, a comercialização em causa não tem de reportar-se a uma concreta vantagem do gozo, mas apenas

---

[43] Cf. entre nós, cf. J. GOMES, "O dano da privação...", cit., pp. 186, 227, ss., expondo e criticando a "tese da comercialização", designadamente, por tornar o mercado o único critério de avaliação, sem considerar outros valores (como o valor estimativo).

Como já referimos, entendemos que o conceito de patrimonialidade é, no critério para a pecuniaridade, determinado pela função do regime jurídico para que é utilizado, pelo que é tal função que é decisiva para optar, por ex., por uma perspectiva apenas de mercado e pela perspectiva do adquirente ou do alienante. Na distinção entre danos patrimoniais e não patrimoniais, a referência objectiva que os primeiros pressupõem dificilmente parece, porém, poder ser conseguida de outra forma que não seja a referência a um mercado real ou hipotético – embora o critério decisivo não seja, repetimos, a licitude da transmissão do bem –, excluindo, assim, o mero valor estimativo ou "interesse na afeição" (recorde-se que a relevância do *interesse affectionis* para a indemnização é discutida já desde autores medievais como PLACENTINUS, com exemplos como o da destruição de um códice em que o proprietário tinha tomado notas próprias).

[44] Para crítica, v. B. KEUK, *Vermögensschaden und Interesse*, cit., p. 209, K. LARENZ, *Schuldrecht*, I, cit., § 29, I, c, KLEANTHIS, *Schaden und Folgeschaden: die systematischen und die Wertungsgrundlagen der Schadenszurechnung*, Köln, Carl Heymanns, 1992, pp. 161, ss., M. TOLK, ob. cit., *passim*, JOACHIM STRÖFER, *Schadensersatz und Kommerzialisierung. Grundprobleme der Grenzbereiche von materiellem und immateriellem Schaden unter besonderer Berücksichtigung des Vertragsrechts*, Berlin, Duncker & Humblot, 1982, G. JAHR, ob. cit., pp. 769, 778, ss., S. WÜRTHWEIN, *Schadensersatz...*, cit., pp. 40 e ss., e T. SCHOBEL, *Der Ersatz frustrierter Aufwendungen...*, cit., pp. 51 e ss. (centrando-se na inadequação da perspectiva do adquirente para a indemnização por equivalente e na incongruência entre objecto avaliado e padrão de medição, referida a seguir no texto).

Segundo H. LANGE/G. SCHIEMANN, *Schadensersatz*, cit., § 6, III, pp. 253-255, na doutrina prevalecem as vozes cépticas e as discussões tratam mais das fronteiras da comercialização relevante para o direito da indemnização e dos pressupostos que são necessários, além da possibilidade de compra do bem, para que exista um dano patrimonial.

uma abstracta possibilidade de utilização. A remissão para a "comercialização" do uso passa, também, ao lado do problema, ao conduzir a uma *incongruência entre o bem ou vantagem do lesado e aquele utilizado para fins de avaliação* (pois ainda que a vantagem do gozo fosse "comercializável", a situação de um proprietário, quanto às vantagens concretas que retira do gozo de um bem, não é de equiparar ao direito de gozo do locatário, que também é objecto de transacção no comércio, o que se exprime, desde logo, numa diversa avaliação do dano)[45]. Aliás, a tese da comercialização é inconciliável com uma medida da indemnização pela privação do uso que fique *abaixo do respectivo preço de mercado*[46].

Outra posição[47], partindo da verificação de que o uso indevido de uma coisa alheia obriga o interveniente à *restituição* daquilo com que dessa forma se locupletou, e concluindo que a possibilidade de utilização estava *reservada ao titular do bem*, admitia uma indemnização tanto por privação delitual da posse da coisa como no caso da mera privação da sua possibilidade de utilização. Para o cálculo dessa indemnização, poderia fazer-se um paralelo com as regras de cálculo da reparação pela ofensa a direitos de exclusão sobre bens imateriais, como o direito de autor e os direitos da propriedade industrial, em que, numa longa tradição que já tem sido considerada mesmo como consolidada em direito consuetudinário, a jurisprudência alemã concede ao titular uma pretensão ressarcitória no montante correspondente ao que seria obtido mediante a concessão de uma *licença* adequada para a utilização do direito[48].

---

[45] Criticando esta equiparação entre o valor do uso de uma viatura própria e o custo de uma viatura de aluguer, v. S. WÜRTHWEIN, *Schadensersatz*..., cit., pp. 42-3, T. SCHOBEL, *Der Ersatz frustrierter Aufwendungen*..., cit., pp. 68, ss.

[46] Salientando que, por isso, é hoje, depois da decisão do BGH de 1986, raramente defendida, v. STAUDINGER/SCHIEMANN, ob. cit., § 253, n.os 18 e ss.

[47] G. JAHR, ob. cit., *AcP*, 1983, pp. 725 e ss. Para exposição, v., entre nós, J. GOMES, "O dano da privação...", cit., pp. 217 e ss.

[48] V. indicações sobre esta forma atípica de cálculo do "dano", segundo uma *Lizenzgebühr*, entre nós, em J. GOMES, *O conceito de enriquecimento*..., cit., pp. 784 e ss. Para crítica à doutrina que se baseia numa analogia com a concessão de uma licença para utilização, v. S. WÜRTHWEIN, *Schadensersatz*..., cit., pp. 45 e ss.

Também esta proposta de um (ficcionado) "licenciamento do uso", porém, se revela insuficiente, pois assenta, tal como a "comercialização" ou o entendimento em termos *"subjectivo-funcionais"* do dano *patrimonial* (como "perturbação da função do património")[49], no pressuposto de que o prejuízo a ressarcir consiste na afectação da *possibilidade de utilização* do proprietário enquanto tal (isto é, em abstracto), e não na perda das *concretas vantagens* (não pecuniárias) retiradas do gozo do bem (considerando, designadamente, elementos concretos como a hipotética utilização). Tal pressuposto é, porém, assumido sem se proceder a uma determinação de *qual é exactamente o dano* que deve ser ressarcido[50] – a privação da possibilidade de uso ou a privação de concretas vantagens de uso –, e é ele que legitima a equiparação entre a situação do proprietário que se vê privado da utilização da coisa e a posição do locatário (ou, noutra versão, do locador), a servir de base a um cálculo do dano com base no valor correspondente ao aluguer[51].

---

[49] Assim, H.-J. MERTENS, *Der Begriff...*, cit.

[50] Na rigorosa definição desse dano, na contraposição entre possibilidade abstracta de uso e concreta vantagem de uso de uma coisa – concluindo, a partir de uma análise do regime dos frutos, das "utilizações" (*Nutzungen*) e dos direitos de gozo, por esta última opção – está a nosso ver o principal contributo do cit. trabalho de S. WÜRTHWEIN, *Schadensersatz für Verlust der Nutzungsmöglichkeit einer Sache oder für entgangene Gebrauchsvorteile?*, cit.

[51] Tal como é esse o pressuposto que permite equiparar a perda, em virtude de um comportamento com relevância delitual, da posse de uma coisa, com a privação da possibilidade de utilização da coisa, ou que permite que, mediante o alargamento do conceito de património, se passe nele a incluir logo o mero *potencial* funcional dos bens que o integram. Entre nós, parecem aceitar tal pressuposto os autores que se têm pronunciado a favor da indemnização da privação do uso, seja denunciando a estreiteza de uma noção de valor limitada ao valor de mercado e sugerindo paralelos com o enriquecimento sem causa (J. GOMES, "O dano da privação...", cit., pp. 217, ss., ID., *O conceito de enriquecimento...*, cit., pp. 274, ss.), seja assumindo claramente a irrelevância do tipo de utilização habitualmente dado ao bem, ou que se lhe pretendia dar e remetendo para o poder de fruição do proprietário (A. A. GERALDES, ob. cit., pp. 48, 57), seja, implicitamente, remetendo para o critério do valor locativo (L. MENEZES LEITÃO, *Direito das obrigações*, I, cit., p. 333, n. 696, mas referindo, na n. 697, um cálculo do dano "em termos reais").

4. A afectação da possibilidade abstracta e a perda das concretas vantagens do uso da coisa

É, porém, duvidoso que a perturbação da *possibilidade abstracta* de uso resultante da propriedade da coisa, do *"jus utendi et fruendi"* integrado do *licere* do proprietário (justamente porque integrante apenas de um *licere*), constitua logo, para além de um acto violador do direito (ilícito), um dano (uma lesão de um bem) que exija imediatamente uma protecção indemnizatória, independentemente das *circunstâncias concretas*. Cremos que há que distinguir, por assumirem diversa relevância para efeitos de regime, entre a faculdade *abstracta de utilização* da coisa, os *direitos de utilização* resultantes, por exemplo, de um contrato destinado a proporcionar tal gozo, e *as concretas e determinadas vantagens* retiradas do gozo da coisa[52]. A primeira, como possibilidade abstracta (embora referida a uma coisa determinada), é logo inerente ao *licere* que constitui o "lado interno" dos direitos de domínio e não tem uma estrita vinculação temporal, na medida em que o direito de usar e fruir uma coisa (não deteriorada) pode ser exercido num momento posterior. Confere ao proprietário um "espaço de liberdade", dependente na sua actualização da possibilidade e opção de uso. Os direitos de gozo fundamentam-se num título (normalmente um contrato) que molda decisivamente o seu âmbito e visa justamente proporcionar uma possibilidade de gozo, e por um período de tempo limitado, distinguindo-se daquela faculdade de utilização do proprietário (como é patente, além do mais, quando está em causa a privação do uso, não pelo proprietário, mas, justamente por um titular de um direito de gozo limitado no tempo[53]). Diversamente, as *concretas vantagens* do gozo da coisa não

---

[52] S. WÜRTHWEIN, *Schadensersatz...*, cit., §§ 3-4, pp. 75 e ss.

[53] A diferença é patente quando está em causa a privação do uso, não pelo proprietário, mas por um titular de um direito de gozo limitado no tempo. Por se tratar de direitos de utilização, é dispensável a utilização efectiva, por ex., do objecto locado para que a contraprestação seja devida: o contrato visa justamente uma autorização de utilização, seja ela ou não concretizável no caso concreto. Por outro lado, sendo o direito por natureza *temporário*, a privação do uso por um período de tempo significa a *perda definitiva do direito* para a fracção correspondente da "vida" desse direito. O

paralelo com a perda *durante o lapso de tempo* em causa da possibilidade de uso pelo proprietário (vendo o direito deste como um "feixe" de possibilidades de uso em cada momento temporal) afigura-se improcedente (independentemente da prova de que aquele não poderia ou não quereria ter usado a coisa durante esse período de tempo). É que o uso integrado no direito de propriedade, que não é um direito limitado a uma faculdade de gozo e é *perpétuo*, pode-se recuperar posteriormente, pois esse direito inclui um potencial de uso ilimitado no tempo. Enquanto a privação temporária significa para o titular de um direito de gozo que o seu direito se *perde definitivamente* (pelo menos em parte), a lesão da coisa que priva o proprietário do seu uso não assume autonomamente tal relevância, para além da lesão na própria substância da coisa, podendo o seu uso ser adiado. Só não é assim para as possibilidades de uso do proprietário que estão estritamente vinculadas temporalmente, como nos referidos casos de bilhetes de espectáculo, em que mesmo a ofensa que atinge o seu titular deve conduzir a um dever de indemnizar – v. J. Esser/E. Schmidt, *Schuldrecht*, cit., pp. 486-7 ("a utilização apenas adiada, mas não impedida, não constitui uma rubrica patrimonial relevante", com autonomia em relação ao valor substancial), S. Würthwein, *Schadensersatz...*, cit., pp. 75 e ss., 85 e ss., 95.

Assim, se o direito de gozo tiver sido adquirido onerosamente, o titular terá direito a uma indemnização pelo menos igual à fracção da contraprestação correspondente à privação do uso, nada se opondo a uma avaliação da fracção do direito de gozo perdida pelo seu custo, isto é, pelas despesas correspondentes (por ex., se o locatário foi privado durante um mês do uso de uma viatura alugada por dois meses, tem direito a metade das despesas suportadas). As despesas realizadas servem aqui *para avaliação* do bem (e o dano está na lesão deste, e não directamente na realização das despesas), sendo neste momento que é relevante a questão de saber se existe um mercado para ele (se este é "susceptível de avaliação pecuniária"). Se o direito foi adquirido gratuitamente, tem de avaliar-se o *direito de gozo* sem consideração de qualquer contraprestação, apenas com referência ao valor de mercado do uso.

Sublinhe-se ainda, que o ponto de vista decisivo nos parece residir na dimensão *temporal*, tendo em conta a situação do lesado – relevando a existência, ou não, de uma vinculação temporal da possibilidade de uso e de uma ligação do direito de gozo ao decurso do tempo (não cremos que se deva afirmar, sem mais, que todo e qualquer uso, por ter lugar no tempo como toda a acção humana, é irrepetível e vinculado temporalmente, num arg. que, evidentemente, desde logo levaria, por ex., a que nunca fosse possível qualquer reconstituição verdadeiramente *in natura*). A vinculação temporal da possibilidade de uso (do bem) não tem, porém, de resultar da limitação do *direito*, podendo decorrer do período limitado de vida útil da *coisa* – e o efeito da deterioração e envelhecimento da coisa (que será indemnizável) durante o período de tempo em que

se situam no plano do mero *licere* inerente à propriedade – como faculdade deôntica –, mas situam-se também no plano *fáctico*. Como concretizações dependentes de elementos subjectivos e contextuais, as *vantagens concretas do gozo* autonomizam-se, quer do direito pessoal de gozo, por exemplo, de um locatário, quer daquele *ius utendi et fruendi* do proprietário em que se traduz a faculdade de utilização.

Esta distinção não é contrariada – antes é reforçada – pela consideração de "lugares paralelos" em que a lei civil atendeu às "vantagens de uso" da coisa, desde que, evidentemente, se tenham presentes as dimensões específicas de cada problema em que elas relevam. Referimo-nos, designadamente, ao regime das vantagens do uso (em particular dos frutos)[54] na relação possuidor/proprietário, como

---

o titular se viu privado do seu uso é evidentemente indemnizável, além da privação do uso – ou até de circunstâncias da *pessoa* do titular do bem. Tal ponto de vista decisivo parece, porém, ter também um reverso: se a possibilidade de uso, mesmo que protegida por um específico *direito* de gozo, se estende por um prazo suficientemente longo (pense-se, por ex., num usufruto pelo prazo máximo de 30 anos, ou num arrendamento vinculístico), é normal, e aceite pelo beneficiário, que existam também momentos em que a utilização não é actualizada. Assim, será de admitir a prova de que o lesado não poderia ou quereria utilizar a coisa (pelo menos quando esteja em causa uma lesão ao titular do direito de uso). O problema tb. não é, aliás, resolvido logo pelo art. 1040.º, n.º 2, que prevê a redução da renda ou aluguer em caso de privação ou diminuição do gozo da coisa locada, desde que, se não for imputável ao locador ou seus familiares, exceda um sexto da duração do contrato, não só porque a privação pode não exceder esta fracção como porque independentemente da redução da contraprestação pode continuar a existir um dano de privação do uso.

[54] S. WÜRTHWEIN, *Schadensersatz...*, cit., pp. 123 e ss., mostra que a lei alemã distingue entre a possibilidade de uso e as concretas "vantagens de uso" ou "utilizações" (*"Nutzungen"*) da coisa, ao considerar relevantes em geral, quer na resolução, quer no enriquecimento sem causa, quer na relação possuidor/proprietário, não a medida correspondente à possibilidade de utilização pelo devedor (ou possuidor), mas as "utilizações" (*"Nutzungen"*) efectivamente obtidas. Daqui conclui que a lei distingue entre a possibilidade de uso ou gozo da coisa pelo proprietário, não actualizada, e o gozo ou uso concretos, com vantagens concretas, autonomizando o regime destas para efeitos obrigacionais.

A transposição do arg. para o nosso direito, para distinguir entre a possibilidade de utilização do proprietário e as concretas vantagens de uso, depara, é certo, com a dificuldade de não existir entre nós uma noção equivalente à de "utilizações" (*"Nutzungen"*),

à disciplina das obrigações de restituição, em que tendem a relevar as vantagens de uso *concretamente percebidas* pelo devedor e em que a irrelevância, em geral, de uma perda concreta dessas vantagens pelo credor (o proprietário ou o credor da restituição) se explica por razões específicas dos institutos em causa[55].

---

definidas no § 100 do BGB como "os frutos de uma coisa ou de um direito bem como as vantagens que o uso da coisa ou do direito proporciona". A distinção baseia-se no facto de o uso de uma coisa, e as concomitantes vantagens, dever ser distinguido da obtenção de frutos, existindo titulares de direitos de gozo que apenas estão legitimados para o gozo, mas não para fruir a coisa (no sentido de ficar com os frutos). É mesmo aqui que se centra a distinção da situação do locatário na locação de coisas não produtivas (*Miete* – § 535 do BGB) e na locação de coisas frutíferas (*Pacht* – § 581, n.º 1). Entre nós, apenas se trabalha com a noção de frutos, definidos no art. 212.º em termos não muito diversos, para o que ora interessa (a contraposição às vantagens de uso), do § 99, n.º 1, do BGB. Temos, pois, a espécie (frutos), mas não o *genus* em que se incluem, além dos frutos, as vantagens de uso. O nosso legislador, quando quer incluir tb. estas, ou usa em geral uma expressão abrangente – v. os arts. 289.º, n.º 1 ("ser restituído *tudo o que tiver sido prestado* ou, se a restituição em espécie não for possível, o *valor correspondente*"), e 473.º, n.º 1 ("*tudo quando se tenha obtido* à custa do empobrecido ou, se a restituição em espécie não for possível, o *valor correspondente*") – ou se refere apenas aos frutos (arts. 1270.º e s.), mas não às concretas vantagens de uso. Por vezes é contraposto, ou tratado a par, o uso e a fruição – v., por ex., os arts. 981.º, n.º 2, 984.º, al. *b)*, 1017.º O "uso" da coisa, mas não autonomamente as vantagens que este proporciona (as *"Nutzungen"*), é, normalmente, disciplinado no quadro do conteúdo de cada direito: v., por ex., os arts. 671.º, al. *b)*, 1133.º, 1137.º, n.ºˢ 1 e 2, 1389.º, 1391.º (privação do uso da água) e s., 1402.º, 1406.º, 1421.º, 1482.º A separação entre fruição e uso é patente no caso do comodato (cf. os arts. 1129.º, 1132.º e s.), enquanto o direito real de uso (art. 1484.º) abrange já a faculdade de haver os frutos da coisa. O "gozo" da coisa é expressão empregue na locação e nos direitos reais de gozo (v., por ex., os arts. 1022.º, 1031.º, al. *b)*, 1037.º, 1237.º, 1539.º), além de nos arts. 407.º e 1682.º-A (direitos pessoais de gozo). Pensamos, ainda assim, que a autonomização das vantagens concretas de uso do *ius utendi* que é conteúdo do direito de propriedade também é de aceitar no nosso direito, se não em geral, pelo menos para o dano da privação do uso, pelas razões referidas a seguir. Não é, aliás, o facto de os frutos se corporizarem em algo que a coisa produziu, diversamente das "vantagens de uso", que se nos afigura decisivo, sob o ponto de vista da autonomização do tratamento indemnizatório destas últimas em relação ao conteúdo do direito de propriedade.

[55] Designadamente, a irrelevância da utilização concreta pelo credor da restituição resulta, simplesmente, de os respectivos institutos se orientarem fundamentalmente, para determinar o âmbito da obrigação de restituição, não pelas consequências na

posição do credor, mas antes pelas vantagens (e estas concretas) recebidas pelo devedor da restituição. É o que acontece no art. 289.º, em que a restituição do valor correspondente a tudo o que tiver sido prestado abrange apenas as vantagens proporcionadas pelo uso *efectivamente realizado*, e não as que resultariam de uma utilização possível, abrangida no *licere* do seu direito, que o credor poderia ter efectuado. Mesmo para os *frutos* (arts. 1270.º, 1271.º, n.º 1), a obrigação de restituição apenas recai sobre o possuidor de má fé, e ainda assim apenas vai além dos frutos efectivamente percebidos, para abranger o "valor daqueles que um proprietário diligente poderia ter obtido", não por tal ter sido o "valor correspondente" ao que foi recebido, mas por consideração pelos interesses do proprietário (credor da restituição), que poderia ser prejudicado caso o possuidor (o obrigado à restituição) que sabe que está a lesar o direito de outrem omitisse, por falta de diligência (ou dolo), a fruição da coisa. No enriquecimento sem causa, a não consideração da utilização concreta que o credor da restituição faria resulta, simplesmente, de a medida de tal empobrecimento concreto não ser relevante para que o enriquecimento se possa dizer obtido "à custa de outrem": o "conteúdo de destinação" dos bens em causa inclui a faculdade do seu gozo, que estava reservada ao titular, pelo que deve ser restituída. Olhando, porém, ao *devedor* da restituição, pode notar-se que este apenas fica obrigado na medida das vantagens de uso que obteve, e não da possibilidade de gozo de que dispôs.

A comparação (A. A. GERALDES, *Temas...* – *Indemnização do dano da privação do uso*, cit., pp. 26-7) entre as situações do interventor no enriquecimento sem causa e do devedor da restituição, por um lado, e a do lesante, por outro, a obrigar que a maior gravidade da fundamentação da obrigação num ilícito (em vez de apenas na simples falta de causa justificativa do enriquecimento ou na invalidade do negócio) tivesse uma consequência mais grave, também não colhe: *a)* a situação do enriquecido ou do *accipiens* em execução de negócio não é mais gravosa, pois aquele apenas está obrigado a restituir o enriquecimento actual (art. 479.º, n.º 2), a não ser que esteja de má fé (e o ressarcimento do dano da privação do uso não é devido só em caso de dolo, bem podendo o lesante não estar de má fé) e o *accipiens* em execução de um negócio apenas deve restituir o valor correspondente às vantagens concretas de uso recebidas (e não ao uso possível); *b)* é arg. tendencialmente punitivo ou sancionatório, e não próprio da indemnização ou de ressarcimento, que, diversamente, requer um dano; *c)* a comparação entre os institutos não é possível, pois, como mostram os respectivos requisitos, o seu fundamento e medida orienta-se por situações de sujeitos diversos, a saber, a situação do lesado (demandante) que sofre um prejuízo e a situação do interventor/*accipiens* (demandado) que obteve benefícios; *d)* numa certa perspectiva, poderia ainda invocar-se a subsidiariedade do enriquecimento sem causa (assim, M. MIRANDA BARBOSA, ob. cit., p. 150, n. 362 – mas o arg. não colhe para a obrigação de restituição

Pensamos, pois, que a privação dessas *concretas* vantagens, e não logo a perturbação da faculdade de utilização que integra o direito de propriedade[56], é que importará já um *dano*, autonomizável da *ilicitude* por afectação da abstracta possibilidade de uso – um dano, portanto, bem mais próximo da ideia de vantagens que teriam podido ser fruídas

---

por invalidade e, mesmo para o enriquecimento sem causa, suscita, pelo menos, dúvidas que exigiriam um complexo esclarecimento). E também a comparação com o art. 1045.º não procede, já que neste – tal como no art. 289.º, aliás – se não prevê qualquer indemnização (e não se exige qualquer dano), mas antes a reconstituição (ou a manutenção) de um equilíbrio entre as partes contratuais que foi perturbado pela invalidade ou pela manutenção da posse da coisa.

E além dos referidos, também não é relevante para a determinação do dano relevante na privação do uso, por ex., o regime da requisição de bens por motivos de interesse público ou nacional, pois a "justa indemnização" por aquela (tal como pela expropriação) segue um regime específico, em grande medida atendendo a índices objectivos (v. os arts. 23.º e ss. do Código das Expropriações) e com um certo grau de abstracção e tipicização – isto é, não obedece a uma avaliação do dano concreta, subjectiva, dinâmica, nos termos gerais (e o mesmo pode dizer-se, até por maioria de razão, do regime da indemnização pela expropriação de terras no quadro da reforma agrária, que não tem, sequer, de obedecer ao princípio da "reparação total").

Não podem, assim, ser considerados probantes os vários "lugares paralelos" em que se atenderia ao valor de uso a restituir ou ressarcir ao titular, independentemente de uma concreta utilização, que são invocados por A. A. GERALDES a favor da tese de que a privação da faculdade de uso constituiria só por si um prejuízo indemnizável, independentemente de qualquer prova da (im)possibilidade ou da (falta de) vontade de utilização concreta da coisa (*Temas... – Indemnização do dano da privação do uso*, cit., pp. 18, ss., embora revelando não lhes atribuir peso decisivo). Não só esses "lugares paralelos" não parecem depor nesse sentido como, correctamente perspectivados, denunciam uma concepção do legislador que autonomiza entre as vantagens concretas do uso e a faculdade abstracta de fruição do proprietário.

[56] A diferença entre os limites de licitude resultantes da privação do uso alheio e o dano da privação (das concretas vantagens) de uso aflora, por ex., tb. em normas que regulam o primeiro problema sem exigir um tal dano, como é o caso do art. 1406.º, sobre "uso da coisa comum", nos termos do qual, na falta de acordo sobre este uso, "a qualquer dos comproprietários é lícito servir-se dela, contanto que a não empregue para fim diferente daquele a que a coisa se destina e não prive os outros consortes do uso a que igualmente têm direito". O que está aqui em causa não é qualquer indemnização, mas antes a definição de limites do *licere* de cada comproprietário, pelo que se prescinde da referência à concreta vantagem de uso.

depois do evento lesivo, e, assim, de vantagens ou de um "lucro" (em sentido amplo) cessante, do que de uma perda ou dano emergente em posições actualizadas do lesado. E pode, assim, estabelecer-se um paralelo entre a prova, pelo lesante, de que o *lucro cessante "normal"* (segundo o curso regular das coisas, nos termos do § 252, n.º 2, do BGB) não seria realizado e a prova de que o lesado não teria a possibilidade ou a vontade de utilizar a coisa, que deve ser admitida[57].

Aliás, a concessão de uma indemnização pela mera privação do uso, independentemente da prova de outros prejuízos patrimoniais, corresponde à posição dominante na generalidade dos países europeus, mas tal não significa que baste a faculdade abstracta de utilização, ignorando-se a *concreta vontade ou possibilidade de utilização* da coisa, por si próprio ou por interposta pessoa. É neste sentido, também, que deve (tentar) entender-se a posição da jurisprudência alemã, a qual

---

[57] Não se nega que a aproximação do dano da privação do uso pelo proprietário ao *lucro cessante* só dificilmente se pode coadunar com um critério de distinção entre este e o dano emergente exclusivamente jurídico (formal), isto é, que assente no facto de o lesado já ser ou não titular de um direito ao bem afectado pelo evento lesivo (cf. FRANCISCO MANUEL PEREIRA COELHO, *O problema da causa virtual na responsabilidade civil*, Coimbra, 1955, reimpr., Almedina, 1998, p. 81, n. 43). A questão é, porém, discutida, não sendo um tal critério seguido uniformemente – por ex., quanto à qualificação do dano da privação de *chances* como lucro cessante ou dano emergente. E, de todo o modo, a resposta no sentido da qualificação como dano emergente não parece escapar inteiramente à *circularidade*, pois se é certo que o titular do direito da propriedade tem o direito de usar a coisa, o que está em causa na admissão do ressarcimento do dano da privação do uso é, justamente, a autonomização de um específico "direito" relativo ao uso objecto de protecção indemnizatória, isto é, cuja afectação constitua um *dano*. De qualquer modo, a qualificação como dano emergente ou lucro cessante não se afigura relevante em geral – mas cf., ainda assim, os arts. 899.º e 909.º, para os danos emergentes integrantes do interesse contratual negativo, podendo pôr-se o problema de saber se aí se inclui o dano da privação do uso de *outros bens*, que não a coisa alheia, o bem onerado ou a coisa defeituosa.

Diferentes são os lucros cessantes, em sentido próprio, a que se refere A. A. GERALDES, ob. cit., p. 65, defendendo que é ao lesante que compete o ónus da prova da sua inexistência – o que, se puder em face das circunstâncias do caso (o "curso normal das coisas") afirmar-se uma presunção de facto, é de aceitar, nos termos gerais.

pode ser resumida na máxima "a privação da possibilidade de uso é apenas uma fonte possível de dano, mas não já em si mesma um dano"⁵⁸.

Só esta posição, partindo da aludida distinção (entre possibilidade abstracta de utilização e concretas vantagens a partir do gozo da coisa) quanto a outros pontos de regime, pode abrir o caminho para uma tentativa, não liminarmente impossível, de explicação das hesitações e dúvidas na delimitação do dano da privação do gozo ressarcível, a partir de critérios como o da natureza "sensível" (a *Fühlbarkeit*) da privação, ou o facto de se estar perante um bem que visa acorrer a necessidades gerais quotidianas ou frequentes⁵⁹. Por outro lado, é ela que corresponde, senão à correcta análise do "conteúdo de atribuição"

---

⁵⁸ H. LANGE/G. SCHIEMANN, *Schadensersatz*, cit., § 6, VII, 4 b, p. 285.
Para um panorama europeu, v. ULRICH MAGNUS (org.), *Unification of Tort Law: Damages*, The Hague, Kluwer, 2001, n.ᵒˢ 64 e ss., CHRISTIAN VON BAR, *Gemeineuropäisches Deliktsrecht*, vol. II, München, Beck, 1999, n.ᵒˢ 12-3, pp. 15-8: na generalidade dos países europeus (com excepção, designadamente, da Áustria – v. HELMUT KOZIOL/BYDLINSKI, PETER/BOLLENBERGER, RAIMUND (orgs.), *Kurzkommentar zum ABGB*, Wien-Berlin-New York, Springer, § 1293, n.º 6) reconhece-se hoje a obrigação de indemnização pela mera privação do uso, empregando-se, traduzindo para o Direito as concepções do tráfico, um "conceito normativo de dano". Mas os limites do defensável seriam ultrapassados "quando o proprietário ou não podia ou não queria utilizar a sua coisa durante o período da reparação", pois isso significaria conceder-lhe um benefício (um enriquecimento) em relação à situação que existiria sem o evento lesivo, violando a proibição do excesso (p. 18).
Os *PETL* prevêem no art. 10.203, n.º 2, que "Pode igualmente ser concedida uma indemnização pela privação do uso da coisa, incluindo os danos daí derivados, tais como os prejuízos respeitantes a uma actividade profissional". Como salienta U. MAGNUS no comentário a esta disposição (EUROPEAN GROUP ON TORT LAW, *Principles of European Tort Law – Text and Commentary*, Wien-New York, Springer, 2005, n.º 7), "o valor concreto para o utilizador depende do uso que realiza e tem algum elemento subjectivo", pelo que esta norma permite a compensação mas deixa simultaneamente uma certa discricionariedade ("pode").

⁵⁹ Não nos parece procedente o arg. de NILS JANSEN, *Die Struktur des Haftungsrechts. Geschichte, Theorie und Dogmatik ausservertraglicher Ansprüche und Schadensersatz*, Tübingen, Mohr Siebeck, 2003, p. 515, de que o dano é em parte *imputável ao lesado* por ter exposto um bem de luxo aos riscos do tráfico, arg. que levaria a limitar as possibilidades de utilização daqueles bens em relação aos restantes.

do direito de propriedade[60], pelo menos à distinção, imposta pela sua diversa relevância jurídica, entre a possibilidade de uso integradora do direito de propriedade, os direitos limitados de gozo e as concretas vantagens fácticas de uso. E é tal conclusão que resulta da separação entre a ilicitude e o dano requerida pela exigência também deste último requisito para a *indemnização* por factos *ilícitos*, como, ainda, do postulado da *proibição de enriquecimento* do lesado devido ao evento lesivo, que resultaria da atribuição de uma indemnização superior aos prejuízos reais. Se, por exemplo, se provar que, durante a semana de reparação, o automóvel lesado estaria estacionado, por o seu proprietário estar ausente em férias[61], ou por estar internado, caso não fosse de atender a esta vontade e possibilidade de utilização hipotética (por si

---

[60] Não parece, aliás, sequer que de uma correcta análise do "conteúdo de atribuição" (*Zuweisungsgehalt*) do direito de propriedade ao seu titular resulte necessariamente a ressarcibilidade de qualquer perturbação do uso (v. essa análise em N. JANSEN, *Die Struktur des Haftungsrechts*, cit., pp. 502, ss.). O art. 1306.º dispõe que o proprietário "goza de modo pleno e exclusivo dos direitos de uso, fruição e disposição das coisas que lhe pertencem, dentro dos limites da lei e com observância das restrições por ela impostas", mas daqui não decorre a *vinculação* de todas as outras pessoas a omitirem qualquer perturbação do uso da coisa: a norma apenas prevê uma *permissão* de uso, reservado ao titular, e não a proibição de qualquer perturbação do uso. Em princípio, o proprietário apenas pode impedir intervenções na própria coisa. Assim, por ex., o proprietário não pode impedir que as outras pessoas gozem a sombra que o seu prédio proporciona; e se alguém impede outras de utilizar os seus automóveis por ter estacionado o carro em local proibido numa rua estreita, ficando aqueles parados num "engarrafamento", viola uma disposição reguladora do tráfico, mas não o direito de propriedade dos donos dos automóveis parados. Mas a situação é diversa, por ex., se o automóvel do lesante bloquear a saída de uma garagem, impedindo *qualquer* utilização dos veículos aí guardados – v., na jurispr. alemã, as decisões do BGH de 21 de Dez. de 1970, in *BGHZ*, vol. 55, pp. 153-62, e *NJW*, 1971, p. 886 (*Fleet-Fall*, em que um barco ficara encerrado, sem qualquer possibilidade de navegação, devido ao desabamento culposo de um dique) e de 4 de Nov. de 1997 (*NJW*, 1998, pp. 377-82: bloqueio por uma manifestação, que impediu utilização de máquinas num estaleiro de construção durante dois dias).

[61] Suponha-se, numa hipótese extrema, que o acidente se deu quando o automóvel se encontrava já estacionado no parque de estacionamento do aeroporto onde o lesado o deixara durante as suas férias.

mesmo ou por outra pessoa, e devendo presumir-se para bens de uso corrente), é claro que o titular que vê ressarcida a perda de uma mera possibilidade que nunca utilizaria ficaria indevidamente beneficiado, em relação à situação que existiria se não se tivesse verificado o evento lesivo[62]. E, evidentemente, tal conclusão deve também ter os seus reflexos na determinação do *quantum* da indemnização devida – que não deve ser nivelada aos custos de aluguer, embora estes possam ser um ponto de partida para a sua fixação[63] – e, mesmo, no afastamento da obrigação de indemnizar se nenhum prejuízo se registou devido, por exemplo, à existência de uma *reserva* de viaturas, constituída pelo

---

[62] Assim, como referimos, C. v. BAR, ob. cit., p. 18. Entre nós, defendendo que deve atender-se à concreta utilização da coisa, designadamente à possibilidade ou impossibilidade de uso e a uma correspondente "vontade de utilização do bem, entendida em termos razoáveis", v. M. MIRANDA BARBOSA, ob. cit., p. 148.

[63] O montante do prejuízo resultante da privação do uso não é, na verdade, igual ao custo de aluguer, sem mais (referindo-se ao "valor locativo", cf. L. MENEZES LEITÃO, *Direito das obrigações*, I, cit., p. 333, n. 696), desde logo, porque é diferente o valor de uso de um automóvel próprio do valor de uso de um automóvel alugado. A concreta vantagem do uso da coisa pode ser medida pelos custos indispensáveis para tal concretização, mas o seu valor depende, ainda, por exemplo, da idade da coisa e da sua situação concreta. Aliás, é preciso ter em conta as particularidades do caso concreto quanto aos próprios custos de aluguer, que podem variar. Figure-se um ex. em que alguém é impedido de utilizar justamente durante dois meses uma viatura que alugara: se a alugara durante um ano, o custo do aluguer é um sexto do total; mas se a tivesse alugado só pelos dois meses em que se viu privado do bem, o custo será muito mais elevado, pois as tarifas de aluguer pelo prazo de dois meses são mais elevadas do que um sexto de um aluguer por um ano.

Pensamos que o dano da privação do uso deverá ser quantificado num valor que pode ser obtido de uma de duas formas: ou (como que "de cima para baixo") a partir dos custos de um aluguer durante o lapso de tempo em causa, mas "depurados" – *bereinigte Mietkosten* que excluem o lucro do locador, e custos gerais como os gastos com a manutenção da frota, as provisões para períodos de paragem dos veículos, as amortizações, etc. (no direito alemão os valores constantes das referidas tabelas rondam cerca de um terço dos custos de aluguer normalmente praticados); ou (como que "de baixo para cima"), designadamente para viaturas de profissionais e empresas, a partir dos custos de capital imobilizado necessário para obter a disponibilidade de um bem como aquele durante o período de tempo necessário (por ex., os custos necessários para constituir uma reserva de um bem como o que está em causa). Assim tb. S. WÜRTHWEIN, *Schadensersatz...*, cit., pp. 450 e ss.

proprietário (o que é claro se esta não foi constituída ou aumentada para suprir a privação do uso de alguns bens – mas antes, por exemplo, para acorrer a acréscimos *sazonais* de procura –, mas, para a doutrina dominante na Alemanha, vale igualmente para a hipótese contrária[64]).

---

[64] Suscita dúvidas a atribuição de uma reparação correspondente aos custos de constituição ou manutenção de uma reserva de veículos (ou de uma frota de reserva), nomeadamente por empresas, e sobretudo quando existe uma obrigação de constituição dessa reserva, quer resultante directamente de preceito legal ou regulamentar, quer de um contrato de concessão de transportes públicos. Entre nós já houve decisões contraditórias sobre o problema: o ac. do TRL de 21 de Jan. de 1999 (rel. LUÍS DA FONSECA, in A. A. GERALDES, ob. cit., pp. 89-93) negou a indemnização invocando a obrigação regulamentar e contratual da lesada de manutenção de uma frota de reserva para acorrer a avarias e danos, independentemente da causa, bem como a falta de nexo de causalidade entre cada um dos acidentes que se verifiquem e os custos do capital investido na reserva; o ac. do mesmo Trib. de 9 de Mar. de 1989 (in A. A. GERALDES, ob. cit., pp. 95-100), com arg. a favor da indemnização da privação do uso em geral e notando que "firmas de tal dimensão suprem a falta de um carro sinistrado não no momento em que ele falta, mas muito antes, ao incluírem nos seus custos a compra de mais alguns veículos sobressalentes"; diversamente, no cit. ac. do STJ de 25 de Nov. de 2003, sobre privação do uso de comboios, não é claro se o recurso à tabela de custos e imobilização de material circulante serviu apenas para computar o dano da privação do uso – isto é, se foram mera fórmula de cálculo deste dano – ou se realmente houve recurso a material de substituição (não referido na decisão) e foram indemnizados directamente os custos da constituição e manutenção da respectiva reserva (a decisão parece apontar no primeiro sentido, e a opção não é, como se dirá, irrelevante). Na doutrina, A. A. GERALDES, ob. cit., pp. 58 e ss., pronuncia-se afoitamente a favor do ressarcimento, invocando, designadamente, a privação dos poderes de uso e fruição e o facto de a frota ter sido constituída, obrigatoriamente ou não, também para suprir a falta de veículos pela previsível verificação de acidentes de viação da responsabilidade de terceiros.

Não parece, porém, que a opção quanto à compensação *pelos custos da reserva* passe pela adopção, ou não, da posição de considerar indemnizável logo a mera privação dos poderes de uso do proprietário, ou só já as concretas faculdades de uso. Está antes aí em causa a questão, muito discutida, de saber se o lesado há-de poder exigir ao lesante uma reparação pelas suas despesas com *medidas cautelares* ou *preventivas* do dano, pelos "custos de defesa" (*Vorsorge-*, *Vorhaltekosten*), onde se incluem aqueles em que o lesado incorreu já antes da verificação do evento lesivo, para, por ex., se proteger justamente daquele dano. Exemplos clássicos são os custos com pessoal de vigilância e de equipamento para evitar e detectar furtos em estabelecimentos comerciais (negando a sua ressarcibilidade, BGH, 6 de Nov. de 1979, in *BGHZ*, vol. 75, pp. 230-41, *NJW*, 1980, p. 119, e, por ex., P. SCHLECHTRIEM/M. SCHMIDT-KESSEL, *Schuldrecht – AT*, cit., n.º 301; a favor, v., porém, CLAUS-WILHELM CANARIS, "Zivilrechtliche Probleme des Warenhausdiebstahls", *NJW*, 1974, pp. 521-528); ou, justamente, os custos de constituição e manutenção de reservas de viaturas de substituição em empresas de transportes públicos – BGH, dec. de 10 de Maio de 1960, in *BGHZ*, vol. 32, pp. 280-287, *NJW*, 1960, p. 1339. Neste último caso um carro eléctrico ficou paralisado vários meses em consequência de um acidente, tendo a empresa de transportes evitado a perda de lucros pelo recurso a outro veículo de reserva, e o BGH atribuiu-lhe uma indemnização pela fracção correspondente a esse tempo dos custos de constituição e manutenção da reserva, não devendo distinguir-se entre o aluguer de uma viatura ou o recurso a uma reserva própria, quando esse aluguer não é possível. Essa posição foi confirmada pela decisão de 14 de Out. de 1975 (*NJW*, 1976, p. 286), distinguindo-se a compensação pelos *custos da reserva* da indemnização pela *privação do uso* (privação que não se verificou, pelo que não é ressarcível). Na decisão de 10 de Jan. de 1978 (*BGHZ*, vol. 70, pp. 199-205, *NJW*. 1978, p. 812), mantendo-se tal distinção, os custos da reserva foram considerados indemnizáveis ainda que a privação do veículo em causa fosse coberta por uma reserva geral da empresa, com esse e outros fins. Ora, a questão da possibilidade de pedir uma indemnização *pela privação do* uso, em vez da compensação dos *custos da reserva* (normalmente mais baixos), essa sim, é que pode depender de se considerar indemnizável logo a abstracta perda da faculdade de uso ou apenas a concreta falta da vantagem de uso, pois se se recorreu a um veículo de substituição é claro que esta vantagem não se perdeu (e desde que, por outro lado, o veículo da reserva tivesse estado parado e não em uso, por ex., para acorrer a outras necessidades). V., mais recentemente, a propósito da indemnização pela privação do uso de veículos de uso empresarial, as decisões dos OLG de Hamm, de 3 de Mar. de 2004 (*NJW-RR*, 2004, p. 1094) e de Jena, de 28 de Abr. de 2004 (*NJW-RR*, 2004, p. 1030). Os custos com recompensas pela detecção e denúncia de ladrões de estabelecimentos comerciais, diversamente, não são considerados como medida preventiva, pois apenas são devidos com a entrega ou denúncia efectiva do ladrão (cit. decisão de 6 de Nov. de 1979, *BGHZ*, vol. 75, p. 238; MK/OETKER, ob. cit., § 249, n.ºs 196 e s.), pelo que, segundo a posição dominante, são em geral considerados ressarcíveis, com limitação, pelo fim da norma de responsabilidade, até ao montante da mercadoria furtada (no mesmo sentido, D. MEDICUS, *Schuldrecht. AT*, cit., n.º 638).

Em coerência com a concepção que adoptámos, pensamos que não pode ressarcir-se um verdadeiro *dano* da privação do uso quando *nenhuma privação de uso* se verificou (mas apenas da possibilidade de uso), pois, apesar de o veículo sinistrado ter ficado parado, foi substituído por outro (o mesmo se diga, aliás, se a reserva não for empresarial, mas se tratar simplesmente do segundo carro do lesado, que teria por sua vez ficado parado). V. H. LANGE/G. SCHIEMANN, *Schadensersatz*, cit., pp. 289, 302, STAUDINGER/SCHIEMANN, ob. cit., § 249, n.ºs 113, 122. Quanto aos custos da constituição e manutenção da reserva de veículo, a ressarcibilidade de tais despesas é problemática sobretudo porque elas não foram realizadas em ligação com o concreto evento lesivo, e teriam igualmente surgido se este não houvesse ocorrido, pelo que é de negar a existência de nexo de *causalidade* entre esse evento e este dano (causalidade "preenchedora da responsabilidade" – *"haftungsausfüllende Kausalität"*). Por esta razão, a posição dominante na doutrina recusa o seu ressarcimento, criticando há muito o BGH – v., por ex., MK/OETKER, ob. cit., § 249, n.ºs 192 e ss.; H. LANGE/G. SCHIEMANN, *Schadensersatz*, § 6 VIII 4, pp. 299 e ss., STAUDINGER/SCHIEMANN, ob. cit., § 249, n.º 122, K. LARENZ, *Schuldrecht*, I, cit., § 29, II, f, WERNER ROTHER, *Haftungsbeschränkung im Schadensrecht*, München, Beck, 1965, p. 159 (falta de "competência material" do lesante para realizar as despesas), J. ESSER/E. SCHMIDT, *Schuldrecht*, cit., § 32, III, b, REINHARD GREGER, *Haftungsrecht des Strassenverkehrs*, 3.ª ed., Berlin, De Gruyter, 1997, p. 83. V. tb. CHRISTIANE WENDEHORST, *Anspruch und Ausgleich. Theorie einer Vorteils- und Nachteilsausgleichung im Schuldrecht*, Tübingen, Mohr Siebeck, 1999, pp. 114, 161-163, S. WÜRTHWEIN, *Schadensersatz...*, cit., pp. 363 e ss., JÜRGEN SCHMIDT, "Vorsorgekosten und Schadensbegriff", *JZ*, 1974, 3, pp. 73-83 (a favor, porém, v. CHRISTIAN HUBER, *Fragen der Schadensberechnung*, Berlin, Springer, 1993, pp. 392 e ss., 648-9). Entre nós, v., tb. em sentido negativo, J. C. BRANDÃO PROENÇA, *A conduta do lesado...*, cit., p. 652. Tais custos, correspondentes ao activo imobilizado para a reserva, não foram, na verdade, causados pelo acidente, como se nota, correctamente, no primeiro ac. do TRL cit., mas são antes medidas que previnem o dano, medidas cautelares de diminuição do dano. A diferença relevante em relação à indemnização pela privação do uso reside, pois, na *causalidade*, que se perfila, em geral, como condição mínima não superável da imputação de perdas resultantes de eventos lesivos (por isso se fala aqui de "fundamentação da indemnização sem causalidade por força de imputação" – v. STAUDINGER/SCHIEMANN, loc. cit., n.ºs 109, ss., pp. 116 e ss., com muitas indicações bibliográficas). A favor da ressarcibilidade poderia, porém, argumentar-se dizendo que sobre o lesado impende, de qualquer modo, um ónus de não agravamento ou "mitigação" dos danos (cf. o art. 570.º, n.º 1, e, para o lesado segurado, agora o art. 20.º-D, n.º 1, al. *b)*, do Dec.-Lei n.º 522/85, de 31 de Dezembro), e com as medidas preventivas tenta de certo modo satisfazer esse ónus antecipadamente (cf. W. FIKENTSCHER, *Schuldrecht*, 9.ª ed., cit., n.ºs 487, 554), pelo que, se estas conduziram realmente a tal "mitigação" do dano, não existe razão para que o lesante lucre com elas, em última instância, a expensas do lesado "previdente". Ou poderia ainda tentar-se distinguir entre despesas ou custos *abstractos* e despesas *concretas*, relacionadas com aquele evento (E. DEUTSCH, *Allg. Haftungsrecht*, I cit., § 26 II 8) ou (como J. ESSER/

E. SCHMIDT, *Schuldrecht*, cit., § 32 III 2.2) consoante se trata, ou não, de custos de medidas preventivas cuja omissão seria imputável ao lesado a título de culpa, apenas em caso afirmativo sendo ressarcíveis. Nenhum destes arg. se afigura, porém, só por si decisivo. É o caso, desde logo, da consideração, de inspiração verdadeiramente sancionatória, e não ressarcitória, de que o lesante não deveria beneficiar com medidas de prevenção de danos anteriores ao evento lesivo, ou da invocação do dever de diminuição dos danos: na verdade (e mesmo desconsiderando a existência de uma *obrigação* especial de constituição da reserva no caso das empresas concessionárias de serviços de transporte), aquele dever de "mitigação" não requer normalmente para o seu cumprimento qualquer remuneração ou incentivo especial, antes é simplesmente um pressuposto para a reparação total (assim, STAUDINGER/SCHIEMANN, ob. cit., § 249, n.º 122). A prevenção dos danos pertence à esfera do lesado, e é feita por conta própria. Como se salienta em H. LANGE/G. SCHIEMANN, *Schadensersatz*, cit., p. 300, nunca ninguém se lembrou de impor ao lesante o custo em que o lesado incorrera com o seu capacete de protecção ou com o cinto de segurança, ou de impor ao causador (que pode ser não doloso) do incêndio o custo da manutenção da boca de incêndio, ou, mesmo, uma quota-parte dos custos de manutenção dos serviços de bombeiros municipais, já que, por concretas que sejam as medidas (ou ainda que a reserva vise apenas acorrer a acidentes de viação), tendo sido tomadas *antecipadamente* não pode dizer-se que tenham sido desencadeadas *por aquele concreto* evento lesivo (só poderá não ser assim se se tratar de uma medida relativa a uma concreta e específica ameaça de lesão que vem a concretizar-se). Solução diversa fará o direito indemnizatório invadir perigosamente o domínio do cálculo dos custos financeiros empresariais, saindo do terreno da causalidade (o que é claro, por ex., quanto a equipamento de vigilância contra furtos, que podem numa certa perspectiva ser simplesmente sucedâneos para a contratação de mais funcionários). A todas as considerações, mais ou menos inspiradas em ideias genéricas de equidade, há, pois, que contrapor o princípio básico, e preciso, do direito da indemnização, que é a causalidade, cujos termos se exprimem ainda, aliás, na *situação inversa* da tratada pelos defensores do ressarcimento dos "custos de reserva", e a que normalmente não se atende: como notam H. LANGE e G. SCHIEMANN (*Schadensersatz*, cit., p. 301, numa consideração tida como decisiva por K. LARENZ, ob. e loc. cits.), tal como o lesante tem de aceitar o lesado tal como ele era, isto é, *"the tortfeasor takes the victim as he finds him"* (Smith v. Leech Brain & Co. Ltd., [1962] 2 *Q.B.*, p. 405, acessível in *http://www.law.kuleuven.be/casebook/tort/heading4.3.1.pdf*), o que pode conduzir a uma indemnização superior (por ex., a imobilização causa a perda de rendimentos profissionais avultados, c não apenas do salário mínimo ou sequer médio, ou o dano causou o abandono da actividade pelo lesado, que não podia pagar as reparações, como no caso decidido pelo BGH em 5 de Jul. de 1963, com trad.

5. Conclusão

O dano da privação do gozo ressarcível é, assim, a *concreta e real desvantagem resultante da privação do gozo*, e não logo qualquer perda da possibilidade de utilização do bem – a qual (mesmo que resultante

---

parcial no sítio cit.), não se vê por que não há-de poder também *beneficiar* com a pré-existência de medidas de prevenção do dano, ou simplesmente com uma maior resistência a este (pelo que, para além das inadequadas conotações sancionatórias, a invocação, que se contém no cit. ac. do TRL, de 9 de Mar. de 1989, de que quem danificasse um autocarro de uma empresa com uma reserva obrigatória "beneficiaria à partida de um *handicap* imposto à parte contrária que nada justifica: não teria de indemnizar pela perda do uso imposta pela necessidade de reparação", depõe, se bem entendida na sua relevância, não a favor, mas *contra* a compensação dos custos da reserva).

Pensamos, pois, que, para fundamentar o ressarcimento "desejado" – ou para explicar a posição nesse sentido da jurispr. de todos os países europeus que se pronunciaram sobre o problema (v. C. v. BAR, *Gemeineuropäisches Deliktsrecht*, II, cit., p. 450, n. 84) – se poderia, quando muito, recorrer à aplicação, por analogia, da pretensão do mandatário de reembolso das despesas com a execução do mandato ou de indemnização do prejuízo sofrido em consequência dele (o que envolve uma ficção de mandato) ou à gestão de negócios (como faz a jurispr. austríaca; contra, porém, C. HUBER, ob. e loc. cits., e ID., "Wandel der dogmatischen Betriebsreservekosten – Abkehr von der Geschäftsführung ohne Auftrag, Einordnung in das Schadensersatzrecht", in *ecolex*, 1997, pp. 77-88). Mas, em ambos os casos, apenas na medida em que se pudesse esperar do lesado, segundo a concepção geral do tráfico, que só interviesse em favor do lesante, com a realização da substituição por veículos de reserva, em troca de uma contraprestação (v. S. WÜRTHWEIN, *Schadensersatz...*, cit., p. 366). O que, porém, não é o caso quando existe uma reserva, constituída por obrigação contratual ou legal, justamente para acorrer a esses casos (e, assim, tb. esta obrigatoriedade, se bem entendida na sua relevância, não depõe a favor, mas *contra* a compensação em causa). Sobre a divisão de posições na questão em diversos países europeus, e o recurso a fundamentos estranhos à responsabilidade por factos ilícitos, como a gestão de negócios, v. ULRICH MAGNUS, in EUROPEAN GROUP ON TORT LAW, *PETL – Text and Commentary*, anot. 10 ao art. 2:104, p. 39, n. 3, C. v. BAR, *Gemeineuropäisches Deliktsrecht*, II, cit., n.º 426. Temos, porém, consciência da difícil adequação funcional e técnica de figuras como a gestão de negócios e a responsabilidade do mandante (mesmo aplicadas por analogia) aos casos em questão. O que – sem prejuízo de um mais amplo estudo *ex professo* da matéria – nos leva a manter as dúvidas sobre correcção do próprio resultado consistente na concessão de uma indemnização pelos "custos de reserva".

de uma ofensa directa ao objecto, e não apenas de uma lesão no sujeito) pode não ser concretizável numa determinada situação[65].

De qualquer modo, importa salientar que, mesmo reportada à perda das concretas vantagens de uso, a explicação do dano da privação do uso *não parece ser conseguida pela "fórmula da diferença"*, quer por esta fórmula se referir a uma diferença de *situações patrimoniais* que não são afectadas, quer por a privação do uso não conseguir aparecer *"projectada"* no *"écran"* da "hipótese diferencial", perdendo-se os seus traços no *lapso temporal* entre o evento lesivo e tal "projecção". O dano da privação do uso parece, pois, exigir uma compreensão da noção de dano também a partir do *dano real*, e não apenas reduzido à diferença entre situações patrimoniais.

---

[65] Sublinhe-se que tal conclusão se baseia, não em arg. conceituais ou teóricos, mas antes: na justiça prática dos resultados, designadamente no impedimento de um enriquecimento injustificado do lesado com a indemnização em dinheiro de uma vantagem que nunca poderia (ou não viria a) concretizar-se; na confirmação, pelos lugares paralelos de regime, de uma distinção entre possibilidade abstracta de utilização, autorização de utilização contida no direito temporário de gozo e concretas vantagens fácticas de uso; no sentido prático da exigência, para haver obrigação de ressarcir (de tornar in-demne), além da ilicitude, de um dano efectivo, e não apenas ficcionado. A invocação directa do conteúdo do direito de propriedade ou da "teoria das normas" (improcedente para justificar o dano) ou das necessidades práticas (justamente inexistente perante a mera possibilidade abstracta de uso) não contraria aquelas razões, e antes as confirma.

A VIA ELECTRÓNICA DA NEGOCIAÇÃO
(ALGUNS ASPECTOS)*

ALEXANDRE LIBÓRIO DIAS PEREIRA
Professor Auxiliar da Faculdade
de Direito da Universidade de Coimbra

INTRODUÇÃO

Os meios electrónicos trouxeram novas oportunidades quer para as empresas quer para os consumidores. Em ordem a criar um ambiente jurídico favorável à confiança no comércio electrónico tem sido estabelecido um regime legal que, entre outros aspectos, regula a via electrónica da negociação.

Este texto versa sobre algumas dimensões desta nova via de negociação, tais como a questão da sua idoneidade como meio de declaração negocial (1), a subsistência do princípio da consensualidade nesta via de negociação e o significado do esquema de "duplo clique" que a lei estabelece para certas situações (2), e, finalmente, a importância do foro do consumidor nos contratos de consumo por via electrónica (3).

---

* Siglas: BFD – *Boletim da Faculdade de Direito*, Universidade de Coimbra; CMLR – *Common Market Law Review*; DSI – *Direito da Sociedade da Informação*, APDI/FDUL; EDC – *Estudos de Direito do Consumidor*, CDC/FDUC; ERPL – *European Review of Private Law*; RLJ – *Revista de Legislação e Jurisprudência*; RFD – *Revista da Faculdade de Direito*, Universidade de Lisboa; ROA – *Revista da Ordem dos Advogados*; SI – *STVDIA IVRIDICA*.

1. A idoneidade da via electrónica como meio de declaração negocial

A Directiva 2000/31[1] incumbe os Estados-Membros de configurarem os respectivos regimes jurídicos de modo a, por um lado, permitirem a celebração de contratos por meios electrónicos, e, por outro, a não criarem obstáculos à utilização dos meios electrónicos no processo contratual, nem privarem os contratos de validade ou eficácia pelo facto de serem celebrados por meios electrónicos (art. 9.º, 1). Excepcionalmente, a directiva "permite" que os Estados-Membros excluam certas categorias de contratos da via electrónica, nomeadamente os que são regidos pelo direito de família ou pelo direito sucessório (art. 9.º, 2).

A exclusão destas categorias de contratos poderia justificar-se pela especificidade da via electrónica. Mas, tratar-se-á sobretudo de um problema de competência comunitária, já que "só ao comércio se estendem os poderes de harmonização comunitária, não ao Direito Privado Comum."[2] Por isso, é falaciosa a possibilidade deixada aos Estados-Membros pela directiva. Com efeito, um Estado-Membro que exclua os referidos contratos da via electrónica poderá fazê-lo, não porque a directiva o permita, mas desde logo porque esta não o poderia proibir. A directiva regula apenas alguns aspectos jurídicos dos serviços da sociedade da informação no mercado interno e, por enquanto, as questões nomeadamente familiares e sucessórias ainda não foram aí integradas.

Todavia, isto não significa que a harmonização comunitária não possa, na medida da sua competência, ter um impacto ao nível do direito contratual dos Estados-Membros. Por isso se aponta a directiva sobre comércio electrónico, juntamente com outros instrumentos comunitários destinados mormente à protecção do consumidor, como factores

---

[1] Directiva n.º 2000/31/CE, do Parlamento Europeu e do Conselho, de 8 de Junho de 2000, relativa a certos aspectos legais dos serviços da sociedade de informação, em especial do comércio electrónico, no mercado interno.

[2] José de Oliveira Ascensão, *O Comércio Electrónico em Portugal – quadro legal e o negócio*, Prefácio, ANACOM, Lisboa, 2004, 112.

de harmonização do direito privado europeu, e cujo carácter fragmentário poderá justificar, inclusivamente, um instrumento codificador.³

Na verdade, parece seguro que a Directiva 2000/31 harmoniza comunitariamente o direito contratual por via da consagração do princípio da idoneidade da declaração electrónica como meio de manifestação de vontade e, negativamente, pelo afastamento de requisitos de forma de que resulte a sua invalidade ou ineficácia por causa da utilização desse meio. Talvez por resistência ao impacto harmonizador da directiva comunitária ao nível do direito contratual, o Reino Unido não terá cumprido integralmente a obrigação geral de equivalência entre os documentos electrónicos e os documentos escritos.⁴

Entre nós, a directiva sobre comércio electrónico foi transposta pelo DL 7/2004⁵, que regula a chamada contratação electrónica no capítulo V. Define-se o seu âmbito de aplicação no sentido de abranger todo o tipo de contratos celebrados por via electrónica ou informática, sejam ou não qualificáveis como comerciais (art. 24.º). A lei portuguesa consagrou o princípio da liberdade de celebração de contratos por meios electrónicos (art. 25.º), no sentido de a via electrónica ser um meio idóneo de manifestação da vontade. Todavia, tal como previsto pela directiva, são excepcionados certos negócios jurídicos, nomeadamente os negócios familiares. É consagrado o princípio da equiparação

---

³ Jorge Ferreira Sinde Monteiro, *Direito Privado Europeu – Assinatura Electrónica e Certificação (A Directiva 1999/93/CE e o Decreto – Lei n.º 290 – D/99, de 2 de Agosto)*, RLJ 2001, 262s; Id., "Conclusões", *Um Código Civil para a Europa / A Civil Code for Europe / Un Code Civil pour l'Europe*, SI 64, Coimbra Editora, Coimbra, 2002, 291s.

⁴ Andrew D. Murray, *Contracting Electronically in the Shadow of the E-Commerce Directive*, in *The New Legal Framework of E-Commerce in Europe*, ed. Lilian Edwards, Hart Publishing, Oxford and Portland, 2005, 89-91 ("It is a shame that in 2005 we should be considering whether or not Article 9 of the ECD is directly effective within the UK. There is no good reason why the UK Government could not have simply introduced a blanket equivalence for these few remaining formal contracts that could not be concluded by electronic means. (...) the DTIK has, in breach of its duties under the ECD, made a conscious decision to continue to pursue its blinkered policy of case-by-case equivalence for e-documents" – 90-1).

⁵ Decreto-Lei n.º 7/2004, de 7 de Janeiro.

do documento electrónico ao documento escrito (art. 26.º), o que não significa uma derrogação ao princípio da liberdade de forma dos negócios jurídicos (art. 219.º do Código Civil). Trata-se apenas de considerar que os documentos electrónicos são havidos, reunidas certas condições, como documentos escritos. Pelo que se a lei exigir um documento escrito para a validade ou eficácia do negócio, o documento electrónico satisfará esse requisito. Além disso, o documento electrónico ao qual seja aposta assinatura electrónica qualificada certificada por entidade acreditada é equiparado ao documento particular autenticado, gozando de força probatória plena, nos termos do DL 290-D/99.[6]

Fora do "princípio da admissibilidade" dos contratos por meios electrónicos ficaram, entre outros, os negócios legalmente sujeitos a reconhecimento ou autenticação notariais, não obstante tal intervenção poder ser apenas requisito de força probatória do documento. Trata-se de uma exclusão ampla, que parece abranger toda e qualquer exigência de intervenção notarial, independentemente do seu valor negocial em termos de validade, eficácia ou força probatória. Ora, nos casos em que a intervenção do notário é mera formalidade *ad probationem*, será excessivo excluir tais negócios da via electrónica, justificando-se uma interpretação restritiva do preceito: "Quando a intervenção de uma entidade seja uma condição de eficácia do negócio, não afectando a sua validade, a parte que tenha sido realizada por meios electrónicos pode ser aproveitada, ficando dependente, para a produção dos seus efeitos, dessa intervenção."[7]

É verdade que a Directiva 2000/31 refere no preâmbulo a possibilidade de exclusão dos "contratos legalmente sujeitos a reconhecimento ou autenticação notariais" (considerando 36, 2.ª parte), e, além disso,

---

[6] Decreto-Lei n.º 290-D/99, de 2 de Agosto, alterado pelo Decreto-Lei n.º 62/2003, de 3 de Abril (transpõe a Directiva 1999/93/CE, do Parlamento Europeu e do Conselho, de 13 de Dezembro, relativa a um quadro legal comunitário para as assinaturas electrónicas). Para desenvolvimentos sobre esta matéria, mais recentemente, João Calvão da Silva, *Banca, Bolsa e Seguros – Direito Europeu e Português*, Tomo I, Parte Geral, 2.ª ed., BBS, Almedina, Coimbra, 2007, 127-147.

[7] *Lei do Comércio Electrónico Anotada*, MJ/GPLP, Coimbra Editora, Coimbra, 2005, 99.

apesar de a actividade notarial poder integrar os serviços da sociedade da informação, do âmbito de aplicação da directiva são excluídas, *inter alia*, as actividades dos notários ou profissões equivalentes, na medida em que se encontrem directa e especificamente ligadas ao exercício de poderes públicos (art. 1.º, 5). Não obstante, na justa medida em que a intervenção notarial seja mera formalidade probatória, será excessivo excluir os referidos negócios da via electrónica.[8]

2. A consensualidade na negociação por via electrónica e o esquema de "duplo clique"

Tal como já antes sustentado para as televendas (incluindo pela Internet)[9], a configuração normativa do fornecedor nos contratos à distância com consumidores abrangidos pelo art. 4.º, 1-h, do DL 143/ /2001[10], coloca-o tipicamente[11], e o DL 7/2004 "tendencialmente"[12],

---

[8] Para desenvolvimentos, Alexandre Libório Dias Pereira, *Comércio electrónico e consumidor*, EDC 6/2004, 367-371 (ilustrando o problema com a promessa de compra e venda de imóvel para habitação por via electrónica).

[9] António Pinto Monteiro, *A protecção do consumidor de serviços de telecomunicações*, in *As Telecomunicações e o Direito na Sociedade da Informação*, Actas do Colóquio organizado pelo IJC em 23 e 24 de Abril de 1998, IJC/FDUC, Coimbra, 1999, 155-7.

[10] Decreto-Lei n.º 143/2001, de 26 de Abril (transpõe para a ordem jurídica interna a Directiva n.º 97/7/CE, do Parlamento Europeu e do Conselho, de 20 de Maio, relativa à protecção dos consumidores em matéria de contratos celebrados a distância, regula os contratos ao domicílio e equiparados, as vendas automáticas e as vendas especiais esporádicas e estabelece modalidades proibidas de vendas de bens ou de prestação de serviços).

[11] Alexandre Libório Dias Pereira, *Comércio electrónico e consumidor*, 2004, cit., 356.

[12] José de Oliveira Ascensão, *Bases para uma transposição da directriz n.º 00/ /31, de 8 de Junho (comércio electrónico)*, RFD 2003, 246 ("salvo se outra coisa for convencionada ou resultar das circunstâncias, a oferta em rede deve ser entendida como proposta ao público"); Id., in *O Comércio Electrónico em Portugal*, 2004, cit., 113 ("tendencialmente o diploma vê na mensagem negocial contida em rede uma proposta", ressalvando, porém, que "só o desenvolvimento subsequente permitirá esclarecer devidamente o que é necessário para que se considere que a mensagem em

em posição de oferta ou proposta negocial, com a consequente vinculação negocial (art. 230.º, 1, do Código Civil).

De outro modo, "a arbitrariedade concedida ao fornecedor significa(ria) a desprotecção do público."[13] Além disso, enquanto proposta contratual, o contrato ficaria concluído com a simples aceitação do destinatário (DL 7/2004, art. 32.º, 1). Por isso, o dever de acusar a recepção da ordem de encomenda a cargo do fornecedor (art. 29.º, 1) não teria "significado para a determinação do momento da conclusão do contrato" (art. 32.º, 2), sendo antes uma "mera cautela técnica" destinada a "assegurar a certeza" ou "exactidão" das comunicações.[14]

Em suma, o contrato estaria já concluído com a simples aceitação do destinatário antes do aviso de recepção da ordem de encomenda. De resto, o dever de acusar recepção da encomenda é apenas imperativo nos contratos com consumidores (art. 29.º, 1, *in fine*) e na medida em que não tenham sido celebrados exclusivamente por correio electrónico ou outro meio de comunicação individual equivalente (art. 30.º) ou que não haja imediata prestação em linha do produto ou serviço (art. 29.º, 2).

A lei do comércio electrónico considera no preâmbulo que o problema do momento da conclusão do contrato é um ponto "muito sensível". A Directiva 2000/31 teria deixado aos Estados-Membros a solução para este problema, em virtude de não se propor harmonizar o direito civil.[15] O não acolhimento dos critérios constantes da proposta inicial foi mesmo considerado como "o abandono de unir a Europa em torno de uma única perspectiva sobre a contratação electrónica."[16]

---

rede contém todos os elementos necessários à conclusão do contrato"); v. tb. *Lei do Comércio Electrónico Anotada* 2005, cit., 129 ("na generalidade dos casos em que um profissional pretende contratar à distância com consumidores tem o dever de emitir uma proposta contratual que contenha os elementos obrigatórios. (...) O contrato forma-se, nestes casos, com a aceitação do consumidor.").

[13] José de Oliveira Ascensão, *Contratação electrónica*, DSI IV/2003, 60.

[14] José de Oliveira Ascensão, *Contratação electrónica*, cit., 58-9.

[15] José de Oliveira Ascensão, *O comércio electrónico em Portugal*, 2004, cit., 112.

[16] Andrew Murray, *Contracting Electronically in the Shadow of the E-Commerce Directive*, in *The New Legal Framework of E-Commerce in Europe*, 2005, cit., 82 ("Any attempt to unite Europe to a single vision of e-contracting was abandoned.").

Ora, de entre as opções possíveis, o diploma interno seguiu a posição considerada "maioritária", no sentido de não atribuir ao aviso de recepção o valor de aceitação. Terá, quanto muito, o valor de mera "formalidade *ad probationem*".[17]

Assim, o contrato por via electrónica concluir-se-á no momento da simples aceitação do destinatário, quando o fornecedor se encontre em posição de proposta contratual tal como deverá estar ao menos nos contratos à distância atrás referidos. Neste *iter* negocial, o aviso de recepção surge como um *posterius*. De resto, o DL 7/2004 dispõe expressamente que: "O mero aviso de recepção da ordem de encomenda não tem significado para a determinação do momento da celebração do contrato" (art. 32.º, 2).

Todavia, a lei do comércio electrónico estabelece uma exigência suplementar ao acrescentar que "a encomenda torna-se definitiva com a confirmação do destinatário, dada na sequência do aviso de recepção, reiterando a ordem emitida" (art. 29.º, 5).

O valor desta exigência legal de confirmação tem suscitado dúvidas. Se para uns "nada traz de novo"[18], já para outros constitui um requisito de conclusão do contrato[19]. Esta segunda interpretação encontra no diploma do comércio electrónico uma solução baseada no entendimento segundo o qual a via electrónica seria "uma forma de contratação que escapa aos cânones clássicos"[20].

---

[17] *Lei do Comércio Electrónico Anotada* 2005, cit., 117 ("O aviso de recepção constitui, no essencial, uma formalidade *ad probationem*, que visa assegurar ao destinatário a recepção da ordem de encomenda por parte do prestador de serviços"); porém, João Calvão da Silva, *Banca, Bolsa e Seguros – Direito Europeu e Português*, cit., 2007, 117-119.

[18] Susana Larisma, in *O Comércio Electrónico em Portugal*, 2004, cit., 168 ("a confirmação nada traz de novo, com o agravante de tornar mais complexo um processo contratual que se pretende simples").

[19] Joel Timóteo Ramos Pereira, *Compêndio Jurídico da Sociedade da Informação*, Quid Juris, Lisboa, 2004, 429 ("o diploma reclama um *segundo acto, de confirmação*, pelo consumidor. Se este não responder, não se pode considerar o contrato como definitivamente concluído"); Paula Costa e Silva, *Contratação electrónica*, in *Lei do Comércio Electrónico Anotada* 2005, cit., 188.

[20] José de Oliveira Ascensão, *E Agora? Pesquisa do Futuro Próximo*, in Id., *Estudos sobre Direito da Internet e da Sociedade da Informação*, Almedina, Coimbra, 2001, 54.

A especificidade da via electrónica exigiria, nesta perspectiva, um reforço de cautelas não apenas técnicas, mas também jurídicas. "Nos casos em que há proposta contratual, o mesmo carácter meramente técnico do aviso de recepção impede que este seja encarado como o momento terminal da formação do contrato. Há antes que prever uma confirmação da encomenda, feita pelo destinatário no seguimento do aviso de recepção. Com a chegada desta ao círculo do operador, o contrato fica formado."[21] Por outras palavras, o "esquema simples da proposta-aceitação" seria "substituído por um bem mais complexo, em que haverá nos casos-padrão que passar por uma disponibilização em linha, uma ordem de encomenda, um aviso de recepção e uma confirmação da ordem de encomenda."[22]

Encontramos nesta orientação a doutrina que terá inspirado o legislador interno a adoptar solução semelhante à do direito francês.[23] Contudo, não é certo que a maior complexidade do "esquema" estabelecido para a via electrónica da contratação implique necessariamente um desvio aos cânones clássicos do negócio jurídico, i.e. a via electrónica não constitui excepção à regra geral da celebração do contrato com a simples aceitação do destinatário de propostas dirigidas ao público pelo fornecedor.

A exigência legal de confirmação não é irrelevante, mas o seu significado é outro. Trata-se antes de uma condição legal (*conditio iuris*) suspensiva de perfeição do contrato.[24] Enquanto tal, retroage os

---

[21] José de Oliveira Ascensão, *Bases para uma transposição da directriz n.º 00//31, de 8 de Junho (comércio electrónico)*, 2003, cit., 246.

[22] José de Oliveira Ascensão, *O Comércio Electrónico em Portugal*, 2004, cit., 9 (ressalvando, porém, que "A análise dirá se tudo isto se reconduz aos quadros da contratação tal como prevista até agora").

[23] Paula Costa e Silva, *Contratação electrónica*, in *Lei do Comércio Electrónico Anotada* 2005, cit., 188 (referindo o sistema do duplo *clique* do art. 1369 do Código Civil Francês).

[24] Alexandre Libório Dias Pereira, *Comércio electrónico e consumidor*, 2004, cit., 356. Neste sentido, *Lei do Comércio Electrónico Anotada*, 2005, 118, 129 ("Os efeitos do contrato ficam, portanto, suspensos até à confirmação, que constitui uma condição de eficácia deste. (...) "na generalidade dos casos em que um profissional pretende contratar à distância com consumidores tem o dever de emitir uma proposta

seus efeitos ao momento da encomenda inicial, salvo se outra for a vontade das partes (art. 276.º do Código Civil). Encontrando-se o fornecedor em situação de proposta, o contrato é concluído ao "primeiro clique" do consumdiro, embora a sua eficácia fique condicionada à confirmação da encomenda. Caso o consumidor não proceda à confirmação, então será "como se o negócio não tivesse sido concluído. Os efeitos a que tendia o negócio volatilizam-se completamente."[25]

Trata-se de uma condição suspensiva, que todavia não impede que o negócio jurídico *pendente conditione* produza "efeitos provisórios e preparatórios", devendo as partes, incluindo o consumidor, actuar segundo os ditames da boa-fé de modo a, nos termos do Código Civil, não frustrarem as legítimas expectativas geradas, podendo existir eventual responsabilidade decorrente da violação de deveres impostos pela boa-fé que devem ser observados na pendência da condição[26], e sem prejuízo do recurso ao instituto do abuso de direito (art. 334.º).[27]

Na base do esquema adoptado ("duplo clique") está a protecção do consumidor[28], como uma medida aparentemente destinada a "adoçar" a "protecção prevalente das empresas de informática."[29] Todavia, a exigência de confirmação é de âmbito restrito. Aplica-se apenas aos

---

contratual que contenha os elementos obrigatórios. (...) O contrato forma-se, nestes casos, com a aceitação do consumidor." – mencionando também a lei espanhola (Ley n.º 34/2002, de 11 de Julho, alterada pela Ley 32/2003), que refere no art. 28.º esta questão como "informação posterior à celebração do contrato").

[25] Manuel de Andrade, *Teoria Geral da Relação Jurídica*, II, Almedina, Coimbra, 1966, 382.

[26] Vide Carlos Alberto da Mota Pinto, *Teoria Geral do Direito Civil*, 4ª edição por António Pinto Monteiro e Paulo Mota Pinto, Coimbra Editora, Coimbra, 2005, 562 s, 572-5.

[27] Alexandre Libório Dias Pereira, *Comércio electrónico e consumidor*, 2004, cit., 356-7, em nota.

[28] Paula Costa e Silva, *Contratação electrónica*, in *Lei do Comércio Electrónico Anotada* 2005, cit., 188 (interpretando o art. 29.º, 5, como um sistema de duplo clique ("só esta (a tutela do consumidor) poderia justificar o tal sistema do duplo *clique* do art. 1369 do Código Civil Francês.").

[29] José de Oliveira Ascensão, *O comércio electrónico em Portugal*, 2004, cit., 109.

contratos "com formulário" com consumidores, visto que só vale nos contratos que não tenham sido celebrados exclusivamente por correio electrónico ou outro meio de comunicação individual equivalente (art. 30.º) e se o dever de acusar recepção da encomenda for imperativo, i.e. no B2C (art. 29.º, 1, *in fine*). Em suma, *"são visados os contratos massificados, a celebrar em rede aberta com o público em geral mediante acesso ao site ("point and click")"*[30].

Deve entender-se, de igual modo, que mesmo em relação aos contratos de consumo em massa ou "com formulário", a exigência de confirmação não se aplica quando é dispensado o aviso de recepção da encomenda, ou seja, nos casos em que há imediata prestação em linha do produto ou serviço (art. 29.º, 2).

Por conseguinte, o esquema do "duplo clique", para além de não se aplicar na negociação exclusivamente por meios de comunicação individual (e.g. correio electrónico), não é imperativo no B2B nem é obrigatório no domínio do comércio electrónico (B2B ou B2C) directo (e.g. compra e venda pela Internet de software, música, filmes ou outros bens contidos em ficheiros digitais), "dada a sua óbvia inutilidade."[31] Nesta última situação, o contrato deve considerar-se incondicionalmente concluído logo no momento da aceitação inicial da proposta, representando a prestação electrónica do bem já o seu cumprimento.

Assim, o esquema do "duplo clique" não constituirá um desvio ao princípio da consensualidade. Nos contratos à distância com consumidores a posição do fornecedor será típica ou pelo menos tendencialmente de proposta negocial, ficando nessa medida o negócio concluído com a simples aceitação pelo destinatário da proposta do fornecedor, salvo quando o tipo de negócio exigir um modo para a sua perfeição, nomeadamente a entrega da coisa encomendada, como sucede no comodato ou no depósito (e.g. o chamado *software escrow*).

De todo o modo, apesar do limitado âmbito de aplicação e da sua natureza de condição legal suspensiva, não é certo que a exigência de

---

[30] João Calvão da Silva, *Banca, Bolsa e Seguros – Direito Europeu e Português*, cit., 2004, 113.

[31] João Calvão da Silva, *Banca, Bolsa e Seguros – Direito Europeu e Português*, cit., 2007, 117.

confirmação ("duplo clique") respeite o comando comunitário dirigido aos Estados-Membros no sentido de estes assegurarem "que o regime aplicável ao processo contratual não crie obstáculos à utilização de contratos celebrados por meios electrónicos" (Directiva 2000/31, art. 9.º, 1). De igual modo, não é seguro que a protecção do consumidor seja justificação bastante para os efeitos restritivos que esta cautela jurídica adicional pode colocar à liberdade de prestação de serviços da sociedade da informação no mercado interno.[32] De resto, é criticável a falta de "ganho prático (mesmo do ponto de vista da certeza) da exigência do *'terceiro click'*".[33]

3. O foro do consumidor nos pactos de jurisdição por via electrónica

O Regulamento 44/2001[34] incorporou as Convenções de Bruxelas e de Lugano revistas, i.e. o chamado "«Sistema de Bruxelas»".[35] Este instrumento é revelador de como os regulamentos parecem "estar a ganhar terreno" na harmonização do direito privado europeu[36], reflectindo duas tendências do DIP: *"comunitarização e jurisdicionalização"*.[37]

---

[32] Para desenvolvimentos, Alexandre Libório Dias Pereira, *Comércio electrónico e consumidor*, 2004, cit., 380-400 (sujeitando a idêntica crítica a proibição das cláusulas gerais que imponham ao consumidor o recurso à contratação automática prevista no art. 25, 4, e apontando a dificuldade de articulação desta proibição com a lei dos contratos de adesão).

[33] João Calvão da Silva, *Banca, Bolsa e Seguros – Direito Europeu e Português*, cit., 2007, 116.

[34] Regulamento (CE) n.º 44/2001 do Conselho, de 22 de Dezembro de 2000, relativo à competência judiciária, ao reconhecimento e à execução de decisões em matéria civil e comercial.

[35] Guillermo Palao Moreno, *Competencia judicial internacional en supuestos de responsabilidad civil en Internet*, in *Cuestiones Actuales de Derecho y Tecnologías de la Informacíon y la Comunicacíon (TICs)*, coord. Javier Plaza Penadés, Thomson Aranzadi, Navarra, 2006, 278.

[36] Jorge Ferreira Sinde Monteiro, *Direito Privado Europeu*, 2001, cit., 271.

[37] Dário Moura Vicente, *Competência Judiciária e Reconhecimento de Decisões Estrangeiras no Regulamento (CE) n.º 44/2001*, Scientia Iuridica, 2002, 354.

Comenta-se, aliás, que, enquanto "legislação comunitária genuína", a cooperação judicial teria passado, por força deste instrumento, do terceiro para o primeiro pilar da integração europeia.[38]

Seja como for, os contratos são um domínio de eleição para o princípio da autonomia das partes na celebração de pactos atributivos de jurisdição. O Regulamento dá expressão a esse princípio, admitindo tais pactos e fixando, aliás, a competência exclusiva dos tribunais designados, salvo convenção em contrário. Dispõe que os pactos terão que revestir a forma escrita e admite a sua celebração pela Internet uma vez que consagra a equivalência da forma escrita a qualquer comunicação por via electrónica que permita um registo duradouro do pacto (art. 23.º, 2).

Não obstante, a liberdade de celebração de pactos atributivos de jurisdição sofre certos limites impostos pelo princípio da protecção da parte mais fraca.[39] A regra é a de que o consumidor pode intentar uma acção contra a outra parte, quer perante os tribunais do Estado-Membro em cujo território esteja domiciliada essa parte, quer perante o tribunal do lugar onde o consumidor tiver domicílio; por seu turno, a outra parte só pode intentar uma acção contra o consumidor perante os tribunais do Estado-Membro em cujo território estiver domiciliado o consumidor (art. 16.º).

À competência do foro do consumidor juntar-se-á a aplicação da sua lei, isto é, o tribunal competente aplicará, verificadas certas circunstâncias, as normas imperativas de protecção do consumidor previstas na lei do respectivo Estado-Membro, nos termos do art. 5.º da Convenção de Roma sobre a Lei Aplicável às Obrigações Contratuais (1980). É o

---

[38] Roy Goode / Herbert Kronke / Ewan Mckendrick / Jeffrey Wool, *Transnational Commercial Law: International Instruments and Commentary*, University Press Oxford, Oxford, 2004, 793 ("genuine Community legislation").

[39] Rui Moura Ramos, *Previsão Normativa e Modelação Judicial nas Convenções Comunitárias relativas ao Direito Internacional Privado*, in *O Direito Comunitário e a Construção Europeia*, SI 38, Coimbra Editora, Coimbra, 1999, 124 ("os princípios da autonomia das partes e da protecção da parte mais fraca ocupam um lugar de destaque", podendo considerar-se "as peças essenciais de um direito internacional privado da Comunidade Europeia").

que sucede, nomeadamente, se a celebração do contrato tiver sido precedida, nesse país, de uma proposta que lhe foi especialmente dirigida ou de anúncio publicitário e se o consumidor tiver executado nesse país todos os actos necessários à celebração do contrato.[40]

A regra do foro do consumidor abrange todos os casos em que o contrato é concluído com uma pessoa que tem actividade comercial ou profissional no Estado-Membro do domicílio do consumidor ou dirige essa actividade, *por quaisquer meios*, a esse Estado-Membro ou a vários Estados-Membros incluindo esse Estado-Membro, e o contrato seja abrangido por essa actividade.

Argumentou-se que esta solução poderia paralisar o comércio electrónico, uma vez que o exercício de actividades comerciais ou profissionais através da rede ficaria potencialmente sujeito a litigância em todos os Estados-Membros[41], ou pelo menos os prestadores teriam que apor avisos nas suas páginas no sentido de os seus produtos ou serviços se destinarem apenas aos consumidores de certos países. Com efeito, a expressão "dirigir a actividade" na Internet a um ou vários Estados-Membros poderia abranger "qualquer anúncio feito num meio de comunicação que seja susceptível de alcançar todos os países (como, por exemplo, a transmissão televisiva por satélite e a Internet)".[42]

---

[40] A possibilidade de o consumidor poder prevalecer-se da legislação do Estado da sua residência habitual, bem como de demandar o fornecedor nos tribunais do seu domicílio foi destacada pela Resolução do Conselho de 19 de Janeiro de 1999 sobre os aspectos relativos ao consumidor na sociedade da informação (1999/C 23/01), considerando-se que "no caso de transacções transfronteiras efectuadas através das tecnologias da informação, os consumidores deverão, ao abrigo da legislação comunitária e das convenções de Bruxelas e de Roma, poder beneficiar da protecção concedida pela legislação do país de residência habitual e ter um acesso fácil aos procedimentos de recurso, nomeadamente no seu país de residência habitual" (10); *vide* Alexandre Libório Dias Pereira, *Os pactos atributivos de jurisdição nos contratos electrónicos de consumo*, EDC 3/2001, 661-2.

[41] Dário Moura Vicente, *Comércio electrónico e competência internacional*, in *Estudos em Homenagem ao Prof. Doutor Armando Marques Guedes*, FDUL, Coimbra Editora, 2004, 903-915 (crítico em relação aos efeitos restritivos de uma regra de competência do foro do consumidor amplamente concebida no Regulamento 44/2001).

[42] Luís Lima Pinheiro, *Direito aplicável aos contratos com consumidores*, ROA 2001, 162.

Por isso, o projecto de Convenção de Haia concretiza a noção de dirigir uma actividade a um Estado, através da formulação "designadamente solicitando negócios através de meios de publicidade" (art. 7, 1-a, *in fine*), à semelhança do critério *doing business* da jurisprudência norte-americana, e acrescenta que o consumidor deverá ter dado os passos necessários para a conclusão do contrato nesse Estado, à semelhança, aliás, da Convenção de Roma.[43]

Afirma-se neste domínio um critério de interactividade, ao menos para afirmar a competência do foro do consumidor nas acções intentadas contra ele[44], sendo de admitir que o fornecedor poderá delimitar territorialmente o mercado dos seus produtos ou serviços, definindo na sua publicidade os Estados que estão abrangidos por ela ou então excluir expressamente aqueles que não são visados.[45]

De todo o modo, a razão de ser da competência especial do foro do consumidor é "proteger a parte mais fraca por meio de regras de competência mais favoráveis aos seus interesses do que a regra geral" (cons.13). O princípio da protecção da parte mais fraca justifica ainda limitações à liberdade contratual das partes no sentido de só serem permitidos pactos atributivos de jurisdição em termos restritos, sendo proibidos todos os demais (arts. 17.º e 23.º, 5). Isto não impede todavia que se admita um pacto de jurisdição que, em certos termos, derrogue as regras especiais de competência mesmo antes do litígio (art. 17.º).

Não obstante, de modo a não esvaziar o princípio da protecção do consumidor, sustentamos que, à semelhança do que se passa no domínio do contrato de agência[46], o tribunal poderá fundar a sua competência

---

[43] Alexandre Libório Dias Pereira, *Os pactos atributivos de jurisdição*, 2001, cit., 288-299.

[44] Santiago Alvarez González, *Comercio electrónico: competência judicial internacional y lei applicable*, in *Comercio Electrónico en Internet*, dir. Gómez Ségade, Madrid, 2001, 431.

[45] Guillermo Palao Moreno, *Comercio electrónico y protección de los consumidores en los supuestos de carácter transfronterizo en Europa: problemas que plantea la determinación de los tribunals competentes*, in *Mercosul, ALCA e Integração Euro-Latina-Americana*, org. Luiz Otávio Pimentel, Vol. I, Juruá Editora, Curitiba, 2001 282.

[46] António Pinto Monteiro, *Contrato de Agência – Anotação ao Decreto-Lei n.º 178/86, de 3 de Julho*, 6.ª ed. act., Almedina, Coimbra, 2007, 155-6.

nas normas imperativas de protecção do consumidor, mesmo contra um pacto atributivo de jurisdição contrário à sua competência que o prive desses direitos, ao menos quando, socorrendo-nos do critério previsto no DL 446/85[47], o contrato "apresente uma conexão estreita com o território português" (art. 23.º, 1).[48]

Aliás, a resultado semelhante chegou a jurisprudência comunitária no caso *Oceano*, em que estava em causa a interpretação da directiva sobre cláusulas abusivas. O TJCE decidiu que o tribunal pode apreciar, *ex officio*, a nulidade das cláusulas, mesmo de cláusulas de jurisdição que não lhe reconheçam competência (Proc. C-240/98 — C-244/98, 27/6/2000, *Océano Grupo Editorial v. Salvat Editores*).[49]

À semelhança das regras da Convenção de Roma sobre a lei aplicável aos contratos de consumo, o regime especial de competência do foro do consumidor destina-se a proteger o consumidor enquanto parte mais fraca. É um "porto seguro", que permitirá aos consumidores adquirirem bens pela Internet, junto de fornecedores que lhes dirijam as suas actividades, com a garantia de que, em caso de litígio, a resolução do conflito poderá ser feita no seu tribunal e segundo a sua lei de domicílio, podendo valer-se, pelo menos, dos direitos imperativos que o respectivo foro lhes confere.

Não obstante o reforço desta protecção pelos meios jurisdicionais, é provável que a solução de litígios de consumo no domínio do comércio electrónico privilegie as soluções alternativas, incluindo por meios electrónicos em linha.[50] A este propósito cumpre referir, todavia, que a Directiva 2000/31 "abriu" a porta às vias alternativas de resolução de

---

[47] Decreto-Lei n.º 446/85, de 25 de Outubro, alterado pelo Decreto-Lei n.º 220/ /95 de 31 de Janeiro, que transpõe a Directiva 93/13/CEE do Conselho de 5 de Abril de 1993 relativa às cláusulas abusivas nos contratos celebrados com os consumidores, e pelo Decreto-Lei n.º 249/99, de 31 de Julho.

[48] Alexandre Libório Dias Pereira, *A Jurisdição na Internet segundo o Regulamento 44/2001 (e as alternativas extrajudiciais e tecnológicas)*, BFD 2001, 664-6; Id., *Os pactos atributivos de jurisdição*, 2001, cit., 297.

[49] *Vide* Jules Stuyck, Anot., CMLR 2001, 719; Marin Hogg / Georgios Arnokouros / Andrea Pina / Rui Cascão / Stephen Watterson, ERPL 2001, 157.

[50] Santiago Alvarez González, *Comercio electronico: competencia judicial internacional y lei applicable*, 2001, cit., 448.

litígios (art. 17.º), mas a lei interna terá apenas "permitido" o seu funcionamento para tratar das questões relativas à validade e eficácia dos contratos (cf. DL 7/2004, art. 34.º).

CONCLUSÃO

As exigências do mercado interno justificaram a adopção de uma directiva sobre comércio electrónico, incluindo aspectos do regime contratual dos serviços da sociedade da informação. Estivesse ou não na sua mira, e não obstante o seu efeito limitado, este instrumento comunitário teve um efeito de harmonização do direito contratual, desde logo ao estabelecer o princípio da idoneidade da declaração electrónica como meio de manifestação da vontade contratual.

Neste ponto, a transposição da directiva para o direito interno não terá colocado entraves a essa harmonização, embora pareça ter sido algo excessiva na exclusão indiferenciada dos negócios sujeitos a intervenção notarial. Por outro lado, o esquema consagrado para a contratação por via electrónica estará fundamentalmente em conformidade com os cânones tradicionais do direito contratual, em especial no que respeita ao princípio da consensualidade. Isto valerá, inclusivamente, para o esquema do "duplo clique" imposto para certas categorias de contratos de consumo, se entendermos que a exigência de confirmação pelo consumidor, como condição de definitividade da encomenda, terá o valor de condição legal suspensiva da eficácia do negócio.

Todavia, não obstante se fundar em razões de protecção do consumidor, poderá não estar assegurada a conformidade deste reforço de cautela jurídica com a liberdade de prestação de serviços da sociedade da informação no mercado interno. Tanto mais quanto se atender ao acervo comunitário de defesa do consumidor no comércio electrónico e que se projecta, aliás, num regime de competência judiciária que lhe permitirá, em qualquer caso, o recurso aos tribunais do seu domicílio, mesmo contra cláusulas inseridas em pactos atributivos de jurisdição que recusem competência ao seu foro.

A VINCULAÇÃO DOS PARTICULARES AOS DIREITOS FUNDAMENTAIS DOS CONSUMIDORES NA ORDEM JURÍDICA PORTUGUESA: PODE-SE/DEVE-SE PENSAR EM EFICÁCIA HORIZONTAL DIRECTA?[1]

Diovana Barbieri

Mestre em Ciências Jurídico-Civilisticas
pela Faculdade de Direito da Universidade
de Coimbra

Sumário: 1 – Introdução. 2. Eficácia horizontal dos direitos fundamentais do consumidor no direito português. 2.1 – Problemática teórica referente à vinculação directa dos particulares aos direitos fundamentais do consumidor na Constituição da República Portuguess. 2.1.1 – Analogia dos Direitos do consumidor aos direitos, liberdades e garantias. 2.1.2 – Análise das teorias sobre o efeito horizontal directo dos direitos fundamentais, em particular no que toca aos fornecedores de bens e serviços. 2.1.2.1 – Situação fáctica de poder. 2.1.2.2 – Dignidade da pessoa humana: liberdade de autodeterminação. 2.2 – Legislação ordinária de consumo e o efeito indirecto do artigo 60.º da Constituição da República Portuguesa como auxiliares na efectiva protecção do consumidor. Necessidade do

---

[1] "Firme convicção é a nossa de que as instâncias, e agora o Supremo, não tiveram minimamente em conta a protecção do consumidor lesado, valor fundamental em que assenta o direito do consumo, de raiz comunitária, como é o caso. Aliás, por fim, permita-se a liberdade de expressão: O direito de consumo ainda não sensibilizou, de vez, os operadores judiciários.": Ribeiro, Neves. *Declaração de voto vencido no Acórdão do Supremo Tribunal de Justiça de 3/4/2003*. Colectânea de Jurisprudência, n.º 168, Ano XXVIII, Abril-Maio-Junho, Coimbra, p. II 19-21.

efeito directo? 2.2.1 – Fixação das cláusulas de responsabilidade civil na Lei de defesa do consumidor n.º 24/96, de 31 de Julho. 2.2.2 – Vícios no objecto do contrato celebrado entre profissional e consumidor. Alternativas do artigo 4.º do Decreto-lei n.º 67/2003, de 08 de Abril. 2.2.3 – Conceito de consumidor da Lei de defesa do consumidor n.º 24/96, de 31 de Julho. Cenário da pessoa colectiva. 2.3 – Inexistência de Recurso de amparo. Factor impeditivo do efeito horizontal directo? 3. Considerações finais. 4. Referências bibliográficas.

1. Introdução

Em tempos em que se discute a eficácia dos direitos fundamentais em relação a terceiros[2], sujeitos de direito privado, em diversos ordenamentos jurídicos, uma questão se coloca à luz da Constituição da República Portuguesa: pode-se/deve-se pensar em efeito horizontal directo dos direitos dos consumidores elencados no artigo 60.º?

O questionamento faz sentido, em um primeiro momento, porque os direitos dos consumidores, a despeito de serem considerados direitos fundamentais desde a revisão constitucional de 1989, estão localizados na Parte I, Título III destinado aos Direitos e deveres económicos, sociais e culturais. E por este motivo, a princípio, estariam excluídos da problemática dos efeitos horizontais, uma vez que a polémica actual sobre o tema versa quase que exclusivamente sobre os Direitos liberdades e garantias dispostos no Título II ou aos direitos análogos, por serem os únicos a constar expressamente no artigo 18, n.º 1 da Constituição da República Portuguesa.[3]

---

[2] A questão sobre a nomenclatura mais adequada para representar esta realidade não será abordada, sendo empregados indistintamente os termos "eficácia com relação a terceiros" e "efeito horizontal". Para maiores esclarecimentos sobre a discussão, veja SILVA, Vasco Pereira da. *A vinculação das entidades privadas pelos direitos, liberdades e garantias*. Revista de Direito e de Estudos Sociais, Abril-Junho, 1987, p. 259-274.

[3] CANOTILHO, Joaquim José Gomes. *Direito Constitucional e Teoria da Constituição,* Coimbra: Almedina, 7.ª ed., p. 473, afirma que referido problema pode colocar--se também relativamente aos direitos sociais, sendo indiscutível em relação ao núcleo essencial dos direitos ligados à protecção da dignidade humana. Todavia, prefere-se tomar por base a ideia maioritária da literatura, no sentido de que apenas os Direitos, liberdades e garantias devem ser discutidos, tendo por base a restrição do artigo 18, n.º 1.

Em segundo lugar, ainda que se acabe por considerar todos os direitos dos consumidores, ou parte deles, como direitos análogos aos Direitos, liberdades e garantias, seria necessário seguir pensando se poderiam vincular directamente terceiros, sujeitos de direito privado, visto que a doutrina dominante entende que a disposição constitucional neste sentido (artigo 18, n.º 1) não é suficiente para implementar o efeito pretendido.[4]

Há também que ponderar se o recurso à Carta Magna de um modo directo representaria efectivamente um *plus* na protecção do consumidor, uma vez que existe vasta regulamentação infraconstitucional específica que já tem sido analisada sob a luz dos direitos fundamentais, por intermédio de normas expressas, cláusulas gerais e conceitos indeterminados, consoante apregoa a teoria da vinculação indirecta dos particulares.

Por fim, insta averiguar se a inexistência do recurso de amparo em Portugal como instrumento da fiscalização da constitucionalidade, tal como é conhecido na Espanha e na Alemanha, seria um factor impeditivo da existência do efeito directo dos Direitos, liberdades e garantias no comércio jurídico privado.

Assim, para se responder à indagação posta como ponto de partida para a análise do tema, será necessário abordar aspectos da teoria dos direitos fundamentais, nomeadamente, a sua classificação e seus efeitos, comentar alguns casos em que a invocação indirecta da garantia constitucional do consumidor garante uma protecção acrescida dos seus direitos, bem como analisar as características e as funções do recurso de amparo.

Feita a abordagem, procurar-se-á então concluir se os direitos fundamentais dos consumidores são direitos análogos aos direitos, liberdades e garantias, se têm o condão de vincular directamente os sujeitos privados, se a actual legislação consumerista e a teoria da vinculação indirecta do artigo 60.º têm sido suficientes para efectivar a protecção do consumidor e se a falta de um recurso de amparo

---

[4] SOUSA RIBEIRO, Joaquim de. *Constitucionalização do Direito Civil,* Boletim da Faculdade de Direito, Vol. LXXIV, Coimbra, 1998, p. 746.

representa a impossibilidade da argumentação em prol do efeito horizontal directo dos preceitos constitucionais.

2. Eficácia horizontal dos direitos fundamentais do consumidor no direito português

Os Direitos Fundamentais têm origem na lógica do Estado Liberal de Direito, onde o poder público é visto como entidade potencialmente agressora dos direitos das pessoas. Aparecem, inicialmente, como direitos de defesa dos indivíduos perante o Estado, que é chamado a reduzir o seu papel de interventor na vida social.

Com a industrialização e com o progresso técnico, a competitividade, o desequilíbrio económico e o conflito de interesses começam a se revelar, dando cabo a uma fragmentação da sociedade, em grupos. Impõe-se um conceito de Estado Social, em que o ente público passa de agressor a conformador das diferenças entre os cidadãos.

Para responder ao processo de harmonização dos interesses dos individuais, o Estado se expande, quer a nível funcional como orgânico, ampliando a sua estrutura de forma descentralizada. O Estado cede lugar a entidades privadas, que adquirem uma parcela de poder, ocasionando uma "crise no conceito clássico de autoridade"[5]. Ao lado do poder, originariamente público, criam-se novos focos de autoridade social, causando um desequilíbrio entre os sujeitos "normais" e os indivíduos "poderosos".

A nova realidade vem alterar profundamente o sistema dos direitos fundamentais, exigindo novas concepções acerca do seu conceito e da sua eficácia. Já não parece suficiente proteger o indivíduo contra o Estado e deixá-lo desprotegido nas relações entre privados, que podem, inclusive, ser mais lesivas. Constata-se que a única maneira de garantir uma protecção integral do cidadão consiste em estender o âmbito dos preceitos fundamentais para além das ingerências cometidas pelo Poder

---

[5] ABRANTES, José João Nunes. *A vinculação das entidades privadas aos direitos fundamentais,* Lisboa: Associação Académica da Faculdade de Direito de Lisboa, 1990, p. 26.

Estatal, de forma a abarcar também os comportamentos ofensivos das entidades privadas.⁶

Por conta disto, passa-se a defender a validade dos preceitos fundamentais em toda a ordem jurídica, pública ou privada, pois seria, de facto, "um absurdo admitir que a mesma pessoa, apesar de constituir uma unidade autónoma, de ser simultaneamente indivíduo e cidadão, pudesse ser livre perante o Estado, não o sendo em sociedade, nas relações com seus semelhantes."⁷ Esta nova abordagem representa o efeito horizontal, eficácia externa ou eficácia com relação a terceiros, dos direitos fundamentais.

Em Portugal, a matéria referente à vinculação dos particulares aos direitos fundamentais é ponto assente na doutrina, que reconhece que o comportamento das entidades privadas devem estar sob a égide dos preceitos constitucionais, além de virem regulamentadas pelo direito privado.⁸ O aspecto duvidoso versa sobre o modo como esta irradiação deve acontecer, se de maneira indirecta (mediata) ou se de forma directa (imediata).

A admissão do efeito indirecto consiste em entender que a aplicação dos direitos fundamentais às entidades privadas ocorre através dos mecanismos típicos do direito privado, quer através de normas expressas concretizadoras dos direitos fundamentais, quer através de

---

⁶ SILVA, Vasco Pereira da. *A vinculação das entidades privadas...*, p. 263, afirma que não faria sentido deixar de alargar a protecção dos cidadãos, através dos direitos fundamentais, a todas as situações desiguais, uma vez que os direitos fundamentais foram concebidos para a defesa do cidadão face ao poder, que deixou de ser privilégio do Estado."

⁷ ABRANTES, José João Nunes. *A vinculação das entidades privadas...*, p. 27.

⁸ Neste sentido veja SINDE MONTEIRO, Jorge. *Culpa in contrahendo*. Cadernos de Justiça Administrativa, n.º 37, Novembro/Dezembro de 2002, p. 7. MAC CRORIE, Benedita Ferreira da Silva. *A vinculação dos particulares aos direitos fundamentais*, Coimbra: Almedina, 2005, p. 62. MOTA PINTO, Carlos Alberto da. *Teoria Geral do Direito Civil*, Coimbra: Coimbra Editora, 4.ª ed, 2005, p.79, entende que a aplicação dos direitos fundamentais é indiscutível, pois, não fosse assim, criar-se-ia uma "ordenação factual pára constitucional ou mesmo anticonstitucional sem consideração das opções valorativas consagradas na Constituição, designadamente por parte de forças socialmente organizadas."

cláusulas gerais e conceitos indeterminados, cujo conteúdo seria preenchido com os valores constitucionais.[9] O acolhimento do efeito directo condiz com a ideia de que os direitos, liberdades e garantias e os direitos de natureza análoga aplicam-se, obrigatória e directamente, no comércio jurídico entre entidades privadas, individuais ou colectivas. Teriam eficácia absoluta, podendo ser opostos aos indivíduos, sem qualquer necessidade de mediação concretizadora dos poderes públicos.[10]

Para a maioria dos autores nacionais, o efeito mediato é admitido, nos mesmos termos em que se reconhece que os Direitos, liberdades e garantias devem propagar-se para as relações entre os indivíduos. O problema surge quando se fala em reconhecer a existência de uma vinculação imediata das entidades privadas aos preceitos constitucionais.[11] No que toca ao tema em análise, portanto, a admissibilidade do efeito horizontal indirecto dos direitos dos consumidores é pacífica, nos moldes dos direitos fundamentais em geral. Contudo, o mesmo não se pode dizer acerca do efeito horizontal directo, que está adstrito a uma prévia análise teórica, seguida de uma ponderação sobre a necessidade e a conveniência desta construção jurídica.

Sendo assim, para se chegar à conclusão a respeito da possibilidade, da necessidade e da adequação procedimental do acolhimento da vinculação directa dos particulares aos direitos fundamentais do consumidor, é mister superar a problemática teórica afecta ao tema,

---

[9] MAC CRORIE, Benedita Ferreira da Silva. *A vinculação dos particulares...*, p. 62.

[10] CANOTILHO, Joaquim José Gomes. *Direito Constitucional...*, p. 1243.

[11] ABRANTES, José João Nunes. *A vinculação das entidades privadas...*, REBELO DE SOUSA, Marcelo e ALEXANDRINO, José de Melo. *Constituição da República Portuguesa Comentada,* Lisboa: Lex, 2000, MAC CRORIE, Benedita Ferreira da Silva. *A vinculação dos particulares...*, CANOTILHO, Joaquim José Gomes e MOREIRA, Vital. *Constituição da República Portuguesa Anotada,* Coimbra: Coimbra Editora, 3.ª ed., PRATA, Ana. *A tutela constitucional da autonomia privada,* Coimbra: Almedina, 1982, VIEIRA DE ANDRADE, José Carlos. *Direitos dos consumidores como direitos fundamentais na Constituição Portuguesa de 1976,* Boletim da Faculdade de Direito da Universidade de Coimbra, Vol. LX, MIRANDA, Jorge. *Manual de Direito Constitucional,* Tomo IV, Direitos Fundamentais, 3.ª ed., Coimbra: Coimbra Editora, 2000, MOTA PINTO, Paulo. *Livre desenvolvimento da personalidade,* Studia Yuridica n.º 40 e HÖRSTER, Heinrich Ewald. *A Parte Geral do Código Civil Português,* Coimbra: Almedina, 2005.

averiguar se o actual efeito indirecto tem sido suficiente para proteger integralmente o consumidor, bem como esclarecer se a inexistência de recurso de amparo em Portugal, constitui óbice para a admissão da tese. É o que se tentará fazer a seguir.

2.1. *Problemática teórica referente à vinculação directa dos particulares aos direitos fundamentais do consumidor na Constituição da República Portuguesa*

A Constituição da República Portuguesa trata da questão da força jurídica dos direitos fundamentais em seu artigo 18, n.º 1 que estabelece que "Os preceitos constitucionais respeitantes aos direitos, liberdades e garantias são directamente aplicáveis e vinculam as entidades públicas e privadas." De uma simples leitura ao artigo, extraem-se duas considerações que servem de norte para esta investigação.

A primeira delas tem a ver com os preceitos constitucionais capazes de vincular e de serem aplicados directamente às entidades públicas e privadas. Sobre isto há que se dizer que quando o dispositivo afirma que os preceitos constitucionais são vinculativos e directamente aplicáveis, não se está referindo a todos os preceitos constitucionais constantes da Carta Magna, mas apenas àqueles respeitantes aos Direitos, liberdades e garantias.[12] Isto significa que para se pensar na força jurídica específica derivada do artigo 18, n.º 1, o preceito constitucional, concretamente o artigo 60.º relativo aos direitos dos consumidores, deverá enquadrar-se no Título II – Direitos, liberdades e garantias, da Constituição da República Portuguesa.

Neste ponto, surgem indícios daquilo que pode ser a primeira barreira para se admitir o efeito horizontal directo dos direitos dos consumidores. Conforme exposto na introdução, os direitos dos consumidores encontram-se na Parte I, Título III – Direitos e deveres económicos, sociais e culturais, o que demonstra que, formalmente não poderiam ser incluídos nos Direitos, liberdades e garantias, do Título II.

---

[12] Conforme a maioria da doutrina portuguesa que defende que o efeito horizontal directo está restrito aos Direitos, liberdades e garantias, por expressa imposição do artigo 18, n.º 1 da Constituição da República Portuguesa.

Inexistindo meios de conseguir a pretendida adequação, pela via formal, há que se buscar outro mecanismo que assegure o mínimo de equivalência entre os dois títulos, a fim de que se consiga demonstrar que o artigo 60.º, tendo conteúdo semelhante aos Direitos, liberdades e garantias, pode, consequentemente, ser incluído na seara de debate acerca da vinculação directa dos particulares aos direitos fundamentais.

A única maneira que se vislumbra para se sobrepor este obstáculo é socorrer-se ao próprio texto constitucional que, em seu artigo 17.º, estende o âmbito de aplicação do regime dos Direitos, liberdades e garantias a todos os direitos fundamentais de natureza análoga. Diz o mencionado dispositivo que "O regime dos direitos, liberdades e garantias aplica-se aos enunciados no título II e aos direitos fundamentais de natureza análoga." A solução portanto, será superar a incongruência formal através da concretização da essência análoga dos direitos dos consumidores aos Direitos, liberdades e garantias. Desta forma, já se possibilitará o alargamento da força jurídica do artigo 18.º, n.º 1 aos direitos dos consumidores e se poderá pensar no artigo 60.º como directamente aplicável e vinculativo.

A segunda questão levantada acerca do artigo 18, n.º 1, anteriormente transcrito, refere-se às entidades que estão sob a égide da vinculação e da aplicabilidade directa dos preceitos constitucionais. Acerca desta consideração insta notar que o artigo definiu expressamente quais são as pessoas jurídicas que se encontram sujeitas à aplicação directa dos preceitos constitucionais referentes aos Direitos, liberdades e garantias. Fez isto ao mencionar que ditos princípios são aplicados e vinculam tanto as entidades públicas como as entidades privadas.

Sobre a vinculação das entidades públicas, em atenção à própria origem dos direitos fundamentais, que surgem como liberdades e como protecção do indivíduo em face das ingerências do Estado, há consenso no sentido de considerar que o Legislador, os Tribunais e a Administração Pública estão condicionados directamente ao respeito pelos direitos fundamentais[13], neste caso pelos direitos dos consumidores.

---

[13] CANOTILHO, Joaquim José Gomes. *Direito Constitucional* ..., p. 439 e VIEIRA DE ANDRADE, José Carlos. *Os Direitos Fundamentais na Constituição Portuguesa de 1976,* Coimbra: Almedina, 3.ª ed., 2004, p. 219.

A objecção se coloca ao nível de saber se os particulares, neste caso os fornecedores de produtos e serviços privados, estão vinculados nos mesmos termos das entidades públicas, visto que a literatura portuguesa reluta em admitir que a redacção do artigo 18, n.º 1, seja suficiente para consubstanciar o efeito directo pretendido.

Na doutrina actual, há autores que entendem que os preceitos relativos aos direitos, liberdades e garantias devem ter uma aplicabilidade mediata, admitindo a imediata somente de maneira subordinada e excepcional[14], existem os que sustentam que só devem ser directamente vinculativos se verificadas determinadas condições, como quando houver posição de "poder privado" de uma parte em relação a outra[15] ou quando for afectado o núcleo essencial da dignidade humana[16], existem os que patrocinam soluções diferenciadas[17], os que admitem a aplicabilidade directa sem restrições, pelo facto do artigo 18, n.º 1 não ter previsto excepções à regra geral[18] e, finalmente, os que compreendem que a querela se trata de um problema de metodologia jurídica, mais do que de estrita técnica de aplicação do direito positivo[19].

Postas estas questões, já se consegue vislumbrar as dificuldades teóricas que necessitam ser superadas para que se alcance os objectivos traçados inicialmente. Fica por desvendar, nos subtópicos seguintes, se os direitos dos consumidores podem ser considerados inseridos, por

---

[14] MOTA PINTO, Carlos Alberto da. *Teoria Geral do Direito*....., p.79, CORDEIRO, António Menezes. *Teoria Geral do Direito Civil*, 1.º vol., 2.ª ed. rev. e act., 1994, p. 23 e PIRES, Francisco Lucas. *Uma Constituição para Portugal*, Coimbra: 1975, p. 45.

[15] VIEIRA DE ANDRADE, José Carlos. *Os Direitos Fundamentais*..., p.76, HÖRSTER, Heinrich Ewald. *A Parte Geral do Código*..., p. 94, CAUPERS, João. *Os direitos fundamentais dos trabalhadores e a Constituição*, Coimbra: Almedina, 1985, p. 174 e SILVA, Vasco Pereira da. *A vinculação das entidades privadas*..., p. 261.

[16] MOTA PINTO, Paulo. *O direito ao livre desenvolvimento*..., p. 34.

[17] REBELO DE SOUSA, Marcelo e ALEXANDRINO, José de Melo. *Constituição da República Portuguesa*..., p. 97 e MAC CRORIE, Benedita Ferreira da Silva. *A vinculação dos particulares*.., p.86.

[18] CANOTILHO, Joaquim José Gomes e MOREIRA, Vital. *Constituição da República Portuguesa*..., p. 147, PRATA, Ana *A tutela constitucional da autonomia*..., p. 137-140 e ABRANTES, José João Nunes. *A vinculação das entidades privadas*..., p. 100.

[19] SINDE MONTEIRO, Jorge. *Culpa in contrahendo*..., p. 6.

analogia, no Título III destinado aos Direitos, liberdades e garantias e se, depois de verificado este estatuto, são aptos a produzir a mesma força jurídica em relação às entidades de direito privado.

2.1.1. *Analogia dos direitos do consumidor aos direitos, liberdades e garantias*

A preocupação com a defesa do consumidor apareceu pela primeira vez na Constituição da República Portuguesa de 1976 entre as incumbências prioritárias do Estado. A protecção se tornou mais expressiva pela substituição do Titulo VI, Parte II – "Organização e Economia", por "Comércio e Protecção do consumidor", ocorrida em 1982. A partir da segunda revisão, em 1989, os direitos dos consumidores foram inseridos na Parte I – Direitos e deveres fundamentais, Título III – Direitos e deveres económicos, sociais e culturais, Capítulo I – Direitos e deveres económicos, Artigo 60.º – Direitos dos consumidores.[20] Por conta deste tratamento legislativo e pela interpretação que tem sido dada ao texto constitucional, são hoje reconhecidos como verdadeiros direitos fundamentais.[21]

Sendo os direitos do artigo 60.º direitos fundamentais, a matéria relevante diz respeito a saber se a sua configuração formal, estando no Título III, está em consonância com a sua conformação substancial. Ou se estes direitos, no todo ou em parte, apresentam características típicas que os permitem ser tratados como direitos análogos aos direitos, liber-

---

[20] Sobre a evolução constitucional dos direitos dos consumidores, veja MEIRIM, José Manuel. *A Constituição da República e os consumidores*, Revista do Ministério Publico, Ano 11, n.º 44, 1990, p.181-194.

[21] VIEIRA DE ANDRADE, José Carlos. *Direitos dos consumidores...*, p. 44. Além da portuguesa, uma das poucas constituições dos Estados-membros da União Europeia a incluir os direitos dos consumidores no rol de direitos considerados fundamentais é a Constituição da Polónia. Sobre o tema, *veja* JAGIELSKA, Mónica e JAGIELKI, Mariusz. *The possibilities of Interpretations of art. 76 of Polish Constitutution in the Light of European Consumer Law* e LETOWSKA, Ewa. *Constitutional and Community Law Conditions of the Consumer Law Development.* In: Konstytucya Rzecxypospolity Polskiej.C. Mik Torun, 1999.

dades e garantias e estar sob a égide do mesmo regime, consoante admite o artigo 17.º da constituição.

Antes de identificar as eventuais semelhanças deste tipo de direitos com aqueles do Título II, é de interesse examinar os direitos dos consumidores dentro da sua própria rubrica. Compreender o contexto económico e social em que surgiram e identificar as características genéricas dos direitos económicos, sociais e culturais, para perceber se são, efectivamente, condizentes.

Os direitos e deveres económicos, sociais e culturais são direitos fundamentais da segunda (ou terceira) geração. Surgiram em um momento em que havia a necessidade de se minimizar as desigualdades oriundas de uma sociedade liberal decadente. O contexto exigia a intervenção do Estado, através de atitudes positivas. A emergente concepção social de Estado[22] fez irromper uma nova categoria de direitos, designados direitos a prestações[23], como o direito à saúde, à habitação, à segurança social, à protecção de jovens e idosos, o direito ao ensino, à cultura, ao trabalho, o direito à liberdade sindical, entre outros.

Os direitos dos consumidores, contudo, não despontaram nesta mesma fase. Apareceram posteriormente, em resposta a uma sociedade pós moderna marcada pelo desenvolvimento científico e tecnológico[24]. O incremento da comunicação, da informação, do risco, do consumo e da massificação exigiu uma protecção especial, não mais circunscrita unicamente às relações entre o indivíduo e o Estado, mas também às relações dos indivíduos entre si.[25] Em consequência, para proteger grupos vulneráveis, surgiram os direitos da terceira geração (ou quarta), também designados como *direitos dos povos*[26] ou *direitos de solidariedade*. Os direitos dos consumidores, ao lado de outros como o direito ao meio ambiente equilibrado e saudável, os direitos das mulheres, os direitos

---

[22] CANOTILHO, Joaquim José Gomes e MOREIRA, Vital. *Constituição da República Portuguesa* ..., p. 101.

[23] VIEIRA DE ANDRADE, José Carlos. *Os Direitos Fundamentais* ..., p. 59.

[24] Sobre a evolução sociológica da situação do consumidor, veja CALVÃO DA SILVA, João. *Responsabilidade civil do Produtor*, Coimbra: Almedina, 1990, p. 20-44.

[25] VIEIRA DE ANDRADE, José Carlos. *Os Direitos Fundamentais* ... p. 62-66.

[26] CANOTILHO, Joaquim José Gomes. *Direito Constitucional* ... p. 386.

das minorias, e os direitos das crianças, foram então incluídos para garantir maior amparo aos adquirentes de bens e serviços em matéria de liberdade contratual, saúde e segurança.[27]

Em que pese terem tido origem em um período distinto, os direitos da terceira geração não foram autonomizados em título próprio e constam, na sua generalidade, englobados no Título II.[28] A despeito disto, são frutos de conjunturas sociais diferenciadas e isto constitui um dos motivos por que muitos deles, inclusive alguns direitos dos consumidores, apresentem roupagem heterogênea em relação aos direitos caracteristicamente sociais.

Os direitos e deveres económicos, sociais e culturais possuem uma tipologia nuclear baseada na necessidade de prestação estatal.[29] São direitos que dependem essencialmente de factores financeiros e políticos para que se tornem realizáveis. "Os direitos sociais não constituem na esfera jurídica do titular um espaço de autodeterminação no acesso ou fruição de um bem jurídico, mas antes uma pretensão, sob reserva do possível, a um prestação estatal, de conteúdo indeterminado e não directamente aplicável, sendo o correspondente dever que é imposto ao Estado de realização eventualmente diferida no tempo."[30]

Diante deste enquadramento, histórico e conceitual, pode-se afirmar que entre os direitos dos consumidores catalogados no artigo 60.º poucos são aqueles que apresentam este carácter eminentemente social.

---

[27] VIEIRA DE ANDRADE, José Carlos. *Os Direitos Fundamentais* ... p. 62-66.

[28] No sentido de que não há um critério muito definido para caracterizar o Título II, destinado aos Direitos e deveres económicos e sociais, veja CANOTILHO, Joaquim José Gomes e MOREIRA, Vital. *Constituição da República Portuguesa...*, p. 109. Para aprofundamento do tema relativo aos Direitos Sociais veja QUEIROZ, Cristina. *Direitos fundamentais sociais*. Funções, Âmbito, Conteúdo, Questões interpretativas e problemas de justiciabilidade, Coimbra: Coimbra Editora, 2006.

[29] Sobre este tema veja CANOTILHO, Joaquim José Gomes. *Tomemos a sério os direitos económicos, sociais e culturais; Metodologia "Fuzzy" e "Camaleões Normativos" na problemática actual dos direitos económicos, sociais e culturais*, Estudos sobre direitos fundamentais, Coimbra: Coimbra Editora, 2004, p. 35-69 e 97-115, respectivamente.

[30] NOVAIS, Jorge Reis. *As restrições aos direitos fundamentais não expressamente autorizadas pela constituição*, Coimbra: Coimbra Editora, 2003, p. 149.

O referido artigo 60 dispõe que: "1 – Os consumidores têm direito à qualidade dos bens e serviços consumidos, à formação e à informação, à protecção da saúde, da segurança e dos seus interesses económicos, bem como à reparação de danos. 2 – A publicidade é disciplinada por lei, sendo proibidas todas as formas de publicidade oculta, indirecta ou dolosa. 3 – As associações de consumidores e as cooperativas de consumo têm direito, nos termos da lei, ao apoio do Estado e a ser ouvidas sobre as questões que digam respeito à defesa dos consumidores, sendo-lhes reconhecida legitimidade processual para defesa do seus associados ou de interesses colectivos ou difusos."

Em análise ao direito à qualidade dos bens e serviços, direito à formação e à informação, direito à protecção da saúde, da segurança e dos interesses económicos, direito à reparação de danos e direito de apoio e de ser ouvido pelo Estado, apenas o direito a formação (artigo 60.º, 1), o direito à protecção dos interesses económicos (artigo 60.º, 1) e o direito das associações a terem apoio e serem ouvidas pelo Estado (artigo 60.º, 3) assumem a natureza de direitos económicos, sociais e culturais sugerida acima.

Nestes casos, a effectividade do direito depende directamente de uma actuação do Estado, sob a reserva do possível e dentro dos limites financeiros e políticos vigentes. A formação dos consumidores está vinculada a uma prestação Estatal, assente, por exemplo, em campanhas de esclarecimentos, realização de cursos na rede escolar e divulgação de cartilhas informativas nas Instituições de Defesa do Consumidor[31]. O apoio às associações de consumidores está adstrita à criação de organismos como ouvidorias ou setores na Administração Pública, que tratem especificamente da matéria de consumo. A protecção dos interesses económicos está condicionada ao desenvolvimento de uma estrutura e de uma regulamentação, que tenha por objectivo garantir a liberdade e a igualdade contratual.

---

[31] Em Portugal, a defesa do consumidor conta com os seguintes órgãos: Instituto do Consumidor, Conselho Nacional de Consumo, Comissão de Segurança, Centro Europeu do Consumidor, Centros de informação autárquica ao consumidor, Centros de Arbitragem de conflitos de consumo, Associações e Cooperativas de Consumo e Ministério Público.

Sendo estas ou outras as soluções possíveis, os direitos envolvidos não podem ser exercidos imediatamente pelo indivíduo e estão estritamente subordinados a uma participação física, orgânica e orçamentária do Estado, pelo que são direitos sociais por excelência.[32] Destarte não podem ser considerados análogos aos direitos, liberdades e garantias[33] e acerca deles não se pode falar em efeito horizontal directo[34].

Quanto aos demais, vale dizer, o direito à qualidade dos bens e serviços, o direito à protecção da saúde e da segurança, o direito à informação e o direito à reparação de danos, não necessariamente envolvem recursos materiais ou determinação política e não configuram propriamente os chamados direitos a prestações, de forma que ficam afastados da órbita puramente social.

Acerca desta posição um último esclarecimento merece ser feito sobre o direito à protecção da saúde e da segurança do consumidor, por ser de mais difícil classificação. Isto porque quando se pensa em direito à saúde e segurança surge a impressão de que são direitos cujo exercício depende de uma prestação efectiva do Estado, disponibilizando, por exemplo, estruturas como hospitais, penitenciárias, centros de apoio e de assistência, pessoal qualificado a dar segurança, entre outros. Todavia, analisar-se o direito à saúde e o direito à segurança cingidos à figura do consumidor, permite afastá-los desta caracterização social, pelo fato de que a protecção prevista neste contexto, não exige a estrutura físico-política mencionada anteriormente. Como o artigo 60, n.º 1 não tem por finalidade garantir ao consumidor o direito à saúde e a segurança em geral, mas unicamente garantir a saúde e à segurança no âmbito

---

[32] Neste sentido, porém incluindo os direitos à informação e o direito à protecção da saúde e da segurança como direitos sociais, veja CANOTILHO, Joaquim José Gomes e MOREIRA, Vital. *Constituição da República Portuguesa...*, p. 323.

[33] MIRANDA, Jorge. *Manual de Direito...*, p. 153, classifica os direitos do artigo 60.º, 3, como "direitos de participação na protecção do consumidor" e entende serem de natureza análoga mas em zonas de fronteira ou com direitos económicos, sociais e culturais ou com garantias institucionais.

[34] A menos que se entenda que os Direitos, económicos e sociais também têm o condão de vincular directamente as entidades particulares, ainda que o artigo 18, n.º 1 faça menção expressa apenas aos direitos, liberdades e garantias.

exclusivo do fornecimento de bens ou da prestação de serviços, o que se espera do dispositivo legal é que seja suficiente para defender o consumidor contra produtos e serviços potencialmente danosos, como por exemplo fármacos, cosméticos e produtos infantis. E para isto não há necessidade de prestações do estado, nos termos expostos inicialmente, mas sim do estabelecimento de algumas normas especiais no que toca à venda, à produção, à segurança e ao registo dos produtos ou serviços. Isto, no intuito de que o consumidor tenha garantias de que não será afectado em sua saúde e segurança por ter acesso a bens e serviços disponíveis no mercado.

A partir desta conclusão preliminar, no sentido de que os direitos dos consumidores, não podem, em sua maioria, ser considerados direitos equivalentes aos direitos do Título III (Direitos sociais) da Constituição de República Portuguesa[35], coloca-se a necessidade de compreender quais são os moldes do Título II (Direitos, liberdades e garantias), para confirmar se podem aí ser enquadrados.

Os Direitos, liberdades e garantias fazem parte da primeira geração dos direitos fundamentais. Foram consequência das revoluções liberais do século XVIII e constituíam liberdades do indivíduo em face do Poder Estatal. Os direitos de liberdade são, "em confronto com os direitos sociais, (...) direitos que constituem na esfera jurídica do titular, um espaço de autodeterminação através da garantia constitucional de um conteúdo juridicamente determinável de acesso ou fruição de um bem de direito fundamental."[36] São direitos de defesa e de liberdade do indivíduo contra interferências abusivas perpetradas pelo ente público.

Apesar de terem surgido em uma fase também anterior à que originou os direitos dos consumidores, o elemento definidor desta categoria de direitos pode ser suficiente para revelar a semelhança substancial entre ambos. A literatura portuguesa tem reconhecido, de forma homogénea, que a determinabilidade do conteúdo é o factor decisivo para a

---

[35] VIEIRA DE ANDRADE, José Carlos. *Direitos dos consumidores* ..., p. 53-64, entende que a maioria dos direitos dos consumidores são direitos sociais e explica quais são os efeitos jurídicos desta categoria.
[36] NOVAIS, Jorge Reis. *As restrições aos direitos* ..., p. 148.

concepção dos direitos do Título II.[37] Assim, os Direitos, liberdades e garantias são aqueles que podem ser referidos de maneira imediata, não sendo necessária legislação ordinária para dar-lhes liquidez e certeza.[38]

Diante destas considerações pode-se dizer que o direito a qualidade dos bens e serviços consumidos é o primeiro dos direitos enumerados no artigo 60.º a se ajustar a esta noção de liquidez e certeza do conteúdo da norma. Independentemente de legislação ordinária, facilmente se pode extrair desta disposição, que os produtos e serviços oferecidos ao consumo devem ter sido elaborados em atenção a um padrão técnico mínimo, que seja apto a garantir a satisfação da necessidade do consumidor, não apresentando defeitos que prejudiquem os fins a que se destinam.[39] Significa dizer que o consumidor tem o direito a receber os produtos e serviços que efectivamente realizem as funções para que foram concebidos, sem vícios que os tornem impróprios ou inadequados ao consumo.

O mesmo se pode sustentar acerca do direito à saúde[40] e à segurança do adquirente de produtos ou serviços (artigo 60.º, 1).[41] A pro-

---

[37] VIEIRA DE ANDRADE, José Carlos. *Os Direitos Fundamentais* ..., p. 197.

[38] CANOTILHO, Joaquim José Gomes. *Direito Constitucional* ..., p. 98, entende que, apesar de não ser critério exclusivo, trata de uma das dimensões materiais da categoria, pois se estas normas "são dotadas de aplicabilidade directa (...) então é porque os direitos por ela reconhecidos são dotados de densidade normativa suficiente para serem feitos valer na ausência de lei ou mesmo contra a lei."

[39] DIAS, Augusto Silva. *Direitos ao ambiente e à qualidade dos bens de consumo. A estrutura dos direitos ao ambiente e à qualidade dos bens de consumo e sua repercussão na teoria do bem jurídico e na das causas de justificação,* Separata de Jornadas em Homenagem ao Professor Doutor Cavaleiro de Ferreira, Lisboa, 1995, p. 187, defende uma "configuração poliédrica" do direito à qualidade dos bens de consumo, vale dizer, que se trata de um "direito fundamental total" que apresenta similitudes com os Direitos liberdades e garantias por apresentar uma dimensão subjectiva-difusa e por revelar uma componente negativa que permite concebê-lo como direitos de defesa.

[40] Sobre o tema, veja FROTA, Mário. *O direito à saúde e os consumidores,* Tribuna de Justiça n.º 3, 1990.

[41] MIRANDA, Jorge e MEDEIROS, Rui. *Constituição Portuguesa Anotada,* Tomo I, Coimbra: Coimbra Editora, 2005, p.55, esclarecem que o direito à saúde e segurança

tecção que se pretende dar e os bens jurídicos que se intentam salvaguardar, através do preceito constitucional, são claros e não dependem, por isso, de uma conformação ordinária. O fornecedor tem o dever de fornecer produtos ou serviços que não atentem contra o bem – estar físico e psicológico do consumidor e que não lhe acarretem risco ou perigo de dano.

Neste contexto, o que seria possível argumentar seria o facto de que a circunstância de ser eventualmente necessária uma intervenção normativa esclarecedora dos termos desta protecção, poderia gerar dúvidas acerca da liquidez e certeza do conteúdo do direito à saúde e à segurança dos consumidores. Todavia, admitindo que podem existir direitos, liberdades e garantias "procedimentalmente dependentes de actos legislativos concretizadores"[42], entende-se que referida afirmação não seria suficiente para retirar o carácter análogo do direito à saúde a à segurança dos consumidores,

Sendo assim, estes direitos podem ser considerados análogos aos direitos, liberdades e garantias porque, por um lado, a participação do Estado na sua realização prescinde das ditas prestações sociais típicas e, por outro, porque têm o seu conteúdo definido independentemente de norma infra constitucional.

Quanto ao direito à informação, o entendimento se mantém. Trata-se de um dos direitos do artigo 60.º em que há claramente um espaço de autodeterminação do indivíduo no acesso a um bem de direito fundamental. O direito à informações claras, precisas e suficientes, sobre o preço e sobre as características técnicas principais dos produtos, bem como a respeito das condições detalhadas do serviço, é imprescindível para que o consumidor possa tomar uma decisão de forma consciente, responsável e verdadeiramente livre. Deve haver um esclarecimento mínimo e efectivo sobre as qualidades físicas dos produtos e serviços, a sua repercussão económica e sobre os riscos à saúde e à segurança do consumidor.

---

do consumidor, tratam-se de direitos já consagrados na Constituição Portuguesa (artigos 27.º e 64.º) e que no artigo 60.º aparecem como uma garantia direccionada especialmente ao consumidor.

[42] CANOTILHO, Joaquim José Gomes. *Direito Constitucional ...*, p. 99.

Poder-se-ia ponderar se não seria imprescindível um complemento legislativo para definir quais os tipos de informações seriam essenciais para a efectividade da norma.[43] Porém, consoante explicado acima, referida particularidade não teria, por si, o condão de desconstituir a qualidade análoga deste direito, pelo que não merece maiores desdobramentos.

A matéria que neste momento merece cuidado, tem a ver com a oponibilidade do direito à informação. Acredita-se que, pelo conteúdo do direito, a principal entidade que se encontra vinculada ao seu cumprimento é o fornecedor de produtos e serviços.[44] Não se consegue muito bem admitir que o Estado, completamente alheio ao processo de fabricação, distribuição e venda do produto ou execução do serviço, tenha o dever de prestar referidas informações, quando efectivamente é somente o fornecedor que detém todas as condições para fazê-lo. Nada obsta, por certo, que o Poder público, actuando como fornecedor de bens ou serviços, seja chamado a cumprir com esta obrigação e, agindo como órgão soberano, tenha o dever prestar informações genéricas sobre o acto do consumo ou tenha o dever de não interferir na esfera de liberdade do consumidor. Contudo, como ente hierarquicamente superior, não deve possuir o dever de fornecer as informações essenciais e específicas sobre o bem ou serviço fornecidos, efectivamente, por outros sujeitos. Por este motivo, entende-se que o direito à informação é oponível, normalmente, aos particulares.

Ainda neste contexto em que se aborda o direito do adquirente do bem ou serviço em ser esclarecido relativamente às condições da contratação, há que se tecer um último comentário acerca do tema referente à publicidade. A publicidade, também elencada no artigo 60.º da Constituição Portuguesa, como parte dos direitos fundamentais dos

---

[43] MIRANDA, Jorge. *Manual de Direito...*, p. 152 e MIRANDA, Jorge e MEDEIROS, Rui. *Constituição Portuguesa ...*, p.149, afirma que o direito à informação do consumidor possui natureza análoga, "embora com limitações ou concretizações dependentes de princípios e institutos constitucionais conexos."

[44] CANOTILHO, Joaquim José Gomes. *Direito Constitucional ...*, p.323, classifica o direito a informação como direito social e afirma que se trata de um direito oponível tanto ao Estado quanto aos fornecedores de bens e serviços.

consumidores, vem regulada no n.º 2 que proíbe todas as formas de publicidade oculta, indirecta ou dolosa. Diante disto insta examinar se referido texto legal cria um direito fundamental autónomo à publicidade ostensiva[45], directa e inofensiva. Em que pese eventual opinião em contrário, parece preferível enquadrá-la como parte do direito fundamental à informação, já referenciado no n.º 1. Na sociedade de massa actual, a publicidade tem a dupla função de, por um lado, informar e, por outro, estimular o consumo. No âmbito da defesa do consumidor, o que interessa verdadeiramente é a função informativa e não propriamente a incentivadora da dinâmica do mercado. Assim, no aspecto que releva ao adquirente do bem ou serviço, a publicidade compõe o direito de ser informado de maneira adequada, verdadeira e suficiente.

Por fim, no que toca ao direito à reparação de danos, poucas dúvidas existem de que se trata de um direito análogo aos direitos liberdades e garantias. Traduz-se no direito de indemnização dos prejuízos causados ao consumidor, pelo fornecimento de bens ou serviços defeituosos, por assistência deficiente ou por violação do contrato de fornecimento.[46] Referido direito tem seu conteúdo definido independentemente de ato legislativo concretizador e por isto pode ser exigível pelo consumidor de maneira imediata. A doutrina maioritária tem adoptado esta posição[47] e algumas questões de inconstitucionalidade

---

[45] GOMES, Carla Amado. *O direito à privacidade do consumidor: a propósito da lei 6/99, de 27 de Janeiro*, Revista do Ministério Público n.º 77, Lisboa: Minerva, 1999, p. 97, considera o direito à proibição da publicidade não endereçada como direito fundamental análogo, pela via da Lei ordinária n.º 6/99, de 27 de Janeiro, que regula a publicidade domiciliária por telefone e por telecópia, nos termos da cláusula de qualificação do artigo 16, n.º 1 da Constituição da República Portuguesa, a qual admite a existência de outros direitos fundamentais além dos catalogados no próprio texto constitucional. VIEIRA DE ANDRADE, José Carlos. *Direitos dos consumidores ...*, p. 60, refere a regulação legal da publicidade como uma garantia fundamental necessária à protecção dos direitos dos consumidores.

[46] CANOTILHO, Joaquim José Gomes e MOREIRA, Vital. *Constituição da República Portuguesa...*, p. 323.

[47] MIRANDA, Jorge. *Manual de Direito...*, p. 151 e MIRANDA, Jorge e MEDEIROS, Rui. *Constituição Portuguesa ...*, p. 617, afirma que o direito dos consumidores à reparação de danos (art. 60.º, n.º 1) possui a natureza de direito de agir ou de exigir com eficácia imediata, ao qual ficam adstritas "quer entidades públicas quer entidades

têm sido colocadas, mas ainda não houve um pronunciamento afirmativo do Tribunal Constitucional[48].

Diante de todos os argumentos expostos, conclui-se que dentre os direitos dos consumidores elencados no artigo 60.º da Constituição da República Portuguesa, o direito a formação (artigo 60.º, n.º 1), o direito à protecção dos interesses económicos (artigo 60.º, n.º 1) e o direito das associações a terem apoio e serem ouvidas pelo Estado (artigo 60.º, n.º 3) assumem a natureza de direitos sociais. Quanto aos demais, vale dizer, o direito à qualidade dos bens e serviços (artigo 60.º, n.º 1), o direito à protecção da saúde e da segurança (artigo 60.º, n.º 1), o direito à informação (artigo 60.º, n.º 1) e o direito à reparação de danos (artigo 60.º, n.º 1), podem ser considerados análogos aos direitos, liberdades e garantias e acerca deles pode-se falar em efeito horizontal directo.[49]

A apreciação foi feita, tomando-se por base os direitos materiais dos consumidores, tendo sido excluídos os direitos de carácter emi-

---

privadas." No mesmo sentido, veja CANOTILHO, Joaquim José Gomes e MOREIRA, Vital. *Constituição da República Portuguesa...*, p. 147, CANOTILHO, Joaquim José Gomes. *Direito Constitucional* ... p. 438 e VIEIRA DE ANDRADE, José Carlos. *Direitos dos consumidores ...*, p. 45.

[48] A provedoria de Justiça, apresentou o pedido de fiscalização da constitucionalidade n.º R 2618/88 - R 23/94, tomando por base a analogia do direito à reparação de danos dos consumidores aos Direitos, liberdades e garantias. O Tribunal Constitucional Português fugiu expressamente à questão, nos Acórdãos 153/90, de 3 de Maio e 650/04, de 16 de Novembro.

[49] ALMEIDA, Carlos Ferreira de. *Direito do consumo,* Coimbra: Almedina, 2005, p. 58, ao ressaltar a aplicação directa dos Direitos, liberdades e garantias e dos direitos fundamentais de natureza análoga, sugere, sem identificar, que os direitos dos consumidores enquadrar-se-iam nesta analogia. MENEZES CORDEIRO, *Da natureza civil do direito do consumo,* Estudos em Memória do Professor Doutor António Marques dos Santos, vol I, Coimbra: Almedina, p. 684, não trata especificamente da natureza análoga dos direitos dos consumidores, no entanto, afirma que em termos técnico-jurídicos a generalidade deles não integram um verdadeiro conceito de direito subjectivo, ao mesmo tempo que parece admitir, sem esclarecer, que alguns deles podem ser directamente aplicáveis. Por fim, ALEXANDRINO, José de Melo. *A Estruturação do Sistema de Direitos, Liberdades e Garantias na Constituição Portuguesa.* Volume II. A construção dogmática, Coimbra: Almedina, 2006, p.273, entende que os direitos do artigo 60.º, n.º 1 possuem natureza análoga aos Direitos, Liberdades e Garantias.

nentemente processual (ex: o acesso à justiça – artigo 20.º, legitimidade processual – artigo 60.º, n.º 3, acção popular – artigo 52.º) e institucional (ex: artigo 46.º).

2.1.2 Análise das teorias sobre o efeito horizontal directo dos direitos fundamentais, em particular no que toca aos fornecedores de bens e serviços

Superada a primeira fase deste item 2.1 destinada a esclarecer quais os direitos fundamentais dos consumidores que podem ser considerados análogos aos direitos, liberdades e garantias, no intuito de poderem ser objecto de discussão acerca da vinculação directa dos particulares ao seu conteúdo, há que seguir a investigação procurando enquadrar as relações privadas de consumo nas teorias existentes acerca do temática, a fim de concluir se há respaldo suficiente para se sustentar, nestes casos, a tese do efeito imediato.

Sobre a matéria da vinculação directa dos preceitos constitucionais, a doutrina portuguesa se divide, basicamente, em três correntes divergentes. A primeira delas, defende a existência do efeito imediato, sob o argumento de que o artigo 18, n.º 1, é expresso ao estender a aplicabilidade directa dos Direitos, liberdades e garantias às entidades privadas. A segunda, considera que a vinculação dos particulares ao texto constitucional deve ocorrer apenas de modo mediato, vale dizer, através da concretização dos direitos fundamentais pelas normas de direito privado, sob pena de se invadir a esfera de autonomia e liberdade das partes. A terceira sustenta a necessidade de um posicionamento intermédio, que agregue elementos de ambas as outras, sem aderir integralmente ao conteúdo de nenhuma em particular.

Como defensores da teoria da eficácia directa, J.J Gomes Canotilho e Vital Moreira, justificam que se o artigo 18, n.º 1 não restringe os efeitos dos direitos fundamentais, a princípio deverão incidir nos mesmos termos em que valem perante o Estado, podendo ser limitados pela autonomia privada ou pela circunstância de serem direitos oponíveis apenas ao Poder público, sempre tendo em conta a protecção do conteúdo essencial do direito em confronto.[50] Ana Prata corrobora o entendimento afirmando que as entidades privadas têm de respeitar de forma directa e necessária os direitos constitucionalmente garantidos, não devendo estar dependentes da conformação legal pelo Estado.[51] Nunes Abrantes defende que os direitos fundamentais dever-se-ão aplicar com a mesma legitimidade e nos mesmos termos do vínculo indivíduo – estado, mas esclarece que a aplicação directa "não é de facto aplicação imediata", devendo-se analisar se os interesses em questão justificam a limitação da autonomia privada.[52]

Partidários da tese do efeito horizontal indirecto, Mota Pinto e Lucas Pires acolhem a relevância dos Direitos, liberdades e garantias apenas mediatamente, através das vias de direito civil, que serviriam como filtro, operando uma recepção dos preceitos constitucionais através de normas ordinárias concretizadoras ou de cláusulas gerais e conceitos indeterminados.[53] Menezes Cordeiro partilha do argumento mas, subsidiária e residualmente, aceita a eficácia directa com "limitações que lhes restituam o seu verdadeiro sentido normativo, designadamente com adequação axiológica e funcional"[54]

Em posição intermédia e maioritária, admitindo a vinculação directa das entidades privadas, sob critérios diferenciadores, Jorge Miranda separa as relações entre aquelas que ocorrem dentro de grupos, associações e de pessoas colectivas, das relações entre particulares desiguais e das relações entre particulares em igualdade de condições, explicando que em face das duas primeiras situações a aplicabilidade imediata se dá por identidade de razão e no último caso ocorre por

---

[50] CANOTILHO, Joaquim José Gomes e MOREIRA, Vital. *Constituição da República Portuguesa...*, p. 147.

[51] PRATA, Ana. *A tutela constitucional da autonomia...*, p. 137-140. Apesar de ser partidária da tese da eficácia directa, admite que é mais fácil admiti-la em situações onde exista uma relação de poder de uma parte em relação a outra.

[52] ABRANTES, José João Nunes Abrantes. *A vinculação das entidades privadas...*, p. 100.

[53] MOTA PINTO, Carlos Alberto da. *Teoria geral do direito...*, p.79 e PIRES, Francisco Lucas. *Uma Constituição para...*, p. 45.

[54] CORDEIRO, António Menezes. *Teoria Geral do Direito...*, p. 29.

analogia.⁵⁵ H. E. Hörster impõe como requisitos do efeito directo, a necessidade de que se tratem de direitos que tenham carácter de defesa contra Estado ou contra força social privada e que a sua aplicação acontece somente em regime supletivo – de recurso – sob pena de se atingir a autonomia privada.⁵⁶ Vasco Pereira da Silva, esclarece que diante de entidades dotadas de poder há a eficácia horizontal directa, consistente em um dever activo de cooperação, e nas relações interindividuais existe apenas a eficácia externa, como indicativa de um dever geral de respeito.⁵⁷ Benedita Mac Crorie entende que a existência de um poder privado não é suficiente para fundamentar uma vinculação mais intensa dos particulares, sendo o grau da autonomia real das partes um segundo critério válido e útil para resolver possíveis conflitos.⁵⁸

Ainda, Marcelo Rebelo de Sousa e José de Melo Alexandrino propõem soluções diferenciadas para haver concordância entre o programa dos Direitos, liberdades e garantias e a autonomia privada. Compreendem que a autonomia privada não pode prevalecer sobre direitos absolutos nem lesar intoleravelmente outros direitos oponíveis a todos. Desta forma, entendem que a "equiparação integral das entidades privadas às públicas se mostra razoável nos casos em que sejam detentoras de poder social de facto, não militando aí razões para que os direitos e liberdades não possam ser entendidos como direitos de defesa também contra elas."⁵⁹ Vieira de Andrade argumenta que os direitos fundamentais devem valer como direitos subjectivos contra entidades privadas que constituam poderes sociais equiparáveis à supremacia do Estado⁶⁰, no entanto, exige, para isto, o prévio esgotamento das vias de direito privado.⁶¹ Paulo Mota Pinto restringe a vin-

---

⁵⁵ MIRANDA, Jorge. *Manual de direito...*, p. 44.
⁵⁶ HÖRSTER, Heinrich Ewald. *A Parte Geral...*, p. 94.
⁵⁷ SILVA, Vasco Pereira da. *A vinculação das entidades privadas...*, p. 270.
⁵⁸ MAC CRORIE, Benedita Ferreira da Silva. *A vinculação dos particulares...*, p. 112.
⁵⁹ REBELO DE SOUSA, Marcelo e Alexandrino, José de Melo. *Constituição da República...*, p. 97.
⁶⁰ No mesmo sentido, CAUPERS, João. *Os direitos fundamentais...*, p. 174.
⁶¹ VIEIRA DE ANDRADE, José Carlos. *Os Direitos Fundamentais ...*, p. 245.

culação horizontal imediata apenas ao núcleo essencial dos direitos fundamentais, ou seja, limita aos casos em que haja real infracção à dignidade humana. Nas demais situações faz apelo à teoria dos deveres de protecção.[62] Por fim, Jorge Reis Novais considera "teoricamente insustentável" a proposta da eficácia directa e defende a tese dos deveres de protecção.[63]

Como se vê, os entendimentos são muitos e, pela limitação do estudo, não seria adequado aprofundar ou discutir qual deles tem inteira razão. Para o que foi proposto, reputa importante identificar quais os elementos presentes na maioria das teses desenvolvidas, a fim de confrontá-los com a situação específica do consumidor. Vale dizer apontar quais os critérios comuns, seus conceitos, características e respectivas projecções nas relações privadas entre consumidor e fornecedor de bens e serviços.

Aparentemente, a maior parte das construções teóricas apresentadas acima divergem em algum aspecto particular. Contudo todas acabam por concordar em dois pontos essenciais: por um lado, os sujeitos privados poderosos não podem ser tratados como quaisquer outros indivíduos, por outro, as restrições que atingem a dignidade da pessoa humana devem ser consideradas ilícitas.[64] Desta feita, os elementos tidos como indispensáveis para se reconhecer o efeito horizontal directo dos direitos fundamentais à entidades de direito privado, utilizados de forma homogénea pela doutrina, conformados pela autonomia pessoal e pela liberdade negocial, são, efectivamente, a situação fáctica de poder e a dignidade humana. Assim, insta analisá-los em face das relações privadas de consumo, a fim de se perceber se são, nestes casos, presumíveis, possíveis ou inconcebíveis.

---

[62] MOTA PINTO, Paulo. *O direito ao livre desenvolvimento...*, p. 237.

[63] NOVAIS, Jorge Reis. *Direitos fundamentais. Trunfos contra a maioria*, Coimbra: Coimbra Editora, 2006, p.10 e 77.

[64] MAC CRORIE, Benedita Ferreira da Silva. *A vinculação dos particulares...*, p. 62.

2.1.2.1 Situação fáctica de poder

O conceito de situação fáctica de poder não vem criteriosamente definido em normas ou na doutrina. Apesar disso é possível afirmar que existe desigualdade fáctica em uma relação, a partir do momento em que uma das partes não dispõe de igual liberdade quanto à celebração do negócio ou não detém iguais possibilidades quanto à estipulação das cláusulas negociais ou quanto à exigência de seu cumprimento.

Para que fique configurado o desequilíbrio não é necessário que haja uma relação de efectiva dependência ou subordinação, pois o que está em causa é um poder de facto e não de direito.[65] Da mesma forma não se impõe como condição que se esteja diante de um vínculo entre um indivíduo e uma pessoa colectiva, porque a superioridade real não se concretiza, necessariamente, pela natureza jurídica do sujeito.[66] O elemento relevante é a existência de circunstâncias concretas que comprometam a igualdade e o poder de livre determinação de um sujeito em relação ao negócio e à contraparte.

Como exemplos da mencionada realidade pode-se citar as relações de trabalho e os contratos de arrendamento. No que tange às relações de consumo, a doutrina parece reticente em aceitar esta concepção, pois exige, na maioria das vezes, um elemento extra para se configurar o desnível entre consumidor e fornecedor. Consideram necessário a presença uma circunstância agravante, como estar verificada uma situação de monopólio, de fornecimento de bens essenciais ou de um contrato de adesão[67].

---

[65] CAUPERS, João. *Os direitos fundamentais...*, p. 171.

[66] VIEIRA DE ANDRADE, José Carlos. *Os direitos fundamentais...*, p. 263, entende que apenas excepcionalmente pode-se falar em relação privada de poder entre pessoas singulares.

[67] VIEIRA DE ANDRADE, José Carlos. *Os direitos fundamentais...*, p. 263, compreende as relações de consumo como relações privadas de poder, quando forem casos de "monopólio de facto, de cartelização ou de oligopólio, pelo menos de bens essenciais." CAUPERS, João. *Os direitos fundamentais...*, p. 172, restringe às situações de fornecimento de serviços essenciais em situação de monopólio (direito ou de facto) e em geral sempre que a vinculação ocorra através de contratos de adesão.

A despeito das opiniões em contrário, entende-se que em uma relação de consumo existe, à partida, uma desigualdade entre os sujeitos, independentemente de condições extremas. Isso porque são os fornecedores que detêm todos os meios de produção e o controle do mercado, quer seja sobre o que produzir, como produzir e para quem produzir, quer seja na fixação das margens de lucro.[68] Além disso, dominam a técnica empregada na criação do produto ou na execução do serviço e têm, na grande parte das vezes, o poderio económico. Por fim, são titulares das informações e do conhecimento jurídico acerca do objecto e dos termos do negócio. Isto significa que no momento de contratar estão em uma posição privilegiada, em contraponto à situação de vulnerabilidade do consumidor[69], que se vê incapaz de comerciar em igualdade de condições, pelo seu desconhecimento técnico, económico, informativo e jurídico.

Concretamente é possível encontrar hipóteses em que a vulnerabilidade do consumidor parece diminuta, como por exemplo um engenheiro electrónico ao comprar um computador para o filho, um advogado, especialista em contratos, ao aderir a um serviço de internet para fins pessoais ou um consumidor abastado ao adquirir uma peça de artesanato de uma firma individual. De facto, nestas circunstâncias, seria difícil verificar a vulnerabilidade técnica, científica e económica, respectivamente. Contudo, ainda que as insuficiências casuisticamente apontadas pudessem não existir, a inferioridade do consumidor verificar-se-ia em algum dos demais aspectos. No primeiro caso, por exemplo, poderia se apelar à vulnerabilidade jurídica, no segundo à vulnerabilidade económica e no terceiro à vulnerabilidade informativa. Isto para dizer, que dificilmente o consumidor deixará de estar em uma posição de

---

[68] FILOMENO, José Geraldo Brito. *Código Brasileiro de Defesa do Consumidor Comentado pelos autores do Anteprojecto*, 7.ª ed. Rio de Janeiro: Forense Universitária, 2001, p. 54.

[69] Neste sentido, veja FILOMENO, José Geraldo Brito..., p. 55; BENJAMIN, António Herman de Vasconcellos. *Código Brasileiro de Defesa do Consumidor Comentado pelos autores do Anteprojecto*, p. 325 e 55, respectivamente, e PRUX, Óscar Ivan. *A responsabilidade civil do profissional liberal no Código de Defesa do Consumidor*, Belo Horizonte: Del Rey, 1998, p. 50.

inferioridade face ao fornecedor, seja na hora de contratar ou seja no momento de exigir o cumprimento.

Neste contexto, insta esclarecer que quando se fala em inferioridade, a pretensão não é a de construir uma figura de consumidor-vítima frente ao fornecedor. Nem a intenção é a de sustentar que algumas características peculiares do sujeito, concretamente identificáveis no caso, servem para conformar a definição de vulnerabilidade sugerida acima. Critérios como a ignorância, a idade (baixa ou avançada), a saúde frágil, bem como o padrão social, não estão sendo considerados para se tentar demonstrar a debilidade do consumidor. Isto porque mencionadas características são consentâneas com o conceito de hipossuficiência e não com a descrição de vulnerabilidade.[70] A vulnerabilidade é um traço universal de todos os consumidores, ricos ou pobres, educados ou ignorantes, crédulos ou espertos e a hipossuficiência é marca pessoal, limitada a alguns.[71] Os consumidores são vulneráveis na sua generalidade e podem ser hipossuficientes, consoante possuam ou não uma debilidade acrescida. Sendo assim a inferioridade a que se quer referir guarda relação com esta vulnerabilidade, ínsita a todos os adquirentes de bens e serviços. A mesma vulnerabilidade que provocou a intervenção do Estado nas relações de consumo, que deu causa ao tratamento jurídico protectivo do consumidor frente às entidades profissionais e que acabou por motivar a própria criação do direito do consumo.

Prestados os devidos esclarecimentos, parece oportuno considerar que se em um vértice da relação está o fornecedor de bens e serviços, que tem o controle do mercado, tem o domínio sobre a estipulação das cláusulas negociais e sobre o respectivo cumprimento contratual e, do outro lado, figura o consumidor que é vulnerável informativa, económica e tecnicamente, por não possuir as mesmas prerrogativas, parece estar confirmado que há efectivamente um desequilíbrio constante entre as

---

[70] BENJAMIN, António Herman de Vasconcellos e Benjamin. *Código Brasileirode defesa...*, p. 325.
[71] PRUX, Óscar Ivan. *A responsabilidade civil...*, p. 51.

partes, à semelhança do que há entre indivíduo – Estado.⁷² Desnível este que concretiza o conceito de situação fáctica de poder, exigido pela literatura como critério para se admitir a aplicação directa dos preceitos fundamentais ao direito privado.

Significa dizer, à guisa de conclusão, que nas relações de consumo há uma presunção de superioridade do fornecedor e consequente vulnerabilidade do consumidor, que por si preenche a definição de situação fáctica de poder, elemento mencionado pela doutrina como requisito para se pensar na teoria do efeito horizontal directo dos direitos fundamentais dos consumidores.

2.1.2.2 Dignidade da pessoa humana: liberdade de autodeterminação

Demonstrada a possibilidade de se aplicar imediatamente os direitos fundamentais dos consumidores, pela existência de situação fáctica de poder que caracteriza as relações de consumo em geral, há que se analisar se a infracção à dignidade da pessoa, requisito também admitido pela doutrina como justificador da vinculação directa dos particulares aos direitos, liberdades e garantias, poderia ser verificada neste âmbito.

Antes de mais, é mister esclarecer que, diante do tema proposto, não há espaço e nem seria coerente discorrer sobre o conceito de dignidade humana em seu aspecto histórico, filosófico e moral. Por este motivo, partir-se-á da concepção generalizadamente aceita de que a dignidade humana pode ser apurada sob dois aspectos pontuais, quais

---

⁷² MIRANDA, Jorge e MEDEIROS Rui. *Constituição Portuguesa...*, p. 617, admite a inferioridade do consumidor quando afirma: "A consagração constitucional de direito dos consumidores (...) patenteia bem um fenómeno de subjectivação derivado das transformações da sociedade e da consciência da relação de poder em que eles se encontram frente aos produtores e fornecedores públicos ou, mas frequentemente, privados." ABRANTES, José João Nunes Abrantes. *A vinculação das entidades privadas...*, p. 100, afirma que neste tipo de relações há uma presunção de que a parte mais fraca não se autodetermina livremente.

sejam: o tratamento do homem como um fim em si mesmo e o respeito pela sua liberdade individual de autodeterminação.[73]

Na primeira abordagem, consentânea com a ideia de que o homem não deve ser tratado como meio para se atingir um fim, pois ele é um fim em si mesmo, parece mais difícil vislumbrar hipóteses concretas no campo das relações de consumo. Admitir-se situações reais em que o fornecedor faz do consumidor um meio para alcançar um fim próprio ou que o trata como objecto, dependeria de ocorrerem situações extremas, como por exemplo uma empresa de cadeiras de rodas produzir uma publicidade degradante utilizando um deficiente físico, um fornecedor de produtos de emagrecimento servir-se de pessoas obesas como exemplo de forma física a evitar ou mesmo um fornecedor privado de saneamento básico suspender o serviço por um período excessivo. Seriam casos em que a aplicabilidade directa dos direitos fundamentais dos consumidores poderia gerar efeitos, mas tratam-se de hipóteses reconhecidamente raras.

Quanto ao segundo aspecto, a dificuldade, apesar de subsistir, parece ser menor. Ao se partir do pressuposto de que há infracção à dignidade humana quando há uma restrição a sua liberdade de autonomia pessoal[74], do poder de disposição e de autodeterminação individual[75], já parece mais coerente supor casos, na seara das relações de consumo, em que isto poderia efectivamente ocorrer. Ainda assim, seria necessário conceber a dignidade humana de um modo amplo[76], não apenas relativo

---

[73] NOVAIS, Jorge Reis. *As restrições aos direitos...*, p. 350, MORAES, Maria Celina Bodin de. *O conceito de dignidade humana: substrato axiológico e conteúdo normativo*, In: SARLET, Ingo Wolfgang. Constituição, Direitos Fundamentais e Direito Privado. Porto Alegre: Livraria do Advogado, 2003, p. 105-149 e NUNES Rizzatto. *O princípio constitucional da dignidade da pessoa humana,* Doutrina e Jurisprudência. São Paulo: Saraiva, 2002, p. 46.

[74] VIEIRA DE ANDRADE, José Carlos. *Os direitos fundamentais...*, p. 185, afirma que os direitos fundamentais servem para a defesa da autonomia pessoal.

[75] CANOTILHO, Joaquim José Gomes. *Direito Constitucional...*, p. 407, entende que os direitos fundamentais pretendem garantir o poder de disposição ou a autodeterminação dos indivíduos.

[76] CANOTILHO, Joaquim José Gomes e MOREIRA, Vital. *Constituição da República Portuguesa...*, p. 102, mencionam um "conceito ampliado e actualizado de dignidade

ao homem considerado em si mesmo, como objecto, mas em relação ao homem concebido como ser social, como "indivíduo conformador de si próprio e da sua vida segundo o seu próprio projecto espiritual"[77].

Poder-se-ia pensar, por exemplo, na hipótese de um consumidor adquirir um produto e posteriormente, quando da devolução pela existência de vícios, ser-lhe imposto, diante do não reembolso do montante pela loja, a obrigação de aceitar outra categoria de bens. Ou ainda, pugnando pela substituição do artigo, ser-lhe exigido a espera excessiva pelo conserto da peça defeituosa. Ao que parece seriam situações em que o consumidor, decidido a adquirir aquele produto em específico, capaz de ser útil ao fim desejado, veria seus planos inicias desvirtuados e teria como obrigação aceitar um produto diverso do pretendido ou um artigo defeituoso à partida, ainda que alvo de reparação. Seria também o caso de um consumidor efectuar um contrato de leasing com uma instituição de crédito e, sem receber as informações necessárias sobre as taxas de actualização e remuneração do crédito, indexar as parcelas por uma moeda estrangeira. Posteriormente, por uma alteração social e económica nacional, ver a dívida crescer em proporções absurdas, de modo a adulterar a sua pré concepção do negócio, com o eventual comprometimento de toda a sua existência.

Em ambos os exemplos poderia se constatar uma violação aos direitos fundamentais dos consumidores, fundada na limitação do seu poder de disposição e de autodeterminação. No entanto, ainda assim seria duvidoso sustentar a ocorrência de uma concreta infracção a dignidade humana. Talvez fosse mais coerente pensar-se em uma violação dos direitos dos consumidores pela afectação do livre desenvolvimento da personalidade[78], do que propriamente do núcleo essencial da dignidade humana[79].

---

do homem". Não se referem às relações de consumo, mas incluem no contexto as demais alterações sociais que originaram uma nova geração de direitos fundamentais, dentre as quais os direitos dos consumidores.

[77] CANOTILHO, Joaquim José Gomes. *Direito Constitucional...*, p. 483.

[78] MIRANDA, Jorge e MEDEIROS, Rui. *Constituição Portuguesa...*, p. 618, corrobora o entendimento ao reconhecer um "direito a liberdade de consumo, manifestação de um direito geral de liberdade ou de desenvolvimento da personalidade, como liberdade de consumir ou de não consumir e de escolha do bem a consumir."

Neste sentido vale a pena mencionar a decisão do Tribunal Constitucional da Alemanha que julgou inválida a fiança prestada por uma operária para garantir a vultuosa dívida do pai. O argumento foi no sentido de que a obrigação assumida pela fiadora, desproporcionada em razão de sua baixa renda, importava uma restrição económica para toda a sua vida e que isto representava uma violação do seu direito ao livre desenvolvimento da personalidade.[80] A despeito do acórdão não referir o direito do consumidor, a menção guarda relevo por se entender que se o problema ocorresse em Portugal, eventualmente se poderia pensar em analisá-lo com base no direito fundamental dos consumidores.

Em vista das considerações expostas, acredita-se que nas relações de consumo, apesar de possível, é difícil encontrar situações onde a atitude do fornecedor seja suficientemente lesiva a ponto de afectar a dignidade do consumidor. Destarte, para a doutrina que exige a concreta violação da dignidade humana como requisito para a admissão do efeito horizontal directo, os direitos dos consumidores não poderão vincular directamente os fornecedores privados de bens e serviços.

2.2. *Legislação ordinária de consumo e efeito indirecto do artigo 60.º da Constituição da República Portuguesa como auxiliares na efectiva protecção do consumidor. Necessidade de efeito directo?*

Ultrapassada a segunda etapa deste estudo, consistente em demonstrar que existe embasamento teórico concreto para se admitir a vinculação imediata dos fornecedores de bens e serviços aos direitos funda-

---

[79] CANOTILHO, Joaquim José Gomes. *Direito Constitucional...*, p. 473, menciona um contrato lesivo aos direitos dos consumidores como exemplo de infracção à dignidade da pessoa humana. VIEIRA DE ANDRADE, José Carlos. *Os direitos fundamentais...*, p. 65, afirma ser possível encontrar os critérios da dignidade e da jusfundamentalidade em alguns dos direitos dos consumidores.

[80] Sobre o caso veja CANARIS, Claus Wilhelm. *A influência dos direitos fundamentais sobre o direito privado na Alemanha,* In: SARLET, Ingo Wolfgang. Constituição, Direitos Fundamentais e Direito Privado..., p. 228.

mentais do consumidor, em primeira linha pelo critério do poder social de facto, em segunda, pela eventual infracção à dignidade humana, chega-se a fase de se tentar perceber se, na prática, o reconhecimento da irradiação dos preceitos constitucionais garantiria um acréscimo na defesa do consumidor.

Há que se investigar se realmente há a necessidade de se considerar o efeito horizontal directo, uma vez que existe em Portugal um conjunto numeroso de leis infraconstitucionais que, eventualmente, dispensariam o apelo imediato à Carta Magna. Além disso é reconhecido na doutrina o efeito horizontal indirecto, que, por si, poderia ser suficiente para concretizar a aplicação dos direitos fundamentais nas relações entre privados. Para se chegar a esta conclusão, é mister fazer uma abordagem a respeito do arcabouço legislativo vigente em matéria de consumo e, em seguida, traçar um panorama acerca das questões que foram ou podem ser levantadas em face das leis ordinárias, por estarem em conflito com a Constituição.

A política de defesa do consumidor em Portugal, é constituída pela Lei de defesa do consumidor n.º 24/96, de 31 de Julho, pela Lei n.º 23/96, de 26 de Julho, que regula os serviços públicos essenciais, além de várias normas derivadas da transposição de Directivas comunitárias. A referida recepção do Direito Comunitário, pelo direito nacional, tem ocorrido de maneira intensa e regular. São exemplos o Decreto-lei n.º 446/85[81], de 25 de Outubro, sobre as Cláusulas contratuais gerais, o Decreto-lei n.º 359/91, de 21 de Setembro, acerca do crédito ao consumo, o Decreto-lei n.º 383/89, de 6 de Novembro[82], respeitante à responsabilidade decorrente de produtos defeituosos, o Decreto-lei n.º 143/2001, de 26 de Abril, sobre os contratos à distância, o Decreto--lei n.º 50/2003, relativo à rotulagem e publicidade dos produtos, o Decreto-lei n.º 62/2003, acerca dos documentos electrónicos, o Decreto--lei n.º 67/2003, de 8 de Abril, relativamente a venda de bens de consumo e suas garantias, entre vários outros. Entretanto, o que se

---

[81] Alterado pelo Decreto-lei n.º 220/95 de 31 de Janeiro e pelo Decreto-lei n.º 249/99, de 7 de Julho.

[82] Alterado pelo Decreto-lei n.º 131/2001, de 24 de Abril.

constata é um quadro de dispersão e falta de homogeneidade legislativa, motivo pelo qual se optou pela criação de um Código do consumidor para Portugal.[83] A comissão encarregada da reforma, embora veja a codificação como tarefa complexa e delicada, numa área ainda jovem e em constante movimento, encara a unificação, sistematização e racionalização do direito do consumidor como fórmulas essenciais para garantir maior eficácia à política de consumo no país.[84] O projecto do Código foi entregue à entidade competente em Fevereiro de 2004.

Desta conjuntura, o que se pode retirar é a constatação de que o Poder Legislativo nacional tem trabalhado com certo rigor no que toca a regulamentar os direitos dos consumidores[85] e que o conjunto de legislação infraconstitucional, constituído por uma lei geral de defesa do consumidor e vários decretos-lei especiais, tem se mostrado suficiente para garantir a protecção da parte vulnerável em uma relação privada de consumo. No que interessa ao trabalho, há que ponderar se esta circunstância esgota a necessidade de se buscar um nível mais elevado de protecção, no caso constitucional, através da aplicabilidade imediata dos direitos fundamentais no direito consumeirista português.

Como é sabido, o efeito horizontal directo tem como campo de actuação a resolução dos conflitos entre particulares, oriundos de infracção a direitos fundamentais, nas circunstâncias em que a norma privada seja insuficiente para apresentar uma solução adequada, seja incompatível com a Constituição ou nos casos em que a lei ordinária simplesmente não exista.[86]

Sendo assim, se levarmos em consideração que uma das prerrogativas principais da admissão do efeito imediato dos preceitos cons-

---

[83] MENEZES CORDEIRO. *Da natureza civil...*, p. 708, é partidário da inclusão de normas de consumo no próprio Código Civil, a exemplo da experiência Alemã e ao contrário da opção Francesa.

[84] MONTEIRO, António Pinto. *Discurso do presidente da comissão do Código do Consumidor,* Boletim da faculdade de direito da Universidade de Coimbra, vol. LXXII, 1996, p. 409 e *Codificação para breve,* Revista Actualidade Jurídica, n.º 11, ano 1, p. 7.

[85] VIEIRA DE ANDRADE. *Os direitos dos consumidores...*, p. 63.

[86] HÖRSTER, Heinrich Ewald. *A Parte Geral...*, p. 97.

titucionais é a hipótese de omissão legislativa, é forçoso admitir que em Portugal, no âmbito do consumo, a admissão da vinculação directa dos particulares poderia ter a eficácia prática um pouco reduzida. Vale dizer que no contexto actual, em que a produção legislativa é intensa e constante, a princípio, não haveria lugar para casos de ausência de lei, que justificassem o recurso directo ao texto constitucional.

Isto não quer dizer que estas hipóteses de lacuna não existam de todo, pois pode se dar o caso de não terem sido ainda identificadas em face de casos concretos. Ademais, mesmo que se considere, em absoluto, que o problema da omissão legislativa em matéria de consumo, nunca poderia se colocar no direito pátrio, sempre resta o campo da incompatibilidade da norma privada face à constituição ou da impossibilidade da mesma dar uma resposta ao conflito, para que a tese do efeito horizontal directo possa ser aplicada e possa gerar o efeito prático pretendido. Conclui-se pois que, a despeito de poder haver uma redução no efeito prático do reconhecimento da vinculação directa dos fornecedores aos direitos fundamentais dos consumidores, pela presunção de que, com tantas leis especiais não existem lacunas legislativas, há sempre a possibilidade de uma das normas ser incompatível com os preceitos constitucionais ou a impossibilidade do direito privado apresentar soluções adequadas para a contenda. Destarte considera-se que há em Portugal um espaço livre, ainda que restrito, para se pensar no efeito horizontal directo dos direitos fundamentais dos consumidores.

Feita a primeira observação, dá-se seguimento à análise proposta no início do subitem, no sentido de averiguar se os conflitos, reais e abstractos, existentes entre consumidores e fornecedores privados, têm sido ou podem ser dirimidos através do efeito indirecto dos direitos fundamentais. Ou se, ao contrário, existe efectivamente a necessidade de se partir para a aplicação directa da Constituição, com todos os efeitos e riscos que isto pode significar.[87]

---

[87] A preocupação da maioria dos autores que se debruçam sobre o tema da eficácia horizontal directa dos Direitos, liberdades e garantias é perceber que há o risco de que a consequência seja: no entendimento de MOTA PINTO, Carlos Alberto. *Teoria gera do direito...*, p. 76, "uma extrema rigidez, inautenticidade e irrealismo na vida jurídico-privada", para MOTA PINTO, Paulo. *Direito ao livre desenvolvimento...*, p. 233,

Para tanto insta apresentar algumas situações legislativas concretas, entendidas como interessantes e polémicas, no intuito de perceber se a respectiva solução poderia ser encontrada através das normas privadas, das cláusulas gerais, dos conceitos indeterminados ou através da interpretação em face do texto constitucional. Feito isto, poder-se-á pensar com pormenor na autêntica importância em se defender a aplicação directa dos direitos fundamentais do artigo 60.º da Constituição da República Portuguesa.[88]

2.2.1 *Fixação das cláusulas de responsabilidade civil na Lei de defesa do consumidor n.º 24/96, de 31 de Julho*

O tema relativo à fixação das cláusulas de responsabilidade civil no direito português é objecto de uma acirrada polémica, no que toca à forma de se interpretar o artigo 809 do Código Civil, que regulamenta a matéria. O posicionamento maioritário vai no sentido de que as cláusulas limitativas e de exclusão de responsabilidade são consideradas nulas, nas hipótese de dolo ou de culpa grave, sendo válidas, em princípio, em caso de culpa leve.[89] Não obstante seja este o regime geral, há situações especiais que fogem à regra, merecendo um tratamento mais severo, como, entre outras[90], a protecção do consumidor.

"o nivelamento das especialidades do direito privado", para HORSTER, Heinrich Ewald. *A parte geral ...*, p. 97, "a destruição do princípio da autonomia privada" e para VIEIRA DE ANDRADE, José Carlos. *Os direitos dos consumidores...*,p. 62-64 "uma intervenção excessiva dos tribunais (...) sucumbindo à tentação de substituir o legislador para o objectivo sublime de defesa dos direitos fundamentais."

[88] Importa esclarecer que a recolha dos casos não seguem um critério exaustivo, mas apenas sinalizador de eventuais respostas.

[89] Sobre a discussão acerca da matéria, veja MONTEIRO, António Pinto. *Cláusulas limitativas e de exclusão de responsabilidade civil,* Coimbra: Almedina, 1985, p. 420 e *Cláusula Penal e Indemnização,* Coimbra: Almedina, 1990.

[90] Como, por exemplo, o artigo 504, n.º 3 do Código Civil, que limita a responsabilidade aos danos pessoais em caso de transporte gratuito; o artigo 3.º, n.º 1 do Decreto-lei n.º 446/85, de 25 de Outubro, que afasta a aplicabilidade do regime das cláusulas contratuais gerais a cláusulas típicas aprovadas pelo legislador e o artigo 10.º do Decreto-lei n.º 383/89, de 6 de Novembro, que impede a limitação de cláusula de exclusão ou limitação de responsabilidade do produtor.

A lei de defesa do consumidor dispõe no artigo 16 que "Sem prejuízo do regime das cláusulas contratuais gerais, qualquer convenção ou disposição contratual que exclua ou restrinja os direitos atribuídos pela presente lei é nula."

Pela simples leitura do texto, não se consegue perceber o real alcance pretendido pelo legislador, no que se refere ao direito à reparação de danos. Não parece haver dúvida quanto à extensão da nulidade às cláusulas que configurem a renúncia do consumidor ao direito à indenização, mesmo que a lei se refira aos direitos de uma forma genérica.

Contudo uma questão é de mais difícil entendimento. Trata-se da ressalva feita ao regime das cláusulas contratuais gerais. Referida norma ao determinar quais as cláusulas relativa e absolutamente proibidas, nas relações firmadas com consumidores finais, não aborda todas as hipóteses de responsabilidade civil, tornando possível que sejam fixadas cláusulas excludentes ou limitativas de responsabilidade em caso de *v.g.* danos patrimoniais contratuais, causados na esfera da contraparte ou nas situações de responsabilidade por não cumprimento definitivo, mora ou incumprimento defeituoso por culpa leve, não abrangidos pelas alíneas a) e b) do artigo 18[91].

Isto significa que, ao garantir a aplicabilidade do Decreto-lei n.º 446/85, de 25 de outubro[92], quando diz: "Sem prejuízo do regime das cláusulas contratuais gerais (...)", o legislador admite a aposição de cláusulas excludentes e limitativas de responsabilidade nas relações de consumo, quando se estiver diante de contratos de adesão, todavia, de acordo com a interpretação extensiva do artigo 16, entende proibida a afixação de cláusulas que restrinjam ou excluam a responsabilidade do fornecedor, nos contratos livremente negociados. Ou seja, ao mesmo

---

[91] Artigo 18.º - Cláusulas absolutamente proibidas: São em absoluto proibidas, designadamente, as cláusulas contratuais gerais que: a) Excluam ou limitem, de modo directo ou indirecto, a responsabilidade por danos causados à vida, à integridade moral ou física ou à saúde das pessoas; b) Excluam ou limitem, de modo directo ou indirecto, a responsabilidade por danos patrimoniais extracontratuais, causados na esfera da contraparte ou de terceiros (...)

[92] Alterado pelo Decreto-lei n.º 220/95, de 31 de Janeiro e pelo Decreto-lei n.º 249/99, de 7 de Julho.

tempo em que será possível ao fornecedor fixar cláusula disciplinadora da responsabilidade nos contratos formados por cláusulas contratuais gerais, ser-lhe-á proibido nas hipóteses de contratos livres.

É uma situação que causa estranheza, pois parece contraditório que quando se estiver em causa uma forma de contratação potencialmente capaz de gerar abusos ao consumidor e para a qual existe regulamentação específica e rigorosa, seja permitida a pré-fixação, pelo fornecedor, de cláusulas excludentes e limitativas de responsabilidade por danos e, em contrapartida, quando se tratar de uma forma de contratação tradicional, em que seja possível a discussão prévia do conteúdo, a utilização das cláusulas de irresponsabilidade padeça do vício da nulidade.

Como a lei de defesa do consumidor garante expressamente a aplicabilidade do regime das cláusulas contratuais gerais, está-se diante de duas opções, ou se interpreta restritivamente o artigo 16, a fim de amenizar a incompatibilidade dos regimes, ou se interpreta extensivamente o artigo 16 e se desconsidera a ressalva feita ao regime das cláusulas contratuais gerais.

A doutrina e jurisprudência portuguesas não esclarecem a dúvida, todavia consideram que, no campo da defesa do consumidor, há justificativa para um regime especial e mais rígido, traduzido na proibição total das cláusulas limitativas e de exclusão de responsabilidade.[93] Tendo em vista o imperativo de defesa do consumidor, entende-se que a regra do artigo 16 deve ser interpretada de maneira extensiva, ou seja, considerando-se nulas quaisquer cláusulas de restrição ou exclusão de responsabilidade, ainda nos casos em que se tiver diante de contratos de adesão. Ao que parece, ao ressalvar o regime das cláusulas contratuais gerais, o legislador não teve em conta a especialidade da situação do consumidor que exige, em determinadas situações, como esta do disciplinamento da responsabilidade civil, uma proteção qualificada.

Está-se diante de uma incongruência legislativa e a dúvida surge sobre a forma adequada de resolvê-la sem gerar uma redução ao direito

---

[93] COSTA, Mário Júlio de Almeida. *Direito das obrigações,* 8.ª ed. Coimbra: Almedina, 1986, p. 726 e MOTA PINTO, Carlos Alberto. *Teoria geral do direito....,* p. 595.

do consumidor. Entende-se que o apelo à protecção constitucional do consumidor, seria, de facto, a solução correcta. Lançar mão do direito à reparação de danos, constante do artigo 60.º da Constituição da República Portuguesa, como via de interpretação dos dois diplomas ou como via de concretizar cláusulas gerais como da boa fé[94], da ordem pública[95] ou dos bons constumes[96] poderia ser a solução para um eventual conflito ocorrido nestes termos. Seria um bom exemplo para se vislumbrar o efeito indirecto dos direitos fundamentais dos consumidores a funcionar como instrumento eficaz na protecção concreta da parte vulnerável da relação.

O Tribunal Constitucional Português já decidiu pela nulidade de determinadas cláusulas que restrinjam o direito à reparação de danos, tendo por fundamento o artigo 60.º da Constituição. Tratam-se de duas situações concretas em que foi declarada a nulidade de cláusulas que limitavam a indenização dos utentes por danos causados pelos Correios e Telecomunicações de Portugal e pelos Caminhos de Ferro de Portugal, por violação ao direito fundamental dos usuários do serviço.[97] Apesar de não serem casos directamente ligados à problemática apontada, servem para elucidar que o direito fundamental à reparação de danos pode ser utilizado indirectamente para garantir maior efectividade na protecção do consumidor.

---

[94] Artigo 15.º do Decreto-lei n.º 446/85, de 25 de Outubro, e Artigo 227.º do Código Civil.

[95] Artigo 280.º, n.º 2 do Código Civil. MONTEIRO, António Pinto. *Cláusula limitativas e de exclusão...*, p.314-332, sustenta que a defesa do consumidor consiste em um imperativo constitucional e deve ser garantida "por razões de ordem pública social", de modo que as cláusulas de exclusão de responsabilidade ou de garantias do consumidor tornam-se inadmissíveis.

[96] Artigo 280, n.º 2 do Código Civil.

[97] Acórdão n.º 153/90, de 3 de Maio, publicado no Diário da República, II, Série, de 7 de Setembro de 1990 e Acórdão n.º 650/04, de 16 de Novembro, respectivamente. Vale mencionar o Acórdão n.º 101/2000 que, a despeito de não tratar especificamente do direito à reparação de danos, também aceita a argumentação protectiva do consumidor com base no artigo 60.º da Constituição da República Portuguesa.

2.2.2 Vícios no objecto do contrato celebrado entre profissional e consumidor. Alternativas do artigo 4.º do Decreto-lei n.º 67/2003, de 08 de Abril

O Decreto-lei n.º 67/2003, de 08 de Abril, ao transpor a Directiva Comunitária n.º 1999/44/CE, do Parlamento Europeu e do Conselho, de 25 de Maio[98], aprovou o novo regime jurídico para a conformidade dos bens móveis com o respectivo contrato de compra e venda de bens de consumo, com o contrato de fornecimento de bens de consumo a fabricar ou a produzir e com a locação de bens de consumo, celebrado entre profissional e consumidor.

Em seu artigo 4.º, n.º 1 estabelece que "Em falta de conformidade do bem com o contrato, o consumidor tem o direito a que seja resposta sem encargos, por meio de reparação ou de substituição, à redução adequada do preço ou à resolução do contrato."

Questão interessante se coloca acerca de saber se existe hierarquia entre os direitos elencados no decreto-lei ou e se existe a possibilidade de escolha aleatória pelo consumidor. O artigo nada menciona a respeito, contudo há quem entenda que diante da constatação de vícios no produto ou serviço, não existe a liberdade de decisão pelo consumidor. Vale dizer que será forçado a, em primeiro lugar, solicitar a reparação ou substituição do bem, para somente depois requerer a redução do preço ou a resolução do contrato.[99]

Apesar deste posicionamento divergente, entende-se que o consumidor, como parte vulnerável, deveria estar livre para optar pela alternativa mais adequada, porque tem se constatado, na prática, que esta espécie de "protecção" do fornecedor tem permitido abusos e ingerências.

---

[98] Relativa à aproximação das disposições dos Estados membros da União Europeia sobre certos aspectos da venda de bens de consumo e das garantias a ela relativas.

[99] CALVÃO DA SILVA, João Calvão da. *Venda de bens de consumo.* Comentário. Decreto-lei n.º 67/2003, de 08 de Abril, Directiva n.º 1999/44/CE, Coimbra: Almedina, 2003, p.24, defende este posicionamento com base na análise conjunta dos artigos 3.º, 5.º e 10.º da Directiva Comunitária n.º 1999/44/CE, do Parlamento Europeu e do Conselho, de 25 de Maio.

Ao que parece este é um problema que poderia facilmente ser levantado em casos concretos. Não parece difícil que um particular procurasse ver seu direito à qualidade dos bens e serviços respeitado na sua integralidade, em face de um fornecedor, também entidade privada. E que argumentasse, em razão disto, que a imposição de uma ordem de escolha obrigatória significara uma flagrante redução ao seu direito fundamental do artigo 60.°. Eventual interpretação da norma conforme a Constituição consubstanciaria o efeito mediato do direito fundamental à qualidade dos bens e serviços, em uma relação privada de consumo, o que serviria para demonstrar que também nesta conjuntura, o efeito horizontal indirecto dos preceitos constitucionais estaria protegendo concretamente a parte vulnerável.

2.2.3 *Conceito de consumidor da Lei de defesa do consumidor n.º 24/96, de 31 de Julho. Cenário da pessoa colectiva*

O ordenamento jurídico português não dispensa tratamento homogêneo no tocante ao conceito de consumidor. Como reflexo da dispersão normativa, característica do direito consumerista pátrio, bem como da influência do direito comunitário e internacional, a definição pode sofrer variações dependendo da matéria envolvida e da lei aplicável ao caso. Isto quer dizer que, para caracterizar o sujeito como consumidor, não basta tentar enquadrá-lo em uma fórmula única e estática, elaborada genericamente para as relações de consumo, uma vez que se está à mercê do assunto tratado, da norma respectiva, bem como dos critérios, doutrinais e jurisdicionais, de interpretação legislativa. Assim, o juízo sobre a figura do consumidor encontra-se estritamente vinculado à situação específica, *vg.* crédito ao consumo, cláusulas gerais em contratos de consumo, indicação de preços ou publicidade e, sendo assim, dependente de análise das leis respectivas, *v.g* Lei n.º 138/90, de 26 de Abril; Decreto-lei n.º 448/85, de 25 de Outubro e Decreto Lei n.º 330//90, de 23 de Outubro.

De qualquer modo, importa ter atenção à lei geral de defesa do consumidor, Lei n.º 24/96, que define como consumidor, "todo aquele a quem sejam fornecidos bens, prestados serviços ou transmitidos quaisquer direitos, destinados a uso não profissional (...).''

O aspecto que merece destaque para o tema, tem a ver com a natureza jurídica do sujeito envolvido. Consoante o texto legal, o consumidor poderia ser qualquer pessoa, singular ou colectiva, a quem fosse destinado bem, direito ou serviço, uma vez que a expressão determinante menciona "todo aquele a quem". No entanto a posição maioritária da doutrina, consentánea com a produção jurídica estrangeira e com a tendência expressa pelas normas comunitárias[100], firmou-se no sentido de admitir como consumidores apenas as pessoas físicas, excluindo do alcance da norma as pessoas colectivas. [101]

Em sentido contrário à generalidade da literatura, acredita-se que a exclusão da pessoa colectiva da abrangência da norma, sem que esta assim o tenha feito expressamente, configura uma interpretação por deveras restritiva. Concorda-se que a lei de defesa do consumidor tem por escopo proteger o débil, o vulnerável e que, por diversas oportunidades, estes qualificativos não se aplicam às pessoas colectivas, as quais possuem uma estrutura forte e melhor preparada para actuar no mercado. No entanto, a presunção de superioridade das pessoas colectivas pode ser elidida naquelas hipóteses em que actuem fora do seu campo profissional, ou seja, adquirindo produtos e serviços como destinatárias finais e não como matéria prima para o desempenho da actividade lucrativa, já que nestas condições podem apresentar-se em um patamar inferior, a nível técnico, informativo e económico, se comparadas ao fornecedor.[102]

---

[100] A Carta de Protecção do Consumidor do Conselho da Europa, expressa e isoladamente, admitia a pessoa colectiva como consumidora: "(...) pessoa física ou colectiva, a quem são fornecidos bens e prestados serviços, para uso privado. Resolução n.º 543, de 17 de Maio de 1973, da Assembléia Consultiva do Conselho da Europa. As Directivas Comunitárias n.º 97/7/CE, de 20 de Maio de 1997, 2000/31/CE, de 8 de Junho de 2000, 93/13/CEE, de 5 de Abril de 1993, 87/102/CEE, de 22 de Dezembro, 1999/44/CE, de 25 de Maio de 1999 e 98/6/CE, de 16 de Fevereiro de 1988, de maneira genérica, utilizam-se da expressão "qualquer pessoa singular" para definir o consumidor.

[101] ALMEIDA, Teresa. *Lei de defesa do consumidor anotada*, Lisboa: Instituto do consumidor, 2001, p. 27. CALVÃO DA SILVA, João Calvão. *Responsabilidade civil...*, p. 60.

[102] ALMEIDA, Carlos Ferreira de. *Os direitos dos consumidores...*, p. 216, defende ser possível estender o conceito de consumidor às pessoas colectivas naquelas hipóteses

Em face desta discussão, pode-se pensar em buscar na teoria do efeito indirecto dos direitos fundamentais, pela via da interpretação conforme à Constituição, uma resposta para a polémica. Isto, no sentido de se afirmar que a Constituição, ao regular os direitos dos consumidores, tratou a figura do consumidor de uma forma genérica, sem fazer restrições ou concessões consoante a natureza jurídica do sujeito. Da mesma maneira que não restringiu o regime dos direitos fundamentais às pessoas singulares, admitindo que a pessoa colectiva também pode ser sujeito passivo dos preceitos constitucionais.[103] Assim, acredita-se que é possível incluir no conceito de consumidor também as pessoas colectivas[104] pelo que uma eventual interpretação do artigo da lei de defesa do consumidor no sentido de excluí-las, seria uma orientação contrária ao texto constitucional. Assim, se ocorresse um caso concreto em que a pessoa colectiva particular, flagrantemente vulnerável, exigisse a aplicação das normas privadas de consumo ao contrato firmado com o fornecedor, também privado, e houvesse dúvida na forma de se interpretar a norma, dever-se-ia levar em consideração o texto constitucional,

---

em que não exerçam uma actividade eminentemente empresarial, como por exemplo as "associações (autarquias locais, entidades de beneficência) que tenham a seu cargo unidades de assistência (hospitais, asilos)". DUARTE, Paulo. *O conceito jurídico do consumidor, segundo o artigo 2.º/1 da lei de defesa do consumidor.* Boletim da faculdade de direito da Universidade de Coimbra. Coimbra: Coimbra Editora, 1999, p 664, defende a análise, caso a caso, pelo critério teleológico. MENEZES CORDEIRO, *Da natureza civil...,* p.710, entende que não há razões para restringir o conceito de consumidor às pessoas singulares e que se isto ocorresse seria um "retrocesso conceitual de todo impensável para mais num sector normativo que procura uma melhor apreciação da realidade económica e social."

[103] VIEIRA DE ANDRADE, José Carlos. *Os direitos dos consumidores...* p. 48, afirma que as pessoas colectivas só são titulares de preceitos fundamentais por analogia, com as devidas adaptações e na medida da especialidade do fim. CANOTILHO, Joaquim José Gomes. *Direito constitucional...,* p. 399, dá como exemplos de direitos fundamentais de pessoas colectivas o direito de antena, de resposta e réplica política, o direito a comissões de trabalhadores, direitos de associações sindicais e direito à greve.

[104] VIEIRA DE ANDRADE, José Carlos. *Os direitos dos consumidores...* p. 48, entende que a inclusão da pessoa colectiva no conceito de consumidor, pela lei portuguesa, implica um alargamento legislativo da protecção constitucional.

a fim de se estender o campo de incidência dos diplomas consumeristas à dita relação entre particulares[105].

A despeito de ser esta a ideia defendida, compreende-se que referido percurso não parece tão simples, uma vez que, neste caso, ao contrário dos anteriores, está-se diante de uma norma privada regulamentadora de um conceito que é utilizado pela Constituição, mas não é definido por ela. Assim, a incerteza que subsiste refere-se a saber se, efectivamente, pode-se pensar no efeito indirecto do direito fundamental do consumidor como elemento de interpretação de uma norma privada, no aspecto em que ela concretiza um conceito deixado em aberto pelo próprio texto constitucional. Parece que sim, mas trata-se de uma situação merecedora de exame redobrado.

Diante de tudo o quanto foi exposto neste capítulo, é chegada a hora de cumprir com os objectivos propostos inicialmente. No que tange ao primeiro aspecto abordado, impende concluir que a existência de vasta legislação ordinária de consumo constitui um factor reducente, mas não impediente, do aspecto prático que a admissão do efeito imediato dos preceitos fundamentais poderia gerar no direito português. No que se refere ao segundo tópico, cumpre inferir que, diante da análise das três circunstâncias legislativas controversas, pode-se assentar que, actualmente, o reconhecimento do efeito indirecto dos direitos constitucionais tem sido suficiente para dirimir os conflitos entre as entidades privadas, o que representa um argumento contrário à ideia da necessidade efectiva do apelo imediato à protecção constitucional do consumidor.

2.3. Inexistência de recurso de amparo. Factor impeditivo do efeito horizontal directo?

Ultrapassada a ponderação teórica sobre o efeito horizontal directo dos preceitos constitucionais, bem como a explanação acerca da

---

[105] Isto se não estivesse em causa uma norma que estabeleça um conceito próprio de consumidor, no sentido de restringi-lo à pessoa singular.

necessidade, ainda que diminuta, da admissibilidade da teoria, resta investigar se a inexistência de recurso de amparo, como instrumento de protecção dos direitos fundamentais, constitui um impedimento para que a tese da vinculação imediata dos fornecedores aos direitos fundamentais dos consumidores possa ser conhecida judicialmente.

Em Portugal, o controle jurisdicional da constitucionalidade é executado pelos Tribunais Ordinários (artigo 204) e pelo Tribunal Constitucional (artigo 223 da CRP).[106] Os Tribunais Comuns decidem sobre as questões de constitucionalidade levantadas nos casos concretos e suas decisões são recorríveis ao Tribunal Constitucional. Este, por sua vez, tem a competência exclusiva da fiscalização preventiva, sucessiva e abstracta da Constituição, da fiscalização da inconstitucionalidade por omissão e julga os recursos das decisões dos tribunais inferiores em matéria constitucional.[107] Ambos os órgãos de controlo são competentes para apreciar e decidir sobre as questões de constitucionalidade das normas, devendo desaplicar aquelas que considerem inconstitucionais.

Destas notas preliminares destacam-se duas características essenciais do sistema de fiscalização constitucional português. A primeira delas é que o controle da constitucionalidade é um controle de normas e não de actos ou decisões e a segunda é que não existe no ordenamento jurídico pátrio nenhum instrumento de queixa contra violação a direitos fundamentais dos particulares que possa ser interposto directamente no Tribunal Constitucional[108]. Se o Tribunal Constitucional só pode fiscalizar

---

[106] GOMES, Carla Amado. *Pretexto, Contexto e Texto da Intimação para Protecção de Direitos, liberdades e garantias,* Estudos em homenagem ao Professor Doutor Inocêncio Galvão Telles, vol. V, p. 544. Os meios de tutela de direitos, liberdades e garantias podem ser também não jurisdicionais como o direito de petição, a queixa ao Provedor de Justiça, os meios de impugnação administrativa e o direito de resistência. Sobre a actuação do Provedor de Justiça, veja CANOTILHO, Joaquim José Gomes. *O provedor de Justiça e o efeito horizontal de direitos, liberdades e garantias,* Estudos sobre direitos fundamentais. Coimbra: Coimbra Editora, 2004, p. 85-97.

[107] VITAL MOREIRA. *O Tribunal Constitucional Português: a" fiscalização concreta" no quadro de um sistema misto de justiça constitucional,* Sub Júdice Justiça e Sociedade, Janeiro-Junho, 2001, p. 96.

[108] VITAL MOREIRA. *O Tribunal Constitucional...,* p. 104.

as intervenções restritivas de direito quando na causa do acto lesivo esteja uma norma inconstitucional e se não pode receber queixas directamente da vítima, é forçoso denotar que as infrações a direitos fundamentais de entidades privadas, perpetradas pelos tribunais, por órgãos da administração pública e pelos particulares, teoricamente estão "subtraídas à intervenção garantística do Tribunal Constitucional".[109]

Esta constatação teórica tem gerado muitas discussões acerca da necessidade de se criar um recurso de amparo[110], a exemplo da Espanha, Alemanha, Suíça e Holanda, para permitir a queixa directa de particulares contra a violação dos seus direitos fundamentais[111], cometidas por entidades privadas. Independentemente de se chegar a um consenso, a respeito da imprescindibilidade ou adequação da proposta no sistema de controle da constitucionalidade português, o que importa de facto ponderar é se esta ausência de uma reclamação directa ao Tribunal Constitucional constituiria um factor impeditivo para se reconhecer o efeito horizontal directo dos Direitos, liberdades e garantias às relações entre privados.

Há quem argumente que se uma infracção a direito fundamental de um particular causada por outra entidade privada não pode ser levada ao Tribunal Constitucional, nem por via de recurso à decisão ordinária, quando não estiver em causa uma norma inconstitucional, nem por via

---

[109] NOVAIS, Jorge Reis. *Em defesa do recurso de amparo constitucional (ou uma avaliação crítica do sistema português de fiscalização concreta da constitucionalidade),* Themis. Revista da Faculdade de Direito da UNL. Ano VI, n.º 10, 2005, p. 95.

[110] NOVAIS, Jorge Reis. *Em defesa do recurso...,* p. 107, entende que o sistema actual de controle da constitucionalidade é insuficiente para proteger os particulares contra infracções a seus direitos fundamentais. CORREIA, Fernando Alves. *A Justiça Constitucional em Portugal e em Espanha. Encontros e divergências,* Revista de Legislação e Jurisprudência, Ano 131, n.º 3891, p. 162, n.º 3892, p. 177 e n.º 3893, p 234, aponta a dificuldade de harmonização do instituto com o sistema português de fiscalização, a existência de um conjunto de garantias constitucionais de tutela jurisdicional efectiva dos interesses dos particulares em face da administração, e por último o temor de surgimento de conflitos entre o Tribunal Constitucional e os restantes tribunais.

[111] Sobre o assunto, veja HÄBERLE, Peter. *O recurso de amparo no sistema germânico de justiça constitucional* e LUENGO, Juan Doncel. *El modelo espanõl de justicia constitucional,* Sub júdice n.º 20/21. Janeiro-Junho, 2001, p. 33-63.

de queixa directa, a teoria de que os direitos fundamentais dos consumidores são directamente aplicáveis acabaria sem sentido pelo facto do Tribunal não a poder reconhecer.

De facto, a ausência de um instrumento que permita aos particulares apresentarem recurso constitucional, independentemente da existência de um pleito judicial, impede que reclamem directamente contra actos lesivos aos seus direitos fundamentais levados a cabo por particulares, tribunais ou outros órgãos da administração pública. Contudo, isto não parece o mesmo que dizer que estão impedidos de ver seus direitos analisados sob a luz da constituição, por uma outra via. É que parece possível vislumbrar dois caminhos para que uma reclamação contra ofensas aos Direitos, liberdades e garantias dos particulares possa ser efectivamente analisada no âmbito constitucional.

A primeira das possibilidades, não tão óbvia e directa, tem a ver com a forma alargada com que o Tribunal Constitucional tem recebido os recursos impetrados contra as decisões dos Tribunais Ordinários. Consoante exposto acima, o Tribunal Constitucional tem o dever e a competência para analisar a inconstitucionalidade das normas. No entanto, actualmente, tem reconhecido que o conceito de normas pode abranger "inclusive as normas interpretativas usadas pelo juiz comum, ou as normas construídas através de outras para decidir daquela determinada maneira".[112] Ou seja, tem admitido que a interpretação e a construção do juiz ordinário são passíveis de análise de inconstitucionalidade, tal como se normas fossem, o que equivale a dizer que a matéria versada na decisão ordinária pode ser analisada em face da norma constitucional. Está-se diante de uma situação de "quase recurso de amparo"[113], em que se torna possível que a aplicabilidade directa dos preceitos constitucionais nas relações privadas seja avaliada.

---

[112] NOVAIS, Jorge Reis. *Em defesa do recurso...*, p. 109.

[113] NOVAIS, Jorge Reis. *Em defesa do recurso...*, p. 109, ao defender o recuso de amparo, afirma que a modificação seria necessária para que a possibilidade de revisão judicial pelo Tribunal Constitucional, quando estiver em causa uma violação aos direitos fundamentais, não ficasse restrita a particulares que tenham dinheiro para pagar advogados que conheçam "a utilização inteligente da agilidade do actual recuso de constitucionalidade."

De facto, quer parecer que há aqui uma dúvida a respeito de se definir se seria este um caso de efeito indirecto, uma vez que o preceito constitucional será analisado por intermédio de uma "norma", que efectivamente não é uma norma, ou se seria um caso de efeito directo, pois apesar de a interpretação e a construção do juiz ordinário serem entendidas como "norma", verdadeiramente não o são. Entende-se que se pode falar em efeito directo pois na prática a matéria versada pelo particular sobre a infracção ao seu direito fundamental, não baseada em uma inconstitucionalidade normativa, chegará à análise do Tribunal Constitucional. Por uma via formalmente inadequada, talvez, mas chegará. E para o que se pretende concluir isto já é satisfatório.

O segundo dos caminhos guarda relação com a competência dos Tribunais Ordinários para analisar os casos à luz dos preceitos constitucionais. Conforme demonstrado, os tribunais comuns têm acesso directo a constituição, devendo julgar as questões de inconstitucionalidade apresentadas pelas partes. Assim, tem o dever de atentar para os direitos fundamentais dos particulares, violados por entidades privadas, mesmo que haja posteriormente um recurso ao Tribunal Constitucional[114]. Desta forma, os preceitos constitucionais podem ser analisados nesta instância e a problemática sobre o efeito horizontal directo dos direitos fundamentais pode ser vista. Efectivamente a realidade mostra que os Tribunais Ordinários portugueses têm decidido várias questões aplicando directamente os direitos fundamentais às entidades privadas, deixando, no entanto, de se pronunciar expressamente sobre a questão teórica envolvida.[115]

Dito isto, pondera-se que se a violação de direitos fundamentais por particulares, sem que esteja em causa uma norma inconstitucional, pode ser analisada tanto por recurso ao Tribunal Constitucional, quando se reconheça a interpretação e construção judicial como "norma"; como

---

[114] FARINHA, João de Deus Pinheiro. *Tutela dos direitos fundamentais em Portugal*, O Direito, Ano 126.º, Janeiro-junho,1994, Lisboa: Faculdade de Direito de Lisboa, p. 50.

[115] Mc CROIRE, Benedita Ferreira da Silva. *A vinculação dos particulares ...*, p. 88.

pelos Tribunais Ordinários, isto é suficiente para concluir que há efectivamente um campo em que o efeito directo dos direitos fundamentais poderia ser admitido e aplicado.

Não se pretende com isto entrar no mérito da adequação do actual modelo de controlo da constitucionalidade em Portugal, para se proteger os direitos fundamentais. Apenas se quer demonstrar que a admissibilidade do efeito directo não está estritamente vinculada à existência de um recurso de amparo, mesmo que isto pudesse significar uma nova via, directa e prática, para se proteger os Direitos, liberdades e garantias.

3. Considerações finais

Feitas as abordagens relevantes é chegado o momento de apresentar as conclusões obtidas com a investigação. Para tanto insta retornar ao questionamento proposto no título, que sugere a reflexão: A vinculação dos particulares aos direitos fundamentais dos consumidores na ordem jurídica portuguesa: pode-se/deve-se pensar em eficácia horizontal directa?

Para se responder à primeira parte da questão, referente à possibilidade teórica de se reconhecer a aplicabilidade directa dos preceitos constitucionais aos fornecedores privados de bens e serviços, foi necessário fazer uma análise do artigo 18, n.º 1 da Constituição da República Portuguesa que admite expressamente a eficácia horizontal directa dos Direitos, liberdades e garantias. Inicialmente foram identificadas duas dificuldades, uma delas relativa ao facto de os direitos dos consumidores não pertencerem ao Título II, destinados aos Direitos, liberdades e garantias, e a outra, alusiva à renitência da doutrina em reconhecer o comando do artigo 18 como suficiente para se acolher a tese da aplicabilidade imediata no direito português. Para superar a problemática conseguiu-se demonstrar que a maioria dos direitos dos consumidores, nomeadamente o direito à qualidade dos bens e serviços (artigo 60, n.º 1), o direito à protecção da saúde e da segurança (artigo 60, n.º 1), o direito à informação (artigo 60, n.º 1) e o direito à reparação de danos (artigo 60, n.º 1) podem ser considerados análogos aos Direitos, liberdades e garantias, de forma que acerca deles pode-se falar em efeito directo. Também se colheu demonstrar que para a corrente doutrinária que exige a constatação de uma situação fáctica de poder entre as partes, a admissão da tese está teoricamente autorizada, porque em todas as relações de consumo há, à partida, a manifesta vulnerabilidade do consumidor. Quanto à parte da literatura que impõe como requisito, para aceitar a irradiação directa dos preceitos constitucionais, a infracção à dignidade humana da vítima, ousou-se sugerir que referidas hipóteses podem eventualmente ocorrer, contudo acabou-se por entender que seriam ocasiões muito raras para se sustentar a aplicabilidade directa dos direitos fundamentais dos consumidores nestes casos.

Repassadas as considerações, conclui-se que é possível de se defender o efeito horizontal directo dos direitos dos consumidores, quando estiver em causa o direito à qualidade dos bens e serviços, o direito à protecção da saúde e da segurança, o direito à informação ou o direito à reparação de danos, porque nas relações de consumo se presume que há uma situação fáctica de poder entre as partes ou porque se verificou, em circunstâncias muito particulares, uma violação à dignidade humana do consumidor.

No que tange a segunda parte da indagação, relativa ao "dever" se reconhecer o efeito horizontal directo, identificou-se como relevante apurar se há actualmente a necessidade prática de se buscar respostas directamente à Constituição Portuguesa. Para tanto, pretendeu-se fazer uma breve análise à legislação consumerista nacional e aos termos em que a teoria do efeito horizontal indirecto poderia auxiliar na protecção do consumidor, sem que fosse preciso partir para a aplicabilidade directa. Sobre isto constatou-se que o conjunto de legislação infraconstitucional tem se mostrado suficiente para proteger o vulnerável em conflitos privados de consumo, de forma que, no campo da omissão legislativa, em que a teoria da vinculação directa poderia ser útil, não há, aparentemente, espaço para esta actuação. O que não significa que nos demais aspectos, como o da incompatibilidade da norma privada face à Constituição ou da impossibilidade da norma dar uma resposta ao conflito, não haja campo, ainda que restrito, para se pensar no efeito horizontal directo dos direitos fundamentais dos consumidores. Quanto à aplicabilidade indirecta dos preceitos constitucionais percebeu-se que apesar de não existirem muitos casos concretos, os problemas abstractamente identificados, como por exemplo, o referente às cláusulas de responsabilidade civil, às alternativas para sanar os vícios no produto ou serviço e ao conceito de consumidor, poderiam ser resolvidos na seara do direito privado e através da aplicabilidade mediata dos direitos fundamentais dos consumidores.

Diante desta revisão conclui-se que a existência de vasta legislação ordinária de consumo, bem como o reconhecimento da aplicabilidade mediata dos direitos constitucionais constitui um factor reducente, mas não impediente, do aspecto prático que a admissão do efeito imediato dos preceitos fundamentais poderia gerar no direito português.

Por fim, em complemento à dúvida posta como ponto de partida reputou-se oportuno fazer uma breve abordagem sobre o sistema português de controlo de constitucionalidade, a fim de intuir se a falta de um recurso de amparo impediria o reconhecimento do efeito horizontal directo dos direitos dos consumidores nos tribunais portugueses. Acerca do tema constatou-se que, de facto, a ausência de um instrumento que permita aos particulares apresentar reclamação constitucional, independentemente da existência de um pleito judicial, impede que reclamem directamente contra actos lesivos aos seus direitos fundamentais levados a cabo por outros particulares. Todavia, sem entrar no mérito da necessidade, adequação e praticidade de se admitir um modelo de queixa directa, entendeu-se que a violação dos direitos fundamentais dos consumidores por fornecedores privados pode ser analisada por recurso ao Tribunal Constitucional, quando este reconheça a interpretação e a construção judicial como "norma", ou pelos Tribunais Ordinários na sua margem de competência. Destarte conclui-se que a admissibilidade da tese do efeito horizontal directo não está estritamente vinculada à existência de um recurso de amparo, pelo que, a teoria pode ser aplicada no Direito Português, apesar do modelo de fiscalização constitucional vigente.

4. Referências bibliográficas

ABRANTES, José João Nunes Abrantes. *A vinculação das entidades privadas aos direitos fundamentais.* Lisboa: Associação Académica da Faculdade de Direito de Lisboa, 1990.

ALEXANDRINO, José de Melo. *A Estruturação do Sistema de Direitos, Liberdades e Garantias na Constituição Portuguesa.* Volume II. A construção dogmática, Coimbra: Almedina, 2006

ALMEIDA, Carlos Ferreira de. *Direito do consumo.* Coimbra: Almedina, 2005.

ALMEIDA, Teresa. *Lei de defesa do consumidor anotada.* Lisboa: Instituto do consumidor, 2001, p. 27.

CALVÃO DA SILVA, João. *Responsabilidade civil do Produtor,* Coimbra: Almedina, 1990.

____. CALVÃO DA SILVA, João Calvão da. *Venda de bens de consumo.* Comentário. Decreto-lei n.º 67/2003, de 08 de Abril, Directiva n.º 1999/44/CE. Coimbra: Almedina, 2003

CANOTILHO, Joaquim José Gomes e MOREIRA, Vital. *Constituição da República Portuguesa Anotada,* Coimbra: Coimbra Editora, 3.ª ed. 1993.

CANOTILHO, Joaquim José Gomes. *Direito Constitucional e Teoria da Constituição,* Coimbra: Almedina, 7.ª ed.

CANOTILHO, Joaquim José Gomes. *Tomemos a sério os direitos económicos, sociais e culturais.* Estudos sobre direitos fundamentais, Coimbra: Coimbra Editora, 2004.

CANOTILHO, Joaquim José Gomes. *Metodologia "Fuzzy" e "Camaleões Normativos" na problemática actual dos direitos económicos, sociais e culturais.* Estudos sobre direitos fundamentais, Coimbra: Coimbra Editora, 2004.

CANOTILHO, J.J. Gomes. *O provedor de Justiça e o efeito horizontal de direitos, liberdades e garantias.* Estudos sobre direitos fundamentais. Coimbra: Coimbra Editora, 2004, p. 85-97.

CORDEIRO, António Menezes. *Teoria Geral do Direito Civil,* 1.º vol., 2.ª ed. rev. e act., 1994.

CAUPERS, João. *Os direitos fundamentais dos trabalhadores e a Constituição.* Coimbra: Almedina, 1985.

CORREIA, Fernando Alves. *A Justiça Constitucional em Portugal e em Espanha. Encontros e divergências.* Revista de Legislação e Jurisprudência, Ano 131, n.º 3891, p. 162, n.º 3892, p. 177 e n.º 3893, p 234

DIAS, Augusto Silva. *Direitos ao ambiente e à qualidade dos bens de consumo. A estrutura dos direitos ao ambiente e à qualidade dos bens de consumo e sua repercussão na teoria do bem jurídico e na das causas de justificação.* Separata de Jornadas em Homenagem ao Professor Doutor Cavaleiro de Ferreira, Lisboa, 1995, p. 187.

DUARTE, Paulo. *O conceito jurídico do consumidor, segundo o artigo 2.º/1 da lei de defesa do consumidor.* Boletim da faculdade de directo da Universidade de Coimbra. Coimbra: Coimbra Editora, 1999.

FARINHA, João de Deus Pinheiro. *Tutela dos direitos fundamentais em Portugal.* O Direito, Ano 126.º, Janeiro-junho,1994, Lisboa: Faculdade de Direito de Lisboa.

FILOMENTO, José Geraldo Brito. *Código Brasileiro de Defesa do Consumidor Comentado pelos autores do Anteprojecto.* 7.ª ed. Rio de Janeiro: Forense Universitária, 2001.

FROTA, Mário. *O direito à saúde e os consumidores.* Tribuna de Justiça n.º 3, 1990.

GOMES, Carla Amado. *O direito à privacidade do consumidor: a propósito da lei 6/99, de 27 de Janeiro.* Revista do Ministério Público n.º 77, Lisboa: Minerva, 1999.

GOMES, Carla Amado. *Pretexto, Contexto e Texto da Intimação para Protceção de Direitos, liberdades e garantias.* Estudos em homenagem ao Professor Doutor Inocêncio Galvão Telles, vol. V, p. 541-577.

HÄBERLE, Peter. *O recurso de amparo no sistema germânico de justiça constitucional.* Sub júdice n.º 20/21. Janeiro-Junho, 2001, p. 36--65.

HÖRSTER, Heinrich Ewald. *A Parte Geral do Código Civil Português*, Coimbra: Almedina, 2005.

JAGIELSKA, Mónica e JAGIELKI, Mariusz. *The possibilities of Interpretations of art. 76 of Polish Consititution in the Light of European*

Consumer La. In: Konstytucya Rzecxypospolity Polskiej.C. Mik Torun, 1999.

KERN, Gisela. *Fundamental rights, consumer rights and private Autonomy.* In: www.fundamentalrights.uni-bremen.de.

LETOWSKA, Ewa. *Constitutional and Community Law Conditions of the Consumer Law Development.* In: Konstytucya Rzecxypospolity Polskiej.C. Mik Torun, 1999.

LUENGO, Juan Doncel. *El modelo espanõl de justicia constitucional.* Sub júdice n.º 20/21. Janeiro-Junho, 2001, p. 79-95.

MAC CRORIE, Benedita Ferreira da Silva. *A vinculação dos particulares aos direitos fundamentais,* Coimbra: Almedina, 2005.

MEIRIM, José Manuel. *A Constituição da República e os consumidores.* Revista do Ministério Publico, Ano 11, n.º 44, 1990, p.181-194.

MENEZES CORDEIRO, *Da natureza civil do direito do consumo,* Estudos em Memória do Professor Doutor António Marques dos Santos, vol I, Coimbra: Almedina, p. 676-711.

MIRANDA, Jorge. *Manual de Direito Constitucional.* Tomo IV, Direitos Fundamentais, 3.ª ed., Coimbra: Coimbra Editora, 2000.

MONTEIRO, António Pinto. MONTEIRO, António Pinto. *Cláusulas limitativas e de exclusão de responsabilidade civil.* Coimbra: Almedina, 1985.

___. *Cláusula Penal e Indemnização.* Coimbra: Almedina, 1990.

___. *Discurso do presidente da comissão do Código do Consumidor.* Boletim da faculdade de direito da Universidade de Coimbra, vol. LXXII, 1996, p. 409.

___. *Codificação para breve,* Revista Actualidade Jurídica, n.º 11, ano 1, p. 7.

MORAES, Maria Celina Bodin de. *O conceito de dignidade humana: substrato axiológico e conteúdo normativo.* In: SARLET, Ingo Wolfgang. Constituição, Direitos Fundamentais e Direito Privado. Porto Alegre: Livraria do Advogado, 2003, p. 105-149.

MOTA PINTO, Carlos Alberto da. *Teoria Geral do Direito Civil,* Coimbra: Coimbra Editora, 4.ª ed, 2005.

MOTA PINTO, Paulo. *O direito ao livre desenvolvimento da personalidade,* Studia Iuridica n.º 40, Portugal-Brasil ano 2000, Universidade de Coimbra, Coimbra: Coimbra Editora, 1999.

NOVAIS, Jorge Reis. *As restrições aos direitos fundamentais não expressamente autorizadas pela constituição*, Coimbra: Coimbra editora, 2003.

NOVAIS, Jorge Reis. *Em defesa do recurso de amparo constitucional (ou uma avaliação crítica do sistema português de fiscalização concreta da constitucionalidade)*. Themis. Revista da Faculdade de Direito da UNL. Ano VI, n.º 10, 2005, p. 91-117.

NOVAIS, Jorge Reis. *Direitos fundamentais. Trunfos contra a maioria*, Coimbra: Coimbra Editora, 2006.

PIRES, Francisco Lucas. *Uma Constituição para Portugal*, Coimbra: 1975.

PRATA, Ana *A tutela constitucional da autonomia privada*. Coimbra: Almedina, 1982.

PRUX, Óscar Ivan. *A responsabilidade civil do profissional liberal no Código de Defesa do Consumidor*. Belo Horizonte: Del Rey, 1998, p. 50.

QUEIROZ, Cristina. *Direitos fundamentais sociais. Funções, Âmbito, Conteúdo, Questões interpretativas e problemas de justiciabilidade*, Coimbra: Coimbra Editora, 2006.

RAMOS, Filipa Jorge. *Consumers, Investors and Financial Markets. A constitutional and legal perspective according to the Italian and Portuguese systems*. In: www.fundamentalrights.uni-bremen.de.

RIBEIRO, Neves. *Declaração de voto vencido no Acórdão do Supremo Tribunal de Justiça de 3/4/2003*. Publicado na Colectânea de Jurisprudência, n.º 168, Ano XXVIII, Abril-Maio-Junho, Coimbra, p. II 19-21.

SILVA, Vasco Pereira da. *A vinculação das entidades privadas pelos direitos, liberdades e garantias*. Revista de Direito e de Estudos Sociais. Abril-Junho, 1987, p. 259-274

SINDE MONTEIRO, Jorge. *Culpa in contrahendo*. Cadernos de Justiça Administrativa, n.º 37, Novembro/Dezembro de 2002, p. 5-14.

SOUSA, Marcelo Rebelo de e Alexandrino, José de Melo. Constituição da República Portuguesa Comentada. Lisboa: Lex, 2000.

SOUSA RIBEIRO, Joaquim de. *Constitucionalização do Direito Civil*, Boletim da Faculdade de Direito, Vol. LXXIV, Coimbra, 1998, p. 730-755.

VITAL MOREIRA. *O Tribunal Constitucional Português: a" fiscalização concreta" no quadro de um sistema misto de justiça constitucional.* Sub Júdice Justiça e Sociedade, Janeiro-Jnho, 2001, p.95-110.

VIEIRA DE ANDRADE, José Carlos. *Os Direitos Fundamentais na Constituição Portuguesa de 1976.* Coimbra: Almedina, 3.ª ed., 2004.

___. *Direitos dos consumidores como direitos fundamentais na Constituição Portuguesa de 1976.* Boletim da Faculdade de Direito da Universidade de Coimbra, Vol LXXVIII, Coimbra, 2002, p. 43--64.

A CLÁUSULA COMPROMISSÓRIA INSERIDA EM CONTRATOS DE ADESÃO CELEBRADOS COM CONSUMIDORES[1]

CLÁUDIA SOFIA HENRIQUES NUNES
Jurista no CEFA/Advogada

INTRODUÇÃO

Os conflitos de consumo são caracterizados, na sua maioria, pelo seu baixo valor económico, pelo que o tradicional sistema de administração de justiça não se apresenta como a via mais adequada para a sua resolução.

Com efeito, poucos são os consumidores que, perante uma lesão de diminuto valor pecuniário, constituem mandatários, pagam taxas de justiças e outros encargos, sabendo que a resolução da demanda levará anos. Ainda que lesados, os consumidores preferem, em regra, renunciar ao seu direito de acesso à justiça, o que conduz a sentimentos de insatisfação e de revolta[2].

---

[1] O presente texto baseia-se parcialmente na dissertação de Mestrado em Ciências Jurídico-Processuais, cujas provas decorreram no dia 9 de Novembro de 2007, na Faculdade de Direito da Universidade de Coimbra, perante um júri composto pelo Prof. Doutor António Pinto Monteiro, Prof. Doutor Miguel Teixeira de Sousa e Prof. Doutor Joaquim de Sousa Ribeiro.

[2] Sobre esta matéria, cfr. JOÃO PEDROSO e CRISTINA CRUZ, *A Arbitragem Institucional: Um Novo Modelo de Administração de Justiça – O Caso dos Conflitos de Consumo*, Coimbra, Faculdade de Economia da Universidade de Coimbra, Centro de Estudos Sociais, Outubro de 2000, págs. 22-23.

Torna-se, assim, imperativo adoptar novas medidas capazes de resolver, em tempo útil, e de forma pouco dispendiosa, os litígios emergentes das relações de consumo.

A arbitragem devido às suas características procedimentais entre as quais se realçam a celeridade, a informalidade e a simplicidade, permite, em tempo razoável, solucionar as demandas que lhe são apresentadas, pelo que se poderá apresentar como um meio eficaz na resolução dos litígios de consumo.

Face ao exposto, propomo-nos reflectir sobre a cláusula compromissória quando inserida em contratos de adesão celebrados com consumidores.

São sobejamente conhecidos os excessos cometidos pelos grandes operadores económicos, que constrangem os consumidores a aderir a cláusulas abusivas, bem como os artifícios utilizados por aqueles a fim de as dissimular. Torna-se, portanto, essencial que o consumidor que adere a um contrato redigido pelo proponente ou por recomendação de terceiro, tenha conhecimento da cláusula compromissória, bem como consciência do que ela representa, o que não sucede na grande maioria dos casos.

Impõe-se, assim, para além da observância de forma especial, o cumprimento de deveres de comunicação e de informação, por forma a proporcionar aos consumidores pleno conhecimento da existência, significado e efeitos da cláusula compromissória.

Todavia, não basta assegurar aos consumidores o seu efectivo conhecimento, torna-se essencial averiguar a justeza da mesma.

Com efeito, a arbitragem visa a realização da justiça, não a sua denegação e, assim sendo, não poderá ser imposta pelos operadores económicos no intuito de prejudicar os direitos dos consumidores.

É de salientar que, tal como todas as boas medidas podem provocar efeitos negativos, se utilizadas de forma perversa, também a cláusula compromissória poderá conduzir à violação dos direitos dos consumidores, se utilizada de forma abusiva pelos poderosos agentes económicos.

Nesta medida, cumpre analisar o disposto na al. *h*) do art. 21.º do DL n.º 446/85, de 25 de Outubro, com vista a determinação da validade ou invalidade genérica das cláusulas compromissórias.

Atendendo ao contributo e à relevância que os centros de arbitragem especializados na resolução de conflitos de consumo assumem na realização dos direitos dos consumidores, importa apreciar alguns aspectos dos respectivos Regulamentos que nos suscitam maiores dúvidas.

Finalmente, veremos que a eventual validade genérica da cláusula compromissória não afecta a possibilidade de esta vir a ser, após valoração jurisdicional, considerada abusiva quer face ao quadro negocial padronizado, quer face às particulares circunstâncias do caso concreto, por conduzir a um grave desequilíbrio das prestações contratuais.

1. A cláusula compromissória

A cláusula compromissória configura uma modalidade de convenção de arbitragem, através da qual as partes remetem à decisão de árbitros a resolução de um litígio futuro, que eventualmente surja no âmbito de uma determinada relação jurídica contratual ou extracontratual[3].

A cláusula compromissória assenta, portanto, na autonomia da vontade das partes[4], que livremente optaram por submeter a resolução de um litígio ao tribunal arbitral, mesmo antes do seu surgimento, retirando tal competência ao tribunal comum, podendo ser revogada, por escrito assinado pelas partes, até à pronúncia da decisão arbitral (n.º 4 do art. 2.º da LAV)[5].

---

[3] Não obstante o n.º 2 do art. 1.º da lei de arbitragem voluntária, doravante designada por LAV, referir que a "convenção de arbitragem pode ter por objecto (... litígios eventuais emergentes de uma determinada relação jurídica contratual ou extracontratual (cláusula compromissória", tal previsão faria bem mais sentido em relação ao compromisso arbitral.

[4] A cláusula compromissória não pode resultar de um negócio jurídico unilateral, como sucede em Espanha. Neste país considera-se válida a cláusula compromissória inserida em testamento, através da qual se remete para a arbitragem a resolução de litígios que venham a emergir entre herdeiros ou legatários, relativamente à administração e/ou distribuição da herança (art. 10 da lei de arbitragem.

[5] A cláusula compromissória constitui, assim, condição bastante e suficiente para retirar competência aos tribunais judiciais, ao contrário do que sucedia no domínio

Pelo exposto, sempre que alguma das partes, em violação da convenção de arbitragem validamente celebrada, recorrer ao tribunal judicial pode o réu opor-se invocando a excepção de violação de convenção de arbitragem impedindo, desta forma, que o tribunal comum conheça do mérito da causa[6].

Tal preterição constitui uma excepção dilatória, nos termos do disposto na al. *j*) do art. 494.º do Código de Processo Civil[7], que deverá ser invocada pelo réu, pois não é de conhecimento oficioso (art. 495.º do CPC), conduzindo à sua absolvição da instância (al. *e*) do n.º 1 do art. 288.º e n.º 2 do art. 493.º, ambos do CPC).

É evidente que o tribunal judicial antes de julgar procedente a excepção, deverá investigar a existência[8], validade e eficácia da convenção de arbitragem, devendo dar ao autor oportunidade de se pronunciar sobre a excepção invocada (n.os 2 e 3 do art. 109.º do CPC).

Como salientou o STJ, no acórdão proferido em 16/06/1992, "Não há preterição do tribunal arbitral quando não se verificam os pressupostos de convenção de arbitragem, ou seja, a existência de um litígio actual ou eventual e a pretensão das partes de subtraírem a tribunal comum a composição da lide"[9-10].

---

do Código de Processo Civil de 1961. Efectivamente, parte da doutrina nacional da época qualificava a cláusula compromissória como um contrato-promessa, pois pela celebração da referida cláusula as partes ficavam obrigadas a celebrar no futuro, eventualmente, um ou mais compromissos, convenções definitivas, onde individualizavam os litígios suscitados e o árbitro ou árbitros incumbidos da sua decisão. Relativamente a esta matéria, cfr. GALVÃO TELLES, "Cláusula Compromissória (oposição ao respectivo pedido de efectivação ", *O Direito*, ano 89, Coimbra, Coimbra Editora, 1957, pág. 264.

[6] Cfr. CLÁUDIA NUNES, "Os efeitos da cláusula compromissória", *Projuris On--line, A Revista Brasileira da Arbitragem na Web*, ano I, n.º 3, Julho/Agosto 2005, disponível no sítio *www.projuris.org.br/edicao3/*.

[7] Adiante designado por CPC.

[8] Abrange não só a estipulação inicial da convenção de arbitragem, mas também a sua própria subsistência (a convenção pode entretanto ter caducado.

[9] Cfr. *BMJ*, 418.º, pág. 751.

[10] Também, a doutrina espanhola comenta que o juiz deverá, antes de julgar procedente a excepção de preterição de tribunal arbitral, determinar se o direito objecto do litígio é livremente disponível – Cfr. GARBERÍ LLOBREGAT (Dir., *Comentarios a la*

Todavia, uma vez verificados os requisitos essenciais à validade da cláusula compromissória, o tribunal estadual não goza de qualquer poder discricionário na sua apreciação, devendo de imediato julgar a excepção de preterição de tribunal arbitral voluntário procedente, absolvendo o réu da instância[11].

O regime adoptado pelo nosso ordenamento é, também, seguido na Alemanha (n.º 1 do § 1032 da ZPO) e no Brasil (arts. 267.º/VII e 301.º/IX do CPC), ao contrário do que sucede, no sistema inglês, em que a violação de convenção de arbitragem não configura uma verdadeira excepção, podendo o réu apenas requerer a suspensão da instância judicial (n.º 1 da secção 9 do *Arbitration Act*).

De acordo com o nosso sistema jurídico, caso o autor intente uma acção judicial, e o réu não invoque a excepção dilatória dentro do prazo fixado para a contestação, oposição ou resposta, ou quando não haja lugar a estas, para outro meio de defesa que tenha a faculdade de deduzir (n.º 1 do art. 109.º do CPC), considera-se que as partes renunciaram tacitamente às faculdades que a convenção de arbitragem lhes conferia.

Na verdade, a autonomia da vontade das partes não se limita à faculdade de cometer a decisão da controvérsia a arbitragem, mas também à possibilidade de estas, por um acto de livre vontade, revogarem a convenção anteriormente celebrada.

Como salienta MIGUEL TEIXEIRA DE SOUSA, "Quando as excepções dilatórias são de conhecimento oficioso, os correspondentes pressupostos processuais são indisponíveis, porque é irrelevante a posição das partes sobre eles e sobre o respectivo preenchimento. Pelo contrário, as excepções que não são de conhecimento oficioso correspondem a pressupostos disponíveis, porque as partes condicionam a sua apreciação pelo tribunal"[12].

Ley 60/2003, de 23 de diciembre, de Arbitraje, Vol. 1, Barcelona, Editorial Bosch, 2004, págs. 249-250.

[11] Cfr. Acórdão do STJ de 18/01/2000, *Colectânea de Jurisprudência do STJ*, 2000, 1.º, pág. 28.

[12] Cfr. *Introdução ao Processo Civil*, 2.ª Edição, Lisboa, Lex Edições Jurídicas, 2000, pág. 85.

Pelo exposto, se uma das partes recorrer ao tribunal judicial e a outra parte, uma vez citada para acção, não invocar a excepção de violação de convenção de arbitragem parece-nos que ambas renunciam, de forma tácita, à convenção de arbitragem anteriormente celebrada.

Importa, ainda, referir que a cláusula compromissória goza de autonomia[13] relativamente ao contrato no qual se insere (n.º 2 do art. 21.º da LAV). Desta forma, evita-se que a invocação da nulidade do contrato principal acarrete necessariamente a nulidade da cláusula compromissória.

Na ausência de tal regra, bastaria a qualquer uma das partes invocar a nulidade do contrato principal, para que a validade e a eficácia da cláusula compromissória fossem afectadas, o que impediria o tribunal arbitral de conhecer e julgar do mérito da causa. Efectivamente, este apenas seria competente caso o tribunal judicial declarasse a validade do contrato principal.

Em suma, a nulidade do contrato principal não conduz automaticamente à invalidade da cláusula compromissória. Com efeito, esta pode servir inclusivamente para atribuir ao tribunal arbitral poderes para apreciar questões que surjam após a extinção do contrato, desde que abrangidas pelo âmbito da convenção de arbitragem[14].

A este propósito, LUÍS DE LIMA PINHEIRO refere que "a cláusula compromissória é tratada, para o efeito de fundamentar a competência do tribunal arbitral, como um negócio jurídico autónomo"[15].

---

[13] PIERRE MAYER entende que a utilização do termo *separabilidade* seria preferível à utilização do termo normalmente utilizado *autonomia* – Cfr. "Les limites de la séparabilité de la clause compromissoire", *Revue de l'Arbitrage*, Comité Français de l'Arbitrage, n.º 2, Paris, 1998, pág. 359.

[14] Sobre esta matéria, cfr. PIERRE MAYER, *idem*, pág. 363; ANTONIAS DIMOLITSA, "Autonomie et «Kompetenz-Kompetenz»", *Revue de l'Arbitrage*, Comité Français de l'Arbitrage, n.º 2, Paris, 1998, págs. 308-309.

[15] Cfr. *A Arbitragem Transnacional – A Determinação do Estatuto da Arbitragem*, Coimbra, Almedina, 2005, pág. 120. De acordo com o mesmo autor, a autonomia da cláusula compromissória resulta não da sua própria natureza, mas sim de normas que a estabelecem com vista a realização de uma determinada função podendo, para outros efeitos, ser considerada como um elemento acessório do contrato.

Claro que, apesar de a cláusula compromissória gozar de autonomia relativamente ao contrato em que se insere, é possível que seja atingida pelo mesmo vício que origina a nulidade do contrato principal, *v.g.*, a falta, em absoluto, de poderes de representação. Nesta hipótese, a causa de invalidade do contrato principal afecta, também, a cláusula compromissória[16].

A autonomia da cláusula compromissória aparece normalmente associada à *Kompetenz-Kompetenz,* que radica no poder que o tribunal arbitral goza de se pronunciar sobre a sua própria competência, mesmo que para esse efeito seja necessário apreciar a existência, a validade ou a eficácia da convenção de arbitragem (n.º 1 do art. 21.º da LAV).

Importa, todavia, não confundir tais princípios. Na verdade, enquanto que a autonomia da convenção de arbitragem radica na independência desta relativamente ao contrato principal em que se insere; a "competência-competência" reside no poder de que os árbitros gozam de se pronunciarem relativamente à sua própria competência[17].

De acordo com o n.º 3 do art. 21.º da LAV, a incompetência do tribunal apenas poderá ser arguida até à apresentação da defesa quanto ao fundo da causa, ou juntamente com esta.

---

[16] À semelhança de Portugal, outros sistemas jurídicos consagram a autonomia da cláusula compromissória como sucede, designadamente, em Espanha (n.º 1 do art. 22 da lei de arbitragem, Itália (3.º parágrafo do art. 808 do CPC, no Brasil (art. 8.º da lei de arbitragem, no Reino Unido (secção 7 do *Arbitration Act* e na Alemanha (n.º 1 do § 1040 da ZPO.

[17] O próprio significado do princípio da "competência-competência" varia consoante o ordenamento jurídico em causa. Com efeito, em França, a primeira palavra sobre a competência do tribunal arbitral cabe aos árbitros, ressalvados os casos em que a convenção de arbitragem padece de manifesta nulidade (2.º parágrafo do art. 1458 CPC ; ao contrário do que se verifica na Alemanha, onde é possível, antes da constituição do tribunal arbitral, que o tribunal judicial seja chamado para se pronunciar sobre a admissibilidade da arbitragem (n.º 2 do § 1032 da ZPO. Sobre esta matéria, cfr. ANTONIAS DIMOLITSA, "Autonomie", *ob. cit.*, págs. 321-325; PETER SCHLOSSER, "La nouvelle législation allemande sur l'arbitrage", *Revue de l'Arbitrage*, Comité Français de l'Arbitrage, n.º 2, Paris, 1998, pág. 297; LUÍS DE LIMA PINHEIRO, "Convenção de Arbitragem (Aspectos Internos e Transnacionais ", *Revista da Ordem dos Advogados*, ano 64, Vol. I/II, Lisboa, Novembro de 2004, pág. 131, nota 19.

Ainda, nos termos do n.º 4 da mesma norma, a decisão pela qual o tribunal arbitral se declare competente apenas poderá ser apreciada pelo tribunal judicial depois de proferida decisão sobre o fundo da causa. Isto significa que a parte que tenha invocado a incompetência do tribunal arbitral, sem êxito, apenas poderá reagir após o proferimento da decisão final sobre o fundo da causa, através da acção de anulação (al. *b*) do n.º 1 do art. 27.º da LAV), recurso (n.º 3 do art. 27.º da LAV) ou de oposição à execução (art. 31.º do mesmo diploma).

2. Os requisitos de forma da cláusula compromissória

A LAV não consagrou qualquer regra específica relativamente à forma que a cláusula compromissória inserida em contratos de adesão deve observar, pelo que é de aplicar a regra geral enunciada no seu art. 2.º.

Assim, de acordo com o disposto no n.º 1 do art. 2.º da LAV, a cláusula compromissória deverá ser reduzida a escrito.

Nos termos do n.º 2 da referida disposição, considera-se reduzida a escrita "a convenção de arbitragem constante ou de documento assinado pelas partes, ou de troca de cartas, telex, telegramas ou outros meios de comunicação de que fique prova escrita, quer esses instrumentos contenham directamente a convenção, quer deles conste cláusula de remissão para algum documento em que uma convenção esteja contida".

Com esta formulação, a lei nacional afastou expressamente o princípio da liberdade de forma, também designado por princípio da consensualidade, consagrado no art. 219.º do Código Civil[18].

---

[18] À semelhança da grande maioria dos sistemas consultados, também, Portugal segue a Lei-Modelo da CNUDCI. Porém, nesta matéria, não prevê que a convenção de arbitragem possa resultar da troca de alegações referentes à petição e à contestação, na qual a existência de uma tal convenção seja alegada por uma parte e não seja contestada pela outra.

Assim, nos termos do disposto no art. 220.º do Código Civil, a cláusula compromissória não reduzida a escrito será nula[19]. Trata-se, assim, de uma formalidade *ad substantiam*, uma vez que a falta de forma acarreta necessariamente a invalidade da declaração.

O legislador considerou, portanto, que as vantagens subjacentes ao formalismo negocial, entre as quais se destaca a possibilidade de repensar o negócio jurídico, no período compreendido entre o momento da decisão de concluir o contrato e a sua efectiva celebração, o que evita a ligeireza e a precipitação das partes, prevalecem sobre os seus inconvenientes, nomeadamente sobre a redução da fluência e celeridade do comércio jurídico.

Com efeito, a celebração de uma cláusula compromissória produz efeitos de extrema importância, pelo que é conveniente que as partes disponham de um lapso temporal adequado para reflectir sobre ela.

Tal exigência é perfeitamente compreensível no âmbito dos contratos de adesão celebrados com consumidores, pois a necessidade de evitar a precipitação destes é consideravelmente acrescida atendendo, nomeadamente, à pressão psicológica a que normalmente estão sujeitos[20].

Considera-se cumprida a forma legalmente prescrita quando aquela constar de documento assinado pelas partes ou de troca de cartas, telex, telegramas ou outros meios de telecomunicação, desde que fique prova escrita.

Face ao exposto, conclui-se que não é imprescindível a assinatura das partes. Esta não será exigível caso a cláusula resulte da troca de cartas, telex, telegramas ou de qualquer outro meio de telecomunicação, desde que seja observada a forma escrita.

---

[19] Contrariamente, no regime anterior ao Código Civil de 1966, a cláusula compromissória poderia ser celebrada por simples acordo verbal, uma vez que a lei não impunha qualquer requisito de forma, à semelhança do que sucedia, em geral, com os contratos-promessa.

[20] DÁRIO MOURA VICENTE comenta, a este propósito, que "Deste modo se assegura que as partes ponderam devidamente as consequências da sua opção, evitando-se do mesmo passo incertezas quanto à jurisdição competente" – Cfr. "A Manifestação do Consentimento na Convenção de Arbitragem", *Revista da Faculdade de Direito da Universidade de Coimbra*, Vol. XLIII, n.º 2, Coimbra, Coimbra Editora, 2002, pág. 992.

Mais, atendendo ao disposto no n.º 1 do art. 26.º do DL n.º 7//2004, de 7 de Janeiro, e n.º 1 do art. 3.º do DL n.º 290-D/99, de 2 de Agosto, o texto escrito não tem de constar obrigatoriamente de suporte de papel, podendo estar registado em qualquer suporte magnético, nomeadamente, em disquete, CD-room ou em disco rígido de computador.

Devido às constantes inovações tecnológicas, a lei apresenta um elenco aberto, meramente exemplificativo, dos meios de telecomunicação susceptíveis de serem utilizados. Assim, consideram-se abrangidas, entre outras, as mensagens de correio electrónico, tão correntes e usuais na hodierna sociedade.

Apesar de a lei exigir forma escrita para a cláusula compromissória, tal não impede que a sua aceitação seja emitida tacitamente.

Se não vejamos:

Nos termos do disposto no n.º 2 do art. 217.º do Código Civil, o carácter formal da declaração não impede que ela seja emitida tacitamente, desde que a forma tenha sido observada quanto aos factos de que a declaração se deduz.

Assim, desde que o facto concludente, donde se infere o consentimento relativo à instituição da arbitragem, satisfaça as exigências de forma dever-se-ão considerar por cumpridas as formalidades legalmente impostas.

Neste sentido, Luís de Lima Pinheiro defende que a aceitação da convenção de arbitragem pode ser tácita, desde que o facto concludente respeite as exigências de forma[21].

Do exposto resulta que o silêncio nunca poderá valer como declaração negocial de aceitação de uma cláusula compromissória, atendendo ao facto de que a forma legalmente prescrita, nos n.ºs 1 e 2 do art. 2.º da LAV, consubstancia uma formalidade *ad substantiam*.

---

[21] O mesmo autor considera que "não basta uma aceitação oral nem uma aceitação tácita que não resulte de um escrito, mesmo que tal aceitação corresponda aos usos do comércio num determinado sector de actividade económica" – Cfr. *A Arbitragem...*, *ob. cit.*, pág. 93.

Nos termos do n.º 2 do art. 2.º da LAV, não se torna necessário que a cláusula compromissória conste do contrato principal, podendo figurar de algum documento para o qual aquele remeta, desde que esteja reduzida a escrito.

A lei portuguesa seguiu de perto o entendimento da Lei-Modelo da CNUDCI que estabelece que a "referência num contrato a um documento que contenha uma cláusula compromissória equivale a uma convenção de arbitragem, desde que o referido contrato revista a forma escrita e a referência seja feita de tal modo que faça da cláusula uma parte integrante do contrato" (n.º 2 do art. 7.º).

Contudo, será que a referência poderá ser genérica ou deverá, pelo contrário, especificar que se reporta à cláusula compromissória?

O ordenamento jurídico interno admite que a remissão seja feita em termos globais, não sendo necessário remeter expressamente para a cláusula compromissória.

Como salienta RAÚL VENTURA, a "doutrina, procurando determinar um critério geral diz que a questão consiste em poder-se estar seguro de que uma parte está consciente de que está a dar o seu acordo à arbitragem; para determinar quando este propósito deve considerar-se satisfeito, o *test* poderá ser se a referência pode ser verificada por uma parte razoavelmente diligente"[22].

Em suma, poderemos concluir que:

Em primeiro lugar, a aceitação da cláusula compromissória poderá ser efectuada através de qualquer meio de comunicação, desde que fique prova escrita da sua existência.

Em segundo lugar, que o aderente poderá declarar expressamente que aceita a cláusula compromissória, como poderá aceitá-la tacitamente, conclusão que poderemos atingir a partir do teor das suas declarações. Absolutamente essencial é que a aceitação da cláusula compromissória ou as declarações que fazem concluir pela sua aceitação estejam reduzidas a escrito não valendo, de forma alguma, o silêncio como declaração negocial.

---

[22] Cfr. "Convenção de Arbitragem e Cláusulas Contratuais Gerais", *Revista da Ordem dos Advogados*, ano 46, Vol. I, Lisboa, Abril de 1986, págs. 35-36.

Em terceiro lugar, que a adesão do consumidor à cláusula compromissória pode ser feita em termos genéricos, não sendo necessário uma aceitação específica. Assim, para que fique vinculado à cláusula compromissória, basta que o consumidor adira ao contrato na sua globalidade.

Finalmente, que a cláusula compromissória pode ser incluída no contrato principal, ou em outro documento para o qual aquele remeta. A remissão poderá ser específica ou genérica. O essencial e indispensável é que o proponente da cláusula tenha cumprido os seus deveres de comunicação e informação que sobre si impendem, por forma a proporcionar aos consumidores aderentes pleno conhecimento da existência e significado da convenção de arbitragem.

Dos sistemas jurídicos estudados, alguns consagram disposições específicas relativamente à forma que as cláusulas compromissórias inseridas em contratos de adesão devem assumir, *v.g.*, os ordenamentos brasileiro e alemão.

Com efeito, o ordenamento jurídico brasileiro estabelece que a cláusula compromissória só terá eficácia se o aderente tomar a iniciativa de instituir a arbitragem ou concordar, expressamente, com a sua instituição, desde que por escrito em documento anexo ou em negrito, com a assinatura ou visto especialmente para essa cláusula (§ 2.º do art. 4.º da lei de arbitragem)[23].

Em suma, uma adesão meramente genérica, à semelhança do que é permitido pela legislação nacional, afigura-se, perante o ordenamento brasileiro, como insuficiente, excepto quando a iniciativa de instituir a arbitragem couber ao aderente.

Visa-se, portanto, acautelar os interesses dos aderentes, evitando o risco de desconhecimento das cláusulas compromissórias que

---

[23] Assim, será perfeitamente válida a arbitragem instituída pelo próprio aderente, que tomou a iniciativa de instaurar o procedimento arbitral. Também será viável a resolução do conflito, por via da arbitragem, se o aderente concordar expressamente com a cláusula compromissória por escrito, em documento anexo, ou se incluída no contrato principal, estiver redigida a negrito, devendo ser aposta assinatura ou visto especialmente em relação a ela.

constituem elementos, muitas das vezes, essenciais e determinantes na decisão de contratar.

Na Alemanha, exige-se que a convenção de arbitragem, na qual o consumidor seja parte, conste de um documento autónomo, assinado pessoalmente pelas partes, do qual decorra exclusivamente a vontade de cometer à decisão de árbitros um certo/eventual litígio. Esta exigência apenas será dispensada em caso de certificação notarial uma vez que, neste caso, o notário cuidará de identificar as partes e de apurar a existência de uma vontade séria, livre e esclarecida (n.º 5 do § 1031 da ZPO).

3. Os especiais deveres de comunicação e informação

O risco do aderente desconhecer a cláusula compromissória que faz parte integrante do contrato de adesão não é eliminado com a mera observância da forma legalmente prescrita.

Por forma a garantir um consentimento (quase) livre e esclarecido, o ordenamento jurídico nacional impõe a observância de determinados deveres, a cargo do proponente das cláusulas contratuais. Eles são os deveres de comunicação e informação previstos, respectivamente, nos arts. 5.º e 6.º do DL n.º 446/85.

Efectivamente, um dos deveres a cargo dos proponentes consiste em comunicar, na íntegra, aos aderentes as cláusulas que estes se limitarão a subscrever ou a aceitar.

O dever de comunicação poderá ser analisado em duas vertentes: por um lado, na comunicação integral das cláusulas; por outro lado, na necessidade de proporcionar ao parceiro contratual o conhecimento do conteúdo das mesmas, pelo que se terá de ter em consideração o modo e a antecedência com que se dará cumprimento a essa exigência.

Deste modo, a referida comunicação deverá ser realizada de modo adequado e com a antecedência necessária para que, tendo em conta a importância do contrato, a extensão e a complexidade das cláusulas, se torne possível o seu conhecimento completo e efectivo por quem use de comum diligência (n.º 2 do art. 5.º do referido diploma).

Uma compacta lista de cláusulas requererá mais tempo de análise, assim como um clausulado bastante complexo exigirá que o aderente disponha de um período mais dilatado de reflexão. Um contrato no qual estejam consagradas cláusulas relativas ao cumprimento do contrato (modos e prazos de pagamento), prazos e procedimentos de denúncia ou de resolução, cláusulas compromissórias, cláusulas de limitação ou de exclusão de responsabilidade deverão ser comunicadas com maior antecedência para que o aderente não apenas leia o seu conteúdo, mas também para que possa entendê-lo e decidir ponderadamente[24].

Também a importância do contrato deverá ser tida em conta no cumprimento do dever de comunicação. Poder-se-á considerar por cumprido tal dever relativamente a um contrato que envolva quantias pecuniárias reduzidas, mas já não no que respeita a outro contrato em que, pela quantidade ou qualidade do objecto da compra e venda, ou da importância pecuniária que ele importa, tal dever deva ser mais intenso.

Em suma, o modo e a antecedência da comunicação variam, consoante as especificidades do caso concreto, pelo que o cumprimento daquele dever será aferido de acordo com as particularidades da situação factual em análise.

Conforme analisámos, a cláusula compromissória poderá constar do contrato principal, isto é, do contrato de adesão, como de qualquer outro documento para o qual aquele remeta. A referida remissão não necessita de ser específica, podendo ser genérica.

Contudo, em qualquer dos casos, é essencial que o proponente da cláusula compromissória comunique ao consumidor a sua existência, devendo proporcionar as adequadas condições ao seu efectivo conhecimento. Assim, incumbe ao utilizador da cláusula compromissória

---

[24] Como salienta KARL-HEINZ NEUMAYER, as cláusulas podem ser apresentadas de forma bastante complexa, com remissões para outros documentos, ou redigidas de forma ou muito vaga ou muito técnica, impossibilitando os consumidores de compreenderem o seu significado – Cfr. *International Encyclopedia of Comparative Law, Vol. VII, Contracts in General, Chapter 12 – Contracting Subject to Standard Terms and Conditions*, Dordrecht, Boston, Lencaster, Mohrsiebeck, Tübingen, Martinus Nijhoff Publishers, 1999, pág. 15.

comunicar ao aderente a sua existência em termos adequados ao seu real conhecimento.

É de realçar que essa obrigação deverá estar cumprida no momento da celebração do contrato, ou seja, antes de o consumidor se vincular de forma definitiva.

Cumpre, ainda, esclarecer que não é exigível ao consumidor, por iniciativa própria, tentar conhecer a cláusula compromissória que lhe propõem subscrever. Ao invés, compete ao utilizador proporcionar-lhe as devidas condições[25].

Não obstante a imposição do dever de comunicação a cargo do utilizador das cláusulas, a lei não exige um efectivo conhecimento das mesmas. Efectivamente, o legislador apenas obriga o proponente das cláusulas a comunicá-las à contraparte e a tomar as diligências necessárias por forma a possibilitar o seu efectivo conhecimento.

Como é óbvio não é apenas o proponente das cláusulas contratuais que está sujeito a certos deveres. Para que o aderente possa beneficiar da protecção que a lei lhe confere deverá adoptar um comportamento diligente.

O comportamento do consumidor será, assim, aferido pelo critério abstracto da diligência comum, o que nos remete para o cuidado e diligência que um homem médio colocado na situação concreta teria adoptado[26].

---

[25] Como nota ALMENO DE SÁ, "Pretende-se, assim, criar os pressupostos de uma incorporação consciente das condições gerais no contrato singular. Não basta, neste contexto, a pura notícia da "existência" de cláusulas contratuais gerais, nem a sua indiferenciada "transmissão". Exige-se ainda que à contraparte do utilizador sejam proporcionadas condições que lhe permitam aceder a um real conhecimento do conteúdo, a fim de, se quiser, formar adequadamente a sua vontade e medir o alcance das suas decisões" – Cfr. *Cláusulas Contratuais Gerais e Directiva sobre Cláusulas Abusivas*, 2.ª Edição, Coimbra, Almedina, 2001, pág. 234.

[26] Todavia, como salienta MENEZES CORDEIRO, "há que ter mais cautelas perante um operário indiferenciado do que em face de um advogado experiente; mas em qualquer desses casos, deve atender-se a um operário abstracto e a um advogado abstracto correspondentes aos padrões sociais (e não aquele particular operário, que poderá ser extremamente inteligente e assim mais entendido do que o advogado concreto, particularmente obtuso " – Cfr. *Tratado de Direito Civil I, Parte Geral, Tomo I*, 3.ª Edição, Coimbra, Almedina, 2005, pág. 620, nota 1637.

De facto, pode suceder que, não obstante o cumprimento dos deveres que impendem sobre o utilizador das cláusulas, o consumidor não tenha tomado conhecimento efectivo da cláusula compromissória, por facto apenas imputável à sua falta de diligência. Neste caso, a cláusula deverá considerar-se incluída no contrato celebrado.

Poderemos, assim, afirmar que ao dever de comunicação a cargo do proponente corresponde o dever de o aderente adoptar um comportamento minimamente diligente, em ordem ao conhecimento completo e efectivo das cláusulas contratuais que lhe são apresentadas.

Caberá sempre ao contraente que submeta a outrem as cláusulas contratuais gerais o ónus da prova da comunicação efectiva e adequada (n.º 3 do art. 5.º do DL n.º 446/85). Esta medida visa evitar as dificuldades de prova com que os aderentes se deparavam, uma vez que a prova da inexistência de uma comunicação atempada e efectiva constituía sempre um obstáculo, muitas das vezes, intransponível. Assim, impenderá sobre o proponente de uma cláusula compromissória o ónus de provar que comunicou ao aderente a sua existência, de forma a tornar possível o seu conhecimento completo e efectivo.

O proponente da cláusula compromissória deverá, ainda, informar, de acordo com as circunstâncias, a outra parte dos aspectos nela compreendidos cujo aclaração se justifique, sem prejuízo do dever de prestar todos os esclarecimentos razoáveis solicitados pelo aderente (art. 6.º do DL n.º 446/85).

Isto significa que o proponente da cláusula compromissória para além de dever comunicar ao consumidor a sua inclusão no conteúdo contratual deverá, ainda, informá-lo, de acordo com as circunstâncias específicas do caso concreto, do que ela representa, sendo obrigado a esclarecer eventuais dúvidas que o consumidor lhe coloque.

Deste modo, caso o aderente não tenha conhecimento da existência de formas extrajudiciais de realização de justiça ou do modo de funcionamento dos tribunais arbitrais, deverá o proponente da cláusula compromissória fornecer-lhe as informações necessárias para que aquele possa decidir conscientemente.

O legislador visa tornar acessíveis ao aderente conteúdos, por regra, bastante técnicos e complexos que escapam à compreensão da generalidade dos cidadãos.

Também, a exigência, no que respeita ao cumprimento do dever de informação, depende de inúmeros factores, *v.g.*, a existência de relações comerciais anteriores. Nestes termos, qualquer conclusão relativamente à sua inobservância dependerá das particularidades do caso concreto.

Cumpre-nos, ainda, salientar que a aquisição de um bem ou serviço através de um contrato de adesão composto por um número elevado de páginas, portanto, demasiado extenso e detalhado pode conduzir à ignorância do aderente, ao qual não é razoável exigir que leia o extenso clausulado. Em suma, o excesso de informação pode comportar o mesmo efeito que a falta dela[27].

Pelo exposto, um contraente que imponha à contraparte um contrato de adesão, onde se inclui uma cláusula que reveste a natureza de convenção de arbitragem, deverá observar os deveres de comunicação e informação previstos no regime jurídico aplicável àquela específica forma de contratação. O proponente deverá, assim, velar pela comunicação da referida cláusula e pela efectiva compreensão do seu conteúdo, fornecendo, para tanto, a informação adequada à situação concreta.

A instituição dos deveres de comunicação e de informação visam assegurar um consentimento (quase) livre e esclarecido, bem como inibir o proponente de recorrer a cláusulas abusivas, na medida em que terá de informar os aderentes do conteúdo das mesmas[28].

---

[27] PINTO MONTEIRO refere que "Assim, por ex., poucos consumidores teriam a paciência de ler um manual de informações de centenas de páginas... E talvez não seja menos exigível, a quem "use de comum diligência", um comportamento diverso, embora isso dependa sempre, como é óbvio, de vários factores, entre os quais o tipo de operação efectuada e a natureza do bem adquirido ou do serviço prestado" – Cfr. "Contratos de Adesão/Cláusulas Contratuais Gerais", *Estudos de Direito do Consumidor*, n.º 3, Coimbra, Faculdade de Direito da Universidade de Coimbra, Centro de Direito do Consumo, 2001, pág. 142, nota 6.

[28] Cfr. MÁRIO FROTA, "Os Contratos de Consumo – Realidades Sóciojurídicas que se perspectivam sob Novos Influxos", *Revista Portuguesa de Direito do Consumo*, Associação Portuguesa do Direito do Consumo, n.º 23, Coimbra, 2000, págs. 15-16; ANNE SINAY-CYTERMANN, "Les relations entre professionnels et consommateurs en droit français", *La protection de la partie faible dans les rapports contractuels – Comparaisons franco-belges* (Dir. JACQUES GHESTIN, Paris, Librairie générale de droit et de jurisprudence, E.J.A., 1996, págs. 252-253.

Porém, apesar de importante, trata-se uma medida insuficiente visto não coibir totalmente as empresas de introduzi-las nos contratos que celebram pois, sobretudo no âmbito de actuação de empresas mono e oligopolistas, os aderentes não possuem alternativa por não existirem outras empresas aptas a fornecer o bem ou serviço ou, embora existam, estas adoptam cláusulas contratuais de conteúdo idêntico. A liberdade contratual do aderente limita-se, em grande parte, à liberdade de contratar ou de não contratar, sabendo que se não aderir às cláusulas que lhe são impostas por uma certa empresa, terá de recorrer a outra que lhe imporá semelhantes condições, o que poderá conduzir a atitudes de resignação e conformismo.

A consagração dos deveres de comunicação e de informação, apesar da sua eficácia reduzida, especialmente nas relações estabelecidas com consumidores, constitui um primeiro passo na tutela dos seus direitos.

Em caso de violação do disposto nos arts. 5.º e/ou 6.º, as cláusulas deverão ser excluídas dos contratos em que se inserem.

Na verdade, outra não poderia ser a solução! Afinal o proponente não poderia, de forma alguma, aproveitar-se do conteúdo de uma cláusula que não fora objecto de comunicação e/ou de informação.

Nestes termos, consideram-se **excluídas** dos contratos singulares celebrados as cláusulas que não tenham sido adequada e atempadamente comunicadas, bem como aquelas em relação às quais se verifique ocorrer violação do dever de informação, embora devidamente comunicadas (als. *a*) e *b*) do art. 8.º do DL n.º 446/85)[29].

Contudo, nos casos em que o aderente conheça efectivamente o conteúdo das cláusulas contratuais, apesar de o proponente ter violado o dever de comunicação e/ou informação, estas devem considerar-se incluídas no contrato.

---

[29] O ordenamento espanhol, por influência da antiga AGBG alemã (§ 2 e 3, considera não haver aceitação nos casos em que o aderente não é expressamente informado da existência das cláusulas contratuais às quais se limita a aderir (n.º 1 do art. 5 da Lei 7/1998, de 23 de Abril. Também, o § 864a do Código Civil austríaco considera não incluídas as cláusulas susceptíveis de surpreenderem os consumidores – Cfr. KARL-HEINZ NEUMAYER, *Subject to Standard Terms...*, ob. cit., pág. 60.

Consideram-se, ainda, excluídas as cláusulas que, pelo contexto em que surjam, pela epígrafe que as preceda ou pela apresentação gráfica, passem despercebidas a um contraente normal, colocado na posição do contraente real (al. *c*) do art. 8.º do DL n.º 446/85).

A lei prevê, pois, três vectores a considerar na apreciação do eventual factor surpresa: o contexto, a epígrafe e a apresentação gráfica da cláusula. Porém, todos estes elementos são exemplificativos, pois "a bitola última" será o factor surpresa, ou seja, o facto de as cláusulas passarem despercebidas, a um contraente normalmente diligente[30].

Assim, a existência de uma cláusula compromissória inserida num denso clausulado ou numa secção não relacionada com o foro ou com a jurisdição competente, a utilização de letras de tamanho reduzido, bem como qualquer outro artifício que a torne imperceptível ao aderente, normalmente diligente, deverá ser excluída do contrato.

Protege-se, desta forma, a confiança depositada pelos aderentes num conteúdo diverso do real, devido a um comportamento fraudulento do proponente dessas cláusulas[31].

Serão, ainda, excluídas dos contratos em que se inserem as cláusulas apostas em formulários, depois da assinatura de algum dos contratantes, nos termos do disposto (al. *d*) do art. 8.º do DL n.º 446//85).

Também esta regra visa impedir que certas cláusulas, pelo local onde estão inseridas, passem despercebidas ao contraente normal. Assim, com o objectivo de evitar "efeitos surpresa", caso a cláusula compromissória seja aposta após a assinatura, nomeadamente no verso do contrato, deverá ser excluída.

Contudo, se no rosto do contrato estiver consagrado, de forma bem visível, a existência da referida cláusula no verso do mesmo, a solução já não poderá ser a mesma pois, nesta hipótese, chamou-se a

---

[30] Na literatura alemã, o critério da inabitualidade será aferido tendo em consideração o tipo de contrato em causa, em conjunto com outras circunstâncias.

[31] ALMENO DE SÁ salienta que as cláusulas surpresa "evidenciam, só por si, a falta de uma verdadeira concordância do aderente relativamente ao conteúdo regulativo nelas consagrado. Deste modo, aparece como razoável impedir a sua inclusão no contrato singular, já que não chega a formar-se, quanto a tais cláusulas, nem sequer formalmente, o necessário acordo das partes" – Cfr. *Cláusulas...*, *ob. cit.*, pág. 62.

atenção do aderente para a sua existência sendo, também, exigível a este a adopção de um comportamento diligente.

Nesta hipótese, teriam sido tomadas as providências adequadas ao efectivo conhecimento da cláusula, pelo que se o consumidor tivesse agido com normal diligência, teria tomado consciência da sua inclusão no conteúdo contratual.

De um modo geral, a jurisprudência estrangeira adopta solução semelhante, *v.g.*, Áustria, Bélgica, Alemanha, Holanda, França, Suíça, EUA, uma vez que excluem as cláusulas constantes do verso do contrato, para as quais os consumidores não foram adequadamente advertidos da sua existência[32].

O n.º 1 do art. 9.º do DL n.º 446/85 determina a manutenção dos contratos, caso a cláusula contratual seja excluída, por força do disposto no art. 8.º do mesmo diploma, "vigorando na parte afectada as normas legais supletivas aplicáveis, com recurso, se necessário, às regras de integração dos negócios jurídicos", previstas no art. 239.º do Código Civil.

Na verdade, a exclusão de uma cláusula imposta pelo seu proponente, nomeadamente uma cláusula compromissória, não determina, só por si, a destruição de todo o contrato uma vez que este manter-se-á válido e eficaz, excepto na parte regulada pela cláusula excluída[33]. Esta matéria será, então, regida pelas disposições supletivas aplicáveis[34].

---

[32] Com maiores desenvolvimentos, cfr. KARL-HEINZ NEUMAYER, *Subject to Standard Terms...*, *ob. cit.*, pág. 67; JACQUES GHESTIN e ISABELLE MELLE, cfr. "Les contrats d'adhésion et les clauses abusives en droit français et en droits européens", *La protection de la partie faible dans les rapports contractuels – Comparaisons franco-belges,* (Dir. JACQUES GHESTIN, Paris, Librairie générale de droit et de jurisprudence, E.J.A., 1996, págs. 23-24.

[33] A nulidade da cláusula compromissória apenas acarretará a nulidade de todo o contrato, quando se mostre que este não teria sido concluído sem a referida convenção (n.º 2 do art. 21.º da LAV.

[34] A mesma solução foi adoptada pelo ordenamento alemão (§ 6 da antiga AGBG, inserida no BGB, desde a reforma de 2001/2002. Sobre a transposição da AGBG para o BGB, cfr. MENEZES CORDEIRO, *Da Modernização do Direito Civil I, Aspectos Gerais*, Coimbra, Almedina, 2004, págs. 120-122.

Assim, em caso de exclusão de uma cláusula compromissória, a determinação do tribunal competente será feita de acordo com as regras definidas nos arts. 73.º e seguintes do CPC.

4. A absoluta proibição da cláusula compromissória nos contratos de adesão celebrados com consumidores?

A al. *h*) do art. 21.º do DL n.º 446/85 considera, em absoluto, proibidas, no âmbito das relações estabelecidas entre empresários ou entidades equiparadas e consumidores, as cláusulas que "Excluam ou limitem de antemão a possibilidade de requerer tutela judicial para situações litigiosas que surjam entre os contratantes ou prevejam modalidades de arbitragem que não assegurem as garantias de procedimento estabelecidas na lei".

Estamos, assim, perante uma proibição que conduz imediatamente à nulidade da cláusula, não dependendo esta de qualquer juízo de valor, ao contrário do que sucede com as cláusulas relativamente proibidas.

Tal opção legislativa funda-se na importância dos valores jurídicos em causa. Com efeito, a proibição de cláusulas que excluam ou limitem, antecipadamente, o direito de recorrer às vias judiciais, ou que remetam os consumidores para modalidades de arbitragem que não respeitem as garantias legalmente previstas, visa assegurar a efectividade de um direito fundamental dos cidadãos: o direito de acesso à justiça e a um processo equitativo, valores esses protegidos constitucionalmente (art. 20.º da lei fundamental).

Importa, por isso, analisar o teor da norma:

Comecemos pela primeira parte do preceito: São, em absoluto, proibidas as cláusulas que excluam ou limitem antecipadamente a possibilidade de requerer a tutela judicial para as situações litigiosas que surjam entre os contratantes.

Conforme verificámos anteriormente, a subscrição de uma cláusula compromissória impede as partes de proporem a acção no tribunal judicial, que seria normalmente competente, uma vez que a contraparte poderia opor-se mediante a invocação da violação da convenção de arbitragem, o que levaria à absolvição do réu da instância.

Nesta perspectiva, poderia parecer que a cláusula compromissória, enquanto convenção de arbitragem celebrada anteriormente à emergência do litígio, deveria ser proibida quando inserida em contratos de adesão celebrados com consumidores.

Todavia, tal entendimento tornaria tautológico o disposto na segunda parte do mesmo preceito, segundo a qual são proibidas as cláusulas que prevejam modalidades de arbitragem que não assegurem as garantias de procedimento estabelecidas na lei.

Efectivamente, afigurava-se inútil a expressa proibição de cláusulas que remetessem o consumidor para modalidades de arbitragem que não assegurassem as garantias legalmente prescritas, se as cláusulas compromissórias fossem *tout court* proibidas.

Nestes termos, julgamos preferível a adopção da expressão "tutela jurisdicional", em detrimento da expressão "tutela judicial" legalmente consagrada, por forma a abranger quer os tribunais judiciais, quer os tribunais arbitrais.

Assim, na nossa perspectiva, a redacção que melhor se coaduna com o espírito da norma seria aquela que proíbe as cláusulas que excluam ou limitem de antemão a possibilidade de requerer a tutela jurisdicional para situações litigiosas que surjam entre os contraentes.

Desta forma, entendemos que a cláusula compromissória, inserida em contratos de adesão celebrados com consumidores, deverá ser considerada válida, excepto se não respeitar os requisitos impostos pela segunda parte do referido preceito, isto é, se remeter o consumidor para modalidades de arbitragem que não lhe assegurem as garantias legalmente consagradas.

Tal entendimento mostra-se conforme a Directiva Comunitária n.º 93/13/CEE, que considera susceptíveis de serem julgadas abusivas as cláusulas que tenham por objectivo ou como efeito "Suprimir ou entravar a possibilidade de intentar acções judiciais ou seguir outras vias de recurso, por parte do consumidor, nomeadamente obrigando-o a submeter-se exclusivamente a uma jurisdição de arbitragem não abrangida por disposições legais, limitando indevidamente os meios de prova à sua disposição ou impondo-lhe um ónus da prova que, nos termos do direito aplicável, caberia normalmente à outra parte contratante" (al. *q*) do n.º 1 do anexo).

A norma comunitária refere expressamente "suprimir ou entravar a possibilidade de intentar acções judiciais ou seguir outras vias de recurso", o que nos leva a concluir que a resolução do litígio poderá ser validamente cometida ao tribunal judicial ou a qualquer outra instância de resolução de conflitos, nomeadamente, aos tribunais arbitrais.

Se dúvidas existirem relativamente à validade da cláusula compromissória bastará analisar o disposto na segunda parte da al. *q*) do n.º 1 do anexo da directiva, para que estas sejam esclarecidas.

Com efeito, de acordo com tal norma são susceptíveis de serem consideradas abusivas, entre outras, as cláusulas que obriguem o consumidor "a submeter-se exclusivamente a uma jurisdição de arbitragem não abrangida por disposições legais".

Ora, se são proibidas as cláusulas que obriguem o consumidor a submeter-se exclusivamente a uma jurisdição arbitral que não obedeça às garantias legais, logo poderemos extrair duas conclusões:

Primeira, a cláusula que remeta o consumidor para arbitragens que não dêem cumprimento aos princípios propugnados na lei, não vinculará o consumidor, uma vez que está ferida de nulidade.

Segunda, a cláusula compromissória que remeta o consumidor para uma jurisdição de arbitragem que assegure os requisitos legalmente estabelecidos deverá ser considerada válida.

Partindo destas conclusões, não vislumbramos qualquer obstáculo à validade da cláusula compromissória inserida em contratos de adesão celebrados com consumidores, desde que respeitadas as exigências estabelecidas na segunda parte da al. *h*) do art. 21.º do DL n.º 446/85, posição que se revela conforme o disposto na al. *q*) do n.º 1 do anexo da Directiva 93/13/CEE.

Contudo, não poderemos nunca ignorar que estamos no domínio dos contratos de adesão celebrados com consumidores pelo que, ainda que válida, julgamos que a cláusula compromissória não poderá produzir os seus efeitos típicos.

Com efeito, nesta forma de contratar, o consumidor limita-se a aderir ao contrato que lhe é apresentado pelo operador económico, sem que lhe seja dada oportunidade de discutir o seu conteúdo. Importa, ainda, referir que, em determinados sectores de mercado, *v.g.*, banca, seguros, entre outros, verifica-se que os grandes grupos económicos tendem a adoptar cláusulas contratuais semelhantes pelo que o aderente, que se recuse a contratar com um operador económico, ver-se-á forçado a contratar com outro, em termos idênticos aos inicialmente propostos.

Assim, mesmo que discorde do conteúdo contratual, o consumidor, por resignação ou por necessidade do bem, tende a aderir às cláusulas que lhe são apresentadas.

Nestes termos, parece-nos que o consumidor que se tenha vinculado a uma cláusula considerada, de antemão, como válida não deverá estar vinculado a recorrer ao tribunal arbitral designado como competente.

Na nossa perspectiva, a competência para a resolução do litígio deverá ser concorrente, por forma a permitir ao consumidor optar pela jurisdição arbitral ou pela jurisdição estadual. A especial fragilidade dos consumidores justifica esta possibilidade de escolha.

Em síntese, consideramos que a posição que se revela mais consentânea com a necessidade de tutela dos direitos dos consumidores será aquela que lhes permite optar pelo recurso à via arbitral ou à via judicial sem que, neste caso, o agente económico possa arguir a violação de convenção de arbitragem, excepção que conduziria, como vimos, à absolvição do réu da instância.

Relativamente ao operador económico, não se verificando qualquer fundamento que justifique o desvio ao regime geral da arbitragem, entendemos que a cláusula compromissória deverá, em relação àquele, produzir os seus efeitos normais.

Nestes termos, o operador económico deverá ficar vinculado à cláusula compromissória que propôs, sendo-lhe vedado o recurso à jurisdição estadual. Assim, caso viole a convenção de arbitragem, o consumidor poderá licitamente invocar a excepção dilatória, obstando a que o tribunal judicial conheça do mérito da causa.

Neste sentido, a Comissão Europeia recomenda que "A adesão do consumidor ao procedimento extrajudicial não pode resultar de um compromisso anterior à ocorrência do diferendo, sempre que esse compromisso tiver por efeito privar o consumidor do direito que lhe assiste de recorrer aos órgãos jurisdicionais competentes para resolver judicialmente o litígio" (Princípio VI – Princípio da liberdade, consagrado na Recomendação n.º 98/257/CE, de 30 de Março, relativa aos princípios aplicáveis aos organismos responsáveis pela resolução extrajudicial de litígios de consumo).

Verifica-se, assim, que também a Comissão Europeia estabelece algumas cautelas relativamente à celebração de cláusulas compromissórias por consumidores.

Com efeito, *a contrario* decorre daquele texto que a cláusula compromissória apenas será admitida caso não prive o consumidor de recorrer aos órgãos jurisdicionais competentes para resolver *judicialmente* o litígio.

Cumpre, ainda, referir que, ao abrigo do disposto no art. 6.º do DL n.º 446/85, o agente económico deverá informar o consumidor, aquando da celebração da cláusula compromissória, do direito de opção que lhe assiste.

Desta forma, deverá o consumidor ser informado que, não obstante a adesão à cláusula compromissória que lhe foi apresentada, poderá sempre optar pelo recurso aos tribunais judiciais, se assim o entender.

Neste ponto, seguimos o entendimento perfilhado por MARIA JOSÉ CAPELO, para quem a intenção do legislador foi o de "evitar que uma desigualdade material entre os contraentes pudesse traduzir-se na sujeição da parte mais fraca a uma cláusula de renúncia *prévia* à tutela judicial"[35].

A solução apresentada pela autora, para ultrapassar o aparente paradoxo decorrente da al. *h)* do art. 21.º do DL n.º 446/85, passa por consagrar a cláusula compromissória como uma cláusula de opção a favor do consumidor, que poderá optar por recorrer ao tribunal judicial, em detrimento do tribunal arbitral, sem que seja permitido ao agente económico arguir a incompetência do tribunal, por violação da convenção de arbitragem.

DÁRIO MOURA VICENTE teve, também, oportunidade de se pronunciar sumariamente sobre a questão, entendendo que da al. *h)* do art. 21.º "não resulta (...) uma proibição genérica da arbitragem de conflitos

---

[35] Cfr. "A Lei de Arbitragem Voluntária e os Centros de Arbitragem de Conflitos de Consumo (Breves Considerações ", *Estudos de Direito do Consumidor*, n.º 1, Coimbra, Faculdade de Direito da Universidade de Coimbra, Centro de Direito do Consumo, 1999, pág. 114.

de consumo, mas tão-só a exigência de que a inserção de cláusulas compromissórias em contratos de adesão celebrados com consumidores não importe a exclusão ou limitação do recurso pelos consumidores aos tribunais judiciais. Tais cláusulas hão-de, por isso, interpretar-se no sentido de que conferem ao tribunal arbitral uma *competência concorrente* com a dos tribunais judiciais"[36].

Ainda relativamente ao teor da norma em análise, Luís de Lima Pinheiro comenta que não é inteiramente claro a que arbitragens o legislador se pretende referir. Todavia, parece-lhe não existir qualquer limite à arbitrabilidade de litígios emergentes de contratos celebrados com consumidores[37].

A resposta dada pelos diversos ordenamentos jurídicos estrangeiros a esta problemática não é uniforme.

Por um lado, existem ordenamentos jurídicos que não consideram válida a cláusula compromissória quando celebrada com consumidores, *v.g.*, ordenamentos francês e austríaco.

Efectivamente, a doutrina francesa informa que um contrato em que uma das partes não actue no âmbito da sua actividade profissional não poderá conter uma cláusula compromissória (art. 2061 do Código Civil, na redacção que lhe foi conferida pela lei de 15 de maio de 2001)[38].

Também, de acordo com o n.º 1 do art. 617 dalei de arbitragem austríaca, de 13 de Janeiro de 2006, a atribuição de competências a um tribunal arbitral apenas poderá ocorrer perante litígios já emergentes, pelo que *a contrario* se conclui pela invalidade da cláusula compromissória celebrada entre profissionais e consumidores.

---

[36] Cfr. "A Manifestação...", *ob. cit.*, pág. 998.
[37] Cfr. " Convenção...", *ob. cit.*, pág. 134.
[38] Assim, atendendo ao teor do preceito, conclui-se que o art. 132-1 do Código do Consumidor francês não assume particular relevância no domínio das cláusulas compromissórias – Cfr. Sylvain Bollée, "Clauses abusives et modes alternatifs de règlement des litiges (l'article 6 de la loi n.º 2005-67 du 28 janvier 2005 ", R*evue de l'Arbitrage*, Comité Français de l'Arbitrage, n.º 1, Paris, 2005, págs. 225-226. Ainda relativamente ao sistema francês, cfr. Philippe Fouchard, "La laborieuse réforme de la clause compromissoire par la loi du 15 mai 2001", R*evue de l'Arbitrage*, Comité Français de l'Arbitrage, n.º 3, Paris, 2001, págs. 397-398.

Por outro lado, outros sistemas jurídicos, *v.g.*, japonês e inglês, admitem a cláusula compromissória ainda que celebrada com consumidores.

Contudo, de acordo com o ordenamento nipónico, o consumidor pode desvincular-se da cláusula compromissória que haja celebrado, de forma unilateral e discricionária, exceptuando os casos em que tenha concordado especificamente com a referida cláusula. No intuito de garantir a efectivação do direito do consumidor, deverá o tribunal arbitral informá-lo expressamente de tal direito[39].

TACKABERRY e MARRIOTT comentam que os tribunais ingleses atendem à debilidade negocial dos consumidores, pelo que já decidiram que a subscrição de uma cláusula compromissória não impede os consumidores de recorrerem à jurisdição estadual, nos casos em que aquela se revele lesiva dos seus direitos[40].

5. As garantias inerentes a um processo justo e imparcial

Considerando que o respeito pelas garantias inerentes a um processo justo e imparcial constitui um pressuposto indispensável à validade genérica da cláusula compromissória, vejamos, então, algumas das garantias a observar obrigatoriamente no procedimento arbitral.

A lei nacional, à semelhança do que sucede com todos os ordenamentos jurídicos estudados[41], permite às partes acordar sobre as regras

---

[39] KAZUHIKO YAMAMOTO informa que, naquele país, existem tribunais arbitrais especializados na resolução de litígios de consumo a funcionar muito bem – Cfr. "La nouvelle loi japonaise sur l'arbitrage", R*evue de l'Arbitrage*, Comité Français de l'Arbitrage, n.º 4, Paris, 2004, pag. 841.

[40] Cfr. B*ernstein's Handbook of Arbitration and Dispute Resolution Practice*, vol. 1, 4.ª Edição, Sweet & Maxwell in conjunction with The Chartered Institute of Arbitrators, Londres, 2003, págs. 67-68.

[41] Cfr. N.º 1 do art. 19.º da Lei-Modelo da CNUDCI, n.º 3 do § 1042 da ZPO, 1.º parágrafo do n.º 1 do art. 1693 da lei de arbitragem belga, art. 21.º lei de arbitragem brasileira, art. 19 da lei de arbitragem canadiana, 2.º parágrafo do art. 816 do CPC italiano, 1.ª parte do 1.º parágrafo do art. 24 da lei de arbitragem suíça.

de processo a observar na arbitragem. Estas regras poderão decorrer de regulamentos emanados de centros de arbitragem, como poderão ser criadas *ex novo* pelas partes, o que normalmente ocorre nas arbitragens *ad hoc* (n.ᵒˢ 1 e 2 do art.15.º da LAV)[42].

Efectivamente, a autonomia da vontade das partes permite-lhes não apenas atribuir a resolução dos litígios a árbitros, como também estabelecer as regras de processo a observar.

Todavia, existem princípios e normas que não poderão deixar de ser observados ao longo de todo o procedimento arbitral, pelo que não é admissível que, por acordo das partes, possam ser afastados. É de realçar que, sem a observância de tais princípios e regras, dificilmente as decisões seriam substancialmente justas[43].

O art. 16.º da LAV, sob a epígrafe "princípios fundamentais a observar no processo", enuncia alguns desses princípios que deverão ser imperativamente respeitados.

Assim, determina que:

a) As partes serão tratadas com absoluta igualdade;
b) O demandado será citado para se defender;
c) Em todas as fases do processo será garantida a estreita observância do princípio do contraditório;
d) Ambas as partes devem ser ouvidas, oralmente ou por escrito, antes de ser proferida a decisão final.

Estamos perante manifestações do princípio da igualdade das partes que, embora não esteja autonomamente consagrado na CRP, possui

---

[42] Se as partes não tiverem acordado sobre as regras de processo a observar na arbitragem, caberá aos árbitros essa escolha (n.º 3 do art. 15.º da LAV. A mesma solução foi adoptada, nomeadamente, pelos ordenamentos alemão (n.º 4 do § 1042 da ZPO, belga (2.º parágrafo do n.º 1 do art. 1693 da lei de arbitragem, brasileiro (§ 1 do art. 21.º da lei de arbitragem, canadiano (n.º 2 do art. 19 da lei de arbitragem, inglês (3.º parágrafo da secção 816 do *Arbitration Act* e suíço (2.ª parte do 1.º parágrafo do art. 24 da lei de arbitragem.

[43] Como realçam GAVALDA e LEYSSAC, "Toute liberté a ses limites. Celle de la procédure arbitrale trouve les siennes dans l'obligation de respecter les principes qui paraissent essentiels à la protection de la qualité de l'œuvre de justice, qu'elle soit étatique ou arbitrale" – Cfr. *L'Arbitrage*, Paris, Éditions Dalloz, 1993, pág. 57.

dignidade constitucional, por derivar, em última instância, do princípio do Estado de Direito Democrático.

Constata-se, assim, que a LAV manda aplicar ao processo arbitral os princípios orientadores do processo civil.

Com efeito, o princípio da igualdade das partes encontra-se, também, contemplado no art. 3.º-A do CPC determinando que o tribunal deve assegurar, ao longo de todo o processo, um estatuto de igualdade substancial das partes, designadamente no exercício de faculdades, no uso de meios de defesa e na aplicação de cominações ou de sanções processuais.

Este princípio visa, assim, colocar as partes em perfeita paridade de forças, quer entre si, como perante o tribunal, seja ele judicial ou arbitral[44], que se encontra vinculado a assegurar a igualdade entre as partes, proibindo-o de gerar situações de desigualdade[45].

Saliente-se que, por força do princípio da igualdade, em caso de ampliação do objecto do litígio, pode a parte que tomou a iniciativa de instaurar o processo arbitral substituir o árbitro que inicialmente haja designado[46-47].

---

[44] A este propósito, MIGUEL TEIXEIRA DE SOUSA salienta que "A imparcialidade do tribunal implica que este órgão não pode tomar partido por nenhuma das partes, devendo tratá-las, durante todo o processo, com completa igualdade (art. 3.º-A. A parte tem direito a que, perante o tribunal, a sua posição processual tenha o mesmo valor que a da sua contraparte. É nisso que consiste o princípio da igualdade de armas das partes, que se concretiza na possibilidade de cada uma delas se pronunciar sobre tudo o que for relevante para a decisão da causa e de utilizar todos os meios admissíveis para se defender de um pedido ou contrariar uma alegação da contraparte" – Cfr. *Introdução...*, *ob. cit.*, pág. 29.

[45] Contudo, verifica-se que, por vezes, o tribunal é forçado a tratar de forma desigual partes substancialmente desiguais, *v.g.*, multas de valores diferentes aplicadas a partes com poder económico díspar, condenadas por litigância de má fé, por comportamentos de idêntica gravidade.

[46] A cláusula compromissória deverá apenas especificar a relação jurídica cujos litígios, eventualmente emergentes, devam ser submetidos a arbitragem. O objecto do litígio será posteriormente definido na notificação enviada pela parte que pretende iniciar o procedimento, nos termos do n.º 1 do art. 11.º da LAV. Todavia, de acordo com o n.º 3 daquele preceito, na redacção que lhe foi conferida pelo DL n.º 38/2003, de 8 de Março, dentro do âmbito definido na notificação inicial, o objecto do litígio poderá ser objecto de ampliação pela parte contrária.

Ainda no que respeita aos árbitros, por força do princípio da igualdade, devem ambas as partes gozar de idêntico poder na sua nomeação[48].

O princípio do contraditório, consagrado na LAV como um princípio fundamental a observar ao longo do procedimento arbitral, apresenta-se como um corolário do princípio da igualdade.

Como realça ABRANTES GERALDES, "A contraditoriedade ao longo do processo é inerente ao adágio "da discussão nasce luz", pois só a audição de ambas as partes interessadas no pleito e a possibilidade que lhes é conferida de controlarem o modo de decisão dos tribunais permitirão que a verdade seja descoberta e sejam acautelados os interesses dos litigantes"[49].

Deste modo, o réu deve sempre ser chamado a juízo para deduzir oposição. Tal obrigatoriedade consta expressamente da al. *b*) do art. 16.º da LAV. Como é lógico, constitui condição indispensável e necessária ao exercício do seu direito de defesa, o conhecimento dos factos alegados pelo autor na petição inicial[50].

---

[47] Neste sentido, LEBRE DE FREITAS afirma que "em resultado da ampliação, a parte que tomou a iniciativa do processo arbitral quiser justificadamente designar outro árbitro em vez do primitivamente designado, deve ser-lhe reconhecida essa faculdade, ainda por força do princípio da igualdade" – Cfr. "Algumas Implicações da Natureza da Convenção de Arbitragem", *Estudos em Homenagem à Professora Doutora Isabel Magalhães Collaço*, Vol. II, Coimbra, Almedina, 2002, pág. 633, nota 19.

[48] O ordenamento alemão prevê expressamente que a parte que esteja em desvantagem na nomeação de árbitro(s possa requerer ao tribunal a sua designação. O pedido deve ser submetido no prazo de duas semanas, a contar da data em que a parte tomou conhecimento da constituição do tribunal arbitral (n.º 2 do § 1034 da ZPO).

[49] Cfr. *Temas da Reforma do Processo Civil: 1 – Princípios fundamentais; 2 – Fase inicial do processo declarativo*, Coimbra, Almedina, 1997, pág. 64.

[50] Neste sentido, o Acórdão da Relação de Coimbra contempla que "o legislador quer que o réu conheça com exactidão o conteúdo do pedido que contra ele é formulado (... tudo em ordem a que, caso o demandado queira realmente defender-se, o possa fazer com eficácia. Contribui-se deste modo para assegurar a igualdade das partes (..., garantindo-se ao mesmo tempo a independência e a equidistância em relação aos litigantes que o juiz deve guardar" – Cfr. Acórdão de 28/04/1993, *Colectânea de Jurisprudência, Tomo II*, pág. 55.

O princípio do contraditório deve ser respeitado ao longo de todo o processo, concedendo-se a possibilidade a ambas as partes de se pronunciarem relativamente aos factos alegados pela contraparte. O direito de resposta deverá, assim, ser assegurado tanto no que respeita aos aspectos jurídicos da causa, como no que se refere à matéria de facto.

Resulta do n.º 4 do art. 3.º do CPC que relativamente às excepções deduzidas no último articulado admissível, pode a parte contrária responder na audiência preliminar ou, não havendo lugar a ela, no início da audiência final.

Apesar de o procedimento arbitral ser simplificado e célere pois, em regra, apenas existe petição e contestação, tal não justifica que não se dê cumprimento ao princípio da igualdade, nas suas múltiplas manifestações, nomeadamente, no que respeita ao princípio do contraditório.

Também no procedimento arbitral, o direito de resposta abrange a produção da prova, pelo que será de aplicar a regra prevista no processo civil (n.º 1 do art. 517.º do CPC) segundo a qual, salvo disposição em contrário, as provas não são admitidas, nem produzidas sem audiência contraditória da parte a quem hajam de ser opostas[51].

Parece-nos igualmente que, no processo arbitral, a contraditoriedade impõe-se nos casos em que é requerida a produção antecipada da prova, à semelhança do que sucede no processo civil comum (arts. 520.º e 521.º do CPC).

Contudo, na arbitragem *ad hoc*, suscitam-se algumas dificuldades dificilmente superáveis. Efectivamente, atendendo a que a criação do tribunal cabe às partes, bastará a adopção de um comportamento inerte pela parte contra a qual a prova será produzida, para que aquele não se constitua atempadamente, tornando impossível ou muito difícil o depoimento, o arbitramento ou a inspecção.

---

[51] O princípio do contraditório é, assim, sempre respeitado. Nos termos do n.º 2 do art. 517.º do CPC, relativamente às provas constituendas, a parte é notificada, quando não for revel, para todos os actos de preparação e produção da prova, e é admitida a intervir nesses actos, nos termos da lei; no que respeita às provas pré-constituídas, deve facultar-se à parte a impugnação, tanto da respectiva admissão, como da sua força probatória.

Todavia, sempre que haja lugar à produção antecipada da prova deverá ser observado o princípio do contraditório.

A lei processual civil permite, ainda, ao juiz convidar as partes a fornecer os esclarecimentos sobre a matéria de facto ou de direito que se afigurem pertinentes, devendo dar conhecimento à outra parte dos resultados da diligência (n.º 2 do art. 266.º).

Tal regra deverá ser aplicada no âmbito do procedimento arbitral, sempre que os árbitros solicitem esclarecimentos a uma das partes. Na verdade, a contraparte apenas poderá contradizer os factos apresentados pela outra parte, se deles tiver conhecimento.

Também, a arguição de qualquer nulidade não pode ser deferida, sem audiência prévia da parte contrária, salvo caso de manifesta desnecessidade (art. 207.º do CPC) [52].

A inobservância do princípio da igualdade das partes, com influência decisiva na resolução do litígio, representa um vício importante uma vez que consubstancia uma nulidade processual (n.º 1 do art. 201.º do CPC), constituindo fundamento bastante para a anulação da decisão arbitral (al. c) do n.º 1 do art. 27.º da LAV)[53-54].

---

[52] Todavia, a nulidade arguida já poderá ser indeferida, sem que seja necessário ouvir a parte contrária.

[53] Os ordenamentos jurídicos consultados consagram expressamente a obrigatoriedade do cumprimento dos princípios da igualdade e do contraditório, v.g., n.º 1 do art. 24 da lei de arbitragem espanhola, n.º 1 do § 1042 da ZPO, n.º 1 do art. 1694 da lei de arbitragem belga, § 2 do art. 21.º da lei de arbitragem brasileira, art. 18 da lei de arbitragem canadiana, al. a do n.º 1 da secção 33 do *Arbitration Act*, art. 25 da lei de arbitragem suíça, 2.º parágrafo do art. 1460 do CPC francês, n.º 9 do art. 829 do CPC italiano e art. 18.º da Lei-Modelo da CNUDCI.

[54] Apenas nos casos especialmente previstos na lei se podem tomar providências contra determinada pessoa sem que esta seja previamente ouvida. É no âmbito das providências cautelares que o legislador prevê mais restrições ao princípio do contraditório. Relativamente à arbitrabilidade das medidas cautelares, cfr. PAULA COSTA E SILVA, "A Arbitrabilidade de Medidas Cautelares", *Revista da Ordem dos Advogados*, Ano 63, Vol. I/II, Lisboa, Abril de 2003, págs. 211-235; BENTO SOARES e MOURA RAMOS, Contratos Internacionais. Compra e Venda. Cláusulas Penais. Arbitragem, Coimbra, Almedina, 1986, págs. 381-382; CORDÓN MORENO, *El Arbitraje de Derecho Privado – Estudio breve de la Ley 60/2003 de 23 de diciembre de Arbitraje*, Navarra, Thomson Civitas, Cuadernos Civitas, 2005, págs. 298-310.

Importa salientar que as garantias legais a que a al. *h*) do art. 21.º do DL n.º 446/85 faz referência não se cingem aos princípios enunciados no art. 16.º da LAV.

Com efeito, o direito de requerer a anulação da decisão arbitral é irrenunciável (n.º 1 do art. 28.º da LAV), pelo que a cláusula compromissória que preveja tal renúncia padece de nulidade[55].

Todavia, a referida irrenunciabilidade não implica que as partes estejam obrigadas a requerer a anulação da decisão arbitral, sempre que se verifique algum dos vícios enunciados no n.º 1 do art. 27.º da referida Lei. Na verdade, nada obsta a que a parte lesada pela decisão anulável não intente a respectiva acção, pois o que se visa evitar é a renúncia antecipada do direito de requerer a anulação da decisão arbitral, e não a inércia da parte perante uma decisão anulável que a prejudique[56].

A faculdade de produzir qualquer meio de prova admitido em direito constitui, também, um direito do consumidor que não poderá ser afastado.

Efectivamente, a cláusula compromissória que restrinja os meios probatórios deverá ser imediatamente qualificada como nula, por não assegurar a garantia prevista no n.º 1 do art. 18.º da LAV. Tal entendimento mostra-se conforme a Directiva 93/13/CEE que considera suceptível de ser abusiva a cláusula que limite indevidamente os meios de prova à disposição do consumidor (al. *q*) do n.º 1 do anexo).

Deste modo, ao consumidor assiste o direito de utilizar qualquer meio de prova, à semelhança do que sucederia caso litigasse perante um tribunal judicial, não sendo lícita a cláusula compromissória que limite tal faculdade.

Todavia, a produção da prova pode suscitar algumas dificuldades, especialmente se depender da vontade de uma das partes ou de terceiro, e estes se recusarem a prestar a devida colaboração. Neste caso, aten-

---

[55] Cfr. PAULA COSTA E SILVA, "Anulação e Recursos da Decisão Arbitral", *Revista da Ordem dos Advogados*, ano 52, Vol. III, Lisboa, Dezembro de 1992, pág. 969.

[56] As partes podem, contudo, renunciar aos recursos (art. 29.º da LAV. A autorização concedida aos árbitros para decidirem de acordo com a equidade implica necessariamente essa renúncia. Apesar de a lei não referir expressamente, essa renúncia cinge-se obviamente aos recursos ordinários.

dendo a que os tribunais arbitrais não gozam de *ius imperium*, estando desprovidos do poder de autoridade, tornar-se-á necessário requerer ao tribunal judicial que a prova seja produzida perante ele, sendo os resultados posteriormente comunicados ao(s) árbitro(s) (n.º 2 do art. 18.º da LAV).

Cumpre referir, a este propósito, que as partes têm o dever de cooperar com o tribunal, dever esse que assume especial relevância no âmbito dos tribunais arbitrais[57].

Embora a LAV não o refira, julgamos ser de aplicar, no âmbito do processo arbitral, o disposto no art. 456.º do CPC, relativamente à litigância de má fé. Efectivamente, a recusa injustificada em colaborar com o tribunal constitui uma violação grave do dever de cooperação, subsumível na previsão da al. *c*) do n.º 2 do referido preceito.

Ainda, no que respeita à produção da prova, importa referir que as partes devem abster-se de produzir provas patentemente dilatórias. Nestes termos, aquele que, com dolo ou negligência grave, "tiver feito do processo ou dos meios processuais um uso manifestamente reprovável, com o fim de (...) entorpecer a acção da justiça ou protelar, sem fundamento sério, o trânsito em julgado da decisão" deverá, também, ser considerado como litigante de má fé, nos termos da al. *d*) do n.º 2 do art. 456.º do CPC.

Também, a cláusula compromissória que vede a possibilidade de o consumidor constituir advogado que o represente ou assista deverá ser considerada absolutamente nula.

Com efeito, a assistência jurídica não pode ser negada, podendo as partes designar quem as represente ou assista em tribunal. Este direito resulta claramente do n.º 2 do art. 20.º da nossa Constituição, que estabelece que todos têm o direito a fazer-se acompanhar por advogado perante qualquer entidade.

Porém, não são apenas os advogados que poderão assistir as partes, durante o procedimento arbitral, nomeadamente durante as audiências que venham a ter lugar.

---

[57] A este propósito, cfr. HENRIQUE MESQUITA, "Arbitragem: competência do tribunal arbitral e responsabilidade civil do árbitro", *Ab Vno ad Omnes – 75 anos da Coimbra Editora*, Coimbra, Coimbra Editora, 1998, págs. 1384-1385.

Efectivamente a defesa dos direitos do consumidor pode depender de conhecimentos técnicos que tanto os consumidores, como os advogados, não possuem, tornando-se, por vezes, necessário recorrer à assistência de técnicos especializados, dotados dos conhecimentos necessários à discussão da causa.

Visa-se, desta forma, assegurar às partes todas as condições necessárias à boa defesa da causa, pelo que qualquer cláusula susceptível de colocar em perigo tal propósito deverá ser considerada absolutamente nula[58].

6. As modalidades de arbitragem

Decorre da segunda parte da al. *h*) do art. 21.º do DL n.º 446/85, a absoluta proibição das cláusulas que "prevejam modalidades de arbitragem que não assegurem as garantias de procedimento estabelecidas na lei".

Uma vez analisadas sumariamente as aludidas garantias, importa analisar as modalidades de arbitragem *supra* referidas. São elas a arbitragem *ad hoc* e a arbitragem institucionalizada.

Na arbitragem *ad hoc*, os tribunais são criados pelas partes para resolver um determinado litígio, extinguindo-se logo que proferida a respectiva decisão. Cabe às partes organizar todo o processo, devendo estas providenciar um espaço físico onde as audiências possam ter lugar, determinar o número de árbitros a designar e proceder à sua nomeação, determinar a remuneração destes, definir as regras processuais aplicáveis, respeitando as garantias legalmente previstas, estabelecer o prazo para proferimento da decisão, entre outros elementos.

---

[58] Face ao ordenamento jurídico alemão é sempre admissível a representação por advogado (n.º 1 do § 1042 da ZPO. A não observância de tal regra constitui fundamento para requerer a anulação da decisão arbitral (al. *d* do n.º 2 do § 1059 do mesmo diploma. Na Áustria, o direito de representação também não pode ser nem excluído, nem limitado. Neste sentido, cfr. ANDREAS REINER, "La réforme du droit autrichien de l'arbitrage par la loi du 13 janvier 2006", *Revue de l'Arbitrage*, Comité Français de l'Arbitrage, n.º 2, Paris, 2006, pág. 417.

Ao invés, na arbitragem institucionalizada, as partes confiam a resolução do litígio a uma entidade, com carácter permanente, dotada de um regulamento próprio, e autorizada a realizar arbitragens pelo Ministério da Justiça.

A doutrina, quer nacional, quer estrangeira, realça as vantagens do recurso à arbitragem institucionalizada em detrimento da arbitragem *ad hoc*.

Por um lado, arbitragem institucionalizada dispensa as partes de providenciarem toda a estrutura organizacional indispensável ao funcionamento de um tribunal arbitral.

Por outro lado, na arbitragem *ad hoc*, a parte requerida pode atrasar a constituição do tribunal arbitral, bastando para isso adoptar uma conduta inerte, bem como discordar de todas as decisões que devam ser tomadas pelas partes, o que constitui um prejuízo sério na efectivação da celeridade processual.

Mais, ainda que as partes cheguem a acordo relativamente aos diversos aspectos relativos à constituição do tribunal, a desigualdade de forças existente entre o operador económico e o consumidor poderá colocar em perigo os direitos deste, uma vez que aquele tenderá a impor a sua superioridade na definição das regras, bem como na nomeação do(s) árbitro(s), de acordo com os seus interesses. Tais dificuldades não se verificam quando a competência para a resolução do litígio é atribuída aos centros arbitrais institucionalizados.

Importa referir que, nas arbitragens institucionalizadas, as entidades encontram-se devidamente autorizadas, pelo Ministro da Justiça, a realizar arbitragens (DL n.º 425/86, de 27 de Dezembro). Caso se verifique algum facto que demonstre que o centro de arbitragem deixou de possuir as condições técnicas ou de idoneidade indispensáveis ao exercício da actividade que se propõe a realizar, a autorização concedida será revogada, através de despacho, devidamente fundamentado, que será objecto de publicação no *Diário da República* (arts. 4.º e 5.º do aludido decreto).

Ora, ao contrário do que sucede com os centros de arbitragem institucionalizados, a idoneidade dos tribunais *ad hoc* não é passível de controlo, devido à sua natureza transitória.

7. Os centros de arbitragem de conflitos de consumo

Para além dos centros de arbitragem dotados de competência genérica, aos quais é permitido realizar arbitragens no domínio dos litígios de consumo, foram criados, por iniciativa dos poderes central e local, associações de defesa dos consumidores e associação empresariais, centros de arbitragem com competência especializada na resolução de litígios de consumo[59].

Atendendo à diversidade de textos publicados nestes *Estudos* sobre o funcionamento e organização destes centros, analisaremos apenas as questões que nos suscitam maiores dúvidas.

Comecemos pela noção de conflitos de consumo:

De acordo com o n.º 2 do art. 5.º do Regulamento do Tribunal Arbitral do CACC de Lisboa, "Consideram-se conflitos no domínio do consumo os que decorrerem do fornecimento de bens ou serviços destinados a uso privado, por pessoa singular ou colectiva que exerça, com carácter profissional e fins lucrativos uma actividade económica"[60].

Verifica-se que a noção adoptada encontra-se em consonância com a definição de consumidor apresentada na Lei de Defesa do Consumidor (n.º 1 do art. 2.º), não correspondendo, porém, à adoptada pelo DL n.º 446/85.

Dos regulamentos estudados resulta que, em rigor, o advogado que adquira um computador para o escritório não poderá recorrer aos centros de arbitragem de consumo, uma vez que utiliza o equipamento para um fim não privado. Pelo contrário, o informático que adquira um computador para uso pessoal, já poderá accionar o tribunal arbitral.

Ora, tal solução parece-nos injusta.

---

[59] Com efeito, cabe aos órgãos e departamentos da Administração Pública, nomeadamente às autarquias locais, promover a criação e apoiar centros de arbitragem com o objectivo de dirimir os conflitos de consumo. Tal incumbência resulta expressamente do n.º 1 do art. 14.º da Lei n.º 24/96, de 31 de Julho, bem como da al. *c* do art. 27.º da Lei n.º 159/99, de 14 de Setembro.

[60] Semelhante noção é adoptada pelos Regulamentos dos CIMAC do Algarve e do Vale do Cávado e do CICA do Porto (n.º 2 do art. 5.º dos referidos regulamentos.

Por um lado, julgamos que a tutela conferida aos consumidores deveria ser alargada a todos aqueles que, apesar de adquirirem bens para uso não privado, actuem fora da sua área profissional, à semelhança da solução adoptada pelo DL n.º 446/85, relativamente aos contratos de adesão.

Face ao exposto, parece-nos que ao advogado deve ser permitido reclamar, perante os centros de arbitragem de conflitos de consumo, a violação dos seus direitos ou interesses legalmente protegidos.

Note-se que o Anteprojecto do Código do Consumidor prevê o alargamento da protecção dispensada aos consumidores às pessoas colectivas e singulares que actuem para a prossecução de fins que pertençam ao âmbito da sua actividade profissional, mas que não disponham de competências específicas para a transacção em causa e desde que a solução se mostre conforme a equidade (art. 11.º).

Por outro lado, parece-nos não ser de aplicar ao informático, que adquira o computador para uso pessoal, a tutela dispensada aos consumidores, uma vez que aquele dispõe ou deve dispor, em virtude da sua actividade e experiência profissional, de competência específica para a transacção em causa[61].

Outro aspecto que consideramos problemático prende-se com o facto de, em todos os centros de arbitragem, com excepção do CACC de Vale do Ave, apenas os consumidores gozarem da faculdade de accionar o tribunal arbitral.

Veja-se, a este propósito, o disposto no n.º 1 do art. 8.º do Regulamento do Tribunal Arbitral do CACC de Coimbra que apenas permite que a reclamação seja apresentada pelo consumidor. Os Regulamentos do CICA do Porto e do Tribunal Arbitral do CACC de Lisboa consagram a mesma solução, mas optam por referir que o "agente económico pode contestar" (n.º 1 do art. 11.º). Ora, considerando que apenas o operador económico pode contestar, concluímos *a contrario* que apenas o consumidor poderá recorrer, na qualidade de demandante, à justiça arbitral destes centros.

---

[61] Esta solução consta do n.º 2 do art. 12.º do Anteprojecto do Código do Consumidor.

MARIA JOSÉ CAPELO critica tal restrição, pois parece-lhe "pouco consentâneo com os princípios da igualdade e de acesso à justiça arbitral, o impedimento que recai sobre o agente económico". Adianta, ainda, que "O recurso à justiça arbitral assenta num acordo de vontades, pelo que a convenção deve poder ser aproveitada por ambos os contraentes. O acesso à arbitragem voluntária institucionalizada deve ser possível nos mesmos moldes em que é possível a arbitragem *ad hoc*"[62].

PIRES TRINDADE, pelo contrário, entende que "não há violação dos princípios da igualdade e de acesso à justiça arbitral já que os centros foram criados no âmbito da defesa do consumidor"[63].

Relativamente a esta matéria, coloca-se uma questão pertinente: O agente económico que celebrou uma cláusula compromissória através da qual se atribui competência a um dos centros de arbitragem especializados em conflitos de consumo, com excepção do CACC do Vale do Ave, não pode recorrer aos tribunais judiciais, porque se encontra vinculado àquela cláusula. Todavia, também não pode reclamar perante os centros de arbitragem. Haverá, assim, violação do direito de acesso à justiça?

Na nossa perspectiva, a resposta será positiva.

Com efeito, não pode o agente económico estar impedido de reclamar jurisdicionalmente os seus direitos, quando lesado pelo consumidor.

Ora, se não pode recorrer às instâncias judiciais para resolver um litígio abrangido pelo âmbito da cláusula compromissória que celebrou, terá forçosamente de recorrer ao tribunal arbitral competente.

Entendemos, assim, que as barreiras impostas pelos centros de arbitragem aos operadores económicos, que os impede de aí apresentarem reclamações, terão de ser ultrapassadas, sob pena de violação do art. 20.º da nossa lei fundamental, que consagra no seu n.º 1 que a "todos é assegurado o acesso ao direito e aos tribunais para a defesa dos seus direitos e interesses legalmente protegidos".

---

[62] Cfr. "A Lei de Arbitragem...", *ob. cit.*, pág. 107.
[63] Cfr. "I – Passado, Presente e Futuro dos Meios Alternativos de Resolução de Litígios; II – Centros de Arbitragem – Centro de Arbitragem de Conflitos de Consumo do Distrito de Coimbra", *Estudos de Direito do Consumidor*, n.º 6, Coimbra, Faculdade de Direito da Universidade de Coimbra, Centro de Direito do Consumo, 2004, pág. 34.

8. A proibição da cláusula compromissória dependente de valoração

Concluímos que a validade genérica das cláusulas compromissórias inseridas em contratos de adesão celebrados com consumidoresdepende da efectiva observância dos princípios e garantias consagrados na LAV e no CPC.

Mas, será a cláusula compromissória, que respeite tais exigências, inatingível? Não poderá esta ser, após um juízo de valor, objecto de censura?

Cumpre, assim, responder às questões formuladas:

A não proibição absoluta das cláusulas prévia e unilateralmente redigidas pelo proponente não obsta a que estas venham a ser julgadas efectivamente abusivas, por comportarem desequilíbrios das prestações, gravemente atentórios à boa fé, em prejuízo dos consumidores.

Desta forma, para que possamos concluir, com segurança, pela efectiva validade da cláusula compromissória, não basta verificar se os princípios e exigências legalmente exigíveis foram observados.

Esta constitui, na verdade, a primeira de três tarefas a realizar no âmbito da avaliação da validade da cláusula.

Assim, na primeira tarefa, importa avaliar da conformidade da cláusula compromissória face aos princípios legalmente estabelecidos.

Na segunda tarefa, torna-se necessário proceder à avaliação da cláusula tendo em consideração o quadro negocial padronizado.

Finalmente, na terceira tarefa, visa-se averiguar se a cláusula compromissória, apesar de válida quer em termos abstractos, quer face ao quadro negocial padronizado, conduz a um desequilíbrio grave e injustificado, em prejuízo do consumidor.

Comecemos por analisar a segunda das tarefas a cumprir na avaliação da cláusula compromissória celebrada por adesão:

Para tanto, importa examinar o teor da al. g) do art. 19.º do DL n.º 446/85 de acordo com a qual são relativamente proibidas as cláusulas contratuais gerais que estabeleçam um foro competente que envolva graves inconvenientes para uma das partes, sem que os interesses da outra o justifiquem.

Coloca-se, antes de mais, uma questão pertinente: caberão os tribunais arbitrais no âmbito do "foro competente"?

Parece-nos que sim. Nesta matéria, seguimos a orientação de RAÚL VENTURA que se pronuncia no sentido de uma interpretação lata de «foro competente», pois afigura-se uma expressão suficientemente ampla, susceptível de abranger quer os tribunais judiciais, quer os tribunais arbitrais[64-65].

De facto, a cláusula compromissória pode respeitar as exigências legalmente estabelecidas mas, ainda assim, causar graves inconvenientes aos aderentes, que se vêem lesados com a atribuição de competências para a resolução dos litígios a determinado tribunal arbitral.

A avaliação da convenção é, nesta sede, realizada atendendo ao que é considerado normal quer ao nível do tipo contratual, quer ao nível do sector de actividade em causa.

Assim, pode suceder que a inclusão de uma cláusula compromissória configure uma estipulação normalmente inserida nos contratos de adesão celebrados em determinado sector de actividade, mas não em outro sector.

Desta forma, a resposta para o problema dependerá do sector económico e tipo contratual em apreciação.

Note-se que não basta à nulidade da cláusula um qualquer prejuízo para os consumidores. Pelo contrário, a lei exige que os "inconvenientes" causados aos consumidores sejam graves, para além de injustificados, visto não existirem interesses por parte dos agentes económicos que justifiquem tais prejuízos.

Por fim, a última tarefa a realizar, no âmbito do estudo da efectiva validade da cláusula compromissória, radica na avaliação desta face às particulares circunstâncias do caso concreto.

Com efeito, não obstante não se verificarem quaisquer fundamentos que afectem a validade da cláusula compromissória, quer em termos absolutos, quer em termos relativos, pode suceder que esta se revele abusiva por conduzir, em concreto, a um desequilíbrio de prestações

---

[64] Cfr. "Convenção de Arbitragem e Cláusulas...", ob. cit., pág. 44.

[65] Ainda que concluíssemos por uma noção restrita de "foro competente", atendendo ao carácter meramente exemplificativo dos elencos previstos no DL n.º 446//85, poderíamos sempre avaliar o carácter eventualmente abusivo da cláusula compromissória.

gravemente atentório à boa fé. Neste caso, a cláusula deverá ser proibida, por desrespeito ao princípio geral da boa fé, enunciado no art. 15.º do DL n.º 446/85.

De facto, a atribuição de competências para a resolução de litígios a determinado tribunal arbitral (institucionalizado ou *ad hoc*) pode causar, em concreto, prejuízos graves a um consumidor.

É de realçar que, ao invés do que ocorre na avaliação da cláusula face ao quadro negocial padronizado, o "inconveniente grave" em análise deverá ser aferido atendendo às especificidades da situação *sub iudice*.

CONCLUSÃO

Concluímos que a observância da forma escrita consubstancia uma formalidade *ad substantiam*, pelo que a cláusula compromissória ou os factos concludentes donde se infere o consentimento relativamente à instituição da arbitragem devem ser reduzidos a escrito.

Concluímos, também, que o operador económico deve observar os deveres de comunicação e de informação previstos no DL n.º 446/85.

Julgamos não existirem dúvidas relativamente à proibição absoluta e imediata das cláusulas que remetam os consumidores para modalidades de arbitragem que não assegurem as garantias previstas na lei, por representarem uma violação flagrante dos direitos fundamentais do nosso sistema jurídico, subjacentes a qualquer Estado de Direito Democrático.

Todavia, uma vez observados os princípios que norteiam qualquer processo justo e imparcial, entre os quais destacamos, pela extrema importância que assumem, os princípios da igualdade e do contraditório, julgamos que a cláusula compromissória não deverá ser genericamente proibida. Tal interpretação mostra-se conforme o disposto na al. *q)* do n.º 1 do anexo da Directiva Comunitária n.º 93/13/CEE.

Face ao exposto, não nos parece que da al. *h)* do art. 21.º decorra a proibição genérica da cláusula compromissória celebrada por mera adesão do consumidor, ressalvados os casos em que estes sejam remetidos para modalidades de arbitragem que não assegurem as garantias legalmente previstas.

Contudo, não obstante a validade genérica da cláusula compromissória, julgamos que o consumidor, que se vê forçado a contratar nos termos que lhe são propostos, por um operador que goza de hegemónica força negocial, deverá ser livre de optar pela jurisdição que lhe ofereça maior confiança.

Deste modo, a cláusula compromissória, apesar de válida, apenas vinculará o agente económico, uma vez que o consumidor deve ser efectivamente livre para recorrer à jurisdição que preferir. Aliás, esta é a orientação presente no princípio VI da Recomendação da Comissão Europeia n.º 98/257/CE, de 30 de Março.

Contudo, para concluirmos pela efectiva validade da cláusula compromissória não nos poderemos cingir à mera averiguação da sua conformidade com os princípios legalmente estabelecidos.

Torna-se necessário, por um lado, apurar se, face ao quadro negocial padronizado, aquela cláusula é tida como normal, no âmbito do específico sector de actividade e tipo contratual em causa.

Por outro lado, não obstante a inexistência de fundamentos que conduzam à invalidade da cláusula compromissória, quer em termos absolutos, quer em termos relativos, nada impede que esta venha a revelar-se abusiva, por comportar desequilíbrios gravemente atentórios à boa fé. Todavia, tal juízo apenas se poderá efectuar tendo por base as particulares circunstâncias do caso em apreciação.

Relativamente aos centros de arbitragem de conflitos de consumo, julgamos ser de extrema importância a alteração dos respectivos Regulamentos, por forma a proporcionar não apenas aos consumidores, mas também aos agentes económicos, a defesa dos seus direitos e interesses legalmente protegidos.

Efectivamente, os tribunais arbitrais dos referidos centros visam a realização da justiça e não a sua denegação, pelo que não poderão impedir, sob pena de violação da lei fundamental, os agentes económicos, que se encontram-se vinculados à cláusula compromissória e, como tal impedidos de recorrer às instâncias judiciais, de reclamarem a defesa dos seus direitos e interesses legalmente protegidos.

BIBLIOGRAFIA

Ascensão, José de Oliveira, "Cláusulas Contratuais Gerais, Cláusulas Abusivas e Boa fé", *Revista da Ordem dos Advogados*, ano 60, Vol. II, Lisboa, Abril de 2000.

Bolard, Georges, "Les principes directeurs du procès arbitral", *Revue de l'Arbitrage*, Comité Français de l'Arbitrage, n.º 3, Paris, 2004.

Bollée, Sylvain, "Clauses abusives et modes alternatifs de règlement des litiges (l'article 6 de la loi n.º 2005-67 du 28 janvier 2005)", *Revue de l'Arbitrage*, Comité Français de l'Arbitrage, n.º 1, Paris, 2005.

Cabeçadas, Isabel Mendes, "Arbitragem de Conflitos de Consumo – A Experiência de Lisboa", *Estudos de Direito do Consumidor*, n.º 3, Coimbra, Faculdade de Direito da Universidade de Coimbra, Centro de Direito do Consumo, 2001.

Capelo, Maria José, "A Lei de Arbitragem Voluntária e os Centros de Arbitragem de Conflitos de Consumo (Breves Considerações)", *Estudos de Direito do Consumidor*, n.º 1, Coimbra, Faculdade de Direito da Universidade de Coimbra, Centro de Direito do Consumo, 1999.

China, Sergio La, *L'Arbitrato – Il sistema e l'esperienza*, 2.ª Edição, Milão, Giuffré Editore, 2004.

Cordeiro, António Menezes:
 – "Da natureza civil do Direito do consumo", *O Direito*, ano 136.º, IV, Coimbra, Almedina, 2004.
 – *Da Modernização do Direito Civil I, Aspectos Gerais*, Coimbra, Almedina, 2004.
 – *Tratado de Direito Civil I, Parte Geral, Tomo I*, 3.ª Edição, Coimbra, Almedina, 2005.
 – "O anteprojecto de Código do Consumidor", *O Direito*, ano 138.º, IV, Coimbra, Almedina, 2006.

Cytermann, Anne Sinay, "Les relations entre professionnels et consommateurs en droit français", *La protection de la partie faible dans les rapports contractuels – Comparaisons franco-belges*, (Dir. Jacques Ghestin), Paris, Librairie générale dedroit et de jurisprudence, E.J.A., 1996.

DELVAUX, Paul-Henry, "Les contrats d'adhésion et les clauses abusives en droit belge", *La protection de la partie faible dans les rapports contractuels – Comparaisons franco-belges,* (Dir. Jacques Ghestin), Paris, Librairie générale de droit et de jurisprudence, E.J.A., 1996.

DIMOLITSA, Antonias, "Autonomie et «Kompetenz-Kompetenz»", *Revue de l'Arbitrage*, Comité Français de l'Arbitrage, n.º 2, Paris, 1998.

FOUCHARD, Philippe, "La laborieuse réforme de la clause compromissoire par la loi du 15 mai 2001", *Revue de l'Arbitrage*, Comité Français de l'Arbitrage, n.º 3, Paris, 2001.

FREITAS, José Lebre de:
- *Introdução ao Processo Civil – Conceito e Princípios Gerais*, Coimbra, Coimbra Editora, 1996.
- "Algumas Implicações da Natureza da Convenção de Arbitragem", *Estudos em Homenagem à Professora Doutora Isabel Magalhães Collaço*, Vol. II, Coimbra, Almedina, 2002.
- "Alcance da Determinação pelo Tribunal Judicial do Objecto do Litígio a submeter a Arbitragem", *O Direito*, ano 138.º, Vol. I, 2006, Coimbra, Almedina.

FROTA, Mário, "Os Contratos de Consumo – Realidades Sóciojurídicas que se perspectivam sob Novos Influxos", *Revista Portuguesa de Direito do Consumo*, Associação Portuguesa do Direito do Consumo, n.º 23, Coimbra, 2000.

GAVALDA, Christian; Leyssac, Claude Lucas de, *L'Arbitrage*, Paris, Éditions Dalloz, 1993.

GERALDES, António Santos Abrantes:
- *Temas da Reforma do Processo Civil: 1 – Princípios fundamentais; 2 – Fase inicial do processo declarativo*, Coimbra, Almedina, 1997.
- *Temas da Reforma do Processo Civil: 3 – Audiência preliminar, saneamento e condensação; 4 – Registo da prova e decisão da matéria de facto*, Vol. II, Coimbra, Almedina, 1997.

GHESTIN, Jacques; Melle, Isabel Marchessaux-Van, "Les contrats d'adhésion et les clauses abusives en droit français et en droits européens", *La protection de la partie faible dans les rapports contractuels – Comparaisons franco-belges,* (Dir. Jacques Ghestin), Paris, Librairie générale de droit et de jurisprudence, E.J.A., 1996.

KESSEDJIAN, Catherine, "Principe de la contradition et arbitrage", *Revue de l'Arbitrage*, Comité Français de l'Arbitrage, n.º 3, Paris, 1995.
LLOBREGAT, Garberí J. (Dir.), *Comentarios a la Ley 60/2003, de 23 de diciembre, de Arbitraje*, Vol. 1, Barcelona, Editorial Bosch, 2004.
MARC, Valéry Denoix de Saint, "La réforme du droit allemand de l'arbitrage", *Les Cahiers de l'Arbitrage*, (Dir. Alexis Mourra), Gazette du Palais, 2002.
MAYER, Pierre, "Les limites de la séparabilité de la clause compromissoire", *Revue de l'Arbitrage,* Comité Français de l'Arbitrage, n.º 2, Paris, 1998.
MESQUITA, Manuel Henrique, "Arbitragem: competência do tribunal arbitral e responsabilidade civil do árbitro", *Ab Vno ad Omnes – 75 anos da Coimbra Editora*, Coimbra, Coimbra Editora, 1998.
MONTEIRO, António Pinto:
– "Contratos de Adesão: O Regime Jurídico das Cláusulas Contratuais Gerais instituído pelo Decreto-lei n.º 446/85, de 25 de Outubro", *Revista da Ordem dos Advogados*, ano 46, Vol. III, Lisboa, Dezembro 1986.
– "Contratos de Adesão/Cláusulas Contratuais Gerais", *Estudos de Direito do Consumidor*, n.º 3, Coimbra, Faculdade de Direito da Universidade de Coimbra, Centro de Direito do Consumo, 2001.
MOREAU, Bertrand; Degos, Louis, "La clause compromissoire réhabilitée", *Les Cahiers de l'Arbitrage*, (Dir. Alexis Mourra), Gazette du Palais Édition, 2002.
MORENO, Faustino Cordón, *El Arbitraje de Derecho Privado – Estudio breve de la Ley 60/2003 de 23 de diciembre de Arbitraje*, Navarra, Thomson Civitas, Cuadernos Civitas, 2005.
NEUMAYER, Karl-Heinz, *International Encyclopedia of Comparative Law*, Vol. VII, *Contracts in General, Chapter 12 – Contracting Subject to Standard Terms and Conditions*, Dordrecht, Boston, Lencaster, Mohrsiebeck, Tübingen, Martinus Nijhoff Publishers, 1999.
NUNES, Cláudia Sofia Henriques, "Os efeitos da cláusula compromissória", *Projuris On-line, A Revista Brasileira da Arbitragem na Web*, ano I, n.º 3, Julho/Agosto 2005, disponível no sítio *www.projuris.org.br/edicao3/*.

OLIVEIRA, Isabel, "A Arbitragem de Consumo", *Estudos de Direito do Consumidor*, n.º 2, Coimbra, Faculdade de Direito da Universidade de Coimbra, Centro de Direito do Consumo, 2000.

PEDROSO, João; Cruz, Cristina, *A Arbitragem Institucional: Um Novo Modelo de Administração de Justiça – O Caso dos Conflitos de Consumo*, Coimbra, Faculdade de Economia da Universidade de Coimbra, Centro de Estudos Sociais, Outubro de 2000.

PINHEIRO, Luís de Lima:
- *A Arbitragem Transnacional – A Determinação do Estatuto da Arbitragem*, Coimbra, Almedina, 2005.
- "Convenção de arbitragem (Aspectos Internos e Transnacionais)", *Revista da Ordem dos Advogados*, ano 64, Vol. I/II, Lisboa, Novembro 2004.

PINTO, Carlos Alberto da Mota:
- "Contratos de Adesão – Uma manifestação jurídica da moderna vida económica", *Revista de Direito e de Estudos Sociais*, ano XX, Abril-Dezembro, n.ºs 2-3-4, Coimbra, 1973.
- *Teoria Geral do Direito Civil*, 4.ª Edição por António Pinto Monteiro e Paulo Mota Pinto, Coimbra, Coimbra Editora, 2005.

POUDRET, Jean-François; Besson, Sébastien, *Droit comparé de l'arbitrage international*, Bruxelas, Bruylant, L.G.D.J., Schulthess, 2000.

REINER, Andreas, "La réforme du droit autrichien de l'arbitrage par la loi du 13 janvier 2006", *Revue de l'Arbitrage*, Comité Français de l'Arbitrage, n.º 2, Paris, 2006.

RIBEIRO, Joaquim de Sousa:
- "Cláusulas Contratuais Gerais e o Paradigma do Contrato", *Boletim da Faculdade de Direito*, Suplemento XXXV, Coimbra, Universidade de Coimbra, 1992.
- *O Problema do Contrato – As Cláusulas Contratuais Gerais e o Princípio da Liberdade Contratual*, Coimbra, Almedina, 1999.

SÁ, Almeno de, *Cláusulas Contratuais Gerais e Directiva sobre Cláusulas Abusivas*, 2.ª Edição, Coimbra, Almedina, 2001.

SAMMARTANO, Mauro Rubino-, *Il Diritto Dell'Arbitrato*, 3.ª Edição, Padova, Casa Editrice Dott. Antonio Milani, 2002.

SCHLOSSER, Peter, "La nouvelle législation allemande sur l'arbitrage", *Revue de l'Arbitrage*, Comité Français de l'Arbitrage, n.º 2, Paris, 1998.

SILVA, Paula Costa e:
- "Anulação e Recursos da Decisão Arbitral", *Revista da Ordem dos Advogados*, ano 52, Vol. III, Lisboa, Dezembro de 1992.
- "A Arbitrabilidade de Medidas Cautelares", *Revista da Ordem dos Advogados*, ano 63, Vol. I/II, Lisboa, Abril de 2003.

SOARES, Maria Ângela Bento; Ramos, Rui Moura, *Contratos Internacionais. Compra e Venda. Cláusulas Penais. Arbitragem*, Coimbra, Almedina, 1986.

SOUSA, Miguel Teixeira de:
- *A Competência Declarativa dos Tribunais Comuns*, Lisboa, Lex Edições Jurídicas, 1994.
- *Introdução ao Processo Civil*, 2.ª Edição, Lisboa, Lex Edições Jurídicas, 2000.

TACKABERRY, John; Marriott, Arthur:
- *Bernstein's Handbook of Arbitration and Dispute Resolution Practice*, vol. 1, 4.ª Edição, Sweet & Maxwell in conjunction with The Chartered Institute of Arbitrators, Londres, 2003.
- *Bernstein's Handbook of Arbitration and Dispute Resolution Practice*, Vol. 2, 4.ª Edição, Sweet & Maxwell in conjunction with The Chartered Institute of Arbitrators, Londres, 2003.

TELLES, Inocêncio Galvão, "Cláusula Compromissória (oposição ao respectivo pedido de efectivação)", *O Direito*, ano 89, Coimbra, Coimbra Editora, 1957.

TRINDADE, João Carlos Pires:
- "O Papel do Juiz na Arbitragem de Conflitos de Consumo", *Estudos de Direito do Consumidor*, n.º 3, Coimbra, Faculdade de Direito da Universidade de Coimbra, Centro de Direito do Consumo, 2001.
- "I – Passado, Presente e Futuro dos Meios Alternativos de Resolução de Litígios; II – Centros de Arbitragem – Centro de Arbitragem de Conflitos de Consumo do Distrito de Coimbra", *Estudos de Direito do Consumidor*, n.º 6, Coimbra, Faculdade de Direito da Universidade de Coimbra, Centro de Direito do Consumo, 2004.

VENTURA, Raúl:
- "Convenção de Arbitragem e Cláusulas Contratuais Gerais", *Revista da Ordem dos Advogados*, ano 46, Vol. I, Lisboa, Abril de 1986.
- "Convenção de Arbitragem", *Revista da Ordem dos Advogados*, ano 46, Vol. II, Lisboa, Setembro de 1986.

VICENTE, Dário Moura, "Manifestação do Consentimento na Convenção de Arbitragem", *Revista da Faculdade de Direito da Universidade de Lisboa*, Vol. XLIII, n.º 2, Coimbra, Coimbra Editora, 2002.

YAMAMOTO, Kazuhiko, "La nouvelle loi japonaise sur l'arbitrage", *Revue de l'Arbitrage*, Comité Français de l'Arbitrage, n.º 4, Paris, 2004.

AS CONSEQUÊNCIAS DA ALTERAÇÃO DAS CIRCUNSTÂNCIAS

André Silva Seabra

Aluno do Mestrado em Ciências Jurídico-Civilísticas II da Faculdade de Direito da Universidade de Coimbra

Sumário: 1. Introdução. 2. Soluções Legais. 2.1 Resolução. 2.2 Revisão. 2.3 Regimes Especiais. 3. Cláusulas de Renegociação. 4. Dever de Renegociar. Conclusão. Referências Bibliográficas.

INTRODUÇÃO

Todo e qualquer contrato que não seja imediatamente executado está sujeito a uma alteração das circunstâncias existentes entre a sua celebração e a produção dos seus efeitos. Essa alteração pode ser absolutamente irrelevante para o interesse dos contratantes, ou, então, afetá-los de uma forma inexpressiva, que não justifica a intervenção do Direito. Outras vezes, porém, a alteração poderá afetar gravemente a comutatividade do contrato, ou até mesmo impedir a realização do fim através dele perseguido. Neste último caso, o Direito estará diante de um conflito entre dois princípios fundamentais: a segurança jurídica e a justiça material.

O Direito Romano não desconhecia o problema, mas somente lhe atribuía eficácia diante de situações *típicas pré-determinadas*, inexistindo uma regra geral para a questão[1].

---

[1] Menezes Cordeiro, Antonio Manuel da Rocha. *Da Boa Fé no Direito Civil*. 2.ª reimpressão. Coimbra: Almedina, 2001. p. 940.

Na Idade Média o ideal de justiça permitiu o desenvolvimento da conhecida cláusula *rebus sic stantibus*, considerada implícita em todo contrato de longa duração. O contrato era vinculativo *enquanto as circunstâncias assim se mantivessem*. Havia uma preocupação com a substância dos contratos, e não apenas com o livre consentimento. A validade do contrato pressupunha uma *relação justa*[2].

As codificações do século XIX, no entanto, foram norteadas pelos ideais liberais da Revolução Francesa, onde o primado da vontade era a base para que a burguesia pudesse exercer sua dominação. Nesse contexto, operou-se *"o isolamento do contrato do mundo da vida, ao corte com todas as suas conexões externas"*[3]. O conteúdo dos contratos deixou de ser importante, sendo relevante, apenas, que a vontade constante da declaração negocial tivesse sido livremente formada e manifestada. Apenas os vícios da vontade poderiam impactar o vínculo contratual. O ideal de justiça era puramente formal.

O *pacta sunt servanda*, desta forma, era intocável nas codificações individualistas, como o Código de Napoleão, os Códigos Civis italiano de 1865, português de 1867 e brasileiro de 1916. Nenhuma dessas legislações continha previsões relativas à alteração das circunstâncias.

O desenvolvimento social, principalmente após a Revolução Industrial, começou a revelar as injustiças desta concepção, que consistia, na verdade, em um instrumento de dominação. A partir daí começaram a se desenvolver teorias que justificassem a resolução ou modificação do contrato por alteração das circunstâncias.

Teorias como a da imprevisão, da pressuposição e a da base do negócio foram e continuam sendo objeto de incessantes debates no mundo jurídico[4]. Todas procuraram, sob diversos argumentos, funda-

---

[2] ASCENSÃO, José de Oliveira. *Direito Civil Teoria Geral, vol. III*. Coimbra: Coimbra Editora, 2002. p. 188.

[3] RIBEIRO, Joaquim de Sousa. *Direito dos Contratos: Estudos*. Coimbra: Editora Coimbra, 2007.

[4] Para uma minuciosa análise dessas teorias, *vid.* MENEZES CORDEIRO. *Da boa Fé no Direito Civil. cit.* p. 955

mentar a intervenção no contrato através da sua conexão com a realidade, concretizando um ideal de justiça material[5].

A busca pela justiça material, apoiada no desenvolvimento das referidas teorias, trouxe o instituto da alteração das circunstâncias para dentro das codificações do século XX. O Código Civil grego de 1940 foi o pioneiro, ao permitir, no artigo 388, a resolução ou modificação do contrato por alteração das circunstâncias[6]. Em seguida, o Código Civil italiano de 1942, instituiu a resolução dos contratos por onerosidade excessiva no artigo 1467[7].

Os ordenamentos de matriz anglo-saxã desenvolveram a doutrina da *frustration of purposes*, que permite a resolução do contrato quando eventos supervenientes tiverem impedido a realização do fim buscado através do contrato.

No direito português o instituto foi positivado no artigo 437.º do Código Civil de 1966[8] e constitui uma exceção legal ao princípio do *pacta sunt servanda*, prevista no artigo 406/1 da mesma lei.

---

[5] SERRA, Vaz. Resolução ou modificação dos contratos por alteração das circunstâncias (trabalho preparatório do Código Civil de 1966). *Boletim do Ministério da Justiça*, n. 68, 1957. p. 304.

[6] "Quando as circunstâncias sobre as quais, vistos a boa-fé e o uso, as partes principalmente fundaram a realização de uma convenção bilateral, são posteriormente alteradas em conseqüência de motivos extraordinários, impossíveis de prever, e a prestação do devedor, em virtude desta alteração, tida em conta também a contraprestação, se tornou desmedidamente onerosa, o tribunal, a pedido dele, pode, segundo o seu critério, reduzi-la à medida conveniente, ou ainda decidir a resolução da convenção, na totalidade ou a respeito da parte não executada."

[7] "Nos contratos de execução continuada ou periódica ou ainda de execução diferida, se a prestação de uma das partes se tornar excessivamente onerosa pelo verificar de ocorrências extraordinárias e imprevisíveis, pode a parte que deva tal prestação pedir a resolução do contrato, com os efeitos no art. 1458.º

A resolução não pode ser pedida se a onerosidade integra a álea normal do contrato.

A parte contra a qual é pedida a resolução pode evitá-la oferecendo modificar equamente as condições do contrato".

[8] "Condições de admissibilidade:
1. Se as circunstâncias em que as partes fundaram a decisão de contratar tiverem sofrido uma alteração anormal, tem a parte lesada direito à resolução do

Mais recentemente, a alteração das circunstâncias foi positivada também no ordenamento brasileiro, pelo Código Civil de 2002[9], e no direto alemão, através da introdução do parágrafo 313 do BGB pela Lei de Modernização do Direito das Obrigações.

Cabe referir, ainda, a existência de previsões semelhantes no âmbito da *lex mercatoria*, nomeadamente no UNIDROIT e nos Princípios do Direito Europeu dos Contratos.

No direito francês a possibilidade de resolução ou modificação dos contratos é atualmente admitida somente no âmbito dos contratos administrativos, sob o fundamento da teoria da imprevisão. As relações jurídico-privadas continuam sujeitas à rigidez absoluta do *pacta sunt servanda* constante do Código de Napoleão.

O estudo do instituto da alteração das circunstâncias no ordenamento português evolve duas partes distintas: a primeira consistente na análise dos requisitos fixados pelo artigo 437.º do Código Civil para que ele seja aplicado, e a segunda relativa às conseqüências da presença desses requisitos.

No presente trabalho será analisada a segunda parte, abordando-se as conseqüências, no ordenamento português, decorrentes da presença de todos os requisitos necessários à aplicação do instituto da alteração das circunstâncias[10]. Iniciaremos pela verificação das soluções legal-

---

contrato, ou à modificação dele segundo juízos de equidade, desde que a exigência das obrigações por ela assumidas afecte gravemente os princípios da boa fé e não esteja coberta pelos riscos próprios do contrato.

2. Requerida a resolução, a parte contrária pode opor-se ao pedido, declarando aceitar a modificação do contrato nos termos do número anterior."

[9] Art. 478. Nos contratos de execução continuada ou diferida, se a prestação de uma das partes se tornar excessivamente onerosa, com extrema vantagem para a outra, em virtude de acontecimentos extraordinários e imprevisíveis, poderá o devedor pedir a resolução do contrato. Os efeitos da sentença que a decretar retroagirão à data da citação.

[10] Para o estudo dos requisitos do instituto, *vid*. ALMEIDA COSTA, Mário Júlio de. *Direito das obrigações*. 10.ª ed. Coimbra: Almedina, 2006. p. 336; e TELLES, Inocêncio Galvão. *Manual dos contratos em geral*. 4.ª ed. Coimbra: Coimbra Editora, 2002. p. 345.

mente previstas, com a abordagem das características específicas de cada uma. Posteriormente, faremos uma rápida indicação dos regimes especiais, que tem uma disciplina própria. Enfrentaremos, então, como a questão se coloca quando os contratantes na própria formação do contrato estabelecem as conseqüências da alteração das circunstâncias, e, por fim, suscitaremos o debate sobre a possível existência de um dever de renegociar com fundamento na boa-fé.

Ainda em sede introdutória, julgamos conveniente nos referir ao erro sobre a base do negócio. O artigo 252/2.º do Código Civil determina a aplicação do regime da alteração das circunstâncias quando o erro *recair sobre as circunstâncias que constituem a base do* negócio. Uma leitura desavisada desse dispositivo poderia levar à conclusão de que as conseqüências que serão tratadas no decorrer deste trabalho são aplicáveis não apenas à alteração das circunstâncias, mas também ao erro sobre a base do negócio.

A doutrina é pacífica sobre a inaplicabilidade das conseqüências do instituto da alteração das circunstâncias ao erro sobre a base do negócio. O erro já nasce com o contrato, enquanto a alteração das circunstâncias se refere a eventos supervenientes, ocorridos após a formação do contrato. O erro, portanto, é um vício de vontade e afeta a validade do contrato, o que não ocorre na alteração das circunstâncias, onde o contrato é plenamente válido, mas não poderá ser mantido, pelo menos em seus termos originários. O erro, portanto, é submetido ao regime da nulidade e anulabilidade dos negócios jurídicos em geral, constantes dos artigos 285.º a 294.º do Código Civil[11].

Sendo assim, o objeto deste trabalho não é extensivo ao erro sobre a base do negócio, sendo restrito ao instituto da alteração das circunstâncias.

---

[11] MONTEIRO, Antônio Pinto. Erro e teoria da imprevisão. *Revista de Estudos de Direito do Consumidor*, n.º 6, Centro de Direito do Consumo – Coimbra, 2004; ASCENSÃO, José de Oliveira, *Teoria Geral.*, *ob. cit.* p. 198; ALMEIDA COSTA, Mário Júlio de. *Direito das obrigações, ob. cit.* p. 333.

2. Soluções Legais

Diante da presença de todos os requisitos necessários à aplicação do instituto da alteração das circunstâncias, e na ausência de composição dos contratantes, são duas as soluções possíveis a serem adotadas pelo julgador: a resolução do contrato; ou a sua revisão[12].

Como ensina ORLANDO GOMES, a disciplina das conseqüências da alteração das circunstâncias varia, nos diferentes ordenamentos, de quatro formas possíveis: 1 – permite-se somente a resolução; 2 – permite-se somente a revisão; 3 – alternativa entre a revisão e resolução; e 4 – resolução na hipótese de o contratante beneficiado se recusar a modificar o contrato[13].

A lei portuguesa adotou a terceira opção, que é um sistema misto, permitindo tanto a resolução como a revisão. Esse sistema nos parece o mais adequado, pois nem sempre haverá a possibilidade de escolha entre as duas soluções.

A alteração das circunstâncias pode impedir a realização do escopo contratual ou afetar o equilíbrio das prestações. Quando a modificação do ambiente tiver atingido o fim visado por um ou ambos os contratantes, a única solução aplicável é a resolução. É o que ocorre nos exemplos reiteradamente invocados nessa matéria, os chamados *coronation cases,* onde um dos contratantes aluga a varanda de um imóvel para assistir a um cortejo que, posteriormente, não se realiza ou tem o seu itinerário alterado. Nessa hipótese, a revisão não pode ser feita, já que o fim buscado através do contrato deixou de existir. O único remédio é a resolução.

Em outros casos, será a revisão a única solução possível, como ocorre em muitos contratos de prestação de serviços, principalmente na

---

[12] VAZ SERRA indica, também, a possibilidade se suspensão do cumprimento da obrigação quando, no caso, for possível verificar que a alteração das circunstâncias é transitória. Vid. *Resolução ou Modificação dos Contratos por Alteração das Circunstâncias*, ob. cit. p. 352.

[13] GOMES, Orlando. *Transformações gerais do direito das obrigações*. 2. ed. São Paulo: Revista dos Tribunais, 1980. p. 107.

empreitada¹⁴. O serviço já terá sido prestado, o que torna a resolução incapaz de resolver o problema.

A análise clássica do instituto tratava apenas da resolução. Alterado o ambiente em que o contrato foi criado, ele não mais teria razão de ser. A formulação da tradicional cláusula *rebus sic stantibus* levava a esta conclusão. A prática, no entanto, demonstrou que em muitos casos a manutenção do contrato, mediante a adaptação dos seus termos, seria mais proveitosa para ambas as partes. Esse fenômeno se revelou, inicialmente, no direito administrativo, onde a necessidade de continuidade dos serviços públicos levou a jurisprudência a priorizar a revisão em detrimento da resolução¹⁵.

A resolução é, sem dúvida, a solução mais fácil, já que, ao contrário da revisão, não exige do intérprete uma delicada atuação visando ao restabelecimento do equilíbrio inicial do contrato mediante uma criteriosa aplicação da equidade. Como se verá mais adiante, quando a resolução for aplicada, basicamente a única questão que se coloca é a da retroatividade dos seus efeitos.

No entanto, a facilidade na aplicação da resolução contrasta com o impacto por ela causado, visto se tratar de uma solução drástica, que extingue um vínculo contratual fruto da autonomia das partes e plenamente válido.

A alternativa à resolução é a revisão do contrato, que representa uma das expressões do princípio da conservação dos negócios jurídicos. De acordo com esse princípio, nas palavras de ANTÔNIO JUNQUEIRA DE AZEVEDO, *"tanto o legislador quanto o intérprete, o primeiro, na criação das normas jurídicas sobre os diversos negócios, e o segundo, na aplicação dessas normas, devem procurar conservar, em qualquer um dos três planos – existência, validade e eficácia –, o máximo possível do negócio jurídico realizado pelo agente"*¹⁶.

---

¹⁴ MENEZES CORDEIRO, Antonio Manuel da Rocha. Da alteração das circunstâncias. *Separata dos estudos em memória do prof. Doutor Paulo Cunha*. Lisboa, 1987. p.78.
¹⁵ SERRA, Vaz., *ob. cit.* p. 348.
¹⁶ *Negócio jurídico – existência, validade e eficácia*. 4. ed. São Paulo: Editora Saraiva, 2002. p. 66.

A revisão depende da concessão de poderes ao julgador para intervir nos termos do contrato. O aumento dos poderes do intérprete é uma tendência moderna, refletida, por exemplo, na técnica legislativa das cláusulas gerais.

Conquanto preserve parte do negócio celebrado pelas partes, a revisão é mais intrusiva da autonomia, pois impõe uma modificação daquilo que foi livremente pactuado. Por esta razão, a possibilidade de revisão judicial do contrato é rechaçada pelos ordenamentos fundados na *common law*, criadores da conhecida expressão de que a revisão seria o mesmo que o *juiz fazer o contrato pelas partes*. PINTO MONTEIRO coloca a questão sob outra ótica, entendendo que a revisão é uma forma adequada de tutelar a autonomia das partes[17].

OLIVEIRA ASCENSÃO entende que se uma das partes não aceitar a revisão, e a mesma for substancial, o julgador não poderá impor a modificação, sendo permitida, apenas, a resolução[18]. Aparentemente, esse entendimento é isolado na doutrina portuguesa, que, no geral, admite a revisão forçada, nos termos do artigo 437.º, que indica a equidade como critério norteador. O legislador português permite a imposição da revisão em outros casos, como ocorre nos negócios usurários, de acordo com o artigo 283/2.º.

No entanto, através da análise dos ensinamentos de OLIVEIRA ASCENSÃO sobre o direito brasileiro, pudemos interpretar o real alcance do termo substancial como paradigma entre a possibilidade ou não de revisão forçada. Em artigo sobre o instituto da alteração das circuns-

---

[17] Esses são os termos expressados pelo autor: "Mas isso não significa que tais exigências nada tenham a ver com o acordo das partes, que sejam alheias à autonomia dos sujeitos. Pelo contrário, entendemos que atribuir relevo jurídico à doutrina da imprevisão, permitir que o contrato possa ser resolvido ou modificado quando as circunstâncias que estiverem na base do compromisso assumido se alteram em certos termos, significa tutelar a autodeterminação das partes". In *Erro e teoria da imprevisão*, *cit.* p. 322.

[18] *Vid.* ASCENSÃO, José de Oliveira., *ob. cit.* p. 204. De acordo com o autor, "Não pode ser imposto a ninguém um contrato alterado, quando esteja substancialmente fora daquilo que aceitou. Nem sendo o contrato inválido isso acontece: a lei baseia-se então na vontade tendencial das partes, nos arts. 292 e 293. Também aqui, se a outra parte não aceitar uma modificação substancial, terá de ser decretada a resolução".

tâncias no direito brasileiro, o citado professor faz a distinção entre as modificações quantitativas e qualitativas[19]. Nas primeiras, a revisão do contrato acarretará apenas uma alteração numérica na prestação de uma das partes, como, por exemplo, a variação do preço. Na outra ponta, as modificações qualitativas consistem "*na mudança de cláusulas, além da mera alteração dos valores*". Conclui o professor com a afirmação de que a modificação quantitativa poderá ser imposta pelo intérprete, enquanto que a qualitativa sempre dependerá da concordância de ambos os contratantes, por imposição do princípio da autonomia privada.

Diferentemente da legislação portuguesa, o artigo 478 do Código Civil brasileiro não menciona de forma expressa a revisão forçada, mas a doutrina brasileira predominante interpreta este dispositivo de forma a permitir também a revisão. Por este motivo, entendemos que a opinião de OLIVEIRA ASCENSÃO sobre o direito brasileiro pode ser extensiva ao direito português, ou seja, quando a modificação do contrato for quantitativa, o juiz não dependerá da anuência das partes, porém, quando se tratar de alteração qualitativa, esta somente será possível mediante a aquiescência dos dois lados da relação contratual.

Da análise do artigo 437.º do Código Civil, se extrai que pertence ao contratante prejudicado a escolha entre a resolução e a revisão. Se a opção for pela resolução, a outra parte poderá se opor declarando aceitar a modificação eqüitativa do contrato, sendo que, na ausência desta manifestação, não cabe ao juiz oficiosamente optar pela revisão[20].

A revisão somente será possível se alguma das partes manifestar sua aceitação a ela, ou seja, se o lesado a requerer, ou se a outra parte responder ao pedido de resolução informando que aceita a modificação[21].

Havendo manifestação de uma das partes pela revisão, o julgador, se ela for viável, deverá preferi-la à resolução, preservando o máximo possível o conteúdo do contrato[22].

---

[19] ASCENSÃO, José de Oliveira. Alteração das circunstâncias e justiça contratual no novo Código Civil. *Revista Trimestral de Direito Civil*, volume n.º 25, Rio de Janeiro: Padma, 2006. p. 107.

[20] ALMEIDA COSTA, Mário Júlio de., *ob. cit.* p. 348.

[21] MENEZES CORDEIRO, Antonio Manuel da Rocha. Da alteração das circunstâncias., *cit.* p. 78.

[22] ALMEIDA COSTA, Mário Júlio de., *ob. cit.* p. 348.

2.1. Resolução

De acordo com o artigo 439.º do Código Civil, quando a solução adotada for a resolução, aplica-se o disposto nos artigos 432.º a 436.º, que estabelecem o regime da resolução dos contratos em geral.

A principal questão que se apresenta em sede de resolução de contratos por alteração das circunstâncias é a da retroatividade. O artigo 434/1.º dispõe que *"a resolução tem efeito retroactivo, salvo se a retroactividade contrariar a vontade das partes ou a finalidade da resolução"*. O número 2 do mesmo artigo, por sua vez, determina que *"nos contratos de execução continuada ou periódica, a resolução não abrange as prestações já efectuadas, excepto se entre estas e a causa da resolução existir um vínculo que legitime a resolução de todas elas"*.

O instituto da alteração das circunstâncias se destina especificamente aos contratos de execução continuada ou periódica e aos de execução diferida, pois somente os pactos com essas características têm seus efeitos propagados no tempo, estando sujeitos, portanto, a uma superveniente modificação do suporte fático de sua celebração.

Além disso, a aplicação do instituto é restrita aos contratos de execução continuada ou periódica e aos de execução diferida que ainda não tenham sido integralmente executados[23].

Por força do artigo 434.º do Código Civil, a retroatividade da resolução dos contratos por alteração das circunstâncias terá tratamento diferenciado conforme se trate de um contrato de execução continuada ou periódica, ou, então, de um contrato de execução diferida.

No caso dos contratos de execução diferida, consoante o número 1 do artigo 434.º, a regra é a retroatividade, ou seja, o contrato é desfeito desde o seu início, tendo a decisão que decretar a resolução efeitos *ex tunc*. O próprio dispositivo excepciona a regra para os casos em que a retroatividade *contrariar a vontade das partes ou a finalidade*

---

[23] Acórdão do Supremo Tribunal de Justiça, de 11/03/1997, publicado na Colectânea de Jurisprudência do STJ, ano V, T. I, p. 150.

da resolução. GALVÃO TELLES destaca a dificuldade de ocorrência dessas hipóteses na resolução de contratos por alteração das circunstâncias[24].

O oposto ocorre em relação aos contratos de execução continuada ou periódica. Nestes casos, por força do número 2 do artigo 434.º, a retroatividade será excepcional, podendo a resolução abranger as prestações já realizadas somente quando *entre estas e a causa da resolução existir um vínculo que legitime a resolução de todas elas*.

OLIVEIRA ASCENSÃO limita a discussão sobre a retroatividade para o período entre a verificação da alteração das circunstâncias e o ajuizamento da ação, excluindo, peremptoriamente, a possibilidade de retroatividade ao momento da celebração do contrato. Ainda segundo o referido autor, por mais que a retroatividade pareça justa, é preferível excluí-la, já que ela agrava a situação da outra parte e o lesado poderia ter ajuizado a ação antes, devendo ser penalizado por sua inércia[25].

Permitimo-nos discordar do entendimento do renomado autor, por entender que o afastamento da possibilidade de retroatividade ao momento da celebração do contrato não leva em consideração a necessária distinção entre os contratos de execução continuada ou periódica e os de execução diferida. Nestes, a retroatividade deverá ser até o momento da celebração, pois entre ela e a verificação da alteração das circunstâncias não se terá produzido qualquer efeito. Somente quando se trate de um contrato de execução periódica ou continuada é que a retroatividade, se possível, será, em regra, limitada às prestações realizadas após a verificação da alteração das circunstâncias.

Com relação à exclusão da retroatividade em razão da segurança da outra parte e da inércia do lesado, não se pode perder de vista que a lei portuguesa prevê expressamente a retroatividade, estabelecendo quando ela é a regra – contratos de execução instantânea (irrelevantes em sede de alteração das circunstâncias) e de execução diferida – e quando ela é a exceção – contratos de execução continuada ou periódica.

O problema da retroatividade está concentrado nas prestações já efetuadas dos contratos de execução continuada ou periódica. Como

---

[24] TELLES, Inocêncio Galvão., *ob. cit.* p. 348.
[25] ASCENSÃO, José de Oliveira., *ob. cit.* p. 205.

dissemos, se o contrato já tiver sido integralmente executado, o instituto da alteração das circunstâncias não é aplicável. A questão que se coloca é a do impacto da decisão que decretar a resolução nas prestações que já foram executadas.

A regra é a de que a resolução não as abrange. A forma como o legislador fixou a exceção – *se entre estas e a causa da resolução existir um vínculo que legitime a resolução de todas elas* – permite ao julgador apreciar, no caso concreto, se a irretroatividade acarretará o enriquecimento injustificado de uma das partes. A retroatividade somente será determinada se as circunstâncias do caso a recomendarem.

Outro ponto a ser abordado no âmbito da resolução de contratos por alteração das circunstâncias é a da possibilidade de a resolução ser efetivada por meio de declaração extrajudicial. O artigo 436.º, que está inserido na disciplina da resolução dos contratos em geral, dispõe que *"a resolução do contrato pode fazer-se mediante declaração à outra parte"*. Diante da remissão feita pelo artigo 439.º para que a resolução por alteração das circunstâncias siga o regime da resolução dos contratos em geral, uma primeira análise poderia levar à conclusão de que na alteração das circunstâncias a resolução poderia ser efetivada mediante simples declaração à outra parte.

Essa era a solução proposta por VAZ SERRA nos estudos preparatórios do Código Civil de 1966[26]. A proposta para que fosse expressamente consignada a possibilidade de resolução por declaração extrajudicial foi, no entanto, rejeitada pelas Revisões Ministeriais.

ALMEIDA COSTA entende que, diante da modificação ao articulado de VAZ SERRA, a declaração extrajudicial não é possível, pois essa foi

---

[26] "Afigura-se mesmo dever ir-se mais longe e admitir, em todos os casos, a resolução por declaração à outra parte. Pode acontecer que esta se não oponha à resolução, não havendo, por isso, necessidade de exigir sempre a resolução judicial. A solução preferível parece dever ser a seguinte: a resolução faz-se por declaração à outra parte, podendo, porém, esta declarar, por sua vez, ao declarante da resolução, sem demora culposa, que se não conforma com a simples resolução, caso em que o cabe ao tribunal, na falta de acordo das partes, decidir". Vid. *Resolução ou Modificação dos Contratos por Alteração das Circunstâncias*, ob. cit. p. 370.

a vontade do legislador[27]. Acompanhamos esse posicionamento por nos parecer mais razoável diante da necessidade de uma precisa análise pelo julgador da presença dos requisitos da alteração das circunstâncias. GALVÃO TELLES manifesta-se no sentido contrário, admitindo a resolução por simples declaração extrajudicial[28].

A questão, no entanto, já foi decidida pelo Supremo Tribunal de Justiça, ao afirmar taxativamente que a *"resolução do contrato com base em alteração anormal das circunstâncias não pode efectuar-se extrajudicialmente"*[29]. Diante disso, a decisão que resolver o contrato por alteração das circunstâncias tem natureza constitutiva, ao invés de declaratória.

2.2. Revisão

A revisão judicial do contrato é muito mais complexa do que a resolução. Nela o intérprete terá poderes para intervir nas disposições contratuais, o que poderá colocar em risco o primado da autonomia da vontade. Será uma delicada atividade que deverá ponderar todos os fatores em questão para evitar uma injustiça maior do que a criada pela alteração das circunstâncias.

O artigo 437.º do Código Civil representa uma das hipóteses permitidas pelo artigo 4.º da mesma lei, em que o tribunal decidirá *segundo juízes de equidade*. Na sua clássica conceituação de *justiça do caso concreto*, a equidade não permite uma pré-determinação dos seus vetores de aplicação. Em cada caso caberá ao intérprete avaliar qual a solução mais adequada para realizar a justiça material do contrato, preservando, em tudo que possível, a autonomia das partes.

---

[27] *Direito das Obrigações,* ob. Cit. p. 347

[28] "Se o lesado opta pela resolução do contrato, pode provocar essa resolução mediante declaração (extrajudicial) dirigida à outra parte; o contrato deve considerar-se desfeito logo que a declaração chega ao poder do destinatário ou é dele conhecida (art. 224.º)" *Vid. Manual dos Contratos em Geral, ob. cit.* p. 346.

[29] Recurso de Revista n.º A470/96, de 10/12/96, Conselheiro Fernandes Magalhães.

A especificidade do caso concreto, no entanto, não pode afastar a substância do instituto da alteração das circunstâncias, pois é nele que reside o fundamento da aplicação da equidade. No modelo de decisão deverá estar integrada a *"vontade das partes* e a *eficácia concreta da alteração"*[30].

A observância da vontade das partes no momento da celebração do contrato é o ponto de partida da revisão contratual através da equidade. SOUSA RIBEIRO leciona que a atividade do julgador será a de restabelecer o *"sentido dos termos originariamente pactuados"*. O autor destaca a necessidade de o intérprete ter *"um olhar interno, dirigido à preservação da economia do contrato"*[31]. Dessa forma, a primeira cautela a ser adotada é a de não cair na tentação de ajustar o contrato por meio da aplicação apenas de fatores objetivos, desvinculados da autonomia exercida originariamente pelas partes.

VAZ SERRA destaca que a equidade não pode levar a um restabelecimento do exato equilíbrio existente na data do contrato, tendo em vista a aleatoriedade ínsita em todo contrato de longa duração. O ajustamento deverá ser feito para afastar apenas o que excedeu o risco próprio do contrato[32]. MENEZES CORDEIRO acompanha esse entendimento, destacando que a parte prejudicada pela alteração das circunstâncias sempre sofrerá algum prejuízo, mesmo após a revisão eqüitativa[33].

---

[30] MENEZES CORDEIRO, Antonio Manuel da Rocha. Da alteração das circunstâncias., *cit.* p. 79.

[31] RIBEIRO, Joaquim de Sousa., *ob. cit.* p. 219.

[32] "A modificação eqüitativa do contrato não supõe um ajustamento perfeito, isto é, que restabeleça a relação entre os valores das duas prestações, que na data do contrato existia. Todo o contrato de longa duração tem alguma coisa de aleatório, não se podendo com segurança calcular qual o lucro que dele se tirará e, na medida em que é aleatório, não é admissível a resolução ou modificação dele, pois as partes deviam já contar com as alterações compreendidas nessa medida. Por conseguinte, a modificação do contrato será eqüitativa quando puser a parte a coberto dos prejuízos que excedam tal medida". *Vid. Resolução ou Modificação dos Contratos por Alteração das Circunstâncias, ob. cit.* p. 351.

[33] De acordo com o autor, o legislador "visa, pela teleologia do artigo 437. /I, apenas, evitar que a exigência da obrigação assumida contunda gravemente com os princípios da boa-fé. Está, pois, fora de questão uma modificação que permite, à parte lesada, realizar os lucros que previra e que, eventualmente, teriam sido computados,

Nesse sentido, PLANIOL, RIPERT e ESMEIN, citados no estudo de VAZ SERRA, afirmam que "*o aumento do preço será somente aquilo que no preço actual ultrapassa o máximo que se podia encarar como possível no momento do contrato*"[34]. Dentre os requisitos do artigo 437.º está o de que a alteração tenha sido *anormal*. A modificação, portanto, deverá ajustar apenas aquilo que está dentro dessa anormalidade.

Assim, na aplicação da equidade o julgador deverá ter sempre como referência o sentido e o equilíbrio originário do acordo, incluindo-se nessa consideração a álea assumida pelas partes ao celebrarem o contrato naqueles termos. A revisão contratual deverá corrigir apenas o que extrapolar o risco assumido pelas partes, sem se afastar da vontade externada por cada uma delas no ato da contratação.

De acordo com esse entendimento, consideramos possível criticar a decisão do Tribunal da Relação de Coimbra, no julgamento da Apelação n.º 3.930/05, ocorrido em 30/01/06[35]. Tratava-se de uma ação evolvendo um contrato de cessão da exploração de estabelecimento comercial localizado em uma rodovia. Após a celebração do contrato, foi construída uma auto-estrada na mesma região, desviando-se considerável parte do tráfego de veículos. O cessionário pleiteou a redução do valor da renda em razão da perda de clientela sofrida após a construção da auto-estrada. A Relação de Coimbra acolheu o pedido e determinou que a renda fosse abatida no mesmo percentual apurado pela liquidação de sentença como sendo o de redução do tráfego de veículos na região.

Abstraindo-se a análise da presença dos requisitos de aplicação do instituto da alteração das circunstâncias nesse caso, que extrapola o âmbito desse trabalho, o fato é que a decisão atribuiu os efeitos do

---

se não tivesse havido alteração das circunstâncias. A parte lesada que beneficia do artigo 437. /I, em termos de modificação, vai, sempre, sofrer algum prejuízo ou, pelo menos, um não-lucro; a vontade das partes, ínsita no tipo de contrato celebrado e acessível pela interpretação dirá se um, se outro e, na hipótese de prejuízo, qual o seu montante." *Vid. Da alteração das circunstâncias, cit.* p. 79.

[34] *Vid.Resolução ou Modificação dos Contratos por Alteração das Circunstâncias. cit.* p. 348.

[35] Relator Desembargador Cura Mariano.

evento superveniente integralmente ao cedente, afastando qualquer conseqüência sobre o cessionário. A Relação de Coimbra não afastou apenas a anormalidade da alteração, mas restabeleceu todo o equilíbrio do início do contrato, aplicando mecanicamente a equidade.

Partindo-se do pressuposto de que o caso comportava a revisão contratual com fundamento no instituto da alteração das circunstâncias, em nosso entendimento, a decisão mais correta seria a que reduzisse do valor da renda a metade do percentual em que foi alterado o tráfego de veículos da região. Dessa forma, as conseqüências da alteração estariam sendo distribuídas igualitariamente entre as partes, o que é mais razoável diante da álea inerente a todo contrato de longa duração.

Há situações em que não existe qualquer modelo de decisão e nem é possível extrair da vontade das partes a melhor solução. MENEZES CORDEIRO qualifica esse problema como estando nos limites da Ciência do Direito. Diante da impossibilidade de se socorrer de qualquer critério, o caminho encontrado é dividir entre os contratantes os prejuízos advindos da alteração das circunstâncias[36].

Essa solução foi reiteradamente adotada pelos tribunais brasileiros ao se depararem com o problema da crise cambial sobre os contratos de arrendamento mercantil que estavam atrelados à moeda americana. A decisão seguida por todas as instâncias foi a de dividir meio a meio entre as partes o valor da valorização do dólar.

Sobre a eficácia concreta da alteração, é fundamental que o julgador verifique o impacto exato que ela teve na esfera de ambas as partes, e o comportamento dos contratantes visando a minorar essas conseqüências[37].

---

[36] "Confrontado com modificações radicais e na presença de modelos de decisão em branco – e apenas na medida em que isso suceda – o intérprete aplicador, agindo no âmbito da alteração das circunstâncias, deverá repartir igualitariamente os prejuízos pelos intervenientes.

Não se trata de uma solução perfeita. No entanto, é a possível, até que os juscientistas, apoiados na experiência e na repetição de julgados, consigam uma melhor solução para esta problemática, até hoje insolúvel". *Vid. Da alteração das circunstâncias.*, cit. p. 83.

[37] "O julgador, para proceder à reductio ad aequitatem, tem de ponderar a exacta medida do dano, *in concreto,* provocado pela alteração, na esfera da parte lesada. Não

2.3. Regimes Especiais

Determinados contratos não estão sujeitos à regra geral do artigo 437.º do Código Civil, por ter o legislador estabelecido um regime especial de disciplina da alteração das circunstâncias, em razão das características específicas desses pactos.

A atualização dos contratos de arrendamento urbanos e rurais, por exemplo, não está sujeita ao regime do artigo 437.º. Os artigos 8.º e 9.º do Dec.-Lei n.º 385/88 regulam a questão no âmbito dos arrendamentos rurais, enquanto que os artigos 30 a 49 da Lei n.º 6/2006 (Novo Regime de Arrendamento Urbano), tratam da atualização das rendas do arrendamento urbano.

No julgamento do Recurso de Revista n.º 66471, ocorrido em 22//03/77, o Superior Tribunal de Justiça decidiu que o artigo 437.º do Código Civil é inaplicável ao contrato de arrendamento não apenas na questão da atualização da rendas, mas também nos casos dos artigos 1.032 e 1.040 da mesma lei[38].

O artigo 830/3.º do Código Civil regula a alteração das circunstâncias na execução específica do contrato-promessa, remetendo para o regime do artigo 437.º, mas excluindo o requisito de que a parte lesada não esteja em mora.

ALMEIDA COSTA cita o contrato de empreitada de obras públicas como hipótese de regime especial da alteração das circunstâncias, em que o artigo 198.º do Dec.-Lei n.º. 59/99 regula o aumento dos encargos do empreiteiro em decorrência de eventos supervenientes[39].

Outro caso em que a alteração das circunstâncias recebe um tratamento específico se encontra nos artigos 49.º, 105/3.º e 170.º do Código

---

basta, por hipótese, conhecer as tabelas estatísticas referentes a certa fenomenologia económica: antes releva o influxo real de tal fenomenologia no património atingido, incluindo as defesas que este tenha usado, com eficácia, para minorar o mal e as possíveis mais-valias que o mesmo acontecimento tenha, eventualmente, gerado." *Vid.* MENEZES CORDEIRO, Antonio Manuel da Rocha. Da alteração das circunstâncias., *cit.* p. 79-80.

[38] Relator Conselheiro Ferreira da Costa.
[39] *Direito das Obrigações., ob. cit.* p. 334.

do Direito do Autor e dos Direitos Conexos (Dec.-Lei n.º 63/85 de 14 de março)[40].

3. Cláusulas de Renegociação

As soluções até aqui abordadas são aquelas previstas nas legislações e variam conforme o ordenamento em análise. Não obstante as soluções positivadas, os contratantes, no momento da formação do contrato, podem pretender regular a conseqüência da ocorrência de eventos supervenientes que afetem a relação contratual.

Nos dias atuais, é cada vez mais comum a fixação, nos contratos de longa duração, de cláusulas de renegociação, conhecidas como cláusulas de *hardship*[41]. Através desse mecanismo, as partes estabelecem um *dever de renegociar* o contrato que tenha se tornado desequilibrado em razão da alteração das circunstâncias[42].

É importante não confundir as cláusulas de renegociação com as cláusulas de revisão ou indexação. Nestas, o evento superveniente já é previsto pelas partes e a conseqüência, normalmente, é a mera realização de uma operação aritmética com a aplicação de determinado índice financeiro, enquanto naquelas a característica principal é a não assunção dos eventuais riscos de alterações supervenientes e a conseqüência é o surgimento de um dever de renegociação.

As cláusulas de renegociação surgiram nos contratos internacionais e vêm, cada vez mais, sendo utilizadas em relações contratuais de menor complexidade.

---

[40] ASCENSÃO, José de Oliveira, *Teoria Geral*, ob. cit. p. 206.

[41] Acompanhamos o posicionamento de Carvalho Fernandes, no sentido de preferir a denominação *cláusulas de renegociação*, tendo em vista que a expressão inglesa *hardship* significa, apenas, a dificuldade do contratante afetado pela alteração das circunstâncias em cumprir pontualmente o contrato. *Vid*. FERNANDES, Luís A. Carvalho. *Teoria da imprevisão no direito civil português*. Quis Juris, 2001. p. 316.

[42] MONTEIRO, Antônio Pinto; GOMES, Júlio. A hardship clause e o problema da alteração das circunstâncias: breve apontamento. *Separata de Juris et de Urbe*, Porto, 1998, p. 21.

Em um primeiro momento, as cláusulas de renegociação foram vistas como contrárias à autonomia privada, já que o centro de gravidade da liberdade de contratar é a livre negociação, enquanto que as cláusulas em questão criam uma obrigação de negociar. No entanto, esse entendimento estava atrelado à ultrapassada concepção individualista do contrato, que afastou o instituto da alteração das circunstâncias das codificações do século XIX. A justiça material como fundamento dos ordenamentos e a conceituação do contrato como um instrumento de cooperação afastaram esse questionamento sobre as cláusulas de renegociação. Nesse contexto, a visão é oposta, pois elas passam a ser vistas como fortalecedoras da autonomia, na medida em que estimulam os contratantes a resolverem extrajudicialmente o problema, evitando, desta forma, a intervenção do julgador nos termos do contrato.

Como acentua CARVALHO FERNANDES, ainda que o julgador faça uma criteriosa aplicação da equidade, o sucesso da renegociação efetuada pelos próprios contratantes será sempre mais proveitoso e ajustado à realidade, já que fruto da autonomia[43].

Além de privilegiar a autonomia, evitando a intervenção judicial no contrato, a Análise Econômica do Direito aponta como uma das vantagens da adoção das cláusulas de renegociação a redução dos chamados *custos de transação*, que incluem, entre outras, as despesas com a avaliação dos eventos supervenientes que poderão afetar gravemente a relação de comutatividade do contrato, bem como os da negociação para a fixação dos efeitos a serem atribuídos a tais eventos. Nesse sentido, as cláusulas de renegociação facilitam a formação do contrato[44].

Ao ajustarem uma clausula de renegociação, os contratantes estabelecem uma obrigação de meio, e não de resultado, já que se obrigam apenas a entrarem em negociações visando a um acordo sobre a forma

---

[43] *Teoria da Imprevisão*, ob. cit. p. 316.
[44] GOMES, Júlio. Cláusulas de hardship. In: Actas do congresso internacional organizado pelo Centro Regional do Porto da Universidade Católica Portuguesa, de 28 a 30 de Novembro de 1991, Porto. *Contratos: actualidades e evolução*. Porto, 1997. p. 181.

de resolver o problema criado pela alteração das circunstâncias, podendo, no entanto, não ser possível um consenso. Sendo assim, o insucesso das negociações não gera, em princípio, responsabilização.

Deve-se verificar a boa-fé com que os contratantes atuaram nas negociações, ponderando a *razoabilidade da proposta apresentada* e da rejeição de uma contraproposta, considerando, sempre, o acordo inicial e a distribuição de riscos nele contida[45].

A doutrina indica o regime da responsabilidade pré-contratual como adequado para a verificação da ocorrência de responsabilidade de um dos contratantes pelo insucesso das negociações[46]. Entendemos a solução como plenamente adequada ao caso, em virtude da similaridade das situações.

Na avaliação decorrente de uma cláusula de renegociação, há que considerar, também, a posição das partes, de modo a evitar que o contratante beneficiado pela alteração das circunstâncias atue de forma oportunista, dificultando o sucesso da negociação.

Na maioria dos casos, as cláusulas de renegociação comportam duas partes distintas: a primeira estabelece os momentos em que surge o dever de renegociar, e a segunda fixa o *procedimento* a ser adotado, bem como as conseqüências do seu incumprimento, ou, então, do insucesso das negociações[47].

A primeira parte – momento em que surge o dever de renegociar – tem como característica marcante a generalidade de seus termos. Os eventos supervenientes são aqueles que as partes não puderam prever ou cujo risco não quiseram assumir. Sendo assim, a enunciação desses eventos é feita de forma genérica, de modo a abranger todas as ocorrências com essas características. É possível também que eventos específicos sejam expressamente afastados ou incluídos no âmbito da cláusula. Da mesma forma, pode ser fixada a intensidade com que os eventos supervenientes devem afetar a relação contratual para que surja o dever de renegociar.

---

[45] MONTEIRO, Antônio Pinto; GOMES, Júlio., *ob. cit.* p. 24.
[46] MONTEIRO, Antônio Pinto; GOMES, Júlio., *ob. cit.* p. 24.; FERNANDES, Luís A. Carvalho., *ob. cit.* p. 318.
[47] MONTEIRO, Antônio Pinto; GOMES, Júlio., *ob. cit.* p. 22.

Em relação à segunda parte, é comum a fixação de prazo para que as negociações sejam concluídas, de cláusulas penais para a hipótese de incumprimento, e a eleição de meios alternativos de solução de conflitos.

O estudo das cláusulas de renegociação exige a análise da relação entre elas e as fontes normativas do instituto da alteração das circunstâncias, no caso do direito português, os artigos 437.º a 439.º do Código Civil. Essas normas têm natureza dispositiva, pelo que não se discute a validade das cláusulas de renegociação no ordenamento português[48].

A questão que se coloca é a conjugação das cláusulas de renegociação com a disciplina legal da alteração das circunstâncias. O estudo realizado por PINTO MONTEIRO e JÚLIO GOMES relata a ausência de apreciação do problema pela doutrina portuguesa, mas a possibilidade de aplicação das conclusões desenvolvidas na doutrina alemã[49].

Primeiramente, deve-se questionar se a existência de uma cláusula de renegociação impede os contratantes de pleitearem judicialmente a resolução ou a revisão do contrato com fundamento no artigo 437.º do Código Civil. Este é o entendimento defendido por uma corrente minoritária na Alemanha.

Discordamos desse posicionamento, já que, em nosso modo de pensar, as cláusulas de renegociação geram, apenas, um dever de entrar em negociações, de boa-fé, buscando afastar o impacto do evento superveniente sobre somente uma das partes. Como dito anteriormente, na hipótese de um dos contratantes se recusar a entrar em negociações ou, então, negociar de má-fé, aplicam-se os princípios da responsabilidade pré-contratual para a verificação da ocorrência de responsabilidade, e do conseqüente dever de indenizar. Isso, é claro, se a própria cláusula não fixar as conseqüências do seu incumprimento, como ocorre geralmente através da estipulação de uma cláusula penal.

A violação do dever criado pela cláusula de renegociação tem suas próprias conseqüências, não afastando o direito de uma das partes

---

[48] MONTEIRO, Antônio Pinto; GOMES, Júlio., *ob. cit.* p. 34; FERNANDES, Luís A. Carvalho., *ob. cit.*

[49] *A hardship clause, ob. cit.* p. 34.

de se utilizar da disciplina legal da alteração das circunstâncias na hipótese de descumprimento. A diferença, no caso, é que o julgador, ao apreciar a ocorrência dos requisitos do artigo 437.º, não pode perder de vista aquilo que foi fixado na cláusula. Assim, por exemplo, se na cláusula de renegociação os contratantes fixaram sua não incidência em determinados eventos específicos, o contrato não poderá ser resolvido ou modificado com fundamento na ocorrência desses eventos.

Da mesma forma, os contratantes poderão se utilizar das normas do artigo 437.º sempre que a cláusula for pontualmente cumprida, mas as negociações não tiverem sucesso. Repita-se que as cláusulas de renegociação geram uma obrigação de meio, e não de resultado.

Em outro plano está a discussão sobre se a aplicação da disciplina legal da alteração das circunstâncias será apenas subsidiária diante da existência de uma cláusula de renegociação. A doutrina alemã majoritária adota esse entendimento, com o qual estamos de pleno acordo. A parte prejudicada pela alteração das circunstâncias não pode recorrer ao tribunal para resolver ou modificar o contrato antes de demonstrar que cumpriu o seu dever de iniciar as negociações previstas na cláusula.

Em nosso entendimento, a intervenção do tribunal, na existência de uma cláusula de renegociação, só poderá ocorrer nas seguintes hipóteses:

a) os contratantes entraram em negociações, atuaram de boa-fé, mas o acordo não foi possível;
b) os contratantes entraram em negociações, mas o acordo não foi possível pelo fato de uma das partes ter atuado de forma oportunista, impedindo intencionalmente a chegada a um consenso (nesse caso haverá dever de indenizar); ou
c) o contratante que requer a intervenção do tribunal demonstra que buscou o início das negociações, na forma fixada pela cláusula, mas as negociações não existiram por recusa da outra parte.

Uma terceira questão é a possibilidade de o tribunal suprir o consentimento da parte que se recusou a negociar. Na doutrina alemã se encontram ambas as respostas. Entendemos que a resposta negativa é a mais adequada. Diante da recusa de uma das partes a cumprir o dever fixado pela cláusula de renegociação, o tribunal não suprirá o consentimento à proposta apresentada, mas fará uso da disciplina legal da alteração das circunstâncias, atentando-se para o que consta da cláusula.

O critério legalmente exigido é a equidade, que não levará, na maioria dos casos, ao mesmo resultado que a aceitação, pelo tribunal, da proposta apresentada pela parte prejudicada.

4. Dever de Renegociar

A discussão mais complexa e atual sobre as conseqüências da alteração das circunstâncias é a existência de um dever de renegociar. O problema consiste em considerar implícita uma cláusula de renegociação em qualquer contrato de execução diferida ou periódica. Nesse sentido, quando as partes fixarem a cláusula de renegociação estarão apenas regulando as condições e conseqüências de um dever que já nasce com o contrato.

O dever de renegociar, independentemente da fixação de uma cláusula de renegociação, é positivado no âmbito da *lex mercatoria*. O artigo 6:111 dos Princípios do Direito Europeu dos Contratos o indica expressamente[50]. No mesmo sentido é a disciplina do artigo 6.2.3 do

---

[50] Article 6:111: Change of Circumstances

(1) A party is bound to fulfil its obligations even if performance has become more onerous, whether because the cost of performance has increased or because the value of the performance it receives has diminished.

(2) If, however, performance of the contract becomes excessively onerous because of a change of circumstances, the parties are bound to enter into negotiations with a view to adapting the contract or ending it, provided that:
   (a) the change of circumstances occurred after time of conclusion of the contract,
   (b) the possibility of a change of circumstances was not one wich could reasonably have been taken into account at the time of conclusion of the contract, and
   (c) the risk of the change of circumstances is not one which, according to the contract, the party affected should be required to bear.

UNIDROIT, que estabelece o direito da parte prejudicada requerer as negociações[51].

A doutrina, modernamente, discute a possibilidade da extensão desse dever de renegociar aos contratos que não estejam sujeitos nem aos Princípios do Direito Europeu dos Contratos nem ao UNIDROIT. A questão ainda é embrionária e não merece uma resposta peremptória.

A aceitação de um dever de renegociação é a tendência atual da doutrina alemã. NORBERT HORN, um dos seus defensores, indica, entre outros argumentos, a valorização da autonomia da vontade e o fato de os contratantes serem os melhores conhecedores de seus próprios interesses, principalmente quando se estiver diante de uma questão de grande complexidade técnica[52].

---

(3) If the parties fail to reach agreement within a reasonable period, the court may:
    (a) end the contract at a date and on terms to be determined by the court; or
    (b) adapt the contract in order to distribute between the parties in a just and equitable manner the losses and gains resulting from the change of circumstances.

In either case, the court may award damages for the loss suffered through a party refusing to negotiate or breaking off negotiations contrary to good faith and fair dealing.

[51] Article 6.2.3 (Effects of hardship)
(1) In case of hardship the disadvantaged party is entitled to request negotiations. The request shall be made without undue delay and shall indicate the grounds on which it is based,
(2) The request of renegotiation does not in itself entitle the disadvantaged party to withhold performance.
(3) Upon failure to reach agreement within a reasonable time either party may resort to the court,
(4) If the court finds hardship it may, if reasonable,
    (a) terminate the contract at a date and on terms to be fixed; or
    (b) adapt the contract with a view to restoring its equilibrium.

[52] "No interesse da autonomia privada, nestes casos (em que é necessário adaptar relações jurídico-privadas) deve aceitar-se a existência de um dever de renegociação das partes e impô-lo com sanções limitadas, não atribuindo apenas ao juiz a conformação das referidas relações, mas sim, em primeira linha, à responsabilidade das partes" *apud* MONTEIRO, Antônio Pinto; GOMES, Júlio., *ob. cit.* p. 35.

Esse entendimento, no entanto, não é unânime na doutrina alemã. MICHAEL MARTINEK critica o argumento de que o dever de renegociação privilegiaria a autonomia, em razão da situação distinta em que os contratantes se encontram. Para o autor alemão, o dever de renegociação faria com que a parte beneficiada pela alteração das circunstâncias pudesse impor uma solução que a favorecesse mais do que aquela encontrada pela intervenção judicial[53].

Entre os dois posicionamentos, acompanhamos o de NORBERT HORN, defensor da existência do dever de renegociação. É verdade que na ocorrência de alteração das circunstâncias uma das partes fica em posição privilegiada e pode se utilizar dessa condição para obter uma negociação mais favorável. Esse possível oportunismo, no entanto, não pode, em nosso entendimento, ser a causa da rejeição da existência de um dever de renegociação. Aqui não estamos tratando de situações em que existe uma assimetria de poder ou de informação, como é o caso das relações de consumo. O contratante prejudicado que cumpriu o seu dever de iniciar a renegociação, se não conseguir chegar ao acordo em razão da conduta oportunista do outro, deve, então, procurar o tribunal.

As cortes alemãs dão especial atenção às propostas e contrapropostas trocadas pelas partes durante as negociações[54]. Essa consideração permite verificar se o contratante beneficiado pela alteração das circunstâncias conduziu as negociações se prevalecendo dessa posição.

O maior obstáculo ao reconhecimento do dever de renegociar está na sua suposta contrariedade ao princípio da autonomia da vontade. Sempre se poderia argumentar que a liberdade de contratar, ainda mais intensa em sua face negativa – liberdade de não contratar – iria de encontro à existência de um dever de entrar em negociação.

A questão, em nosso entendimento, deve ser considerada sob a ótica inversa. A imposição do dever de renegociar visa à proteção da autonomia que originou o contrato. As partes exerceram sua liberdade de contratar no momento da formação do negócio, e têm a obrigação de envidarem seus melhores esforços para proteger o sentido dessa vinculação.

---

[53] *Apud* MONTEIRO, Antônio Pinto; GOMES, Júlio., *ob. cit.* p. 37.
[54] MONTEIRO, Antônio Pinto; GOMES, Júlio., *ob. cit.* p. 36.

O dever de renegociação, com a conseqüente sanção para o seu descumprimento, estimula as partes a utilizarem da sua própria autonomia para afastarem as conseqüências da alteração superveniente, evitando, dessa forma, a intervenção do julgador nos termos do contrato. Como acentua ANDREAS NELLE, citado no trabalho de PINTO MONTEIRO e JULIO GOMES, *"quem não aceita renegociar um contrato de longa duração expõe-se a um prejuízo, seja porque o contrato acaba por ser judicialmente resolvido, seja porque a adaptação que tem lugar não atende, como de outro modo ocorreria, a uma sua contraproposta"*[55].

Cremos ser possível admitir, no ordenamento português, a existência de um dever de renegociar em qualquer contrato de longa duração cujo fim ou a comutatividade tenha sido impactado por uma superveniente alteração das circunstâncias. O fundamento desse dever é a boa-fé objetiva.

Diferentemente das legislações italiana, brasileira, e alemã, a lei portuguesa se refere de forma expressa à boa-fé na disciplina da alteração das circunstâncias[56]. Na letra do artigo 437.º, um dos requisitos para que a parte requeira a resolução ou modificação do contrato é o de que" *a exigência das obrigações por ela assumidas afecte gravemente os princípios da boa-fé*".

A boa-fé, em sua vertente de norma comportamental, exerce aqui uma intervenção adaptadora do conteúdo contratual[57].

MENEZES CORDEIRO ressalta que a incidência da boa-fé no instituto não é restrita aos seus requisitos, sendo extensiva, também, às suas conseqüências[58]. VAZ SERRA, por sua vez, afirma que é na boa-fé que reside o próprio fundamento do instituto[59].

---

[55] *Vid.* MONTEIRO, Antônio Pinto; GOMES, Júlio., *ob. cit.* p. 36.

[56] A relação entre a boa-fé e a alteração das circunstâncias é duramente criticada por Oliveira Ascensão. *Vid.* ASCENSÃO, José de Oliveira., *ob. cit.* p. 202.

[57] RIBEIRO, Joaquim de Sousa., *ob. cit.* p. 219.

[58] "Efectuada, nos termos preconizados, a interpretação do art. 437.º/1, constata-se, no seu dispositivo, uma omnipresença da boa fé: ela indica o tipo e a intensidade que as alterações hão-de assumir, para justificar a modificação ou a resolução do contrato e intervém no definir das adaptações a que haja lugar." *Da boa fé no direito civil., cit.* p. 1108.

[59] *Resolução e Modificação dos Contratos por Alteração das Circunstâncias, ob. cit.* p. 318.

Isso nos dá a tranqüilidade para chamar a boa-fé a atuar como fundamento da existência de um dever de renegociar, sem perder de vista o cuidado que se deve ter para não trazer esse princípio a campos em que ele não deve ser invocado.

A boa-fé objetiva *"não veda, apenas, comportamentos, tendo potencialidades bastantes para, pela positiva, indicar as actuações a desenvolver"*[60]. SOUSA RIBEIRO leciona que essa característica da boa-fé não se restringe a sua *função integrativa*, sendo extensiva ao papel *correctivo*[61].

Nesse contexto, consideramos plausível caracterizar o dever de renegociar como um dos deveres anexos da boa-fé, sendo conceituados tais deveres como aqueles que o contratante deve realizar visando a satisfazer materialmente o interesse do outro, e que não se confundem com as prestações principais. O dever de renegociar, em nosso entendimento, representa uma das expressões do dever de cooperação.

A relação entre deveres anexos e o dever de renegociar é aceita por JUDITH MARTINS-COSTA, que, entretanto, ressalva seu entendimento de não ser adequado afirmar de forma taxativa a existência do dever de renegociar, devendo se utilizar a *diretriz de concreção* para verificar a sua ocorrência[62].

---

[60] MENEZES CORDEIRO, Antonio Manuel da Rocha. *Da boa fé no direito civil.*, cit. p. 1108.

[61] "E a força representativa desta idéia, que associa a boa fé a exigências de conduta, é de tal ordem que ela continua presente, mesmo quando o princípio desempenha, já não uma função integrativa, com a conseqüente formação de Tatbestande de responsabilidade, mas antes uma função correctiva de estipulações contratuais". *Vid.* RIBEIRO, Joaquim de Sousa., *ob. cit.* p. 210.

[62] De acordo com a autora, "Numa época em que, na dogmática civilista, foram abandonadas as teorias voluntaristas e, na Teoria do Direito, percebe-se que o Direito é o que *resulta da interpretação*, não se pode confinar a boa-fé ao papel de uma regra meramente subsidiária ao estatuído pela 'vontade das partes'. Coligado a esse ponto (e também à problemática dos 'deveres anexos') está, em terceiro lugar, a função propriamente integrativa (e não apenas hermenêutica). Realizado o correto discrimine entre a cláusula geral da boa-fé e o juízo por equidade discute-se, por exemplo, se a boa-fé, como integração ao regulamento contratual, é capaz de produzir o dever de renegociação nos contratos de longa duração, como se houvesse uma implícita cláusula de hardship no contrato, e até que ponto será lícita a integração pelo juiz (ou pelo

A existência do dever de renegociação poderá realmente não ocorrer em alguns casos. Assim, por exemplo, nas situações em que a revisão não é possível por o evento superveniente ter impedido a realização do escopo contratual, a renegociação não tem qualquer finalidade. Neste caso, a única solução é resolver o contrato.

A parte só estará obrigada a renegociar quando a questão envolver o restabelecimento do equilíbrio contratual, pois, em conjunto ao princípio da conservação dos negócios jurídicos – valorizador da revisão em detrimento da resolução – estará a proteção da autonomia da vontade, que torna preferível evitar a intervenção do julgador nas disposições contratuais.

CARVALHO FERNANDES critica de forma incisiva a existência de um dever de renegociar no ordenamento português, fundamentando seu entendimento na afirmação de que isso representaria uma volta da cláusula *rebus sic stantibus* e tornaria a disciplina legal *inútil*, por só se aplicar na hipótese da negociação não ter sucesso[63].

Consideramos os fundamentos da crítica inconsistentes, por entender que o dever de renegociar não se assemelha à cláusula *rebus sic stantibus*, já que as conseqüências de cada um são absolutamente distintas.

O descumprimento do dever de renegociar poderá gerar o direto a uma indenização e acarretará a aplicação da disciplina legal do instituto

---

árbitro). Também aqui não cabe, ao meu juízo, resposta taxativa e unívoca: novamente a diretriz de 'concreção' é chamada a atuar. A função integrativa está amarrada à concreta função econômico-social do contrato, isto é, a sua "causa" concreta, e não abstrata (como seria a consideração de idêntica causa para todos os negócios de um mesmo tipo)". *Vid.* MARTINS-COSTA, Judith. Os campos normativos da boa-fé objetiva: as três perspectivas no direito privado brasileiro. *Revista de Estudos de Direito do Consumidor*, n.º 6, Centro de Direito do Consumo – Coimbra, 2004.

[63] "Seria como que a re-edição da cláusula tácita *rebus sic stantibus*. Além do mais, temos por inadequada tal construção em sistemas jurídicos como o português, que contenham um regime supletivo de regulação das conseqüências da alteração das circunstâncias. Em verdade, o regime legal resultaria inútil, pois seria sistematicamente afastado, ao menos num primeiro momento, pela cláusula tácita. Além de supletivo, passaria a ser residual, pois, apenas se aplicaria, na melhor das hipóteses, se a renegociação se frustrasse." *Vid. Teoria da Imprevisão.*, *ob. cit.* p. 316.

da alteração das circunstâncias, o que culminará com a resolução ou revisão judicial do contrato. É uma exigência de conduta do contratante de boa-fé. A cláusula *rebus sic stantibus*, por sua vez, não impõe qualquer conduta ou sanção, apenas determinando a resolução contratual.

Além disso, a existência do dever de renegociar em hipótese alguma torna a disciplina legal *inútil*. Pelo contrário, as normas legais serão chamadas a atuar apenas quando os contratantes não tiverem conseguido resolver consensualmente o problema da alteração superveniente. A intervenção judicial na autonomia privada será feita apenas quando a própria autonomia não trouxer a solução.

A existência do dever de renegociação, caso reconhecida, trará duas conseqüências que já foram mencionadas quando tratamos das cláusulas de renegociação.

O primeiro efeito será o de somente permitir que a parte prejudicada pela alteração das circunstâncias recorra à intervenção judicial após ter esgotado todos os meios possíveis para obter uma renegociação com a contraparte. Deverá, por exemplo, demonstrar que notificou o outro contratante para iniciar as negociações e que apresentou uma proposta razoável. Esse entendimento já foi adotado pelos tribunais alemães[64].

A segunda e mais importante conseqüência do reconhecimento da existência do dever de renegociar é a possibilidade de responsabilização do contratante que se recusa a negociar ou que negocia de má-fé. Os Princípios do Direito Europeu dos Contratos, diferentemente do UNIDROIT, estabelecem de forma expressa a indenização nesses casos.

Os comentários do Professor OLE LANDO, presidente da comissão que elaborou os citados princípios, ressaltam a independência das conseqüências do descumprimento do dever de renegociar, citando os custos da ação como exemplo de danos a serem reparados, além de destacar que a indenização pode se voltar contra ambas as partes[65].

---

[64] MONTEIRO, Antônio Pinto; GOMES, Júlio. *ob. cit.*, p. 36.

[65] "The obligation to renegotiate is independent and carries its own sanction in paragraph (3) (c). The compensation provided by (3) (c) will normally consist of damages for the harm caused by a refusal to negotiate or a breaking off of negotiations

O fundamento da responsabilidade pelo descumprimento do dever de renegociar é a violação de um dos deveres anexos da boa-fé, enquanto que nas cláusulas de renegociação existe uma disposição contratual sendo desrespeitada.

Em ambos os casos, a similaridade com a situação em que os contratantes se encontram na fase de formação do contrato justifica, em nosso entendimento, a aplicação do regime utilizado pela responsabilidade pré-contratual na configuração do dever de indenizar, bem como na fixação dos danos indenizáveis. Assim, a frustração imotivada da legítima expectativa criada na contraparte será fundamento do dever de indenizar. Por outro lado, a fixação dos danos será restrita ao interesse negativo.

A utilização do regime da responsabilidade pré-contratual não desvirtua a natureza da responsabilidade decorrente do descumprimento do dever de indenizar. De nossa parte, pensamos que a responsabilidade é contratual, pois decorre da violação de um dever que nasce com a celebração do contrato.

CONCLUSÃO

O contrato não é mais um fim em si mesmo, isolado da realidade que o rodeia, e fundamentado apenas no primado da autonomia da vontade. O instituto da alteração das circunstâncias é uma das maiores expressões da busca do Direito pela realização da justiça material. Para que o instituto não se volte contra a sua própria finalidade, transformando-se em instrumento de imposição de injustiças, a aplicação de suas conseqüências deve ser feita com a rigorosa observância dos valores que nortearam o seu desenvolvimento. A atividade do intérprete, nesta seara, é delicada, requerendo prudência, razoabilidade e ponderação dos princípios base do ordenamento.

---

in bad faith (for instance, the expenses of bringing the action insofar as these have not been recouped by an award of costs). It may be awarded against either party." *In* THE COMISSION OF EUROPEAN CONTRACT LAW (Ole Lando and Hugh Beale). *Principles of european contract law, parts I and II*. The Hague: Kluwer Law International, 2000. p. 326.

Ao decidir entre resolver o contrato ou modificá-lo, o julgador deverá verificar, em cada caso, se manter o contrato vivo preservará mais os interesses de ambas as partes, conservando ao máximo a autonomia expressada, ou se decretar o fim da relação jurídica é a forma mais justa de resolver o problema gerado pela alteração superveniente. Isso não basta. Alguma das partes deverá se manifestar pela revisão para que ela seja possível. Modificar o contrato de ofício não lhe é permitido. Se tanto a resolução quanto a revisão forem viáveis, e uma das partes tiver se manifestado pela revisão, a preferência será desta, de acordo com a interpretação da lei. Esta preferência, no entanto, não afasta a necessidade de analisar se no caso concreto a resolução não será menos prejudicial que a revisão forçada.

Sendo a resolução o remédio aplicável, a lei indica quando ela em regra será retroativa e quando terá efeitos *ex nunc*. Na aplicação das exceções a essa regra, mais uma vez o caso concreto demonstrará se a irretroatividade acarretará um enriquecimento indevido de uma das partes, o que vai de encontro ao fim visado pelo instituto da alteração das circunstâncias.

Optando-se pela revisão, a atenção terá que ser redobrada, pois a equidade será chamada a atuar. A tentação de simplesmente restabelecer o equilíbrio inicial do contrato não pode prevalecer. A intervenção deve retirar apenas aquilo que for *excessivo*, *anormal*, ou seja, fora dos riscos que as partes assumiram ao celebrar um contrato de longa duração.

Diante da presença de uma cláusula de renegociação, a atuação do tribunal deverá ser apenas subsidiária, e terá sempre que atentar para os termos da cláusula, privilegiando a autonomia que a gerou. A parte lesada não pode recorrer à intervenção judicial sem demonstrar que cumpriu o seu dever de iniciar negociações.

A existência ou não de um dever de renegociação em todo contrato de longa duração será ainda objeto de maior discussão pela doutrina. O debate sobre essa questão é extremamente positivo. Julgamos possível a existência de tal dever por considerá-lo em tudo compatível com os deveres decorrentes da boa-fé. Rejeitar a sua existência em razão da possibilidade de oportunismo da parte beneficiada pela alteração das circunstâncias seria valorizar condutas reprovadas pelo ordenamento.

A construção doutrinária da existência desse dever, aliada à prática jurisprudencial, concretizará a visão do contrato como um instrumento de cooperação e estimulará os contratantes a encontrarem por si próprios a forma de resolver o problema da alteração superveniente, o que não temos dúvidas em afirmar ser a melhor das conseqüências da alteração das circunstâncias.

REFERÊNCIAS BIBLIOGRÁFICAS

Ascensão, José de Oliveira. *Direito civil teoria geral, vol. III.* Coimbra: Coimbra Editora, 2002.

____ , Alteração das circunstâncias e justiça contratual no novo Código Civil. *Revista Trimestral de Direito Civil*, volume n°. 25, Rio de Janeiro: Padma, 2006.

Azevedo, Antônio Junqueira. *Negócio jurídico – existência, validade e eficácia.* 4. ed. São Paulo: Editora Saraiva, 2002.

Almeida Costa, Mário Júlio de. *Direito das obrigações.* 10. ed. Coimbra: Almedina, 2006.

Fernandes, Luís A. Carvalho. *Teoria da imprevisão no direito civil português.* Quid Juris, 2001.

Gomes, Júlio. Cláusulas de hardship. In: Actas do congresso internacional organizado pelo Centro Regional do Porto da Universidade Católica Portuguesa, de 28 a 30 de Novembro de 1991, Porto. *Contratos: actualidades e evolução.* Porto, 1997.

Gomes, Orlando. *Transformações gerais do direito das obrigações.* 2. ed. São Paulo: Revista dos Tribunais, 1980.

Martins-Costa, Judith. Os campos normativos da boa-fé objetiva: as três perspectivas no direito privado brasileiro. *Revista de Estudos de Direito do Consumidor*, n°. 6, Centro de Direito do Consumo – Coimbra, 2004.

Menezes Cordeiro, Antonio Manuel da Rocha. *Da boa fé no direito civil.* 2. reimpressão. Coimbra: Almedina, 2001.

____ , Da alteração das circunstâncias. *Separata dos estudos em memória do prof. Doutor Paulo Cunha.* Lisboa, 1987.

Monteiro, Antônio Pinto. Erro e teoria da imprevisão. *Revista de Estudos de Direito do Consumidor*, n°. 6, Centro de Direito do Consumo – Coimbra, 2004.

Monteiro, Antônio Pinto; Gomes, Júlio. A hardship clause e o problema da alteração das circunstâncias: breve apontamento. *Separata de Juris et de Urbe,* Porto, 1998.

Ribeiro, Joaquim de Sousa. *Direito dos contratos: estudos.* Coimbra: Editora Coimbra, 2007.

Serra, Vaz. Resolução ou modificação dos contratos por alteração das circunstâncias (trabalho preparatório do Código Civil de 1966). *Boletim do Ministério da Justiça,* n. 68, 1957.

Telles, Inocêncio Galvão. *Manual dos contratos em geral.* 4. ed. Coimbra: Coimbra Editora, 2002.

THE COMISSION OF EUROPEAN CONTRACT LAW (Ole Lando and Hugh Beale). *Principles of european contract law, parts I and II.* The Hague: Kluwer Law International, 2000.

DEVERES DE INFORMAÇÃO DO CREDOR PERANTE O FIADOR*

DANIEL VIEIRA DE MACEDO GONÇALVES

Aluno do Mestrado em Ciências Jurídico-
-Civilísticas II pela Faculdade de Direito da
Universidade de Coimbra

Sumário: 1. Introdução. 2. Considerações gerais sobre as garantias das obrigações. 3. Fiança: Conceito. 3.1. Características. 4. A fiança enquanto negócio de risco. 5. O fiador enquanto devedor e o conteúdo de sua prestação. 6. Natureza contratual da fiança. 7. Deveres de informação e seu enquadramento dogmático. 8. Deveres de informação e fiança. 8.1 Dever de informação sobre o risco fidejussório. 8.2 Dever de informação sobre a situação patrimonial do devedor. 8.3Dever de informação sobre o âmbito da vinculação. 8.4. Deveres de informação nas fianças sujeitas ao regime das CCG. 9. Conclusão. 10. Bibliografia.

1. Introdução

A fiança é a modalidade de garantia pessoal por excelência, de uso recorrente e enorme importância prática.

Trata-se, conforme será oportunamente abordado, de um negócio que envolve certo risco para o fiador, que poderá ser chamado a cumprir sua prestação.

---

* Trabalho realizado no âmbito da disciplina de Direito Civil III, cadeira obrigatória da área de Ciências Jurídico-Civilísticas II, do Curso de Mestrado 2006//2007, na Faculdade de Direito da Universadade de Coimbra, sob orientação do Prof. Doutor Sinde Monteiro

Não obstante o risco, vê-se que, por vezes, as fianças são prestadas com alguma indiferença, como se o fiador "jamais" pudesse ser chamado a cumprir: muitas vezes, o fiador presta a garantia sem contar com a real e efetiva possibilidade de ter de responder pela dívida.

Esse fato não pode ser dissociado da expansão significativa do crescimento da oferta de crédito ao consumo em Portugal, que normalmente é concedido mediante a prestação de fiança por uma pessoa próxima ao devedor principal (via de regra um parente ou amigo).

Após algumas considerações gerais sobre as garantias das obrigações, passaremos ao estudo da fiança propriamente dita.

O seu fim de garantia, o risco envolvido, o fato de o fiador assumir uma dívida própria e, por fim, a natureza contratual da fiança, aliados à "indiferença" com que são prestadas implicam na existência de deveres de informação a cargo do credor para com o fiador?

A resposta a essa questão passa, também, pelo enquadramento dogmático dos deveres de informação e seu regime, daí porque referimo-nos, ainda que brevemente, à obrigação como fenômeno complexo, dada a existência de deveres laterais ou de conduta.

Por fim, há-de se levar em consideração que, admitindo-se, em tese, a existência de deveres de informação do credor para com o fiador, esses deveres incidem sobre alguns aspectos particulares, daí porque centramo-nos no estudo dos deveres de informação sobre o risco fidejussório, sobre a situação patrimonial do devedor e sobre o âmbito da vinculação.

2. Considerações gerais sobre as garantias das obrigações

Desde o momento em que é constituído, o vínculo obrigacional tem como finalidade a satisfação dos interesses do credor. Assim é que a causa normal, ordinária, da extinção da obrigação é a sua satisfação, através do adimplemento voluntário pelo devedor, na forma e tempo convencionados.

O direito que tem o credor de exigir o cumprimento decorre do direito à prestação, e nesse sentido, goza de uma posição de vantagem que lhe confere o ordenamento jurídico, colocando à sua disposição uma série de mecanismos, judiciais ou extrajudicias, no sentido de ser dada satisfação ao seu interesse ainda não realizado.

Costa Gomes[1] utiliza a expressão *garantia judiciária* para designar a faculdade que o credor tem de recorrer à juízo para condenar ou compelir o devedor ao cumprimento, bem como para obter, por execução forçada, a satisfação de seu interesse de modo específico ou não específico. Essa dita *garantia judiciária* compreenderia a faceta mais impressiva da garantia enquanto elemento da relação jurídica, e constituiria apenas uma parte da garantia do credor, que compreende todas as medidas a que ele possa recorrer para a tutela de seu crédito.

Com efeito, dependendo do tipo de incumprimento ocorrido e da natureza da obrigação, o credor tem à sua disposição várias soluções que vão desde a ação de condenação no cumprimento à execução forçada[2], passando por implementação e atuação de mecanismos de coerção privada e pela sanção pecuniária compulsória. Nesse sentido, dispõe o art. 817.º do Código Civil[3] que se a obrigação não for voluntariamente cumprida, o credor tem o direito de exigir judicialmente o cumprimento e de executar o patrimônio do devedor.

A par da existência de uma "garantia judiciária", o cumprimento da obrigação é assegurado pelos bens que integram o patrimônio do devedor. Segundo a dicção do art. 601.º, o patrimônio do devedor é garantia dos credores, na medida em que esses bens respondem pelo cumprimento da obrigação[4].

---

[1] Costa Gomes, *Assunção fidejussória de dívida. Sobre o sentido e o âmbito da vinculação como fiador*, Livraria Almedina, Coimbra, 2000, pág. 12 e 13.

[2] Cf. art. 817.º do Código Civil.

[3] Os artigos indicados referem-se ao Código Civil Português, salvo indicação em contrário.

[4] Almeida Costa, *Noções fundamentais de Direito Civil*, 4.ª edição revista e actualizada, Livraria Almedina, Coimbra, 2001, pág. 191, destaca que o art. 601.º consagra o princípio geral da responsabilidade ilimitada do devedor, na medida em que o cumprimento da obrigação é assegurado pela totalidade dos bens penhoráveis que constituem o seu patrimônio ao tempo da execução, mesmo que tenham sido adquiridos depois da constituição da obrigação.

O patrimônio do devedor constitui a garantia geral das obrigações. Garantia geral porque a cobertura tutelar dos bens penhoráveis do devedor[5] abrange a generalidade das obrigações do respectivo titular. É também garantia comum, na medida em que os credores que não gozem de qualquer direito de preferência sobre os demais são pagos em pé de plena igualdade, nisso consistindo a regra *par condicio creditorum*.

A afirmação de que os bens do devedor respondem pelo cumprimento da obrigação significa que, no caso de incumprimento, o credor, por ser titular de um direito subjetivo, pode, por isso mesmo, fazer penhorar os bens do devedor para satisfazer os seu direito de crédito. Daí que se diz tratar-se de uma garantia[6].

Todavia, em sendo tal patrimônio a garantia *comum* das obrigações, é que se recorre às garantias especiais. Estas são um meio de que podem se valer os credores para se prevenirem da insuficiência de bens dos devedores para satisfazerem o crédito. As garantias especiais dividem-se em duas categorias:

---

[5] Relativamente ao objeto da garantia geral, prescreve o art. 601.º que "pelo cumprimento da obrigação respondem todos os bens do devedor suscetíveis de penhora, sem prejuízo dos regimes especialmente estabelecidos em conseqüência da separação de patrimônios".

[6] Alguns autores distinguem os conceitos de garantia patrimonial (geral) e responsabilidade patrimonial, uma vez que o conceito de garantia estaria reservado para as garantias especiais, situações nas quais há adjunção de novas responsabilidades.

Assim é que, para FRAGALLI (*apud* Varella, p. 427) a chamada garantia geral não seria propriamente um direito de garantia, mas um meio normal de realização do direito do credor.

No mesmo sentido posiciona-se COSTA GOMES, *Assunção fidejussória...*, cit., p. 16, para o qual os conceitos de garantia patrimonial ou garantia geral significam que desde a gênese do vínculo obrigacional, o credor pode contar, na sua expectativa de satisfação de crédito, não só com o desempenho do devedor e com a confiança que este lhe mereça para a realização voluntária da prestação, mas também com a segurança das *forças do patrimônio* do sujeito passivo do vínculo, que permitirão efetivar a responsabilidade. Todavia, entende dispensável a utilização da palavra *garantia* para expressar a confiança que o devedor mereça do credor, porque, sem prejuízo de a fidúcia na palavra ou no esforço do devedor constituir, amiúde, causa determinante de um específico envolvimento obrigacional sem o sustentáculo constituído por um patrimônio devidamente apetrechado, tal pertence ainda à especificidade do vínculo obrigacional, não sendo uma forma de garantia.

Garantias reais, por meio das quais "o credor adquire o direito de se fazer pagar, de preferência a quaisquer outros credores, pelo valor ou pelos rendimentos de certos bens próprios do devedor ou de terceiro, ainda que esses bens venham a ser posteriomente transferidos. Trata-se de um reforço que se revela sempre qualitativo; e ao mesmo tempo quantitativo, desde que a garantia real seja constituída por um terceiro"[7].

Garantias pessoais, prestadas por terceiros que, com seu patrimônio, reforçam a expectativa de satisfação do crédito oferecida pelo patrimônio do devedor. Diz-se que a garantia pessoal constitui um reforço quantitativo da expectativa de satisfação do crédito, uma vez que o seu valor econômico depende da capacidade de cumprimento (solvência) do terceiro garante.

Destaca COSTA GOMES[8] que a principal característica das garantias pessoais é o fato de serem manifestação de uma *intercessão* – do surgimento de um *intercedente* entre o credor e o devedor. Quando o reforço da chamada garantia geral é conseguido através da adjunção ou adição de um novo responsável pessoal – e, logo, patrimonial – o credor passa a ter um novo *devedor* que responde, a final, numa perspectiva econômica, pela mesma dívida: que garante, a final, a satisfação do mesmo crédito.

3. Fiança: Conceito

A fiança é a garantia pessoal por excelência, consistindo na sua figura tipo. Sua definição é extraída do art. 627, n.º 1, e consiste "no vínculo jurídico pelo qual um terceiro (fiador) se obriga pessoalmente perante o credor, garantindo com o seu patrimônio a satisfação do direito de crédito deste sobre o devedor"[9].

---

[7] ALMEIDA COSTA, *Noções Fundamentais...*, cit., p. 214.
[8] *Assunção fidejussória...*, cit., p. 58.
[9] ANTUNES VARELA, *Das Obrigações em geral*, vol. II, 5.ª edição, Livraria Almedina, Coimbra, 1992, p. 475.

A respeito da finalidade de garantia da fiança, Costa Gomes[10] leciona que o fim de garantia de fiança ditado pela função econômico--social do instituto, determina que o fiador garante a satisfação do direito de crédito.

Em se tratando de uma garantia pessoal, o fiador responde, via de regra, com todo o seu patrimônio pelo cumprimento da obrigação[11], e não apenas com determinados bens, como ocorre nas garantias reais[12].

Além da fiança convencional, produto de um negócio jurídico, podem ainda existir casos de fiança judicial e fiança legal, ocorrendo esta última quando alguém, por disposição legal, responde como fiador sem que haja qualquer negócio de fiança[13].

3.1. *Características*

Acessoriedade

A característica essencial e necessária da fiança é a acessoriedade[14], na medida em que pressupõe, sempre, a existência de uma obrigação

---

[10] *Assunção fidejussória...*, cit., p. 118.

[11] De qualquer espécie de obrigação: de dar, de fazer ou de não fazer, seja qual for a sua fonte, contrato, negócio jurídico unilateral, lei, etc. Cf. Calvão da Silva, "Garantias Acessórias e Garantias Autônomas", *Estudos de Direito Comercial (Pareceres)* (331-361), Almedina, Coimbra, 1999, p. 332.

[12] Todavia, nada impede que, por limitação convencional, a fiança seja restringida a apenas alguns bens do fiador (art. 602.º), sem que se constitua sobre esses bens garantias reais. Nesse sentido, cf. Costa Gomes, *Assunção Fidejussória...*, cit., p. 9/10, Menezes Leitão, *Garantias das Obrigações,* Almedina, Coimbra, 2006, p. 118; Martinez, Pedro Romano / Ponte, Pedro Romano da, *Garantias de Cumprimento*, 5.ª ed., Almedina, Coimbra, 2006, p. 87.

[13] Hipótese distinta é quando a lei determina que se dê fiador. Tem-se, então, uma obrigação legal de prestar fiador. Cf. Almeida Costa, *Noções Fundamentais...*, cit., p. 217 e seguintes.

[14] Para caracterizar a acessoriedade, Medicus refere-se à existência de um "direito dominante" ou "dirigente" considerando que a acessoriedade se traduz em uma dependência unilateral de um direito face a outro, o que supõe, naturalmente, que um tenha, relativamente ao outro, um peso superior: o direito dirigente determina o destino do dirigido, mas não vice-versa. Medicus, *Die Akzessorietät im Zivilrecht,* in JuS 1971, apud Costa Gomes, *Assunção Fidejussória...*, cit., p. 108.

principal, seja esta de natureza convencional, legal ou judicial, à qual fica subordinada[15].

Da acessoriedade decorrem as seguintes consequências:

a) a nulidade ou anulabilidade da obrigação principal implica a invalidade da fiança (art. 632).

b) a fiança não pode exceder a obrigação principal, nem ser contraída em condições mais onerosas (art. 631);

c) a sua forma é determinada pela forma exigida para a obrigação principal (art. 638), e deve ser expressamente declarada;

d) via de regra, o fiador pode opor ao credor os meios de defesa que competem ao devedor principal (art. 637);

e) a extinção da obrigação principal determina a extinção da fiança (art. 651).

Subsidiariedade

Além da acessoriedade, aponta-se como uma das características da fiança o fato de ser, normalmente, subsidiária da dívida principal[16].

Com efeito, no mais das vezes, o fiador somente é compelido ao cumprimento da obrigação quando o devedor não cumpra nem possa cumprir a obrigação à qual está adstrito. A subsidiariedade concretiza-se no benefício da excussão, que consiste no direito do fiador de recusar o cumprimento da enquanto não estiverem excutidos todos os

---

[15] Sobre a relação de acessoriedade entre a obrigação principal e a fiança, CALVÃO DA SILVA, "Garantias acessórias e Garantias autônomas...", cit., p. 334, afirma haver uma relação de dependência ou subordinação entre a obrigação de garantia e a obrigação garantida, que se manifesta em três aspectos: dependência genética (art. 632.º, n.º 1), dependência funcional (art. 637.º, n.º 1 e 2), e dependência extintiva (art. 651).

[16] Sobre a distinção entre acessoriedade e subsidiariedade, confira-se a lição de COSTA GOMES, Assunção fidejussória..., cit., p. 112: "*Grosso modo*, a diferença encontra-se no seguinte: enquanto o direito acessório – pelo menos o direito plenamente acessório – é aquele que é conformado por um direito principal, o direito subsidiário é aquele que só pode ser exercido depois de outro o ter sido. O direito acessório é assim, um direito conforme um outro; o direito subsidiário é um direito de exercício posterior a um outro".

bens do devedor principal e, inclusive, depois dessa excussão, se provar que o crédito não foi satisfeito por culpa do credor (art. 638.º, n.ºs 1 e 2).

Nesse sentido, confira-se a lição de ANTUNES VARELA: "O fiador pode assim opor-se (de acordo com a subsidiariedade que as partes imprimem, via de regra, à fiança) à agressão dos bens (penhoráveis) que integram o seu patrimônio, enquanto se não tiverem executado todos os bens do devedor e, apesar disso, o direito do credor se mostre total ou parcialmente insastifeito"[17].

Inexiste a subsidiariedade quando o fiador não goze do benefício da excussão. Isso ocorre se o fiador houver renunciado ao benefício, nomeadamente quando houver assumido a posição de principal devedor, e ainda (i) se o devedor ou dono dos bens onerados com garantia (real) não puder ser demandado ou executado no território continental ou das ilhas adjacentes e (ii) essa impossibilidade de fato ser posterior à constituição da fiança (art. 640.º).

Além da acessoriedade e do fim de garantia, COSTA GOMES aponta um terceiro pilar da fiança que não pode deixar de ser relevado: a circunstância de ser a fiança um negócio de risco.

---

[17] ANTUNES VARELA, *Das Obrigações em geral*, v. II, cit., p. 486/487. Prossegue o autor: "Não quer isto significar, porém, que na ação de condenação destinada a obter o reconhecimento da existência e da violação do direito de crédito, o credor não possa demandar simultaneamente o devedor e o fiador, ou só o fiador, consoante a sua conveniência em se presumir de título executivo contra um ou outro dos obrigados (...) A defesa que o benefício da excussão confere ao fiador consiste, mesmo nesses casos, em obstar à execução (e, desde logo, a penhora) dos bens do garante antes de prévia e insatisfatoriamente haverem sido excutidos todos os bens do devedor." No mesmo sentido, cf. MENEZES LEITÃO, *Garantias...*, cit., p. 121; MARTINEZ, Pedro Romano/ /PONTE, Pedro Romano da, *Garantias...*, cit., p. 89. Em sentido contrário, cf. COSTA GOMES, *Assunção fidejussória...*, cit., p. 978/979, para quem "a tese de que a responsabilização efetiva do fiador tem de "aguardar" o incumprimento do devedor não tem correspondencia na lei portuguesa". Sobre a relação entre acessoriedade e subsidiariedade da fiança e proteção do fiador, cf. SINDE MONTEIRO, Jorge / DIAS PEREIRA, André. "Surety Protection in Portugal", in *Boletim da Faculdade de Direito*, vol. LXXXI (727--746), Separata, 2005, p. 738.

4. A fiança enquanto negócio de risco

Em que pese todos os negócios apresentarem, em maior ou menor medida, uma certa dose de risco para as partes envolvidas, alguns deles têm como característica a existência de um risco mais elevado, a ponto de "alterar" os seus contornos e conferir-lhes particularidades de regime, embora a "categoria" dos negócios de risco seja algo difusa e imprecisa.

Todavia, os autores que a referem, a exemplo de HENSSER[18], colocam a fiança ao lado do jogo, da aposta, dos negócios de bolsa, da renda vitalícia e do seguro como negócios de risco.

COSTA GOMES[19] sugere que a fiança seja classificada como um negócio aleatório, em que pese a resistência da doutrina em acampar os negócios aleatórios no universo dos negócios onerosos. Para referido autor, tanto nas fianças prestadas a título gratuito quanto naquelas prestadas a título oneroso, "e com bem maior evidência no caso das gratuitas é evidente a presença de uma álea – entendida agora num sentido amplo – que coloca grosso modo a par o caso do seguro e da fiança, no que à prestação, respectivamente do segurador e do garante concerne. Ou seja, o risco que corre o dador de garantia (...) de ter de cumprir, não é substancialmente diverso daquele que corre certamente o mais esclarecido segurador num caso de seguro de créditos: em ambos os casos estamos face a negócios de risco".

O risco assumido pelo fiador consiste justamente em ter que suportar o cumprimento da obrigação, a satisfação do credor, sem poder exigir-lhe qualquer correspectivo. Corre por sua conta e *risco* obter do devedor principal o que pagou ao credor, sem ter a certeza de que recuperará o que empregou na satisfação do credor.

COSTA GOMES[20], após classificar a fiança como um negócio de risco, extrai algumas consequências para o respectivo regime, quais sejam: a) possibilidade de o assuntor de risco saber *ex ante*, o nível do

---

[18] HENSSLER, *Risiko als Vertrags Gegenstand,* J.C.B. Mohr (Paul Siebeck), Tübingen, 1994, *passim, apud* COSTA GOMES, *Assunção fidejussória...,* cit, p. 119.

[19] *Assunção fidejussória...,* cit., p. 119/120.

[20] COSTA GOMES, "A fiança no quadro das garantias pessoais. Aspectos de regime", in *Estudos de Direito das Garantias,* v. I (07-48), Almedina, Coimbra, 2004, p. 24/25.

risco assumido, b) possibilidade de o assuntor de risco poder consultar (estudar) no decorrer do negócio, o nível de risco existente; c) interpretação estrita das declarações de assunção de risco; d) impossibilidade de aplicação da doutrina da alteração das circunstâncias a favor do beneficiário da assunção do risco; e) forte restrição da aplicação da alteração das circunstâncias a favor do assuntor do risco; f) tendencial caráter *intuitu personae* da vinculação; g) caráter expresso das cláusulas de agravamento do risco fidejussório; h) a aceitação da existência de deveres de informação e aviso sobre o risco da prestação da fiança, quer pelo credor quer pelo devedor principal.

5. O fiador enquanto devedor e o conteúdo de sua prestação

A fiança é uma garantia pessoal das obrigações, pela qual o fiador assegura a realização de uma prestação do devedor, responsabilizando-se pessoalmente com o seu património por este cumprimento[21].

Discute-se na doutrina se esta situação configura a constituição de uma obrigação própria do fiador, ou se ele é um mero *responsável* por uma dívida alheia.

Esta última posição deriva da doutrina [dualista] da Schuld und Haftung[22], que decompõe a obrigação em débito e responsabilidade, e considera que o fiador não é parte da relação debitória, mas da relação de responsabilidade. A fiança seria, então, um típico caso de responsabilidade sem dívida[23].

---

[21] Cf. MENEZES LEITÃO, *Garantias...*, cit., p. 118.

[22] Sobre as teorias dualista e monista da obrigação e fiança, cf. ANTUNES VARELA, *Das obrigações em geral,* vol. I, 8.ª edição, Livraria Almedina, Coimbra, 1994, p. 151.

[23] Esse parece ser o entendimento de MARTINEZ, Pedro Romano / PONTE, Pedro Romano da, *Garantias...*, cit., p. 87: "Temos, então, que o património do devedor continua a responder por uma dívida própria, enquanto o património do fiador responde por uma dívida alheia. Da parte do fiador há uma responsabilidade pessoal pelo cumprimento de uma obrigação alheia".

Superada a teoria dualista pela teoria monista da obrigação, com a consequente afirmação de que "quem deve responde", pode-se dizer que o fiador é um devedor, e nessa qualidade, é também responsável[24-25].

Através da fiança estabelece-se uma relação direta entre o fiador e o credor, que não se confunde com a relação entre este e o devedor principal. O fiador deve uma prestação própria e específica, que tem causa e origem em um título diverso em relação à prestação do devedor principal, em que pese o nexo funcional e a permanente correlação entre ambas, ditados pela acessoriedade.

COSTA GOMES[26], utilizando-se da linguagem milenar do direito romano, afirma que o fiador, em virtude da assunção fidejussória de dívida, passa a dever o *mesmo* (o *idem*) que deve o devedor – que não *aquilo* (*id*) que por este é devido – com as diferenças posicionais resultantes de o assuntor ser um devedor secundário (prestador de garantia) e de a sua obrigação ser acessória em relação à obrigação principal.

O fiador fica adstrito à realização de uma prestação própria, mas a sua fisionomia e conteúdo são ditados pela prestação a cargo do devedor. Essa "moldagem" da prestação a cargo do fiador pela prestação principal existe mesmo nos casos em que a fiança é assumida em condições menos onerosas ou em quantidade menor (art. 631.º, n.º 1). Nesse caso, aponta COSTA GOMES[27], o padrão não será a prestação principal *in totum*, mas apenas uma parte dela[28].

---

[24] Cf. COSTA GOMES, *Assunção fidejussória...*, cit., p. 123.

[25] Nesse sentido, ANTUNES VARELA, *idem ibidem*: "O fiador não é apenas responsável; é também devedor, embora acessoriamente. MENEZES LEITÃO, *Garantias...*, cit., p. 119-120, entende que o fiador é devedor, porquanto tem um dever de prestar perante o credor, ainda que sua função seja apenas a de assegurar a realização do pagamento por parte do devedor.

[26] *Assunção Fidejussória...*, cit., p. 132.

[27] *Assunção Fidejussória...*, cit., p. 134.

[28] Discute-se em qual medida a semelhança entre a prestação do devedor principal e do fiador é apenas natural ou essencial à fiança. Alguns autores admitem a existência de uma prestação fidejussória pecuniária quando a prestação principal não o é, e vice-versa, ou mesmo a admissibilidade de uma fiança de *facere* quando a prestação principal é de *dare*. Para COSTA GOMES, *Assunção fidejussória...*, cit., p. 135, a diversidade

De qualquer modo, a situação natural na fiança é que a prestação [própria] do fiador é um "espelho" da prestação do devedor principal, segundo a relação de acessoriedade entre elas.

6. Natureza contratual da fiança

Questão ainda controversa no direito português é se a fiança tem uma feição contratual ou apenas negocial. Vale dizer, se a fiança constitui-se apenas por contrato ou se também pode ser constituída por um negócio jurídico unilateral.

Parte da doutrina e da jurisprudência[29] procura fundamentar a admissibilidade da constituição de fiança por ato unilateral no próprio regime da fiança, através da invocação do art. 628.º, n.º 2, segundo o qual a fiança pode ser constituída sem o consentimento do afiançado.

Tal posicionamento, todavia, é passível de crítica porque, mesmo que seja dispensado o consentimento do devedor principal, o estabelecimento da fiança depende do encontro de vontades [contrato] entre o fiador e o credor, podendo a declaração de vontade deste último ser tácita[30].

De outra parte, deve-se atentar que, quanto aos negócios jurídicos unilaterais, por força do disposto no art. 457, vigora o princípio da tipicidade de tais negócios, sendo certo que não se confere valor às situações em previsão legal.

---

do conteúdo prestacional em nada altera o regime da fiança, desde que se atente para a fungibilidade entre as prestações a cargo do devedor e do fiador, ou seja, para a existência de uma equivalência (total ou parcial), na perspectiva do credor, entre as duas prestações.

[29] Para um panorama da jurisprudência a respeito da estrutura negocial da fiança, cf. COSTA GOMES, "A estrutura negocial da fiança e a jurisprudência recente", in *Estudos de Direito das Garantias*, v. I (49-107), Almedina, Coimbra, 2004.

[30] Com efeito, pode ocorrer que as circunstâncias do negócio tornem dispensável a declaração de aceitação, ficando a fiança constituída "logo que a conduta da outra parte mostre a intenção de aceitar a proposta" (art. 234.º).

Sobre o caráter bilateral do negócio que dá origem à fiança, confira--se, por todos, a lição de MENEZES LEITÃO[31], segundo o qual "não parece razoável que alguém fique irrevogavelmente vinculado à prestação de uma garantia com base num negócio unilateral, até porque isso se oporia ao princípio da tipicidade dos negócios unilaterais. Pode, por isso, dizer-se que a fiança resulta sempre ou de um contrato entre o fiador e o credor, ou de um contrato entre o fiador e o devedor que, nesse caso, revestirá a natureza de um contrato a favor de terceiro. Poderá eventualmente também resultar de um contrato plurilateral entre estas três partes".

7. Deveres de informação e seu enquadramento dogmático

Por muito tempo, o conteúdo da relação obrigacional foi encarado de maneira "restrita" aos deveres de prestação (*dare, facere, non facere*), assim considerados como aquele núcleo elementar que dita os contornos da figura contratual que esteja em apreço[32].

Todavia, graças, sobretudo, à doutrina alemã, o conteúdo da relação obrigacional passou a ser encarado sob uma perspectiva complexa, considerando-se que, além daqueles deveres principais de prestação que definem o tipo da relação contratual, podem existir, também, deveres secundários ou acessórios, e, para além desses, deveres laterais ou de conduta.

MENEZES CORDEIRO[33] afirma que a complexidade da relação obrigacional traduz a idéia de que o vínculo obrigacional abriga, no seu

---

[31] *Garantias...*, cit., p. 118/119.

[32] Na definição de MOTA PINTO, *Cessão da posição contratual*, Almedina, Coimbra, 1989, p. 336, "o dever de prestação é o elemento decisivo que dá o conteúdo mais significativo à relação contratual e dita o seu tipo. Dirige-se a proporcionar ao credor uma determinada prestação (positiva ou negativa) e definine-se corretamente como um direito a uma prestação dirigido ao devedor. Com o seu cumprimento extingue-se, em regra, a relação contratual...".

[33] *Da boa-fé no direito civil*, Almedina, Coimbra, 1997, p. 586.

seio, não um simples dever de prestar, simétrico a uma prestação creditícia, mas antes vários elementos jurídicos dotados de autonomia bastante para, de um conteúdo unitário, fazerem uma realidade composta.

De entre os deveres secundários, MOTA PINTO[34] distingue entre:

a) Deveres secundários com prestação autônoma: são prestações sucedâneas do dever primário de prestação, v.g. a indenização de perdas e danos por inadimplemento culposo do devedor; ou prestações coexistentes com a prestação principal, sem a substituírem, como o direito à indenização em caso de mora.

b) Deveres secundários, acessórios da prestação principal que não têm autonomia em relação a esta, v.g. o dever de custodiar a coisa prometida, de a embalar, de promover o seu transporte. Estes deveres estão exclusivamente dirigidos à realização do interesse no crédito.

A existência de tais deveres de prestação secudários ou acessórios, quer possuam a finalidade de preparar o cumprimento do avençado e assegurar o cumprimento da prestação principal, quer tenham uma prestação autônoma, não esgotam a complexidade da relação obrigacional.

A referida complexidade mostra-se, sobretudo, na existência de deveres que não estão necessariamente orientados e conexionados para o interesse no cumprimento do dever principal de prestação: são os chamados deveres de conduta ou deveres acessórios de conduta, os quais costumam ser subdividos em deveres de informação, lealdade e proteção.

Atribui-se a STOLL o mérito de distinguir nitidamente entre os deveres de proteção e os demais deveres que comporta a relação obrigacional e a tornam complexa[35]. STOLL dava a estes últimos o nome de deveres de tutela ou proteção (*Schutzpflichten*), em oposição a deveres de prestação (*Leistungspflichten*). LARENZ, por seu turno,

---

[34] *Cessão...*, cit., p. 337.
[35] Cf. ANTUNES VARELA, *Das obrigações em geral*, vol. I, 10.ª edição, Livraria Almedina, Coimbra, 2000, p. 123, nota 1.

denomina-os "outros deveres de conduta" (*weitere Verhaltenspflichten*), ou deveres de diligência, também em contraposição aos deveres de prestação; ESSER, por sua vez, prefere utilizar o termo "deveres laterais" (*Nebenpflichten*)[36-37].

Os deveres de conduta não têm uma ligação direta com a realização da prestação principal, com o adimplemento do contrato. Caracterizam-se "por uma função auxiliar da realização positiva do fim contratual e de proteção à pessoa ou aos bens da outra parte contra os riscos de danos concomitantes. Servem, ao menos em suas mais típicas manifestações, o interesse na conservação dos bens patrimoniais ou pessoais que podem ser afetados em conexão com o contrato, independentemente do interesse no cumprimento"[38] e são essenciais ao correto processamento da relação obrigacional.

Embora sejam mais "visíveis" nas relações contratuais duradouras, nos chamados "contratos relacionais", e naqueles que comprometem especialmente a personalidade dos contratantes no correto cumprimento dos deveres contratuais, os deveres de conduta são inerentes às mais variadas obrigações e encontram-se dispersos pelo Código Civil e pela legislação avulsa.

Não é necessário ir muito longe para concluir-se que esses deveres são impostos e conformados pelo dever geral de agir de boa-fé. Por essa razão variam conforme as circunstâncias concretas de cada caso. Não se trata de elementos existentes na relação contratual *ab initio*, num *numerus clausus* e com conteúdo fixo. O seu surgimento, conteúdo, intensidade, duração, enfim, a sua atuação e concretização dependem da verificação de pressupostos variáveis de acordo com as circunstâncias de cada caso concreto.

Justamente em razão de não poderem ser previstos *ex ante*, por não terem um conteúdo perfeitamente definido em abstrato, não se

---

[36] Cf. MOTA PINTO, *Cessão...*, cit., p. 338.

[37] Sobre a diferença entre *Leistungspflichten* e *Nebenpflichten*, no sentido de que só aqueles podem ser objeto autônomo de uma ação, cf. SINDE MONTEIRO, *Responsabilidade por conselhos, recomendações ou informações*, Almedina, Coimbra, 1989, p. 396, nota 178.

[38] MOTA PINTO, *Cessão...*, cit., p. 339.

pode exigir o cumprimento coercitivo dos deveres de conduta (ao contrário do que ocorre com os deveres de prestação). Todavia, embora o seu descumprimento não dê origem à ação de cumprimento (art. 817), a sua tutela é feita através da indenização dos prejuízos causados, sendo a sua violação correspondente a uma violação positiva do contrato.

Os deveres de conduta podem configurar tanto uma ação ou comportamento positivo, quanto uma omissão de atos que importem consequências danosas para o objeto da prestação ou para a esfera jurídica patrimonial ou pessoal da contraparte, ou, mais genericamente, que envolva perigo para a realização do fim contratual[39].

Anote-se, por fim, que a doutrina moderna reconhece pacificamente a existência de deveres de conduta e deveres de proteção sem que haja deveres primários de prestação[40].

7.1 *Deveres de informação propriamente ditos*

Na definição de SINDE MONTEIRO[41], "informação, em sentido estrito ou próprio, é a exposição de uma dada situação de fato, verse ela sobre pessoas, coisas, ou qualquer outra relação. Diferentemente do conselho e da recomendação, a pura informação esgota-se na comunicação de fatos objetivos, estando ausente uma (expressa ou tácita) "proposta de conduta"".

---

[39] *Idem*, p. 342.

[40] Nesse sentido, CARNEIRO DA FRADA, Manuel Antônio de Castro Portugal. "Contrato e deveres de proteção" in *Boletim da Faculdade de Direito*, Suplemento, Vol. XXXVIII, p. 160 e seguintes: "*a relação de proteção apresentar-se-á como relação obrigacional legal sem deveres primários de prestação*" (p. 249); MOTA PINTO, *Cessão...*, cit., p. 350: "*Acresce ao exposto a possibilidade de existência de relações obrigacionais em sentido amplo sem deveres primários de prestação. Tais relações esgotam o seu conteúdo em deveres de comportamento ou deveres laterais (de informação ou de cuidado) entre determinadas pessoas. É o que se sucede, por exemplo, com a relação pré-contratual, fundamentadora da chamada responsabilidade pré-contratual*"; no mesmo sentido, SINDE MONTEIRO, *Responsabilidade...*, cit., p. 514, citando LARENZ: "Uma responsabilidade por culpa simples na violação de um dever de conduta (não de pretação) é de aceitar no âmbito de uma relação obrigacional sem deveres primários de prestação".

[41] *Responsabilidade...*, cit., p. 15.

Tal qual os demais deveres laterais, o dever de informação é um corolário do dever geral de agir de boa-fé, assim considerado como um critério norteador de comportamentos, impondo às partes uma conduta que possa valorar-se como honesta, correta e leal, implicando sempre uma tarefa de concreção em cada situação. Nesse sentido, também é muito clara a lição de Sinde Monteiro: "Uma obrigação lateral de prestação de informação pode também resultar da exigência da boa-fé, em ligação com os usos do tráfico e o conteúdo concreto da relação obrigacional".[42]

A primeira dificuldade com que se depara é afirmar categoricamente a existência ou inexistência, em abstrato, de deveres de informação do credor perante o fiador. Isso decorre das próprias caracterícas de tais deveres, acima descritas. Ironicamente, é através do princípio da boa-fé que se deve buscar a resposta para a indagação aqui proposta.

Dois óbices poderiam ser colocados, de antemão, à existência de deveres de informação a cargo do credor para com o fiador.

O primeiro diz respeito à existência de deveres de conduta (nesse caso, deveres de informação) sem que exista um primário dever de prestação a cargo do credor. A doutrina moderna, todavia, reconhece pacificamente a existência de deveres de conduta e deveres de proteção sem que haja deveres primários de prestação[43].

O segundo óbice diz respeito à natureza negocial da fiança. Poder-se-ia objetar que, conquanto não se trate, sempre, de um contrato, não se poderia falar em deveres de conduta. Também este argumento não tem o condão de afastar, *a priori*, a existência de deveres de informação do credor perante o fiador. A uma, porque conforme já demonstrado, a fiança tem natureza contratual. A duas, porque ainda que assim não fosse, também os atos unilaterais estão submetidos ao crivo da boa-fé e suas implicações (no caso, a imposição de deveres de conduta, nomeadamente, deveres de informação)[44].

---

[42] *Idem*, p. 47.

[43] Cf. nota 41.

[44] Sobre a aplicação de deveres de conduta aos atos unilaterais, veja-se Ana Prata, "Notas sobre a responsabilidade pré-contratual", in *RB* 16 (1990), pp. 75-179, p. 93: "*Admitindo, como faz a generalidade da doutrina, que a* ratio *do instituto é a*

8. Deveres de informação e fiança

Se ainda não podemos afirmar a existência de deveres de informação do credor para com o fiador, o fato é que, pelos dados coligidos até o momento, não podemos afastá-la categoricamente. Resta, então, traçar um esboço das situações mais comuns (sem a pretensão de esgotá-las) em que a questão se coloca na prática e, paralelamente, avançar no estudo dos deveres de informação, aplicados a tais situações.

8.1 *Dever de informação sobre o risco fidejussório*

Na prestação de fiança o fiador assume um risco que de outro modo seria suportado apenas pelo credor: o risco de a contraparte contratual colocar-se na situação de inadimplência, com os prejuízos econômicos daí decorrentes, bem como o risco de ser chamado a cumprir a sua prestação, sem ter a certeza de que será ressarcido pelo devedor principal.

Trata-se de um risco próprio e inerente ao negócio de fiança, de sua função econômica.

Para ALMENO DE SÁ[45] "não se impõe, em princípio, uma obrigação de prestar esclarecimentos sobre riscos típicos do negócio, particularmente a contratos que apresentem, por natureza, caráter especulativo, quando as circunstâncias em causa entrem manifestamente na esfera de risco da contraparte. De uma forma geral, poderá dizer-se que esta situação só se altera quando se verificar a ocorrência de circunstâncias particulares, conhecidas apenas de uma das partes, e que esta saiba, ou devesse saber serem determinantes para a decisão da outra".

---

tutela da confiança do sujeito na correção, na honestidade, na lisura e na lealdade do comportamento da outra parte, quanto tal confiança se reporte a uma conduta juridicamente relevante capaz de provocar-lhe danos, por este ser o seu autor ou o seu destinatário, haverá de reconhecer-se que o problema tanto se coloca a propósito dos contratos como dos negócios unilaterais, desde que tenham destinatário".

[45] *Responsabilidade Bancária. Dever de informação. Corte de Crédito*, Coimbra Editora, Coimbra, 1998, p. 62.

O risco é, portanto, inerente à fiança. Assim, espera-se que aquele que se coloque na situação de fiador sabia que se trata de um negócio de risco. Fica afastado, então, em princípio, um dever de informação sobre o risco fidejussório, assim entendido como a possibilidade de o fiador ser efetivamente chamado a cumprir a prestação a que se comprometeu enquanto dador de garantia.

Esse, aliás, é o entendimento maioritário da jurisprudência alemã, definida pelo BGH, segundo a qual o credor não está obrigado a informar o futuro fiador quer sobre a situação patrimonial do devedor ou as relações negociais com este. O credor pode, então, partir do pressuposto de que o fiador está suficientemente informado sobre o risco da operação, ou seja, de que poderá ser chamado a pagar a dívida. A única exceção geralmente admitida pela jurisprudência alemã é consubstanciada nas situações em que o próprio credor, pelo seu comportamento, induziu o fiador em erro sobre a dimensão do risco a assumir[46].

Ora, se o risco é inerente a qualquer negócio de fiança, não parece contrário à boa-fé (e mais propriamente ao disposto no art. 227.º) que o credor não informe o fiador que se trata especialmente de um negócio de risco[47]. Isso parece incontestável pelo menos naqueles negócios de fiança em que as partes são suficientemente habituadas ao tráfico e têm um bom nível de instrução, elementos que devem ser auferidos em cada caso concreto.

De outro lado, há que se levar em consideração a existência de interesses contrapostos: não seria razoável exigir do credor uma conduta que "afugentasse" o fiador.

---

[46] Cf. COSTA GOMES, *Assunção fidejussória...*, cit., p. 579 e seguintes.

[47] Assim posicionam-se SINDE MONTEIRO, Jorge / DIAS PEREIRA, André. "Surety Protection in Portugal"..., cit., p. 740: "In principle, there is no general duty of information of the surety, by the creditor, in what concerns the risk of a suretyship. Case law stated that, as a rule, the creditor has no special duty of information towards the surety". Na doutrina alemã, encontramos a posição de BREIDENBACH, *Die Voraussetzungen von Informationspflichten beim Vertragsschluss*, Beck´s, München, 1989, p. 79, apud COSTA GOMES, Assunção fidejussória..., cit., p. 587, nota 873: "uma vez que a assunção do risco no contrato de fiança é mesmo o fim do contrato, o fiador conhece fundamentalmente o risco da sua assunção de responsabilidade".

A justificativa particular para que haja o dever de informação sobre o risco fidejussório reside não propriamente na desigualdade ou desnível de informações, mas em uma particular necessidade de proteção.

REINICKE/TIEDKE[48], sem discutir o princípio da inexistência de deveres de informação do credor para com o fiador, consideram limitados os casos de exceção admitidos pela jurisprudência. Para mencionados autores, o credor deve informar e esclarecer o fiador sempre que saiba ou deva saber que este não reconhece ou estima mal o perigo que assume, o que acontece sobretudo quando se trata de fiadores sem experiência nos negócios. Os autores alemães citam, ainda, como casos em que há um dever de esclarecimento, aqueles em que existe uma clara desproporção entre o patrimônio do fiador e o nível de obrigações assumido e em que o fiador encontra-se em uma situação de dependência face ao devedor, determinante da eliminação de resistências à prestação da fiança[49].

Esse último caso tem despertado especial interesse da doutrina e jurisprudência alemãs, especificamente no que diz respeito à validade de tais fianças[50].

Sem entrar no mérito da discussão a respeito da validade de tais negócios, o que fugiria aos limites do trabalho aqui proposto, as fianças prestadas nessas circunstâncias merecem uma atenção especial. Justamente pela situação de dependência em que se encontra o potencial fiador, a sua decisão pode não estar suficientemente esclarecida, existindo, então, um especial dever de informação do credor a respeito do risco fidejussório.

---

[48] REINICKE, Dietrich / TIEDTKE, Klaus, *Bürgschaftsrecht,* Berlin, Luchterhand, 1995, p. 85 e seguintes, apud COSTA GOMES, *Assunção Fidejussória...,* cit., p. 582.

[49] *Idem, ibidem.*

[50] Cf. KÄHLER, Lorenz, "Decision-Making about Suretyships under Empirical Uncertainty – How Consequences of Decisions about Suretyships Might Influence the Law" in *European Review of Private Law,* v. 13, n.º 3, (pp. 333-355) especialmente fls. 335/336. Cf., também, PARRY, Rebecca, "The position of family Sureties Withiin The Framework of Protection for Consumer Debtors in European Union Member States", in *European Review of Private Law,* v. 13, n.º 3, (pp. 357/381) *passim.*

Se não é possível estabelecer, como regra geral, um dever de informação do credor para com o fiador a respeito do risco fidejussório, por outro lado o princípio da boa-fé impõe deveres negativos de conduta.

Esses deveres negativos avultam sobretudo nos casos de fiadores "não profissionais", que as prestam em benefício de instituições financeiras no âmbito de relações de consumo, e constituem o dever de não bagatelizar o risco da fiança e não induzir o fiador em erro sobre o risco assumido.

O credor não deve subestimar o significado da prestação de fiança, quer convencendo o fiador do pouco perigo da operação, quer convencendo-o de que se trata de um mero pró-forma (*nür für die Akten*) da vinculação. Assim agindo, o credor viola um dever de omissão, o que poderá ensejar a sua responsabilização por *culpa in contrahendo*, caso fique provado que a bagatelização do risco foi causa determinante para a prestação da fiança.

8.2 *Dever de informação sobre a situação patrimonial do devedor principal*

Decorre do art. 227.º que as partes devem atuar segundo as regras da boa-fé tanto nas negociações preliminares quanto na formação dos contratos. Para que recaia sobre uma das partes o dever de informar, necessário se torna, via de regra, que ela saiba que a outra parte desconhece determinada qualidade ou circunstância que tenha relevo para a formação de sua vontade de maneira livre e esclarecida[51].

Em que pese o estado patrimonial do devedor ser ou poder ser algo determinante para a decisão do potencial fiador, o credor não está obrigado a prestar informações a esse respeito.

---

[51] Ana Prata, *Notas*..., cit., p. 117, citando Clara Gonzáles, afirma existir um dever de informação "relativamente àquelas circunstâncias que para uma parte são ou devem ser conhecidas ou que ela sabe ou deve saber que podem ter influência na decisão da outra parte. Cf. Também ALMENO DE SÁ, *Responsabilidade bancária*..., cit. p. 62, e VAZ SERRA, Comentários ao Acórdão de 07 de outubro de 1976 do STJ, in *Revista de Legislação e Jurisprudência*, ano 110.º (pp.276/280), p. 117.

Mesmo que o credor seja uma instituição bancária ou financeira, e mesmo que se trate de uma fiança prestada no âmbito de uma relação de consumo, inexiste o dever de informar sobre a situação patrimonial do devedor. A inexistência se torna até mais patente quando o credor é um banco, porquanto aí já se adentra na complexa seara do sigilo bancário.

A inexistência de tal dever (quer o credor seja um banco, quer não seja), pode ser sustentada com base em dois argumentos.

O primeiro deles, é que o dever de informar encontra-se limitado pelo dever de auto-informação.

É prudente e recomendável (aliás, é o que se espera de um homem médio) que, antes de prestar uma fiança, o potencial fiador procure obter junto ao próprio devedor informações sobre a sua situação patrimonial.

Para além disso, poderá sempre contar com outros meios de obter ao menos vestígios sobre tal situação, seja através da consulta sobre a existência de títulos protestados, de ações de execução distribuídas, pedidos de falência, etc.

Parece pouco razoável isentar o potencial fiador de qualquer responsabilidade de obter, por conta própria, as informações sobre o patrimônio do devedor principal. Nesse caso, o desnível de informação não implica, necessariamente, no dever de o credor informar o devedor sobre o patrimônio do devedor. Primeiro, porque nem sempre ele terá condições de prestar essas informações, pelo simples fato de não as possuir. Segundo, porque, ainda que as possua, o dever de informação deve ser equacionado com o dever de auto-informação, conforme vimos insistindo.

Repita-se que o fato de o credor ser um banco em nada altera essa proposição. A propósito, MESTRE[52] refere-se a um caso julgado por um Tribunal francês, no qual os fiadores pretendiam responsabilizar o banco credor por não ter informado de que já havia anteriormente concedido vários créditos ao devedor, que era o pai dos fiadores. O Tribunal

---

[52] MESTRE, Jacques. "Des limites de l'obligation de renseigment" in RTDC, 1986, n. 2, abril/junho 1985, 85 ano, p. 341.

negou o pedido, argumentando que não incumbia ao banco, mas aos fiadores – a supor que realmente ignoravam os empréstimos anteriores – a tarefa de obter tal informação. Ao comentar a decisão, MESTRE afirma: "L'enseignement est clair; le contractant profane ne saurait a priori se soustraire à toute l'obligation de se renseigner, il n'a pas un droit acquis à la passivitè".

O segundo argumento que afasta o dever de o credor informar sobre a situação patrimonial do devedor principal é o fato de estarem em voga interesses antagônicos. Esse é também o entendimento de HENSSLER[53], segundo o qual o credor não tem o dever de, antes ou quando da celebração do contrato, esclarecer o fiador sobre o estado patrimonial do devedor; de outra forma, destaca, o credor estaria a agir contra os seus próprios interesses, já que, face a tais esclarecimentos, poderia afugentar o fiador.

Em que pese o dever de agir de boa-fé impor, via de regra, o dever de prestar informações e esclarecimentos quando haja uma situação de desnível de informação, deve-se ter em conta que se está diante de um princípio, e não de um conceito, e que requer, por isso mesmo, uma particular tarefa de concreção.

Essa tarefa, no que diz respeito à informação sobre a situação patrimonial do devedor, faz com que se leve em consideração a existência de interesses antagônicos: parece inexigível do credor que preste uma informação que, além de poder ser obtida pelo fiador por meios próprios, pode contrariar frontalmente seus interesses.

Como salienta ANTUNES VARELA[54], "apesar de a lei exigir a observância das regras da boa-fé, quer na preparação dos contratos, quer no cumprimento das obrigações, isso não significa que a lei, inteiramente fora das realidades do Mundo, pretende que os contraentes ajam nas suas relações como se estivessem em graça de santidade ou em postura de permanente confissão. Os contratos exprimem uma cooperação antagônica".

---

[53] *Risiko...*, cit., p. 345, *apud* COSTA GOMES, *Assunção fidejussória...*, cit., p. 580.
[54] Comentários ao Acórdão de 31 de março de 1993, in *Revista de Legislação e jurisprudência*, ano 126, (pp. 311/320), p. 319.

Com efeito, "No plano moral, dir-se-á até que existe sempre o dever de elucidar completamente o futuro parceiro contratual, mesmo que isso o influencie num sentido contrário aos interesses próprios (...) Jurídica e economicamente não pode ser assim"[55].

Concluímos que o credor não está obrigado a um comportamento que prejudique os seus próprios interesses ligados à garantia ou que os ponha em perigo[56]. Deve-se conjugar os deveres de informação com os interesses em jogo no caso concreto, com a própria finalidade de garantia da fiança e a função econômica que desempenha, e com o risco normal que significa para o fiador.

8.3 *Dever de informação sobre o âmbito da vinculação*

A fiança tem um fundamental escopo de garantia, de satisfação de um direito de crédito. O fiador assume, então, uma dívida própria, que é um "espelho" da obrigação contraída pelo devedor principal, estando a ela moldada e conformada pela nota da acessoriedade.

Se o fiador assume uma tal obrigação, parece fora de dúvida que deva ser informado, *ex ante*, sobre a amplitude de sua vinculação, sobre as características e vissicitudes da sua obrigação. Em poucas palavras, o fiador tem o direito de saber, *ex ante*, a quê se obriga e a quanto se obriga.

Nos casos em que o contrato de fiança é celebrado entre fiador e credor, o credor deve informá-lo sobre o conteúdo de sua obrigação. Essa dever de informar decorre, sobretudo, do fato de o fiador ser

---

[55] SINDE MONTEIRO, *Responsabilidade...*, cit., p. 372, nota 107.
[56] Conforme destaca HENSSLER, *Risiko...*,cit., p. 344, "o credor não está, sob nenhum ponto de vista, obrigado a um comportamento que prejudique os seus próprios interesses ligados à garantia ou que os ponha simplesmente em perigo. (...) a oneração do credor com deveres de preteção pressupõe que o fiador, pelo seu lado, tomou o necessário cuidado na prossecução dos seus interesses e que não podia evitar o seu próprio deficit de informação", ou seja, "o dever de informação do credor só tem lugar se o próprio fiador fez tudo necessário para a limitação de seu risco".

também devedor, de possuir uma obrigação propria de conteúdo idêntico à do devedor principal, e portanto deve saber a extensão da obrigação que pode vir a ser chamado a cumprir, do risco que está assumindo.

Conforme destaca Rott[57], "some of the information that has to be provided to the borrower is clearly of immediate interest to the guarantor, too. This is namely: the amount, number and frequency of payments to be made, the borrowing rate, the credit costs, the payment schedules and other securities, because these elements of the contract immediately determine the guarantor potencial obligation...".

O credor pode desincumbir-se de tal dever, v.g., entregando ao fiador uma cópia do contrato no qual se origina a dívida principal. Isso parece perfeitamente possível e recomendável sobretudo nas contratações em massa, sujeitas ao regime das Cláusulas Contratuais Gerais e que, via de regra, são menos complexas e não esbarram em questões como pactos de confidencialidade, mais comuns em contratos complexos.

Nos contratos de fiança celebrados entre fiador e devedor, este é quem está incumbido de informar o fiador a respeito da obrigação principal, nada impedindo, porém, que o próprio fiador busque as informações que julgue pertinentes junto ao credor.

De toda sorte, o conteúdo da fiança deve ser, se não determinado, pelo menos determinável[58], vigendo a regra do art. 280.

Todavia, o aumento da procura de créditos, aliada a uma maior prontidão e flexibilidade do sistema de financiamento em geral, fez nascer na prática bancária a figura da fiança genérica, também denominada fiança *ominibus* ou fiança geral.

---

[57] Rott, Peter, "Consumer Guarantees in the Future Consumer Credit Directive: Mandatory Ban or Consumer Protection?" in *European Review of Private Law*, volume 13, n.º 3, 2005, (pp.383/404) p. 392.

[58] Lecionam Martinez, Pedro Romano / Ponte, Pedro Fuzeta da, *Garantias...,* cit., p. 98, que "a determinabilidade do negócio jurídico de fiança consiste na possibilidade de o fiador prefigurar o tipo, o montante e a medida de seu compromisso, que corresponde à obrigação do devedor principal. Impõe-se a necessecidade de o fiador conhecer o critério ou critérios indispensáveis para delinear o limite do seu compromisso, sendo que a sua eventual obrigação futura deve ser conteúdo previsível no momento da estipulação da fiança".

Trata-se de uma modalidade de fiança pela qual o fiador garante o pagamento de todas as dívidas (presentes ou futuras) de um determinado devedor. O caso mais frequente é o da sociedade comercial que, para obter crédito junto a um banco, ou para obter sucessivos créditos (através de múltiplas operações) tem como fiadores os seus sócios, que prestam uma fiança que abranjam a totalidade das operações de crédito (presentes e futuras) concedidas à empresa, sem especificá-las.

A questão que se coloca é se esses negócios preenchem o requisito da determinabilidade do objeto, já que a fiança não foge à regra do art. 280.

MENEZES LEITÃO[59] admite a validade da fiança genérica que abranja a totalidade das obrigações existentes no momento de sua constituição, mesmo que não lhes seja feita referência expressa no negócio celebrado, porquanto nesse caso há possibilidade de averiguar em concreto o montante das dívidas objeto da garantia. Nessa mesma hipótese, MARTINEZ/PONTE[60] entendem que parece admissível, *em certos casos*, considerar o negócio com um objeto determinável, desde que ele possa concretizar-se por uma operação aritmética, com base num universo determinado (as dívidas existentes à data da fiança). Afirma que, em tal caso, as dívidas já existem e *o fiador tem o ônus de indagar acerca do montante das obrigações garantidas*.

Tem-se ainda a hipótese de a fiança abarcar todas as dívidas que, a qualquer título, venham a ser constituídas. Trata-se de um caso de fiança de obrigações genéricas futuras. Também aqui se impõe, até mais rigorosamente, a questão de saber se as obrigações afiançadas são determináveis por parâmetros objetivos, no momento da assunção da fiança. VAZ SERRA[61] afirma que "...o garante deve, desde o início, conhecer os limites da sua obrigação, ou, ao menos, o critério ou critérios de fixação desses limites". De outro modo, "...o fiador ficaria à mercê do credor, ou pior, do credor de um terceiro".

---

[59] *Garantia...*, cit., p. 135.
[60] *Idem*, p. 99.
[61] Anotação ao acórdão do Supremo Tribunal de Justiça de 2 de novembro de 1973, *Revista de Legislação e Jurisprudência*, Ano 107.º (1974/75), pág. 260.

Após inúmeras controvérsias, o STJ, através do Acórdão de Uniformização de Jurisprudência (AUJ) n.º 4/2001, de 23 de Janeiro de 2001, fixou jurisprudência no sentido de que "é nula, por indeterminabilidade do seu objeto, a fiança de obrigações futuras, quando o fiador se constitua garante de todas as responsabilidades provenientes de qualquer operação em direito consentida, sem menção expressa das sua origem ou natureza ou independentemente da qualidade em que o fiador intervenha". Comentando a decisão, COSTA GOMES ressalta que, de entre outros pontos, o acórdão foi omisso a respeito da determinação/determinabilidade horizontal do débito, já que o fiador deve ser protegido também nos casos em que garanta a totalidade das dívidas já existentes à data da fiança. Deveras, a simples referência às dívidas presentes não é sufiente para a determinação da extensão da obrigação assumida.

Data venia, discordamos parcialmente de MARTINEZ / PONTE quando dizem que o fiador tem o ônus de indagar a respeito do montante da dívida garantida. De fato, aqui continua valendo o que dissemos a respeito do dever de auto-informação. Mas parece existir, para além desse ônus do fiador, um *dever* do credor de informá-lo a respeito das dívidas já existentes, ou no caso de dívidas determináveis, os critérios pelos quais o fiador poderá saber a extensão do compromisso assumido.

8.4 Deveres de informação nos contratos de fiança sujeitos à regulamentação das CCG

Referimo-nos, até então, a três elementos que podem suscitar discussões a respeito da incidência de deveres de informação do credor para com o fiador: o risco fidejussório, o âmbito da vinculação do fiador e a situação patrimonial do devedor.

Resta analisar, ainda que brevemente, se as fianças sujeitas ao regime das cláusulas contratuais gerais (Decreto 449/85) têm um regime diferenciado no que diz respeito aos deveres de informação do credor.

Embora não existam pesquisas a respeito, a experiência comum mostra que as fianças prestadas mediante cláusulas contratuais gerais são aquelas prestadas em favor de bancos, nos contratos de fornecimento de crédito ao consumo. Geralmente são prestadas por amigos ou parentes do devedor, daí porque são vulgarmente chamadas de fianças "não profissionais".

Em princípio, o interesse especial que esses negócios possam despertar advém não do fato de o credor ser, via de regra, um banco, mas do fato de serem prestadas mediante recurso à cláusulas contratuais gerais e, comumente, com um "envolvimento emocional" do fiador que, muitas vezes, vê-se pressionado (por motivos de ordem familiar e pessoal) a prestar a garantia.

O art. 6.º do Decreto 446/85 dispõe sobre o dever de informação nos seguintes termos: "O contratante que recorra à cláusulas contratuais gerais deve informar, de acordo com as circunstâncias, a outra parte dos aspectos nela compreendidos cuja aclaração se justifique. Devem ainda ser prestados todos os esclarecimentos solicitados".

Isso significa que, independentemente de qualquer pedido do fiador aderente, o utilizador das CCG deverá, *de acordo com as circunstâncias*, aclarar o conteúdo das cláusulas contratuais e suas implicações jurídico--patrimoniais.

Em princípio, inexiste um dever especial de alerta para o risco da fiança. Todavia, se a parte contrária for, de qualquer modo, pouco familiarizada com o tráfico, ou estiver "emocionalmente envolvida" (no caso de fianças prestadas por cônjuges, filhos, parentes próximos) existirá um dever de informação sobre o risco da fiança, quer dizer, sobre o risco de o fiador ser efetivamente chamado a cumprir.

Quanto ao âmbito de vinculação, o regime imposto às contratações mediante CCG inculca em que ao fiador devem ser prestadas informações claras e precisas sobre a extensão de sua vinculação, tal qual nas fianças não sujeitas ao regime das CCG.

Todavia, diferentemente do que ocorre nas contratações sem recurso às CCG, necessitam objetivamente de uma aclaração de conteúdo e implicações jurídico-patrimoniais as cláusulas que impliquem extensão de responsabilidade, como a cláusula que estipula fiança *omnibus*, e demais cláusulas de agravamento do risco fidejussório, tais quais as que prevêem renúncia ao benefício de excussão, a cláusula de fiança ao primeiro pedido[62], bem como cláusulas de renúncia a outros meios de defesa do fiador.

Todas essas cláusulas poderão ser consideradas excluídas dos contratos nas hipóteses previstas no art. 8.º do Decreto 446/85: a falta de comunicação (al. a)), nos termos do art. 5.º; a comunicação deficiente (al. b)) com violação do dever de informação, em termos de não ser de esperar o seu conhecimento efetivo; as cláusulas-surpresa (al. c)) ou aquelas que, pelo contexto em que surjam, pela epígrafe que as precede ou pela sua apresentação gráfica, passem despercebidas a um contratante normal, colocado na posição de contratante real e, finalmente (al. d)), as cláusulas insertas em formulários após a assinatura de um dos contratantes.

Por fim, anote-se que a submissão da fiança ao regime das CCG em nada altera a inexistência de deveres de informação sobre a situação patrimonial do devedor antes ou depois da prestação da fiança.

9. Conclusão

O direito das obrigações não ficou imune às transformações que marcaram a passagem de um Estado nitidamente liberal para um Estado social, intervencionista e protecionista. Se no período das grandes codificações, inspiradas no *Code*, a liberdade de contratar sustentada no pilar da igualdade formal teve o seu apogeu, atualmente vê-se uma maior preocupação com a igualdade material das partes, tendo havido uma relativização dos princípios contratais clássicos. Já não vige a máxima "quem diz contratual diz justo".

A doutrina, sobretudo alemã, passou a encarar o vínculo obrigacional como um fenômeno complexo, que além dos deveres de prestação (*dare, facere, non facere*) típicos da figura contratual que esteja em

---

[62] Na fiança ao primeiro pedido o fiador deve pagar tão logo seja interpelado, não podendo invocar as vicissitudes da relação garantida como exceção de pagamento. Trata-se da chamada cláusula *solve et repete*: primeiro o fiador paga e, depois, reclama do devedor a devolução do que foi pago indevidamente, se for o caso. Essa repetição deve ser pleiteada através de ação autônoma a ser movida contra o devedor.

apreço, comporta deveres de proteção e conduta impensáveis na doutrina clássica.

O Código Civil, consagrando essa nova era do direito das obrigações, prevê expressamente o princípio da boa-fé na formação e execução do contrato, que tem sido visto por parte da doutrina como um "instrumento de colaboração".

De outro lado, o tráfico jurídico e o mundo dos negócios exigem respostas às mais variadas situações e necessidades. Tem-se visto, notadamente com a expansão do crédito ao consumo, um crescente endividamento do cidadão comum, e uma certa "vulgarização" da prestação de fianças, sem que o fiador saiba, de fato, das implicações jurídico-patrimoniais da assunção fidejussória de dívida.

Os mais entusiasmados poderiam, então, propor como princípio um dever de informação do credor perante o fiador no que diz respeito ao risco fidejussório, ao âmbito da vinculação e ao patrimônio do devedor, com fundamento no princípio da boa-fé e na imposição de deveres laterais, dada a "superação" do individualismo exacerbado que já foi marca do direito das obrigações.

Todavia, há que se ter cautela. É preciso sopesar os princípios e interesses em causa. O princípio da boa-fé não pode servir de panacéia para todos os males, com a imposição de deveres de conduta sem um mínimo de critérios observáveis.

No que diz respeito à fiança propriamente dita, deve-se conjugar alguns elementos já trazidos no curso deste trabalho.

Trata-se de um negócio que tem um risco inerente, e é de supor que o homem médio, antes de assinar um contrato, firmar um compromisso, saiba o que está fazendo, que informe-se a respeito.

O primeiro balisamento do dever de informação do credor é, portanto, o dever de auto-informação do fiador. Nesse sentido, HENSSLER é enfático ao afirmar que "a oneração do credor com deveres de proteção pressupõe que o fiador, pelo seu lado, tomou o necessário cuidado na prossecução dos seus interesses e que não podia evitar o seu próprio *deficit* de informação", ou seja, "o dever de informação do credor só tem lugar se o próprio fiador fez tudo o necessário para a limitação do (seu) risco"[63].

---

[63] *Risiko...*, cit., p. 344, apud COSTA GOMES, Assunção..., cit., p. 591.

O segundo dado a ser considerado é que, não obstante a superação do individualismo exacerbado que marcou a era das grandes codificações, e da imposição, pela boa-fé, de deveres laterais, é que o contrato implica uma "colaboração antagônica", de modo que não se pode exigir do credor uma conduta que contrarie os seus próprios interesses[64]. Não é contrário à boa-fé, por exemplo, que o credor não preste informações a respeito do patrimônio do devedor principal, quer antes, quer depois da prestação da fiança.

Deve-se ter em conta, também, a própria finalidade econômica da fiança: trata-se de um negócio que tem um risco inerente e que possui um preponderante fim de garantia. Esse, aliás, é a sua razão de existir: garantir ao credor a satisfação de seu crédito. Nesse ponto mostra-se insuperável a lição de LARENZ / CANARIS[65], para quem o que terá mais peso é o fato de a fiança ser dirigida a servir o interesse do credor, função essa que "não pode ser prejudicada através de uma "redistribuição" dos riscos com a ajuda dos deveres de proteção".

Impor ao credor, sem o menor critério, deveres de informação, consistiria em um desvirtuamento da função econômica do instituto, além de algo contrário à *praxis*.

A adoção de uma postura super protecionista poderia, também, encarecer o crédito e dificultar a obtenção de financiamentos[66].

---

[64] Para HENSSLER, *idem ibidem,* resulta da assunção unilateral de risco pelo fiador que, havendo conflito de interesses entre este e o credor, prevalecem o deste, já que "o credor não está, sob nenhum ponto de vista, obrigado a um comportamento que prejudique os seus próprios interesses ligados à garantia ou que os ponha simplesmente em perigo".

[65] LARENZ, Karl / CANARIS, Claus-Wilhelm, *Lehrbuch des Schuldrechts* – Band II. Halddband 2. *Besonderer Teil,* 13.º ed., Beck, München, 1994, p. 14/15, *apud* COSTA GOMES, *Assunção fidejussória...,* cit., p. 590.

[66] "The more restrictive the fairness-rules about suretyships are the less these suretyships can serve as security credits and, accordinly, the worse the conditions for these credits become. Creditor will incur higher costs for the information about the debtor and for it´s monitoring" (KÄHLER, Decision Making. About suretyships..., cit., p. 339. Para uma análise econômica das garantias, ver também MENEZES LEITÃO, *Garantias...,* cit., p. 109 e seguintes.

A regra geral, portanto, é a inexistência de deveres de informação a cargo do credor. Tais deveres poderão surgir apenas excepcionalmente, nomeadamente quando o fiador careça de uma especial necessidade de proteção, vale dizer, quando não puder elidir o dever de auto-informação sobre o risco que está assumindo. Essa necessidade de proteção deverá ser auferida em cada situação concreta e de maneira restritiva. O mesmo se diga quanto à contratações que se utilizem de CCG.

Sobre o âmbito da vinculação, parece existir um dever de informação sobre o âmbito da obrigação assumida pelo fiador, ou sobre os critérios objetivos pelos quais ele será auferido. Esse dever de informação não exclui o ônus do fiador do fiador auto informar-se.

Quanto à situação patrimonial do devedor principal, parece inexistir um dever de informação, quaisquer que sejam as circunstâncias.

10. Bibliografia

ALMEIDA COSTA, Mário Júlio de - *Noções fundamentais de Direito Civil*, 4.ª edição revista e actualizada, Livraria Almedina, Coimbra, 2001.

ANTUNES VARELA, João de Matos – *Das Obrigações em geral*, vol. II, 5ª edição, Livraria Almedina, Coimbra, 1992.

____, Comentários ao acórdão de 31 de março de 1993, in *Revista de Legislação e jurisprudência,* Ano 126.º, pp. 311/320.

BREIDENBACH, Stephan – *Die Voraussetzungen von Informationspflichten beim Vertragsschluss*, Beck's, München, 1989.

CALVÃO DA SILVA, João – "Garantias Acessórias e Garantias Autônomas", *Estudos de Direito Comercial (Pareceres)* (331-361), Almedina, Coimbra, 1999.

CARNEIRO DA FRADA, Manuel Antônio de Castro Portugal. "Contrato e deveres de proteção" in *Boletim da Faculdade de Direito,* Suplemento, Vol. XXXVIII.

COSTA GOMES, "A estrutura negocial da fiança e a jurisprudência recente", in *Estudos de Direito das Garantias*, v. I (49-107), Almedina, Coimbra, 2004.

____, Manuel Januário da – "A fiança no quadro das garantias pessoais.

Aspectos de regime", in *Estudos de Direito das Garantias*, v. I (07-48), Almedina, Coimbra, 2004.

___, Manuel Januário da – *Assunção fidejussória de dívida. Sobre o sentido e o âmbito da vinculação como fiador*, Livraria Almedina, Coimbra, 2000.

HENSSLER, Martin - *Risiko als Vertrags Gegenstand*, J.C.B. Mohr (Paul Siebeck), Tübingen, 1994.

KÄHLER, Lorenz – "Decision-Making about Suretyships under Empirical Uncertainty – How Consequences of Decisions about Suretyships Might Influence the Law" in *European Review of Private Law*, v. 13, n.º 3, (pp. 333-355).

LARENZ, Karl / CANARIS, Claus-Wilhelm – *Lehrbuch des Schuldrechts – Band II. Halddband 2. Besonderer Teil*, 13.º ed., Beck, München, 1994.

MARTINEZ, Pedro Romano / PONTE, Pedro Romano da, *Garantias de Cumprimento*, 5.ª ed., Almedina, Coimbra, 2006.

MEDICUS, Dieter – *Die Akzessorietät im Zivilrecht*, in JuS 1971(497-504).

MENEZES CORDEIRO, Antonio – *Da boa-fé no direito civil*, Almedina, Coimbra, 1997.

MENEZES LEITÃO, Luis Manuel Teles de - *Garantias das Obrigações*, Almedina, Coimbra, 2006.

MESTRE, Jacques, "Des limites de l'obligation de renseigment" in RTDC, 1986, n. 2, abril/junho 1985, 85 ano, p. 341.

MOTA PINTO, Carlos Alberto da – *Cessão da posição contratual*, Almedina, Coimbra, 1989.

PARRY, Rebecca – "The position of family Sureties Withiin The Framework of Protection for Consumer Debtors in European Union Member States", in *European Review of Private Law*, v. 13, n.º 3, (pp. 357/381).

PRATA, Ana – "Notas sobre a responsabilidade pré-contratual", in *RB* 16 (1990), pp. 75/179.

REINICKE, Dietrich / TIEDTKE, Klaus – *Bürgschaftsrecht*, Berlin, Luchterhand, 1995,

ROTT, Peter – "Consumer Guarantees in the Future Consumer Credit Directive: Mandatory Ban or Consumer Protection?" in *European Review of Private Law*, volume 13, n.º 3, 2005, (pp.383/404).

SÁ, Almeno de – *Responsabilidade Bancária. Dever de informação. Corte de Crédito,* Coimbra Editora, Coimbra, 1998.

SERRA, Adriano Vaz – Anotação ao acórdão do Supremo Tribunal de Justiça de 2 de novembro de 1973, *Revista de Legislação e Jurisprudência,* Ano 107.º (1974/75), pág. 260.

___, Comentários ao Acórdão de 07 de outubro de 1976 do STJ, in *Revista de Legislação e Jurisprudência*, ano 110.º (pp.276/280).

SINDE MONTEIRO, *Responsabilidade por conselhos, recomendações ou informações*, Almedina, Coimbra, 1989.

SINDE MONTEIRO, Jorge / DIAS PEREIRA, André – "Surety Protection in Portugal", in *Boletim da Faculdade de Direito,* vol. LXXXI (727--746), Separata, 2005.

Trabalhos de Estudantes
do Curso do CDC em Coimbra

DO CONCEITO DE CONSUMIDOR: ALGUMAS QUESTÕES E PERSPECTIVAS DE SOLUÇÃO

FERNANDO BAPTISTA DE OLIVEIRA
Aluno do Curso de Pós-Graduação em Direito dos Contratos e do Consumo
Juiz Desembargador do Tribunal da Relação do Porto

Sumário: Introdução. I. A. Da necessidade de defesa do consumidor. I.B. Algumas breves e prévias noções. II. O Consumidor II. A) – Ainda a necessidade de protecção. II. B) – Da noção de consumidor. I B). 1. Algumas dúvidas e procura de solução: 1.ª – Se o consumidor, que negoceia com uma empresa pode ser ele próprio também uma entidade empresarial e se o profissional pode, por sua vez, ser consumidor. 2.ª – Se o consumidor tem de ser uma pessoa física – o que leva a questionar se as pessoas colectivas podem ser consumidores. 3.ª – Se a relação de consumo é directa e exclusiva com o sujeito adquirente ou se integra igualmente num círculo mais vasto, com certas ligações pessoais de conveniência. 4.ª – Se pode falar-se de consumidor quando o bem foi fornecido (ou o serviço prestado), ao mesmo tempo – ou cumulativamente –, para uso privado, pessoal, familiar ou doméstico, e para o uso profissional do adquirente do bem. 5.ª – Se o adquirente do bem ou serviço ao "*profissional*", no âmbito de uma relação de consumo, pode, por sua vez, estabelecer nova relação de consumo com terceira pessoa. II. B). 1. a) – Quanto à primeira questão. II. B). 1. b) – Quanto à segunda questão. II. B). 1. c) – Quanto à terceira questão. II. B). 1. d) – Quanto à quarta questão. II. B). 1. e) – Quanto à quinta questão. II. B). 1. f) – Ainda outros exemplos ou situações ilustradores da verificação ou não duma relação de consumo. III. O Anteprojecto do Código do Consumidor. IV. A visão da jurisprudência. IV. 1. Nota prévia. IV. 2. Sobre a extensão do conceito de consumidor às pessoas colectivas. IV. 3. No que tange à extensão do conceito de consumidor a profissionais. IV. 4. Outros Arestos. IV. 5. Na Jurisprudência do Tribunal de Justiça das Comunidades Europeias. V. Conclusão. Bibliografia.

I. INTRODUÇÃO

I. A. Da necessidade de defesa do consumidor

Como vem sendo lugar comum dizer-se, longe vão os tempo em que imperava o fabrico artesanal de produtos simples e singulares, com características próprias e específicas, destinadas a clientes determinados.

Hoje assiste-se a um fenómeno de produção em massa, resultante da **automatização**, com cada vez maior complexidade e sofisticação dos produtos, com elevado conteúdo tecnológico, em que os destinatários e distribuidores se mostram de todo leigos e impotentes no conhecimento das suas características e manuseamento.

Esta produção em série, não "personalizada", leva muitas vezes, não só à existência de defeitos em muitos produtos da série, como até à existência de defeitos em toda a série ou linha de produção (má idealização, concepção ou projecção do produto – defeito de concepção ou de projecto).

Por outro lado, assistimos a uma **distribuição em cadeia** dos produtos, existindo uma cadeia, mais ou menos longa, entre o produtor e o *consumidor final*. Já não é o comprador-consumidor a adquirir directamente o produto ao fabricante ou produtor. Agora, entre os dois há por vezes inúmeras relações indirectas, mediatizadas ou um ou mais sujeitos revendedores, intermediários ou elos de ligação da cadeia de transmissão.

Esta cisão entre a produção e a distribuição leva, por outro lado, a uma racionalização e fraccionação de riscos[1].

Como acentuou o saudoso Conselheiro Aragão Seia, no seu discurso proferido na abertura do 4.º Curso de Pós-Graduação em Direito do Consumo, na Faculdade de Direito da Universidade de Coimbra, em 16.11.2001[2], a força propulsora da evolução resultante do progresso

---

[1] Mota Pinto e Calvão da Silva, *Responsabilidade Civil do Produtor*, Lições do Professor Mota Pinto, 1979-1980, ao Curso Complementar da Faculdade de Direito da Universidade de Coimbra. Coimbra, 1980, págs. 73 ss.

[2] In *Estudos do Direito do Consumidor*, n.º 4 (2002), págs. 21 ss.

científico e tecnológico registado no mundo, principalmente nas últimas três ou quatro décadas, com a livre concorrência, as sofisticadas técnicas de *marketing* e as sugestivas campanhas publicitárias, criaram nos consumidores cada vez mais necessidades e impulsos de aquisição dos mais variados produto para as mais desencontradas aplicações.

"Neste imenso universo de relações sociais e comerciais, o que salta mais à evidência é a **desigualdade de poder entre os que compram e os que vendem produtos e serviços para consumo e uso pessoal.** De um lado, o particular ou as famílias que adquirem bens de subsistência e utilidade ou de mera recreação: do outro lado, o fornecedor, **normalmente profissionalizado, com maiores conhecimentos técnicos e enquadrado por grandes grupos económicos,** que vende ou cede a título oneroso a utilização desses bens,

E do confronto desta disparidade de poder económico e financeiro resulta para o mero consumidor uma **posição de fragilidade na defesa dos seus interesses**[3], que só pode ser compensada com a intervenção dos poderes públicos ou com o apoio de entidades associativas vocacionadas para a salvaguarda dos direitos dos consumidores" – remata o ilustre Conselheiro.

Como disse Eike Von Hippel[4], *"quem em direito reflectir sobre a defesa dos mais fracos, depara imediatamente com o tema da Defesa do Consumidor"*.

Só a partir dos anos sessenta é que a questão da protecção do consumidor *qua tale* – contra os abusos e solicitações constantes de que é objecto e contra as suas próprias fraquezas – começa a amadurecer, pois até então todos se viravam para o produtor. É então que a defesa do consumidor surge como um «postulado político» comum a todos os países industrializados, passando os órgãos legislativos a preocupar-se com essa problemática.

Surgiu, assim, a necessidade cada vez mais premente de defender, especialmente, aqueles que se encontram no fim da linha: o público

---

[3] Cfr. Eike Von Hippel, *Defesa do Consumidor*, 3.ª ed., Dalloz, Paris, 1992,2.
[4] Ob cit. supra.

consumidor⁵. Defendê-lo contra os danos causados por aqueles produtos **defeituosos**⁶.

Escreve Calvão da Silva,⁷ *"a responsabilidade civil do produtor perante o consumidor pelos danos causados por produtos defeituosos*

---

⁵ Efectivamente, com o surgimento daquilo que designamos a idade do elevado consumo de massas – em que a economia é caracterizada por elevadas capacidades de produção –, foi possível pôr ao alcance dos consumidores (cujo poder de compra foi ampliado pela subida dos salários) uma elevada e variada gama de produtos e serviços, de qualidade normalizada a nível elevado e de preço tanto mais interessante quanto mais consolidada estiver a procura. A experiência da estreiteza e a mentalidade de poupança de estádios anteriores são assim substituídas por uma atitude inclinada ao consumo e um clima social por muitos considerado encorajador até ao desperdício.

A **publicidade** impulsiona, pelas vias mais imaginosas, à compra e a moda constantemente em mudança cria continuamente novos modelos e incentiva à substituição dos antiquados, mesmo ainda a funcionar perfeitamente.

Assim se institucionaliza uma cultura do consumo, que a publicidade vai moldando, receptiva à oferta variada a renovada de bens e serviços, que se ajusta a uma mentalidade aberta à mudança, flexível face aos esforços publicitários para criarem necessidades novas. É esta a análise de D. Riesman, N. Glazer e R. Denney em *The Lonely Crowd*, que ensina que os antigos tipos humanos *inner-directed* (orientados pela visão própria da vida adquirida na juventude) são substituídos pelos novos tipos *other-directed* (orientados pela influência dos outros) atentos á evolução do ambiente à sua volta e prontos a seguir os exemplos de consumo que lhe são propostos por aqueles com quem convivem (ver, ainda, J.Baudrillard, *A Sociedade de Consumo*, trad. Portuguesa, 1975 e O.S.Barata, «Abundância», em VELBC, XIX, 1979).

⁶ Luiz Edson Fchin, *no artigo publicado in Estudos de Direito de Consumidor*, n.º 7, págs. 11 ss, a propósito do *"Novo Código Civil Brasileiro e Código de Defesa do Consumidor"*, refere que foi inicialmente no plano penal – lei destinada a punir fraudes e falsificações de mercadorias, crimes contra a organização do comércio e publicidade enganosa – que se instituiu a protecção do consumidor, surgindo, "neste influxo, a paulatina consciencialização da necessidade de uma legislação específica de defesa do consumidor".

⁷ *Responsabilidade Civil do Produtor*, Colecção Teses, Almedina, 1990, a pág. 25., *"a responsabilidade civil do produtor perante o consumidor pelos danos causados por produtos defeituosos por si produzidos e lançados no comércio aparece como corolário do desenvolvimento industrial e tecnológico que, por um lado, vulgarizou a circulação no mercado de mercadorias ou produtos complexos e refinados, de preparação minuciosa mas com alta probabilidade de defeito causador de riscos consideráveis, e, por outro, distanciou o fabricante do consumidor final"*

por si produzidos e lançados no comércio aparece como corolário do desenvolvimento industrial e tecnológico que, por um lado, vulgarizou a circulação no mercado de mercadorias ou produtos complexos e refinados, de preparação minuciosa mas com alta probabilidade de defeito causador de riscos consideráveis, e, por outro, distanciou o fabricante do consumidor final".

Sobre as necessidades de defesa do consumidor, o Prof. Pinto Monteiro[8] dá igualmente conta da *"série de novos problemas em múltiplos domínios"* que os novos tempos trouxeram, *"a impor a necessidade de consagrar novas regras, tendo designadamente em conta a necessidade de proteger o consumidor. É certo que esta preocupação vem na linha de preocupações mais antigas, como as de proteger os mais fracos, a parte débil da relação contratual, e de zelar pela segurança das pessoas. Mas com a "sociedade de consumo" dos nossos dias tornou-se imperioso reagir de modo especifico e organizado contra práticas e técnicas de utilização sistemática, tendo por denominador comum a defesa do consumidor, isto é, a defesa de quem é vítima de tais práticas ou técnicas, de quem está à mercê, pela sua situação de dependência ou de debilidade (económica, técnica, jurídica, cultural ou outra), da organização económica da sociedade.*

Saber quem é, afinal, esse *"consumidor"*, merecedor de protecção especial, constitui a preocupação deste trabalho.

I. B. Algumas breves e prévias noções

Para se perceber quem é esse *"consumidor"*, objecto deste trabalho, poderá ser útil a definição (**mesmo que de forma lacónica e superficial**) de alguns conceitos.

• **Produção** é, em termos económicos, o aspecto primeiro da resposta activa do homem com vista à satisfação das necessidades

---

[8] *In Estudos de Direito do Consumidor*, n.º 7, Coimbra 2005, a pág. 255.

sentidas. Visa-se com ela obter a disponibilidade de bens na forma, no local e no momento adequados aos padrões de preferência vigentes.

Nota importante: tanto constitui produção a conversão do algodão em fatos como o transporte dos fatos da fábrica até às lojas onde os consumidores directamente se abastecem. Em qualquer dos casos, está-se perante etapas no esforço de conversão de algo mais arredado da satisfação do consumidor em algo mais apto a satisfazê-lo. A produção apenas termina com o consumo final: mesmo o fato pronto, enquanto aguarda na loja que o consumidor o adquira, está a ser objecto de produção, pois que o contributo do retalhista não só permite que os grandes lotes vindos de montante se apresentem de maneira a facilitar a escolha (utilidade-retalhadura), como ainda adequa no tempo os bens expostos na loja às preferências dos compradores (utilidade-tempo).

• A noção de **produtor,** por sua vez, vem definida no **art.º 2.º do Dec.-Lei n.º 383/89, de 6.11**[9], nos seguintes termos:

"1. Produtor é o fabricante do produto acabado, de uma parte componente ou de matéria prima, e ainda quem se apresente como tal pela aposição no produto do seu nome, marca ou outro sinal distintivo.

2. Considera-se também produtor:
    a) Aquele que, na Comunidade Económica Europeia e no exercício da sua actividade comercial, importe do exterior da mesma produtos para venda, aluguer. Locação financeira ou outra qualquer forma de distribuição;
    b) Qualquer fornecedor de produto cujo produtor comunitário ou importador não esteja identificado, salvo se, notificado por escrito, comunicar ao lesado no prazo de três meses, igualmente por escrito, a identidade de um ou outro, ou a de algum fornecedor precedente".

---

[9] Diploma que veio transpor para a ordem jurídica interna a Directiva n.º 85//374/CEE, do Conselho, de 25 de Julho de 1985, relativa à aproximação das disposições legislativas, regulamentares e administrativas dos estados membros em matéria da responsabilidade decorrente de produtos defeituoso.

Como escreve Calvão da Silva[10], *"trata-se, é bom de ver, de uma definição ampla, que não só compreende o produtor real, em sentido verdadeiro e próprio, mas também se estende a outras pessoas que como tal se apresentem, que importem produtos na Comunidade Europeia e que forneçam produtos anónimos, se não comunicarem à vítima a identidade do produtor comunitário ou do importador, ou a de algum fornecedor precedente"*.

Sobre aquela **noção ampla de produtor**, com comentário alongado e cuidado ao aludido art.º 2.º do DL n.º 383/89, de 6.11 – que inclui na sua previsão o produtor real, o produtor aparente e o produtor presumido –, remete-se para os doutos comentários de Calvão da Silva, na obra acabada de citar, a págs. 545 a 570, e abundante doutrina aí citada.

Imbricada com esta está, obviamente, a questão da *"responsabilidade do produtor"*.

Trata-se de questão que emergiu da necessidade de defender o consumidor contra os danos causados pela circulação dos produtos fabricados em série, perigosos e/ou defeituosos, susceptíveis de causarem danos[11] ao público consumidor.

Assim, logo se vê que "«responsabilidade do produtor» e «protecção do consumidor» (contra produtos perigosos defeituosos) são dois aspectos do mesmo fenómeno – verso e reverso da mesma medalha –, conquanto este último não se esgote naquele. Trata-se de responsabilizar (pelos danos causados pelos seus produtos, obviamente) directamente o produtor ou fabricante perante todo e qualquer consumidor, ainda que não se encontrem em contacto directo (ligados por uma qualquer relação jurídica imediata) e haja, ao invés, de permeio e a separá-los uma cadeia de transmissão ou distribuição dos produtos"[12].

---

[10] *Responsabilidade Civil do produtor*, cit., a págs. 546 ss.

[11] Danos esses derivados das cada vez mais abundantes falhas de cariz técnico na concepção e no fabrico dos produtos, o que acarreta cada vez mais e maiores riscos para os consumidores, quer pessoais, quer patrimoniais, alguns deles inevitáveis, por escaparem de todo à diligência e cuidado do produtor por maiores que sejam.

[12] Mota Pinto e Calvão da Silva, *Responsabilidade Civil do Produtor, in O Direito*, Ano 121.º -1989, II (Abril-Junho), a pág. 274.

Na mesma página escreveu-se: *"Problema candente da actualidade, tanto mais importante quanto mais difundido no dia-a-dia. Em cada país, a necessidade do seu*

Verificados tais danos causados aos consumidores por produtos perigosos e defeituosos, há que fazer funcionar os mecanismos da responsabilidade civil, para ressarcimento, por banda do produtor, de tais danos. Tal responsabilidade civil do produtor é, assim – de entre outros, entenda-se –, <u>um dos mais acutilantes e eficazes instrumentos de tutela do consumidor</u> contra os aludidos produtos defeituosos e perigosos.

• A noção de **produto**, para efeitos de aplicação daquele DL n.º 383/89, de 6.11, vem, por sua vez, definido no seu art.º 3.º: "*1. Entende-se por produto qualquer coisa móvel, ainda que incorporada noutra coisa móvel ou imóvel. 2. Exceptuam-se os produtos do solo, da pecuária, da pesca e da caça, quando não tenha sofrido qualquer transformação*".

• Finalmente, considera-se ***defeituoso*** um produto "*quando não oferece a segurança com que legitimamente se pode contar, tendo em atenção todas as circunstâncias, designadamente a sua apresentação, a utilização que dele razoavelmente possa ser feira e o momento da sua entrada em circulação*" – n.º 1 do art.º 4.º desse DL 383/89 –, acrescentando-se no n.º 2 que "*Não se considera defeituoso um produto pelo simples facto de posteriormente ser posto em circulação outro mais aperfeiçoado*".

Do lado oposto à produção e ao produtor estão o **consumo** e o.... ***consumidor.***

• **Consumo:** não é mais do que a destruição de bens ou serviços através da respectiva utilização. O consumo é **produtivo** se serve para a criação de outros bens ou serviços – o que normalmente acontece com os consumos praticados pelas empresas.

---

estudo é sentida, com acentuada acuidade, justamente a partir do momento em que as novas estruturas da produção e consumo, próprias da sociedade industrial, fazem sentir a inadequação e/ou a insuficiência do sistema normativo tradicional e a necessidade de uma tutela mais adequada dos interesses do consumidor. A partir desse momento, a protecção do consumidor começou, deve dizer-se, a ganhar foros de verdadeiro princípio cardeal do pensamento jurídico moderno".

Já o **consumo das famílias** (consumo privado) engloba o conjunto dos consumos não produtivos efectuados pelos indivíduos. Em princípio, aquele deve medir a destruição por utilização dos bens alimentares, vestuário, artigos industriais ou serviços.

Noutra perspectiva, segundo o sistema de contabilidade nacional utilizado em Portugal o consumo privado é o valor das despesas finais em bens e serviços correntes efectuados pelo sector privado. Embora não se façam restrições aos bens a considerar na base da durabilidade de utilização, exceptuam-se deste princípio as aquisições de terrenos e edifícios, que não são englobados no conceito; por outro lado, não se incluem no consumo privado as vendas, nem as *despesas* claramente consideradas profissionais.

Como salientava Eduardo António Brazão de Castro, no discurso de abertura das II jornadas sobre consumo[13], "o consumo é hoje "o" fenómeno social por excelência. Revelando contornos complexos, atento o surgimento de novas tecnologias, a constante oferta de produtos e serviços, e, consequentemente, a emergência de novas formas de relacionamento, a que vêm a corresponder novos tipos de litígios".

Daqui, de novo, o peso que deve merecer a atenção a dar à problemática da protecção do consumidor.

II. O CONSUMIDOR

II. A. Ainda a necessidade de protecção

Já supra tecemos algumas notas sobre esta questão, delas se extraindo que o consumidor só surgiu como centro de uma específica zona da política social devido às transformações que foram imprimidas à produção, à venda e ao consumo de bens, pelo desenvolvimento económico.

É sabido que nas sociedades tradicionais os padrões de consumo eram confinados a uma gama muito reduzida de produtos, normalmente

---

[13] *In estudos de Direito do Consumidor*, n.º 3 (2001).

de textura simples e rotineira, além de que as relações entre o produtor e os adquirente dos seus bens eram pessoais e directas.

Hoje as coisas são muito diferentes: os bens são produzidos em série, destinados a mercados externos e impessoais; o consumidor não é capaz de julgar adequadamente o valor de uso dos artefactos complexos, e destinados a utilização duradoura, nos quais gastou grande parte do seu rendimento; é enorme a rapidez das inovações; a publicidade e as operações «proporcionais» fazem cada vez mais pressão; surgem cada vez mais e mais variadas cláusulas de pagamento, de garantia, de assistência pós-venda.

Só que no meio desta «selva» o consumidor médio está cada vez mais indefeso, desorganizado na defesa dos seus interesses legítimos, nem sempre vendo o Poder reconhecer e tutelar os seus direitos.

Em boa verdade, só nos anos 20 é que, nos EUA, surgem os primeiros sinais de tomada de consciência colectiva no sentido da necessidade de combater o desequilíbrio que a relação de consumo encerra, entre um profissional com domínio económico, bem informado e bem apetrechado para oferecer e promover a venda de bens e serviços, e um consumidor que precisa desses bens e serviços mas se encontra mal informado, desprotegido e que as técnicas da publicidade e do *marketing* facilmente manipularão.

As consciências foram acordando[14] de forma gradual, mas com alguma consistência para a defesa dos direitos dos consumidores.

E desde a mensagem de Kennedy ao Congresso Norte Americano[15] – a proclamar, pela primeira vez, uma espécie de Carta dos direitos

---

[14] Nesse despertar da consciência dos consumidores teve especial relevo a célebre denúncia feita por Ralph Nader, na sua tese de doutoramento *Unsafe at any speed*, a propósito da falta de segurança dos automóveis, causadores de milhares de mortes e de incapacidades, face à resistência da General Motors em querer admitir a **perigosidade objectiva** dos seus veículos.

[15] Em 1962, altura em que era presidente dos EUA, onde reconheceu determinados direitos fundamentais do consumidor (à segurança, à informação, à escolha e a ser ouvido).

Também o presidente Johnson, em 5 de Fevereiro de 1964, confirmou os direitos dos consumidores proclamados por Kennedy, reorganizando o Consumer Advisory

fundamentais dos consumidores – que todos os textos fundamentais que aos consumidores respeitam salientam a necessidade da sua protecção. *"Esta ideia resulta da consciencialização de que, nas relações com as empresas suas fornecedoras, o consumidor se encontra em desvantagem, tornando aconselhável que os poderes públicos tomem medidas para um maior equilíbrio entre as posições da procura e da oferta no mercado de bens de consumo"*[16].

Na Europa, os movimentos dos consumidores também apareceram cedo, embora mais tarde do que nos EUA.

Assim, só nos anos 50 – e seguramente com influência do que se passava nos EUA – é que tais movimentos surgiram e se propagaram. À semelhança do que aconteceu, não apenas nos EUA, mas um pouco por todo o mundo, como consequência das profundas transformações sofridas na estrutura do consumo e do tecido económico dos começos do século XX, que levaram a igualmente profundas alterações no direito positivo.

De especial relevo na Europa é a célebre carta de Protecção do Consumidor, do Conselho de 17 de Maio de 1973.

Council, alargando as suas atribuições e declarando que «pela primeira vez na história, os interesses dos consumidores americanos, que estão estreitamente ligados aos interesses públicos, vão estar directamente representados na Casa Branca.»

[16] Carlos Ferreira de Almeida, *Os Direitos dos Consumidores*, Almedina, Coimbra 1982,, a pág. 223.

A págs. 224 ss tecem-se desenvolvimentos sobre esta problemática da protecção dos consumidores, onde se dá conta que tal questão é aceite como uma questão jurídica, que ultrapassou o estádio de indefinição entre as linhas do político, do económico e do jurídico.

É claro que sendo uma questão jurídica, nem por isso deixa de se manter como um objectivo da política económica.

Esta questão, ao ser incluída, logo na **Constituição da República Portuguesa de 1976** entre as incumbências prioritárias do Estado (art.º 81.º , al. m)), ganhou foros de programa legislativo e de quadro jurídico de fundo, através da LDC (Lei n.º 29/81 – arts. 1.º a 3.º).

Mas também no plano constitucional as coisas evoluíram, ao ponto de actualmente os direitos dos consumidores estarem incluídos entre os direitos e deveres fundamentais – em específico no capítulo dos *"Direitos e deveres económicos"* (art.º 60.º CRP).

Nesta Carta, para além de se afirmar «a necessidade de uniformização internacional em matéria de política de protecção do consumidor», definem-se, pela primeira vez, num texto oficial a nível europeu, os **cinco direitos fundamentais dos consumidores**, na senda da linha traçada pela declaração do presidente Kennedy – direito à protecção e à assistência, incluindo a protecção contra danos físicos e contra danos nos interesses económicos; direito de indemnização por prejuízos; direito à informação; direito à educação; direito de representação e consulta.

É também aqui que, **pela primeira vez, se esboça uma definição de consumidor** como «pessoa física ou colectiva, a quem são fornecidos bens e prestados serviços, para uso privado» – embora, é certo, a óptica prevalecente na Carta seja, claramente, a da «protecção» e não ainda a da «promoção» (pode ver-se o texto integral da Carta em *Direitos do Consumidor*, Vol. I, págs. 34 e segs.).

De especial relevo são, também as modificações trazidas pelo Acto Único Europeu, assinado no Luxemburgo a 17 de Fevereiro de 1986 e em Haia a 28 de Fevereiro de 1986.

De entre essas modificações, salienta-se a introdução de dois novos artigos (100-A e 100-B), no Tratado CEE (cfr. art.º 18.º do Acto Único).

É, pela primeira vez, consagrado que a Comissão, em todas as propostas que relevem da realização do mercado interno, e que tenham a ver com a saúde, a segurança e a protecção dos consumidores, se deverá basear «num nível elevado de protecção» (cfr. art.º 100-A, n.º 3).

Foi, porém, o Tratado de Maastricht de 7 de Fevereiro de 1992, que, ao estabelecer a União Europeia, veio conferir à Comunidade[17] uma competência própria para a protecção dos consumidores.

Para maiores desenvolvimentos obre esta matéria – da protecção dos consumidores a nível da União Europeia –, remete-se para a citada obra de Pegado Liz, págs. 97 ss, onde dá conta, de forma profunda, cuidada e clara das alterações que foram surgindo e sua relevância.

Reconhecendo-se toda a realidade explanada – onde impera a efectiva e essencial desigualdade das partes na relação de consumo[18]

---

[17] Este Tratado de Maastricht substituiu a expressão *Comunidade Económica Europeia* pela expressão *Comunidade Europeia*.

[18] Numa sociedade consumista e de superabundância, em que o consumidor, em vez de ser «sempre o rei» do mercado, se tornou antes o parceiro social abandonado,

–, o **nosso legislador** tem vindo a preocupar-se com os direitos dos consumidores, culminando com o seu reconhecimento expresso na nossa Lei Fundamental (cfr. art.º 60.º da CRP[19]), surgindo, ainda, associações de defesa de consumidores[20-21].

à custa do qual o produtor acumula os seus lucros, uma verdadeira marioneta, o escravo duma civilização de consumo.

Como escreve Pegado Liz, *Introdução ao Direito e à Política do Consumo*,Ed. Notícias, a pág. 51, " o carácter fictício da igualdade de direitos e obrigações das partes revela-se ainda, com particular acuidade, quando se trata de tentar demonstrar o defeito do objecto adquirido, ou a insatisfação relativa ao seu funcionamento, ou a sua inadequação à necessidade que era suposto satisfazer, ou à finalidade que era suposto ter. Quer as cláusulas contratuais relativas à transferência do risco, à isenção de responsabilidades, ao âmbito das garantias e aos prazos para a denúncia, quer as dificuldades inerentes ao acesso à informação, ao ónus de prova, ao custo das peritagens e de pareceres técnicos, à determinação da relação causal entre o defeito e o prejuízo sofrido, são bons exemplos da efectiva e essencial desigualdade das partes na relação de consumo.

Como sumariza magistralmente Thierry Bourgoignie (T. Bourgoignie, Delnay, Domont-Naert e Panier, *in L'aide juridique au consommateur,* Bruylant, 1981, pág. 24), «**contrato de adesão, ignorância do direito, incompetência técnica, lacunas no processo de informação do lado do consumidor, incitamento à compra, atentados à estrutura concorrencial do mercado, desproporção no próprio conteúdo da relação proposta, dificuldade de aceder a um modo adequado de resolução dos conflitos, multiplicidade, alta tecnicidade e diferenciação dos produtos lançados no mercado, [...] constituem os diferentes aspectos da realidade das relações de comércio que ligam consumidores e profissionais no mercado dos nossos dias**».

[19] Nesta disposição a **Constituição** institui os consumidores (bem como as suas organizações específicas) em **titulares de direitos constitucionais**. A protecção constitucional dos consumidores, que no texto originário da constituição estava inserida na constituição económica, surge agora localizada em sede de direitos fundamentais (depois dos direitos dos trabalhadores e antes das normas referentes à garantia de iniciativa económica e do direito de propriedade), o que **se traduz numa evidente promoção** (ver a anotação ao aludido artigo *in Constituição da república Portuguesa Anotada,* J. J. Gomes Canotilho e Vital Moreira*,* 1993).

Sobre esta matéria, ver, ainda, o trabalho de José Manuel Meirim *in Revista do Ministério Público*, Ano 11.º , n.º 44, pp 181 ss, sob o título *"A constituição da República Portuguesa e os Consumidores".*

[20] Em Portugal, a primeira tentativa de formulação de uma política global de protecção do consumidor surgiu, segundo cremos, com a proposta de lei n.º 5/II, de 1974.

Os direitos fundamentais dos consumidores são, assim, dirigidos ao Estado, devendo este, em primeira linha através de legislação, assegurar o cumprimento do dever de protecção dos bens e interesses dos consumidores, estabelecendo, ao nível legislativo, os deveres dos produtores e fornecedores.

Nesta senda, depois da Lei n.º 29/81, de 22.08, surgiu a Lei n.º 24/96, de 31.07, que revogou aquela, sendo a legislação vigente (na redacção dada pelo Dec.-Lei n.º 67/2003, de 8 de Abril) no que tange ao *"regime aplicável à defesa dos consumidores"*[22].

Mas foi a Lei n.º 29/81, de 22. de Agosto que veio legislar sobre a matéria, consagrando os princípios básicos dessa política e criando um instituto nacional de defesa do consumidor.

Essa Lei n.º 29/81 foi revogada pela Lei n.º 24/96, de 31.07, que estabeleceu *"o regime legal aplicável à defesa dos consumidores"*.

É este último o diploma em vigor entre nós.

[21] Sobre a matéria dos direitos dos consumidores e da necessidade de vigência de um **Código do Consumidor** – cujo anteprojecto já existe e foi elaborado por uma Comissão a que presidiu o Prof. Doutor Pinto Monteiro, da Faculdade de Direito de Coimbra –, pode ver-se, entre muitos outros, os apontamentos e intervenções do aludido Professor, *in* Revista *Sub Judice*, n.º 24 (Janeiro/Março de 2003), a págs. 7 segs. – onde são tratados inúmeros temas (porquê "direito do consumidor", da necessidade de consagração de um Código, cláusulas contratuais gerais, responsabilidade do produtor, contratos à distância, acção inibitória, crédito ao consumo: "compre primeiro, pague depois", as relações de consumo,...), bem assim no Bol. Fac. Direito de Coimbra, Vol. LXXII, a págs. 384 ss e 403 ss (Discurso do Presidente da Comissão do Código do Consumidor, proferido em 7.06.1996) e na *AJURIS-Revista da Associação de Juízes do Rio Grande do Sul*, ed. especial sobre o 1.º Congresso Inter-Americano de Direito do Consumidor, Tomo I, Março 1998, pp. 220-238.

[22] Anote-se que a incumbência prioritária do Estado de *"garantir a defesa dos interesses e direitos dos consumidores"* (art.º 81.º , n.º 1, al. h) da CRP) – constituiu uma verdadeira imposição legislativa concreta das medidas necessárias para o efeito, sob pena inconstitucionalidade por omissão (art.º 283.º da CRP), tendo-se esta concretização legislativa dos direitos dos consumidores salientado em vários diplomas, tais como o Dec.-Lei n.º 446/85, de 25.10, alterado pelo Dec.-Lei n.º 220/95, de 31.08, e pelo Dec.-Lei n.º 249/99, de 7.07 (cláusulas contratuais gerais), a Lei n.º 23/96, de 26.07 (protecção do utente de serviços essenciais), a Lei n.º 24/96, de 31.07 (protecção do consumidor – que revogou a Lei n.º 29/81, de 22.08), o Dec.-Lei n.º 143/2001, de 26.04 (protecção dos consumidores em matéria de contratos negociados fora dos estabelecimentos comerciais), o Dec.-Lei n.º 67/2003, de 8.04 (que regula os aspectos da venda de bens de consumo e das garantias a ela relativas).

II. B. Da noção de consumidor

É, sem dúvida, a grande questão que agita o Direito do consumo[23].

Verdadeira pedra angular – para não dizer calcanhar de Aquiles –, esta é, sem dúvida, a grande questão que no domínio dos direitos dos consumidores está – e não pode deixar de estar – sempre presente, pois não se pode fazer uso da (cada vez mais diversa) legislação atinente à protecção dos direitos dos consumidores[24] – não esquecendo que este direito do consumo cobre ou disciplina áreas cada vez mais amplas e diversificadas do mercado e da vida social – sem saber, afinal, quem devem ser os seus destinatários.

Não há dúvida que uma das questões que mais problemas tem acarretado no direito do consumo é, precisamente, a atinente à correcta aplicação desse complexo de normas, pois pressupõe uma correcta definição ou delimitação da noção de consumidor.

Noção que se justifica. E impõe, mais não fosse pelas **especificidades do materiais do consumo.**

Esse constante digladiar acerca de tal conceito trás, desde logo, uma acrescida lentidão na resolução dos problemas que no domínio do direito do consumo vão surgindo em catadupa, em especial pela dificuldade – quase impossibilidade – em determinar os casos em que se justificará uma **extensão da protecção devida ao consumidor**, *maxime* àqueles que, sendo profissionais, nem por isso deixam de ser merecedores daquela protecção.

Poder-se-á argumentar que essa extensão jamais não deverá ser aceite, precisamente pelo facto de que tal irá aumentar significativamente

---

[23] JEAN CALAIS-AULOY/FRANK STEINMETZ, *Droit da la Consommation*, 6.ª ed., págs. 6 segs.

[24] Legislação essa que nos últimos anos sofreu intenso labor e mudanças constantes: crédito ao consumo, regime das cláusulas contratuais gerais; segurança geral dos produtos, protecção dos utentes de serviços públicos essenciais (*maxime* do serviço telefónico), nova LDC (Lei n.º 24/96, de 31.07), contratos celebrados à distância, responsabilidade do produtor decorrente de produtos defeituosos e regulamentação de aspectos da venda de bens de consumo e das garantias a ela relativas (DL n.º 67/2003, de 8.4).

o numero de conflitos considerados de consumo e, portanto, tornará ainda mais lenta a resolução dos problemas e, aí sim, desmotivará os consumidores no recurso à justiça.

Cremos que quem assim entenda, lavra num equívoco: é que é precisamente aquela mesma *"justiça"* **que, não só justifica, <u>como por vezes até impõe</u> a extensão da aludida protecção aos profissionais.**

São razões várias que, **por vezes**, tal justificam, de entre elas a **equidade**, como à frente melhor se verá. É que a **ideia de "justiça"** não parece compadecer-se, neste domínio, com uma demarcação **estanque**, baseada **apenas** no "estatuto" dos visados: profissional versus não profissional. Há muitas outras razões e aspectos a ponderar.

<u>NA ANÁLISE PONDERADA E JUSTA DO CASO CONCRETO.</u>

Voltando à razão de ser da necessidade de se delimitar o mais preciso possível a noção de consumidor, observar-se-á que se não pode, com efeito, olvidar que o consumidor é o centro e o destinatário da protecção jurídica – em que se inclui, naturalmente, a protecção dos interesses que são protegidos pela lei penal neste domínio, sendo, também aí, o consumidor o titular dos interesses penalmente protegidos, interesses que se impõe sejam especialmente defendidos atentos os grandes riscos que esta área do consumo comporta, riscos que se agravaram com a sociedade contemporânea, *"ligados à produção, distribuição e comercialização de bens e serviços e que não são limitáveis segundo o lugar, o tempo e o círculo dos afectados pelas suas consequências; só muito raramente são imputáveis a uma noção concreta"* (de consumidor"; *"tão pouco são socializáveis, isto é, susceptíveis de ser cobertos por seguros (pelo menos por agora)"*[25].

---

[25] Augusto Silva Dias, **Protecção Jurídico Penal de Interesses dos Consumidores**, 3.ª ed., Coimbra 2001.

Em nota de rodapé, aqui se remete, para mais desenvolvimentos, sobre este aspecto, para HABERMAS, *Teoria de la acción comunicativa*, vol. II, ed., Taurus, Madrid, 1987, p. 455 e ss; CASTORIADIS, *La montée de l'insignifiance: les carrefours du labyrinthe*, vol. IV, ed. Seuil, Paris, 1996, p.71, que refere que «*a expansão ilimitada de um falso domínio do mundo, separado de todo o fim racional ou razoavelmente discutível prossegue por si mesma. Inventa-se tudo o que se pode inventar, produz-se tudo o que se pode produzir (rentavelmente) e logo se suscitam as correspondentes 'necessidades'*».

Daqui que o objecto de um possível direito do consumidor tenha de ser o próprio consumidor[26]. É À volta dele que terá de gravitar tal eventual ramo jurídico[27].

---

[26] Veja-se J. Peinado Gracia, *El pretendido "derecho de los consumidores", y el sistema*, in Revista de Derecho Mercantil, n.º 224, 1997, págs. 802-803.

[27] Importante é salientar, porém, que, se é certo que é fundamental definir com precisão a noção de consumidor – para saber se o diploma x ou y, que prevê como **destinatário (*apenas*) o consumidor**, é aplicável no caso concreto submetido a apreciação (v.g. um determinado fornecimento de bens ou prestação de serviços) – , isto **não significa que toda a legislação atinente aos consumidores apenas tenha como destinatários os consumidores**.

Com efeito, há muitos diplomas que, embora fazendo parte da designada legislação do consumidor, também têm destinatários que normalmente não são considerados consumidores.

É o caso, v.g., dos Decretos-leis n.ºs: 446/85, de 25/10 – com posteriores alterações – (**Cláusulas Contratuais Gerais**) – destina-se, também, aos empresários (cfr. art.º 17.º); 383/89, de 6.11 (responsabilidade objectiva do produtor) – do art.º 8.º, n.º 1, parece resultar que apenas os danos em coisas só podem ser invocados por consumidores, já não os danos resultantes de morte ou lesão corporal; a Lei n.º 23/96, de 26.07 (Serviços Públicos essenciais) – o "utente" é qualquer pessoa que utilize o serviço; os diplomas referentes à obrigação geral de segurança (DL 69/05, 17.03), informação sobre preços, etc.

Relativamente aos diplomas que têm como destinatário **apenas os consumidores**, temos, designadamente, o **Dec.-Lei n.º 67/3003, de 8.04** ((regula os aspectos da venda de bens de consumo e das garantias a ela relativas).

Este diploma tem uma regulamentação bem diferente da prevista no DL 383/89, supra referido – como se pode ver, v.g., do estatuído nos arts. 4.º (*"Direitos do consumidor"*) e 12.º (*"O consumidor tem direito à indemnização...."*).

Desde já se anote que o ora salientado – **que nem toda a legislação atinente aos consumidores tem apenas estes como destinatários – teve consagração no ANTEPROJECTO DO CÓDIGO DO CONSUMIDOR.**

Com efeito, logo na nota de "*APRESENTAÇÃO*" do Anteprojecto, o Presidente da Comissão do Código – Prof. Pinto Monteiro – teve a preocupação de chamar a atenção para o facto de que "*importa que se diga que estamos perante um "Código do Consumidor" que não tem como destinatário único o consumidor*", citando exemplos.

E basta ver o que se prevê no **art.º 13.º** para preceber que o seu legislador esteve atento à citada realidade – ao prescrever que "*o disposto nos artigos anteriores*" (de entre eles os que respeitam directamente à noção de consumidor, *ut* arts. 10.º a 12.º) "*não obsta a que este Código abranja outros destinatários, desde que os preceitos em causa não limitem a sua aplicação ao consumidor*".

Como, muito a propósito, bem refere o Prof. Calvão da Silva[28], *"Deste modo, tal como a lei comercial regula os actos de comércio (art.º 1.º do Código Comercial), assim também o denominado direito do consumo, de que a Lei n.º 24/96 faz parte integrante como Lei – quadro, regulará os **actos de consumo, relações jurídicas existentes entre um consumidor e**[29] **um profissional** (produtor, fabricante, empresa de publicidade, instituição de crédito, etc.).*

Há, com efeito, leis levadas ao *Anteprojecto* mas que não restingem o seu âmbito de aplicação ao consumidor.

Poder-se-á questionar da bondade da metodologia de introduzir no *Código do Consumnidor* **todas as leis que ali foram levadas, quer se apliquem apenas ao consumidor, quer, também, a outros destinatários.**

Cremos, porém, ser de louvar a metodologia do legislador do Anteprojecto de levar aí **todas** as leis protectoras do consumidor, pois não faria nenhum sentido, **nem traria qualquer utilidade – pelo contrário!** – fazer incluir naquele Código apenas parte das leis que ali foram levadas, deixando de fora outras que (embora de forma não exclusiva) também têm como destinatários os consumidores – como são, v.g., as referentes às cláusulas contratuais gerais, serviços públicos essenciais e responsabilidade objectiva do produtor. Afinal, mais não se fez do que respeitar o que... já vigora – podendo dizer-se, portanto, que muitas das normas do Anteprojecto do Código do Consumidor **já são direito em vigor! Como vem, aliás, dito na dita nota de *"Apresentação"* do Código,** onde se refere: *"mas isso, a final, é o que se verifica já hoje, na legislação em vigor, nesses e em outrs domínios".*

Procurou-se, assim, com humildade e boa técnica jurídica, não desfazer a *"harmonia"* que deve existir nesta área do **Direito do Consumo**, evitando-se criar roturas ou barreiras, de todo injustificadas.

Dir-se-á que, da mesma forma que – como referia o saudoso Professor Orlando de Carvalho – o Direito Comercial é o direito da empresa ou *"à volta"* da empresa, também o Direito do Consumo é um direito do...consumidor. E se os aludidos diplomas visam **também** proteger o consumidor – mesmo que não em exclusividade, portanto –, tudo justifica **e aconselha** que sejam inseridos no Código do Consumidor.

[28] *Compra e Venda de Coisas Defeituosas,...* 4.ª ed., a pág. 119.

[29] O mesmo Professor refere na mesma obra e página que *"do direito do consumo* **ficarão excluídas, seguramente:**

Quer as relações jurídicas entre consumidores – contratos civil;

Quer as relações jurídicas entre profissionais ou empresas – normalmente contratos mercantis (art.º 2.º do Código Comercial).

Ali se salientam, porém, que as relações jurídicas estabelecidas entre uma empresa (profissional agindo no âmbito da sua actividade) e um profissional **que actua fora da sua profissão**, obtendo um bem de consumo para uso não profissional (uso privado,

Nesta acepção, <u>o direito de consumo e a Lei n.º 24/96 respeitam a uma categoria particular de actos</u> – os actos de consumo que ligam um consumidor final e um profissional que actua no quadro da sua actividade ou profissão –, <u>não a uma classe particular de pessoas</u>" – sublinhados nossos.

A noção de consumidor – que tem sido abordada nas mais diversas vertentes, em especial dos pontos de vista jurídico e sociológico – nem sempre tem sido pacificamente aceite. È uma noção algo complexa e objecto de mutações ao longo dos tempos[30].

---

pessoal, familiar ou doméstico), *"já não ficarão excluídas (do direito do consumo e a Lei n.º 24/96)"* – como à frente melhore se mostrará.

[30] Sobre as **diversas concepções ou visões desta noção** (concepções sócio-económicas, concepções jurídicas – com análises dos elementos comuns de definição (subjectivo, objectivo e telológico), elementos (de relação) negocial e elementos (de relação) inter-subjectiva –, remete-se para o estudo do Prof. Carlos Ferreira de Almeida, *Os Direitos dos Consumidores*, 1982, págs. 203 a 217).

Sobre a destrinça entre o sentido lato e sentido estrito da noção e consumidor, pode ver-se Sandrina Laurentino, *in Estudos de Direito do Consumidor*, n.º 2, 415 ss. Aí se refere que **consumidor em sentido lato** será aquele que possui ou utiliza um bem com o objectivo de o **consumir**. O que significa que, então, consumidor será todo aquele que adquire, não só para satisfazer necessidades pessoais ou familiares, como também o que adquire para uso profissional, já que o "consumo" se encontra presente em ambas as situações – salvo na compra e venda para revenda, em que não ocorre "consumo" do bem. Já **consumidor em sentido estrito** será o que adquire, possui ou utiliza um bem ou serviço para uso privado, quer seja pessoal, familiar ou doméstico, de forma a satisfazer necessidades pessoais ou familiares e **não** necessidades profissionais. Assim, o que pesaria era, não o "consumir", mas a finalidade do uso.

Parece manifesto que a nossa lei adoptou o conceito restrito (ou estrito) de consumidor, como decorre do estatuído no art.º 2.º da LDC – fala-se em *"uso não profissional"*.

Também Mário Ferreira de Almeida, *Da Protecção Penal do Consumidor*, Almedina, 1996, pp 185 ss aborda a questão das várias acepções de *"consumidor"*: **sócio-económica e jurídica** – para a primeira, o consumidor seria como que um agente do mercado, que ao realizar actos de consumo interferiria na própria economia da sociedade; seria o adquirente, acabando assim por ser, também o utilizador; para segunda, levava-se em conta o sujeito jurídico, os actos (jurídicos) de consumo, as finalidades, desses mesmos actos e os sujeitos que com o consumidor se relacionam. Então, o consumidor seria a pessoa, em princípio física, que inserida numa relação

Perante o **Direito europeu**, não há, de facto, um conceito unitário, procurando cada legislador dos diversos Estados que fazer a devida ponderação. Além de serem poucos os países que contêm[31], o certo é

---

jurídica, adquire bens ou serviços para seu uso pessoal ou privado a um profissional no exercício da sua actividade profissional –, **noção abstracta e noção concreta** – a primeira incluiria "todos los ciudadanos en cuanto personas que aspiram a tener uma adecuada calidad de vida" (A. BERCOVITZ RODRIGUÉZ-CANO, *Estúdios Jurídicos Sobre Protección de los Consumidores*, Tecnos, Madrid, 1987, págs. 106 ss), noção que, obviamente, é de uma abrangência de todo injustificável, pois confunde claramente consumidor com cidadão (todo aquele que aspira a uma vida com qualidade), o que esvaziaria de conteúdo a própria tutela jurídica do consumidor ao meter... todos no mesmo saco, o que valia para dizer que, sendo todos consumidores, ninguém seria consumidor individualizável !; a segunda apenas contaria com a aquisição de bens e serviços e não já com outras condições relacionadas com o cidadão (ambiente, educação, informação, serviços públicos,...) –, **"consumidor-cliente" e "consumidor final"** – para a primeira pouco importa se o adquirente dos bens ou serviços o faz para uso privado ou no desenvolvimento de uma actividade empresarial e, como tal, para revender. Basta que seja cliente para poder ser considerado consumidor; para a segunda, "consumidor final" seria apenas o que adquire bens ou serviços para seu uso pessoal ou privado, pelo que um empresário que adquirisse bens ou serviços para utilização na sua actividade empresarial ou para revenda não seria considerado consumidor (BOTANA GARCIA, *Noción de Consumidor en el Derecho Comparado*, in E.N.C., n.º 18, 1990, pág. 53 –, **consumidor stricto sensu e consumidor lato sensu** – distinção que assenta na ponderação da aquisição de bens ou serviços, sendo que o primeiro seria aquele que adquire bens para seu uso privado ou pessoal (noção que exclui o usuário de serviços) e o segundo seria o que, além de adquirir bens, também adquire serviços para o mesmo uso pessoal ou privado.

A questão é bem complexa, como da exposição se deduzirá.

[31] Como exemplos, temos a Espanha (art.º 1.º , n.º 2, da Lei 20/1984, de 19.07), o Reino Unido (Unfair Terms in Consumer Contracts Regulation 1994, SI 1994/3159), Brasil (Código da Defesa do Consumidor aprovado pela lei 8078, de 11.09.90, art.º 2.º) e a Bélgica (Projecto de Lei sobre as práticas do consumo e sobre informação e protecção do consumidor, art.º 6.º).

Para maiores desenvolvimentos, pode ver-se Robert Reich, Hans Micklitz, *Le droit de la consommation dans les pays membres de la CEE; Ume analyse comparative*, UNB, Londres, 1981.

Sobre a *"Indefinição comunitária e internacional"* e *"principais aproximações doutrinais: ausência de um consenso mínimo"*, veja-se Pegado Liz, *ob. cit.*, a págs. 196 a 210 – que aborda a questão da noção de consumidor à luz dos textos comunitários e internacionais que se ocupam de matérias relativas aos consumidores; dá conta de que a incerteza e indeterminação que se verifica nos textos legais (a nível dos direitos

que, mesmo quando existe tal definição, ainda assim mesmo dentro de cada ordem jurídica não se encontra uma definição única de consumidor.

Entre nós, antes da LDC de 29/81, 22.08, não havia no direito português um conceito legal de consumidor[32]. Não é exagerado dizer--se que a palavra «consumidor» não fazia parte do vocabulário jurídico «oficial».

Assim, foi com o surgimento da aludida **Lei n.º 29/81, de 22.08**, que se veio definir, para efeitos dessa lei (no **art.º 2.º**), de forma expressa a noção de consumidor, nos seguintes termos:

*"**Para efeitos da presente lei**, considera-se consumidor todo aquele a quem sejam fornecidos bens ou serviços destinados ao seu uso privado por pessoa singular ou colectiva que exerça, com carácter profissional, uma actividade económica".*

Trata-se de um conceito em que o elemento subjectivo é definido como *"**todo aquele...**"*, o elemento objectivo são os *"bens ou serviços"*

---

nacionais ou do direito comunitário) se verifica igualmente na doutrina, que diverge de forma acentuada acerca dos traços essenciais da noção de consumidor; salienta os traços dominantes de duas orientações fundamentais na doutrina: a concepção subjectiva, largamente dominante, de natureza dualista, que opõe consumidor a comerciante ou profissional e define o primeiro por contraponto do segundo e a concepção objectiva ou monista, que procura deslocar a análise para o contrato ou o acto de consumo – dando, ainda, conta das principais objecções que têm sido feitas às duas concepções ou orientações doutrinais.

[32] O Dec.-Lei n.º 41204, de 24.07.1957 – diploma básico da protecção dos consumidores antes da Lei n.º 29/81 – não continha qualquer conceito expresso (ou, mesmo, implícito) de consumidor ou de consumo). E o mesmo aconteceu com o Dec.--Lei n.º 314/72, de 17.08 (sobre rotulagem dos géneros alimentícios pré-embalados).

Surgiu-se o parecer da Câmara Corporativa sob uma Lei de protecção e defesa do consumidor, publicado no Diário das Sessões, 2.º suplemento de 17.04.1974 – que pela primeira vez veio propor uma definição de consumidor (art.º 22.º).

Mas é com o código da publicidade – que veio dar um lugar proeminente à protecção dos consumidores, entendidos como consumidores finais de produtos e serviços para o seu uso privado – que é introduzida na legislação portuguesa, de forma autonomizada, a figura do consumidor – embora, ainda, sem o fazer com base num conceito.

e o elemento teleológico (a finalidade) é traduzido em *"destinado ao seu uso privado"* – sendo que todos esses elementos são ligados por via da relação negocial entre o consumidor e e a outra parte, representada pelo elemento copulativo «*sejam fornecidos*»[33].

Os fornecedores são sempre empresas em sentido amplo – pessoa singular ou colectiva que exerça, com carácter empresarial, uma actividade económica, abarcando, assim, todas as empresas do sector primário, bem como as profissões liberais.

Anote-se, desde já que – **ao contrário do que ocorre com a actual Lei n.º 24/96, de 31.07 (LDC)** – especifica-se aqui que tal definição é «*apenas para efeitos da presente lei*», assim circunscrevendo a sua valência ao âmbito da própria lei e, por isso, admitindo – correctamente – que, para outros efeitos, o conceito de consumidor pode poderá ser diferente.

Uma coisa parece ressaltar – e a exposição que segue melhor o demonstrará: independentemente das várias doutrinas que se tenham criado sobre a noção de consumidor (destacando-se as concepções

---

[33] Na nova LDC sofreu modificação (substancial) o que seja o objecto de tal «fornecimento»: agora, a par dos «bens» e dos «serviços», há, ainda, a transmissão «de quaisquer direitos».

Ou seja, a actual LDC «*veio esclarecer que, no âmbito das transacções realizadas com consumidores, **se incluem operações que envolvam meras transmissões (e, necessariamente, de obrigações), como, por exemplo, cessões de créditos, transmissão de posições contratuais, operações de bolsa, e o próprio arrendamento, quer urbano, quer rural, e a sublocação***» (*ut* Jorge Pegado Liz, *Introdução ao Direito e à Política do Consumo*, Editorial Notícias, 1999, a pág. 187 – sublinhado nosso.

E **os bens a fornecer** – independentemente de a lei se não se ater ao conceito jurídico de «contrato de fornecimento», mas apenas ao conceito económico de «pôr à disposição», por qualquer meio legítimo reconhecido em direito (embora seja sempre legítimo questionar se as liberalidades ou os fornecimentos gratuitos estão incluídos) – podem ser móveis ou imóveis (v.g. aquisição de uma casa própria ou de uma quinta de recreio), «bens consumíveis» (*ut* art.º 208.º CC), ou bens duradouros (v.g. automóveis, electrodomésticos, etc.).

De fora ficam, apenas, os bens de equipamento, na medida em que, atenta a sua natureza, se destinam a ser utilizados na produção de outros bens ou na prestação de serviços (não se trata, porém, de uma limitação dos bens em si mesmos, mas da finalidade que a lei impõe para a sua integração na definição que adopta.

subjectivista e objectivista), bem assim, dos múltiplos argumentos que a favor ou contra esta ou aquela posição possam trazer-se à liça, há que salientar, desde já, a constatação, a que chegaram vários autores, de que a noção de consumidor é um conceito múltiplo e ambíguo, quando não mesmo uma noção «indeterminada» que «escapa a qualquer definição precisa»[34].

É óbvio que se não pode chegar ao ponto de se ver a noção de consumidor como aquilo a que alguns já denominaram de «lotaria»[35] (!). Mas parece evidente a sua «heterogeneidade» ou a sua «geometria variável»[36], consoante as matérias que são objecto de regulação[37].

II. B. 1. *Algumas dúvidas e procura de solução*

Perante o explanado, muitas questões e dúvidas surgiram relativamente à noção de consumidor, **nomeadamente**:

1. Se o consumidor, que negoceia com uma empresa pode ser ele próprio também uma entidade empresarial e se o profissional pode, por sua vez, ser consumidor.
2. Se o consumidor tem de ser uma pessoa física – o que leva a questionar se as pessoas colectivas podem ser consumidores;
3. Se a relação de consumo é directa e exclusiva com o sujeito adquirente ou se integra igualmente num círculo mais vasto, com certas ligações pessoais de conveniência.

---

[34] G. Cas e D. Ferrier, *Traité de droit de la consommation*, PUF, Paris, 19086, a pág. 9.

[35] K. Mortelmans e S. Watson, « *The notion of Consumer in Community Law: a Lotery?*», in *Enhancing the legal position of European Consumer,* sob a direcção de Julian Lonbay, pág. 38.

[36] Laurence Landy, « Le consummateur europeén: une notion éclatée», in *Vers un Code Européen de la Consommation,* sob a direcção de F. Orman, Brulyant, 1998, pág. 59

[37] Como escreveram Norbert Reich, Klaus Tonner e Hartnnut Weneger, «não existe uma noção única de consumidor mas uma pluralidade de noções que servem para delimitar o âmbito de aplicação das distintas posições e que se estabelecem atendendo especificadamente à protecção que a norma pretende oferecer».

4. Se pode falar-se de consumidor quando o bem foi fornecido (ou o serviço prestado), ao mesmo tempo – ou cumulativamente –, para uso privado, pessoal, familiar ou doméstico, **e para o uso profissional do adquirente do bem.**
5. Se o adquirente do bem ou serviço ao "profissional", no âmbito de uma relação de consumo, pode, por sua vez, estabelecer nova relação de consumo com terceira pessoa.

Adiante-se, desde já, que **as dúvidas se mantiveram com a actual Lei n.º 24/96, de 31.07**, cuja noção de consumidor consta do **art.º 2.º**, nos seguintes termos:

"*1. Considera-se consumidor todo aquele a quem sejam fornecidos bens, prestados serviços ou transmitidos quaisquer direitos, destinados a uso não profissional, por pessoa que exerça, com carácter profissional, uma actividade económica que vise a obtenção de benefícios.*
2. Consideram-se incluídos no âmbito da presente lei os bens, serviços e direitos fornecidos, prestados e transmitidos pelos organismos da Administração Pública, por pessoas colectivas públicas, por empresas de capitais públicos ou detidos maioritariamente elo Estado, pelas Regiões Autónomas ou pelas autarquias locais e por empresas concessionárias de serviços públicos".

Uma primeira novidade resulta da nova LDC, em relação à anterior Lei n.º 29/81, de 31.08. É que, como resulta do já aludido supra, na actual lei não se prevê o que na anterior vinha expressamente previsto: que a definição de consumidor ali contida valia apenas »*para efeitos da presente lei*». Na definição da actual lei **assumiu o legislador a pretensão de universalismo em toda a ordem jurídica, e não apenas para efeitos do diploma em que está inserida.**
O que também justifica um acrescido cuidado na análise do conteúdo de tal definição.

Uma outra acentuada novidade ressalta, logo, na actual LDC em relação à anterior: o uso a que se destina o bem, o serviço ou o direito que se adquire já não tem de ser necessariamente privado, contentando-se o legislador com um uso *"não profissional"*.

Parecem ressaltar, desde logo, da noção **legal** de consumidor os seguintes componentes ou elementos constituintes:
- De um lado tem de estar um profissional – alguém que actua munido desta veste ou estatuto;
- Do outro lado, está alguém que não possui tal estatuto profissional;
- Os bens fornecidos ou os serviços prestados destinar-se-ão (?) a satisfazer necessidades básicas de carácter privado, não profissional.

Esta **noção legal**, porém, não só **sofre de algumas imprecisões e insuficiências, deixando grande margem para dúvidas várias, como não pode deixar de ser complementada com elementos de cariz sociológico.**

Daqui as muitas dúvidas ou interrogações que se podem suscitar, designadamente as supra apontadas a que, sem mais delongas, tentaremos dar resposta.

Como, então, resolver as dúvidas supra apontadas?

II. B. 1. a) – *Quanto à primeira questão*

Parece que, pondo frente a frente o *"consumidor"* e o outro contraente, logo se vê que o primeiro não pode ser, ele próprio, **enquanto consumidor**, uma entidade (empresarial ?) igual – afinal – ao segundo – alguém que exerce **com carácter *profissional*** uma actividade económica (visando, naturalmente, obter benefícios)[38].

---

[38] É legítimo perguntar se a actividade económica referida no art.º 2.º -1 da LDC tem de ser actividade lucrativa.

É certo que a letra do artigo não é conclusiva quanto a tal exigência de **lucro**. No entanto, uma coisa parece certa: para ser económica, a actividade de produção de

Se o contraente a quem são fornecidos *"bens, prestados serviços ou transmitidos quaisquer direitos"* adquire esses bens ou serviços para, por sua vez, lhes dar um destino empresarial[39], obviamente que

---

bens não pode ser gratuita. E não concordamos com os que sustentam que – **neste domínio da relação contratual no âmbito dos consumidores**, entenda-se – essa oferta não gratuita não significa o mesmo que oferta movida por escopo lucrativo (ver sobre a noção de escopo lucrativo, Coutinho de Abreu, *Curso...*, pág. 239 e Paulo Duarte, *O conceito jurídico de Consumidor*, ..., in loc. cit., a pág. 667). É certo que se alguém vende o produto ao preço do custo obviamente que não teve lucro **nominal, digamos. Mas tal não significa que o fez com espírito altruísta. Teve, seguramente, em vista a obtenção de uma vantagem que, na sua óptica, se traduz, imediata, ou mediatamente, num proveito.** Chame-se-lhe lucro ou outra coisa, cremos dar no mesmo.

Se alguém vai a uma loja e adquire um electroméstico que, por acaso – v.g. porque se encontra em fase de lançamento dessa marca – está a ser vendido ao preço do custo, não significa que não haja proveito para o vendedor. **Há-o, seguramente**. Também aqui tal oferta de produto **foi movida por um escopo lucrativo.**

No entanto, também deve deixar-se anotado que o profissional que se relaciona contratualmente com o consumidor não tem, necessariamente, de ser comerciante – como logo se infere do n.º 2 do art.º 2.º da LDC (cfr., ainda, o art.º 13.º do C. Comercial).

Veja-se, por outro lado, que o próprio artigo 2.º -1 citado fala em " ... *que vise a obtenção de benefícios"*. E tais benefícios, no âmbito das relações contratuais de consumo, parece que mais não são, no fundo, do que ... lucros, nos termos supra explicitados.

Há que fazer, porém, uma ressalva: estando em causa entidades cujo escopo social não é o lucrativo (v.g. uma cooperativa de consumo), a *"obtenção de benefícios"* de que fala a lei não poderá, então, ser a lucrativa. Mas simplesmente porque esse objectivo já não faz parte do escopo dessa pessoa. E, então, desde que se verifiquem os demais requisitos legais, nada obstará a que tal "pessoa" deva beneficiar da protecção que a lei faculta ao consumidor.

Sobre a questão, veja-se, ainda, Pegado Liz, *ob. cit.,* a pág. 190 – que observa, designadamente, que a expressão «benefícios» parece ser uma tradução do francês *bénéfices*, mas que, em português, tem um sentido muito diverso.

[39] Note-se que, se é certo que é muito difícil dar uma noção exaustiva de **empresa**, para a Economia a empresa é uma **unidade** autónoma de produção de bens ou serviços, que utiliza factores de produção de natureza muito diversa (trabalho matérias primas, energia, *Know-how*, etc.), produz para um *mercado* pelo qual se regula, cuja motivação própria e razão de ser é o lucro ou valor acrescentado, integra em si *capitais* sob diversas formas e degraus, corre *riscos* e provoca-os, fomenta a *inovação* tecnológica.

É, sem dúvida, o objectivo «**lucro**» o que mais caracteriza a empresa. Isto devido até facto de o capital ser o elemento dominante, i.e., o detentor do poder na

ficaria na mesma posição que o próprio fornecedor de tais bens ou prestador de tais serviços (este, sim, um profissional – uma pessoa, singular ou pessoa colectiva – que exerce com carácter profissional uma actividade económica): uso profissional dos mesmos bens ou serviços).

Uma coisa é o consumidor ser uma pessoa colectiva (o que mais à frente se analisará), outra **– bem diferente –** é essa mesma entidade adquirir os bens, serviços ou direitos numa perspectiva empresarial[40] – isto é, afinal, **também com o fito de com isso obter... lucro**[41] – com as ressalvas supra apontadas, naturalmente.

Economia – sendo certo, porém, que tal objectivo (intrínseco) a aceitar não será já só o lucro para o capital, à medida que a empresa for evoluindo para a participação e partilha do poder entre capital, direcção e trabalho.

Ver, sobre a matéria, Rogério F. Ferreira, *Temas Económicos e Políticos e e Gestão de Empresas*, Lisboa, 1976; Gonçalves da Silva, *Economia da Empresa;* Jorge Manuel Coutinho e Abreu, *A Empresa e o Empregador em Direito do trabalho (Sep. Estudos em homenagem ao Professor José Joaquim Teixeira Ribeiro*, Coimbra, 1982.

[40] É certo que o art.º 2.º /1 da LDC não fala em empresário, mas em *"profissional"*. O que deixa legítimas **dúvidas sobre se quem está do outro lado da relação contratual – para além do consumidor – tem de ser titular de uma empresa.**

Carlos Ferreira de Almeida, *Os Direitos...*, pp. 20 e 221 a 222 ao abordar o conceito de consumidor coloca-o sempre no campo das relações entre empresas e não empresas. E se dúvida pode assacar-se sobre se se trata de empresa em sentido objectivo, já pelo menos em sentido subjectivo não deixará de ser. Isto é, o consumidor terá de ser alguém que exerça uma actividade económica, quer esteja, quer não, a suportar uma "organização de meios" objectivos (ver Coutinho de Abreu, *Da empresarialidade...*, pp. 286/289). É pelo menos este o sentido da expressão *"pessoa que exerça com carácter profissional uma actividade económica"*. Só esta pessoa exerce uma actividade de forma habitual, estável e duradoura – características ou requisitos impostos ao fornecedor de bens ou prestador de serviços, que permitirão dizer que tal "pessoa" é detentora de uma experiência negocial no mercado que a desiquilibram nas relações contratuais que mantém com o consumidor.

[41] No entanto, uma coisa é a obtenção de lucro mediante o exercício de uma actividade **«profissional»** – esta, sim, proibida pela noção legal –, outra, bem diferente, é a possibilidade de obtenção de lucro através do uso **não profissional** do bem.

Ora, a actual LDC é bem clara no sentido de apenas excluir as actividades que sejam exercidas pela contraparte, a título ou com carácter profissional.

Assim, a aludida LDC não inculca, **sem mais**, o carácter «não lucrativo» para o consumidor da utilização do bem ou serviço. O que, em termos práticos, significa

Por isso refere a noção legal de consumidor que o uso dos bens, serviços ou direitos não pode ser destinado a uso *"profissional"*, antes diz expressamente o contrário: que são destinados *"a uso não profissional"*.

Não pode, assim, perante a **letra da lei**, considerar-se consumidor aquele que obtém ou utiliza bens ou serviços para satisfação das necessidades da sua empresa ou profissão[42].

O uso referido no citado art.º 2.º-1 da Lei n.º 24/96 é, portanto, o *"não profissional"* – pessoal, familiar ou doméstico – na fórmula, aliás, contida na al. a) do art.º 2.º da Convenção de Viena de 1980 –, que visa, portanto, a satisfação das necessidades pessoais e familiares.

Anote-se que tal **uso *"não profissional"* é algo diferente do *"uso privado"* de que falava a Lei 29/81, de 22.08.**

No entanto, tal *"uso privado"* já ao tempo da vigência da de tal Lei 29/81 era entendido, como de forma generalizada, como abrangendo, para além do uso «pessoal» do «sujeit adquirente», ainda o «uso familiar e doméstico».

No entanto, como anota Thierry Bourgoigni[43], só com recurso a uma interpretação extensiva – de muito difícil consecução perante a letra da lei – para lograr conseguir-se que o conceito pudesse abranger, v.g., uma roda de amigos, ou os membros de uma colectividade.

Coisa diferente é saber se um profissional *pode*, por sua vez, ser "consumidor".

A resposta a esta segunda questão deve ser positiva (verificados os pressupostos que se salientarão, naturalmente) – aqui se costumando

---

que não exclui do seu domínio, por exemplo, a aquisição de acções, o depósito de dinheiro num banco, a aquisição de obras de arte, a mera revenda ou troca da sua habitação, ou a compra, ou aluguer de direitos reais de habitação periódica por parte de emigrantes, etc.. Tais actividades, como dissemos, **só são excluídas da noção legal se forem exercidas com carácter *profissional.***

[42] Neste sentido, pode ver-se o Ac. STJ, de 11 de Março de 2003, no Processo 02A4341)

[43] *Elements pour une theorie du droit de la consommation,* Story Scientia, 1988, a pág. 51.

separar a situação de o profissional fazer uso não profissional do bem ou serviço daquela outra em que o profissional faz um uso profissional do bem.

Desçamos à Terra, com alguns exemplos que melhor ajudarão ao esclarecimento das dúvidas.

V.g. **A**, profissional, tem um gabinete onde se elaboram projectos de obras públicas e particulares e adquiriu a uma empresa **B** um ou mais computadores para serem usados nesse gabinete. É claro que não nos deparamos perante uma relação de consumo, antes se trata de uma **relação entre dois profissionais.**

O mesmo aconteceria no caso do mesmo **A**, em vez de um computador para uso no seu gabinete, adquirir a **B**, proprietário de um stand, um veículo automóvel para ser utilizado ao serviço do mesmo gabinete. Parece que continua a não se estar perante uma relação de consumo, pois a aquisição da viatura não se destinou ao uso particular de **A**., mas, sim, ao seu uso...profissional, empresarial.

Porém, se o mesmo **A** (empresário – o mesmo valendo caso seja mero comerciante) adquirisse o automóvel ao stand para uso particular, para passear com a família (v.g. aos fins de semana), é claro que nos deparamos perante acto de consumo, pois o **A** actua como mero consumidor (faz um uso não profissional do automóvel) numa relação em que a contraparte é um profissional em exercício da respectiva actividade. Atenta a finalidade ou uso não profissional, querida pelo adquirente do bem aquando da aquisição, o acto não pode deixar de ser considerado de consumo, uma vez que o comprador age na veste de consumidor e é contraparte de um profissional que age no exercício da *sua* actividade[44].

V. g. se o mesmo **A**, compra o automóvel para seu uso profissional, mas, sem o usar, acaba por decidir vendê-lo a terceiro, continuará a ser protegido como consumidor, pois, apesar de o **fim** que pretendia dar ao

---

[44] Sobre os tipos de **contratos visados pela noção de consumidor**, parece pacífico que se pretendeu abranger a compra e venda, o contrato de prestação de serviços – nas suas diversas modalidades (nominadas – mandato, depósito e empreitada – ou inominadas) – e o contrato de locação.

veículo ser o uso profissional, a verdade é que <u>não foi esse o **uso efectivo**</u> <u>que lhe veio a ser dado</u>. A utilização **efectiva** do veículo nada teve a ver com a actividade económica que profissionalmente exerce.

V.g. E se o mesmo **A** adquiriu o automóvel, ao mesmo tempo para seu uso profissional **e** para passear com a sua família? E se o comprador do automóvel for já não o proprietário do gabinete de projectos de engenharia ou arquitectura, mas... um mecânico e pretende dar ao veículo o aludido **uso misto**? E se o comprador for, v.g., um proprietário de uma loja de computadores (especialista do ramo) que adquire a um terceiro um computador portátil para ser usado, quer na sua actividade profissional, quer para os seus afazeres particulares e de seus filhos? E, ainda, se esse mesmo logista tiver comprado o computador <u>apenas</u> para ser usado na sua actividade particular?

Aqui as coisas complicam-se[45].

---

[45] Há, com efeito, autores que sustentam justificar-se a extensão da noção de consumidor «às **pequenas empresas ao pequeno comércio e às pequenas explorações agrícolas** quando elas adquiram bens ou serviços para as necessidades da sua actividade económica junto de grandes empresas de produção e de distribuição» (Cf. V. Bernilz, *On the consumer concept and consumer protection priorities* (JCP, 1978, pág. 215). A este propósito, Thierry Bourgoignie comenta: «**A situação do pequeno comerciante levado a fazer aquisições ou a subscrever contratos de empresa** para as necessidades da sua actividade profissional, mas relativamente a objectos ou a materiais que saem da sua especialidade é efectivamente **muito vizinha da do consumidor que contrata para fins privados**. Ela integra-se, aos olhos da teoria económica, na esfera do consumo; <u>o profissional em questão</u> constitui o último elo do acto da vida económica do bem ou serviço em causa e **encontra-se, considerando quer a sua falta de especialização, quer a ausência de real poder de negociação resultante da fraca dimensão da sua empresa, nas mesmas condições de desequilíbrio e de submissão aos meios de produção.**» – sublinhado nosso.

É claro que nos parece perfeitamente justificada tal posição, designadamente – e em especial – no plano da **equidade.** Com uma nota, porém: há que definir com muito cuidado o conceito de «pequeno comerciante» ou «pequeno empresário», conceito cuja delimitação parece que não poderá deixar de ser **quantitativa**, recorrendo à fixação de um limite – obviamente sempre arbitrário – de negócios, a partir do qual deixará de ser considerado como «pequeno comerciante ou empresário» (de forma idêntica aos critério que se estabelecem para definir as pequenas e médias empresas (PME-Despacho Normativo n.º 52/87, de 24.06.87).

Sobre esta questão escreveu Pegado Liz[46]: "*... a finalidade «não profissional» permite incluir (...) no conceito de consumidor os profissionais que adquiram bens ou serviços a outros profissionais, mas o façam fora da sua área de competência ou capacidade especial enquanto profissionais. Por exemplo, um comerciante que adquira bens para seu consumo privado ou familiar ou até mesmo uma empresa que contrate serviços de outra empresa ou adquira bens, que não tenham a ver com a sua actividade profissional, não poderiam, assim, ser excluídos da noção de consumidor, porque o uso de tais bens ou serviços, conquanto não seja privado, não é um uso profissional*"[47].

A resposta a estas questões será, porém, dada mais à frente a quando da análise da questão do uso misto do bem – bens destinados a finalidades diferentes. Aí se abordando, também, a questão da competência técnico-profissional específica do adquirente relativamente ao bem que, no entanto, foi adquirido para uso não profissional.

Vai-se adiantando, porém, a respeito da questão se saber **se um profissional pode, por sua vez, ser consumidor**, que a questão – que mais não é do que da **extensão da protecção do consumidor ao profissional** – tem sido abordada num campo algo movediço: a **equidade**.

Assim, v.g., justificaria merecer a protecção do consumidor, v.g., o médico que adquire para o seu consultório um máquina de fotocópias ou um computador, dada a sua falta de competência específica para enfrentar ou solucionar os problemas que tais objectos podem trazer (funcionamento, avarias, etc.)

Não parece haver razões que justifiquem a não concessão do mesmo grau de protecção de que beneficiam os «consumidores» aos «profissionais» quando actuam fora do âmbito da sua especialidade, da sua competência própria ou do objecto específico da sua actividade.

---

[46] *Ob. Cit.*, pág. 193.
[47] Como dizem Cas. e D. Ferrier, *in Traité de droit de la consommation*, PUF, Paris, 1986., pág. 9, «**fora da sua especialidade o profissional tornou-se, também ele, um 'profano'**», pelo que um profissional tem, também ele, necessidade de **protecção quando é confrontado com um profissional de outra especialidade**».

Assim acontecerá com o comerciante ou o profissional que adquira bens d equipamento para o exercício do seu comércio ou da sua profissão, sem que tenha em vista a respectiva revenda ou utilize serviços adquiridos como parte integrante da sua actividade comercial ou profissional (v.g., um comerciante de tecidos que adquira material de escritório, ou um advogado que adquira um automóvel para uso nas suas deslocações ao tribunal e também para os fins de semana, etc.).

A solução – que melhor à frente será abordada –, **obviamente que não é líquida e terá sempre de passar por uma análise casuística, concreta** (analisando, designadamente, o ramo de actividade do profissional em causa e os seus específicos conhecimentos no sector em que se insere o bem adquirido).

A nossa doutrina tem sustentado – como também à frente melhor se verá – que o profissional deve beneficiar da protecção dada ao consumidor quando, atentas as circunstâncias, **este se mostrar, em relação ao bem, que adquiriu tão leigo quanto o consumidor**. Posição que parece não ser de rejeitar – **antes pelo contrário** –, **por se ajustar à razão de ser da legislação do consumidor, que é compensar situações de clara desigualdade**. E estas podem, sem dúvida, também verificar-se mesmo que o contraente seja um profissional.

Acrescente-se, apenas, que no **ANTEPROJECTO DO CÓDIGO DO CONSUMIDOR** a questão da **extensão da protecção do consumidor ao profissional** foi abordada de forma **expressa e precisa. E foi-o, precisamente no aludido campo *"movediço"* da equidade.**

Efectivamente, no **n**.º **2 do art**.º **11**.º do Anteprojecto escreveu-se que *"O disposto no número anterior **aplica-se também às pessoas singulares que actuem para a prossecução de fins que pertençam ao âmbito da sua actividade profissional"*** – isto é, os profissionais/pessoas singulares beneficiam do regime que o Código reserva ao consumidor *"se provarem que não dispõem nem devem dispor de **competência específica para a transacção e desde que a solução se mostre de acordo com a equidade"*** (n.º 1) – sublinhado nosso.

Porém, há que ter igualmente presente o que se preceitua no **art**.º **12**.º, a propósito das *"restrições"* impostas pelo *"abuso do direito"* (n.º 1) – a impor que, por vezes, embora o consumidor se encontre abrangido pelo art.º 10.º , deve ser-lhe negada essa "qualificação" por, *"em virtude da sua actividade e experiência profissional"*, **dispor ou dever dispor** *"de competência específica para a transacção em causa".*

Neste caso, será o juiz a decidir, ponderando a situação concreta, *"de acordo com a equidade, se e em que medida deve ser aplicado o regime mais favorável ao consumidor"* (n.º 2).

Poder-se-á questionar, é certo, se o juiz pode deixar aqui de aplicar a lei de defesa do consumidor, designadamente apelando ao já referido princípio da igualdade.

Uma coisa, porém, é certa: aqui a protecção especial do consumidor é **justificada** pelo **desequilíbrio em relação à pessoa que está do outro lado – o profissional, que domina as *leges artis*.**

Portanto, há apenas que distinguir se estamos perante consumidores *de gueto* **ou consumidores que.... sabem bem mais que os profissionais! E neste último caso nada, mas mesmo nada, justificaria a protecção desse** *"consumidor"*. E é precisamente para corrigir as **situações abusivas** que no Anteprojecto do Código do Consumidor se introduziu o aludido art.º 12.º.

II. B. 1. b) – *Quanto à segunda questão*

O legislador do actual Dec.-Lei n.º 24/94, de 31.07 – à semelhança do que já se prescrevia na anterior Lei n.º 29/81, de 22.08 – não responde à questão. A letra da lei não especifica que o consumidor seja uma pessoa física ou pessoa singular.

Com efeito, ao utilizar a expressão *"todo aquele"*, deixou tudo em aberto[48], deixando para o aplicador do direito o – nem sempre fácil

---

[48] **A LDC não adoptou, assim, a redacção que constava do seu Projecto, o qual previa expressamente a referência exclusiva às pessoas singulares.** Com efeito, o Projecto –Lei n.º 581/VI, *in D.A.R.,* I Série-A, n.º 47, de 6.6.1995 e segs., propunha como noção de consumidor: *"... a pessoa singular a quem sejam fornecidos produtos ou serviços destinados ao seu uso privado por quem exerça com carácter profissional uma actividade económica".*

O que por si só já legitima pensar que o legislador **não quis afastar, de todo,** a possibilidade de alargar a noção de consumidor às pessoas colectivas. Basta ver, por

– ónus de resolver a questão, qual seja, **saber se podem as <u>pessoas colectivas</u> ser consideradas consumidores**, para efeitos da LDC.

A doutrina (em especial) e a jurisprudência têm procurado abordar a questão, umas vezes de forma algo tímida, outras vezes já com clareza e frontalidade.

Calvão da Silva (*Compra e Venda de Coisas Defeituosas, Conformidade e Segurança*, 4.ª ed.,, Almedina, 2006, pág. 44), depois de salientar que normalmente a doutrina e as Directivas comunitárias excluem as pessoas colectivas ou pessoas morais, sustenta que a posição a seguir, ou melhor, interpretação do n.º 1 do art.º 2.º da Lei n.º 24/96, é esta: "*todo aquele que adquira bens ou serviços destinados a uso não profissional – ao seu uso privado, pessoal, familiar ou doméstico, portanto, por oposição a uso profissional* **– será uma pessoa singular**, *com as pessoas colectivas a adquirirem os bens ou serviços no âmbito da sua capacidade, segundo o princípio da especialidade do escopo, para a prossecução dos seus fins, actividades ou objectos profissionais (cfr. art.º 160.º do Código Civil e art.º 6.º do Código das Sociedades Comerciais).*"

Mário Ferreira Monte[49], parece rejeitar qualquer possibilidade de se incluir a empresa na noção de consumidor.

---

exemplo, que no debate na generalidade o deputado Luís Sá teve uma intervenção a defender, precisamente, que o conceito de consumidor fosse estendido às pessoas colectivas (ver *D.A.R., I Série*, n.º 84, de 7.7.1995, a pág. 2683 – onde o ilustre deputado lembrava que "*Na Lei n.º 26/84, de 19 de Julho (espanhola), para a defesa dos consumidores, aparecem, por exemplo, expressamente incluídas na definição de consumidores,* **as pessoas colectivas**, *já que elas também são consumidores*").

Ora, podia o legislador, perante tal debate da questão – até porque sabia que a não clarificação das coisas neste domínio acabariam por dar azo a dúvidas interpretações diversas –, bem podia ter adoptado uma posição clara. Mas preferiu deixar na letra da lei uma posição neutral, **remetendo para a doutrina** o melhor estudo da questão e **para a jurisprudência** a adopção da posição que **a situação concreta melhor justificasse**, perante os princípios gerais de direito e a concreta posição do adquirente do bem ou serviço, designadamente, ponderando os interesses em causa na relação contratual, a maior ou menor debilidade daquele contratante, a preparação técnica de que dispõe e a organização eventual empresarial de que possa dispor.

[49] *Da Protecção Penal do Consumidor*, Almedina, 1996, págs. 193 e 196 a 198 – onde aborda, designadamente, a questão das associações ou associações sem fins lucrativos.

Esta extensão da noção de consumidor é já aceite por Maria Elizabete Vilaça Lopes[50], que, incluindo o consumidor potencial, inclui também **a empresa**.

A questão, porém, não é assim tão simples, salvo o devido respeito.

A Directiva 1999/44/CE, do Parlamento Europeu e do Conselho, de 25 de Maio, afastou expressamente a aplicação do conceito de consumidor às pessoas colectivas, na medida em que, no seu art.º 1.º, n.º 2, al. a), dispôs que consumidor é *"qualquer pessoa **singular** que, nos contratos abrangidos pela presente directiva, actue com objectivos alheios à sua actividade comercial ou profissional"*.

Esta Directiva foi transposta para o ordenamento jurídico português através do Decreto-lei n.º 67/2003, de 8 de Abril (que regula aspectos da venda de bens de consumo e das garantias a ela relativas).

Estamos aqui, obviamente, perante uma noção assaz restrita de consumidor, normalmente seguida nas diversas Directivas comunitárias e diplomas de transposição[51], bem assim em vários ordenamentos

---

[50] *O Consumidor e a Publicidade*, in *Direito do Consumidor*, I, s/d.

[51] Além da já referida Directiva 1999/44/CE, do Parlamento e do Conselho, de 25 de Maio de 1999, pode ver-se a noção de consumidor adoptada nas seguintes directivas:
- Directiva 87/102CEE, modificada pela Directiva 90/88CEE, de 22-2-1990, ambas do Conselho (aproximação das disposições legais, regulamentares e administrativas dos Estados-membros, em matéria de crédito ao consumo), modificada pela Directiva 90/88/CEE, de 22.02, que define consumidor como a *"pessoa física que nas operações reguladas pela presente Directiva, actua com fins que podem considerar-se à margem do seu ofício ou profissão "(art.º 1.º , n.º 2, al. a))*;
- Directiva 93/13CEE do Conselho de 5 de Abril de 1993 (cláusulas abusivas nos contratos celebrados com os consumidores), define consumidor como *"toda a pessoa física que, nos contratos regulados pela presente directiva actue com um propósito alheio à sua actividade profissional"* (art.º 2.º, al. b));
- Directiva 94/47/CEE, de 26/10 (Time Sharing);
- Directiva n.º 98/6/CE, de 16.02 (Preços);
- Directiva 2000/31CE, do Parlamento e do Conselho, de 8 de Junho de 2000 (certos aspectos legais dos serviços da sociedade de informação, em especial do comércio electrónico, no mercado interno), define consumidor como

jurídicos⁵². Noção demasiado redutora do conceito, como supra se anotou e melhor se verá – um tanto desfasada da realidade social e dos legítimos interesses a defender nas relações contratuais, na ponderação de princípios, institutos e regras demasiado importantes neste domínio como são exemplo a boa fé e o abuso de direito. Talvez por isso o legislados do Dec.-Lei n.º 67/2003 acabou por não transpor a noção de consumidor que vinha prevista da aludida Directiva.⁵³

Continuemos.

É certo que, como se referiu já, o **conceito comunitário de consumidor** orienta-se no sentido de se restringir às pessoas singulares.

Porém, além do já explanado, não se pode esquecer que, mesmo aí, a questão de forma alguma é pacífica a própria **Carta do Consu-**

"*qualquer pessoa singular que actue para fins alheios à sua actividade comercial, empresarial ou profissional*" (art.º 2.º, al. e)).

– Directiva 97/7/CE, do Parlamento e do Conselho, de 20 de Maio de 1997 (protecção dos consumidores em matéria de contratos à distância) define consumidor como "*qualquer pessoa singular que, nos contratos abrangidos pela presente Directiva, actue com fins que não pertençam ao âmbito da sua actividade profissional*" (art.º 2.º, n.º 2).

⁵² V.g. o § 12.º , do BGB e o art.º 1519.º -bis, do C.C. Italiano contêm uma noção de consumidor restrita às pessoas colectivas.

⁵³ Não olvidamos a preocupação salientada por Calvão da Silva, *Compra e Venda....*, pág. 140, ao referir que "*alargar mais e desmesuradamente a noção de consumidor, coração do direito do consumo na concepção finalista ou funcional que há muito defendemos – conjunto de regras que tem por finalidade proteger os consumidores –, corresponderia a estender este novo direito em construção para fora das suas fronteiras naturais, com perda da sua unidade, da sua coerência interna e da sua especificidade, na gula de procurar equivaler-se ao Direito Civil, e fazer lembrar a rã que quis ser boi*".

Com o muito respeito que nos merece o Ilustre Professor, permitimo-nos observar que **uma coisa é não alargar "*desmesuradamente a noção de consumidor*", outra – bem diferente – é aceitar uma noção rígida, redutora, que acaba por não corresponder ao cerne do próprio conceito, ao sentido e ratio *essendi* do direito do consumo** – que visa proteger a parte considerada menos experiente, menos organizada e menos preparada tecnicamente na relação de consumo, com a imposição e regras mais favoráveis a este contraente (designadamente ao nível do direito à informação, da liberdade de opção pelo exercício dos direitos concedidos ao consumidor, da inexigência de culpa sobre o fornecedor, do alongamento dos prazos de exercício dos direitos do consumidor, etc.).

midor do Conselho da Europa de 1973 se não cingia às pessoas singulares, antes falava (expressamente) em *"pessoa física ou jurídica a quem são fornecidos bens e prestados serviços para uso privado"*.

Noção, sem dúvida, abrangente e que, portanto, não afastava o alargamento do conceito às próprias pessoas... colectivas. **Antes o parecia aceitar.**

E não é o simples facto de na noção do art.º 2.º -1 da LDC (DL 24/96) se falar em *"uso não profissional"* que impõe a conclusão de que o consumidor não pode ser uma pessoa colectiva (entidade "profissional"...). É que uma coisa é o **uso** que se dá ao bem, outra – bem diferente – a pessoa (*"todo aquele"*, diz o aludido preceito) a quem é fornecido o bem, prestado o serviço ou transmitido o direito.

E essa pessoa (*"todo aquele"* – repete-se) pode ser uma pessoa singular... ou colectiva, ponderando todos os factores já supra salientados e, eventualmente, ainda, outros.

Do exposto se vê que não parece correcto afirmar-se que o nosso legislador adoptou na LDC um conceito (restritivo) de consumidor de forma a afastar a sua aplicação às pessoas colectivas. Presumindo--se *"que o legislado consagrou as soluções mais acertadas e soube exprimir o seu pensamento em termos adequados"* (ut art.º 9.º CC), perante as dúvidas que já amplamente se vinham levantando acerca desta questão da possibilidade do alargamento do conceito de consumidor às pessoas colectivas, expressas ou salientadas, aliás, na discussão na generalidade do Projecto-Lei n.º 581/VI (DAR, I Série-A, n.º 47, de 6.6.95,a pág. 756)[54], **é pelo menos legítimo pensar – e, mesmo, concluir –, que se o legislador tivesse a intenção de adoptar a aludida noção restritiva de consumidor, tê-lo-ia feito, não deixando tudo em aberto com a abstracta expressão *"todo aquele".***

---

[54] É que não foi acolhida, na versão final, a proposta constante de tal projecto de lei, do PS, onde *expressis verbis*, se referia o consumidor como «a pessoa singular», sendo certo que, pelo menos um deputado, no debate na generalidade, fez expressa menção à necessidade de «contemplar igualmente de forma autónoma as pessoas colectivas enquanto consumidores» (*Ibidem,* DAR, I Série, n.º 84, de 08.06.96, a pág. 2683, intervenção do deputado Luís Sá, do PCP).

Pretendeu o legislador, sem dúvida para nós, deixar ao cuidado da doutrina e dos "aplicadores do direito" (a jurisprudência) a tomada de posição perante as mais diversas situações (concretas) que se deparem.

É certo que se nota alguma incoerência ou incongruência do legislador, na medida em que em certos diplomas que tratam da regulamentação de certas e determinadas áreas da relação de consumo já seguiu o aludido conceito restrito de consumo, o que aconteceu nos Decretos-leis n.os 359/91, de 21.09 e 143/2001, de 26 de Abril, respectivamente, respeitantes ao regime jurídico dos contratos de concessão de crédito ao consumo e aos contratos celebrados à distância e fora do estabelecimento – que falam, expressamente, em *"pessoa singular"* (ver, respectivamente, art.os 2.º -1-b) e 1.º -3-a)

Mas uma coisa é certa: a LDC é a Lei n.º 24/96, de 31.07, com o âmbito definido no seu art.º 2.º. **E e não outra.**

E onde, em qualquer diploma que rege determinada relação de consumo não vier adoptado o conceito restrito às pessoas singulares, ter-se-á que seguir o conceito amplo contido na LDC, com a interpretação e alcance que aqui se sustenta[55].

Por outro lado, não foi apenas a nossa LDC a evitar reduzir a noção de consumidor à pessoa física ou pessoa singular.

---

[55] Carlos Ferreira de Almeida, *Os Direitos dos Consumidores, cit.*, a pág. 222, igualmente refere que o legislador não tomou *"deliberadamente"* posição sobre a questão, "deixando para a jurisprudência a decisão sobre admissibilidade de certas pessoas colectivas de organização não-empresarial poderem ser consideradas como consumidores".

Sem dúvida para nós que assim deve ser entendido – com as ressalvas já referidas supra, é claro.

Anote-se que a questão da pessoa colectiva como consumidor já foi objecto de decisões dos tribunais, citando-se na jurisprudência francesa o aresto da Cour de Cassation, de 28.04.1978, que considerou que uma sociedade que exerce a actividade de agente imobiliário, e que tinha adquirido um sistema de alarme para a protecção do seu local era consumidor, porque o contrato não entrava na sua competência profissional, estranha à técnica muito especial dos sistemas de alarme.

É a questão da falta de competência específica a justificar ao profissional a protecção como consumidor, que melhor à frente abordaremos.

Efectivamente, se é certo que o nosso legislador adoptou uma saída airosa, **não comprometedora, deixando à doutrina e jurisprudência vasta margem para a interpretação da norma**, também outras legislações se não limitaram ao conceito de consumidor como pessoa física ou singular: as leis espanhola (Lei n.º 20/1984, de 19.07) e brasileira (Código de Defesa do Consumidor, aprovado pela Lei n.º 8078, de 11.09.1990) falam em pessoas físicas **ou jurídicas** (assim expressamente abrangendo as pessoas colectivas).

Cremos, na senda do explanado supra, que o nosso legislador não quis afastar as pessoas colectivas do estatuto de consumidores – com a moderação ou enquadramento acima retratado, naturalmente.

Desde logo, parece manifesto que – ainda mais nas actuais condições de mercado em que as grande empresas "devoram as pequenas" e na actual conjuntura económica onde só com muita dificuldade certos sectores da actividade empresarial vão conseguindo sobreviver – **não é correcto dizer-se que a debilidade contratual é apanágio apenas das pessoas singulares**, a justificar o tratamento de maior protecção que a lei confere ao consumidor.

É um facto, no entanto, que a parte mais frágil é, quase sempre[56], aquela que está do lado da procura de bens e serviços – isto é, o consumidor, **enquanto tal,** desempenha a função de adquirente, ou beneficiário, mas já não a de transmitente de bens ou de prestador de serviços.

Duma coisa, porém, não devemos fugir: o problema da extensão da protecção do consumidor às pessoas colectivas deve ser visto (também) numa **análise casuística**, tendo sempre presente o princípio de que as soluções legislativas que favorecem o consumidor apenas devem **privilegiar a parte contratual mais débil – debilidade essa que, como dissemos, não é exclusivo das pessoas singulares** –, sempre na ponderação do princípio da especialidade do fim.

E também não é de somenos ter sempre em conta o **princípio da igualdade**, que é corolário de um Estado de Direito Democrático e

---

[56] Veja-se que no DL 446/85, de 25.10 a noção de consumidor abrange qualquer um dos lados da relação contratual, pois o que aí releva é, sobretudo, a necessidade de proteger o aderente – independentemente do lado em que se encontrar – a cláusulas unilateral e antecipadamente predispostas pela contraparte..

Social (*ut* art.º 13.º CRP), a proclamar que *"todos os cidadãos têm a mesma dignidade social e são iguais perante a lei"* (n.º 1), bem assim que *"ninguém pode ser privilegiado, beneficiado, prejudicado, privado de qualquer direito ou isento de qualquer dever em razão de [....] situação económica ou condição social"*.

É claro que ao tocarmos neste princípio constitucional, devemos fazê-lo com o necessário cuidado a fim de se evitar que, ao abrigo de uma pretensa igualdade se criem desigualdades, pois a igualdade a ter em conta e que justificará a aludida extensão do conceito de consumidor não pode deixar de ser a igualdade **material e não apenas formal**[57].

É claro que para efeitos de aplicação dos textos que expressamente excluem a protecção do consumidor às pessoas colectivas, não poderão tais pessoas ser consideradas consumidores.

Da mesma forma que há direitos que, pela sua própria natureza, são *"inseparáveis da personalidade singular"* (art.º 160.º, n.º 1 do C. Civil). E, então, é obvio que aqui a questão nem se põe, como acontece, v.g., no direito à protecção da saúde.

Sem embargo do explanado e defendido, mais não fosse, por honestidade, não se pode deixar consignado que, de facto, em geral a doutrina e as Directivas Comunitárias excluem as pessoas colectivas ou pessoas morais.

E Prof. Calvão da Silva diz ser esta a melhor interpretação do n.º 1 do art.º 2.º da Lei n.º 24/96: *"todo aquele que adquira bens ou serviços destinados a uso não profissional – ao seu uso privado, pessoal, familiar ou doméstico, portanto, por oposição a uso profissional – será uma pessoa singular, com as pessoas colectivas a adquirirem os bens ou os serviços no âmbito da sua capacidade, segundo o princípio da especialidade do escopo, para a prossecução dos seus fins, actividades ou objectos profissionais (cfr. art.º 160.º do Código Civil e at.º 6.º do Código das Sociedades Comerciais)"*[58].

---

[57] Cfr. A. Bercovitz Rodriguez-Cano, *Estúdios...*, , pág. 28.
[58] *Compra e Venda de Coisa Defeituosas, Conformidade e Segurança*, Almedina, 4.ª edição, a págs. 118/119.

Mas não cremos que seja essa a melhor solução, como procurámos demonstrar.

Sobre esta questão não podemos deixar de referenciar o entendimento do Professor Menezes Cordeiro, no recente apontamento lavrado na Revista "*O Direito*", n.º 138.º, Ano 2006, IV, a págs. 697[59].

Após dar conta de que a doutrina mais criteriosa se mostra extremamente crítica, perante a restrição às pessoas singulares feita pelo § 13.º do BGB alemão[60], o Ilustre Professor refere algo da maior importância e que, afinal, é mais que evidente: que "a actual doutrina da personalidade colectiva explica que os destinatários das normas de conduta, permissivas, impositivas ou proibitivas, são, sempre e exclusivamente, os seres humanos"[61]. Podem sê-lo em modo singular ou em modo colectivo. *"neste último caso, **a imputação a uma pessoa colectiva vai desencadear todo um regime, em regra complexo, e que concluirá por concretos desempenhos de seres humanos, isto é, pessoas singulares. <u>Serão sempre estas, em última análise, que irão beneficiar dos bens e serviços</u>"***.

Por isso, esteja-se perante pessoas singulares ou colectivas, impõem-se sempre *"**ponderar – como é de boa Ciência – quais os valores envolvidos e qual o escopo do legislador. Poderá resultar uma limitação a pessoas singulares ou, pelo contrário, uma tutela de pessoas colectivas e, por essa via, de pessoas singulares.** A mensagem especial do Direito do consumo é a da não-intervenção directa no circuito económico. A pessoa tutelada – **singular ou colectiva** – sê-lo-á na medida em que, no caso considerado, opere como elo final do circuito económico. Se agir profissionalmente, seja a título empresarial seja profissional livre, não se justifica essa tutela"* – diz ustre Professor.

Termina com uma referência: explicando o porquê da restritividade alemã, explica que em Portugal não há nenhuma razão para as restrições

---

[59] Sob o título "*O Anteprojecto de Código do Consumidor*".

[60] Ob. cit., a pág. 697, citando KARL LARENZ/MANFRED WOLF, *Allgemeiner Teil des Burgerlichen Rechts*, 9.ª ed., (2004), 764 (§42, Nr.38) e MICKLITZ, no *Munchener Kommentar*, I, 4.ª ed.. cit., §13. Nr.13 (384).

[61] Ver Menezes Cordeiro, *Tratado de Direito Civil Português*, I/3 (2004), 591 ss.

que existem na Alemanha relativamente às leis de tutela. Assim, temos, v.g., a lei sobre as cláusulas contratuais gerais, que opera também perante empresários, individuais ou colectivos[62]. E diz o mesmo professor:"*excluir as pessoas colectivas (mera categoria formal) de todo um sector normativo equivaleria a um ressuscitar do princípio da especialidade:* **um retrocesso conceitual de todo impensável, para mais num sector normativo que procura uma melhor apreciação da realidade económica e social*"*.

Vemos, assim, que também este Professor sustenta a extensão do conceito de consumidor às pessoas colectivas – na senda da protecção, em última instância, das concretas pessoas singulares.

E bem salienta o mesmo Professor que "*a limitação do Direito do consumo a pessoas singulares nem sequer é tradicional, antes correspondendo, como se diz no texto, a mero refluxo conceitual*"[63].

O que acontece é que por vezes temos uma **concepção ficcionista – abstracta, idílica – de pessoa colectiva.**

Tal de forma alguma corresponde ao sentido de tal figura jurídica. É que essa pessoa é, sempre, um modo colectivo de <u>regular as pessoas singulares. Representa um concreto regime diferenciado mas traduz</u>, <u>*sempre interesses e valores humanos – interesse e valores, portanto, de pessoas concretas.*</u>

Por isso mui sábia e argutamente ensina Menezes Cordeiro[64] <u>que "*retirar tutela a uma pessoa colectiva é retirá-la a um certo número de pessoas singulares*".</u>

É com as pessoas **singulares** que o direito do consumo se deve preocupar. <u>**E é precisamente na senda dessa preocupação que se justifica a extensão do conceito de consumidor às pessoas colectivas, nos sobreditos termos.**</u>

---

[62] Art.º 17.º , do Dec.-Lei n.º 446/85, de 25.10.

[63] Assim, o *Consumer Protection Charter* do Conselho da Europa, de 17.05.1973, vem definir *consumer* como a *physical or legal persona to whom goods are supplied and services provided use.*

[64] *O Direito*, cit., a pág. 699.

Pode perguntar-se, finalmente, se as tais pessoas colectivas são apenas as de direito privado, ou também as de direito público.

A lei não distingue. E não vislumbramos qualquer razão para que tal distinção se deva fazer. Satisfeitos os parâmetros ou requisitos supra apontados, poderá ser consumidor uma qualquer pessoa colectiva, quer de direito privado, quer de direito público[65].

A questão tem-se posto, designadamente a respeito do estatuído no Dec.-Lei n.º 32/2003, de 17.02 – que estabelece o regime especial relativo aos atrasos em transacções comerciais, transpondo a Directiva N.º 35/CE/2000, do Parlamento e do Conselho, de 29 de Junho, e alterou o art.º 102.º do Código Comercial e o artigo 7.º, o art.º 10.º, o art.º 12.º, o art.º 12.º-A e o art.º 19.º do Dec.-Lei n.º 269/1998, de 1 de Setembro (Injunção) –, procurando-se saber se nos atrasos de pagamento das transacções que as entidades públicas (v.g. **Municípios**) façam, devem aplicar-se os juros comerciais. Isto é, visa-se saber se esse DL discrimina as **entidades públicas** para as incluir na definição de transacções comerciais e discrimina os **consumidores** para os excluir da aplicação do diploma.

Tem-se entendido que esse diploma exclui, discrimina, de facto, as entidades públicas para as incluir na definição de transacções comerciais a que o diploma se aplica (ver art.º 3.º a) e 2.º -1-e)), e que (*ut* art.º 2, n.º 2, al. a) desse DL) quis excluir os consumidores da aplicação desse diploma, das medidas (gravosas para os devedores), nomeadamente

---

[65] Esta é a posição seguida noutros ordenamentos jurídicos, como ocorre nos Códigos de Consumo francês (art.º 3.º) e brasileiro. (art.º 2.º).

Questão que se tem suscitado, porém, é saber se no n.º 2 do art.º 2.º da Lei n.º 24/96 cabem os «bens públicos», no sentido corrente da teoria as finanças públicas, o que engloba os serviços de justiça, de segurança pública, de defesa, de saneamento básico, etc., serviços esses subtraídos à lógica do mercado.

Cremos que a melhor posição é a que sustenta que, desde que esses bens tenham carácter indivisível, não será possível a sua apropriação individual e, como tal, o seu consumo.

É que divisibilidade e individualização são características dos bens de consumo que, naturalmente, não se encontram na generalidade dos bens públicos (ver Sousa Franco, *Finanças Públicas e Direito Financeiro*, vol. I, 4.ª ed., Almedina, 1993, a págs. 36 ss).

da sujeição aos juros comerciais que implementou através desse DL, juros esses muito mais elevados que os civis.

E quis excluí-los, no entendimento de que estes são as pessoas singulares, porque são estes, *"destinatários finais dos bens produzidos"*, que *"surgem como parte especialmente débil e carente de protecção nas relações comerciais"* (Ac. Rel. de Coimbra, de 19.12.2006, Relator Virgílio Mateus, disponível no site da *dgsi.pt*. – onde se sumariou que *"I. Tendo um Município adquirido em 28-04-04 mercadorias a uma empresa, aquele não se deve considerar consumidor para os efeitos da exclusão estatuída no art. 2.º n.º 1 al. a) do DL 32/03.*

II. Em mora quanto ao pagamento do preço, o Município deve pagar os juros comerciais e não juros civis, independentemente da natureza, forma ou designação da transacção").

Ali se escreveu, para justificar tal entendimento: *"grassa o sobreendividamento das famílias, o mesmo é dizer: dos consumidores"* – ali se dando conta de que, além da LDC, também parte do regime do C.I.R.E. dispensa específica protecção aos consumidores. E que *"o especial agravamento dos juros previsto no DL poria os consumidores (individuais), em geral, numa situação económica dramática, com isso afectando por repercussão a própria actividade económica e portanto o comércio."*

E remata-se: *"Não se vê que esta mesma ratio legis se aplique às autarquias locais enquanto adquirentes de bens e serviços.".*

O princípio afigura-se-nos correcto. O que não parece correcto é dali se extrapolar para afirmação de que consumidores são apenas as *"pessoas singulares"*, porque consumidores são, a final, os que *"surgem como parte especialmente débil e carente de protecção nas relações comerciais"*.

E como já ficou referido supra, <u>as empresas (sociedades, etc...) por vezes também surgem nesse estado.</u>

<u>*Tudo dependendo da situação concreta.*</u>

Se é certo que a aludida *ratio* – da defesa da parte *"especialmente débil"* – não se deve aplicar às **autarquias locais**, **não se pode daí extrapolar no sentido de que a mesma *ratio* apenas vale para as *"pessoas singulares",*** apenas estes beneficiando da protecção devida aos consumidores.

Como quer que seja, não se pode esquecer que o citado DL 32/
/03, embora tenha definido transacção comercial – englobando no seu
âmbito subjectivo as entidades públicas além das empresas – não definiu,
porém, o **conceito de consumidor** que utilizou. E daqui que seja de
todo legítimo questionar se, para o efeito do diploma, uma entidade
pública pode ou não considerar-se consumidor, ao adquirir contratualmente de uma empresa bens que em geral podem ser de consumo.

No aludido aresto, com recurso ao disposto no art.º 2.º, n.º 1 da
LDC (24/96, de 31.07) – e, de novo, apelando à posição de Calvão da
Silva[66] – aceitou-se a noção de consumidor em sentido estrito, assim
excluindo as pessoas jurídicas ou pessoas colectivas[67].

E acentuou essa constatação pelo facto de o legislador ter utilizado
o conceito de consumidor *tout court* (no aludido diploma – DL 32/03)
e nada ter dito em sentido diverso – o que impunha a conclusão de que
apenas se referia a *"pessoa singular fora do âmbito profissional ou
empresarial"*.

Em suma, ali se conclui que *"o réu, como pessoa colectiva de
direito público (mais compreensivamente como "entidade pública" na
expressão do DL), adquirente da mercadoria no contrato sub judice,
não deve ser havido como consumidor para os efeitos de exclusão
desse regime especial e o dito contrato deve ser havido como transacção
comercial para os efeitos da aplicação desse mesmo regime especial,
logo com aplicação dos juros comerciais por força dos seus artigos 2.º
n.º 1, 3.º al. a) e 4.º n.º 1."*

Resta dizer que também quanto a esta questão da extensão da
noção de consumidor às pessoas colectivas o **ANTEPROJECTO DO
CÓDIGO DO CONSUMIDOR** tomou posição expressa e clara.

Assim, depois de no art.º 10.º se dizer que consumidor é a *"pessoas
singular..."* – dessa forma se pondo o Código em sintonia com a noção
dominante no *direito comunitário* (Directivas) –, no **n**.º **1 do art**.º **11**.º
preceituou-se que *"As pessoas colectivas só beneficiam do regime que*

---

[66] *Ob. cit.*, 2003, p. 44.
[67] Ver, ainda, sobre a questão João Alves, *Direito dos Consumidores*, Coimbra editora, 2006, págs. 207 ss.

*este diploma reserva ao consumidor se provarem que **não dispõem nem devem dispor de competência específica para a transacção em causa e desde que a solução se mostre de acordo com a equidade*"
– sublinhado nosso.

É a já referida preocupação da parte contratual mais débil, debilidade esta que não é exclusivo das pessoas singulares. Sempre na mira do **princípio constitucional da igualdade** corolário de um Estado de Direito Democrático e Social.

Só assim se reporá a *"justiça nas relações de consumo"* (ut art.º 1.º do Anteprojecto).

II. B. 1. c) – *Quanto à terceira questão*

Parece evidente que a relação de consumo não se limita a uma relação directa e exclusiva com o sujeito adquirente, **antes se integra igualmente num círculo mais vasto, com certas ligações pessoais de conveniência.**

É manifesto que a expressão "uso privado" quer dizer o uso, quer pelo próprio consumidor adquirente, quer, designadamente, por qualquer elemento do seu **agregado familiar**.

Efectivamente, da mesma forma que a figura do produtor não coincide com a do (re)vendedor, também o adquirente-comprador final não coincidirá, muitas vezes, com o consumidor. É que este pode ser um terceiro (familiar, amigo – ou, **até, eventualmente, um estranho**, v.g., para quem o produto foi adquirido, como é o caso de se tratar de uma prenda de anos[68]).

Assim, v.g., se **A** oferece ao familiar **B**, como prenda de anos, uma máquina de filmar, é claro que não obstante não ter sido **B** a

---

[68] Oferecer uma prenda corresponde normalmente à satisfação duma necessidade pessoal (ou familiar) e muitas vezes equivale a satisfazer uma ligação pessoal de conveniência. O que significa, de facto, que o conceito de consumidor **pode e deve** abranger, quer o adquirente directo, quer o seu agregado familiar, os seus amigos próximos ou íntimos e até terceiros que não tenham qualquer relação directa com o adquirente.

adquirir a máquina, nem por isso deixa de estar abrangido pela legislação de defesa do consumidor (designadamente, pelo DL n.º 67/2003, de 8.04). É que, o facto de se tratar de uma **doação** não afasta a relação de consumo subjacente (uma compra e venda).

Veja-se que enquanto a anterior LDC – Lei n.º 29.81, de 22.08 – apenas se referia àquele *"a quem sejam fornecidos bens ou serviços destinados ao seu uso privado"*, já a actual LDC – Lei n.º 24/96, de 31.07 – fala em *"... destinados **a uso não profissional,...**"*.

O que parece que não deixa dúvidas no sentido de que pretendeu o legislador tornar mais ampla a relação de consumo, indo muito para além do simples sujeito adquirente do bem ou serviço (ou a quem foram transmitidos direitos, ut art.º 2.º -1 da actual LDC).

O legislador apenas e só estabelece este limite: que o bem, serviço ou direito seja destinado *"a uso não profissional"*. Daí que tal conceito abarca, obviamente, v.g., **todo o uso familiar e doméstico**[69-70].

---

[69] O que é adoptado em muitos outros conceitos, destacando-se as definições adoptadas nas Convenções de Roma e de Bruxelas (arts.º 5.º e 13.º , respectivamente), Convenção da Haia (art.º 2.º), Convenção de Viena (art.º 2.º -a)).

Veja-se que o Código Comercial também seguiu nesta senda, ao falar, no art.º 464.º , n.º 1, em «... *coisas destinadas ao uso **ou consumo do comprador ou da sua família,...***".

[70] Sobre a questão escreveu Carlos Ferreira de Almeida, *Os Direitos dos Consumidores*, cit., págs. 216/217: *"Outra questão é a de saber se as referências legais ao consumidor, entendido como pessoa física, se devem estender a um determinado círculo de pessoas que têm relações de convivência com o sujeito directo da relação jurídica"*.

Para melhor ilustração, cita o seguinte exemplo extraído da jurisprudência britânica: *"o senhor Daniels comprou num bar uma garrafa de limonada, que levou para casa e bebeu juntamente com sua mulher. Ambos adoeceram, em consequência de ácido fénico existente na garrafa. O juiz decidiu que o marido, na qualidade de comprador, tinha um direito a ser indemnizado, independentemente de culpa do vendedor, porque a bebida não estava em condições de ser comercializada (was not of merchantable quality). Pelo contrário, a mulher só poderia ver a sua pretensão proceder na base da prova da negligência*

Esta aplicação da privacy of contract, diríamos do efeito relativo das obrigações, será muito atenuado, na medida em que o conceito de consumidor, como parte de um contrato, seja tal que abranja tanto o adquirente directo, como aquelas pessoas que com ele constituem um mesmo agregado familiar. É esta a interpretação que parece

No entanto, há que ter algum cuidado na extensão a fazer da noção de consumidor. É que, como observámos supra, Thierry Bourgoignie entende que só com recurso a uma interpretação extensiva – que a letra da lei parece não consentir – se poderá fazer com que o conceito abranja, por exemplo, uma roda de amigos, ou os membros de uma colectividade.

II. B. 1. d) – *Quanto à quarta questão:*

Esta questão – dos bens ou serviços destinados a **finalidades mistas** – é, sem dúvida, melindrosa, como facilmente se alcança.

V.g. se A, empresário de construção civil, adquiriu um automóvel num stand para ser usado na sua profissão **e** na sua vida particular e familiar, parece que não deve qualificar-se a relação contratual como de consumo. **A não ser que** se demonstre que só ocasional ou excepcionalmente o veículo era utilizado na actividade profissional do adquirente.

Tudo dependerá, assim, do fim predominante que se der ao bem[71].

Não vemos que a simples destinação profissional parcial por si só deva afastar qualquer debilidade na relação contratual, impedindo a qualificação, **em qualquer situação**, da relação contratual como de consumo.

---

adequar-se às definições do projecto de Convenção aprovada na XIV Conferência da Haia e da Convenção de Viena, quando se reportam ao «uso pessoal, familiar ou doméstico, bem como a algumas concepções doutrinais".

[71] Também Paulo Duarte, *O Conceito Jurídico de Consumidor...*, no *B.F.D.U.C.*, Ano LXXV (1999), págs. 678-680), Sandrina Laurentino, em *Os Destinatários da Legislação do consumidor*, em "Estudos de direito do consumo", n.º 2 (2000), pág. 424 e Carlos Ferreira de Almeida, *Direito do Consumo*, a pág. 35, defende que deve ser utilizado o critério da destinação predominante, ou fim predominante a dar ao bem.

Idem J. Calais-Auloy, *Droit de la consommation*, Précis Dalloz, 3.ª ed., 1992, sustenta que se no momento da aquisição, o comprador teve a intenção de usar o bem adquirido na profissão e na vida privada, só haverá contrato de consumo se a coisa for comprada para fins **predominantemente privados.**

Já se tem questionado se o que conta é o **destino**[72] **que, predominantemente, se pretendeu dar ao bem no momento da sua aquisição** ou aquele que **efectivamente** lhe veio a ser dado.

Cremos que não bastará a mera intenção no momento da aquisição, pois, como diz o povo, de boas intenções *"está o inferno cheio"*. Contará não só o fim perseguido pelo adquirente no momento da aquisição do bem – relevante se, logo na altura, ou pouco depois, advierem problemas com o mesmo bem e há que imputar responsabilidades por eventuais defeitos –, mas também o fim **efectivo** ou concreto que se vier a dar ao bem – se apesar de na altura da aquisição a intenção era de utilização predominante para uso não profissional mas o uso efectivo foi profissional, é claro que, **após tal** uso, não poderá o adquirente valer-se da protecção que a lei dá ao consumidor.

E, como dito supra, é claro que caberá ao profissional (empresa), conforme a situação (designadamente o motivo e ocasião em que lhe é exigida responsabilidade), o respectivo **ónus da prova** – quer quanto ao destino que predominantemente se pretendia dar ao bem à data da sua aquisição, quer quanto ao destino que, efectivamente, lhe veio a ser dado.

---

[72] Sobre a questão de saber **em que sentido deve o tribunal decidir no caso de ter dúvidas insuperáveis relativas ao destino que, nos termos do contrato, haja sido atribuído ao bem que é seu objecto,** pode ver-se Paulo Duarte, *O Conceito Jurídico de Consumidor*, loc. cit., a págs. 677/678. Diz-se ali que tudo depende da *"prévia resposta à questão de saber qual a natureza de que se reveste a fixação contratual do destino dos bens adquiridos pelo consumidor"*: saber se se trata de um *facto constitutivo* dos direitos em que a lei empossa o consumidor (caso em que tal ónus da prova de que não adquiriu o bem para exercício de uma actividade profissional pertence a este), ou, ao invés, de um *facto impeditivo* (caso em que incumbe ao "fornecedor" fazer a prova de que o contrato se reporta a bens destinados a serem inseridos no processo produtivo que o consumidor, eventualmente, tenha sob a sua direcção).

Entendemos que havendo dúvidas sobre o fim que o cliente perseguiu na altura da contratação, o **ónus da prova** de que de que nesse momento o adquirente não destinava o objecto predominantemente a uso privado deve incidir sobre o profissional alienante – assim se seguindo a segunda das posições supra referidas, por ser este o espírito que preside às leis de defesa do consumidor, e assim se procurando **"compensar"** o facto de ser ele (quase sempre) a parte que se encontra em posição de inferioridade contratual.

O Prof. Calvão da Silva – cremos que alterando a posição até então sufragada, pois começa por dizer *"pensando melhor até podemos e devemos ir mais longe"*[73] – sustenta que *"quem adquire um bem com intenção de o usar na profissão e na vida privada não deixa de actuar na veste de um profissional, com a suposta qualificação técnica e aptidão para a negociação contratual inerentes ao status de quem actua no âmbito da sua actividade profissional, qualificação ou competência que não perde pelo facto de destinar a coisa **ainda e** também **a uso não profissional"**.

Cremos que esta posição vai longe de mais, parecendo-nos que melhor será seguir o supra aludido **critério da predominância do destino do uso, ou/e da utilização efectiva do bem**, nos sobreditos termos.

A suposta qualificação ou competência técnica do adquirente relevará, sim, mas no caso de o adquirente ser um profissional nesse mesmo ramo de negócio (v.g. o caso do comerciante, ou somente mecânico, de automóveis que compra um automóvel num stand para ser usado na sua actividade profissional e para uso familiar ou pessoal).

Do exposto resulta, obviamente, que **também se não aceita** a posição dos que sustentam[74] que basta que o bem em causa tenha um destino privado, **mesmo que esse destino não seja predominante**, para se dever qualificar a relação como de consumo.

Com efeito, não se vê que a compra por um mecânico de um automóvel para se deslocar na sua actividade profissional e que esporadicamente (ao fim de semana) dá um passeio com a família na viatura, deva ser considerado um contrato de consumo: não o é, não só pela experiência técnica que detém na área em que o contrato se situou, mas, também, porque o fim predominante que pretendeu dar – e efectivamente deu – ao bem foi um fim «profissional».

Seria até manifestamente injusto e mesmo abusivo a qualificação da relação contratual como de consumo.

---

[73] *Compra e Venda de Coisas Defeituosas*, cit., a pág. 121.
[74] Sara Larcher, *Contratos celebrados através da Internet...*, em "Estudos do Instituto do Direito do Consumo", vol. II, a págs. 160-181.

Sobre a situação em que alguém, actuando no pleno exercício da sua actividade económica – adquirindo bens que a ela se destinam –, opera, aquando da conclusão do contrato, fora do domínio da sua própria especialidade, enfrentando um outro agente económico de superior peso económico, pode ver-se, ainda, Paulo Duarte, *O Conceito,......,* págs. 682/682, sustentando que em tais relações contratuais, *"pode dizer-se, com propriedade, que o adquirente, por estar a **negociar fora da área da sua competência** – em matéria onde, portanto, é **profano** – corre o risco de tomar decisões contratuais assentes em deficiente e insuficiente lastro de informação técnica".* Pelo que em tais situações *"semelhante extensão teleológica do conceito de consumidor é de aplaudir, porquanto uma solução diversa redundaria na arbitrária discriminação entre pessoas colocadas perante situações objectiva e valorativamente idênticas – em violação do princípio jurídico fundamental que, em desenvolvimento da ideia de justiça, determina a necessidade de tratar igualmente o que é objectivamente igual e desigualmente o que é objectivamente desigual".*

Concordamos inteiramente com tal posição, pois mais não é do que a concretização no domínio do direito do consumo, da justiça material – assim se evitando meras soluções formais, de todo despidas das circunstâncias específicas do caso concreto –, que o aplicador do direito de forma alguma pode pôr de lado, sob pena de se poder dizer que tudo pode estar a fazer menos (seguramente)... justiça.

É certo que, também neste aspecto, **tem de se ter especial cuidado**, sob pena de, **na ânsia de tentar proteger o "coitadinho"**, o "mais débil" da relação contratual, **se estar a dar cobertura a situações que o não merecem,** em afronta da letra e do espírito das leis que visam proteger o... consumidor.

Ou seja, não é só porque alguém é mais fraco na relação contratual que se vai beneficiá-lo como consumidor. Há que ponderar a situação, tendo presente o normativo do art.º 282.º do CC – não olvidando que o consumidor é o que se encontra diante de uma **situação estrutural de desigualdade de forças** e não o que só pontualmente se encontra em desequilíbrio, facilmente ultrapassável.

A título meramente informativo, e a respeito da questão da **extensão da protecção do consumidor a profissionais equiparados a**

consumidores quando a **equidade** o justifica, já no estudo contido in *"Estudos de Direito do Consumidor"*, n.º 2 (2000), a págs. 427/428, se dava conhecimento da posição da jurisprudência francesa – **pelo menos à data do estudo** – na tentativa de mostrar que a posição não é pacífica.

Aí – depois de se fazer menção ao disposto no art.º 35.º da lei de 10 de Janeiro de 1978 sobre as cláusulas abusivas (hoje artigo L132--1 do Code de la Consommation) – se dá conta das posições da Cour de Cassation: primeiro no aresto de 28.04.1987[75], depois mudando de posição[76].

Refira-se, a terminar, que, de novo, todas as preocupações trazidas à colação na abordagem desta questão foram tidas em conta pelo ***ANTEPROJECTO DO CÓDIGO DO CONSUMIDOR***.

Efectivamente, é bem patente nele a **preocupação de justiça material**, na ponderação da *"situação concreta, de acordo com a equidade"*. O que significa que se a predominância do fim é, indiscutivelmente, relevante, igualmente se impõe, também, que esteja sempre presente, designadamente, a *"competência específica"* do consumidor *"para a transacção em causa"*, *"em virtude da sua actividade e experiência profissional"* (cfr. art.º 12.º, n.º 2 do Anteprojecto).

Na senda, designadamente, do princípio da *"proibição do abuso do direito"* (n.º 1 do cit. art.º 12.º).

---

[75] Onde se decidiu que uma sociedade que exerce a actividade de agente imobiliário e que tinha adquirido um sistema de alarme para a protecção do seu local, beneficiava da protecção porque o contrato não entrava na sua competência profissional, estranha à técnica muito especial dos sistemas de alarme, de molde que estava na mesma situação de ignorância do que qualquer consumidor. Ou seja, o STJ francês decidiu aí que um profissional podia beneficiar da protecção da lei sobre as cláusulas abusivas, mesmo que tivesse adquirido para uso profissional, desde que tivesse adquirido num ramo **estranho à sua especialidade** (sobre a evolução da jurisprudência francesa, ver G. Paisant, *Les nouveaux aspects de la lutte contre les clauses abusives,* D. 1988, crónica, pág. 253).

[76] Voltando à posição inicial, isto é, entendendo que as disposições sobre as cláusulas abusivas não tinham aplicação aos contratos que tinham uma ligação directa (um *"rapport direct"*) com a actividade profissional exercida pelo contraente – posição que se refere ser a que o STJ passou a defender, pelo menos até à altura do estudo a que nos referimos.

II. B. 1. e) – *Quanto à quinta questão*

Cremos que <u>nada obsta</u> a que **o adquirente** do bem ou serviço ao "profissional"[77] – no âmbito de uma relação de consumo, é claro – **possa, por sua vez, estabelecer nova relação de consumo com terceira pessoa.**

É óbvio que uma condição logo se impõe: que o aludido adquirente do bem ou serviço <u>não actue, agora, como… profissional</u>. Caso contrário, estaria o legislador a deixar sair pela janela o que antes deixou entrar pela porta. E este não é, seguramente, o espírito e/ou escopo das leis de protecção aos consumidores.

Assim, v.g., nada impede que o comprador de uma fracção autónoma que, logo de seguida, a deu de **arrendamento** para qualquer fim,

---

[77] Fala a lei, apenas e só, em «*profissional*».

Observa, porém, muito a propósito, Jorge Pegado Lizi, *ob. ciot., a págs. 189/ /190*, que tal «carácter profissional» – acrescido ao desempenho da actividade económica – "constitui e representa, como já o era anteriormente, uma limitação que se afigura inoportuna e incorrecta, na medida em que retira do âmbito do direito do consumo toda e qualquer transacção exercida por um agente económico, desde que não revista «carácter profissional».

Acontece, desde logo, que **a lei não define o que entende pelo exercício «com carácter profissional»,** de qualquer actividade económica, não sendo, assim, de excluir a interpretação da necessidade de à pessoa fazer daquela actividade a sua «profissão exclusiva», o que limitaria drasticamente o âmbito da relação" – é esta, aliás, a opinião de Teresa Almeida, in *Lei a Defesa do Consumidor Anotada,* onde refere que a expressão «profissional há-de corresponder a uma actividade, com carácter tendencialmente regular, ainda que não constitua a principal actividade económica do agente e que tenha como fim a obtenção de ganhos económicos» (pág. 8). "Mas, mesmo que assim se não entenda, ainda assim **o «carácter profissional» traduz um intuito limitativo, com o objectivo de excluir todas as actividades «ocasionais» de quem, não fazendo «profissão» de tal actividade, não obstante a pratique, mesmo com regularidade**. Pensa-se, por exemplo, na situação, frequente, do profissional vendedor de automóveis que, paralelamente, angaria seguros automóveis para clientes seus a quem vende os automóveis; ou o mesmo profissional que ocasionalmente afina os pianos de pessoas conhecidas ou amigas; ou a funcionária pública que, no local do seu trabalho ou em rodas de amigos, vende confecções ou *tupperware;* ou o engenheiro civil, trabalhador por conta de outrem, que faz «avaliações» de imóveis para empresas imobiliárias ou para bancos" – sublinhado nosso.

beneficie da protecção do consumidor perante os defeitos de construção na fracção. É que não é essa – desde que não fosse, acentue-se – a sua actividade profissional. É que se fosse, então já não seria consumidor no contrato de aquisição da mesma fracção[78].

Mas é claro que a questão pode justificar eventuais reservas, na ponderação, **no caso concreto,** de princípios, institutos e regras importantíssimas neste domínio, como são exemplos a boa fé e o abuso de direito.

Veja-se, por exemplo, a hipótese de o comprador da fracção ser pessoa especialmente qualificado ou competente tecnicamente no ramo em que o contrato se insere (construção civil)

É certo que, embora tendo actuado no âmbito não profissional, a sua aludida competência ou conhecimentos no sector justificarão que não deva ser protegido com a legislação de "protecção do consumidor", v.g., no caso de se vir a aperceber após o negócio que, afinal, a fracção que adquiriu tinha defeitos de construção. Beneficiar de tal defesa seria abusivo e injusto perante os demais adquirentes que adquiriram fracções da mesma natureza para fins "não profissionais" mas que não estavam munidos dos supra aludidos conhecimentos técnicos que constituem fortes meios de defesa contra as surpresas que pudessem advir da qualidade da coisa.

Veja-se, igualmente, a hipótese de o mesmo comprador – não "profissional" – da fracção ser **pessoa com grande potencial financeiro** – que, desde logo, lhe permite ter possibilidade de, querendo, ter ao seu dispor vastos conhecimentos técnicos e outros à data do contrato – e ter adquirido a fracção para fazer receita por via do arrendamento.

---

[78] Teresa Almeida, *Lei de Defesa do Consumidor Anotada,* 2.ª ed., (2001), pág. 11, acrescenta que da mesma protecção dos instrumentos que a Lei de Defesa do Consumidor contém beneficia aquele que adquire um **direito real de habitação periódica** em empreendimento turístico, destinando-o não ao seu uso pessoa e do seu agregado familiar mas a posterior transmissão. Como pode ser, para os efeitos da referida LDC, consumidor o cidadão que participa numa oferta pública de venda de acções de uma sociedade e não vê respeitado o direito à informação no contrato que celebra com a entidade bancária.

Concordamos inteiramente – porém, sempre com a ressalva que fazemos neste, texto.

O que, quiçá, talvez já fizera com várias outras fracções que comprara anteriormente.

É, pelo menos legítimo, questionar se seria justo alargar ao caso o benefício da protecção do consumidor, isto é, se tal não seria pelo menos duvidoso à luz da moral – quando é certo que, como, em tempos idos, ouvimos dum Ilustre (nosso) Professor da Universidade de Coimbra (infelizmente já falecido), o direito é tão moral que deixa de ser jurídico se atentar abertamente contra a moral.

É, no fundo, não olvidar a já tão propalada ideia de consumidor como parte fraca, leiga, profana, a **parte débil**[79] **economicamente** ou menos preparada tecnicamente numa relação de consumo concluída com um contraente profissional, uma empresa.

Pelo menos, regista-se a dúvida.

• **Situação diferente será, porém, esta:**
Da letra da lei parece que se excluem as situações em que o não profissional se encontra do lado do que vende, do que presta serviços ou do que transmite direitos.

Mas **será que a noção de consumidor se esgota com a posição de «adquirente»?** Será que o vendedor, v.g., nunca pode ser visto como consumidor?

V.g. A. vende o seu automóvel a um stand, aluga a sua "autocaravana" a terceiro ou vende a sua casa através de uma imobiliária. Só porque o A. aparece sempre do lado da oferta e perante um profissional «adquirente» já não pode ser considerado consumidor?

A letra da lei *parece* excluir estas situações da noção de consumidor – pois *parece* que apenas se reporta às situações em que o particular se encontra do lado da procura.

Em sintonia com as explanações que já atrás desenvolvemos – **e** dentro dos circunstancialismos, ou pressupostos, aí retratados – não

---

[79] Sem olvidar, porém, que é, de facto, *"errado cair-se na tentação de aplicar--se as medidas legais de protecção do consumidor a **todo** o contraente débil. O consumidor é **apenas uma modalidade de contraente débil**, identificado pelas notas distintivas do art.º 2.º /1 da LDC"* (Paulo Duarte, *Conceito Jurídico de Consumidor segundo o art.º 2.º /1 da Lei de Defesa do Consumidor, in BFDUC*, Vol. LXXV (1999), pág. 660).

vemos razões sérias para que o aludido **particular** não possa beneficiar da especial protecção conferida por lei aos consumidores[80].

II. B. 1. f) – *Ainda outros exemplos ou situações ilustradores da verificação, ou não, duma relação de consumo*[81]

V.g. Se é um particular que vende o seu computador, o frigorífico, etc., a uma casa que se destine à compra e venda de materiais novos

---

[80] É este, também, o entendimento de Pegado Liz, *ob. cit.*, a pág. 194 – que, porém, dá conta da diferente posição de J. Calais Auloy que (*in ob. cit.*, a pág. 4) defende: « o consumidor está sempre na posição daquele que adquire, que procura: a pessoa, mesmo não profissional, que fornece um bem ou um serviço, não deveria, na minha opinião, ser qualificada de consumidor».

[81] Para melhor compreendermos as situações exemplificadas, cremos ser útil uma palavra sobre um ou outro aspecto da relação jurídica de consumo.

Assim, é, sem dúvida, de especial relevância a questão do **objecto da relação jurídica de consumo.**

Aqui a doutrina costuma distinguir entre **objecto imediato** (conjunto de direitos e obrigações que constituem o cerne da relação jurídica) e **objecto mediato** (genericamente as coisas que são objecto dos direitos e obrigações).

Deixamos aqui uma especial referência ao objecto **mediato**.

Assim, parece obvio que o carácter consumível dos bens ou serviços não constitui característica distintiva e exclusiva das relações de consumo, no sentido que o direito lhe atribui.

Dito isto, temos que, tal como ensina Pegado Liz (*in ob.cit.*, a pág. 226), **podem constituir objecto da relação de consumo:**

" – os **produtos**, definidos, em sentido lato, como qualquer bem social corpóreo, existente no mercado, quer sejam ou não o resultado de uma actividade primária ou mecânica, aí se incluindo tanto os produtos perecíveis ou semiconsumíveis como os bens semiduradouros ou duradouros" – Thierry Bourgoignie afirma a propósito: «As acções ao portador, as obrigações e outros títulos de sociedade pertencem ao domínio das coisas corpóreas oferecidas ao consumo e não se vê razão para afastar a protecção do aforrador do campo das preocupações do direito do consumo» recordando como «o tema da protecção do consumidor em face dos serviços financeiros, incluindo a poupança, aparece, aliás, como uma das prioridades do movimento de defesa dos consumidores nos anos 80», assumindo hoje plena actualidade com a recente iniciativa da Comissão relativa à especial protecção dos consumidores em face da venda

à distância dos serviços financeiros *(ob. cit.,* pág. 56 e nota 161) – e quer sejam tangíveis quer intangíveis"
- por exemplo, o gás, a electricidade, as ondas de rádio e TV, as radiações são alguns casos de bens intangíveis obviamente integrados entre os móveis corpóreos não tangíveis de consumo;
- "os bens imóveis, quer para mera utilização (**o arrendamento**) quer mesmo para a aquisição de propriedade ou de posse, designadamente quando o seu objectivo for a habitação;
- qualquer espécie de serviços, quer tenham carácter público, quer privado, de natureza material (p. ex., uma reparação, a limpeza), de natureza financeira (os seguros, o crédito, as operações de bolsa) ou mesmo de natureza intelectual (os cuidados médicos, a consulta jurídica)" – a este propósito Thierry Bourgoignie recorda que «a assimilação da noção de usuário, à de consumidor é commumente admitida» e cita como exemplos do conjunto muito vasto de serviços abrangidos pela relação de consumo «as actividades de construção, de locação, de reparação, de manutenção e de limpeza, o transporte, o fornecimento de refeições e de alojamento, a organização de viagens ou de cursos, os cuidados médicos, os serviços de consulta jurídica e a defesa em justiça, as operações de banca e de seguro, a distribuição de energia eléctrica, de gás ou de água, os serviços de correspondência e de telefones, etc.» *(ob. cit., pág. 58).*

Quanto aos direitos que constituem o objecto **imediato da relação jurídica de consumo**, a doutrina vem distinguindo entre direitos difusos, direitos colectivos ou direitos individuais ou homogéneos (cfr. o art.º 13.º , al. c) da LDC, onde se consagrou esta mesma distinção).

Por outro lado, há que deixar uma nota para dizer que **os factos que podem estar na origem de relações de consumo não se reduzem aos contratos**.

Com efeito, se é certo que geralmente uma relação jurídica de consumo se constitui por via da celebração dum contrato (em especial pela compra e venda), o certo é também que há muitas relações jurídicas de consumo que não emergem dum vínculo contratual.

Por outro lado, não há um típico contrato de consumo, a distingui-lo dos demais contratos previstos na lei geral – e muito menos se poderá dizer que o negócio jurídico de consumo tenha necessariamente como o objecto um bem de consumo final, pois se o tivesse, então a aquisição de uma casa de habitação, o arrendamento ou uma operação de crédito ao consumo ficariam fora dos negócios jurídicos de consumo. O que, obviamente, de forma alguma se não poderia aceitar.

ou usados, é claro que não estamos perante relação de consumo: o adquirente é ... um profissional.

O mesmo acontecendo. v.g., se **A** (particular) vender o seu automóvel a um stand[82].

Com efeito, se alguém, sendo profissional ou empresário, adquirir o bem (v.g. um computador) a um consumidor – que não, portanto, a um profissional) –, **mas** para lhe dar um uso profissional, é claro que não deve merecer da protecção do direito do consumo[83].

Ora, <u>o que verdadeiramente caracteriza a especificidade própria da relação jurídica de consumo é apenas e só a sua própria essência, como acto jurídico complexo</u> – a teoria deste acto complexo foi desenvolvida por Carnelutti, *Teoria Geral del Derecho,* Madrid, 1955, a págs. 452 e segs..

Sobre a questão escreve Pegado Liz, *ob. cit.,* a pág. 240:

"Com efeito, hoje em dia, o acto de consumo não é geralmente um acto isolado, definido e talhado pela vontade individual das partes envolvidas.

Uma mensagem publicitária, uma campanha de *marketing,* uma oferta pública de venda, um contrato de venda em grupo, uma venda de *time-share,* a predisposição de contratos múltiplos de adesão, como sejam os seguros, os cartões de crédito, o depósito bancário, o crédito ao consumo, etc... são exemplos bem característicos de **actos complexos**, dos vários tipos antes enunciados e, a maioria das vezes, de vários tipos combinados entre si.

Até mesmo quando os actos de consumo aparentemente se podem cindir numa pluralidade de actos distintos, eles acham-se de facto **ligados pelas consequências que deles podem resultar** para uma pluralidade mais ou menos identificada de sujeitos, como seja, por exemplo, a venda de embalagens de azeite contaminado ou de produtos farmacêuticos perigosos" – vejam-se, como exemplos, os conhecidos casos de venda de azeite de colza em Espanha e da talidomida um pouco por todo o mundo –, "de séries de carros com defeitos de produção ou de desastres ecológicos ou deficiências de qualidade nos produtos alimentares" – citam-se, como exemplos actuais, o caso de deficências do sistema de travagem numa série da *BMW* ou do capotamento do modelo da série A da *Mercedes Benz,* ou as consequências de Tchernobyl na produção de espargos da região da Alsácia, ou da carne contaminada pela BSE.

"Ora é esta dimensão colectiva dos actos de consumo que é essencial para a definição e a caracterização da relação jurídica de consumo e que constitui, com os restantes elementos subjectivos já referidos, a diferença específica que permite **autonomizar o conceito de relação jurídica de consumo, como estrutura fundamental de um especial ramo do direito**" – conclui o mesmo autor.

[82] Aqui o não profissional actua como sujeito activo m relação ao profissional.
[83] Já assim não seria se o uso que o comerciante desse ao bem fosse pessoal:

V.g. Se o mesmo computador é comprado por alguém que, sendo profissional de computadores, o comprou apenas para o seu uso particular, pessoal, familiar ou doméstico, é claro que também não deve merecer da protecção que é devida aos consumidores. É que, sendo o comércio de computadores o ramo de actividade do comprador, é claro que seria injustificada e até abusiva a aplicação do direito especial de protecção ao consumidor, pois a sua qualificação técnica e profissional permitem-lhe evitar "deixar-se levar" pelo vendedor, pois conhece, ou tem obrigação de conhecer, os riscos e os abusos a que em tais circunstâncias normalmente os consumidores estão expostos, podendo, assim, evitá-los sem esforço.

É que a ratio do direito do consumidor assenta na assimetria de formação – informação – poder, com manifesta desvantagem para o consumidor, enquanto parte fraca, leiga, profana, a parte débil economicamente ou a menos preparada tecnicamente de uma relação de consumo concluída com um contraente *profissional*, uma empresa[84].

---

então nada obstaria, em princípio, a que o adquirente do bem pudesse ser considerado incluído na noção de consumidor. – como já acima procurámos demonstrar.

A tal propósito, diz Thierry Bourgoignie que «as qualidades de consumidor e de comerciante podem assim concentrar-se no seio de uma mesma pessoa, reflexo do carácter difuso da noção económica de consumidor" (*ob. cit.*, pág. 51).

Por isso, não parece ser possível, à partida, definir, pelas suas características pessoais ou subjectivas, quem é o « consumidor» na relação de consumo: não é correcto identificar o consumidor com quem é comprador, alugador, arrendatário ou mutuário, por exemplo (sujeito passivo) e profissional com quem vende, aluga, arrenda ou empresta (sujeito activo). É que os consumidores não são um grupo de pessoas oposto ou distinto de outro grupo, como homem e mulher, patrão e trabalhador, etc.

Assim, ensina Jean-calais Auloy, *ob cit.*, a pág. 7, que «não se deve crer que profissionais e consumidores constituem duas classes distintas de cidadãos (…). Toda a pessoa física toma, em múltiplas ocasiões da sua existência, a qualidade de consumidor, mesmo se ele exerce uma actividade profissional. Um comerciante que adquira a sua alimentação quotidiana age enquanto consumidor».

[84] Exemplo que é comum dar-se, no segmento que ora afloramos, é o do comerciante que compra o automóvel para seu uso particular, ou da sua família, sendo ele próprio profissional do mesmo ramo (por conta própria ou por conta de outrem) – pela mesma razão não merece a protecção que é devida ao consumidor, sob pena de se aceitar um conceito abusivo de consumidor!

Idem, se o mesmo **A** comprar uma bicicleta a um amigo (não profissional do ramo, entenda-se). Se a **relação contratual se estabelece entre dois não profissionais** (que não exercem qualquer actividade económica com carácter profissional), é claro que se está fora de qualquer relação de consumo (A, particular, vende o seu computador ao vizinho (igualmente particular).

Aqui o consumidor limita-se a contratar com um outro cidadão, o que significa que nunca poderia aceitar-se a responsabilização desse cidadão nos mesmos termos em que podem ser responsabilizados os profissionais.

Não poderemos, assim, sequer, falar em relação de consumo, mas – como igualmente refere A. Bercovitz Rodrigues-Cano[85] –, em **relação que se estabelece entre particulares** e, como tal, não abrangida pela protecção inerente ao direito do consumo.

V.g. Se um **pequeno logista** de qualquer aldeia ou cidade adquire um computador para controlo ou registo dos movimentos de compras e venda ou o **pequeno empresário** explorador de um estabelecimento de café (numa pacata aldeia) adquire um sistema de alarme para o mesmo estabelecimento, é claro que **não se justificará que deixem de merecer da protecção devida ao consumidor**. É que, embora os produtos adquiridos se destinem à sua actividade profissional, não só se trata de **profissionais modestos**[86], como o conhecimento que possuem dos produtos que adquiriram – **caso assim aconteça, de facto** – é o mesmo de qualquer consumidor, pois se dedicam a actividade de todo estranha aos produtos que adquiriram. Pelo que o bom senso, a **equidade** e o **sentido de justiça** não permitirão justificar um tratamento diferente do que é devido aos consumidores[87].

---

[85] *Ob cit.*, a pág. 118.

[86] Repete-se que o objectivo do direito do consumidor é proteger (**todos**) os mais fracos, contra os mais poderosos – é que, como dizia Lacordaire, "entre o fraco e o forte é a lei que liberta e a liberdade que oprime".

[87] Calvão da Silva, *in Compra e Venda de Coisas Defeituosas,...*, pág. 122 defendendo esta mesma **protecção do pequeno profissional**, justifica-a dizendo que tal "*resulta do direito comum, nomeadamente dos vícios do consentimento, da garantia prevista no contrato de venda, da lesão, desse princípio reitor do direito que é a **boa fé**, do **abuso do direito** e da própria **ordem pública** ou mesmo da ordem pública*

É certo que tal não significa que se deva generalizar, no sentido de se entender que deve considerar consumidor **todo aquele** que, apesar de destinar o bem encomendado a uma utilização profissional, esta utilização se situe fora do domínio da sua especialidade. Diz-se, com efeito, que a seguir-se este entendimento, então teríamos adoptado uma definição de consumidor em que já não faríamos apelo a um elemento subjectivo – a intenção do dono da obra – mas sim a um elemento objectivo – o tipo de obra contratado (o que se afastaria do critério adoptado na LDC, pois o consumidor já não seria o que destina a obra a uma finalidade alheia à sua actividade profissional, mas sim o que contrata a realização de uma obra estranha ao objectivo da sua especialidade profissional.

Porém, não é **apenas** a falta de preparação técnica do adquirente do bem ou serviço que justifica que beneficie da protecção concedida ao consumidor; não é apenas o facto de a utilização da obra estar fora do domínio da sua especialidade que importa ter em conta.

É algo (muito até) mais: é a ponderação das especificidades do caso concreto, temperadas com razões de **justiça** e **equidade**, alicerçadas, designadamente, no **princípio da boa fé na formação e execução dos contratos**[88] que justificará a aludida "extensão" do conceito de

---

tecnológica. Isto na medida em que não haja legislação especial cujo campo de aplicação abranja a categoria de casos referidos (nesta linha veja-se o Decreto-lei n.º 446/85, de 25 de Outubro, que regula expressamente, nos arts. 15.º a 19.º, cláusulas contratuais gerais nas relações entre empresários ou entidades equiparadas").

[88] Não se deve esquecer, com efeito, que a **boa fé** está presente tanto na preparação como na formação do contrato (art.º 227.º do C. Civil), **como, também, no cumprimento das obrigações e no exercício do direito correspondente** (art.º 762.º, do mesmo Código).

É um princípio que constitui uma trave mestra, certa e segura da nossa ordem jurídica, vivificando-a por forma a dar solução a toda a gama de problemas de cooperação social que ela visa resolver no campo obrigacional – princípio, é certo, que deve ser observado com as restrições apontadas por Salvatore Romano, em "*Enciclopédia del Diritto*", Milão, 1959, – "*Buona Fede*", págs. 667 e segs. Ver, ainda, *a Boa Fé nos Contratos*, de Armando Torres Paulo, pág. 124 e "*A Boa Fé no Direito Comercial*", in "*temas de Direito Comercial*", conferência no Conselho Distrital do Porto da ordem dos Advogados, págs. 177 e segs. e Baptista Machado, in *Obras Dispersas*, vol. I.

Saliente-se que a ideia da **_Boa Fé_** tem uma presença bem marcante no **ANTEPROJECTO DO CÓDIGO DO CONSUMIDOR**. Basta ver o que se escreveu

consumidor aos pequenos profissionais que, apesar de destinarem a obra contratada ao exercício do seu comércio, a mesma obra é estranha à sua especialidade[89].

E não se diga que os aludidos pequenos profissionais, ao contratar, não deixam de agir (sempre) na sua veste profissional, tendo, assim, como apoio toda uma organização empresarial.

---

no seu art.º 6.º :"*Na concretização do **princípio da boa fé** dever-se-á especialmente ponderar, entre outros factores, a necessidade de assegurar a defesa do consumidor*".

[89] O Prof. Calvão da Silva escreve – in *Compra e Venda de Coisas Defeituosas*,......, 4.ª. Ed., págs. 121/122 – a respeito da hipótese do profissional que adquire um bem ou serviço estranho à sua especialidade e profissão mas destinado a satisfazer necessidades da sua actividade profissional específica ("v.g. um **modesto produtor ou artesão** compra um computador para a sua actividade profissional"):

"*A equidade justifica a extensão da protecção especialmente prevista para o consumidor-homem débil ao profissional cuja actividade seja modesta (pequena empresa, pequeno comércio, pequena exploração agrícola) e aja fora da sua competência específica, apresentando-se no contrato concreto realmente tão leigo e profano perante a alta tecnicidade do produto adquirido como qualquer consumidor.*"

Mas acrescenta: "*Não é esta, porém, a solução geral, resultante da noção corrente de consumidor em sentido estrito e recebida no n.º 1 do art.º 2.º da Lei n.º 24/96,, que não abrange o fornecimento de produtos e a prestação de serviços destinados **a uso ou fim profissional**. Isto não quer dizer que não beneficie de protecção o pequeno empresário cuja actividade seja estranha à tecnicidade do objecto obtido e perante o qual é ignorante e não tem competência técnica. Só que o expediente jurídico para alcançar o resultado pretendido não é o da extensão da noção de acto de consumo aos realizados para o exercício de uma actividade profissional, sob pena de se dar um âmbito de aplicação à Lei n.º 24/96 não querido, expressis verbis, pelo legislador, que reserva a protecção especial nela prevista ao consumidor ordinário – aquele que realiza actos de consumo para fim privado, pessoal, familiar ou doméstico, adquirindo bens ou serviços destinados a uso não profissional -, na linha da generalidade das doutrinas e das Directivas comunitárias*".

E conclui, como já dito atrás, que "*a protecção do pequeno profissional referido resulta do direito comum, nomeadamente dos vícios do consentimento, da garantia prevista no contrato de venda, da lesão, desse princípio reitor do direito que é a boa fé, do abuso do direito e da própria ordem pública económica ou mesmo da ordem pública tecnológica. Isto na medida em que não haja legislação especial cujo campo de aplicação abranja a categoria de casos referida (nesta linha, veja-se o Decreto-lei n.º 446/85, de 25 de Outubro, que regula expressamente, nos arts.15.º a 19.º, cláusulas contratuais gerais nas relações entre empresários ou entidades equiparadas).*".

Se tal "organização empresarial" for de dimensão minimamente capaz de lhes retirar a posição de debilidade inerente ao consumidor, tudo bem; caso, porém, tal *"organização empresarial"* seja, **de facto, débil**[90] (normalmente com igual debilidade financeira) – como geralmente acontece (por acção, v.g., da cada vez maior proliferação de grandes **superfícies comerciais**, estas, sim, com grande capacidade financeira e grande preparação técnica nos mais diversos domínios) com o pequeno comércio tradicional –, é claro que **– associado ao facto de essa parte não dispor da preparação técnica**, por a utilização do bem adquirido se situar fora do domínio da sua especialidade, **não chocará (pelo menos) que esses pequenos profissionais não possam beneficiar da protecção que a lei confere aos consumidores**.

V.g., se **A** (particular) é – ou foi (recentemente) – mecânico de automóveis e compra a **B** (stand) um automóvel para uso particular (não profissional), ou **A** (não profissional) é entendido em construção civil e contrata com **B** (empresário de construção civil) a empreitada

---

[90] É que uma das características específicas da relação jurídica de consumo (no que aos sujeitos respeita) é, de facto, a sua **desigualdade enquanto parte nessa relação**: **nas relações de consumo uma das partes é claramente «mais fraca» ou «desfavorecida»**, visto se encontrar numa situação de «inferioridade» relativamente à outra parte.

Tal ocorre em múltiplos domínios, v.g., ao nível da informação, da concorrência, da negociação, da segurança, do acesso à justiça e da representação; ocorre pela própria natureza da relação de consumo, dada a impossibilidade prática de optar entre contratar ou não contratar, quando em causa estão necessidades básicas ou vitais, como é o caso da alimentação, habitação, saúde, transportes; ocorre na quase impossibilidade de escolha do co-contratante (ou por ausência de informação ou pela sua complexidade), em especial estando do outro lado empresas monopolistas; ocorre não próprio conteúdo da relação de consumo (distribuição em massa, contratos de adesão – com cláusulas predispostas pelo contratante e que não admitem qualquer margem para negociação ou discussão).

Em tudo isto é bem patente um forte desequilíbrio ou desigualdade das partes – a acrescer uma multiplicidade de intermediários, falta de informação e de conhecimentos jurídicos e técnicos por banda do consumidor, um claro desfavor em que este se encontra em face dos meios e das regras existentes para a resolução dos conflitos, ao que acresce o facto de a sua decisão ser muitas vezes motivada por uma publicidade enganosa e desleal, por técnicas de vendas agressivas com uma por vezes total ausência de informação em todos os segmentos da "contratação").

de construção da sua casa de habitação, é claro que – mesmo tratando-
-se de particulares que adquirem um bem ou a quem foi prestado um
serviço para uso *"não profissional"* – não deverão ser considerados
consumidores, pois a sua experiência técnica na área em que se situam
os contratos não permite dizer que estão desprotegidos em relação à
contra parte no negócio (o profissional).

V. g. A (particular) **toma de arrendamento** a **B** (profissional
dessa actividade), para sua habitação, o prédio ou fracção X, é claro
que **A** beneficia da protecção devida ao consumidor.

Assim, v.g., o senhorio tem o dever de que o imóvel dado de
arrendamento seja conforme com o contrato (art. 2.º, n.º 1, D.L. 67/
/2003, de 8 de Abril), o que se presumirá não se verificar sempre que
ocorra algum dos factos negativos referidos no art. 2.º, n.º 2, do D.L.
67/2003. Caso se verifique essa **não conformidade com o contrato**,
o **arrendatário**[91] **tem direito** a que a conformidade seja reposta sem
encargos, por meio de reparação ou de substituição, a uma redução
adequada da renda ou à resolução do contrato (art. 4.º D.L. 67/2003).

É que, determinando o art.º 1.º , n.º 2 do citado DL – que estendeu
consideravelmente entre nós o âmbito de aplicação da Directiva 1999/
/44/CE – que o regime das garantias nas vendas de bens de consumo
é ainda aplicável à **locação de bem de consumo**, o regime dos arts.
1032.º e ss. do Cód. Civil é substituído pela aplicação com as necessárias
adaptações do regime do D.L. 67/2003, de 8 de Abril[92].

Já, porém, se o mesmo A teve larga experiência no âmbito da
construção civil – exerceu tal actividade durante muitos anos até época
recente –, ou, mesmo, como agente imobiliário, de forma a poder
dizer-se que tinha conhecimentos que lhe permitiam ver e analisar

---

[91] Aqui na veste de "consumidor", na mesmíssima noção que o art.º 2.º , n.º 1
da LDC contem, ex vi do art.º 1.º , fine do Dec.-Lei n.º 67/2003 – que dispõe que tal
diploma visa "assegurar a protecção dos interesses dos consumidores, tal como definidos
no n.º 1 do art.º 2.º da Lei n.º 24/96, de 31 de Julho".

[92] Neste sentido, ver Luís Manuel Teles de Menezes Leitão, Arrendamento Urbano,
2.ª ed., Almedina, 2006.

cabalmente as reais condições do arrendado, não cremos que deva beneficiar da protecção que o aludido DL confere aos *"interesses dos consumidores tal como definidos no n.º 1 do art.º 2.º da Lei n.º 24/96, de 31 de Julho"*.

Termina-se este capítulo, a respeito da aludida debilidade ou vulnerabilidade que deve viver paredes meias com a noção de consumidor, citando José Geraldo Brito Filomeno[93]: *"o traço marcante da conceituação de consumidor está na perspectiva que se deve adoptar, ou seja, **no sentido de se o considerar como hipossuficiente ou vulnerável"***.

Ideia esta que é igualmente sufragada por Fábio Konder Comparato[94]:" *consumidores são aqueles que não dispõem de controle sobre os bens e produção e, por conseguinte, devem-se submeter ao poder dos titulares deste (...), isto é, os empresários"*.

III. O ANTEPROJECTO DO CÓDIGO DO CONSUMIDOR

Como cremos já ressaltar das referências que pontualmente fizemos, aquando da abordagem das diversas questões, é bem claro que **as supra aludidas preocupações não passaram ao lado do *Anteprojecto*. Muito pelo contrário!**

Com efeito, procurou-se – como parece que se impunha – rever a noção de consumidor que a actual LDC contempla.

Ora, considerando as referências já feitas ao Anteprojecto ao longo deste trabalho, limitamo-nos, aqui, a trazer à colação a explicação (*"autêntica"*) que é dada pelo eminente Prof. Catedrático de Coimbra, Pinto Monteiro – que presidiu à *"**Comissão do Código do Consumidor**"*[95]:

"Ora, só faz sentido consagrar num Código uma noção de consumidor se ela servir para todos os casos em que o âmbito de aplicação

---

[93] *"Código Brasileiro de Defesa do Consumidor Comentado pelos Autores do Anteprojeto"*, S. Paulo: Forense Universitária, 1999, pág. 29.

[94] Apud: Filomeno, José Geraldo Brito, *op. Cit.*, pág. 29.

[95] *Estudos de Direito do Consumidor*, n.º 7, 254 ss.

de determinadas medidas se restrinja ao consumidor – e isso implica que tal noção esteja em conformidade com a que é dominante no direito comunitário.

Por isso determina o art. 10.º, n.º 1, do Anteprojecto que se considera consumidor "a pessoa singular que actue para a prossecução de fins alheios ao âmbito da sua actividade profissional, através do estabelecimento de relações jurídicas com quem, pessoa singular ou colectiva, se apresenta como profissional".

Ainda a respeito da noção de consumidor, o Anteprojecto esclarece que essa qualidade se restringe às pessoas singulares. **Todavia, o legislador sabe que há casos em que se pode justificar que algumas pessoas colectivas beneficiem da mesma protecção. Essa a razão por que o art. 11.º, n.º 1, do Anteprojecto** *permite que em certos casos, reunidos determinados pressupostos, possa estender-se às pessoas colectivas o regime que em princípio está reservado ao consumidor. Quer dizer, as pessoas colectivas não são consumidores,* **mas, em certos casos, se provarem que não dispõem nem devem dispor de competência específica para a transacção em causa e que a solução está de acordo com a equidade, podem beneficiar do regime que a lei reserva ao consumidor.**

O mesmo princípio leva a que **se estenda também a pessoas singulares que não sejam consumidores** *– por actuarem para a róssecução de fins que pertencem ao âmbito da sua actividade profissional – o regime que o Anteprojecto reserva aos consumidores, uma vez preenchidos os pressupostos acima referidos (art. 11.º, n.º 2).*

Já no tocante à situação inversa – isto é, **nos casos em que alguém é considerado consumidor em face do disposto no art. 10.º, mas disponha ou deva dispor, em virtude da sua actividade e experiência profissional, de competência específica para a transacção em causa –***, o Anteprojecto* **permite que o tribunal pondere, de acordo com a equidade, se será de aplicar, em tal situação, o regime mais favorável de defesa do consumidor***. Quer dizer, se nos casos anteriores se tratou da* **extensão do regime***, agora trata-se de* **restrições ao regime** *que o Anteprojecto prevê para a defesa do consumidor, em situações em que se afigure abusivo o recurso a estas medidas, apesar de, formalmente, alguém preencher os requisitos que o definem como "consumidor".*

Mas o ponto é duvidoso, especialmente no tocante às restrições, e porventura polémico. Aguarda-se pelo resultado do debate público.

Poder-se-á dizer, de algum modo, que tanto a extensão do regime como as restrições que o 'Anteprojecto´ prevê têm subjacente o respeito pelo **princípio da igualdade***. Ou seja, só se justifica que haja medidas diferenciadoras quando houver razões para tal, e essas razões têm de ser materiais, efectivas e não meramente formais. Não podemos colocar exactamente no mesmo plano, na compra, por exemplo, de um automóvel para fins privados, um "consumidor de gueto" e um mecânico conhecedor e experimentado.* **Trata-se, no entanto, repete-se, de uma tomada de posição que suscita dúvidas e que está em aberto.***"*[96] – os sublinhados são da nossa autoria.

Compreendemos que o recurso à equidade (*ut* art.º 11.º/1 *fine*) pode, ou trazer o risco de termos um direito positivo sem regras formais, ou permitir a intervenção de um critério extrajurídico de decisão – o que, nas palavras de Menezes Cordeiro[97], *"é incomportável em termos de justiça, de segurança e, até, de praticabilidade do sistema"*.

---

[96] Em jeito de crítica à opção do anteprojecto, veja-se o escrito do Prof. Menezes Cordeiro, *in O Direito,* Ano 138.º , 2006, IV, págs. 699/701.
 Defendendo que o direito do consumo não deve limitar-se a pessoas singulares, critica o Ilustre Professor o facto de – no s eu entender – o Anteprojecto andar num *"contraciclo"*, na medida em que no art.º 10.º /1 faz, *"pelo menos na aparência, uma opção pelo consumidor como pessoa singular"* e por aí se ter seguido uma *"concepção de pessoa colectiva como uma ficção"*
 Não concordamos:
 – Primeiro não vemos onde está o *"contraciclo"*. É que o que se fez foi, em primeiro lugar dar um conceito/regra; depois – numa sequência perfeitamente lógica e sistemática – definir as situações em que esse **regime geral (ou regra)** pode estender-se, ainda sem prejuízo das *"restrições"* previstas no subsequente art.º 12.º
 – Segundo, não vemos onde se ficciona o conceito de pessoas colectiva: pelo contrário, o anteprojecto está bem endereçado à defesa das pessoas singulares, **concretas. E são também essas mesmas pessoas que se quer proteger com a sugerida extensão do conceito de consumidor às pessoas colectivas. É essa mesma preocupação de defesa da <u>pessoa real, concreta</u> que vemos subjacente, também, ao permitir-se uma** *"solução... de acordo com a equidade"* 8 cit. art.º 11.º , n.º 1 *fine).*
[97] *O Direito,* cit., a pág. 700.

Mas não vemos que tal risco seja tão preocupante. É que a prática dos tribunais mostra que o recurso à **equidade** – tal como, v.g., à boa fé e ao abuso do direito – vem sendo cada vez mais usado e não se vê que tal tenha levado a situações menos injustas. **Pelo contrário: é precisamente com a introdução desses mecanismos que se logrará atingir a justiça do *caso concreto* e que o legislador, seguramente, sempre tem em mente.**

É que o direito é feito para resolver os problemas reais das pessoas. E um direito positivo *limitado* a regras meramente formais, de aplicação rígida, seguramente que não é bom.

Da mesma forma que no processo civil *"O procedimento demasiado ritualizado e com efeitos preclusivos não permite atingir a justiça que se procura através do processo"* (A. Marques dos Santos, Lebre de Freitas e outros, *Aspectos do Novo Processo Civil",,* 1997, 34), também aqui a boa justiça seguramente se não faz sem a possibilidade de recurso à equidade – tanto mais **num domínio tão sensível, como é o dos direitos do consumidor, em que estão em causa valores da maior importância. Por isso é que o legislador os arvorou ao nível dos direitos fundamentais constitucionalmente consagrados** (*ut* art.º 60.º).

***

Permito-nos fazer aqui uma breve referência ao ***Código de Defesa do Consumidor* Brasileiro**, para ressaltar duas notas.

A primeira, para dizer que – embora tendo adoptado um conceito estritamente económico de consumidor, situando-o como indivíduo que consome ou adquire bens na sociedade de consumo em que vivemos[98], e assim refutando os conceitos sociológico e psicológico[99] – expressa-

---

[98] O art.º 2.º dispõe:

"Consumidor é toda a pessoa física ou jurídica que adquire ou utiliza produto ou serviço como destinatário final.

Parágrafo Único – Equipara-se a consumidor a coletividade de pessoas, ainda que indetermináveis, que haja intervindo nas relações de consumo".

[99] Filomeno, José Geraldo,…., *loc. cit.*, pp. 26/27

mente aceitou a *"pessoa jurídica"* – e não apenas a *"física"* – como consumidor.

A segunda, para se referir que aí se fez a equiparação a consumidor da *"colectividade de pessoas"* – naturalmente, à luz de interesses difusos –, assim se introduzindo uma espécie de sujeito plural de consumo.

E, como igualmente anota Luiz Edson Fachen[100], *"imprescindível é a análise do caso concreto para o estabelecimento das regras do Código de Defesa do Consumidor; entretanto, <u>**deve sempre fulgurar como aspecto teleológico a defesa contumaz da igualdade vincada na diferença, ou seja, do tratamento diferente aos desiguais**</u>"* – sublinhado nosso.

É, no fundo, a ideia que já supra sustentámos.

IV. A VISÃO DA JURISPRUDÊNCIA

IV. 1. *Nota prévia*

A Jurisprudência, tanto quanto nos foi possível observar, não se tem pronunciado muito sobre a noção de consumidor. E quando o faz, manifesta uma tendência – talvez um pouco facilitista – de reduzir as coisas à simples letra da lei (*ut* art.º 2.º/1 da LDC) – que, como é manifesto, consagra o conceito estrito de consumidor, conceito esse, como vimos, generalizado, designadamente, nas Directivas comunitárias.

Isto é, parece ficar-se pela interpretação literal – a ideia de que consumidor é todo aquele que adquire a **um** *"profissional"* um bem ou um serviço **para** *"uso não profissional"* – pessoal, familiar ou doméstico –, de forma a satisfazer as necessidades pessoais e familiares. Assim se excluindo, <u>sem mais</u>, de tal conceito todo aquele que utiliza os bens ou serviços para satisfazer as necessidades da sua profissão ou da sua empresa.

Não encontrámos muitas situações relevantes de focagem da questão da extensão do conceito de consumidor, nos sobreditos termos.

---

[100] *Loc. cit.*, a pág. 118.

Da mesma forma, cremos ser patente a tendência para reduzir o conceito às pessoas físicas, excluindo, portanto – sem mais – as pessoas colectivas.

É um conceito algo redutor, como vimos, que, levado a rigor, impedirá, por certo, que a legislação de protecção do consumidor seja aplicada a inúmeras situações que, eventualmente, justificariam dela beneficiar, designadamente por razões de **equidade**, como ficou demonstrado supra.

No bosquejo que, atentamente, nos foi possível fazer, encontrámos alguns arestos em que a questão da noção de consumidor vem aflorada. Porém, ou se adopta quase sempre, de forma simplista, o conceito estrito de consumidor, ou, simplesmente, se aborda o problema de forma assaz lateral, fugidia, sem uma tomada de posição clara e expressa.

Vejamos melhor.

IV. 2. *Sobre a extensão do conceito de consumidor às pessoas colectivas*

Encontrámos quatro arestos que "tocam" na questão:

• O primeiro é o **Ac. Relação do Porto, de 07.03.2005, proc. n.º 0456404** (relator Santos Carvalho).

Faz a aludida extensão, porém, de forma algo tímida.

Com efeito, começando por abordar a questão da noção de consumidor – aplicável, como ali se refere, ao DL n.º 67/2003, 08.04, por via da remissão do art.º 1.º/1, *fine,* deste diploma –, referindo-se que, "*nos termos do art.º 2.º/1 LDC*", consumidor é aquele quem sejam fornecidos bens, prestados serviços ou transmitidos quaisquer direitos, **destinados a uso não profissional**, e que este **sentido** *"restrito"* foi *"convocado tanto a Directivas comunitárias", "como a recentes diplomas nacionais"* – designadamente, na Lei n.º 29/81, de 22.08, DL n.º 359/91, de 21.09 alterado pelo DL 101/2000, de 02.06 (contrato de crédito ao consumo), DL 143/2001, de 26.04 –, o aludido aresto, se começa por dar a ideia de que sustenta a restrição da noção de consumidor à pessoa **singular** – quando fala em " ... *parte fraca, sim,* *o consumidor **singular** e menos preparado tecnicamente, portanto, numa relação de consumo"* –, acaba, depois, por deixar cair a ideia de que, **afinal, tal extensão às pessoas colectivas é possível**. É o que se vê quando remata que *"por conseguinte"*, *"consumidor é **qualquer** pessoa a quem sejam fornecidos bens, prestados serviços ou transmitidos quaisquer direitos, destinados **em parte** a um uso não profissional"* – **agora, portanto, já sem dizer se, como parecia deduzir-se do atrás exposto, essa *"qualquer pessoa"* tem de ser "singular" ou, ao invés, pode ser, também, uma pessoa colectiva. Da mesma forma que se não explica o que, afinal, se pretende significar com a expressão *"em parte"*[101].**

Já quanto à **contraparte do consumidor** – *"quem quer que exerça com carácter profissional uma actividade económica **que vise a obten-***

---

[101] Dá-se aí conta da **noção de vendedor**: *"pessoa singular ou colectiva que actue no âmbito da sua actividade profissional (permanente ou eventual), ficando excluída qualquer venda alheia a esta mesma actividade [Vd. No mesmo sentido, Directiva 98/6/CE, de 16.02 (preços)]"*, anotando-se que fora do âmbito de aplicação dos diplomas referidos estão quaisquer vendas feitas entre consumidores, entre vendedores profissionais ou por um consumidor a um vendedor profissional.

Salientamos a riqueza deste aresto do ponto de vista de informação doutrinal e jurisprudencial neste domínio do consumidor.

A título meramente informativo, ali se refere que *"a LDC trata dos contratos de fornecimentos de bens e de prestação de serviços ou da transmissão de quaisquer direitos, não trata de aleatórios contratos de compra e venda ou de prestação de serviços, apenas dos contratos de consumo, ou seja, daqueles que envolvem actos de consumo, que vinculam o consumidor a um profissional (produtor, fabricante, empresa de publicidade, instituição de crédito...) (Calvão da Silva, 2001, 112/3). Quanto à Directiva 99/44, e ao DL 67/2003, são de regime aplicável ao contrato de compra e venda, contrato paradigmático do comércio mundial (Menezes Leitão, 2002Este aresto é rico, 272) [Mas não só. Com efeito, nos termos do art. 1/4, os contratos de fornecimento de bens de consumo a fabricar ou a produzir são equiparados aos contratos de compra e venda (Romano Martinez, 2001, 155 ss). Por outro lado, a qualquer prestação de serviço acessória da compra e venda também é aplicável o regime da Directiva, nos termos do art. 2/5. Do mesmo modo, o Decreto-Lei 67/2003 é aplicável tanto à venda de bens de consumo, como aos contratos de fornecimento de bens de consumo a fabricar ou a produzir, à locação de bens de consumo e à prestação de serviços acessória da compra e venda: uma das inovações deste diploma está na aplicação do regime que instituiu à locação de bens não conformes com o contrato]"*.

ção dos réditos de mercado" –, defende-se que **tanto pode ser uma pessoa singular como uma pessoa colectiva numa ampla acepção de agente ou actor jurídico.**

E bem. Pois como ali se escreveu, *"na verdade, embora a revogada Lei 29/81 especificasse, como hoje não acontece, que a contraparte do consumidor poderia ser uma pessoa singular ou colectiva, a noção de fornecedor da LDC actual ainda deve ser tida no mesmo sentido: o âmbito de protecção conferido aos consumidores tem naturalmente em conta que grande parte das transacções de mercadorias é realizada, hoje em dia, pelas empresas"*[102].

• O segundo é o **Ac. Rel. de Lisboa, de 27.09.2001**[103] (Relatora Fernanda Isabel Pereira).

Considerou-se que uma pessoa colectiva não é consumidora, para efeitos de venda a domicílio.

Ali se sustentou: "*propende-se para aceitar o conceito de consumidor que afasta as sociedades comerciais da protecção da LDC,...*" – sublinhado nosso.

• O terceiro é o **Ac. Relação de Coimbra, de 19.12.2006** (Relator Virgílio Mateus, já atrás referido).

Tratava-se da aquisição de mercadoria por um Município a uma empresa.

A questão foi resolvida nos termos que já supra fizemos constar, a respeito da extensão do conceito de consumidor às pessoas colectivas (*ut* fls…), para onde, sem mais, se remete.

• O quarto é o **Ac. Rel. de Lisboa, de 17.06.2004 (proc. n.º 4735/2004-6**, relator Gil Roque).

Neste aresto, respeitante ao contrato de **crédito ao consumo**, aborda-se a questão da responsabilidade do mutuante pelo cumprimento

---

[102] Apenas se exige que essa contraparte deve exercer com carácter profissional uma dada actividade económica (Paulo Duarte, *cit.*, pág. 667) – ou seja, produção de bens oferecidos contra retribuição habitual, estável e duradoura (Oliveira Ascensão, *Direito Comercial*, 1994, 225).

[103] *Col. Jur.*, Ano XXVI (2001), IV, 106 ss.

do contrato de compra e venda por parte do vendedor, quando o dinheiro para financiar a compra de um bem seja entregue directamente por aquele ao vendedor do bem, tendo-se decidido que deve existir tal responsabilidade do mutuante, *"salvo quando o comprador seja uma sociedade comercial e estiver provado que adquiriu o bem para o utilizar no exercício da sua actividade"* – à semelhança, aliás, do que vem entendendo a generalidade da doutrina e da jurisprudência, que sustenta que aquela responsabilidade do mutuante deve ocorrer, especialmente nos casos em que o **comprador seja consumidor**, podendo, assim, o comprador, em tais situações, demandar o mutuante quando haja incumprimento ou cumprimento defeituoso do vendedor.

Ali se sustentou que, perante a letra da LDC (DL 24/96, de 31.07, art.º 2.º /1), **o ser o comprador uma pessoa colectiva não o excluía** *"por esse facto"* *"da qualificação de consumidor"* – sublinhado nosso.

Ou seja, **pelo menos** neste aresto, expressamente **se tomou posição sobre a extensão da noção de consumidor às pessoas colectivas.**

Mas mais: sustentou-se, mesmo, que tal extensão podia – e deveria – ocorrer na situação *sub judice* em que estava em causa a aplicação de um diploma (DL 359/91, de 21,.09) que no seu art.º 2.º, n.º 1, al. b) contém uma noção de «consumidor» que se restringe à «pessoa singular».

Ali se escreveu:

*"Não está provado que a viatura, embora tenha sido vendida a uma **sociedade**, o tenha sido para ela a utilizar na sua actividade. **Bem poderia ter sido adquirida para utilização privada** de algum dos sócios ou até dos familiares, pois como se sabe nem todas as viaturas das sociedades comerciais, são adquiridas para o serviço da actividade por elas desenvolvida. De resto, embora se entenda que o preceituado no art.º 12.º do Dec-Lei n.º 359/91 de 21 de Setembro"* – que no seu n.º 2 se reporta ao «consumidor» –*"*, não é aplicável directamente à situação dos autos por as pessoas colectivas não estarem abrangidas no conceito de consumidor, definido na a-1-b) do n.º1 do seu art.º 2.º, **mas não se conhecendo a disposição que regule esta matéria em relação aos consumidores que não sejam pessoas singulares, mas que utilizem os meios de crédito ao consumo, deve fazer-se o enqua-**

dramento jurídico com recurso à lei que preveja a situação para os casos análogos (art.º 10.º n.º1 do Código Civil), que no caso seria o referido diploma legal" – sublinhado nosso.

Portanto, temos, então, um aresto que, pelo menos num dos aspectos controvertidos da noção de consumidor – saber se abarca as pessoas colectivas ou se tão somente se restringe às pessoas singulares –, tomou posição expressa – indo mais longe, até, permitindo a extensão desse conceito aos «consumidores» referidos no Dec.-Lei n.º 359/912 (respeitante ao crédito ao consumo) **com recurso à analogia** (art.º 10.º do Código Civil), para efeitos do funcionamento do n.º 2 do seu art.º 12.º, quando estejam em causa pessoas colectivas, não obstante a noção de «consumidor» que no mesmo diploma se adoptou (*ut* art.º 2.º -1-b)).

IV. 3. *No que tange à extensão do conceito de consumidor a profissionais:*

Apenas num ou noutro aresto vimos referida a questão, quase sempre para rejeitar, sem delongas, tal extensão.

– O primeiro é o já referido **Ac. Relação do Porto, de 07.03.2005, proc. n.º 0456404** que, embora com algumas hesitações, a certa altura acaba por aceitar tal extensão do conceito de consumidor ao profissional, desde que *"esteja a agir fora do exercício da sua actividade profissional"*. Mais não diz, porém.

– O segundo aresto é o **Ac. STJ, de 15.05.2003 (proc. N.º 03B1015**, Abílio de Vasconcelos).

Tratava-se de um **pequeno comerciante em nome individual que explorava um pequeno estabelecimento de Café** e Snack-Bar no lugar de Portelo, Cambres, concelho de Lamego e comprou na loja da empresa A um retroprojector da marca Sony para uso no aludido Café, aparelho esse que apresentava deficiências de imagem, tendo sido ali colocado várias vezes para ser reparado na outra Ré (empresa B).

Assim, pretendia o autor a resolução do contrato de compra e venda e a condenação das RR a pagar-lhe uma indemnização pelos danos sofridos.

A 1.ª instância julgou a acção improcedente, tendo a Relação revogado a sentença e declarado resolvido o contrato, bem assim condenando a ré A a pagar ao A. determinada quantia.

O Autor recorreu, sustentando ser aplicável a LDC (DL 24/96) na relação estabelecida pelo autor com as empresas A (vendedora) e B (reparadora), pugnou pela satisfação do seu direito, designadamente, ao abrigo do disposto no art.º 12.º -4 da citada LDC.

O STJ, entendendo que o retroprojector foi pelo Autor adquirido exclusivamente **para ser utilizado no seu estabelecimento de café**, *"a fim de rentabilizar a sua exploração"*, citando Calvão da Silva[104] – e sustentando, portanto, que *"a noção de consumidor em sentido estrito e recebida no n.º 1 do art.º 2.º da Lei n.º 24/96 não abrange o fornecimento de produtos e a prestação de serviços destinados a uso ou fim profissional"* e que havia que definir a figura de *"consumidor"* *"... para efeitos de aplicabilidade do regime proteccionista estabelecido na citada Lei, como o adquirente de bens de consumo para uso pessoal, familiar ou doméstico, estranho à sua actividade profissional"* –, **concluiu que *"não pode ele ser considerado "consumidor"*** *para efeitos de aplicabilidade do regime previsto na Lei n.º 24/96. Logo é tal regime inaplicável ao caso subjuditio"*.

Recusou, aqui, o Supremo a extensão do conceito de consumidor aos profissionais, sem mais.

Permitimo-nos, com o devido respeito, discordar desta decisão (posta nestes termos peremptórios), atento o que supra dissemos acerca das organizações empresariais cuja dimensão seja de molde a não retirar a posição de debilidade inerente ao consumidor, **associado à hipótese de essa parte não dispor da preparação** técnica, por a utilização do bem adquirido se situar fora do domínio da sua especialidade. **Aqui, como referimos – e desde que verificados os pressupostos que expusemos –, não vemos que esses pequenos profissionais não possam beneficiar da protecção que a lei confere aos consumidores.**

In casu, porém, certo é que não vem provada matéria que nos permita dizer, com segurança, da real situação económica do autor,

---

[104] *Compra e Venda de Coisas Defeituosas*, ed. de 2001, pp 112/113.

bem assim da sua eventual falta de preparação técnica para utilização do aparelho em causa.

Mas também por isso – até porque se tratava de um **modesto lugar do interior do país**, onde as dificuldades **a todos os níveis** são bem conhecidas –, talvez não chocasse aceitar o autor como consumidor, de forma a beneficiar da legislação protectora que lhe é inerente. E, então, seríamos, também, transportados à questão, igualmente supra aludida, do **ónus da prova** de que o pequeno profissional dispunha, *"de competências específica para a transacção em causa"* (cfr. art.º 11.º /1 do ANTEPROJECTO DO CÓDIGO DO CONSUMIDOR, *ex vi* do n.º 2 do mesmo normativo) que permitisse rejeitar tal extensão da noção de consumidor. Ónus esse que já sustentámos incidir sobre o fornecedor.

Mas, repetimos, a correcta decisão sempre dependeria de melhor conhecimento das reais especificidades do caso concreto – as quais, como salientámos, não conhecemos cabalmente –, na senda, afinal, do que vem disposto, que no citado art.º 11.º , quer no art.º 12.º , n.º 1 do *"ANTEPROJECTO"*, que explicitam dever o tribunal certificar-se de que *"a solução se mostre de acordo com a **equidade***", sempre tendo em conta os *"princípios fundamentais acolhidos pela ordem jurídica, designadamente no tocante ao **abuso do direito**"*.

Um aspecto há, porém, a salientar: pelo menos neste aresto tomou-se posição sobre a questão: discutível, é certo – atento o que sobre essa matéria a doutrina vem lavrando –, mas que não pode deixar de ser aplaudido.

IV. 4. Nos demais Arestos que nos foi possível observar, ou, simplesmente, não se toma qualquer posição sobre a questão ou questões suscitadas neste trabalho, ou se reduz a noção de consumidor a uma pura e superficial interpretação literal e assaz reducionista da lei.

Assim ocorre nos seguintes arestos:
• **Ac. do STJ, de 09.03.2006 (proc. n.º 06B066**, relator Pereira da Silva), onde se sumariou que *"O direito de consumo e a Lei n.º 24/ 96, de 31.07, respeitam, tão só, a uma categoria de actos – os actos*

*que **liguem um consumidor final e um profissional que actue no quadro da sua actividade profissional"* –, **que não, portanto, a uma classe particular de pessoas** (o que não deixa de ser verdade, acentue--se!)

Refere o douto acórdão, citando Calvão da Silva[105], que, embora abrangendo, *"inquestionavelmente, a compra e venda e a empreitada – empreitada que constitui, de resto, um dos contratos de prestação de serviço (arts. 1154.º e 1155.º)"* –, *"visados são apenas os contratos de consumo, firmados entre profissionais e consumidores. [.........]"*[106].

Mas nada almejamos no aresto que possa ajudar na resolução da questão que ora nos preocupa – saber quem é, afinal, *"consumidor"*.

• **Ac. do STJ, de 13.01.2005 (proc. n.º 04B4057**, relator Ferreira de Almeida).

Entendeu o Supremo que era inaplicável ao caso a Lei de Defesa do Consumidor, *"desde logo porque a seguradora da ... recorrente"* – a acção tinha sido instaurada pela seguradora, em cumprimento do contrato de seguro que celebrara e por força do qual pagara os prejuízos sofridos pela segurada – ***"não era de considerar consumidor para efeitos previstos no diploma legal,..."***.

---

[105] *Compra e Venda de Coisas Defeituosas,....*, 3.ª ed., pág. 75.

[106] "É a ideia básica do consumidor como parte fraca, leiga profana, a parte débil economicamente ou a menos preparada tecnicamente de uma relação de consumo concluída com um contraente profissional, uma empresa.

Deste modo, tal como a lei comercial regula os actos de comércio (art. 1 º do Código Comercial), assim também o denominado direito do consumo, de que a Lei n.º 24/96 faz parte como Lei-quadro, regulará os actos de consumo, relações jurídicas existentes entre o consumidor e um profissional (produtor, fabricante, empresa de publicidade, instituição de crédito, etc.).

Nesta acepção, o direito de consumo e a Lei n.º 24/96 respeitam a uma categoria particular de actos – os actos de consumo que ligam um consumidor final e um profissional que actua no quadro da sua actividade ou profissão –, não a uma classe particular de pessoas.

Por conseguinte, do direito do consumo e da Lei n.º 24/96 ficarão excluídas, seguramente, quer as relações jurídicas entre consumidores – contratos civis; quer as relações jurídicas entre profissionais ou empresas – normalmente contratos mercantis (art.º 2.º do Código Comercial)" – , ensina o mesmo autor.

Depois de alguns considerandos, limitou-se o STJ a seguir, sem mais, a **noção de consumidor em sentido estrito**, nos termos já acima mencionados – sem, contudo, desenvolver tal conceito (em qualquer dos aspectos explanados supra).

• **Ac. STJ, de 19.02.2004 (proc. n.º 03B309)**, relator Salvador da Costa.

Sumariou-se que *"o regime legal do consumidor é **inaplicável** aos contratos de compra e venda celebrados entre sociedades comerciais relativos a bens transaccionados **com vista a uso profissional**"*.

Faz-se a transcrição do art.º 2.º/1 da LDC para, **sem mais considerações sobre o conceito (*maxime* a sua extensão) de consumidor,** se concluir que, *"como a recorrida adquiriu o produto em causa"* – ácido tartárico – *" para uso profissional, não pode ser considerada consumidor para os efeitos previstos na Lei n.º 24/96, de 31 de Julho"*.

De novo **se ficou pela letra da lei**: basta que a aquisição do bem ou serviço (a um **profissional**) se destine a uso **não profissional** para se concluir pela inaplicabilidade da legislação protectora do consumidor.

• **Ac. STJ, de 11.03.2003 (proc. N.º 02A4341** – relator Afonso Correia).

Entendeu-se que não valia ao recorrente a Lei de Defesa do Consumidor *"pela simples razão de que ele não é um consumidor como concebido no n.º 1 do art.º 2.º a Lei n.º 24/96, de 31 de Julho"*.

É que *"tendo o A. comprado os tubos em causa no exercício da sua actividade comercial e para forrar um furo que estava a levar a efeito por conta de....,* **para uso profissional***, portanto, não beneficia o A. do regime especialmente proteccionista estabelecido para o consumidor parte fraca, leiga, profana, a parte débil economicamente ou a menos preparada tecnicamente de uma relação de consumo **concluída com um contraente profissional, uma empresa**"*.

Portanto, nada mais, nada menos do que o **conceito estrito de consumidor** – mas sem explicitação ou desenvolvimento de tal conceito[107].

---

[107] O Prof. Menezes Cordeiro, *"Anteprojecto de Código de Consumidor"*, in *O Direito*, ano 138.º (2006), pág. 697, faz referência a este aresto, no sentido de que ali se sustenta que consumidor é o que surge como elo final no processo económico; o que *"adquire o bem ou o serviço **sem fins empresariais ou profissionais livres**"*.

• **Ac. STJ, de 14.11.2002 (proc. 03.ª1132**), relator Afonso de Melo – sobre responsabilidade do produtor (art.º 383.º /89, de 6.11).
• **Ac. STJ, de 18.11.99, proc. n.º 99B869** (relator Ferreira de Almeida) – sobre cartões de crédito e respectivos deveres de informação, onde se tecem várias considerações sobre os direitos dos consumidores[108]
• **Acs. Rel. do Porto, de 13.07.2000 (proc. n.º 835/2000) e de 27.01.2000 (processo n.º 0030835**)) – ambos tendo como relator Moreira Alves –, da **Rel. de Lisboa, de 30.11.2006 (processo n.º 6347/2006- -8,** relator Bruto da Costa) e da **Rel. de Coimbra, de 27.04.2004 (proc. n.º 431/04,** relator Monteiro Casimiro), todos eles acerca da responsabilidade objectiva do produtor, no âmbito do DL n.º 383/89, de 11.06.
• **Ac. da Relação de Lisboa, de 09.07.2003 (proc. n.º 3635/ /2003-6** – Lúcia de Sousa) – onde, depois de longas explanações, se concluiu que não se tendo provado que as empresas adquirentes das telas fornecidas as tenham destinado " *a qualquer consumo privado"*, não mereceram a protecção que por via da acção pretendiam lograr obter.
• **Ac. Rel. de Coimbra, de 27.05.97 (***in RPDC,* **n.º 10, Junho de 1997, a págs. 124 ss).**

Aqui se reflecte a concepção do consumidor como parte mais fraca, débil.

Com efeito, ali se mencionam as «*importantes limitações que a lei estabeleceu à autonomia privada*» e se refere como objectivo »*a protecção do contraente mais fraco ou menos experiente».*

• Nos **restantes arestos que encontrámos – Acs. da Relação do Porto, de 27.03.2003 (proc. 0330634 – Saleiro de Abreu), de 13.07.2000 (***in Col. Jur.***, Ano XXV, IV, págs. 179 ss – Moreira Alves), de 21.11.2000 (proc. 0021631 – Durval Morais), de 17.06.2004 (proc. n.º 0433085 – Teles de Menezes) e de 17.07.2000 (processo n.º 0030835 – Moreira Alves); da Rel. de Coimbra, de 02.10.2001 (processo n.º 1144/2001, relator Serra Baptista) e da Relação de**

---

[108] Começando o sumário por dizer que "*com a revisão constitucional de 1989 os direitos dos consumidores passaram a arvorar-se à categoria de direitos e deveres fundamentais de natureza económica".*

Évora, de 13.05.99 (3.ª Secção – proc. n.º 706/98 – Bruto da Costa)
–, fala-se da responsabilidade civil do produtor, no que respeita a danos causados por produtos defeituosos, do ónus da prova (em especial a que incide sobre o consumidor – ver o citado processo 0021631), da responsabilidade por falta de segurança dos produtos, de consumidores para a frente e para trás, da aplicação de diversos diplomas, *maxime* o DL n.º 383/89, de 11.06, **mas não se aborda, com o mínimo de desenvoltura e consistência, a questão que ora nos ocupa: saber quem é, afinal, esse «*consumidor*», beneficiário das normas protectoras que os supra aludidos diplomas contemplam**[109].

IV. 5. Na Jurisprudência do Trib. Justiça das Comunidades Europeias

• Temos – logo muito cedo – o **Acórdão Bertrand *versus* Paul Ott K.G.** (C.J.C.E., **22.06.78**, caso 150/77, rec. Págs. 1431 ss), onde já ressalta a apontada referência ao consumidor como parte mais fraca, **débil**, inferior em relação à outra parte.

Assim, ali surge a noção de que os consumidores assumem «uma posição económica [...] caracterizada por uma fraqueza em face dos vendedores»; ali se fala em pessoas «em situação típica de inferioridade económica».

• **Idem** no caso Hutton, onde se diz que o consumidor é «a parte no contrato reputada economicamente mais fraca e juridicamente menos experimentada que o seu co-contratante».

• Muito mais tarde, vemos o **Ac. de 13.12.2001 (sexta secção** – também subscrito pelo português Cunha Rodrigues), o qual, embora

---

[109] Pode ver-se, ainda, o (longo) **Parecer do Conselho Consultivo da PGR, no site da *dgsi.pt*, n.º conv. PGRP00000515**, no qual se tecem aturadas considerações sobre os *"direito dos consumidores"*, *maxime* o direito do consumidor à **informação** (*"sobre as características essenciais dos bens e serviços, por forma a poderem fazer uma opção consciente e racional entre eles, e a utilizá-los em segurança e de modo satisfatório (artigos 60.º , n.º 1 da Constituição da república Portuguesa, e 9, n.º 1 da Lei n.º 29/81, de 22 de Agosto)"*.

Nada, porém, sobre a noção de consumidor.

falando de *"protecção dos consumidores"* –, tratando, designadamente, sobre a interpretação da Directiva 85/577/CEE do Conselho, de 20.12.1985, relativa à protecção dos consumidores no caso de contratos negociados fora dos estabelecimentos comerciais, e da Directiva 87//102/CEE do Conselho, de 22.12.1986, relativa à aproximação das disposições legislativas, regulamentares e administrativas dos Estados-Membros relativas ao crédito ao consumo, conforme alterada pela Directiva 90/88/CEE do Conselho, de 22.02.1990, mas que praticamente nada adianta sobre a noção de consumidor.

• Já o **Ac. de 22.11.2001** (**3.ª Secção**) interpretou o disposto no art. 2.º al. b) da **Directiva 93/13/ CE do Conselho de 5-4-93**[110] no sentido de que **pessoa diversa de pessoa singular que celebre um contrato com um profissional não pode ser considerada como consumidor na acepção desse preceito** (ainda que destine o bem adquirido ao uso exclusivo dos seus trabalhadores). A Directiva é relativa às cláusulas abusivas nos contratos com consumidores[111].

---

[110] Contém aquele artigo 2.º al. a): «*Para efeitos da presente Directiva, entende--se por consumidor qualquer pessoa singular que nos casos abrangidos pela presente Directiva actue com fins que não pertençam ao âmbito da sua actividade profissional*».

[111] Sobre (outra) **jurisprudência estrangeira**, já no texto fomos dando informação de uma ou outra decisão.

A título de exemplo, refira-se que, como vimos supra, **a questão da pessoa colectiva como consumidor** foi apreciada, designadamente, no aresto da Cour de Cassation (**jurisprudência francesa**), de 28.04.1978, onde se considerou que uma sociedade que exercia a actividade de agente imobiliário, e que tinha adquirido um sistema de alarme para a protecção do seu local **era consumidor, porque o contrato não entrava na sua competência profissional**, estranha à técnica muito especial dos sistemas de alarme.

Aqui, portanto, abordou-se a já repetida **questão da falta de competência específica** a justificar ao profissional a protecção como consumidor.

Da mesma forma, o caso da **jurisprudência britânica**, respeitante à **questão** de saber se as referências legais ao consumidor, entendido como pessoa física, se devem estender a um determinado círculo de pessoas que têm relações de convivência com o sujeito directo da relação jurídica. Na circunstância, tratava-se de alguém que havia comprado num bar uma garrafa de limonada, que bebeu juntamente com sua mulher, tendo ambos adoecido, em consequência de ácido fénico existente na garrafa. No aresto citado no texto, como vimos, o juiz decidiu que o marido, enquanto comprador, tinha um direito a ser indemnizado, independentemente de culpa do vendedor, ao passo que a mulher só poderia ver a sua pretensão proceder na base da prova da negligência!

V. CONCLUSÃO

Não se olvidando haver a tendência para a estabilização, quer na doutrina, quer na jurisprudência, à volta da aceitação do conceito estrito da noção de consumidor – em conformidade com a letra do art.º 2.º, n.º 1 da LDC (Lei n.º 24/96, de 31.07), que considera "... *consumidor todo aquele a quem sejam fornecidos bens, prestados serviços ou transmitidos quaisquer direitos, destinados a uso não profissional, por pessoa que exerça com carácter profissional uma actividade económica que vise a obtenção de benefícios*" –, assim se tendendo a afastar uma interpretação lata que inclua, designadamente, comerciantes em situação jurídica diversa da que corresponde à sua situação profissional –; outrossim se conhecendo a tendência para rejeitar a aplicação do conceito às pessoas jurídicas ou pessoas colectivas; ainda, sem embargo de se não poder olvidar a por demais evidente importância de uma clara definição da noção de consumidor – desde logo, para definição do âmbito de aplicação ou abrangência do art.º 60.º da Constituição da república Portuguesa, bem assim de outros diplomas legais que, embora fazendo referência ao consumidor, porém não o definem –, <u>o certo é que a questão é assaz vasta, complexa, de forma alguma podendo ser enclausurada na torre duma interpretação puramente literal e assaz reducionista. Antes deve ser vista na dinâmica do caso concreto, na ponderação dos valores (*maxime* a equidade) e interesses que lhe estão subjacentes, na análise do estatuto concreto que as partes têm na (dinâmica) relação contratual.</u>

Só assim se poderá perceber que, por vezes, se estenda tal conceito, designadamente, àquelas pessoas jurídicas ou pessoas colectivas e se aceite, que, v.g., por via da equidade se justifique – nas doutas palavras do Prof. Calvão da Silva[112] – "*a extensão da protecção especialmente prevista para o consumidor – homem débil ao profissional cuja actividade seja modesta (pequena empresa, pequeno comércio, pequena exploração agrícola) e aja fora da sua competência específica, apresentando--se no contrato concreto realmente tão leigo e profano perante a alta tecnicidade do produto adquirido como qualquer normal consumidor*".

---

[112] Compra e Venda de Coisas Defeituosas,...4.ª ed., págs. 121/122.

É a consideração do designado **princípio da vulnerabilidade** – que cremos ter sido um pouco esquecido na noção legal, bem assim na noção geral que resulta da noção de consumidor em sentido estrito –, a mostrar, afinal, que o Direito e a Moral andam muitas vezes de mãos dadas.

E aqui não podemos deixar de recordar o ensinamento dum brilhante e saudoso (infelizmente já falecido) Professor desta Universidade de Coimbra – que tivemos o privilégio de ter como docente quando aqui estudámos –: o Direito è tão Moral que deixa de ser jurídico se atentar abertamente contra a Moral.

É que, também aqui, não é o hábito que faz o monge.

A questão objecto deste trabalho está, seguramente, muito, muito longe de estar esgotada. Haverá imenso que pensar e repensar sobre quem é – **e/ ou deve ser** –, afinal, esse consumidor merecedor da especial protecção que o legislador preveniu.

Por isso, como no célebre mito de Sísifo, mais não pretendemos com este escrito do que ajudar a empurrar continuamente a rocha pela montanha acima.

Vimos e comentámos o conceito legal de consumidor (art.º 2.º, n.º 1, da LDC – 24/96, 31.07). E vimos que tal conceito não deve – diremos mesmo que **não pode** – ser visto e analisado numa análise puramente literal (restritiva…) daquele normativo.

Como supra já referimos – parafraseando Menezes Cordeiro[113] –, o recurso à **equidade** tem ínsito o risco de, no segmento jurídico que aqui no ocupa, termos direito positivo sem regras formais, permitindo a intervenção de um critério extrajurídico de decisão. O que pode, sem dúvida, acarretar problemas, *maxime* em termos de justiça e de segurança.

Mas, com o devido respeito pelo Ilustre Professor, **rejeitamos liminarmente que o uso da equidade torne** *"praticamente não manuseável"*, **designadamente,** *"o modelo de decisão do art.º 11.º/1"* **do Anteprojecto.**

---

[113] *O Anteprojecto de Código do Consumidor*, in O Direito, Ano 138.º (2006)/ IV.

Não torna *"não manuseável"*, até porque – como também supra anotámos – a solução de acordo com a equidade (tal como o recurso à boa fé e ao abuso de direito) começa a ter já algum peso e tradição no dia a dia dos nossos tribunais. E desconhecemos que as soluções a que se tem chegado por essa via não sejam *justas* e tenham sido alvo de críticas especiais.

Antes se visou sempre, com a introdução desses mecanismos, atingir – e atingiu-se –, a *"justiça"* adequada ao *caso concreto*, sem formatações *rígidas* preconcebidas, que cremos estarem fora da *mens legislatoris*.

É que o direito é feito para resolver os problemas reais das pessoas, na ponderação da problemática específica do caso concreto. E as razões que justificam a protecção do consumidor/pessoa singular podem bem, por vezes, aplicar-se aos próprios profissionais, empresários ou a pessoas colectivas.

Efectivamente, como emerge, designadamente, dos exemplos que citámos, a bondade e o acerto das decisões medem-se muito por aquilo a que, em concreto, conduzem.

Para enfatizar isto mesmo, permitimo-nos citar a lição do Professor Barbosa de Melo (*Col.Jur.*, Ano IX, 1984, IV, 26): *"Na verdade, a ponderação das consequências constitui, ainda, no momento da argumentação jurídica, pelo menos para todos quantos entendem – e são hoje muitos – que a inferência jurídica não pode ficar alheia aos efeitos práticos da solução inferida"*.

Tal como começámos, percutem-se as palavras de Eike Von Hippel: *"quem em direito reflectir sobre a defesa dos mais fracos, depara imediatamente com o tema da Defesa do Consumidor"*.

Defesa esta por que (**é mais que justo realçar**) o Professor Pinto Monteiro tão afincadamente tem labutado, e que tão bem retratada está no *"**ANTEPROJECTO DO CÓDIGO DO CONSUMIDOR**"* – ainda, segundo cremos, aberto a discussões e justificadas alterações.

Trata-se, sem dúvida, da obra de uma vida, dados os cerca de 10 anos que o Ilustre Professor lhe vem dedicando. Uma dedicação afincada e convicta, imbuída em brilhante rigor científico – que uma, mesmo que ligeira, leitura do *"ANTEPROJECTO..."* facilmente patenteará –, intrepidez e perseverança.

Observando atentamente o *"Anteprojecto..."*, não podemos deixar de concordar inteiramente com a observação que o mesmo Professor fez anos atrás[114]: *"O Código que temos em vista, porém, não será uma lei de tiranos, antes **contra** a "tirania", os abusos e iniquidades, um **Código pela Justiça e Dignidade do Homem"**.*

BIBLIOGRAFIA

A. BERCOVITZ RODRIGUÉZ-CANO, *Estúdios Jurídicos Sobre Protección de los Consumidores*, Tecnos, Madrid, 1987.

ABREU, JORGE MANUEL COUTINHO
- *Curso...*, pág. 239
- *A Empresa e o Empregador em Direito do trabalho (Sep. Estudos em homenagem ao Professor José Joaquim Teixeira Ribeiro*, Coimbra, 1982.

ALMEIDA, CARLOS FERREIRA DE
- *Negócio jurídico de consumo: caracterização, fundamento e regime jurídico*, in Boletim do Ministério da justiça, n.º 347, Junho, 1985. págs. 11 a 38.
- *Os direitos dos consumidores*, Almedina, Coimbra, 1982.

ALMEIDA, MÁRIO FERREIRA, *Da Protecção Penal do Consumidor*, Almedina, 1996.

ALMEIDA, TERESA – *Lei de Defesa do Consumidor Anotada*, 2.ª ed., (2001).

ALPA, GUIDO, *il diritto dei consumatori*, 1.ª ed., Editori Laterza, 1995.

ANDRADE, JOSÉ CARLOS VIEIRA DE – *Os direitos dos consumidores como direitos fundamentais na C. Rep. Port. de 1976*.

ASCENSÃO, OLIVEIRA, Direito Comercial, 1994, Lisboa.

---

[114] *Discurso do Presidente da Comissão do Código do Consumidor*, BFDUC, Vol. LXXII, 1996, a págs. 403 a **410**.

ALVES, JOÃO, *Direito dos Consumidores*, Coimbra editora, 2006, págs. 207 ss.

BOTANA GARCIA, *Noción de Consumidor en el Derecho Comparado*, in *E.N.C.*, n.º 18, 1990, pág. 53.

BOURGOIGNI, THIERRY, *Elements pour une theorie du droit de la consommation*, Story Scientia, 1988

BOURGOIGNI, THIERRY, DELNAY, DOMONT -NAERT e PANIER, *in L'aide juridique au* BOURGOIGNI *consommateur*, Bruylant

BRAGA, ARMANDO – *A Venda de Coisas Defeituosas no Código Civil. A Venda de Bens de Consumo*, Vida Económica, 2005.

CALAIS-AULOY, JEAN/STEINMETZ FRANZ – *Droit de la consommation*, Précis Dalloz, 3.ª ed., Paris, 1992.

CANOTILHO, J. J. Gomes e VITAL MOREIRA, *Constituição da República Portuguesa Anotada*, 1993.

CAS, G. e D. FERRIER, *Traité de droit de la consommation*, PUF, Paris, 1986.,

CASTRO, EDUARDO BRAZÃO DE – *In Estudos de Direito do Consumidor*, n.º 3,, 2001.

CORDEIRO, ANTÓNIO MENEZES:
– *Tratado de direito civil português*, Parte geral, Tomo I, Almedina, Coimbra, 1999 e Tomo I/3 (2004), 516ss e 591 ss.
– *Da boa fé no Direito Civil* (1985, 2.ª reimpressão, 2001), 1197 ss e *A decisão segundo a equidade*, separata de *O Direito*.

DIAS, AUGUSTO SILVA, Protecção Jurídico Penal de Interesses dos Consumidores, 3.ª ed., Coimbra 2001.

DUARTE, PAULO, *O conceito jurídico de Consumidor*, In BFDUC, Vol. LXXV (1999).

EIKE VON HIPPEL, *Defesa do Consumidor*, 3.ª ed., Dalloz, Paris, 1992,2.

FERREIRA, ROGÉRIO F., *Temas Económicos e Políticos e Gestão de Empresas*, Lisboa, 1976

FERREIRA, ROGÉRIO F. – *Temas Económicos e Políticos*

FILOMENO, JOSÉ GERALDO BRITO, Código Brasileiro de Defesa do Consumidor Comentado pelos Autores do Anteprojeto, S. Paulo, Forense Universitária, 1999.

FRANCO, SOUSA – Sousa Franco, *Finanças Públicas e Direito Financeiro*, vol. I, 4.ª ed., Almedina, 1993, a págs. 36 ss.

G. PAISANT, *Les nouveaux aspects de la lutte contre les clauses abusives*, D. 1988, crónica, pág. 253.

GARCIA, BOTANA, *Noción de Consumidor en el Derecho Comparado*, in E.N.C., n.º 18, 1990

GARCIA, JUAN IGNATIO PEINADO – *El pretendido «derecho de los consumidores" y el systema*, in Revista de Derecho Mercantil, n.º 224, 1997, pp. 797-855, em especial 802-803.

HABERMAS, *Teoria de la acción comunicativa*, vol. II, ed., Taurus, Madrid, 1987, p. 455 e ss.

J.BAUDRILLARD, *A Sociedade de Consumo*, trad. Portuguesa, 1975

JEAN CALAIS – AULOY/FRANK STEINMETZ, *Droit de la Consomation*, 4.ª ed., Dalloz, Paris, 1996 e 6.ª ed., 6 ss.

JÚDICE, JOSÉ MIGUEL – *Uma reflexão sobre o direito do consume*, in Estudos de Direito do Consumidor, n.º 4

LARCHER, SARA, *Contratos celebrados através da Internet...*, em "Estudos do Instituto do Direito do Consumo", vol. II, a págs. 160-181.

LAURENTINO, SANDRINA – *Os destinatários da legislação do consumidor*, in Estudos de Direito do Consumidor, n.º 2, 415 ss.

LIZ, JORGE PEGADO, *Introdução ao Direito e à Política do Consumo*, Editorial Notícias, 1999,

LOPES, JOSÉ REINALDO DE LIMA, "*Responsabilidade civil do fabricante e a Defesa do Consumidor*"

LOPES, MARIA ELIZABETE VILAÇA – *O Consumidor e a Publicidade*, in Direito do Consumidor, I, s/d

LUIZ EDSON FCHIN, in Estudos de Direito de Consumidor, n.º 7, págs. 11 ss.

MARIANO, JOÃO CURA – *Responsabilidade Contratual do Empreiteiro pelos Defeitos da Obra*, Almedina, 2005.

MARTINEZ, PEDRO ROMANO – *Contrato de empreitada*, Almedina, Coimbra, 1994.

MEIRIM, JOSÉ MANUEL, in Revista do Ministério Público, Ano 11.º , n.º 44, pp 181 ss, sob o título "*A constituição da República Portuguesa e os consumidores*"

MONTE, MÁRIO FERREIRA – *Da Proteção Penal do Consumidor*, Almedina, 1996, págs. 193 e 196 a 198.

Monteiro, António Pinto:
- *A protecção do consumidor de serviços públicos essenciais*, in AJURIS, 1998.
- *A protecção do consumidor de serviços de telecomunicações*, in "As Telecomunicações e o Direito na Sociedade da Informação", Instituto Jurídico da Comunicação/Faculdade de Direito, Coimbra, 1999.
- *O Direito do Consumidor em Portugal*, in RBDC, n.º 17, Rio de Janeiro, 1999.
- Conclusões do Congresso, in *Comunicação e Defesa do Consumidor*, Instituto Jurídico da Comunicação/Faculdade de Direito, Coimbra, 1996.
- *In* Bol. Fac. Direito de Coimbra, Vol. LXXII, a págs. 384 ss e 403 ss (Discurso do Presidente da Comissão do Código do Consumidor, proferido em 7.06.1996) e na *AJURIS-Revista da Associação de Juízes do Rio Grande do Sul*, ed. especial sobre o 1.º Congresso Inter-Americano de Direito do Consumidor, Tomo I, Março 1998, pp. 220-238.
- *Introdução ao Direito ao Consumidor*, policop. (plano do curso e tópico das lições), Coimbra, 1999.
- *Do Direito do Consumo ao Código do Consumidor*, in EDC. n.º 1, Coimbra, 1999.
- *In* Revista *Sub Judice*, n.º 24 (Janeiro/Março de 2003), a págs. 7 segs.

O.S. Barata, «*Abundância*», em VELBC, XIX, 1979.

Pinto, Carlos Alberto da Mota
- *Teoria geral do direito* civil, 3.ª ed. actualizada, Coimbra Editora, 1986.
- *In O Direito*, Ano 121.º -1989, II (Abril-Junho), a pág. 274.

Pinto, Carlos Alberto Mota e Calvão da Silva, a *Responsabilidade Civil do Produtor*, Lições do Professor Mota Pinto, 1979-1980, ao Curso Complementar da Faculdade de Direito da Universidade de Coimbra. Coimbra, 1980, págs. 73 ss.

Pizzio, Jean-Pierre – *L'introduction de la notion de consommateur* en droit français, in Recueil Dalloz Sirey, Dalloz, Paris, 1982.

Rodrigues, Cunha – *As novas fronteiras dos problemas de consumo.*

Seia, J. A. Aragão, *A defesa do consumidor e o arrendamento urbano*, In Estudos de Direito de Consumidor, n.º 4 (2002).
Silva, Gonçalves da, *Economia da Empresa*
Silva, João Calvão da
- *Responsabilidade do produtor*, Almedina, Coimbra, 1990.
- *Venda de bens de consumo*, Almedina, 3.ª ed., 2006.
- *Compra e venda de coisas defeituosas, conformidade e segurança*, 4.ª ed., Almedina
Silva, José Luiz Toro da, *in Revista Consultor Jurídico*, de 21 de Outubro de 2002, "cadeia de consumo, "O conceito jurídico de consumidor, o CDC e as empresas".

ÍNDICE GERAL

I. INTRODUÇÃO	468
I. A. Da necessidade de defesa do consumidor	468
I. B. Algumas breves e prévias noções	471
II. O CONSUMIDOR	475
II. A. – Ainda a necessidade de protecção	475
II. B. – Da noção de consumidor	481
II. B. 1. Algumas dúvidas e procura de solução	489
1.ª – Se o consumidor, que negoceia com uma empresa pode ser ele próprio também uma entidade empresarial e se o profissional pode, por sua vez, ser consumidor	489
2.ª – Se o consumidor tem de ser uma pessoa física – o que leva a questionar se as **pessoas colectivas** podem ser consumidores	489
3.ª – Se a relação de consumo é directa e exclusiva com o sujeito adquirente ou se integra igualmente num círculo mais vasto, com certas ligações pessoais de conveniência	489
4.ª – Se pode falar-se de consumidor quando o bem foi fornecido (ou o serviço prestado), ao mesmo tempo – ou cumulativamente –, para uso privado, pessoal, familiar ou doméstico, e para o uso profissional do adquirente do bem	490
5.ª – Se o adquirente do bem ou serviço ao *"profissional"*, no âmbito de uma relação de consumo, pode, por sua vez, estabelecer nova relação de consumo com terceira pessoa	490
II. B. 1. a) – Quanto à primeira questão	491
II. B. 1. b) – Quanto à segunda questão	499
II. B. 1. c) – Quanto à terceira questão	512
II. B. 1. d) – Quanto à quarta questão	514

II. B. 1. e) – Quanto à quinta questão 519
II. B. 1. f) – Ainda outros exemplos ou situações ilustradores da verificação ou não duma relação de consumo 522

III. O ANTEPROJECTO DO CÓDIGO DO CONSUMIDOR 531

IV. A VISÃO DA JURISPRUDÊNCIA 535
   IV. 1. Nota prévia 535
   IV. 2. Sobre a extensão do conceito de consumidor às pessoas colectivas 536
   IV. 3. No que tange à extensão do conceito de consumidor a profissionais 540
   IV. 4. Outros Arestos 542
   IV. 5. Na Jurisprudência do Tribunal de Justiça das Comunidades Europeias 546

V. CONCLUSÃO 548

BIBLIOGRAFIA 551

ÍNDICE GERAL 556

DIREITO DOS CONTRATOS
– CONTRATO ELECTRÓNICO DE CONSUMO

Mário Gabriel de Castro
Aluno da Pós-Graduação em Direito
dos Contratos e do Consumo
Advogado

Sumário: 1. A Sociedade da Informação. **2.** O Comércio Electrónico na Sociedade da Informação. **3.** Contrato Electrónico de Consumo. **4.** Sobre o Anteprojecto do Código do Consumidor. **5.** Conclusões

1. A Sociedade da Informação

A expressão que titula o presente ponto vulgarizou-se nos últimos anos, constituindo-se como um novo conceito polissémico na cultura ocidental em geral, e na portuguesa em particular. Polissemia esta que deriva, necessariamente, do sentido pretendido[1]. No âmbito sociológico, que transpira influências para o âmbito jurídico até na sua dimensão lexical, este novo factor foi sendo desenvolvido com base nos saltos evolutivos verificados na área das tecnologias da informação[2], até ao

---

[1] No âmbito económico significa a sociedade cujo quadro mercantil considera *inputs* de várias naturezas, mas na perspectiva sociológica já significa a sociedade em que o indivíduo (receptor) é colocado perante a profusão de mensagens e de meios difusores destas.

[2] Também esta, uma expressão que abarca múltiplas traduções técnicas, que vão das tecnologias de processamento de dados, seja pela sua compressão, seja pelo seu armazenamento, até às tecnologias de transmissão dos mesmos.

"admirável mundo novo" que hoje adentra a vida quotidiana de milhões de seres humanos, nas suas ocupações pessoais e profissionais e que, por força disso, merece a nossa síntese introdutória, a par e passo com o seu genérico enquadramento legislativo.

A sociedade da informação não seria um conceito juridicamente relevante se não implicasse com o decurso das relações interpessoais das pessoas jurídicas, singulares e colectivas. Ao facilitar e potenciar essas relações tornou-se um fenómeno jurisdicionalizável, tanto mais relevante quanto se mostrou ainda capaz de criar novas manifestações de actos e negócios jurídicos clássicos, como se tem vindo a verificar com a compra e venda de (quase) tudo através das tecnologias da informação. Mas a imperiosa atenção do legislador sustenta-se, certamente, em factores a montante destas traduções práticas, mormente na sua essência, enquanto meio de comunicação. Relembramos que "a explosão" do aproveitamento da Internet só ocorreu quando os protocolos que a precederam se compatibilizaram, e passaram a estar ao alcance do povo leigo e anónimo através das plataformas de telecomunicações, pois que até então a "rede" (ou o seu esboço) tinha servido apenas interesses privados, como a estrutura defensiva dos E.U.A ou o meio empresarial e financeiro[3].

A comunicação na sua acepção mais básica compreende, como se conhece, uma informação trocada entre (pelo menos) um emissor e um receptor, podendo essa mensagem ser trocada através da fala, da escrita, de um código ou de um comportamento. Inicialmente à margem do conteúdo da mensagem, mas não sem deixar de o tomar como argumento de suporte, foi construído o Direito da Comunicação, onde vamos encontrar a primeira abordagem legislativa portuguesa à sociedade da informação. A Lei n.º 91/97, de 1 de Agosto (Lei das Telecomunicações) é o diploma-quadro que define as bases gerais para a definição, estabelecimento, gestão e exploração das redes de telecomunicações e a prestação de serviços de telecomunicações (art. 1.º), sendo estes definidos no art. 2.º n.º 4 como "a forma e o modo da exploração do

---

[3] Uma pequena nota sobre esta história é deixada mais à frente, a propósito da evolução do comércio electrónico.

encaminhamento e/ou distribuição da informação através de redes de telecomunicações". Neste âmbito, e em particular nos "serviços de telecomunicações", podemos subsumir muitos dos serviços económicos que nos são prestados através dos meios electrónicos, com ou sem interactividade do consumidor. Um destes serviços é o do comércio electrónico, mas outros podem ser oferecidos como exemplo (o acesso a bases de dados em linha, e.g.). Para se operar com aquele conceito legal ("sociedade da informação"), o legislador tratou de nos fornecer dois outros, instrumentos daquele, que são o de "telecomunicação" e de "redes de telecomunicações". Por "telecomunicação" deve entender--se, segundo o art. 2.º n.º 2, "a transmissão, recepção ou emissão de sinais, representando símbolos, escrita, imagens, sons ou informações de qualquer natureza por fios, por sistemas ópticos, por meios radio-eléctricos e por outros sistemas electromagnéticos", encontrando-se a definição legal de "redes de telecomunicações" no n.º 7 do mesmo artigo, como "o conjunto de meios físicos, denominados infra-estruturas, ou electromagnéticos que suportam a transmissão, emissão ou recepção de sinais". A importância destes conceitos, e dos seus limites, torna-se mais importante à medida que se percebe como é que o legislador enquadrou, a jusante, o comércio electrónico. Como dissemos, este constitui-se como um serviço da sociedade da informação e, se mais não fosse, teria que ver o seu enquadramento sistemático influenciado pela Lei n.º 91/97 uma vez que depende, directamente, das "redes de telecomunicações", e é reconduzível, numa primeira leitura, ao conceito de telecomunicação. No entanto, a lei classifica os serviços de tele-comunicações em dois tipos, seguindo para tal duas ordens de razão: 1.º) de acordo com a titularidade do direito de utilização dos serviços – distinguindo entre os que se dirigem ao público em geral (serviços de telecomunicações de uso público) dos que têm um uso por um só utilizador ou por um grupo de restrito (serviços de telecomunicações privativas); 2.º) de acordo com a prévia identificabilidade dos destinatá-rios da comunicação – separando os serviços de telecomunicações que implicam prévio endereçamento (serviços de telecomunicação endere-çados) daqueles em que não há prévia identificação do receptor (serviços de difusão ou teledifusão), de acordo com os n.ºs 5 e 6 do art. 2.º. Esta última distinção é particularmente importante porque o diploma exclui esta última classe do seu âmbito de aplicação. Como exemplos dos serviços endereçados temos o telefone e o telefax, enquanto que entre os serviços de difusão encontramos a radiodifusão e a difusão por satélite. Menos claros são os casos de classificação das plataformas informáticas que permitem o fornecimento, de forma endereçada, do sinal de rádio e/ou televisão, o que parece atirar para um limbo legislativo (ou para um futuro *tertium genus*?) os novos, embora já presentes, serviços como a televisão interactiva e todos os serviços electrónico de informação em linha (os "teleserviços", como o telebanking, a telemedicina ou vídeo-a-pedido)[4]. Partilhamos da opinião de Alexandre Dias Pereira quando este Autor defende a subsunção destes teleserviços aos "serviços de telecomunicações" previstos na lei, tomados num sentido amplo. Entendemos, porém, que tem mais força o elemento teleológico do que o literal, pois estes serviços compreendem mais do que a "exploração do encaminhamento e/ou distribuição de informação" como se constata a partir do conjunto de funções interligadas e interdependentes que compõem o telebanking, e, como lembra aquele Autor, nem sempre se servem das "redes de telecomunicações" preexistentes, compondo eles próprios redes de telecomunicação com a qual se confundem. Ainda assim, e apesar destas dificuldades na interpretação da lei, parece-nos que está delineada, em traço grosso é certo, a planta para edificação do *corpus iuris* que regulará o novel fenómeno dos serviços da sociedade da informação.

O edifício ergue-se, depois, por intermédio das transposições de Directivas correlacionadas com as suas fundações "técnicas e subjectivas", o mesmo é dizer, com base na Directiva sobre transparência e regulamentações técnicas[5] e na Directiva sobre protecção dos serviços de acesso condicional. A importância destas Directivas reside no facto da Directiva sobre comércio electrónico para elas remeter quanto ao

---

[4] Apenas para citar alguns dos exemplos referidos por Alexandre Dias Pereira, na nota 19 do seu "A protecção do consumidor no quadro da directiva sobre o comércio electrónico", EDC n.º 2, p. 51 a 54, Coimbra

[5] Directiva 98/34/CE do Parlamento Europeu e do Conselho, de 22 de Junho de 1998, alterada pela Directiva 98/48/CE do Parlamento Europeu e do Conselho, de 20 de Julho de 1998.

conceito de serviços da sociedade da informação. Da transposição[6] resulta então, que serviço da sociedade da informação é "qualquer prestação de actividade à distância, por via electrónica e mediante pedido individual do seu destinatário, geralmente mediante remuneração". A Directiva sobre comércio electrónico[7] cingiu-se a delimitar o alcance do conceito, considerando-se abrangido "qualquer serviço, em princípio pago à distância, por meio de equipamento electrónico de processamento e o armazenamento de dados, e a pedido expresso do destinatário do serviço"[8]. A delimitação pela negativa é dada pelo Preâmbulo da Directiva, no qual o considerando 18 estipula os serviços não abrangidos por aquela noção. Neste elenco regista-se, a título de exemplo, a radiodifusão televisiva e a radiodifusão (por não serem solicitados pelos destinatários), bem como a utilização do correio electrónico, ou comunicações electrónicas equivalentes, por parte de pessoas singulares agindo fora da sua actividade profissional.

Facilmente constatamos, a partir dos diplomas atrás referidos, que o ordenamento jurídico nacional tem sido "enriquecido" pela profusão de Directivas comunitárias a este respeito. Com efeito, os órgãos legislativos comunitários têm demonstrado uma especial atenção, e apetência, por este ramo do Direito, levando mesmo Manuel Veiga de Faria a questionar se "o legislador comunitário não estará a criar para si uma zona de soberania, esvaziando o poder dos Estados-Membros"[9]. O rol, já extenso, deverá ainda ser continuado por numerosas Directivas, todas elas visando o estabelecimento dum patamar comum e harmonizado, a nível comunitário, que possibilite o crescimento económico destes serviços, apontado como um dos principais objectivos da UE para os próximos anos pelo Relatório Bangemann sobre "A Europa e a Sociedade da Informação" (1994). Curiosamente, a reserva de competência comunitária em matéria de protecção dos interesses dos con-

---

[6] Pelo Decreto-Lei n.º 58/2000, de 18 de Abril
[7] Directiva 2000/31/CE do Parlamento Europeu e do Conselho, de 8 de Junho de 2000.
[8] ob. cit., Alexandre Dias Pereira, p. 59.
[9] Temas de Direito da Informática e da Internet (Nota introdutória), Ordem dos Advogados, Coimbra Editora, 2004, p. 9.

sumidores é usada bastas vezes como pretexto para esta abundante intervenção legislativa. Não nos opomos, de todo, a esta fundamentação, mas também acrescentamos que bem pode servir como um Cavalo de Tróia, permitindo harmonizar ainda mais os Direitos Civil e Comercial dos Estados-Membros sem as inconvenientes reticências frequentemente demonstradas pelos parlamentos nacionais.

2. O Comércio Electrónico na Sociedade da Informação

O comércio electrónico apresenta-se como uma das formas excelentíssimas de desenvolvimento das relações comerciais entre os sujeitos do "mundo globalizado". Adquiriu essa relevância à medida que se foi vulgarizando o acesso individual às redes de comunicação globais, em particular a partir do advento da Internet nos anos 90 do século XX[10].

É possível identificar os seus primeiros passos já nos anos 70, por pressão das empresas norte-americanas e dos operadores dos maiores mercados financeiros, que obrigaram à abertura daquelas redes[11], altura em que surgiram os primeiros serviços de comércio electrónico – os EFT (Electronic Funds Transfer), simples transferências electrónicas de fundos entre bancos, assentes na segurança proporcionada por redes privadas. Estes EFT, antepassados dos actuais pagamentos automáticos, foram-se vulgarizando no meio empresarial, apesar de se mostrarem inacessíveis para o vulgar cidadão porque as redes abertas[12] não ofere-

---

[10] "O Comércio Electrónico em Portugal – O quadro legal e o negócio", ICP-ANACOM, p. 17, Lisboa, 2004

[11] Até então, as redes instaladas destinavam-se a estabelecer o contacto entre Centros de Investigação universitários e o Departamento de Defesa Norte-Americano, merecendo a designação de DALPHI

[12] "Abertas" por serem acessíveis em qualquer lugar, por qualquer um que disponha do hardware necessário e duma configuração protocolar adequada – é o caso da Internet. Por oposição, as redes "fechadas" apresentam-se como domínios circunscritos, apenas ao alcance dos poucos que possuem a "chave" de entrada e cujas interligações estão limitadas a um círculo restrito de pessoas. Um exemplo destas redes fechadas é qualquer "intranet".

ciam ainda condições de segurança que garantissem a fiabilidade dessas transferências, e ainda menos para um mercado global. Os anos 80 trouxeram um novo salto tecnológico com a introdução do EDI (Electronic Data Interchange) e as transferências de informação simplificaram-se de sobremaneira. A tecnologia EDI permitiu às empresas automatizar os seus procedimentos de compra, a comunicação com fornecedores, a gestão de stocks, limitando o recurso ao suporte papel. Por um lado, surge o correio electrónico, que permite a transferência de informação "peer-to-peer", ou seja, de pessoa para pessoa, e, por outro lado, sedimenta-se o comércio electrónico com o recurso a mensagens electrónicas, usando aquela tecnologia para transferir informação "de aplicação para aplicação". O avanço das tecnologias (de transferência) de informação revelava-se agora imparável e o mercado mostrava-se interessadíssimo em mais ferramentas, que permitissem alargar a base de utilizadores e multiplicassem as hipóteses de negócios, dadas as carências reveladas pela tecnologia EDI. Tal veio a acontecer em plenos anos 90, com a consolidação definitiva do Internet Protocol[13], trave mestra da edificação da "rede das redes", a Internet.

Esta comportou-se até hoje como uma nova imprensa de Gutemberg, revolucionando a forma de comunicar e de interagir socialmente. Universal, com baixos custos de acesso e de funcionamento, de fácil utilização, flexível e interactiva, a Internet (Net) veio permitir que se alcançassem aqueles dois objectivos comerciais: todos passaram a poder ser parte nos processos económicos, à medida que estes se vão apresentando sob novas manifestações, só possíveis graças à combinação de três factores indissociáveis: a tecnologia, a criatividade e o capital.

Até ao ponto presente podemos já propor que o comércio electrónico seja todo aquele que, realizado à distância, assenta nas novas tecnologias de transmissão de informação. Esta proposta não choca com nenhuma das várias definições já avançadas noutras sedes. De

---

[13] O IP, à semelhança de outros protocolos como o FTP, o HTTP ou o TCP, constitui "um conjunto de especificações objectivas que os computadores entendem e que caracterizam o formato e a sequência de transmissão de informação" (*apud* "A resolução de litígios no contexto da Internet", Mariana S. David, Themis, ano VII, n.º 12, p. 150, 2006)

acordo com Internet Data Corporation (IDC) – comércio electrónico é "o processo pelo qual uma encomenda é colocada ou aceite através da Internet, representando, como consequência, um compromisso para uma futura transferência de fundos em troca de produtos ou serviços"[14] – ao passo que segundo o Eurostat, é "a transacção de bens e serviços entre computadores mediados por redes informáticas, sendo que o pagamento ou entrega dos produtos transaccionados não terá que ser, necessariamente, feito através dessas redes"[15]. Nenhuma, destas ou doutras, recolhe unanimidade, apesar da pouca diversidade que contêm, pelo que nos arriscamos a oferecer aquela e com ela trabalhar.

De entre as inúmeras manifestações práticas (transferências financeiras electrónicas, comércio electrónico de acções, de bens e serviços e de componentes multimédia entregues em linha, leilões comerciais, e.g.), a recente Doutrina tem vindo a defender a sua classificação em torno de duas modalidades e quatro tipos principais.

A primeira daquelas modalidades é o comércio electrónico indirecto, que corresponde a uma forma de comércio electrónico que não prescinde de estruturas físicas para a sua consumação. Ou seja, apesar do acto de comércio se processar duma forma perfeitamente virtual, o acto de entrega do bem adquirido ou a subsequente prestação do serviço contratualizado implica o recurso a uma qualquer via concreta de realização prática. O exemplo típico é o da compra de produtos em mercados em linha. Na segunda modalidade – o comércio electrónico directo – prescinde-se completamente das estruturas físicas, por força da natureza incorpórea dos bens transaccionados (aquisição de um software em linha, e.g.). Independentemente de ser directo ou indirecto, o comércio electrónico pode assumir um de quatro tipos:

1) Business-to-Business (B2B) – que engloba todas as transacções efectuadas entre empresas. Desenvolve-se basicamente em três grandes áreas: o e-Marketplace, o e-Procurement e o e-Distri-

---

[14] Cfr. IDC, eBusiness: Análise do mercado e tendências de investimento, 2001-2005, IDC Portugal, Lisboa, 2002

[15] Cfr. Eurostat: E-Commerce in Europe, 2001, European Comission, Luxembourg, 2002

bution[16], e correspondia, em 2001, a 90% do comércio electrónico realizado em Portugal[17].
2) Business-to-Consumer (B2C) – que corresponde ao comércio electrónico "a retalho", realizado pelo estabelecimento de relações comerciais entre empresas e consumidores finais. Este é o sector que tem maior margem de progressão, não só entre nós mas a nível global, uma vez que só após o advento da Internet (e do seu interface gráfico, a World Wide Web) e do aprimoramento da tecnologia de encriptação se começou a gerar confiança bastante, junto do consumidor final, para utilizar esta aplicação.
3) Business-to-Administration (B2A) – onde são incluídas todas as transacções em linha realizadas entre empresas e a Administração Pública. Este é igualmente um sector em franca expansão, graças às iniciativas políticas e administrativas do Governo, procurando ainda acompanhar o fenómeno ocidental do e--government.
4) Consumer-to-Administration (C2A) – que, por evidência, abarca as relações electrónicas estabelecidas entre a Administração Pública e os indivíduos administrados, com particular incidência no sector da Administração Fiscal (entrega em linha de declarações de rendimentos, e.g.), mas já com manifestações noutros sectores.

O comércio electrónico tem, como se vê, uma multidimensionalidade que deriva da sua adaptabilidade às necessidades dos potenciais utilizadores. No entanto, uma palavra é devida ao esforço que foi, e

---

[16] Os e-Marketplace são mercados digitais, de forma vertical se voltados apenas para uma actividade específica, ou de forma horizontal, e onde as empresas se encontram para comprar e vender. O e-Procurement comporta-se como uma plataforma organizativa para aprovisionamento de organizações, optimizando a cadeia de fornecimentos em termos de tempo e de custos, pela automatização das relações com centrais de compras. Os e-Distributions são plataformas electrónicas de integração das empresas com os seus distribuidores, representantes e vendedores. (*apud* "O comércio electrónico em Portugal ..., *ob. cit.*, p. 20 – 21)

[17] Fonte: IDC (2001b)

continua a ser feito, quer na remoção dos obstáculos jurídicos, quer no reforço da operatividade técnica dos instrumentos. A chave do sucesso do comércio electrónico assenta, por assim dizer, no pilar técnico e no pilar jurídico. No primeiro porque só o desenvolvimento de novas tecnologias, que permitiram, por um lado, a superação dos estrangulamentos no processamento, armazenamento e transmissão de dados e, por outro lado, porque o conseguiram fazer globalmente em segurança, franqueou as portas à efectivação de trocas comerciais em redes abertas. No segundo, porque garantiu a confiança jurídica dos agentes económicos, *maxime* dos consumidores, naquelas trocas. A primeira destas infra-estruturas traduziu-se no desenvolvimento de tecnologias de cifragem, encriptação e estenografia, que permitiram tornar estanque cada relação negocial bilateral, garantindo desse modo a autenticidade de documentos electrónicos e a confidencialidade dos dados transmitidos. Ganha especial destaque, a este propósito, a assinatura digital como mecanismo de garantia da inviolabilidade pretendida. Ao mesmo tempo, a segunda infra-estrutura, a jurídica, consolidou-se em torno de vários diplomas, de conteúdo diverso e suficientemente amplo de forma a cobrir as principais necessidades do tráfego jurídico. Merecem destaque a aprovação do regime jurídico dos documentos electrónicos e da assinatura digital[18], a equiparação da factura electrónica à factura em suporte papel[19], as Iniciativas Internet – Portugal Digital e *Empresa on line*[20], para além da necessária actividade de transposição das Directivas comunitárias, principalmente as relativas a Contratos à distância e ao Comércio electrónico.

3. Contrato Electrónico de Consumo

O contrato mantém-se aqui, como no restante Direito Obrigacional, como o principal instrumento de ordenação dos interesses individuais,

---

[18] Decreto-Lei n.º 290-D/99, de 2 de Agosto
[19] Decreto-Lei n.º 375/99, de 18 de Setembro (regulamentado pelo Decreto-Regulamentar n.º 16/2000 de 2 de Outubro)
[20] No plano da constituição das sociedades comerciais.

a articulação mais completa da Autonomia da Vontade Privada. Surge, todavia, com outras vestes, ou, talvez seja melhor dizê-lo, com novos adereços, e são estes que nos obrigam a aperfeiçoar a análise em ordem a obter "velhas respostas para novas questões"[21]. Assim sendo, cabe-nos esmiuçar o contrato electrónico, tendo optado pelo "subtipo" contrato de consumo por se revelar especialmente atinente com o Curso, sabendo ao mesmo tempo que ele constitui, hoje, a maior parte dos contratos celebrados através da Internet[22]. Teremos, simultaneamente, que levar em linha de conta que a regulamentação destes contratos tem partido de um "novo paradigma". Com efeito, o contrato enquanto expressão soberana do Direito Privado é, nesta sede, visto, como merecedor da especial atenção do Direito Público, feita a coberto duma especial vulnerabilidade (quase debilidade) do sujeito Consumidor, e concretizada numa panóplia de mecanismos proteccionistas precarizadores da Autonomia da Vontade. Surge, por isso, uma nova classificação dos contratos, "não segundo o objecto mas segundo o seu fim económico"[23], numa área de confluência entre aqueles dois ramos do Direito. Esta construção sedimentou-se com uma sucessão de actos legislativos, na sua maioria de origem comunitária como já mencionamos, e que nos obriga a iniciar um périplo descendente, partindo "a montante" da Directiva 97/7/CE (sobre Contratos à Distância) até desaguar na "foz" da Directiva (sobre Comércio Electrónico), sem esquecer a Convenção de Roma sobre a Lei Aplicável às Obrigações Contratuais para os casos (muito frequentes) de contratos (electrónicos de consumo) internacionais.

Previamente ao estudo de tais diplomas importa referir um outro instrumento legislativo de Direito Internacional Público, a Convenção

---

[21] Acreditamos que no que concerne aos Contratos, assim como ao próprio Direito Civil, as respostas clássicas compreendem as que ainda vão ser buscadas amanhã. Os limites impostos pela realidade física apenas mudam de escala, mas não mudam, sob pena do Homem deixar de os compreender.

[22] Apesar disso, e segundo estimativas do IDC, em 2001 Portugal terá alcançado um volume de negócios para o e-commerce de 921,22 milhões de euros, dos quais o tipo B2C apenas representa 12,7%.

[23] "Contratos negociados à distância", Arnaldo Filipe Oliveira, in Revista Portuguesa do Direito do Consumo (separata) n.º 7, 1996, p. 54.

das Nações Unidas sobre a Utilização de Comunicações Electrónicas em Contratos Internacionais, adoptada pela Assembleia-Geral em 2005. Apesar do seu vasto conteúdo dispositivo, esta convenção não está ainda em vigor.

O Contrato electrónico de consumo subsume-se, *prima facie*, ao Contrato celebrado à Distância por força dos elementos caracterizadores deste, identificados na Directiva 97/7/CE, a saber: o envio da proposta negocial através duma técnica de comunicação à distância (1); o envio da aceitação dessa proposta através da mesma ou de outra técnica de comunicação à distância (2) e a ausência de presença física entre as duas partes contratantes (3). Não obstante estes elementos se mostrarem suficientes para a delimitação objectiva destes contratos – em face do objectivo do legislador – a Directiva trouxe alguns outros que permitem um refinamento na selecção. Estes outros critérios permitem ao intérprete da lei realizar o processo de subsunção duma forma mais casuística por apego a elementos literais e teleológicos, uma vez que abordam diferentes subtipos de contratos à distância, e diferentes prorrogativas do legislador face a eles – como se constata da leitura dos preceitos referentes às vendas por correspondência, por exemplo. Assim, é possível proceder à inclusão/exclusão de diferentes contratos no âmbito de aplicação da Directiva tendo sempre em atenção que o objectivo do diploma é a protecção do consumidor que não dispõe das normais circunstâncias de reflexão prévias à contratação. Este objectivo era já, aliás, motivo de preocupação quer do legislador comunitário quer do legislador nacional, sendo de notar que Portugal se mostrou pioneiro na adopção de regulação a este propósito, fosse ela de produção própria, fosse decorrente de transposição de normas comunitárias. O Decreto-Lei 272/87, de 3 de Julho[24], concretizou, para este efeito, a transposição da Directiva 85/577/CEE do Conselho, de 20 de Dezembro de 1985, relativa à protecção dos consumidores no caso de contratos negociados fora dos estabelecimentos comerciais, e nele o nosso legislador procurou, com as alterações que introduziu, colmatar algumas lacunas legais do nosso ordenamento (mormente, a respeito das "vendas por correspon-

---

[24] Entretanto alterado pelo Decreto-Lei n.º 233/95, de 13 de Setembro.

dência") ao mesmo tempo que alargava o âmbito de aplicação daquele regime comunitário a todos os meios de comunicação à distância, o que se mostrou inovador dado que, por esta altura, começava a sentir--se deste lado do Atlântico a pressão das "vendas por televisão".

O sucesso obtido com as novas técnicas de venda assentes na comunicação à distância motivou muitas preocupações, quiçá algo exageradas, com a "pressão" que estas colocavam sobre o consumidor, nomeadamente com o resultado dessa pressão sobre os direitos de personalidade. Esse sentimento generalizado de preocupação social pareceu esquecer, todavia, os benefícios que estas modalidades de negócio trouxeram às relações comerciais em geral, e ao próprio consumidor em particular. Terá sido, porventura, o conforto sentido pelo consumidor com este tipo de contratação um dos principais factores para o seu assinalável sucesso. Note-se que, para além da desnecessidade de deslocação para a aquisição de produtos – muitas vezes um factor determinante no processo de escolha do próprio local de aquisição – o consumidor passava a poder reflectir, na sua própria residência, antes de efectuar a aquisição, evitando assim o confronto psicológico com o vendedor (exceptuando, claro está, o caso das "vendas porta-a-porta"). E nem se diga que as técnicas de venda entretanto desenvolvidas especialmente para estes contactos à distância (ofertas limitadas paras as primeiras aquisições, e.g.) arredavam ou diminuíam algum destes benefícios. Estas constatações foram, aliás, consideradas por alguma literatura[25] como razão mais do que suficiente para afastar o "direito de arrependimento" do regime de protecção do consumidor, dada a possibilidade de reflexão que lhe assistia. No entanto, e a nosso ver correctamente, o legislador não foi sensível àquela argumentação, tendo mesmo atribuído a este direito uma função basilar para a protecção do consumidor, posteriormente repetido noutros diplomas.

---

[25] Raymond Baillord surge aqui como nome várias vezes referenciado, especialmente pela sua obra "Le Doit de Repentir", in "Revue Trimestrelle de Droit Civil", n.º 2, 1984, p. 244 e ss., onde se refere àquele direito como um desvirtuamento da natureza do direito de arrependimento enquanto instrumento corrector dos vícios do consentimento.

Na base dessa adopção terão pesados argumentos como: a potencial gravidade dos compromissos assumidos pelo consumidor, para cuja correcta prefiguração os meios de comunicação utilizados não demonstravam a "isenção" necessária (1), bem como a presumida situação de fraqueza de espírito do consumidor ante a natureza apelativa e condicionante dos meios tecnológicos e psicológicos utilizados pelos fornecedores dos produtos (2) – e que levariam, na maioria dos casos, segundo os estudos que serviram de base aos trabalhos parlamentares relativos àquela lei, a "compras por impulso" – assim como a necessidade de assegurar ao adquirente um período mínimo de apreciação do produto entregue face ao produto apresentado, dissuadindo dessa forma práticas comerciais incorrectas e assegurando a confiança dos consumidores nestes canais de comunicação comercial (3).

Muitos dos problemas levantados à época a este tipo de contratação, foram sendo posteriormente resolvidos, vários graças a iniciativas dos próprios operadores comerciais (pela adopção de códigos de conduta[26], pelo aperfeiçoamento dos mecanismos de entrega, entre outros métodos), mas também pelo desenvolvimento da própria tecnologia de suporte. Eram, então, apontadas como desvantagens[27] dos contratos realizados por tais meios a possibilidade de não recepção do bem depois de o consumidor ter já efectuado pagamentos, sem possibilidade alternativa de reaver os montantes entregues, e eventuais problemas decorrentes dos pagamentos com cartão electrónico, ou seja, problemas da segurança nas transacções financeiras.

Aquele diploma, datado de 1987 relembre-se, trazia consigo uma falha estrutural que, com o devido respeito, nos parece ainda bem presente, arriscamos mesmo a dizer, agravada. Essa falha diz(ia) respeito ao consumidor, destinatário imediato e último da Directiva. Concretamente, à sua noção legal, e subsequente arrumação sistemática das normas. O regime destinava-se apenas a contratos de consumo mas nenhum dos diplomas, Directiva ou Decreto-Lei, definia o conceito de

---

[26] Alguns até com força de lei, como aconteceu em Inglaterra quando promovidos pelo Office of Fair Trading

[27] Arnaldo Filipe Oliveira, *ob. cit.*, p. 61

consumidor, o que motivava a operação sistemática da definição oferecida pela Lei de Defesa do Consumidor, (Lei n.º 29/81, de 22 de Agosto), no seu art. 2.º. Começaria aqui uma série de regulamentações em que o conceito operaria por remissão, estaria omisso ou se modificava ligeiramente, num rearranjo contínuo que motivaria a feliz expressão de "noção caleidoscópica de consumidor no direito comunitário"[28].

- **Do Decreto-Lei 143/2001, de 26 de Abril** (que transpõe a Directiva 97/7/CE do Parlamento Europeu e do Conselho, de 20 de Maio de 1997, relativa à protecção dos consumidores em matéria de contratos celebrados à distância)

Após 5 anos de deliberações, o Parlamento Europeu e o Conselho adoptaram, em 20/05/97, a Directiva 97/7/CE, relativa à protecção dos consumidores em matérias de contratos à distância, e transposta para a nossa ordem jurídica pelo Decreto-Lei 143/2001, de 26 de Abril[29-30].

Dum ambicioso objectivo inicial, de criar um verdadeiro direito europeu sobre a conclusão de contratos, ficou a génese e, mais modestamente, um conjunto de Directivas que lograram "europeizar" as modalidades de conclusão de contratos, afectando profundamente a teoria dos actos jurídicos. Aquela missão incluiu a regulamentação dos contratos celebrados à distância (Capítulo II, arts. 2.º a 12.º), os contratos ao domicílio e equiparados (Capítulo III, arts. 13.º a 20.º), as vendas automáticas (Capítulo IV, arts. 21.º a 23.º) e as vendas especiais esporádicas (Capítulo V, arts. 24.º e 25.º), bem como a harmonização do período de reflexão patente nas Directivas 85/577/CEE e 97/7/CE (passando-o para 2 anos) e uma Directiva sobre protecção dos consumidores em matéria de contratos de serviços financeiros prestados à distância (futura Directiva 2005/62/CE de 23 de Setembro, já transposta pelo DL 95/2006 de 29 de Maio).

---

[28] Alexandre Dias Pereira, "Comércio electrónico e consumidor", ob. cit., p. 372 (n. 52)

[29] Entretanto já alvo de alteração pela Declaração de Rectificação n.º 13-C/2001, de 13 de Maio.

[30] Este diploma revoga, pelo seu art. 37.º, o anterior DL 272/87, de 3 de Julho (e posterior alteração).

○ **Âmbito de aplicação material**

O âmbito de aplicação material da Directiva 97/7/CE está identificado no considerando 3.º da mesma, onde se lê que a Comissão pretende promover a venda à distância transfronteiriça para consumar o mercado interno, embora seja igualmente aplicável às relações nacionais. A própria conceitualização do "Contrato celebrado à distância" é realizada no art. 2.º n.º 1, que o define como "todo aquele celebrado entre um fornecedor e um consumidor utilizando para tal, exclusivamente, uma ou várias técnicas de comunicação à distância, até à conclusão do contrato", ali se incluindo a própria celebração. No dizer do parágrafo 4 daquela norma, "técnica de comunicação à distância" é "todo o meio que, sem presença física e simultânea do fornecedor e do consumidor, pode ser utilizado para a conclusão do contrato". Desta forma, verifica-se que um dos requisitos de aplicabilidade do regime é a ausência física dos dois contraentes. Hodiernamente, as tecnologias de comunicação consideráveis neste âmbito podem ser arrumadas em quatro categorias[31]: I) comunicação em suporte papel (imprimido, catálogos, publicidade impressa, ...); II) comunicação telefónica ou transmitida por telefone (telefone, telefax); III) comunicação por TV ou rádio (televendas); IV) comunicação por Internet (correio electrónico). Englobando as comunicações comerciais (marketing directo) na própria celebração contratual, por ali se anteverem as condições do contrato e a informação ao consumidor das mesmas, a aplicação material da Directiva pode ser equacionada em três situações[32]: 1) aquela em que existe um *continuum* temporal da relação fornecedor-consumidor, desde a negociação até à celebração; 2) aquela em que a utilização da técnica de comunicação à distância é determinante para a celebração do contrato (apesar da negociação/informação se ter processado por meio de marketing directo); 3) aquela em que apenas se recorre às técnicas de comunicação para confirmação do contrato previamente celebrado. De todas, somente a esta última não se deve aplicar a Directiva 97/7/CE.

---

[31] Previstas no anexo 1 da Directiva

[32] "La protection des consommateurs acheteurs à distance – La directive 97/7//CE sur les contracts à distance", Hans-W. Micklitz, Ed. Hildegard et Bernd Stauder. Bruxelles. 1999. p. 26

O regime é, todavia, ambíguo quando exclui do seu campo de aplicação os contratos celebrados à margem "dum sistema de venda ou de prestação de serviços à distância organizado pelo fornecedor", sem definir um tal sistema. Aparentemente, o que o art. 2.º ponto 1 tinha em mente era excluir os negócios ocasionais celebrados por intermédio destas tecnologias. Pode pensar-se, assim, que a utilização destas tecnologias no sistema de distribuição do fornecedor – sem que elas assumam a totalidade do sistema – é bastante para fazer operar o regime previsto. Por outro lado, para se aferir se um tal sistema é "organizado", faz-se necessário indagar se o fornecedor o criou com o objectivo duma distribuição à distância, quer do ponto de vista material quer do ponto de vista pessoal. Salientamos, no entanto, que o Decreto-Lei 143/2001, de transposição da Directiva, refere, entre os objectivos visados, a protecção do consumidor pela introdução, no nosso ordenamento jurídico, "de regras específicas para as vendas automáticas e especiais esporádicas", que efectiva nos seus arts. 21.º e ss. As vendas esporádicas especiais não se confundem com quaisquer trocas comerciais esporádicas pois a sua delimitação, no art. 24.º, aponta-nos apenas "as realizadas de forma ocasional fora dos estabelecimentos comerciais, <u>em instalações ou espaços privados especialmente contratados ou disponibilizados para esse efeito</u>" (sublinhado nosso). Em todo o caso, consideramos que estes serão casos de menor relevância na prática comercial, quer porque a maioria das trocas se processa entre empresas, com aquele tipo de suportes técnicos, e os consumidores, quer porque os consumidores terão tendência natural a assegurar-se da fiabilidade das suas transacções recorrendo a "caminhos já desbravados", o mesmo é dizer, a sistemas de distribuição com credibilidade no mercado. Do mais que poderia ser dito sobre estas hipóteses, o melhor será aguardar pelos desafios que a Vida lançará à Doutrina e à Jurisprudência.

Ainda no âmbito do campo de aplicação material deste regime cabe uma referência de inegável importância prática, concretamente em sede processual. Ficou ali feita uma menção ao ónus da prova (art. 12.º do DL), que recai sobre o fornecedor, do cumprimento das obrigações de informar o consumidor, mas que não abrange a prova da natureza deste tipo de contratos, pelo que caberá ao consumidor assumir as despesas dessa realização, pela demonstração de que os produtos lhe foram propostos por meios de distribuição à distância da responsabilidade do fornecedor. Acreditamos que, na maioria dos casos, uma prova indiciária será suficiente, mas é pena que o legislador não tenha feito uso da prerrogativa estabelecida no art. 11.º parágrafo 3, da Directiva, que lhe permitia inverter o ónus da prova. Fê-lo, com efeito, nalguma medida, no art. 12.º do DL 143/2001, mas ficou aquém do desejável já que o estabelecimento do contacto com o consumidor, pelo fornecedor dos produtos, através de um meio de contacto à distância é requisito de operatividade do regime.

Por último, é relevante referir que o âmbito de exclusão do diploma é, também, extenso, e foi cuidadosamente previsto pelo legislador comunitário – tendo o legislador nacional aderido a ele, simplesmente. Deste modo, o art. 3.º desenrola o leque de contratos que, mesmo sendo celebrados com consumidores, não são abrangidos pelo regime em apreço no Capítulo I, isto é, o dos contratos à distância. Se em relação a alguns se compreende a decisão, porque a natureza dos direitos em causa obriga à consideração de outros interesses, como o interesse público (caso da transmissão de direitos reais), a exclusão doutros contratos pela referida norma mereceu fortes críticas do Parlamento Europeu, tendo-se mesmo gerado um diferendo com a Comissão que só foi superado quando esta se predispôs a elaborar uma Proposta de Directiva especificamente sobre Contratos à distância de serviços financeiros.

- **Âmbito de aplicação subjectivo**

Quanto ao âmbito de aplicação subjectivo, são-nos oferecidas três noções fundamentais: no art. 1.º n.º 3, a de Consumidor (al.a)) e de Fornecedor (al. c)), e a de Operador de técnicas de comunicação (no art. 2.º al. c)). Para lá daquelas definições, julgamos importante sublinhar que: por Consumidores só são visadas pessoas físicas, que se comportem como consumidores finais; o Fornecedor pode ser um ente de Direito Privado ou Público, independentemente da forma que adopte, mesmo que se apresente sem fim lucrativo, conquanto actue no âmbito da sua actividade profissional; nos Operadores de técnicas de comunicação estão seguramente incluídos os fornecedores de acesso à Internet.

Note-se, todavia, que se trata aqui de um "consumidor jurídico" e não de um de um "consumidor material" – aquele que usa e dispõe, de facto, dos bens e serviços contratados – como bem refere Enrique Rubio Torrano[33]. O mesmo Autor tece ainda uma consideração[34] pertinente sobre a ausência de qualquer referência, pelo diploma em causa, à actividade comercial do Fornecedor. Com efeito, ao fugir de conceitos vinculados como "comerciante" ou "empresário", o legislador comunitário conseguiu evitar que os legisladores nacionais usassem d normas imperativas de protecção, esvaziando desse modo o sentido útil da Directiva, senão no seu todo pelo menos em boa medida.

o **Mecanismos de Tutela**

§ As Obrigações de Informar

A protecção propriamente dita assenta, em primeira linha, sobre os deveres de informação que estão acometidos aos fornecedores. É por meio deles que o legislador comunitário entendeu que melhor seriam acautelados os direitos dos consumidores, tão só porque a partir duma correcta informação, o consumidor "médio" deverá estar em condições de tomar uma decisão esclarecida e razoável do ponto de vista económico. ""Le risque inhérent à la conclusion à distance du contrat – soit une information du consommateur moins substantielle que lors d'uns conclusion entre présents – doit être contrecarré."[35] Para tanto, o regime impõe ao fornecedor uma obrigação de informar, espontaneamente e de forma extremamente ampla, o consumidor. O rol de informações a prestar bem como o momento de o fazer e ainda o modo de prestar compõe a obrigação "principal" de informar, a que não podemos deixar de associar uma obrigação "secundária" – que decorre, a nosso ver, do

---

[33] "Contratación a distancia y protección de los consumidores en el derecho comunitário; en particular, el desistimiento negocial del consumidor", Enrique Rubio Torrano, EDC n.º 4, Coimbra, 2002, p. 61

[34] Enrique Rubio Torrano, ob. cit., p. 61

[35] "Hans-W. Micklitz, *ob. cit.*, p. 30

considerando 19 da Directiva 97/7/CCE para os profissionais (envolvidos no fornecimento dos produtos) e para os próprios Estados-Membros (nas pessoas das suas instituições representativas). A obrigação "principal" é aquela de que se ocupa o Decreto-Lei (nos arts. 4.º e 5.º) e decompõe-se:

- No conjunto de informações previstas nas alíneas a) a i) do n.º 1 do art. 4.º, assim como no modo de as prestar – "de forma clara e compreensível por qualquer meio adaptado à técnica de comunicação a distância utilizada, com respeito pelos princípios da boa fé, da lealdade nas transacções comerciais e da protecção das pessoas com incapacidade de exercício dos seus direitos, especialmente os menores", segundo o n.º 2;
- No momento em que devem ser prestadas ("em tempo útil e previamente à celebração de qualquer contrato celebrado a distância) – aspecto extremamente relevante para se aferir da conformidade do contrato com a protecção dispensada aos consumidores e, bem assim, da manutenção do próprio negócio no mundo jurídico. Tanto mais que o legislador teve o cuidado de estabelecer um novo momento para aferição do cumprimento daquela obrigação – no art. 5.º – pela confirmação do fornecimento das informações já em plena execução contratual.

Não ignoramos o carácter porventura eventual desta "confirmação" uma vez que o n.º 2 apresenta uma forma de excepcionar a aplicação do n.º 1 do art. 5.º, *maxime*, pelo fornecimento ao consumidor, daquelas informações, "num suporte durável e facilmente consultável". Ainda assim, o cuidado demonstrado é revelador da consciência da virtualidade que caracteriza estes negócios, e da fragilidade que ela importa.

Quanto à segunda obrigação, cremos que constitui uma orientação deixada pelo legislador comunitário para os legisladores dos Estados-Membros, no sentido destes promoverem a consciencialização dos consumidores de todos os factores envolvidos na definição dos contratos à distância. Essa intenção é clara onde se lê que o diploma visa alcançar um consumidor "devidamente informado das disposições da presente directiva e dos eventuais códigos de conduta existentes neste domínio". Aquelas informações não são mencionadas no art. 4.º n.º 1, nem noutro qualquer ponto do Decreto-Lei, e, todavia, completam a regulação ali feita duma forma harmoniosa.

Deste modo, defendemos a existência de duas obrigações de informação do consumidor, na Directiva 97/7/CE, uma de carácter principal e a ser alcançada directamente pela transposição da directiva pelos mecanismos legais dos Estados-Membros, e uma outra, de carácter "secundário" ou "complementar", e que só é alcançável pela formação dos consumidores, quer quanto aos seus direitos (e à sede dos mesmos), quer quanto às regras de conduta que os operadores económicos adoptam, entre si, o que faz destes, destinatários imediatos desta obrigação. Quanto à "obrigação principal" propriamente dita, salientamos a sua composição por informações classificáveis em pré-contratuais e contratuais (e/ou pós-contratuais). O direito do consumidor às primeiras surge assim que se estabelece um contacto entre o consumidor e o fornecedor, independentemente de a quem pertencer a iniciativa. Nesse momento, são devidas as informações identificadas no art. 4 n.º 1 alíneas a) a f), do DL 143/2001, de 26 de Abril, consubstanciando por isso "exigências contratuais a respeitar para a *invitatio ad offerendum*"[36]. Por outro lado, a obrigação de confirmação do fornecimento das ditas informações emerge no decurso da execução do contrato pelo que assume a natureza duma obrigação contratual. No decurso da execução e em função da sua materialização, atente-se, porque opera ainda uma distinção entre bens e serviços já que, para os primeiros, o momento do cumprimento desta obrigação ocorre aquando da entrega dos produtos, ao passo que nos segundos o momento coincide com a realização da prestação, o que implica, em casos de serviços imateriais, no início do cumprimento da obrigação. Há ainda quem entenda esta como uma obrigação pós--contratual por poder ser realizável assim que se der a conclusão do contrato. Não é esse, no entanto, o entendimento que retiramos da análise do diploma português, reforçado pelo elemento literal do n.º 1 do art. 5.º. Verdadeira obrigação pós-contratual decorre da previsão de informar o consumidor de serviços pós-venda e de outras garantias

---

[36] Hans-W. Micklitz, *ob. cit.*, p. 30

comerciais existentes (art. 5.º n.º 3 al. c)). Estas são, aliás, obrigações de algum modo voluntárias, passe o anacronismo, porque referem-se a serviços e garantias cuja existência a Directiva não impõe.

A Directiva apresenta ainda uma abordagem diferenciadora das informações a prestar pelo fornecedor, como que as estruturando em três patamares: as que não estão submetidas a uma forma específica de transmissão; as que deverão ser confirmadas por escrito ou noutro suporte durável; e as que têm que ser fornecidas por escrito. É neste âmbito que se mostra particularmente importante o Princípio da Transparência, um dos pilares deste enquadramento legal, pois seria plausível a tentação dos fornecedores de incluir as informações que têm que prestar obrigatoriamente, por escrito ou não, no conjunto do clausulado contratual, correndo-se assim o risco de o consumidor só tomar contacto com elas quando celebrasse o negócio, ou até depois. Para evitar tais hipóteses, a Directiva impõe a existência duma separação clara entre as cláusulas gerais e as informações a fornecer, decorrendo daquele princípio que tal separação deve ser realizada com recurso a uma apresentação óptica e tipográfica adequadas, logo diferentes e diferenciadoras.

O pragmatismo de certas relações comerciais "instantâneas" obrigou a afastar o regime da confirmação, em relação às informações constantes das alíneas a), c) e d), exigindo apenas a informação da morada do estabelecimento do fornecedor para posteriores reclamações (como se prevê no n.º 2 do art. 5.º).

São, em suma, todos estes deveres de informação que dão substância ao Princípio da Transparência.

§ Idioma

Um último aspecto que nos parece merecedor de análise prende-se com a regulamentação do idioma a adoptar nestes contratos. Tratando-se de contratos negociados à distância está bom de ver que esse problema surge naturalmente. Por motivos que não conseguimos apurar, o legislador comunitário optou por abandonar a sua intenção inicial, antevista no considerando 8, e deixar ao cuidado de cada Estado-Membro a resolução do problema. Em Portugal, a salvaguarda da utilização do idioma nacional resulta do n.º 2 do art. 4.º, pois que só a utilização do português permite a clareza e compreensibilidade do espírito do consumidor médio lusitano. Ainda assim, e não duvidando da sua interpretação inequívoca pelos operadores económicos e judiciais, não podemos deixar de lamentar uma transposição tão literal (e comedida) da norma comunitária.

§ O Direito de Resolução

O direito de livre resolução[37], previsto no art. 6.º do DL 143/2001 (de 26 de Abril), compõe a segunda linha de protecção dos consumidores. Constitui um direito potestativo e arbitrário de resolução do contrato, uma verdadeira "condição legal resolutiva"[38], exercitável num período de 14 dias. Na concepção deste direito não se estabeleceram quaisquer reservas à defesa dos direitos dos fornecedores pelo que nenhuma justificação é pedida ao consumidor insatisfeito. Existem, contudo, algumas particularidades quanto a este direito que nos fazem suspeitar do equilíbrio de interesses presente na sua construção e redacção.

De acordo com a Directiva, e da articulação entre o art. 4.º parágrafo 1.º al. f) e o art. 5.º parágrafo 1.º ponto 2, o fornecedor pode prestar a informação relativa a este direito de formas diferentes, em função do momento negocial. Mais concretamente, parece admitir-se que, antes da celebração do contrato, o fornecedor apenas está obrigado a mencionar, oralmente, a existência deste direito, ao passo que, uma vez celebrado, ele passa a ter que indicar, por escrito, a sua existência, bem como as suas condições e modalidades de exercício. Estas, por sua vez, são estipuladas em função da natureza da execução do contrato, isto é, divergem em se tratando de contratos cuja execução se prolonga, ou não, no tempo, nomeadamente, para os "contratos de fornecimento de produtos ou prestação de serviços de execução continuada ou periódica". Nestes casos, e como se retira do art. 5.º parágrafo 1.º 4.º travessão

---

[37] Intitulado como "Direito de Rescisão" na tradução da Directiva, e "droit de rétractation" na literatura francófona.
[38] "Comércio electrónico e consumidor", *cit.*, p. 376.

(art. 5.º n.º 3 al.d) do nosso Decreto-Lei), o legislador quis estabelecer uma previsão especial para contratos de duração indeterminada ou superior a um ano, visando até – em conformidade com os supra citados considerandos – deixar (mais uma) uniformização da regulamentação destes contratos de prestações sucessivas para todo o espaço comunitário.

Registou-se uma evolução na conformação deste direito, da Directiva 85/577/CEE para a Directiva 97/7/CE, uma vez que o legislador teve o cuidado de precisar que o prazo de que o consumidor dispõe para o exercer é de "sete dias <u>úteis</u>", afastando de vez a dúvida que se levantava anteriormente. Melhor andou o legislador português que aproveitou a liberdade de conformação admitida por esta Directiva de harmonização mínima e estabeleceu um prazo de catorze dias para o exercício do direito de resolução. A contagem do prazo para o fazer depende, conforme dispõe o n.º 2, da natureza dos produtos, mas como a informação sobre tal direito tem que ser <u>sempre comunicada por escrito</u> ao consumidor (art. 5.º n.º 3 al. a)), a contagem do prazo iniciar-se-á três meses depois daquelas datas, caso o fornecedor não cumpra a sua obrigação. A forma prescrita pelo diploma para o exercício é a carta registada com aviso de recepção, dirigida ao fornecedor ou a pessoa convencionada (art. 6.º n.º 5). As situações de excepção vêm previstas no art. 7.º e, *last but not least*, no art. 8.º, encontramos as consequências jurídicas. Neste, identificam-se três normas, para três destinatários diferentes, nos três números representados. Na primeira, o inapelável efeito resolutivo do direito obriga o fornecedor à restituição do que recebera do consumidor. A segunda, impõe ao consumidor que entregue o bem ao fornecedor, e por último, na terceira norma fica estabelecido o efeito jurídico para terceiros, intervenientes no negócio por intermédio duma coligação de contratos (ex.: contrato de mútuo para financiar o contrato de aquisição celebrado(s) à distância). Também estes vêm os seus direitos extintos pela pulverização dessoutro contrato.

○ **Mecanismos de tutela subsidiários**

A Directiva 97/7/CE mostra-se flexível e preparada para ser aplicada a novas realidades ditadas pela evolução tecnológica. A negociação à distância não manterá, certamente, nas décadas vindouras, as mesmas técnicas e plataformas de comunicação que utiliza hoje. Daí ter sido acautelada a amplificação do seu campo de aplicação, mormente através das normas do seu artigo 9.º, nenhuma das quais transposta directamente para o nosso ordenamento. No art. 9.º o legislador comunitário preocupou-se em estabelecer um comando normativo para que os Estados-Membros regulem, proibindo, o fornecimento de bens e serviços não solicitados, e que, ao mesmo tempo, determinem a impossibilidade de responsabilizar o consumidor que permanecer silente face a essas "investidas". O incumprimento daquela orientação encontra justificação em anterior previsão de tais regras na lei civil portuguesa (art. 218.º, Código Civil, e.g.).

- **Do Decreto-Lei 7/2004, de 7 de Janeiro** (que transpõe a Directiva 2000/31/CE do Parlamento e do Conselho, de 8 de Junho de 2000)

O presente diploma visa regulamentar a contratação pela via electrónica, pelo que foram atendidos, na sua concepção, os problemas específicos levantados pela "dimensão electrónica" dos negócios, dimensão esta que acresce aos tradicionais vectores de conformação do Direito. Entre os Princípios estruturantes do comércio electrónico afirmam-se: 1) Princípio da Liberdade de Exercício de Actividades económicas na Internet (ou da desnecessidade de autorização prévia); 2) Princípio da Liberdade de Celebração de Contratos por meios electrónicos; 3) Princípio da Transparência; 4) Princípio da Liberdade de Comunicação e de Navegação na Internet; 5) "Princípio da "informalização" dos meios de resolução de litígios"[39].

Estes princípios mereceram uma concretização legislativa na Directiva n.º 2000/31/CE (sobre o comércio electrónico) – não completamente espelhada no Decreto-Lei n.º 7/2004 que a transpõe, como veremos – mas a sua interpretação e aplicação tem que ser, antes de

---

[39] Como apropriadamente designa Alexandre Dias Pereira, em "Comércio Electrónico e Consumidor", *in* Revista EDC n.º 6, Coimbra. 2004, p. 342, nota 1.

mais, transversal, em sede de direito comunitário, uma vez que se impõe a articulação daquela Directiva com a Directiva relativa aos Contratos à distância, pois que é desses que aqui se trata, afinal de contas.

O regime jurídico ora em construção tem que ser capaz de responder às questões essenciais à vida destes contratos: Quem são os seus sujeitos? Que direitos têm e sob que tutela? De que elementos se compõem estes contratos? Que validade têm os contratos celebrados à distância por via electrónica? Que Lei se lhes aplica? De facto, que lei se lhes aplica pode muito bem ser o princípio e o fim desta análise. Mas vamos por passos.

Os sujeitos identificáveis num contrato electrónico de consumo pressupõem, de resto como os demais, que figure o consumidor num dos pólos. É um contrato típico nas relações comerciais, cuja característica operativa e classificadora é a figura do consumidor e o seu conceito relacional. Aquele que, por via de um contrato oneroso, adquirir direitos sobre bens ou se tornar credor de prestações de serviços ou da transmissão de direitos, fazendo-o fora do seu âmbito profissional, faz operar todo este regime jurídico, erigido em seu nome e para sua protecção. Por seu lado, no outro pólo há-de encontrar-se o transmissor do(s) bem ou direito(s) ou o obrigado à prestação. Tratando-se de contratos electrónicos, estes últimos podem adquirir contornos diferentes dos habituais, seja por se afirmarem como titulares de direitos de propriedade intelectual (direito de autor e direitos conexos, marcas e outros sinais distintivos) ou de direitos privativos (como os dados pessoais). Mas não só, a própria "desmaterialização" do contrato, e muitas vezes do próprio objecto mediato destes, obriga a cuidados redobrados, sob pena de se frustrarem todas as intenções e interesses em concerto.

O nosso legislador quis ir mais longe do que o mínimo definido pelo legislador comunitário, mas não foi tão longe que se possa falar duma regulação abrangente desta problemática. Procedeu à assertiva transposição da Directiva com a atenção de enquadrar e complementar os conceitos ali vertidos de acordo com o nosso ordenamento jurídico, mas abdicou de regular "fora" do âmbito de aplicação da própria Directiva, o que levaria, potencialmente, a uma nova arrumação do direito civil português. Note-se aqui a existência, mais uma vez, de regulamentação nacional preexistente à comunitária, orientada pelos mesmos princípios, como por exemplo a desnecessidade de autorização prévia para a prestação de serviços da sociedade da informação, a liberdade de celebração de contratos por via electrónica ou a isenção de responsabilidade dos prestadores intermediários. As mais-valias trazidas pela Directiva são, por isso, poucas, embora não de menor relevo jurídico uma vez que estabelece uma forte limitação de intervenção neste domínio aos Estados-Membros. Com efeito, estes vêm-se privados duma série de faculdades que antes tinham ao seu dispor, tais como: imposição de um dever de vigilância – fundamento de culpa *in vigilando* – aos prestadores dos serviços; estabelecimento de um regime mais rigoroso em matéria de publicidade por via electrónica, quer no que concerne aos seus limites quer no que toca aos seus efeitos jurídicos, etc. Estes, além de outros limites, foram introduzidos a pretexto da protecção harmonizada do consumidor médio europeu, deixando antever, uma vez mais, uma tentativa de harmonização do próprio direito dos contratos por parte das instâncias comunitárias. Ambas as intenções são válidas e, claro está, fatalmente fundamentadas nas liberdades instituídas e sublinhadas pelos Tratados da União, a começar pela liberdade de circulação de bens e serviços.

o **Âmbito de aplicação material**

A fim de sedimentar os princípios orientadores enunciados, o regime em análise faz uso de alguns instrumentos jurídicos simples mas práticos e esclarecedores. Exemplo perfeito é o reconhecimento das declarações electrónicas como meios idóneos de manifestação da vontade negocial[40]. Desta forma dá-se lastro à liberdade de celebração dos contratos por via electrónica. Nessa senda vai também a equiparação legal entre o documento electrónico e o documento escrito, sem que, todavia, aqueles passem a constituir elemento de prova ao arrepio das regras da liberdade de forma. Deste modo, a equiparação é substantiva e processual, ou seja, o documento electrónico valerá como prova na

---

[40] Circunscrita, bem entendida, a negócios de natureza patrimonial e não pessoal.

mesma medida em que a tal fosse admitido o documento particular. Pela mesma ordem de razão, e graças ao contributo das novas tecnologias, o documento electrónico a que tenha sido aposto uma assinatura electrónica qualificada certificada é equiparado a um documento particular autenticado.

Vislumbram-se, contudo, diferenças na conformação do negócio jurídico face ao paradigma do Código Civil, ou seja, a proposta seguida de aceitação consubstancia um negócio jurídico bilateral no momento da recepção da aceitação pelo proponente, mas a necessidade de confirmação pelo destinatário, imposta por este regime, levanta questões quanto ao momento da perfeição do contrato. Se essa obrigação adicional foi introduzida para protecção da parte mais débil, então deve ser considerada uma etapa na consolidação do contrato pelo que só faz sentido encarar o momento do seu cumprimento como o momento da celebração. A debilidade do consumidor pode ser argumentada de várias maneiras, mas para o caso é já indiferente, na nossa opinião, uma vez que sendo essa uma consideração prévia e inabalável do legislador, então a interpretação do regime tem que a considerar relevante, e, por conseguinte, concluir-se por uma "nova fórmula contratual", adaptada aos dias (e tecnologias) presentes: proposta + aceitação + confirmação (da encomenda). Outro entendimento lançar-nos-á num mar de dúvidas em relação a problemas como o do valor duma encomenda não confirmada ou da exigibilidade do cumprimento contratual em face da falta daquela confirmação. Um mar revolto, acrescentamos, capaz de abater a "esquadra legal" de suporte ao comércio electrónico no espaço intracomunitário. O nosso entendimento é, apesar de tudo, apresentado de forma consciente da fragilidade da sua sustentação, principalmente perante outras abordagens mais elucidadas, como a de Alexandre Dias Perreira que defende tratar-se, aquela necessidade de confirmação, de uma "condição suspensiva de perfeição do contrato"[41], capaz de retroagir os seus efeitos ao momento da "aceitação inicial". Ainda que assim seja, parece-nos que o estabelecimento desta regra especial atribui uma

---

[41] "Comércio electrónico e consumidor", Alexandre Dias Pereira, in Revista Estudos de Direito do Consumo n.º 6, Coimbra 2004, p. 356.

conformação especial a estes contratos, salvo quando o produto adquirido é fornecido em acto contínuo à encomenda, caso em que o contrato se conclui sem necessidade de confirmação. É o que ocorre nos contratos de comércio electrónico directo, como já referimos. Só não será assim, nestes contratos, quando em causa esteja um contrato real quoad constitutionem, i.e., que exija a prática de um acto material de entrega do bem para se perfeccionar. Serão exemplos concretos os contratos de depósito de software.

Para efeitos de prova estes contratos têm, como referimos atrás, a possibilidade de lhes serem apostas assinaturas electrónicas. O regime legal[42] destas regula o seu reconhecimento e valor jurídico, bem como dos documentos electrónicos, além de instituir o controlo da actividade certificadora e as condições da sua operacionalidade. Particularidade deste regime é a desnecessidade de autorização prévia para o exercício da actividade de certificação das assinaturas, ao mesmo tempo que faz depender da (voluntária) credenciação daquela certificação o facto de serem, ou não, atendíveis aquelas assinaturas em sede processual.

No que aqui nos diz respeito, o regime da Directiva ganha importância, em sede de direitos dos consumidores, por chamar a si, pela imperatividade dos seus comandos, a responsabilidade pela delimitação positiva e negativa daqueles, afastando assim qualquer veleidade dos legisladores dos Estados-Membros. Entre esses limites podemos identificar, a título ilustrativo, os direito a: usufruir de programas de identificação e correcção de erros no preenchimento das encomendas; dispor dum conjunto de informações inequívocas previamente à celebração do negócio; conhecer da recepção da nota de encomenda pelo fornecedor imediatamente a seguir ao seu processamento (salvo na excepção já referida). No entanto, o regime faz uma salvaguarda importantíssima relativa aos contratos celebrados exclusivamente por meios electrónicos, afastando a imperatividade de algumas normas (cfr. arts. 27.º a 29.º por

---

[42] Decreto-Lei 290-D/99, de 2 de Agosto, alterado pelo DL n.º 62/2003, de 3 de Abril, que transpõe a Directiva 1999/93/CE do Parlamento e do Conselho, de 13 de Dezembro, e o DL n.º 165/2004, de 6 de Julho regulamentado pelo Decreto--Regulamentar n.º 25/2004, de 15 de Julho.

força do art. 30.º, todos do DL7/2004). Vigoram, nesse caso, mutatis mutandis, as normas da Directiva 97/7/CE, pois que abrange, naturalmente, estes contratos entre os "celebrados à distância".

A melhor protecção estendida ao consumidor será, contudo, a que decorre da imperiosa aplicação da lei do seu domicílio, aos litígios decorrentes destes contratos de consumo, julgados também eles nos tribunais desses mesmos foros. Parecerá elementar uma afirmação destas, não só porque a teleologia dos vários regimes já aqui apresentados o faria supor, mas também porque o Direito Internacional Privado não se compadeceria com menos. No entanto, o regulamento comunitário da Directiva sobre comércio electrónico esquece o primeiro e afronta o segundo, ao pretender estabelecer o carácter fundamental do 'princípio do controlo (das actividades de prestação de serviços) no país de origem' por respeito à liberdade de circulação de bens e serviços e ao princípio "sacrossanto" do mercado interno sem fronteiras. Aquele princípio traduz-se, na prática, na atribuição da regulação da actividade dos prestadores de serviços da sociedade da informação aos Estados-Membros a partir dos quais estes operem, incluindo ali qualquer prestação efectuada num outro Estado-Membro. Não se pode afirmar que o legislador comunitário não foi sensível aos interesses dos consumidores nesta matéria, mas fê-lo dum ponto de vista mais limitado. Muito mais limitado, aliás. Com efeito, o levantamento de obstáculos à liberdade de prestação de serviços dum fornecedor, por parte de um Estado-Membro, só é admissível em condições excepcionais, suportadas e fundamentadas no interesse público, e sujeitas a posterior confirmação pela Comunidade. Não admira, por isso, que haja quem defenda que foi dada "prevalência à liberdade do comércio electrónico em detrimento da protecção dos consumidores"[43]. Não obstante, parece ter havido ali alguma confusão de âmbitos, senão vejamos. Por um lado, a ratio legis do preceito foi a de evitar que os estatutos mínimos nacionais de protecção dos consumidores se transformassem em bloqueios ao mercado, ainda para mais, num conjunto plurimórfico de obstáculos. Assim, é evidente a preocupação, no âmbito jurídico-económico, com a estabilidade intracomunitária.

---

[43] Alexandre Dias Pereira, *ob. cit.*, p. 380

Mas coisa bem diferente é o âmbito jurídico das relações internacionais privadas, onde a regulação do acesso a uma actividade ou profissão não tem razão de ser. Se acaso se pretendesse apenas limitar a aplicação da lei do Estado de origem para se regular a actividade económica de prestação de serviços (o livre acesso, nomeadamente), por forma a concretizar a liberdade de prestação de serviços, certamente que tal interesse sustentaria a aplicação de normas de Direito Económico. "O princípio do país de origem vale quando muito para as normas de Direito público da economia com incidência sobre a liberdade de prestação de serviços"[44]. Mas não é isso que parece decorrer da Directiva, quando diz, no seu art. 3.º n.º 1, que "Cada Estado-Membro assegurará que os serviços da sociedade da informação prestados por um prestador estabelecido no seu território cumpram as disposições nacionais aplicáveis nesse Estado-Membro que se integrem no domínio coordenado"[45], ao mesmo tempo que o seu art. 1.º n.º 4 afirma que "a presente directiva não estabelece normas adicionais de Direito Internacional Privado, (nem abrange a jurisdição dos tribunais)". Contradição assumida e que se soma à que já se enunciara nos considerandos da Directiva, mormente entre o considerando 22.º (que sustenta a adopção do princípio do país de origem) e o considerando 7.º (que ambiciona "garantir a confiança do consumidor") ou o 10.º (que pugna pelo assegurar de um "alto nível de protecção de objectivos de interesse geral, em especial ... a defesa do consumidor..."). Os defensores do princípio "da discórdia" aduzem como argumento, no plano jurídico, a facilitação por ele promovida na actividade transnacional dos prestadores de serviços, por força da diminuição dos custos das transacções (por só terem que cuidar de saber a lei do país de estabelecimento). Ultrapassa-se facilmente esta defesa com três contra-argumentos de razões diferentes: 1.º)

---

[44] "Direito aplicável aos contratos celebrados através da Internet", Luís de Lima Pinheiro, in O Direito, Lisboa, 2005, p. 173

[45] E que mereceu, entre nós, a seguinte tradução legislativa: (art. 4.ºn.º 1 do DL 7/2004) "Os prestadores de serviços da sociedade da informação estabelecidos em Portugal ficam integralmente sujeitos à lei portuguesa relativa à actividade que exercem, mesmo no que concerne a serviços da sociedade da informação prestados noutro país comunitário" (sublinhado nosso)

A aplicação universal da lei "do prestador de serviços" conduz a um aumento dos custos de transacção para os destinatários dos serviços, com a obtenção de informações sobre as leis "dos estabelecimentos", que, apesar do seu enorme número, apenas efectuam aquisições a fornecedores estrangeiros e com carácter pontual. Assim, o custo global das transacções sobe igualmente, mas com o custo a ser suportado pelos consumidores. 2.º) A possibilidade de escolher o local de estabelecimento aliada ao princípio do país de origem originará uma procura desenfreada (pressionando, até) por encontrar o Estado que ofereça o regime mais liberal aos fornecedores de serviços. Uma verdadeira *race to the bottom* que só terá como perdedor, mais uma vez, o consumidor. 3.º) A privação do consumidor do regime legal que melhor conhece afasta-se do objectivo principal do Direito (Internacional) Privado, o de aspirar a soluções que componham, de modo equilibrado, os interesses das partes, assim como do próprio Direito Comunitário dos Contratos de Consumo, pelo menos a julgar pelo que até agora se expôs. Isto significa ainda que, no âmbito Internacional, não deve haver, nem devem ser promovidas, clivagens do tipo nacional/estrangeiro.

O princípio do país de origem trouxe consigo, também, uma outra discussão, de muito maior acutilância, se nos é permitido o interesse, e que diz respeito à determinação da lei, e dos foros, aplicáveis. Pois não fosse este o verdadeiro cerne da *praxis* do Direito Internacional Privado, a sua *raison d'être*. Qual é, então, a lei aplicável aos contratos electrónicos de consumo, de acordo com a construção legal do Direito Internacional?

Até ao momento percorremos, corrente abaixo, o enquadramento dado pelo Direito Comunitário ao contrato de consumo celebrado por via electrónica, e acentuamos a conformação do contrato e da sua regulamentação, tomando sempre como prisma de observação a tutela dos interesses dos consumidores. Aqui chegados poderíamos ser tentados a pensar que o enquadramento geral estava, pelo menos, visto. Nada teríamos a temer quanto a procurarmos nestas Directivas, e entre as outras que constituem o *acervo comunitário*[46] atinente, as soluções

---

[46] Uma súmula dos diplomas que se consideram, hoje, elementos daquele acervo encontra-se no Anexo I.

legais aplicáveis aos problemas clássicos do mundo dos contratos. Ilusão temível qual miragem, esta, porque uma atenta observação do Direito depressa realçará a inversão de planos que ali se conjura. Na verdade, o real enquadramento legal da matéria há-de sempre que ser visto na perspectiva das fontes internacionais do Direito, traves mestras das relações internacionais entre pessoas jurídicas. Eis-nos, pois, chegados à foz do nosso percurso, ou talvez melhor, à nascente da lei aplicável.

• **Do Direito Internacional Privado**

o **Das Fontes**

Não basta ao legislador comunitário querer para poder estabelecer as "regras do jogo", por assim dizer. Sabemos que os contratos electrónicos de consumo são, antes do mais, contratos, e em grande parte, contratos internacionais, porque implicam transferências de valores através de fronteiras, ou seja, porque fazem operar o critério de internacionalidade relevante. A regulação jurídica fica, por isso, dependente da aferição feita segundo as regras do Direito Internacional. Essa regulação não parte, aqui, de usos e costumes do Direito Transnacional porque tratamos de contratos com consumidores, e não de contratos comerciais (sujeitos à *lex mercatoria*, por ex.). No âmbito do presente trabalho, e talvez por força da "relativamente curta" história do Direito do Consumo, não se conhecem fontes espontâneas de regulação. Por seu lado, o crescimento desenfreado e caótico da Internet não possibilitou até agora a representatividade dos seus utilizadores junto de qualquer centro autónomo de jurisdição. No plano jurídico, porém, a regulação já se consolidou, e positivou, em instrumentos internacionais. Os primeiros a regularem a Internet (ou a pretenderem-no) foram duas convenções internacionais patrocinadas pela Organização Mundial sobre a Propriedade Industrial (OMPI), apropriadamente denominadas de "Tratados sobre a Internet", mas que cuidaram essencialmente da protecção dos direitos de autor do "assalto virtual" que se adivinhava. No âmbito específico dos contratos electrónicos há a registar a Convenção das Nações Unidas sobre a Utilização de Comunicações Electrónicas em Contratos Internacionais, adoptada pela Assembleia-Geral em 2005, mas que não está ainda em vigor[47]. Desta forma, e se no plano puramente Internacional não existem ainda instrumentos reguladores da contratação por via electrónica, somos remetidos para as ordens jurídicas de cada Estado na busca dessa regulação, que, diga-se, divergem consideravelmente entre si.

Posto este panorama, caberá às ordens jurídicas estabelecerem-se como o Direito aplicável a estes contratos ou admitirem a escolha dum Direito, pelo recurso às normas de conflito do DIP. Sendo esta uma matéria sensível para todas as ordens jurídicas, leia-se também, economias estaduais, foram separadas as normas de conflito a operar para contratos comerciais (B2B) das que regulam os contratos com consumidores (B2C). A diferenciação é também patente na Convenção de Roma sobre a Lei Aplicável às Obrigações Contratuais, de 1980 (doravante, Convenção de Roma) e no Uniform Commercial Code americano (2004). Naquela, os primeiros são regulados pelo art. 4.º enquanto os segundos têm previsão no art. 5.º. E sendo estes o objecto do nosso estudo, começaremos por aqui a análise à aplicabilidade da Convenção de Roma aos contratos electrónicos de consumo.

No n.º 2 do art. 5.º da Convenção, sobressai o Princípio da Tutela da Parte considerada Mais Fraca, quando se estabelece como limiar mínimo de protecção o conjunto de normas imperativas (protectoras do consumidor) contidas na lei do país onde ele tem residência habitual. Este patamar obrigatório é inderrogável por qualquer escolha de lei celebrada pelas partes, no exercício da Autonomia da Vontade Privada. Já perante uma ausência de escolha, é a lei do país de residência do consumidor que passa a ser aplicável, *tout court*, a todo o contrato (art. 5.º n.º 3). Nos contratos em causa, porém, as duas situações são equacionáveis, e com matizes importantes. Por um lado, há casos em que as partes estipulam a lei aplicável. Compreensivelmente são raros porque nem o consumidor médio se apercebe da relevância desta estipulação, nem o fornecedor tem, em regra, interesse comercial em que tal aconteça. Mais comuns são os casos da escolha de lei por pré-fixação por um dos contraentes (o fornecedor, mormente). Nestas situações, não só opera

---

[47] Ver Luís Lima Pinheiro, ob. cit., p. 135 e ss.

o n.º 2 do art. 5.º, mas também o art. 8.º n.º 2, porque a conformação da estipulação aponta para uma cláusula contratual geral, o que implica determinados efeitos jurídicos autónomos aos do contrato, nomeadamente, em sede da própria admissibilidade da cláusula. Nessas situações, a resposta à questão da aceitabilidade da cláusula é fornecida, em primeiro lugar, pela lei escolhida pelas partes, mas num segundo momento, e se o consumidor o entender, pela lei do país da sua residência habitual. Podemos, pois, falar aqui duma dupla conforme desta "escolha" de lei. Ressalve-se ainda, a propósito deste tipo de situações, que nem sempre a identificação da lei pré-escolhida está claramente identificada no sítio onde ocorre a celebração do contrato. Numas vezes, a remissão é feita dali para outro sítio, e noutras a remissão faz emergir automaticamente uma outra "janela de sobreposição" no monitor do consumidor onde consta o clausulado, e neste, aquela cláusula. A este respeito, permitimo-nos expressar uma discordância, talvez não despicienda, com Luís de Lima Pinheiro, sobre estas remissões. Entende aquele Autor que se tratam de remissões equiparáveis às que no comércio tradicional se realizam para um anexo onde se insere o clausulado, pelo que perfeitamente admissíveis sem qualquer exigência técnica adicional. Não estamos inteiramente de acordo por duas razões. Uma coisa é ter nas mãos um conjunto de folhas de papel, distinguíveis entre si por vários critérios e nas quais um consumidor "médio" consegue reconhecer a(s) que contém as cláusulas do contrato outra bem diferente é colocar esse mesmo consumidor perante um conjunto de elementos simplificadores e atractivos, destinados a levá-lo a contratar, que se encontram na janela que ocupa todo o monitor, i.e., todo o seu campo de visão, e a partir dela estabelecer uma hiperligação para uma outra janela, menor, árida no aspecto e sobrecarregada de informações, que apenas pede um clique no "Sim", no seu final. A atenção dedicada a esta é necessariamente muito menor. Se este argumento poderia até ser atenuado pela equivalência com a forma como são usualmente tratadas as folhas com "letras miudinhas", pelos consumidores médios, pensamos que o segundo argumento permite separar convenientemente estas duas realidades. A saber, em ambos os casos (num contrato "físico" ou num contrato "virtual") o consumidor médio é especialmente tutelado, em relação a um contraente normal, porque se atende à debilidade da sua posição contratual. Esta debilidade assenta, por sua vez, num conjunto de factores onde se destacam a menor capacidade de entendimento das consequências jurídicas dos seus actos e a grande susceptibilidade para celebrar contratos sem efectuar uma correcta ponderação. Pois bem, nos contratos celebrados por via electrónica são válidos aqueles argumentos, mas um outro deve ser realçado, a capacidade de utilização do suporte técnico que permite a contratação. Não queremos com isto discutir que a contratação é influenciada por um erro na utilização do hardware ou do software (se tal for possível), porque esses problemas resolver-se-iam em sede legal própria, maxime, de acordo com a Teoria do Erro na Declaração de Vontade. Queremos, isso sim, alertar para uma distinção que nos parece pertinente, pelo menos nos tempos correntes, entre "Consumidor médio" e "Utilizador médio", sendo que aquele nem sempre se confunde com este. Acreditamos até que é este bem mais merecedor duma tutela especial, fundada na sua debilidade, do que aquele. Nesse sentido, faria sentido adoptar uma regulamentação que impusesse exigências técnicas adicionais na elaboração do sítio dos fornecedores, permitindo assim uma maior certeza quanto à validade do consentimento do consumidor em matérias clausuladas, como a escolha de lei, por exemplo. Este nosso entendimento é ainda reforçado, segundo cremos, pela exigência do art. 31.º n.º 1 do DL n.º 7/2004. O mesmo é dizer, o consumidor deveria ter que aceitar expressamente aquele clausulado, e não lhe ser permitido fazê-lo tacitamente. *Rectius*, tacitamente por aquela via, já que nada temos a opor a uma escolha tácita da lei aplicável se tal decorrer duma interpretação clara das circunstâncias da contratação. Assim será quando o consumidor acede a um sítio onde constata uma declaração expressa da vontade da outra parte, nesta matéria, e anui, contratando. Ou quando acede a um sítio desenvolvido num idioma diferente do seu e nele celebra um contrato.

A Convenção de Roma estabelece um regime especial para os contratos com consumidores. Antes do mais, cabe prevenir que a definição destes contratos não coincide nela, ponto por ponto, com as definições retiradas das Directivas, correspondendo antes àquela que foi empregue pelo art. 13.º da Convenção de Bruxelas Relativa à Competência Judiciária e Execução de Decisões em Matéria Civil e Comercial: "aqueles que têm por objecto o fornecimento de bens móveis corpóreos ou de serviços a uma pessoa, para uma finalidade que possa considerar-se estranha à sua actividade profissional, bem como os contratos destinados ao financiamento desse fornecimento". Apesar de se mostrar uma definição pouco ambiciosa, parece que se pode permitir a sua aplicação analógica à nova realidade do comércio electrónico directo, ainda que este não assente sempre e necessariamente na prestação de serviços, e certamente nunca no fornecimento de bens corpóreos. A teleologia do preceito (que suportará esta aplicação analógica) encontra-se claramente exposta no n.º 2 do artigo 5.º, sustentando-se ali que ao consumidor não deverá nunca ser subtraído o nível de protecção garantido pelas normas imperativas do ordenamento jurídico do Estado da sua residência habitual. Dito doutra forma, mesmo nas situações em que haja escolha de lei, a aplicação daquelas normas imperativas verificar-se-á, a menos que a lei designada garanta ao consumidor um grau de protecção mais elevado. Na falta de escolha da lei a aplicar, recorre-se ao n.º 3 do art. 5.º, que consagra um desvio à cláusula geral do critério da conexão mais estreita (do art. 4.º n.º 2). Da cláusula geral resulta, em regra, a determinação da lei do local do estabelecimento do fornecedor como lei aplicável. Por força deste desvio, em regra, resulta aplicável a lei do Estado da residência habitual do consumidor. Alerta-se, no entanto, para o facto desta regra só se efectivar se se verificarem duas outras conexões: a primeira – que a celebração do contrato tenha sido precedido da recepção, pelo consumidor, dum anúncio publicitário ou duma proposta contratual, ou de um convite a contratar (acrescentamos nós), especialmente dirigido a si; a segunda – que os procedimentos necessários à celebração, da parte do consumidor, tenham sido por ele realizados no país da sua residência habitual. No âmbito dos contratos celebrados por via electrónica estes dois requisitos de operatividade traduzem-se, essencialmente, na verificação de que houve endereçamento de anúncios publicitários enviados pela Internet, seja por correio electrónico, seja por intermédio dum mecanismo de conversação em tempo real – para a primeira conexão – e que o consumidor acedeu à página/sítio do fornecedor, a partir do país da sua residência habitual, e ali efectuou os passos necessários à conclusão do negócio. Certo é também que estes dois elementos de conexão serão afastados se o fornecedor estabelecer limitações expressas à celebração de contratos com consumidores de determinados Estados e se demonstrar que o consumidor conseguiu ultrapassar essas limitações. Num tal caso, o consumidor perderia a tutela do art. 5.º da Convenção de Roma.

Até agora a operatividade da conexão determinada pelo art. 5.º não tem levantado questões de maior celeuma, mas a abordagem muda de dimensão quando se pensa que, em alternativa à lei do país da residência habitual do consumidor, pode ser a lei do estabelecimento do fornecedor a verificar-se aplicável, seja por se mostrar mais garantística para o consumidor seja porque a escolha de lei não merece reparo. Nessa hipóteses, qual será a lei do estabelecimento do fornecedor? Ou por outra, onde se considera que foi recebido o pedido do consumidor? Numa apreciação inteiramente objectiva, e até literal, a recepção deveria ocorrer no local onde estiver situado o equipamento de recepção – julgamos que, nos dias que correm, uma enorme percentagem destes pedidos seria recebido na Índia. Por outro lado, e retomando o critério teleológico que nos tem servido de farol para a interpretação de todo este quadro regulamentar, dever-se-á considerar como local de recepção do pedido aquele com que, razoavelmente, contava o consumidor. No âmbito da contratação electrónica esta interpretação ganha um impacto acrescido pelo facto de, muitas vezes, a única referência de que o consumidor dispõe sobre a "localização" do fornecedor ser através do seu endereço electrónico, mais propriamente, a partir do domínio onde se encontra registado.

O local do cumprimento da prestação devida ao consumidor também pode ser indiciador da aplicabilidade, ou não, deste regime proteccionista. Dependendo daquele critério podemos, então, ter:

1) Serviços prestados em país diferente daquele em que o consumidor tem residência habitual – nestes casos opera o n.º 4 do art. 5.º, que afasta a operatividade dos n.ºs 2 e 3, porque o consumidor se desloca para outro Estado a fim de beneficiar da prestação; o contrato apresenta, por isso, uma ligação mais estreita com o ordenamento jurídico dessoutro Estado;

2) Convenção que envolva a conjugação da prestação dum serviço num Estado diferente daquele da residência habitual com um contrato de transporte para o local dessa prestação (contrato de

viagem organizada) – pela ratio legis do art. 5.º, o contrato é-
-lhe subsumível, ficando sujeito à previsão do n.º 5;
3) Serviços prestados em linha, mas de que o consumidor beneficia no país da sua residência habitual – pela especificidade do regime, um tal contrato deve estar abrangido pelo regime do art. 5.º;

Por seu lado, o local da residência habitual do consumidor é uma informação de extrema importância para o fornecedor dos serviços, pois é com base nessa conexão que ele terá que estabelecer as suas relações comerciais. É prerrogativa sua estabelecer uma exclusão de quaisquer Estados da sua área de negócios, mas terá que contar com aquela informação para perceber completamente as implicações colaterais dos contratos que celebrar. A recolha dessa informação cabe, por isso, por maioria de razão, ao fornecedor. Da sua própria diligência beneficiará se o consumidor lhe fornecer dados errados ou inexactos, pois que daí retirará a defesa dos seus interesses. Em última análise, pela demonstração dum venire contra factum proprio por parte do consumidor.

A extensão do regime do art. 5.º da Convenção de Roma aos contratos de consumo em geral é contestada por alguma Doutrina[48] (minoritária), que excepciona apenas os casos em que haja uma mensagem ou proposta (ou convite) endereçada ao consumidor. Este seria o caso dos anúncios e propostas/convites enviados para o correio electrónico dos consumidores, o que, sendo cogente para o nosso estudo, não afasta a necessidade de estudo daquela posição porque nem todos os contratos electrónicos de consumo são desenvolvidos com base em mensagens dirigidas por correio electrónico. Os defensores desta posição retomam o argumento já atrás aduzido a respeito do Princípio do país

---

[48] Peter Mankowski – "Das Internet im Internationalen Vertrags- und Delikstrecht, RabelsZ. 63 (1999), p. 235 e ss. e Katharina Boele-Woelki – "Internet und IPR: Wo geht jemand ins Netz?", in Völkerrecht und Internationales Privaterecht in einem sich globalsierenden internationalen System (Berichte der Deutschen Gesellschaft fur Volkerrecht, vol. 39), 307-351, 330 e ss., *apud* Luís de Lima Pinheiro, *ob. cit.*, p. 156 (n. 60).

de origem ou seja, que a adopção deste sistema de regulamentação afrouxa o desenvolvimento do comércio electrónico porque os fornecedores ficam sujeitos à potencial aplicação de todas as normas imperativas de todos os países onde há acesso à Internet[49]. Este argumento é, no entanto, contrariado pela própria realidade, que não só tem assistido ao avanço imparável do comércio electrónico em todo o mundo "ligado à rede", como esta nova forma de comércio atrai, a cada dia que passa, a criação de novas empresas e novos serviços. Dir-se-á que só colhe quem semeia, mas os riscos são, aparentemente compensadores. Além do mais, esta "cedência" do mercado global às normas imperativas, protectoras dos interesses dos consumidores em vários países, não é apanágio do comércio electrónico, verificando-se já em relação a várias outras áreas da actividade empresarial global, como se verifica nos sectores da televisão por satélite e da radiodifusão. Aquela posição doutrinária pretende sustentar-se ainda numa diferente interpretação do destinatário da norma do art. 5.º da Convenção. Para estes Autores, aquele destinatário será aquele que recebe, passivamente, no seu domicílio (ou equiparado) uma mensagem publicitária ou uma proposta//convite contratual. Ao contrário, o consumidor do comércio electrónico comportar-se-ia como um consumidor activo, que interage na rede e nela se depara com os sítios e páginas dos fornecedores/anunciantes. Este raciocínio é falacioso, se bem que aparente uma certa razoabilidade. A falácia resulta, no entanto, de nem o destinatário do art. 5.º ser um consumidor "passivo" – porque o que a norma exige é que o anúncio//proposta/convite seja recebido no país da residência habitual e que aí seja celebrado o negócio – nem o consumidor do comércio electrónico é, necessariamente, mais pró-activo que outro consumidor "vulgar". A publicidade torna-os iguais, pois tanto se faz sentir no mundo ontológico como no virtual, e em ambos os casos se apresenta como um convite a contratar. Podemos mesmo afirmar que no comércio electrónico o consumidor pode ser uma "presa mais fácil" de algumas técnicas de vendas.

---

[49] Assim, Dário Moura Vicente – Problemática Internacional da Sociedade da Informação, Coimbra, 2005, 136 e ss.

A Doutrina maioritária, defensora da aplicação do regime especial da Convenção de Roma ao ciberconsumo, deduz ainda dois outros argumentos: em primeiro lugar, admitir aquele raciocínio de exclusão seria votar um cada vez maior número de consumidores a uma situação de desvantagem, violadora do Princípio da Igualdade. Em segundo lugar, o próprio Direito Comunitário consolidou o regime especial de protecção dos consumidores em matéria de competência internacional no Regulamento n.º 44/2001 (de 22/12/2000), em que, de acordo com o seu art. 15.º n.º 1 al. c), este regime é aplicável quando uma pessoa dirige a sua actividade negocial, por qualquer meio, a consumidores de um Estado-Membro e com eles celebra contratos no âmbito daquela actividade.

Existe uma terceira posição doutrinária, intermédia às duas anteriores, que defende que os ciberconsumidores só serão privados da protecção especial oferecida pela Convenção de Roma quando "o sítio do fornecedor é passivo ou não é dirigido ao país da residência habitual do consumidor à luz dos avisos nele contidos, do idioma nele utilizados, da moeda de pagamento exigida e de outros conteúdos da informação publicitária"[50].

Uma outra consequência da aplicação da Convenção de Roma aos contratos electrónicos de consumo prende-se com a faculdade que dali decorre para o consumidor de poder intentar uma acção judicial no foro do seu domicílio, conforme resulta expressamente do art. 16.º n.º 1. Esta faculdade surge, claro está, a acompanhar a aplicação da lei do Estado da residência habitual, seja das normas imperativas (protectoras do consumidor) havendo escolha de lei pelas partes, seja de todo o regime, por falta de escolha de lei.

A Convenção de Roma prevê ainda a aplicabilidade de outros regimes, provenientes de fontes estaduais ou supraestaduais, em sobreposição à lei determinada como aplicável pelas normas de conflito. Nestes casos, pode-se então falar da "aplicabilidade preferencial" de alguns regimes definidos por instrumentos do Direito Comunitário, bem como por leis internas, sejam elas "autolimitadas" (art.7.º n.º 2 da

---

[50] Luís de Lima Pinheiro, ob. cit., p. 160

Convenção) ou operam a transposição de directivas (art. 20.º). São exemplos o regime dos Contratos celebrados à distância com consumidores (Directiva 97/7/CE), o regime dos contratos à distância entre prestadores de serviços financeiros e consumidores (Directiva 2002/65/CE, transposta pelo DL n.º 95/2006, de 29 de Maio) ou o regime das Cláusulas Contratuais Gerais (DL n.º 446/85, alterado pela última vez pelo DL 323/2001, de 17 de Dezembro).

4. Sobre o Anteprojecto do Código do Consumidor

A (neo)codificação das normas de protecção dos interesses dos consumidores proposta pelo Anteprojecto do Código do Consumidor (ACC) implicou uma importante reorganização da arquitectura civilística do ordenamento jurídico português. Desejável, diga-se, pois integra, sistematizando, um amplo conjunto de diplomas avulsos, num harmónio lógico dirigido à protecção de direitos constitucionalmente consagrados. À margem dos considerandos possíveis sobre as virtudes e defeitos de tão venturosa empresa, cuidamos aqui de deixar sumárias notas sobre a abordagem feita ao tema aqui em análise, e respectivos diplomas, pela Comissão do Código do Consumidor.

Importa, pois, sublinhar que o ACC impõe a revogação integral de um dos diplomas-charneira anteriormente analisados, o DL 143//2001 de 26/4. Por consequência, todas as questões acima abordadas a respeito do mesmo merecem agora respectiva previsão no Anteprojecto, maxime na Subsecção IV ("Contrato à distância") da Divisão VI do o Capítulo IV – "Dos Interesses Económicos".

Sem alterar a letra do actual diploma, o ACC apresenta o âmbito de aplicação daquele regime no seu art. 227.º. Ali engloba também a definição dos conceitos necessários para o intérprete: de Operador de técnica de comunicação; Suporte durável e Serviço financeiro (para se articular com o DL 95/2006 de 29/5, e respeitar a delimitação criada pela Directiva 97/7/CE, de 20/5). Completa, depois, aquele âmbito nos arts. 228.º e 229.º. A transposição da posição adoptada pelo DL 143//2001 prossegue com a previsão das obrigações contratuais inerentes à fattispecie do contrato electrónico, com especial destaque para os arts.

230.º, 233.º e 234.º, correspondentes às traves-mestras dos direitos dos consumidores: o direito à informação pré-contratual (assente numa Boa fé objectiva) e o direito de livre resolução (ex vi art. 187.º e ss.); e ainda, as relevantes excepções a este. A obrigação do consumidor de pagamento do preço mereceu uma dupla tutela, em caso de incumprimento inimputável (art. 236.º n.º 1) e pela proibição da sua realização antecipada (art. 237.º). A operatividade deste regime é ainda facultada ao intérprete pela norma do art. 238.º, sobre o concurso de normas quando em causa estejam contratos de concessão de crédito realizados à distância. Efectivamente, foi oportuna a inserção desta norma porque a sociedade de consumo associa os dois tipos ("à distância" e "de concessão de crédito") a cada passo e instante. A tutela do consumidor é, naqueles casos, mais extensa, ao mesmo tempo que lhe garante um abrangente direito de resolução, excepcionado para alguns contratos de concessão de crédito.

Já no que concerne ao DL 7/2004, de 7/1, a sua ausência no ACC é a observação imediata. Somos levados a concordar com a opção tomada pelo simples facto de que aquele DL 7/2004 se revela instrumental face ao próprio ACC, na medida em que visa regular a contratação electrónica. No entanto, ao fazê-lo em moldes substantivos e processuais, surpreendeu-nos a integral marginalização a que foi votado o tal diploma. Como deixamos dito atrás, o interesse da Doutrina (e, brevemente, da Jurisprudência) por um potencial novo arquétipo contratual, acompanhado pelas actuais cifras do e-commerce, permite-nos já vislumbrar a conjugação paralela dos processos e das obrigações dos consumidores. Uma conjugação com efeitos processuais lógicos, pelo que atendível, julgamos, em sede de protecção dos interesses daqueles.

5. Conclusões

O regime legal do contrato electrónico de consumo que aqui nos propusemos retratar é o reflexo do cruzamento de dois grandes meridianos:

Por um lado, o enquadramento legal que tem vindo a ser construído no seio da União Europeia pelas instâncias legislativas comunitárias.

Deste, vimos a profusão e a sucessão de Directivas e a confusão delas resultante, por se querer harmonizar as regras de contratação, com vista à promoção do mercado interno, ao mesmo tempo que se faz apelo a uma competência especial para a defesa dos interesses dos consumidores, mesmo que a liberdade da circulação se bens e serviços se erga monoliticamente entre as normas plasmadas.

Por outro lado, a operatividade necessária do sistema de normas de conflito do Direito Internacional Privado sempre que em causa esteja um contrato internacional. Este é incontornável na determinação das soluções para os litígios emergentes daquelas relações comerciais, não só porque se situa acima do ordenamento comunitário, como também porque possui verdadeiramente a apetência e competência para determinar a lei aplicável ao conflito e o foro para este se dirimir, como ainda porque é reconhecido, na sua globalidade e na especificidade do seu regime especial para contratos celebrados com consumidores, pelo próprio Direito Comunitário, maxime, pelo Regulamento n.º 44/2001.

A lei aplicável será assim determinada pelas regras do DIP, ao arrepio do que é, ou possa ainda vir a ser, a deriva do Princípio do País de Origem do Estabelecimento do Prestador de Serviços em linha. A liberdade de escolha de lei concatenada com o respeito pela autonomia da vontade privada deve fazer-nos respeitar, no todo, o que resultar das estipulações contratuais, sem deixar de atender ao eventual carácter abusivo duma cláusula (pré-)fixadora da lei aplicável. Particularmente importante é, por isto, a articulação do regime dessa lei, a aplicar ao contrato, com a Lei das Cláusulas Contratuais Gerais.

Também assim, um consumidor que celebrar um contrato por via electrónica, na sequência de uma mensagem publicitária, de uma proposta ou de um convite a contratar sitos numa página da Internet, ou endereçados ao seu correio electrónico, deve beneficiar da tutela das normas imperativas (protectoras dos interesses dos consumidores) da lei do Estado da sua residência habitual, excepto se o fornecedor tiver afastado a hipótese de contratar com residentes nesse Estado e o consumidor tenha prestado falsas informações sobre a localização da sua residência habitual.

O intrincado mosaico das Directivas comunitárias parece afectar todo o plano contratual europeu, electrónico e tradicional. Reveste-se duma complementaridade difícil de acompanhar, seja pela profusão que aqui trouxemos, seja pela sucessão galopante de intervenções sectoriais, cuja aplicação pelos Estados-Membros torna ainda mais confusa, pelo desfasamento temporal com que o fazem. Mesmo considerando positiva toda a cautela posta nos intuitos de "harmonização mínima" do legislador comunitário, notamos uma cedência à tentação de fazer uso das suas competências para uniformizar o direito civil europeu dos contratos na medida do que lhe for possível. Por ora, essa não nos parece uma intenção nefasta. Aplaudimos até todas as conquistas já alcançadas no estabelecimento dum conjunto uniforme de factores de desenvolvimento. Será, todavia, legítimo questionarmo-nos se este regime favorece efectivamente o desenvolvimento do comércio electrónico e o aprofundamento das trocas comerciais, ou se acrescentará mais distorção a um já de si labiríntico direito comunitário dos contratos. Do que nos foi dado a constatar, temermos que à Torre de Babel foi adicionado um novo patamar.

ANEXO 1

O Acervo Comunitário em matéria de protecção do consumidor aplicável aos serviços da sociedade da informação é composto, entre outros, pelos seguintes diplomas:

Directiva 85/577/CEE (referente à protecção dos consumidores no caso de Contratos Celebrados Fora de Estabelecimento Comercial)
Directiva 97/7/CE (referente aos Contratos à Distância)
Directivas 84/450/CEE e 97/55/CE (referentes à Publicidade Enganosa e Comparativa)
Directiva 93/13/CEE (referente às Cláusulas Abusivas)
Directiva 90/314/CEE (referente às Viagens Organizadas, Férias Organizadas e Circuitos Organizados)
Directiva 87/102/CEE (referente ao Crédito ao Consumo, com a redacção dada pela Directiva 98/7/CE)
Directiva 98/6/CE (referente à Indicação de Preços)

Directiva 98/27/CE (referente às Acções Inibitórias em matéria de Protecção dos Interesses dos Consumidores)
Directiva 92/59/CEE (referente à Segurança Geral dos Produtos)
Directiva 85/374/CEE (referente à aproximação das disposições legislativas, regulamentares e administrativas dos Estados--Membros em matéria de Responsabilidade Decorrente de Produtos Defeituosos)
Directiva 1999/44/CE (referente a certos aspectos da Venda de Bens de Consumo e Garantias Conexas)
Directiva 94/47/CE (referente à Protecção dos Adquirentes quanto a certos aspectos dos Contratos de Aquisição de um Direito de Utilização a Tempo Parcial de Bens Imóveis)

ÍNDICE BIBLIOGRÁFICO

Código do Consumidor – Anteprojecto, IDC, Lisboa, 2006
ANTÓNIO PITA, M., "Notas sobre o regime da contratação electrónica", Revista Sub Judice, n.º 35, Coimbra, 2006
___ "O Comércio Electrónico em Portugal – O quadro legal e o negócio", ICP-ANACOM, Lisboa, 2004
___ "eBusiness: Análise do mercado e tendências de investimento, 2001-2005", IDC, Lisboa, 2002
BAYLLORD, Raymond, "Le Doit de Repentir", Revue Trimestrelle de Droit Civil, n.º 2, 1984
DAVID, Mariana S., "A resolução de litígios no contexto da Internet", Revista Themis ano VII, n.º 12, Lisboa, 2006
DIAS PEREIRA, A., "A protecção do consumidor no quadro da directiva sobre o comércio electrónico", Estudos de Direito do Consumidor, n.º 2, Coimbra, 2000
DIAS PEREIRA, A., "Comércio Electrónico e Consumidor", Estudos de Direito do Consumidor n.º 6, Coimbra, 2004
DIAS PEREIRA, A., "Comércio electrónico na sociedade de informação: da segurança técnica à confiança jurídica", Coimbra, 1999

FILIPE OLIVEIRA, A., *"Contratos negociados à distância"*, Revista Portuguesa do Direito do Consumo (separata) n.º 7, Lisboa, 1996

LIMA PINHEIRO, L., *"Direito aplicável aos contratos celebrados através da Internet"*, O Direito, Lisboa, 2005

LUÍS LORENZETTI, R., *"Informática, cyberlaw y e-commerce"*, Revista de Direito do Consumidor, n.º 36 São Paulo, 2000

MENEZES CORDEIRO, A., *"O anteprojecto do código do consumidor"*, O Direito, n.º 138, Lisboa, 2006

MICKLITZ, Hans-W., *"La protection des consommateurs acheteurs à distance – La directive 97/7/CE sur les contracts à distance"*, Ed. Hildegard et Bernd Stauder. Bruxelles. 1999

PINTO MONTEIRO, A., *"Sobre o direito do consumidor em Portugal"*, Revista Sub Judice, n.º 24, Coimbra, 2003

PINTO MONTEIRO, A., *Do direito do consumo ao código do consumidor*, Estudos de Direito do Consumidor, n.º 1, Coimbra, 1999

PINTO MONTEIRO, A., *Responsabilidade civil na negociação informática*, em "Direito da Sociedade de Informação", I, Boletim da Faculdade de Direito, Coimbra,

TENREIRO, Mário, *Un code de la consommation ou un code autour du consommateur? Quelques réflexions critiques sur la codification et la notion de consommateur*, em "Law and diffuse Interests in the European Legal Order"

VEIGA DE FARIA, M., *"Temas de Direito da Informática e da Internet (Nota introdutória)"*, Revista da Ordem dos Advogados, Coimbra, 2004

WEHNER, U., *"Contratos internacionais: protecção processual do consumidor, integração económica e Internet"*, Revista de Direito do Consumidor, n.º 38, São Paulo, 2001

Trabalhos de Estudantes
do 2.º Curso do CDC na Madeira

NOTAS BREVES SOBRE A HABITAÇÃO EM GERAL E ESPECIFICIDADES DA REGIÃO AUTÓNOMA DA MADEIRA

Maria da Graça Moniz

Aluna do II Curso de Pós-Graduação em Direito do Consumidor – da Madeira
Directora da Secretaria Regional dos Recursos Humanos – Serviço de Defesa do Consumidor

Sumário: 1 – Introdução. 2 – O Incremento da Habitação. 2.1 – Em Portugal. 2.2 – Na Região Autónoma da Madeira. 3 – Habitação Própria Permanente. 4 – A Falta de Qualidade. 5 – Os Direitos do Comprador da Habitação. 5.1 – A Ficha Técnica de Habitação. 6 – Aquisição de uma Habitação. 6.1 – Abordagem Geral. 6.2 – O Contrato-Promessa de Compra e Venda. 6.3 – Crédito Bancário. 6.3.1 – O Quadro Legal do Crédito à Habitação. 6.4 – Os Registos Provisórios. 6.5 – Imposto Municipal sobre as Transmissões Onerosas de Imóveis (IMT). 6.6 – Escritura de Compra e Venda e de Hipoteca. 6.7 – Imposto Municipal Sobre Imóveis (IMI). 6.8 – Conversão em Definitivo dos Registos Provisórios. 6.9 – Cancelamento da Hipoteca. 7 – Conclusão. 8 – Bibliografia.

1. Introdução

A compra de uma casa representa, para a maioria das famílias portuguesas, o mais importante investimento da sua vida. Ter casa própria é um anseio comum da generalidade das pessoas. É nesse espaço, o seu reduto de privacidade, onde passam a maior parte do seu tempo e onde procuram ter um refúgio de repouso e de bem-estar. Daí que seja de todo aconselhável o maior cuidado na compra de casa.

Porventura, e em parte devido a uma política de arrendamento, histórica e continuadamente menos liberal, a verdade é que as estatísticas revelam que mais de 60% das famílias portuguesas possuem casa de sua propriedade. No entanto, o processo de aquisição não é simples. Se os adquirentes não estiverem devidamente informados e sensibilizados para os problemas e situações difíceis que podem ocorrer durante todo este processo, podem vir a correr riscos. Por isso, a escolha deve ser feita com muito cuidado, para evitar situações que possam pôr em causa a qualidade de vida que todos anseiam quando fazem tal opção. A complexidade que o processo de aquisição de habitação, embora em crescente simplificação, ainda reveste, impõe a necessidade de informação e de sensibilização para os problemas com que os compradores se podem, com frequência, deparar.

2. O Incremento da Habitação

2.1. *Em Portugal*

Na década de 90, o parque habitacional português manteve o forte ritmo de crescimento que vinha registando desde o primeiro recenseamento à habitação que ocorreu em 1970. O crescimento dos alojamentos ao longo das três últimas décadas, tem-se situado consecutivamente acima dos 20% e vem sendo sempre muito superior ao aumento do número de famílias.

Numa análise comparativa em termos internacionais, Portugal regista, tendencialmente, um comportamento semelhante a alguns outros países europeus como Espanha, França, Itália, Grã-Bretanha e Finlândia. Apesar do aumento referido, verifica-se a diminuição das taxas de crescimento dos alojamentos desde os anos 70, período em que se registaram as taxas mais elevadas.

Contudo, esta quebra está a processar-se, em Portugal, a um ritmo muito inferior. Assim, o acréscimo do parque habitacional português, na década de 90, é largamente superior ao dos restantes países europeus.

A saber, a taxa de crescimento dos últimos dez anos em Portugal é mais do dobro da francesa e da espanhola e mais do triplo da italiana.

Este forte crescimento do parque habitacional de Portugal, naquela época, é generalizado a todas as suas regiões. A análise dos edifícios recenseados em 2001, segundo a época de construção, é também elucidativa desta forte expansão da habitação em Portugal. Cerca de 60% dos edifícios foram construídos após 1970 e 19% foram edificados na última década.

Em 2001, existia uma média de 1,4 alojamentos por família, face a 1,3 em 1991 e 1,2 em 1981.

2.2. Na Região Autónoma da Madeira

A Região Autónoma da Madeira, com 245 011 habitantes recenseados nos censos de 2001, apresenta um número de 95 241 alojamentos distribuídos por 73 619 famílias.

O ritmo de crescimento da habitação também tem sido muito elevado nesta Região, tendo-se verificado entre 1991 e 2001 a construção de 25 079 novas habitações. Destas, 10 514 fogos foram construídos e apoiados por vários programas coordenados pelo Governo Regional da Madeira.

Os apoios disponibilizados para habitação, através destes programas, apresentavam em 2001 os seguintes números:

§ 4 762 Fogos construídos para arrendamento social (habitação social);
§ 214 Fogos para venda (habitação económica);
§ 1 790 Fogos de promoção cooperativa a custos controlados;
§ 3 200 Habitações apoiadas pelo PRID/RAVP;
§ 366 Lotes cedidos em direito de superfície;
§ 182 Fogos arrendados (programa de arrendamento).

O acréscimo de habitações registado na RAM entre 1991 e 2001 foi de 17%, verificando-se uma tendência semelhante à do Continente.

Segundo dados cedidos pelo Instituto de Habitação da Madeira, podemos constatar que o Governo Regional da Madeira, até 2005, tinha apoiado, através dos programas acima referidos, um total de mais de 60 mil habitantes, distribuídos por 14 mil famílias, que representam 26% da população desta Região Autónoma.

A insularidade, o acidentado da orografia e a escassez de terrenos urbanizáveis, bem como a grande dependência do exterior, tanto no que respeita aos materiais, como à mão-de-obra, situação agravada com o custo dos transportes, fazem com que, na Região Autónoma da Madeira, o metro quadrado de construção seja, particularmente, elevado. Naturalmente, os preços mais elevados registam-se no Funchal.

A política adoptada no sentido de dotar a ilha de excelentes infra-estruturas rodoviárias, veio permitir o incremento da construção de habitação nos concelhos rurais e nas freguesias limítrofes do Funchal em condições mais atractivas, aproveitando uma maior disponibilidade de terrenos urbanizáveis, a custos menos elevados.

Na Madeira, há ainda uma vertente no domínio da habitação que se prende com uma ligação muito forte das pessoas às pequenas propriedades que herdam da família, propriedades estas que, pela orografia da ilha, são muitas vezes situadas em locais quase inacessíveis. Mas a ligação das pessoas à sua propriedade é tal, que insistem em construir as suas casas nesses locais recônditos, com problemas graves de acessibilidade e de infra-estruturas públicas de saneamento, obrigando muitas vezes a custos públicos acrescidos na intervenção nessas áreas por parte dos municípios.

Porventura, não será alheia a esta tendência e preferência o antigo regime de colonia por via do qual o colono se tornava proprietário das casas que edificava (benfeitorias) sobre o solo propriedade do senhorio. A própria extinção do regime de colónia, ao propiciar ao colono a aquisição da terra, ao senhorio, pelo preço que esta teria antes de ser desbravada, e permitindo-lhe tornar-se proprietário pleno (da terra e das benfeitorias), acentuou ainda mais a tendência, em particular nos meios rurais, da construção de casas nos terrenos sua propriedade ou herdados.

Esta opção acentuou-se com a publicação do DL 47/1937 de 15 de Setembro, que veio proibir a celebração para o futuro de novos contratos de colónia e, caso fossem celebrados, eram tidos como contratos de arrendamento. Tal diploma manteve, porém, em vigor os contratos anteriormente celebrados e estabeleceu direitos de preferência, tanto para o senhorio, como para o colono na alienação não só das benfeitorias como também do solo

Com a extinção legal da colonia através do Decreto Regional n.º 13/77/M, de 18 de Outubro, criou-se um período bastante longo em que o colono podia adquirir o solo ao senhorio pelo preço que as terras tinham antes de serem desbravadas. Por seu lado, e já mesmo antes disso, a emigração vinha proporcionando em larga escala a aquisição das terras pelos colonos ou seus herdeiros, entretanto emigrados, que, muitas vezes, aproveitaram circunstâncias adversas e de crise em que se encontravam os senhorios. Efectivamente, em muitos casos, tratando-se de propriedade em regime de colonia, os emigrantes (colonos) adquiriam o solo aos senhorios, ficando assim titulares da propriedade plena.

Como é sabido, o fluxo emigratório da Madeira até aos anos 70, era extremamente intenso para vários destinos, com particular relevância para a Venezuela, África do Sul e Brasil. Era muito característico dos emigrantes o desejo de regressar e construir nas suas terras a sua habitação, algumas vezes até um tanto ostensivas, e em alguns casos com traços arquitectónicos dos países onde se haviam fixado.

Não se pode também deixar de, embora em nota breve, referir a influência do turismo em alguns aspectos que têm a ver com a habitação. Neste sentido, por exemplo, assistiu-se, um pouco por toda a ilha, à recuperação de solares e de quintas que hoje integram um conjunto das chamadas "Casas de Turismo de Habitação". Associado às redes hoteleiras, desenvolveram-se, também, vários empreendimentos, de uma forma geral implantados junto da orla marítima, que foram comercializados em regime de *"timeshare"*, por vezes ocupando escarpas que as novas técnicas de construção e de engenharia permitiram aproveitar.

Nos últimos trinta anos, tem-se registado uma evolução, para não dizer revolução, no domínio da habitação na Região.

Por um lado, existia a tradição das quintas, pertença dos ingleses e dos proprietários locais mais abastados, com excelentes condições e belíssimos jardins. Por outro lado, como já se referiu em relação às camadas da população mais modesta, o regime de colonia, apesar de tudo, estimulava a construção de casa própria pelo colono, uma vez que esta ficava propriedade sua.

A construção de moradias ou vivendas isoladas, de maior ou menor dimensão, consoante as posses dos proprietários, constituía também prática corrente.

Era, também muito frequente a tradição e a necessidade do quintal cuja frequente utilização o clima proporciona, e, muitas vezes, mesmo da horta, assim como o gosto generalizado pelo cultivo das flores, o que constitui um cartaz da própria região.

O conjunto de factores já referidos fez evoluir, de todo, no Funchal e em concelhos mais urbanos para a construção em altura, em regime de propriedade horizontal.

Nota-se, aliás, que a opção pela habitação em andares não se regista apenas relativamente a camadas sociais de menor rendimento, pois, mesmo camadas mais abastadas, optam por esta solução, tanto mais que a conservação das moradias e das quintas se tornou onerosa e escassa a mão-de-obra que tal exige.

3. Habitação Própria Permanente

Como já foi referido, a compra ou construção de casa própria para residência permanente constitui, para grande parte das famílias portuguesas, o maior investimento de toda a sua vida.

De acordo com os Censos de 91, os alojamentos ocupados pelos legítimos proprietários representavam, nesse ano, 65% do parque habitacional ocupado como residência habitual.

Apesar de constituir uma taxa acima da média europeia, é importante salientar que o ritmo de crescimento da habitação própria em Portugal se apresenta como um dos mais elevados da União Europeia. Em 1970, apenas 49% das famílias portuguesas viviam em casa própria. Desde esse ano até 1981 o número de famílias a residir em casa própria cresceu 42% e entre 1981 e1991 o crescimento foi de 25%.

Existem vários factores que poderão justificar o crescente aumento da importância da habitação própria. Por exemplo:

– As restrições da oferta no mercado de arrendamento privado – essencialmente resultantes do sistema de contrato prolongado

ou praticamente definitivo, e da rigidez das rendas próprias até 1990, do regime jurídico do arrendamento, mas também decorrentes de um novo perfil da poupança, associado ao desenvolvimento de novos e flexíveis produtos financeiros, os quais terão contribuído para o desvio de poupanças do sector imobiliário;
– A exiguidade do sector de habitação social;
– Um claro encaminhamento da política de habitação, desde a segunda metade da década de setenta, para o apoio à compra ou construção de casa própria – fundamentalmente, por via do sistema de crédito bonificado, implementado desde 1976;
– Nos últimos anos, uma maior facilidade no acesso ao crédito resultante do processo de liberalização financeira e também da quebra registada nas taxas de juro.

4. A Falta de Qualidade

Apesar de, ao nível quantitativo, não existirem carências habitacionais, ao nível qualitativo o cenário português revela-se mais preocupante.

Em Portugal, a falta de qualidade do parque habitacional mede-se pelos seguintes números:
- 568 886 Alojamentos sobrelotados, que representam 16% do parque habitacional;
- 114 183 Alojamentos integrados em edifícios muito degradados, que representam 3% dos edifícios recenseados em 2001;
- 326 008 Alojamentos sem, pelo menos, uma das quatro infra-estruturas básicas (electricidade, instalações sanitárias, água canalizada e instalações de banho ou duche).

Existe, ainda, um sem número de situações de reclamações de consumidores, que, após a compra de casa, detectam defeitos de construção.

Só no ano de 2006, chegaram ao Serviço de Defesa do Consumidor da Secretaria Regional dos Recursos Humanos da Região Autónoma da

Madeira 320 reclamações sobre problemas relacionados com bens imóveis, as quais, muitas das vezes, resultam da falta de qualidade da construção e da relutância do agente económico em repor e corrigir situações tais como manchas de humidade, infiltrações, deficiente ventilação, ligações de gás inadequadas, fendas nas paredes, e outras.

No que respeita a este último ponto, a falta de qualidade na construção de algumas habitações pode ser ilustrada com alguns exemplos de reclamações recebidas no Serviço de Defesa do Consumidor:

- "Adquiri uma casa no dia 29 de Maio de 2005. Sucede que o bem tem apresentado defeitos, como por exemplo, as paredes com fissuras e a tinta está a cair; a porta da entrada está empenada e nunca fechou à chave; alguns tacos estão a levantar; os degraus da escada interior estão soltos. Estes defeitos já foram denunciados ao vendedor através de carta registada datada do dia 27 de Março de 2006. Todavia, até à presente data, as anomalias ainda não foram reparadas".
- "Adquirimos uma moradia em 4 de Abril de 2005. O prazo de garantia está a decorrer e foram detectados os seguintes defeitos de construção:
  Infiltrações em diversos pontos da laje no pavimento entre a varanda e a garagem;
  Pedra de cantaria solta junto ao jardim;
  Fendas por toda a moradia;
  Falta de colocação de grelha no WC da garagem.

  Apesar de já termos efectuado alguns contactos telefónicos com os sócios da empresa "Só Defeitos" e com o construtor no sentido de serem efectuadas as reparações, não foram diligenciadas quaisquer medidas destinadas a repor a conformidade do bem".

Estes são alguns exemplos de situações acontecidas na Região Autónoma da Madeira, mas que sabemos ocorrerem por todo o país, como nos dão conta a Direcção-Geral do Consumidor, a DECO, o Centro de Arbitragem de Conflitos de Consumo de Lisboa e o Centro de Arbitragem de Conflitos de Consumo do Porto.

Para avaliar a qualidade da construção feita no nosso país, a DECO decidiu inspeccionar 34 habitações no ano de 2004[1]. Seguidamente, faz-se uma breve análise de alguns dos defeitos mais recorrentes, encontrados pela equipa de peritos em construção:

• Arredores da casa

Das 34 habitações inspeccionadas, ao nível da zona envolvente, foram encontrados problemas em 19 habitações. A principal falha é a falta de uma rede organizada de transportes públicos que sirvam essas residências.

Em metade das casas, os problemas de segurança devem-se à impossibilidade de acesso ao perímetro do prédio por carros de bombeiros ou ao fraco patrulhamento policial.

Nos melhores casos, os espaços de jogos, recreio, reunião e lazer encontravam-se dentro do condomínio e no quarteirão. Entre as casas com problemas, um quarto peca pela falta destes espaços nos arredores.

A nível do ambiente, foram encontradas fontes de mau cheiro (ribeiras sujas, lixo abandonado) e fontes de ruído constante como indústrias e vias rápidas de grande movimento.

Em muitos casos, as pessoas de mobilidade condicionada enfrentam grandes dificuldades, devido ao estacionamento desordenado e outras barreiras arquitectónicas.

• Edifício

Das 34 habitações, 25 apresentavam problemas a este nível. Em matéria de segurança, os defeitos mais comuns devem-se à falta de sistemas de detecção e combate a incêndios (extintores, iluminação de urgência). Os piores pisos são as garagens.

---

[1] In *Proteste* n.º 251, Outubro de 2004

Quanto à construção do edifício, foram detectados materiais inadequados em locais exteriores, já com um nível de degradação avançado. Foi o caso de degraus em madeira no átrio de entrada. A fachada em pedra com defeitos, sem o isolamento necessário, tintas mal aplicadas ou impróprias para fachadas, cerâmicas mal aplicadas e pedras das janelas partidas são outros exemplos de problemas. Trata-se de falhas inadmissíveis em construções recentes.

- Habitação

Das 34 habitações, foram detectados problemas a este nível em 23 casas.

No pavimento, as falhas mais frequentes devem-se à má instalação dos materiais, causando a abertura das juntas no piso flutuante, e desníveis entre os elementos.

Nas paredes interiores, as manchas de humidade são a falha mais comum. Foram ainda observados azulejos partidos e com arestas cortantes nos cantos.

Em termos de conforto térmico, as casas do último piso têm mais problemas devido ao fraco isolamento da cobertura.

Em muitas casas, a caldeira estava mal localizada e a torneira de segurança do gás num local de difícil acesso.

Ao nível da ventilação, denotam-se muitos problemas, sobretudo nas casas de banho. Os vários defeitos encontrados provocam maus cheiros, humidade e elevada concentração de dióxido de carbono.

A instalação das portas com folgas e remates mal feitos foi outra falha comum.

A habitação, como qualquer outro bem, pode padecer de vícios ou defeitos, mas estes só se revelam em momento posterior ao da compra, não sendo, na maioria das situações, detectáveis na altura da aquisição. Entre estes, assumem especial destaque:

– Fundações deficientes, originando assentamentos diferenciais;
– Estruturas mal dimensionadas, provocando fendas;

– Isolamento deficiente de terraços, provocando infiltrações;
– Inexistência ou deficiente isolamento térmico e acústico, provocando desconforto e quebra de intimidade;
– Instalações sanitárias e ligações à rede de esgotos mal executadas, originando maus cheiros e problemas de escoamento;
– Instalações eléctricas insuficientes para o equipamento instalado;
– Deficiente escoamento de fumos e gases.[2]

Na Ilha da Madeira, os principais problemas a este nível, surgem pelo facto de se construir em zonas com forte declive e com elevado teor de humidade residual, onde não são executadas, de forma correcta, as devidas protecções contra humidades/infiltrações e respectiva drenagem das mesmas, bem como ventilação adequada.

Por vezes, os revestimentos, rebocos e estuques (sobretudo rebocos), são executados por métodos mais práticos, mas inadequados, implicando fissuração superficial, como é o caso da aplicação de rebocos elaborados com areias extraídas do mar e mal lavadas, contendo alto teor em sal originando o sistemático aparecimento de efluorescências.

A drenagem deficiente de águas pluviais e residuais provoca infiltrações de águas ao nível das caleiras de coberturas, terraços e tubos de queda, provocando aparecimento de humidade no interior das moradias ou nos elementos da mesma.

As infiltrações de águas residuais originadas por má execução das redes de esgotos, no que concerne a diâmetros de tubagens, pendentes das mesmas, traçados inadequados, implicam entupimento das canalizações e maus cheiros.

As impermeabilizações inadequadas, mal executadas ou mais danificadas durante outras actividades de obra, provocam futuras infiltrações e consequentemente aparecimento de humidade no interior.

A má qualidade a nível dos acabamentos, como por exemplo, as carpintarias, (Soalhos mal aplicados que acabam por empenar, madeiras insuficientemente secas que se deformam) etc.

---

[2] Cf. Instituto Nacional de Defesa do Consumidor (1991) *Guia do Comprador de Habitação*, Lisboa, p. 104.

A deficiente limpeza da obra, durante e no final desta, origina a acumulação de resíduos de obra (poeiras de origens várias e composições) que poderão ser prejudiciais para as pessoas ou até mesmo contribuir para uma elevada taxa de alergias na região.

Neste sentido, à luz dos números apresentados e das situações descritas, podemos concluir que a questão central não se coloca na necessidade de construir mais alojamentos, mas antes em várias outras necessidades das quais salientamos:

- Preservar e requalificar o parque habitacional existente, evitando a sua degradação até níveis, por vezes, irreversíveis;
- Conceder níveis mínimos de conforto a uma franja do parque habitacional, atingindo coberturas totais ao nível das infra-estruturas básicas;
- Apostar na qualidade, independentemente do custo da habitação, e nos mecanismos de garantia dos consumidores, enquanto compradores de habitação.

A qualidade que nos referimos é um conceito vasto e alargado. Inclui, não só a qualidade do espaço interior da habitação, mas também do ambiente envolvente, da qualidade dos equipamentos e dos serviços urbanos que servem essa habitação, bem como a sua integração urbana. É um conjunto de requisitos que devem satisfazer as expectativas do comprador da casa.

A qualidade do local onde é construída a habitação deverá ter em conta alguns aspectos importantes, sejam as condições naturais envolventes, como as condições de segurança, e ainda as acessibilidades, a eventual existência de aspectos negativos como focos de poluição. Estes são alguns factores que contribuem para a qualidade global de qualquer alojamento.

Para o consumidor, consideramos que o mais importante assenta na qualidade física do edifício e a sua estética, o que se traduz em conforto, espaço, solidez, durabilidade e relação qualidade – preço.

Esta mais-valia física do edifício nasce com o projecto, que desempenha um papel fundamental. Segue-se a qualidade da estrutura que, sendo o esqueleto arquitectónico da obra, dela depende a segurança e o comportamento do edifício em relação ao solo e às solicitações internas (sobrecargas de utilização) e externas (ventos e sismos). Em seguida, há que ter em atenção a qualidade da execução criteriosa da obra e a sua fiscalização, assim como a qualidade dos materiais utilizados.

Todavia, a sua durabilidade depende, não só da qualidade intrínseca, mas principalmente da manutenção de que for objecto ao longo do período de vida útil, aspecto que é muitas vezes descurado.

5. Os Direitos do Comprador da Habitação

O ordenamento jurídico português estabelece, em vários diplomas, mecanismos que visam reforçar os direitos dos consumidores, nomeadamente no que concerne à informação e à protecção dos seus interesses económicos.

Desde logo, podemos destacar a sua consagração constitucional nos artigos 65.º (Habitação e Urbanismo) e artigo 60.º (Direitos dos Consumidores) da Constituição da República Portuguesa:

"Artigo 65.º (Habitação e urbanismo)
1 – Todos têm direito, para si e para a sua família, a uma habitação de dimensão adequada, em condições de higiene e conforto e que preserve a intimidade pessoal e a privacidade familiar."

"Artigo 60.º (Direitos dos Consumidores)
1 – Os consumidores têm direito à qualidade dos bens e serviços consumidos, à formação e à informação, à protecção da saúde, da segurança e dos seus interesses económicos, bem como à reparação de danos."

A ordem jurídica regula, também as relações estabelecidas entre os agentes económicos e os consumidores, bem como as exigências de qualidade na habitação. Veja-se, a título de exemplo, o Código Civil e em particular os artigos 1214 e seguintes, respeitantes ao contrato de empreitada, bem como o Regulamento Geral das Edificações Urbanas, e demais diplomas, no âmbito do direito urbanístico.

Atendendo, ainda, ao facto de que a compra de habitação envolve um processo complexo, implicando para o consumidor, – parte mais fraca – decisões extremamente importantes e com repercussões no plano do seu orçamento familiar, a Lei n.º 24/96, de 31 de Julho – Lei de Defesa do Consumidor – vem reforçar e aprofundar o normativo constitucional no que respeita aos direitos do consumidor.

Com vista a assegurar uma ainda maior protecção dos interesses dos consumidores, repercutindo-se também na esfera jurídica dos direitos e deveres dos agentes económicos, foi aprovado o Decreto-Lei n.º 67/2003, de 8 de Abril[3], que no seu art. 4.º determina:

"Artigo 4.º
Direitos do Consumidor
1 – Em caso de falta de conformidade do bem com o contrato, o consumidor tem direito a que esta seja reposta sem encargos, por meio de reparação ou de substituição, à redução adequada do preço ou à resolução do contrato.
2 – A reparação ou substituição devem ser realizadas dentro de um prazo razoável, e sem grave inconveniente para o consumidor, tendo em conta a natureza do bem e o fim a que o consumidor o destina.
3 – A expressão "sem encargos", utilizada no n.º1, reporta-se às despesas necessárias para repor o bem em conformidade com o contrato, incluindo, designadamente, as despesas de transporte, de mão-de-obra e material.
4 – Os direitos de resolução do contrato e de redução do preço podem ser exercidos mesmo que a coisa tenha perecido ou se tenha deteriorado por motivo não imputável ao comprador.
5 – O consumidor pode exercer qualquer dos direitos referidos nos números anteriores, salvo se tal se manifestar impossível ou constituir abuso de direito, nos termos gerais."

---

[3] Este Diploma resulta da transposição da Directiva Comunitária n.º 1999/44//CE, do Parlamento Europeu e do Conselho, de 25 de Maio

Acresce, ainda, o art. 5.º do supra referido Decreto-Lei que *"O comprador pode exercer os direitos previstos no artigo anterior quando a falta de conformidade se manifestar dentro de um prazo de dois ou cinco anos a contar da entrega do bem, consoante se trate, respectivamente, de coisa móvel ou imóvel"*, devendo, para o efeito, denunciar ao vendedor a falta de conformidade num prazo *"de um ano, se se tratar de bem imóvel"*.

Para reforçar a posição do consumidor, o legislador determina que a falta de conformidade se presume existente no momento em que o imóvel lhe é entregue. Ainda que seja uma presunção elidida, a mesma radica numa grande conquista para a defesa dos direitos do consumidor.

Pelo exposto, verifica-se que o legislador, ao prever estas medidas, teve sensibilidade e preocupação de salvaguardar os direitos dos consumidores num acto de grande importância, como é a compra de habitação, não esquecendo das consequências decorrentes da sua durabilidade.

5.1. *A Ficha Técnica de Habitação*

Para assegurar a informação adequada dos compradores, estabeleceram-se algumas obrigações a cargo dos profissionais que se dedicam à construção e venda de imóveis destinados à habitação.

Importa referir a obrigação destes agentes económicos, de elaborarem e disponibilizarem aos consumidores adquirentes um documento explicativo das características técnicas e funcionais da habitação, que se reportam ao momento da construção. Falamos da Ficha Técnica de Habitação, comummente conhecida como o Bilhete de Identidade da casa.

Deste documento, deve constar a informação sobre os profissionais envolvidos, as técnicas construtivas e os materiais utilizados no imóvel.

Ainda que a utilização da Ficha Técnica de Habitação seja um primeiro passo para o reforço e salvaguarda dos direitos dos consumidores, a mesma não se mostra suficiente para resolver os problemas do sector da construção em Portugal. Se não houver uma fiscalização eficaz, o B.I. da habitação não garante que a construção corresponda ao projecto aprovado.

Para alterar este cenário, é preciso actuar a vários níveis. Ao Governo, através do Instituto da Construção e do Imobiliário, e às câmaras municipais compete a responsabilidade de assegurar que as casas são bem construídas e seguras.

Como já mencionado anteriormente, ainda na fase do projecto, é essencial contemplar determinados elementos tais como o conforto (térmico e acústico), a segurança e os acessos. Os consumidores exigem um plano urbanístico antes da construção e a garantia de que este é respeitado.

Uma provável solução seria passar a impor como obrigatória a certificação de construção e um seguro contra defeitos.

Por sua vez, as empresas construtoras deveriam investir mais na formação de todo o seu pessoal e no controlo de qualidade até porque muitos dos defeitos encontrados se devem à falta de profissionalismo e de rigor.

Sendo um bem duradouro, e com implicações no orçamento familiar, parece oportuno levantar a hipótese de ampliar o prazo de garantia para 10 anos, com a consequente dilatação dos prazos de denúncia.

A casa dos nossos sonhos não é uma ilusão. Mas quando tiver de escolher, lembre-se: todo o cuidado é pouco.

6. Aquisição de uma Habitação

6.1. *Abordagem Geral*

Como tivemos oportunidade de referir no início do presente trabalho, a compra ou construção de casa própria para residência permanente constitui para grande parte das famílias portuguesas o maior investimento que realizam em toda a sua vida.

Por essa razão, ao decidir comprar uma casa, deve ter-se em atenção critérios referentes à sua escolha, nomeadamente, a tipologia da casa adequada às suas necessidades, a qualidade da construção, localização e acessibilidades e a certeza de que na construção foram observadas as necessárias exigências legais.

Deve ter-se, ainda, em atenção todos os aspectos legais e fundamentais e o itinerário a percorrer até a efectiva aquisição do imóvel.

6.2. *O Contrato-Promessa de Compra e Venda*

Antes de nos ser transmitido o direito de propriedade do imóvel, é regra recorrer à figura do contrato-promessa de compra e venda, prevista nos artigos 410.º, e seguintes, do Código Civil.

A assinatura do contrato-promessa de compra e venda coincide, normalmente, com a entrega do sinal. Mas não se pode confundir este contrato com a promessa unilateral de compra, que por vezes, é proposta aos compradores no acto da reserva. Como o próprio nome indica, aqui só existe uma promessa de compra, o que significa que a venda pode levar bastante tempo a concretizar-se (ou mesmo nunca chegar a realizar--se). No entanto, o contrato-promessa obriga ambas as partes e prevê penalizações para quem incumprir.

O contrato-promessa de compra e venda é de extrema importância, já que regula toda a operação até à realização do contrato definitivo, por escritura ou, caso recorra ao crédito bancário e o banco o permita, por documento particular. Nele vêm descritas as condições estabelecidas para o negócio, assim como os direitos e deveres do promitente-comprador e do promitente-vendedor.

Este contrato deve incluir um conjunto de informações, nomeadamente:

- A identificação dos intervenientes;
- A identificação do imóvel sujeito à transacção
- O preço e a forma de pagamento, incluindo o valor do sinal e de eventuais reforços bem como as datas estabelecidas para o efeito;
- O prazo máximo para a celebração do contrato definitivo;
- A referência ao empréstimo solicitado, ou a solicitar, ao banco, e ao facto de a compra estar dependente deste crédito, prevendo que, caso não seja concedido, haja lugar à restituição do sinal;
- As cláusulas específicas do contrato;

- Penalizações para o caso de o contrato definitivo não se concretizar. Embora não seja obrigatória, uma vez que a lei regula a situação, pode incluir-se uma cláusula penal. Também pode constar a data a partir da qual se considera que o contrato já não possa realizar-se (perda do interesse na compra e venda)

6.3. Crédito Bancário

Após a decisão de compra de casa, é chegado o momento de se iniciar formalmente o pedido de crédito ao banco.

Com base no valor do empréstimo pretendido, e em dados elementares relativos ao imóvel a adquirir e ao seu nível de rendimento, o banco comunicará dentro de um curto espaço de tempo uma resposta de princípio acerca de cada pedido.

De seguida, irá solicitar um conjunto de documentação e proceder à avaliação da casa. Posteriormente, comunicará a decisão definitiva sobre a concessão e condições do empréstimo.

Deste conjunto de documentação, destacam-se as plantas da casa, os documentos de identificação dos proponentes e os comprovativos dos rendimentos e da composição do agregado familiar.

No caso de crédito para construção, ampliação ou remodelação da casa, deverá também ser entregue o alvará ou licença de construção, o projecto aprovado e o orçamento das obras a realizar.

6.3.1 *O Quadro Legal do Crédito à Habitação*

"Somos felizes. Acabámos de pagar a casa em Outubro, fechámos a marquise, substituímos a alcatifa por tacos..."

António Lobo Antunes

Uma das principais fontes de endividamento das famílias portuguesas radica no crédito para aquisição ou construção de habitação própria, destacando-se o crédito bonificado como instrumento de política habitacional em Portugal.

Este sistema foi implementado em 1976, tendo sido objecto de várias reformulações que espelhavam a evolução das condições macroeconómicas.

A estrutura actual do sistema de crédito à habitação é, basicamente, a que foi estabelecida pelo Decreto-Lei n.º 328-B/86, de 30 de Setembro. Este sistema foi, entretanto, sujeito a várias alterações e, actualmente, é regulado pelo Decreto-Lei n.º 349/98, de 11 de Novembro, (posteriormente alterado por vários diplomas legais e regulamentado por diversas Portarias). O Sistema contempla a concessão de crédito destinado à aquisição de terreno para construção de habitação própria permanente, impondo para o efeito algumas condições de acesso[4].

Neste domínio, constata-se a existência de três regimes de concessão de crédito[5]:

❖ Regime geral de crédito;
❖ Regime de crédito bonificado;
❖ Regime de crédito jovem bonificado.

O crédito à habitação é garantido por hipoteca da habitação, incluindo o terreno, podendo esta garantia ser substituída, parcial ou totalmente, por hipoteca de outro prédio ou por penhor de títulos cotados na bolsa de valores, os quais não poderão, em qualquer momento da vida do empréstimo, ter um valor inferior a 125% do saldo em dívida.

É normalmente exigido um seguro de vida, de valor não inferior ao montante do empréstimo, ou outras garantias consideradas adequadas

---

[4] Veja-se por exemplo: Que o empréstimo não seja cumulativo com qualquer outro destinado à habitação de que seja titular qualquer membro do agregado familiar, salvo quando se trate de um novo empréstimo para conclusão de construção ou para realização de obras de conservação e desde que tenham decorrido pelo menos três anos desde a data de celebração do contrato de empréstimo anterior

[5] Além destes três regimes, o sistema abrange ainda alguns regimes especiais de crédito, designadamente o regime poupança – emigrante, o regime de crédito para deficientes, bem como condições especiais para os empréstimos concedidos no âmbito das contas poupança – habitação.

ao risco do empréstimo, pela instituição de crédito. É também prática habitual a exigência de um seguro de incêndio da habitação. Não existem, porém, quaisquer seguros de hipoteca para cobrir o risco de quebra no valor da habitação e também não são muito frequentes os seguros para cobertura do risco de quebra de rendimentos ou desemprego do mutuário.

É de sublinhar que, desde Outubro de 2002, deixou de ser possível contratar crédito ao abrigo do bonificado e jovem bonificado devido às restrições do Orçamento de Estado.

6.4. Os Registos Provisórios

Após a aprovação do empréstimo, o comprador terá de proceder aos registos provisórios de aquisição e de hipoteca na Conservatória do Registo Predial da área do imóvel.

O registo de hipoteca deverá ser efectuado nos termos indicados na minuta a fornecer pela instituição bancária para esse efeito. Saliente--se que estes registos caducam ao fim de 6 meses, a contar da data do pedido da Conservatória.

Além dos referidos registos, o comprador deverá ainda solicitar, na Conservatória, uma Certidão de Teor de todos os registos em vigor relativos ao imóvel a adquirir.

Para qualquer destes fins, terá de apresentar a Caderneta Predial urbana ou, na sua ausência, a certidão do pedido de inscrição na matriz passada pelo Serviço de Finanças.

6.5. Imposto Municipal sobre as Transmissões Onerosas de Imóveis (IMT)

As transmissões de imóveis podem estar sujeitas a IMT, o imposto que veio substituir a sisa. Mas, em alguns casos, é possível beneficiar de isenção.

Se não houver lugar à isenção deste imposto, o seu pagamento pode ser efectuado em qualquer Serviço de Finanças, antes da realização da escritura de compra e venda. O respectivo comprovativo do pagamento ser-lhe-á solicitado aquando da marcação da escritura.

A liquidação poderá ser corrigida posteriormente pela Administração Fiscal, se o valor que resultar da avaliação a efectuar nos termos do novo Código do Imposto sobre Imóveis (CIMI) for superior ao valor que foi considerado na escritura de compra e venda.

6.6. *Escritura de Compra e Venda e de Hipoteca*

Chegado o momento da celebração da escritura, normalmente, são efectuados dois contratos distintos:

- O ***contrato de compra e venda***, através do qual o comprador passa a ser o proprietário juridicamente reconhecido do imóvel.

- O contrato ***de mútuo com hipoteca*** – só se verifica quando se recorre ao crédito. É celebrado entre o comprador (devedor) e o banco (credor) e estipula tudo o que se relaciona com a dívida contraída (o seu valor, taxa de juro, prazos de pagamento, etc).

Após a celebração deste último contrato, o banco liberta o valor autorizado, permitindo ao comprador pagar ao vendedor a parcela do valor da transacção por pagar. Geralmente, o banco está presente no acto da escritura através de um representante que procede ao respectivo pagamento, através de cheque bancário da instituição.

Para além dos elementos identificativos das partes envolvidas (Bilhete de Identidade, Número de Identificação Fiscal), no acto de celebração da escritura, são necessários os seguintes documentos:

- Contrato promessa de compra e venda do imóvel;
- Certidão de teor de todos os registos em vigor, onde já constem o registo provisório de aquisição e o de hipoteca:
- Caderneta Predial actualizada ou certidão do pedido de inscrição na matriz, passada pelo Serviço de Finanças.
- Licença de utilização ou prova de que a mesma foi requerida à Câmara Municipal. Neste último caso, a licença de utilização será substituída pelo alvará de licença de construção do imóvel.

Normalmente, esta situação ocorre no caso de imóvel acabado de construir (primeira transmissão);
- Apólices do seguro do imóvel e de vida (quando obrigatório).
- Documento comprovativo do pagamento do imposto sobre Transmissões Onerosas de Imóveis (IMT).

Recentemente foi tomada uma medida de simplificação que permite a compra e venda de imóveis com dispensa de escritura pública o que, no entanto, exige do comprador maiores cautelas, na medida em que deixa de haver intervenção notarial que assegurava sempre um maior controlo de legalidade.

6.7. *Imposto Municipal Sobre Imóveis* (IMI)

O Imposto Municipal sobre Imóveis (IMI) veio substituir a contribuição autárquica. Incide sobre o valor patrimonial tributário dos prédios urbanos ou rústicos e constitui uma receita dos municípios onde estes se localizam.

Os imóveis para habitação permanente do agregado familiar e os que se destinem a habitação para arrendamento podem beneficiar de isenção deste imposto autárquico, por um período de 3 a 6 anos, consoante o valor patrimonial tributário do imóvel.

O novo proprietário dispõe de um prazo de 60 dias, após a realização da escritura, para requerer no Serviço de Finanças da área do imóvel, a isenção do Imposto Municipal sobre Imóveis

6.8. *Conversão em Definitivo dos Registos Provisórios*

Com o recurso ao crédito, após a celebração da escritura de compra e venda e de hipoteca, normalmente, o banco encarrega-se de converter os registos provisórios em definitivos, dando uma maior segurança à transmissão do bem.

Caso não tenha recorrido ao crédito, o comprador deverá dirigir-se à Conservatória e pedir a conversão em definitivo do registo provisório de aquisição, pois só assim poderá dar-se por concluída a aquisição da casa.

6.9. *Cancelamento da Hipoteca*

Liquidado o empréstimo, o banco emite um documento em que renuncia à hipoteca que foi constituída a seu favor, "distrate da hipoteca", e em que declara liquidada a dívida, deixando o banco de exercer quaisquer direitos sobre a casa.

Este documento deverá ser entregue pelo proprietário na Conservatória do Registo Predial, para efeitos de cancelamento do registo hipotecário.

O cancelamento da hipoteca constitui o último passo que envolve a compra de uma habitação com recurso ao crédito.

7. Conclusão

O Direito à habitação tem consagração constitucional expressa no artigo 65.º da Constituição da República Portuguesa como já se referiu, tratando-se de um direito social dos mais relevantes, não apenas na óptica do cidadão individualmente considerado mas, em especial, numa perspectiva de "família". É, no entanto, de satisfação difícil e onerosa.

Por assim ser, os governos, com maior ou menor abertura, consoante a sua sensibilidade, criam programas de habitação social, que a Constituição prevê e estimula.

No passado, ainda antes do regime democrático, tivemos os "casais de família", as "casas de renda limitada", as casas de renda económica, os bairros para pescadores, construções sociais para funcionários públicos e ainda construções apoiadas pelo Montepio do Estado.

Com a democracia, assumiu um papel relevante o Instituto Nacional de Habitação, e na Região o Instituto de Habitação da Madeira, com o sistema de construção a custos controlados em articulação com os municípios. Igualmente, programas similares eram realizados em articulação com cooperativas de habitação.

O elevado custo da habitação, nas suas duas componentes – terreno e construção – leva os responsáveis políticos a ter consciência de que as camadas sociais mais desfavorecidas não lograrão resolver o seu problema habitacional sem ajuda pública.

A alternativa social, politicamente inaceitável, e que se traduziria numa verdadeira omissão, senão mesmo subversão constitucional, seria o Estado alhear-se desse problema, deixando enxamear o território de bairros de lata e de habitações degradadas.

Felizmente as preocupações quer no país quer na região, têm sido exactamente as inversas e, pelo contrário, assiste-se à intervenção pública, particularmente a nível dos municípios, à execução de programas de eliminação de barracas e de realojamento em bairros sociais.

A nível da classe média, a opção de compra de casa, ou, em alguns casos, de compra de terreno e de construção de casa, situação e opção a que já se fez referência, traduz-se, pelo percurso longo, e por vezes um pequeno calvário que se tentou descrever no presente trabalho.

Para melhor compreensão do quadro em que, neste domínio, nos movemos actualmente, é bom ter presente os antecedentes do que se possa chamarem e possam ser hoje o mercado imobiliário e o mercado da habitação.

Como é natural, trata-se de mercados que não podem ser dissociados de uma política de solos, de ordenamento do território, bem como de uma política de arrendamento.

Ora, em Portugal, durante longos anos e, em certa medida, ainda hoje, distorceu-se completamente este mercado, mercê de Leis de arrendamento que limitavam artificialmente a actualização das rendas, congelando-as de todo, ou admitindo meras actualizações insignificantes.

Tratou-se, a nosso ver, de uma política errada do Estado Novo que infelizmente se agravou ainda mais depois da Revolução. As consequências negativas, para além de não deixar funcionar as normais regras de oferta e da procura, foram ainda de outra ordem.

Assim como as rendas não eram actualizadas, o parque habitacional degradou-se, pois os senhorios, por falta de rentabilidade, não providenciavam pela conservação dos imóveis. Com o decorrer do tempo, os prédios e os arrendamentos mais antigos passaram a ter rendas irrisórias e insignificantes as contribuições sobre tal património.

Por sua vez os promotores imobiliários, numa tentativa de se defenderem para o futuro do congelamento ou dos aumentos insignificantes, fixavam rendas elevadas para as novas habitações que colocavam no mercado.

Esta circunstância levava muitas pessoas a optarem pela compra, na ideia de que a prestação de amortização do empréstimo bancário a que recorriam, se aproximava muitas vezes, do valor da renda, e assim, com encargo equivalente, sempre passavam do estatuto de inquilino ao de proprietário.

A nova Lei do arrendamento, mais flexível, todavia ainda longe da liberalização desejável, veio atenuar um pouco esta situação e proporcionar maior oferta de arrendamento em condições menos especulativas.

Para além desta circunstância, a reforma da tributação do património, a par de medidas de actualização dos valores matriciais e valores tributáveis dos prédios, obrigando os proprietários agora, ao pagamento do imposto predial elevado (IMI), desencoraja a aquisição de casa própria.

Por sua vez, as instituições bancárias, procurando adaptar-se aos novos condicionalismos, optaram por criar linhas de crédito para habitação de longo prazo, já que, diluindo a amortização por prazo mais longo, torna mais suaves as prestações e, consequentemente, mais ajustadas aos orçamentos familiares.

Ao mesmo tempo, porém, não deixa de criar nos beneficiários dos empréstimos, algumas preocupações por estarem vinculados ao encargo contraído, por um período demasiado longo da sua vida.

Por tudo isto, coloca-se a muitos, em particular aos jovens casais, a dúvida sobre qual a opção a tomar para a resolução do seu problema de habitação, se a do arrendamento ou se a da aquisição de casa própria.

O arrendamento liberta-os do empréstimo, não liberta da renda. O arrendamento liberta-os do imposto, não liberta da renda, mas em princípio, liberta-os das despesas de conservação e das despesas de condomínio, embora hoje, já alguns contratos de arrendamento prevejam que tal encargo caiba aos arrendatários.

O arrendamento dá-lhes maior flexibilidade para uma eventual e subsequente mudança para uma casa melhor. No caso da compra de habitação, a mudança para outra implica uma operação de venda da primitiva e aquisição da nova.

Trata-se de questão fulcral na vida das pessoas e das famílias, rodeada de particularidades e de circunstâncias concretas de cada qual, que por isso, não pode ser objecto de regra imperativa cabendo na liberdade individual de escolha.

Do exposto, e tendo em conta os antecedentes, bem como a situação actual das várias questões e vertentes relativas à habitação, não se pode deixar de concluir que não tem sentido hierarquizar, graduar, ou de qualquer forma, tender a defender qualquer das opções, seja de arrendamento, compra de casa ou a própria construção da habitação.

Exige-se sim que por intervenção legislativa ou outra se assegure o livre funcionamento, tanto do mercado imobiliário, como do mercado de arrendamento, com respeito pelas regras da oferta e da procura.

Do Estado, sem prejuízo da sua intervenção no domínio da habitação social, exige-se que não abdique da função reguladora que lhe cabe, em termos de garantir a qualidade da construção, a sua segurança e o funcionamento do mercado relativo ao crédito bancário e, naturalmente, a adopção de regras que combatam a especulação imobiliária.

Só assim um direito que tem consagração constitucional poderá ser, cada vez mais alargadamente satisfeito aos cidadãos de todas as condições sociais.

8. Bibliografia

CARRAPIÇO, Joaquim, "Reflexões em Torno da Qualidade e dos Direitos dos Consumidores na Compra de Habitação", *Estudos de Direito do Consumidor*, publicação do Centro de Direito do Consumo da Faculdade de Direito da Universidade de Coimbra, N.º 2, 2000.

MARQUES, Maria Manuel Leitão; NEVES, Vítor; FRADE, Catarina; LOBO, Flora; PINTO, Paula; CRUZ, Cristina; *O Endividamento dos Consumidores*, Almedina, Coimbra, 2000.

MESQUITA, M. Henrique, *Obrigações reais e Ónus reais*, Almedina, Coimbra, 1990.

MESQUITA, M. Henrique, *Direitos Reais,* (sumários das lições ao Curso de 1966-1967), Coimbra.

SILVA, Paula, *Comprar e Vender Casa,* 3.ª Edição, revista e actualizada, DECO PROTESTE, Editores, Ld.ª, Lisboa, 2005.

"Caras e mal isoladas", Proteste, n.º 254, Janeiro, 2005.

"Novas, mas com muitos defeitos", Proteste, n.º 251, Outubro, 2004.

ALGUMAS NOTAS SOBRE AS DISPOSIÇÕES PROCESSUAIS DA LEI DAS CLÁUSULAS CONTRATUAIS GERAIS

ANA SOFIA DA SILVA ANDRADE

Aluna do II Curso de Pós-Graduação
em Direito do Consumidor – da Madeira
Advogada

Sumário: 1. Introdução. 2 As cláusulas contratuais gerais e os contratos de adesão. 3. Cláusulas proibidas. 4 As disposições processuais da lei das cláusulas contratuais gerais. 4.1. A legitimidade activa e passiva na acção inibitória. 4.2. Tribunal competente forma de processo e isenções na acção inibitória. 4.2.1. A competência do tribunal. 4.2.2. Forma de processo. 4.2.3. Isenção de custas. 4.3. Parte decisória da sentença. 4.4. Proibição provisória. 4.5. Consequências da proibição definitiva. 4.6. Sanção pecuniária compulsória. 4.7. Comunicação das decisões judiciais para efeitos de registo. 5. Algumas notas sobre a acção inibitória destinada à proibição de cláusulas contratuais gerais constante do Anteprojecto do Código do Consumidor.

1. Introdução

O princípio da liberdade contratual é um dos princípios basilares do direito das obrigações consagrado no Código Civil Português. Com efeito, determina o n.º 1, do artigo 405.º do Código Civil, sob a epígrafe "Liberdade contratual", que: "Dentro dos limites da lei, as partes têm a faculdade de fixar livremente o conteúdo dos contratos, celebrar contratos diferentes dos previstos neste código ou incluir nestes as cláusulas que lhes aprouver."

Deste modo, o esquema negocial previsto no Código Civil pressupõe que as partes têm liberdade de celebração e de estipulação, postulando, conforme é referido no preâmbulo do Decreto-Lei n.º 446//85 de 25 de Outubro, "(...) negociações preliminares íntegras, ao fim das quais as partes, tendo ponderado os respectivos interesses e os diversos meios de os prosseguir, assumem, com discernimento e liberdade, determinadas estipulações."

Sucede que, na sociedade em que nos integramos nem sempre se verifica que ambas as partes têm liberdade de estipulação.

Com efeito, a moderna sociedade técnica e industrializada, em que nos integramos, introduziu grandes alterações ao modelo da liberdade contratual consagrado no Código Civil, ao impor uma celebração massificada dos contratos, dando azo a que os mesmos sejam celebrados, na maior parte das vezes, sem que sejam precedidos de qualquer fase negocial.

Conforme refere António Pinto Monteiro, "É a intenção *uniformizadora* que leva a este procedimento, a fim de os contratos que vierem a ser concluídos obedecerem todos ao mesmo padrão ou modelo. O que permite responder às necessidades de *racionalização, planeamento, celeridade* e *eficácia* que impuseram e justificam, como já referi, o recurso a este modo de formação do contrato"[1].

Surgiram, deste modo, contratos celebrados com base em cláusulas contratuais gerais elaborados por aqueles que forneciam bens ou prestavam serviços, não restando outra alternativa, a quem se dirigia a estes, senão aderir ao contrato que lhes era apresentado, sem que pudessem discutir o conteúdo ou introduzir alterações no mesmo.

Por força da celebração de contratos com base em cláusulas contratuais gerais podem resultar situações de injustiça ou inconveniência para aquele que se limita a aderir a este tipo de contratos. Desde logo, por aumentarem o risco de o aderente desconhecer as cláusulas do contrato e, bem assim, por facilitarem a inclusão de cláusulas abusivas[2].

---

[1] "O novo regime jurídico dos contratos de adesão/cláusulas contratuais gerais", in *Revista da Ordem dos Advogados*, Ano 62, Vol. I, Janeiro de 2002, pág. 115.

[2] Para um maior desenvolvimento sobre os principais problemas levantados pelos contratos de adesão e as vias para a solução desses problemas *vide* António Pinto Monteiro, in *Op.Cit.*, pág. 118 e ss.

Não obstante este facto, as cláusulas contratuais gerais não podem, pura e simplesmente, ser banidas da nossa ordem jurídica porque, conforme consta do preâmbulo do Decreto-Lei n.º 446/85, de 25 de Outubro, "Apresentam-se as cláusulas contratuais gerais como algo de necessário, que resulta das características e amplitude das sociedades modernas. Em última análise, as padronizações negociais favorecem o dinamismo do tráfico jurídico, conduzindo a uma racionalização ou normalização e a uma eficácia benéficas aos próprios consumidores."

É neste enquadramento que surgiu em Portugal o Decreto-Lei n.º 446/85, de 25 de Outubro (que, entretanto, foi alterado pelo Decreto-Lei n.º 220/95, de 31 de Agosto, Declaração de Rectificação n.º 114-B/95, de 31 de Agosto, Decreto-Lei n.º 249/99, de 7 de Julho e Decreto-Lei n.º 323/2001, de 17 de Dezembro)[3], que aprovou o regime jurídico das cláusulas contratuais gerais, que adiante designaremos por Lei das Cláusulas Contratuais Gerais.

Com este trabalho pretende-se analisar sucintamente as disposições processuais da Lei das Cláusulas Contratuais Gerais. Para o efeito, efectuaremos uma breve referência aos conceitos de cláusulas contratuais gerais e contratos de adesão e uma abordagem sumária às cláusulas proibidas pela referida Lei. Analisaremos, assim, alguns aspectos das disposições processuais da Lei das Cláusulas Contratuais Gerais. Seguidamente, mencionaremos algumas normas constantes do Anteprojecto do Código do Consumidor relativas à acção inibitória destinada à proibição de cláusulas contratuais gerais.

---

[3] Os preceitos referidos neste trabalho, salvo indicação em contrário, são do Decreto-Lei n.º 446/85, de 25 de Outubro (com as alterações que lhe foram introduzidas pelo Decreto-Lei n.º 220/95, de 31 de Agosto, Declaração de Rectificação n.º 114-B/95, de 31 de Agosto, Decreto-Lei n.º 249/99, de 7 de Julho e Decreto-Lei n.º 323//2001, de 17 de Dezembro).

2. As Cláusulas Contratuais Gerais e os Contratos de Adesão

De acordo com o disposto no artigo 1.º da Lei das Cláusulas Contratuais Gerais:

"1 – As cláusulas contratuais gerais elaboradas sem prévia negociação individual, que proponentes ou destinatários indeterminados se limitem, respectivamente, a subscrever ou aceitar, regem-se pelo presente diploma.

2 – O presente diploma aplica-se igualmente às cláusulas inseridas em contratos individualizados, mas cujo conteúdo previamente elaborado o destinatário não pode influenciar. (...)"

Do Decreto-Lei n.º 446/85, de 25 de Outubro, não consta uma definição de Cláusulas Contratuais Gerais, contudo, tal como refere António Menezes Cordeiro, podemos dizer que "As cláusulas contratuais gerais são proposições pré-elaboradas que proponentes ou destinatários indeterminados se limitam a propor ou aceitar"[4].

Apesar de não constar da Lei das Cláusulas Contratuais Gerais uma definição de "Cláusulas Contratuais Gerais", podemos extrair do n.º 1, do artigo 1.º, atrás transcrito, as características destas cláusulas:

- a pré-disposição – são cláusulas que são elaboradas previamente para integrar o conteúdo de contratos a celebrar no futuro;
- a unilateralidade – pois a elaboração prévia destas cláusulas é efectuada por uma das partes do contrato ou por terceiro;
- a rigidez – porque o aderente não pode influenciar o conteúdo dessas cláusulas limitando-se "a subscrever ou aceitar";
- a generalidade – porque são elaboradas para integrar o conteúdo de todos os contratos que serão celebrados no futuro ou, pelo menos, de uma determinada categoria de contratos;
- a indeterminação – pois as cláusulas são pré-elaboradas para um número indeterminado de pessoas[5].

---

[4] *In Tratado de Direito Civil Português I*, 1999, Livraria Almedina, pág. 353.
[5] Neste sentido *cfr.* António Pinto Monteiro, *in Op. Cit.*, pág 115 e ss.

Atendendo ao facto de as cláusulas contratuais gerais serem pré--elaboradas por uma das partes (ou terceiro), limitando-se, a outra parte, a aceitá-las em bloco, sem possibilidade de as alterar, é frequente designar os contratos que incluem cláusulas contratuais gerais como contratos de adesão. Contudo, nem sempre as expressões são coincidentes.

Na verdade, as cláusulas contratuais gerais integram uma noção ampla de contratos de adesão, mas num sentido restrito, a noção de contratos de adesão não coincide com a de cláusulas contratuais gerais.

Com efeito, em sentido restrito, os contratos de adesão têm as características da pré-elaboração, unilateralidade e rigidez atrás referidas, no entanto, faltam-lhe as características da generalidade e indeterminação. Conforme, bem, explica António Pinto Monteiro "Ora, se é certo que se trata, *frequentemente*, de designar de forma diversa o mesmo processo, a verdade é que, em rigor, a fórmula contratos de adesão é mais ampla, podendo não coincidir com a expressão cláusulas contratuais gerais.

Na verdade, em regra o contrato de adesão é concluído através de cláusulas contratuais gerais; mas pode acontecer que falte às cláusulas pré-formuladas o requisito da generalidade (ou o da indeterminação), caso em que haverá *contrato de adesão* (estando presentes as características da pré-disposição, unilateralidade e rigidez) sem se poder falar de cláusulas contratuais *gerais*. Estas últimas são previamente elaboradas, numa palavra, tendo em vista a celebração, no futuro, de *múltiplos* contratos, que serão de *adesão* – mas tais contratos não deixarão de o ser se faltarem às cláusulas pré-formuladas os requisitos da generalidade e indeterminação"[6].

Esta distinção entre cláusulas contratuais gerais e contratos de adesão em sentido restrito não é desprovida de sentido prático. Na verdade, o Decreto-Lei n.º 446/85, de 25 de Outubro, na sua versão original, cuidava apenas de regular as cláusulas contratuais gerais, não sendo aplicável às cláusulas às quais faltassem os requisitos de generalidade e indeterminação por terem sido elaboradas tendo em vista um

---

[6] *In Op.Cit.*, pág 116 e ss.

determinado contrato, ainda que as mesmas tivessem sido previamente elaboradas e o aderente não pudesse influenciar o seu conteúdo[7].

Sucede que, a Directiva 93/13/CEE, do Conselho, de 5 de Abril de 1993, relativa às cláusulas abusivas nos contratos celebrados com os consumidores, pretendeu disciplinar as cláusulas abusivas que não tenham sido objecto de negociação, sempre que as mesmas tenham sido redigidas previamente e, consequentemente, o consumidor não tenha podido influenciar o seu conteúdo, em especial no âmbito de um contrato de adesão (cfr. artigo 3.º da Directiva).

Nesta medida, por força da referida Directiva 93/13/CEE, tornou--se necessário estender a protecção atribuída, pela Lei das Cláusulas Contratuais Gerais, a "proponentes ou destinatários indeterminados" que "se limitem, respectivamente, a subscrever ou aceitar" cláusulas contratuais gerais, aos consumidores "(...) face às cláusulas abusivas contidas em *contratos individuais*, desde que não tenha havido negociação prévia"[8].

Através do Decreto-Lei n.º 249/99, de 7 de Julho, foi expressamente previsto que a Lei das Cláusulas Contratuais Gerais se aplica, igualmente, aos contratos de adesão em sentido restrito, tendo o legislador português, inclusive, ido mais longe do que lhe era determinado pelo legislador comunitário, pois não limitou a aplicação da Lei das Cláusulas Contratuais Gerais aos contratos de adesão celebrados com consumidores.

Assim, por força do Decreto-Lei n.º 249/99, de 7 de Julho, foi alterada a redacção do artigo 1.º da Lei das Cláusulas Contratuais Gerais, passando a constar da mesma o n.º 2 atrás transcrito[9].

---

[7] A este propósito defende João Alves que *"Assim, e atenta a versão original do art. 1.º do DL n.º 446/85, "... a norma do artigo 1.º não parece aceitar uma interpretação que implique submeter, sem mais, a controlo do conteúdo cláusulas não destinadas a uma utilização geral...", pelo que, a contratos individualizados celebrados antes de 8-7-1999 não é aplicável o regime do DL n.º 224/99.",* in *Direito dos Consumidores*, Lisboa, 2006, pág. 58.

[8] Almeno de Sá, *Cláusulas Contratuais Gerais e Directiva Sobre Cláusulas Abusivas*, 2.ª Edição, Edições Almedina, 2005, pág. 98.

[9] Para uma análise crítica a este Diploma *vide* António Pinto Monteiro, *Op.Cit.*, pág 136 e ss.

A Lei das Cláusulas Contratuais Gerais passou, deste modo, a abranger, expressamente, quer os contratos que incorporam cláusulas contratuais gerais, quer os contratos que não incorporem cláusulas contratuais gerais, mas em cujo conteúdo, previamente elaborado, o aderente não pode influir, limitando-se a "subscrever ou aceitar". Ou seja, a Lei das Cláusulas Contratuais Gerais passou, assim, a abranger os contratos de adesão cujas cláusulas não possuam os requisitos da generalidade e indeterminação.

3. Cláusulas Proibidas

Um dos problemas que os contratos de adesão potenciam é a inserção nos mesmos de cláusulas abusivas.

Atendendo a esta situação, o legislador cuidou de proibir cláusulas abusivas, sancionando com a nulidade as cláusulas proibidas que venham a ser inseridas nos contratos de adesão (artigo 12.º). Para o efeito, o legislador enumerou, a título exemplificativo, uma série de cláusulas que proibiu, absolutamente ou relativamente (cfr. artigos 18.º, 19.º, 21.º, 22.º), e ao lado deste elenco de cláusulas proibidas consagrou uma cláusula geral de controlo assente no princípio da boa fé (cfr. artigos 15.º e 16.º), à luz da qual as cláusulas inseridas nos contratos de adesão terão que ser apreciadas (ainda que não se enquadrem no elenco de cláusulas proibidas constante dos artigos 18.º, 19.º, 21.º e 22.º).

Depois de consagrar, nos artigos 15.º e 16.º, a cláusula geral de controlo assente no princípio da boa fé (que permite que possam vir a ser proibidas cláusulas contrárias à boa fé, ainda que não estejam previstas nas listas constantes dos artigos 18.º, 19.º, 21.º e 22.º), o legislador distinguiu:

– as relações entre empresários ou entidades equiparadas (relações entre empresários ou os que exerçam profissões liberais, singulares ou colectivos, ou entre uns e outros, quando intervenham apenas nessa qualidade e no âmbito da sua actividade específica), a que se refere o artigo 17.º (às quais, de acordo

com este preceito, aplicam-se as proibições constantes dos artigos 15.º, 16.º, 18.º e 19.º), e,
- as relações com os consumidores finais e, genericamente, todas as não abrangidas pela caracterização a que se refere o artigo 17.º, conforme determina o artigo 20.º (às quais, de acordo com este preceito, aplicam-se as proibições constantes dos artigos 15.º, 16.º, 18.º, 19.º, 21.º e 22.º).

Através desta distinção o legislador, sem descurar o facto de ser necessário conferir protecção aos empresários e aos profissionais liberais, procurou atribuir uma maior tutela ao consumidor.

Com efeito, as proibições aplicáveis às relações entre empresários ou entidades equiparadas (cfr. artigos 18.º e 19.º), correspondem a um mínimo de protecção requerida para a utilização de cláusulas contratuais gerais. Por isso, essas proibições também se aplicam às relações com consumidores finais e, genericamente, a todas as não abrangidas pela caracterização a que se refere o artigo 17.º. Como estas relações suscitam especiais necessidades de protecção, para além das proibições constantes dos artigos 18.º e 19.º, são-lhes aplicáveis outras proibições (as constantes dos artigos 21.º e 22.º).

Dentro das relações entre empresários ou entidades equiparadas e das relações com os consumidores finais, o legislador distinguiu as cláusulas absolutamente proibidas das relativamente proibidas. Aquelas não podem incluir-se em nenhuma circunstância nos contratos de adesão (cfr. artigo 18.º e 21.º), estas apresentam-se "(...) susceptíveis de serem válidas para certos contratos e não para outros, digamos, cuja não utilização lícita nos contratos efectuados através do mecanismo da adesão depende de um juízo valorativo suplementar que a isso conduza, realizado em face das próprias cláusulas, encaradas no seu conjunto – não a partir dos negócios concretos – e de acordo com os padrões considerados"[10]. Assim, as cláusulas relativamente proibidas estarão sujeitas a uma apreciação do tribunal que valorará, se atento o quadro negocial típico de um certo sector de actividade, as cláusulas em apreciação deverão, ou não, ser proibidas.

---

[10] Mário Júlio de Almeida Costa, in *Direito das Obrigações*, 1998, 7.ª Edição, Coimbra, Livraria Almedina, pág. 232.

4. As Disposições Processuais da Lei das Cláusulas Contratuais Gerais

Efectuada uma breve referência às cláusulas contratuais proibidas, urge perguntar que meios judiciais existem para assegurar a tutela dos interessados contra essas cláusulas proibidas. Podemos dizer que, relativamente à conformidade das cláusulas contratuais face ao disposto nos artigos 15.º, 16.º, 18.º, 19.º, 21.º e 22.º, existe, por um lado, um controlo concreto ou incidental e, por outro lado, um controlo abstracto dessa conformidade.

Conforme refere Almeno de Sá, esse controlo incidental ou concreto é efectuado "(...) no âmbito de um litígio referente a cláusulas de um contrato concluído entre determinado utilizador e o seu parceiro negocial. Estão em jogo uma ou várias estipulações referentes a um concreto contrato celebrado entre dois individualizados sujeitos, que se opõem num diferendo onde se questiona a vigência ou validade de tal ou tais estipulações"[11].

A Lei das Cláusulas Contratuais gerais determina, a propósito desse controlo concreto, no artigo 24.º que "As nulidades previstas neste diploma são invocáveis nos termos gerais".

Assim, no âmbito de um litígio concreto referente a cláusulas de um determinado contrato de adesão, que opõe o utilizador de cláusulas proibidas e o aderente, este pode invocar a nulidade das cláusulas proibidas inseridas no respectivo contrato.

Essa invocação da nulidade pode ocorrer quer por via da interposição de uma acção pelo aderente contra a contraparte, na qual aquele peticione a declaração de nulidade de determinada(s) cláusula(s) (cfr. artigo 4.º, n.º 2, alínea a) do Código de Processo Civil), quer através da dedução de excepção peremptória na contestação apresentada em acção interposta pelo utilizador contra o aderente (cfr. n.º 2, do artigo 487.º e n.º 3, do artigo 493.º, ambos do Código de Processo Civil).

---

[11] *In Op.Cit.*, Pág. 77.

Sucede que, este controlo concreto da conformidade das cláusulas contratuais relativamente ao disposto nos artigos 15.º, 16.º, 18.º, 19.º, 21.º e 22.º, pode não ser suficiente para acautelar a posição do aderente, pois para todos os efeitos este teria que se dirigir ao Tribunal e pedir a declaração de nulidade dessas cláusulas.

Como, em regra, os prejuízos sofridos pelos aderentes são de valor reduzido, estes, que muitas vezes desconhecem os direitos que lhe são atribuídos, consideram que não compensa interpor uma acção judicial e suportar os respectivos custos para fazer valer os seus direitos.

Por outro lado, os proponentes acabam por incluir, nos contratos de adesão, cláusulas proibidas porque mesmo que venham a ser demandados em juízo e condenados por tal facto, ainda assim, como a maioria dos aderentes não actua perante esta situação, é vantajosa a violação de tais normas. Para mais, ainda que o aderente interpusesse uma acção para fazer valer os seus direitos, a decisão judicial que fosse emitida nesse âmbito apenas produziria efeitos naquele caso concreto.

Por estes motivos, o legislador estipulou, na Lei das Cláusulas Contratuais Gerais, um conjunto de normas processuais que permitem um controlo preventivo ou abstracto sobre as cláusulas contratuais gerais, ainda que não integradas em contratos singulares ou independentemente dessa integração, o que permite uma maior protecção dos aderentes do que aquela que resultaria da actuação individual dos aderentes que se sentissem prejudicados.

Conforme explica Almeno de Sá, ao lado do controlo concreto da conformidade das cláusulas contratuais gerais, relativamente ao disposto nos artigos 15.º, 16.º, 18.º, 19.º, 21.º e 22.º, "(...) funciona um processo abstracto de controlo, destinado a erradicar do tráfico jurídico condições gerais iníquas, independentemente da sua inclusão efectiva em contratos singulares. Consagrou-se, com esta finalidade preventiva, o sistema da acção inibitória: visa-se que os utilizadores de condições gerais desrazoáveis ou injustas sejam condenados a abster-se do seu uso ou que as organizações de interesses que recomendem tais condições aos seus membros ou associados sejam condenadas a abandonar essa recomendação"[12].

---

[12] In Op. Cit., pág.78.

Esse controlo preventivo será, assim, exercido através da acção inibitória prevista nos artigos 25.º e seguintes da Lei das Cláusulas Contratuais Gerais.

A acção inibitória é uma acção declarativa de condenação[13] em prestação de facto negativo, cujo objectivo é o de obter a condenação dos utilizadores de cláusulas contratuais gerais proibidas ou das entidades que as recomendem[14], a se absterem de as utilizar ou recomendar.

Determina o artigo 25.º da Lei das Cláusulas Contratuais Gerais, sob a epígrafe "Acção inibitória", que "As cláusulas contratuais gerais, elaboradas para utilização futura, quando contrariem o disposto nos artigos 15.º, 16,.º, 18.º, 19.º, 21.º e 22.º podem ser proibidas por decisão judicial, independentemente da sua inclusão efectiva em contratos singulares".

Deste modo, antes e independentemente de virem a ser incluídos num contrato, as cláusulas contratuais, elaboradas para utilização futura, que contrariem as proibições constantes da Lei das Cláusulas Contratuais Gerais, podem ser proibidas por decisão judicial no âmbito da referida acção inibitória.

O n.º 2, do artigo 1.º da Lei das Cláusulas Contratuais Gerais determina que esta lei se aplica "(...) igualmente às cláusulas inseridas em contratos individualizados, mas cujo conteúdo previamente elaborado o destinatário não pode influenciar", sem exceptuar a aplicação a este tipo de contratos das normas referentes à acção inibitória. Não obstante este facto, entendemos que a acção inibitória só poderá ser utilizada quando estiverem em causa cláusulas contratuais gerais.

Na verdade, se as cláusulas são pré-elaboradas para serem inseridas num único contrato não faz sentido que as mesmas sejam objecto de

---

[13] De acordo com o disposto na alínea b), do n.º 1, do artigo 4.º do Código de Processo Civil, a acção declarativa de condenação tem por fim "(...) *exigir a prestação de uma coisa ou de um facto, pressupondo ou prevendo a violação de um direito.*"

[14] É o que acontece, designadamente, quando organizações de interesses económicos elaboram cláusulas contratuais gerais e recomendam a utilização das mesmas aos seus membros ou associados.

uma fiscalização preventiva que proíba a sua utilização futura. A própria Directiva 93/13/CEE, do Conselho, no artigo 7.º, considerou que a adopção de medidas deste tipo terá por objecto "(...) cláusulas contratuais, redigidas com vista a uma utilização generalizada (...)". Acompanhamos, assim, António Pinto Monteiro quando defende que "Já o controlo preventivo actuado através da acção inibitória, porém, só releva perante cláusulas contratuais gerais, isto é, perante cláusulas que preencham os requisitos da generalidade e indeterminação. Pois se as cláusulas, apesar da sua pré-elaboração e rigidez, se destinarem a um só contrato ou a uma única utilização, deixa de poder funcionar o controlo preventivo que a acção inibitória visa. Aqui, sim, é fundamentalmente a dimensão colectiva que justifica esta forma de controlo. Por isso a própria Directiva 93/13/CEE, no seu art. 7.º, faz depender a consagração de medidas desta índole de cláusulas "redigidas com vista a uma utilização generalizada" (n.º 2)"[15].

Pode-se perguntar quais as consequências da alteração ou eliminação das cláusulas objecto da acção inibitória, pelo demandado. Deverá esta alteração/eliminação das cláusulas determinar a inutilidade superveniente da lide[16]?

Entendemos que, ainda que o demandado altere ou elimine a(s) cláusula(s) objecto da acção inibitória, esta deverá prosseguir. Com efeito, na falta de uma condenação do demandado, no sentido de proibir a utilização ou recomendação de determinada cláusula, nada impede que este volte a alterar ou a introduzir nos contratos as cláusulas objecto da acção inibitória, por não haver uma decisão, transitada em julgado, que o proíba. Consequentemente, não só o demandado não estará sujeito à aplicação da sanção pecuniária compulsória (pois não está a violar qualquer proibição imposta judicialmente), como os aderentes não poderão invocar a declaração incidental de nulidade a que se refere o n.º 2, do artigo 32.º (que lhes permite que fiquem dispensados de

---

[15] *In Op.Cit.*, pág. 138.
[16] Recorde-se que, de acordo com o disposto na alínea e) do artigo 287.º do Código de Processo Civil, a inutilidade superveniente da lide é uma das causas de extinção da instância.

demonstrar o carácter ilícito ou abusivo das cláusulas contratuais gerais). Só a proibição de utilização ou recomendação de uma cláusula contratual geral, transitada em julgado, pode aproveitar os aderentes e evitar a futura utilização ou recomendação dessa cláusula.

Acompanhamos, assim, o disposto no Acórdão do Supremo Tribunal de Justiça de 11/10/2005: "(...) mesmo considerando que a ré alterou a redacção das cláusulas contratuais gerais de forma a depurá--las dos vícios arguidos (...) certo é que a apelante sempre poderá proceder a novas alterações se não houver uma decisão judicial, transitada em julgado, que lho proíba, em consonância com o disposto no artigo 32.º, n.º 1, do citado Decreto-Lei n.º 220/95, de 31 de Agosto (...). Como bem salienta o Ministério Público, da acção inibitória resulta a tutela cautelar definitiva dos interesses a proteger e o efeito de caso julgado residual"[17].

4.1. *A Legitimidade Activa e Passiva na Acção Inibitória*

Tendo por base a posição de Miguel Teixeira de Sousa, podemos dizer que "A legitimidade processual é a susceptibilidade de ser parte numa acção aferida em função da relação dessa parte com o objecto daquela acção"[18]. Deste modo, a função da legitimidade é a de assegurar "(...) que o autor e o réu são os sujeitos que podem discutir a procedência da acção. E esses sujeitos são aqueles que podem ser beneficiados com a decisão de procedência ou de improcedência da causa"[19].

---

[17] *In* www.dgsi.pt, processo no Tribunal 4625/03.
Também neste sentido vide: Acórdão do STJ de 19/09/2006, *in* www.dgsi.pt, processo 06A2616; e, João Alves, *Op.Cit.*, pág. 63 e ss.
Em sentido contrário, *vide* Acórdão do STJ, de 23/04/2002, in www.dgsi.pt, processo 01A3417, no qual se determinou que: "*A Ré retirou essas cláusulas dos contratos a celebrar, bem como dos contratos celebrados. A Ré, antecipadamente, cumpriu aquilo a que a acção se destinava. Isto é o objecto da acção desapareceu quer no sentido material (existência de cláusulas) quer no sentido intencional (propósito ou predisposição do uso). O desaparecimento do objecto da acção traduz-se em inutilidade da lide (...).*"
[18] *In* As partes, o objecto e a prova na acção declarativa, Lex, pág. 47.
[19] *In Op.Cit.*, pág. 47.

A Lei das Cláusulas Contratuais Gerais possui normas específicas acerca da legitimidade processual na acção inibitória.

Assim, relativamente à legitimidade activa para a interposição da acção inibitória, a Lei das Cláusulas Contratuais Gerais prevê uma extensão da legitimidade que resultaria da regra geral do Código de Processo Civil.

Com efeito, resulta do artigo 26.º do Código de Processo Civil que "O autor é parte legítima quando tem interesse directo em demandar", sendo que "O interesse em demandar exprime-se pela utilidade derivada da procedência da acção (...)". No entanto, a Lei das Cláusulas Contratuais Gerais, através do seu artigo 26.º, atribui legitimidade para interpor a acção inibitória a entidades que não têm um interesse directo em demandar: a associações de defesa do consumidor (dotadas de representatividade, no âmbito previsto na legislação respectiva), a associações sindicais, profissionais ou de interesses económicos legalmente constituídas actuando no âmbito das suas atribuições, ao Ministério Público, oficiosamente, por indicação do Provedor de Justiça ou quando entenda fundamentada, a solicitação de qualquer interessado.

Estas entidades que têm legitimidade para interpor a acção inibitória "(...) actuam no processo em nome próprio, embora façam valer um direito alheio pertencente, em conjunto, aos consumidores susceptíveis de virem a ser atingidos pelas cláusulas cuja proibição é solicitada", conforme determina o n.º 2 do referido artigo 26.º da Lei das Cláusulas Contratuais Gerais[20].

---

[20] Referem Almeida Costa e Menezes Cordeiro (in *Cláusulas Contratuais Gerais – Anotação ao Decreto-Lei n.º 446/85, de 25 de Outubro*, Coimbra, Livraria Almedina, 1993, pág. 58), a propósito do artigo 25.º da Lei das Cláusulas Contratuais Gerais (actual artigo 26.º), que "*Procura o n.º 2, dar um adequado enquadramento técnico à posição das entidades dotadas de legitimidade activa, através da criação de um caso de substituição processual legal.*" (Também, neste sentido, vide Almeida Costa, in *Direito das Obrigações*, 1998, 7.ª Edição, Coimbra, Livraria Almedina, pág 234). Entende-se que há substituição processual quando a parte com legitimidade não é o titular do objecto do processo. Posteriormente, refere Menezes Cordeiro (in *Tratado de Direito Civil Português I*, Livraria Almedina, 1999, pág. 386) que "*O artigo 26.º/2 não tem preocupações doutrinárias: visa, sim, regular a extensão do caso julgado.*"

Deste modo, quando uma acção inibitória é interposta por uma associação de defesa do consumidor, por uma associação sindical, profissional ou de interesses económicos legalmente constituídas, actuando no âmbito das suas atribuições, ou pelo Ministério Público, o autor tem legitimidade para actuar no processo em nome de todos os atingidos.

Pelo que, uma vez interposta uma acção inibitória por uma das entidades a que se refere o n.º 1 do artigo 26.º, não pode outra dessas entidades interpor nova acção inibitória contra o mesmo demandado para obter a condenação na abstenção do uso ou da recomendação das mesmas cláusulas contratuais gerais, sob pena de ocorrer, na acção inibitória interposta em segundo lugar, a excepção dilatória de litispendência (*cfr.* alínea i), do artigo 494.º, artigo 497.º e 498.º todos do Código de Processo Civil), ou, no caso de haver decisão transitada em julgado, a excepção dilatória do caso julgado (*cfr.* alínea i), do artigo 494.º, artigo 497.º e 498.º, todos do Código de Processo Civil)[21]. Estas excepções são ambas de conhecimento oficioso e obstam a que o tribunal conheça do mérito da causa, dando lugar à absolvição da instância, conforme resulta do disposto no n.º 2, do artigo 493.º, na alínea i) do artigo 494.º, na alínea e), do n.º 1, do artigo 288.º e no artigo 495.º do Código de Processo Civil[22].

Por outro lado, na medida em que a acção inibitória a que se refere o artigo 10.º da Lei de Defesa do Consumidor[23] também se

---

[21] Neste sentido, *vide* Mário Júlio de Almeida Costa e António Menezes Cordeiro, in *Cláusulas Contratuais Gerais – Anotação ao Decreto Lei n.º 446/85, de 25 de Outubro*, 1993, Livraria Almedina, pág. 58.

[22] Determina o artigo 497.º do Código de Processo Civil que "*As excepções da litispendência e do caso julgado pressupõem a repetição de uma causa; se a causa se repete estando a anterior ainda em curso, há lugar à litispendência; se a repetição se verifica depois de a primeira causa ter sido decidida por sentença que já não admite recurso ordinário, há lugar à excepção do caso julgado. (...)*

Tanto a excepção da litispendência como a do caso julgado têm por fim evitar que o tribunal seja colocado na alternativa de contradizer ou de reproduzir uma decisão anterior."

[23] A Lei de Defesa do Consumidor foi aprovada pela Lei n.º 24/96, de 31 de Julho, que foi posteriormente rectificada pela Declaração de Rectificação n.º 16/96 de 13 de Novembro, e alterada pela Lei n.º 85/98 de 16 de Dezembro, e pelo Decreto-Lei n.º 67/2003 de 8 de Abril.

destina a prevenir, corrigir ou fazer cessar práticas lesivas do consumidor que se traduzam no uso de cláusulas gerais proibidas, e que a alínea a), do artigo 13.º desta Lei atribui ao consumidor directamente lesado a legitimidade para interpor a acção inibitória a que se refere o artigo 10.º, coloca-se a questão de saber se o consumidor directamente lesado terá legitimidade para interpor a acção inibitória a que se refere a Lei das Cláusulas Contratuais Gerais.

Considerando que, a alínea a), do n.º 1, do artigo 13.º da Lei de Defesa do Consumidor atribui legitimidade "aos consumidores directamente lesados" para interporem as acções inibitórias previstas nos artigos anteriores, entre as quais se encontra a acção inibitória que se destina a prevenir, corrigir ou fazer cessar práticas lesivas do consumidor que se traduzam no uso de cláusulas gerais proibidas, parece-nos que terá ocorrido uma extensão da legitimidade activa constante da Lei das Cláusulas Contratuais Gerais aos consumidores directamente lesados.

Tal como refere Almeno de Sá, a propósito da extensão da legitimidade para interpor a acção inibitória, "Trata-se de uma regra de duvidoso alcance prático, e mesmo questionável, no seu princípio, não só face ao amplo e criterioso círculo de entidades para tanto já legitimadas por aquela primeira lei, como também por não parecer adequado erigir o consumidor singular numa espécie de curador de interesses supra-individuais. A norma em causa insere-se, de resto, num contexto mais amplo, que compreende outras situações para além do uso de condições negociais gerais, onde eventualmente a referida regra terá por si um maior grau de razoabilidade"[24].

Por seu turno, o Anteprojecto do Código do Consumidor distingue, e bem, a legitimidade para interpor a acção inibitória destinada à proibição de cláusulas contratuais gerais, da legitimidade para interpor as demais acções inibitórias. Naquela acção os consumidores não têm legitimidade activa[25] (artigo 574.º do Anteprojecto), nestas qualquer

---

[24] *In Op. Cit.*, pág. 80.

[25] Até porque não é admissível a formulação do pedido de proibição do uso ou da recomendação de cláusulas contratuais gerais por intermédio de acção popular, conforme determina o n.º 3, do artigo 574.º do Anteprojecto do Código do Consumidor.

consumidor terá legitimidade activa quando exerça o direito de acção popular (alínea c), do n.º 1, do artigo 559.º do Anteprojecto).

O artigo 27.º da Lei das Cláusulas Contratuais Gerais rege a legitimidade passiva na acção inibitória.

Com efeito, do n.º 1 do artigo 27.º resulta que a acção inibitória pode ser interposta contra quem se prevaleça de cláusulas contratuais gerais ("Contra quem, predispondo cláusulas contratuais gerais, proponha contratos que as incluam ou aceite propostas feitas nos seus termos" – alínea a), do referido artigo 27.º) ou contra quem recomende a utilização de cláusulas contratuais gerais a terceiros sem ter a pretensão de ser parte no contrato ("Contra quem, independentemente da sua predisposição e utilização em concreto, as recomende a terceiros." – alínea b), do n.º 1, do referido artigo 27.º).

Por seu turno, o n.º 2 do referido artigo 27.º facilita a coligação de demandados ao determinar que "A acção pode ser intentada, em conjunto, contra várias entidades que predisponham e utilizem ou recomendem as mesmas cláusulas contratuais gerais, ou cláusulas substancialmente idênticas (...)", ainda que a coligação dê azo à violação das regras relativas à competência do tribunal, constantes do artigo 28.º.

4.2. Tribunal Competente. Forma de Processo e Isenções na Acção Inibitória

4.2.1. A Competência do Tribunal

No que diz respeito à competência do tribunal[26], determina a lei das Cláusulas Contratuais Gerais, no n.º 1 do artigo 28.º, que "Para a

---

[26] Através do Decreto-Lei n.º 323/2001, de 17 de Dezembro, o legislador introduziu, pela terceira vez, alterações na Lei das Cláusulas Contratuais Gerais, tendo em vista converter para euros os valores que se encontravam expressos em escudos em legislação da área da justiça.

Fê-lo, contudo, de forma algo atabalhoada, pois enganou-se nos números dos artigos que pretendia alterar (parece-nos, inclusive, que o legislador não terá levado em

acção inibitória é competente o tribunal da comarca onde se localiza o centro da actividade principal do demandado, ou, não se situando ele em território nacional, o da comarca da sua residência ou sede; se estas se localizarem no estrangeiro, será competente o tribunal do lugar em que as cláusulas contratuais gerais foram propostas ou recomendadas."

4.2.2. Forma de Processo

Como forma de agilizar e tornar mais eficaz a acção inibitória, "devido à manifesta simplificação dos actos que integram o formalismo do processo sumário e à notória aceleração dos trâmites processuais resultantes do encurtamento dos prazos"[27], o legislador determinou, no n.º 1, do artigo 29.º da Lei das Cláusulas Contratuais Gerais, que esta acção segue os termos do processo sumário de declaração, (não obstante o valor da acção inibitória ser de € 14.963,95[28]).

Nestes termos, e em conformidade com o disposto no n.º 1, do artigo 463.º do Código de Processo Civil, a acção inibitória regular-se-

---

consideração as alterações introduzidas na Lei das Cláusulas Contratuais pelo Decreto-Lei n.º 220/95, de 31 de Agosto, e pelo Decreto-Lei n.º 249/99, de 7 de Julho, dado que o valor da sanção pecuniária compulsória volta a ser o da versão original da Lei das Cláusulas Contratuais Gerais). Assim, atendendo ao facto de se pretender, com o Decreto-Lei n.º 323/2001, de 17 de Dezembro, converter para euros os valores que se encontravam expressos em escudos, e para evitar que exista duplicação de normas na Lei das Cláusulas Contratuais Gerais (designadamente, a referente ao valor da acção e da sanção pecuniária compulsória) e que deixe de constar uma norma referente às consequências da proibição definitiva, parece-nos que o artigo 24.º do anexo ao Decreto-Lei n.º 323/2001, de 17 de Dezembro, deverá ser interpretado no sentido de alterar o artigo 29.º (ao invés do artigo 28.º, como consta, por lapso, do referido Decreto-Lei) e o artigo 33.º (ao invés do artigo 32.º como consta, por lapso, do referido diploma legal).

É tendo por base esta interpretação que analisaremos os referidos artigos 28.º, 29.º, 32.º e 33.º.

[27] João Alves, *Op. Cit*, pág. 196.

[28] Note-se que, se, ao invés desta norma, se aplicasse a regra geral prevista no Código de Processo Civil – artigo 462.º – o processo seria ordinário porque o valor da causa excedia a alçada do Tribunal da Relação.

-á pelo disposto nos artigos 783.º a 791.º do Código de Processo Civil (na medida em que são as disposições próprias do processo sumário) e pelas disposições gerais e comuns (artigos 137.º a 459.º do Código de Processo Civil); em tudo quanto não estiver regulado numas e noutras, observar-se-á o que se acha estabelecido para o processo ordinário (artigos 467.º a 782.º do Código de Processo Civil).

O n.º 2, do artigo 29.º da Lei das Cláusulas Contratuais Gerais contém uma norma que dissipa eventuais dúvidas que pudessem surgir quanto à determinação do valor da acção inibitória.

Com efeito, determina o n.º 2, do artigo 29.º que, o valor da acção inibitória excede € 0,01 ao valor fixado para a alçada da Relação, que, actualmente, em conformidade com o disposto no artigo 24.º da Lei de Organização e Funcionamento dos Tribunais Judiciais[29], é de € 14.963,94. Assim, o valor da acção inibitória é de € 14.963,95.

Face ao valor da acção inibitória torna-se admissível a interposição de recurso de revista para o Supremo Tribunal de Justiça, das decisões das Relações que decidam questões referentes a acções inibitórias, pois conforme determina o n.º 1, do artigo 678.º do Código de Processo Civil "Só é admissível recurso ordinário nas causas de valor superior à alçada do tribunal de que se recorre desde que as decisões impugnadas sejam desfavoráveis para o recorrente em valor também superior a metade da alçada desse tribunal; em caso, porém, de fundada dúvida acerca do valor da sucumbência, atender-se-á somente ao valor da causa".

---

[29] Aprovada pela Lei n.º 3/99, de 13 de Janeiro, alterada pela Declaração de Rectificação n.º 7/99 de 16 de Fevereiro, pela Lei n.º 101/99 de 26 de Julho, pelo Decreto-Lei n.º 323/2001 de 17 de Dezembro, pelo Decreto-Lei n.º 38/2003 de 8 de Março, Lei n.º 105/2003 de 10 de Dezembro, pela Lei n.º 53/2004 de 18 de Março, pela Lei n.º 42/2005 de 29 de Agosto, pelo Decreto-Lei n.º 76-A/2006 de 29 de Março, pelo Decreto-Lei n.º 8/2007 de 17 de Fevereiro.

4.2.3. Isenção de Custas

Conforme determina o artigo 1.º do Código das Custas Judiciais, a regra é a de que os processos judiciais estão sujeitos a custas, que compreendem as taxas de justiça e os encargos.

No entanto, o legislador tendo em consideração a natureza das entidades que, de acordo com o estatuído no artigo 26.º, têm legitimidade para interpor a acção inibitória[30], determinou, através do n.º 1 do artigo 29.º da Lei das Cláusulas Contratuais Gerais, que a acção inibitória está isenta de custas.

Esta isenção de custas foi mantida pela alínea b), do n.º 2, do artigo 3.º do Decreto-Lei n.º 224/96, de 26 de Novembro, que aprovou o Código das Custas Judicias.

Quanto à norma que determina que a acção inibitória está isenta de custas, urge questionar se a mesma consubstancia uma norma de isenção objectiva (e, assim sendo, nas acções inibitórias não há lugar ao pagamento de custas), ou se consubstancia uma norma de isenção subjectiva (caso em que apenas as entidades com legitimidade para interpor a acção inibitória estão isentas de custas, pelo que, em caso de decaimento do réu este terá que suportar as custas do processo).

Relativamente à isenção de custas a que se refere a Lei das Cláusulas Contratuais Gerais e o artigo 13.º da Lei de Defesa do Consumidor, defende João Alves, que "A análise das disposições do anterior e actual CCJ e legislação avulsa relativamente aos casos previstos de isenções objectivas de custas de acordo com o espírito ou unidade intrínseca (elemento sistemático), permite constatar que na sua origem se encontram motivações e circunstâncias de cariz social e de interesse e ordem pública, que não se vislumbram existir de molde a justificar a isenção de custas pelos profissionais"[31]. Assim, João Alves conclui que "O art. 29.º, n.º 1, do DL n.º 446/85 e o art. 11.º, n.º 1, da Lei n.º 24/96

---

[30] *Cfr.* Almeida Costa e Menezes Cordeiro, *Cláusulas Contratuais Gerais – Anotação ao Decreto-Lei n.º 446/85, de 25 de Outubro*, 1993, Coimbra, Livraria Almedina, pág. 60.

[31] *In Op. Cit.*, pág. 223 e ss.

consagram isenções subjectivas que apenas abrangem o(s) autor(es) da acção inibitória, ficando o(s) Réu(s) sujeitos à condenação em custas em caso de procedência da acção"[32].

Quanto a nós, entendemos que, ainda que o legislador tenha atendido à natureza das entidades que, de acordo com o estatuído no artigo 26.º, têm legitimidade para interpor a acção inibitória, a redacção do n.º 1, do artigo 29.º não nos permite concluir que se encontra consagrada uma norma de isenção subjectiva. Está, assim em causa uma norma de isenção objectiva[33], pelo que, mesmo em caso de decaimento do réu este não fica sujeito ao pagamento de custas da acção inibitória[34].

4.3. Parte Decisória da Sentença

O artigo 30.º, sob a epígrafe "Parte decisória da sentença", determina, no seu n.º 1, que a decisão que julgue procedente a acção inibitória interposta e, em consequência, proíba as cláusulas contratuais gerais, deverá especificar o âmbito da proibição, designadamente através da referência concreta do seu teor e da indicação do tipo de contratos a que a proibição se reporta.

---

[32] *In. Op.Cit.*, pág. 225.

[33] Este foi o entendimento perfilhado pelo Supremo Tribunal de Justiça no Acórdão de 11/10/2005, *in* www.dgsi.pt, processo no Tribunal 4625/03, no qual, se determinou expressamente "*Sem custas, por isenção objectiva (artigo 29.º, n.º 1, do Decreto-Lei n.º 446/85)*."

[34] Entendemos que, *de iure condendo,* os argumentos apresentados por João Alves deveriam ser tidos em consideração e, nessa medida, deveria ser consagrada apenas uma isenção subjectiva em benefício das entidades com legitimidade para interpor a acção inibitória. Parece-nos, contudo, que o n.º 2, do artigo 571.º do Anteprojecto do Código do Consumidor, ao determinar que "*A acção inibitória prevista nesta subsecção está isenta de custas*", mantém a regra da isenção objectiva (até porque foi outra a redacção adoptada relativamente à acção inibitória prevista nos artigos 558.º e seguintes do referido Anteprojecto. Neste caso, determina o n.º 2, do artigo 565.º, que "*As associações de consumidores estão isentas de custas, tanto no que respeita à acção inibitória propriamente dita como aos seus incidentes ou recursos*").

Face ao disposto no n.º 2, do referido artigo 30.º, mediante pedido do autor, o réu pode ser condenado a dar publicidade à proibição, pelo modo e durante o tempo que o tribunal determine. O legislador consagrou, através desta norma, a publicitação da decisão da acção inibitória, facilitando, desde logo, o conhecimento da mesma aos aderentes que possam vir a invocar, a todo o tempo, e em seu benefício a declaração incidental de nulidade contida na decisão inibitória.

Conforme consta do Acórdão de 11/05/2000 do Tribunal da Relação de Lisboa:

"A condenação a dar publicidade à sentença nos termos do n.º 2 do art.º 30.º do DL 446/85, de 25/10 (alterado pelo DL 220//95, de 31/1) não é uma sanção, mas antes um meio que o legislador encontrou de divulgar a sentença ao maior número de pessoas dado o interesse do público em geral e de todos os que contrataram na base das cláusulas contratuais gerais em causa na obtenção da decisão inibitória. Assim, a publicidade da sentença corporiza um interesse público que as acções inibitórias têm em vista, como resulta até do tipo de entidades a quem a lei confere legitimidade para propôr a respectiva acção (art.º 26.º daquele DL 446/85). A tal interesse público deve submeter-se o interesse particular do eventual prejuízo para a imagem da Ré junto dos consumidores decorrente dessa publicação"[35].

Chamado a pronunciar-se sobre a constitucionalidade do n.º 2, do artigo 30.º, o Tribunal Constitucional[36], decidiu não julgar inconstitucional a referida norma defendendo que "Em suma, trata-se, apenas, de uma norma que regula a publicidade da decisão judicial num determinado sector do direito civil, visando a própria eficácia da sentença, nas decisões em que certas particularidades do caso o reclamem (...) A norma em questão não só não afecta ilegitimamente o bom nome da sociedade ou a sua reputação como não tem carácter sancionatório,

---

[35] *In* www.dgsi.pt, processo 0029336.
[36] Através do Acórdão n.º 249/2000/T. Const. – Processo n.º 527/99, publicado no Diário da República, II Série, de 6/11/2000.

sendo apenas uma concretização da publicidade do processo civil, não regulando em si mesma a restrição de direitos, liberdades e garantias."

Determina o n.º 3, do artigo 11.º da Lei de Defesa do Consumidor, a propósito da acção inibitória "destinada a prevenir, corrigir ou fazer cessar práticas lesivas dos direitos do consumidor (...), que transitada em julgado, a decisão condenatória será publicitada a expensas do infractor, nos termos fixados pelo juiz, e será registada em serviço a designar nos termos da legislação regulamentar da referida lei[37].

Do confronto entre o referido n.º 2, do artigo 30.º da Lei das Cláusulas Contratuais Gerais e o n.º 3, do artigo 11.º da Lei de Defesa do Consumidor resulta, desde logo, que, de acordo com aquela norma a condenação do vencido a dar publicidade à proibição depende da iniciativa do autor e da concordância do tribunal, enquanto que face a esta norma o vencido terá sempre que dar publicidade à proibição.

Na medida em que a acção inibitória a que se refere o artigo 10.º da Lei de Defesa do Consumidor também se destina a prevenir, corrigir ou fazer cessar práticas lesivas do consumidor que se traduzam no uso de cláusulas gerais proibidas, importa saber se o n.º 3, do artigo 11.º da Lei de Defesa do Consumidor prevalece sobre o n.º 2 do artigo 30.º e, em consequência, se o Tribunal terá que determinar a referida publicitação da decisão condenatória a expensas do infractor, ainda que o autor não tenha peticionado a condenação do réu a dar publicidade à proibição.

Face à redacção do n.º 3, do artigo 11.º, parece que o legislador pretendeu que a mesma se aplicasse à acção inibitória destinada a prevenir, corrigir ou fazer cessar práticas lesivas do consumidor que se traduzam no uso de cláusulas gerais proibidas[38] (até porque logo no

---

[37] A Lei n.º 25/2004, de 8 de Julho, procedeu à transposição para o direito interno da Directiva n.º 98/27/CE, do Parlamento Europeu e do Conselho relativa às acções inibitórias em matéria de protecção dos interesses dos consumidores, cujas normas se aplicam à acção inibitória prevista no artigo 10.º da Lei n.º 24/96, de 31 de Julho, bem como à acção popular contemplada no n.o 2 do artigo 12.º da Lei n.º 83//95, de 31 de Agosto, destinadas a prevenir, corrigir ou fazer cessar práticas lesivas dos direitos dos consumidores.

[38] Neste sentido vide Almeno de Sá, Op.Cit., pág. 119 e ss.

n.º 4, do referido artigo 11.º, determina que a estas acções aplicar-se-ão, ainda, o disposto nos artigos 31.º e 32.º da Lei das Cláusulas Contratuais Gerais), pelo que, esta norma prevalecerá sobre o n.º 2, do artigo 30.º.

Isto não significa, contudo, que o n.º 2, do artigo 30.º deixe de ter qualquer aplicação, pois a acção inibitória prevista na Lei de Defesa do Consumidor destina-se a prevenir, corrigir ou fazer cessar práticas lesivas dos direitos do consumidor, sem pretender regular todas as práticas que se traduzam no uso de cláusulas contratuais gerais proibidas. Assim, o referido n.º 2, do artigo 30.º terá plena aplicação quando as cláusulas contratuais proibidas não lesem os consumidores, designadamente, por terem como aderentes empresários ou entidades equiparadas (ou por terem estas entidades como destinatários).

4.4. Proibição Provisória

Há situações em que não é possível aguardar pela decisão do Tribunal que resolve de modo definitivo o conflito em causa, sob pena de, aquando da conclusão da acção a mesma não ter qualquer efeito útil. Nestas situações, e como forma de acautelar o efeito útil da acção (cfr. parte final do n.º 2, do artigo 2.º do Código de Processo Civil), torna-se necessário obter uma tutela provisória da situação objecto de litígio antes de ser proferida a decisão definitiva.

Assim, considerando que a duração de uma acção judicial pode por em causa a protecção dos aderentes de cláusulas contratuais gerais, o n.º 1, do artigo 31.º, determina que "Quando haja receio fundado de virem a ser incluídas em contratos singulares cláusulas gerais incompatíveis com o disposto no presente diploma, podem as entidades referidas no artigo 26.º requerer provisoriamente a sua proibição."

De acordo com o disposto no n.º 2, do referido artigo 31.º a proibição provisória, seguirá, com as adaptações necessárias, os termos fixados para os procedimentos cautelares não especificados, que se encontram previstos nos artigos 381.º e seguintes do Código de Processo Civil.

Atendendo ao facto de se pretender, através da interposição de um procedimento cautelar evitar a lesão grave e dificilmente reparável num direito (cfr. artigo 381.º do Código de Processo Civil), o procedimento cautelar terá que ser decidido de modo célere.

Por esse facto, é suficiente uma apreciação sumária da situação (*summario cognitio*), sendo igualmente suficiente a demonstração da probabilidade série da existência do direito invocado e, bem assim, do receio da lesão. Exige-se apenas que seja provável a situação jurídica invocada, bastando a aparência do direito e da lesão invocada (é suficiente um *fumus boni iuris*). Pelo que, conforme refere Miguel Teixeira de Sousa, "As providências só requerem, quanto ao grau de prova, uma mera justificação, embora a repartição do ónus da prova entre o requerido e o requerente observe as regras gerais (art.º 342, n.ºs 1 e 2,CC)"[39].

4.5. Consequências da Proibição Definitiva

O artigo 32.º rege as consequências da proibição definitiva da utilização ou recomendação de cláusulas contratuais gerais.

Deste modo, depois da decisão definitiva, que proíba a utilização ou recomendação de cláusulas contratuais gerais, ter transitado em julgado, não podem ser incluídas em contratos que o demandado venha a celebrar, nem continuar a ser recomendadas, quer as cláusulas objecto da proibição, quer outras que se lhes equiparem substancialmente.[40]

---

[39] *In Estudos sobre o novo processo civil.* 1997, Lex, pág. 233.

[40] A título de exemplo refira-se que o Tribunal da Relação de Lisboa, no seu Acórdão de 26/09/2006, considerou que *"Essa coincidência substancial ocorre quando em ambas as cláusulas se permite que o Banco possa cancelar o cartão de débito//crédito, dentro do prazo da respectiva validade, sem que, para isso, tenha de apresentar qualquer justificação. Com efeito, apesar de a nova cláusula prever um período de pré-aviso para que o Banco possa proceder à denúncia do contrato, o que não se verificava na anterior cláusula, uma tal alteração é meramente formal porquanto, atento o quadro negocial padronizado, isto é, encarando as condições gerais de utilização dos cartões no seu conjunto, verifica-se que se trata de contratos de prestações duradouras por tempo determinado, devendo a denúncia ser feita para o termo do prazo da renovação destes e não em pleno período da sua validade, pois o cancelamento dentro desse período, traduz resolução e não denúncia."*, in www.dgsi.pt, processo: 2767/2006-7.

Por força do n.º 2, do referido artigo 32.º, se o demandado condenado na acção inibitória, não obstante a proibição, utilizar cláusulas objecto da decisão condenatória, ou outras que se lhes equiparem substancialmente, a contraparte nos contratos onde se incluam essas cláusulas, pode invocar, a todo o tempo, a decisão incidental de nulidade contida na decisão condenatória, ficando exonerada de demonstrar o carácter abusivo ou ilícito dessas cláusulas contratuais gerais.[41]

Da redacção do referido n.º 2, do artigo 32.º[42], resulta que a declaração incidental de nulidade só pode ser invocada pelo aderente quando a outra parte do contrato for o réu condenado na acção inibitória. Ou seja, ainda que as cláusulas proibidas por força de uma acção inibitória sejam iguais (ou substancialmente equiparadas) às utilizadas por uma entidade não demandada nessa acção, a decisão condenatória não pode ser invocada contra esta entidade, mas apenas contra a entidade que foi condenada na acção inibitória. Conforme refere António Pinto Monteiro "Compreende-se que o aderente possa valer-se, sem mais, de anterior decisão inibitória, cuja natureza e finalidades justificam a sua eficácia automática e ultra partes. Mas o êxito desta diligência depende de o aderente ter concluído o contrato com o mesmo sujeito vencido na acção inibitória"[43].

Quando a proibição definitiva não seja respeitada pelo demandado, a contraparte no contrato onde as mesmas se incluam pode ter interesse em manter em vigor o contrato. Por este facto, o n.º 3 do referido artigo 32.º determina que a consequência do não acatamento da proibição definitiva de utilização ou recomendação de cláusulas contratuais gerais

---

[41] O Anteprojecto do Código do Consumidor considera excluídas dos contratos singulares as cláusulas que apesar de abrangidas pela proibição judicial do seu uso ou recomendação, sejam inseridas nos contratos singulares por quem ficou vencido na acção inibitória – cfr. n.º 2, do artigo 579.º e alínea e), do artigo 209.º do Anteprojecto.

[42] *"Aquele que seja parte, juntamente com o demandado vencido na acção inibitória, em contratos onde se incluam cláusulas gerais proibidas, nos termos referidos no número anterior, pode invocar a todo o tempo, em seu benefício, a declaração incidental de nulidade contida na decisão inibitória."*

[43] *In Op. Cit.*, pág. 127.

pelo demandado é a aplicação do artigo 9.º da Lei das Cláusulas Contratuais Gerais.

Assim, por força do disposto no n.º 1, do referido artigo 9.º, os contratos que incluam cláusulas contratuais gerais proibidas mantêm-se em vigor, vigorando na parte afectada as normas supletivas aplicáveis, com recurso, se necessário, às regras de integração dos negócios jurídicos, *v.g.* artigo 239.º do Código Civil.

Não haverá, contudo, a subsistência dos contratos que incluam cláusulas contratuais gerais proibidas, quando, apesar da utilização das regras supletivas aplicáveis e da utilização dos elementos de integração dos negócios jurídicos, se verifique uma indeterminação insuprível de aspectos essenciais do contrato ou um desequilíbrio nas prestações gravemente atentatório da boa fé, caso em que esses contratos serão nulos (*cfr.* n.º 2, do artigo 9.º).

Acresce referir que, se o tribunal julgar a acção inibitória improcedente e, em consequência, não proibir a recomendação/utilização de uma determinada cláusula, tal facto não impede que, no âmbito de um litígio em que se aprecie a conformidade da cláusula, inserida num contrato específico, com o disposto na Lei das Cláusulas Contratuais Gerais, o Tribunal não possa proibir essa mesma cláusula. É que, conforme refere António Pinto Monteiro, "(...) pode não se justificar, a priori e em termos gerais, a proibição de certas cláusulas, mas justificar-se já, no entanto, a sua proibição em determinado contrato concreto, por força das circunstâncias desse caso concreto"[44].

4.6. *Sanção Pecuniária Compulsória*

Caso o demandado, vencido na acção inibitória, infrinja a obrigação de se abster de utilizar ou de recomendar cláusulas contratuais gerais que foram objecto de proibição definitiva por decisão transitada em julgado, incorre numa sanção pecuniária compulsória que não pode

---

[44] *In Op.Cit.*, pág. 128.

ultrapassar o valor de € 4.987,98 por cada infracção, conforme determina o n.º 1, do artigo 33.º da Lei das Cláusulas Contratuais Gerais.

O objectivo desta norma é o de obrigar o demandado no cumprimento do dever de se abster de utilizar ou de recomendar cláusulas contratuais gerais que foram objecto de proibição definitiva por decisão transitada em julgado, e não o de indemnizar os danos eventualmente causados pela violação da decisão do tribunal.

De acordo com o n.º 2, do referido artigo 33.º, a aplicação da sanção pecuniária compulsória é determinada pelo tribunal que julgar a acção inibitória em 1.ª Instância mediante requerimento de quem possa prevalecer-se da decisão proferida, sendo que a aplicação da sanção é precedida do contraditório do infractor.

Conforme referem Almeida Costa e Menezes Cordeiro, "Como a aplicação da providência pode vir a encontrar-se dependente da resposta prévia à questão de saber se a cláusula usada ou recomendada é ou não substancialmente idêntica à que se encontra especificada na sentença (...) o legislador formula a exigência de que o decretamento da sanção seja precedido do contraditório do infractor"[45].

Entende João Alves[46] que atento ao teor do artigo 10.º, n.º 2 da Lei de Defesa do Consumidor, a sanção pecuniária compulsória pode ser determinada na própria sentença que condene o Réu a se abster de utilizar ou recomendar cláusulas contratuais gerais proibidas e conclui, citando Calvão da Silva[47]: "...o artigo 33.º do Decreto-Lei n.º 446/85 deve ter-se por revogado pelos artigos 10, n.º 2, e 11, n.º 4, da Lei n.º 24/96".

Parece-nos que a admitir que há prevalência do artigo 10.º, n.º 2 da Lei de Defesa do Consumidor, sobre artigo 33.º da Lei das Cláusulas Contratuais Gerais, tal não poderá significar uma revogação total desta norma. Pois, conforme já referido, a acção inibitória prevista na Lei de Defesa do Consumidor destina-se a prevenir, corrigir ou fazer cessar

---

[45] *In Cláusulas Contratuais Gerais – Anotação ao Decreto-Lei n.º 446/85, de 25 de Outubro*, 1993, Coimbra, Livraria Almedina, pág. 64.
[46] *In Op.Cit.* pág. 157.
[47] *In* RLJ, n.º 3923, pág. 61.

práticas lesivas dos direitos do consumidor, sem pretender regular todas as práticas que se traduzam no uso de cláusulas contratuais gerais proibidas. Assim, o referido artigo 33.º terá plena aplicação quando as cláusulas contratuais gerais proibidas não lesem os consumidores, designadamente, por terem como aderentes empresários ou entidades equiparadas (ou por se dirigirem a estes).

4.7. Comunicação das Decisões Judiciais para efeito de Registo

Já na versão original do Decreto-Lei n.º 446/85, de 25 de Outubro, o legislador considerava a hipótese de criar um serviço de registo das cláusulas contratuais gerais destinado a "(...) assegurar a publicidade das que forem elaboradas, alteradas ou proibidas por decisão transitada em julgado"[48].

Com as alterações introduzidas na Lei das Cláusulas Contratuais Gerais pelo Decreto-Lei n.º 220/95, de 31 de Agosto, foi instituído o registo das decisões que, tenham proibido o uso ou a recomendação de cláusulas contratuais gerais ou declarem a nulidade de cláusulas inseridas em contratos singulares – cfr. artigos 34.º e 35.º.

Por força, do n.º 1, do artigo 35.º e da Portaria n.º 1093/95, de 6 de Setembro, o serviço que ficou encarregue de organizar e manter actualizado o registo das cláusulas abusivas que lhe sejam comunicadas nos termos do artigo 34.º, foi o Gabinete de Direito Europeu do Ministério da Justiça[49].

A este serviço compete ainda, de acordo com o n.º 2, do artigo 35.º, "criar condições que facilitem o conhecimento das cláusulas consideradas abusivas por decisão judicial e prestar os esclarecimentos

---

[48] Cfr. preâmbulo do Decreto-Lei n.º 446/85, de 25 de Outubro.
[49] Face à extinção do Gabinete de Direito Europeu, determinada pelo Decreto-Lei n.º 146/2000, de 18 de Julho, e Decreto-Lei n.º 86/2001, de 17 de Março, o Gabinete para as Relações Internacionais, Europeias e de Cooperação sucedeu nas competências daquele Gabinete. Por seu turno, este Gabinete foi extinto recentemente (cfr. Decreto-Lei n.º 206/2006, de 27 de Outubro, e Decreto-Lei n.º 123/2007, de 27 de Abril), sucedendo-lhe a Direcção-Geral da Política da Justiça nas suas atribuições.

que lhe sejam solicitados dentro do âmbito das respectivas atribuições". Para o efeito, é possível consultar a informação disponibilizada no site www.dgsi.pt/gdep.nsf/Home?OpenPage.

Na sequência da instituição do referido registo, determina o artigo 34.º que os tribunais devem remeter, no prazo de 30 dias, ao serviço competente, cópia das decisões transitadas em julgado que, por aplicação dos princípios e das normas constantes da Lei das Cáusulas Contratuais Gerais, tenham proibido o uso ou a recomendação de cláusulas contratuais gerais ou declarem a nulidade de cláusulas inseridas em contratos singulares.

Relativamente à publicidade da sentença a que se refere o n.º 2, do artigo 30.º e o registo das sentenças constante dos artigos 34.º e seguintes, no Acórdão do Tribunal Constitucional n.º 249/2000/T. Const., publicado no Diário da República, II Série, de 6 de Novembro, entendeu--se que "Assim, desde logo se pode concluir que não há sobreposição entre a publicidade da sentença e a instituição de um registo de sentenças, nos termos dos artigos 34.º e seguintes do Decreto-Lei n.º 446//85, de 25 de Outubro. Com efeito, embora ambas visem a publicidade das sentenças, os dois modos de publicitação têm alcances e intensidades diversos: a publicação nos periódicos está localizada no tempo (dias de publicação) e traduz-se num alerta inicial para o uso de cláusulas proibidas; o registo da sentença permite uma condenação posterior da decisão por quem tutela efectivos interesses (...)."

5. Algumas Notas sobre a Acção Inibitória Destinada à Proibição de Cláusulas Contratuais Gerais Constante do Anteprojecto do Código do Consumidor

A imensa legislação avulsa que tem por objecto a protecção do consumidor e a consequente falta de unidade da mesma, foram algumas das razões que terão determinado a elaboração de um Código do Consumidor em Portugal.

Nesta medida, na sequência do Despacho 42/MA/96, de 28 de Maio, da Ministra do Ambiente, foi constituída, sob a presidência do

Professor Doutor António Pinto Monteiro, a Comissão para a elaboração do Código do Consumidor.

A Comissão constituída para elaborar o Código do Consumidor procurou elaborar um Código "no sentido próprio do termo, com tudo o que isso implica designadamente em termos de *racionalização e de unidade sistemática*"[50], ao invés de elaborar uma mera compilação de leis dispersas.

O Anteprojecto do Código do Consumidor prevê a revogação integral da actual Lei das Cláusulas Contratuais Gerais e contém, nos artigos 202.º e seguintes, normas que regem as Cláusulas Contratuais Gerais.

Por força do artigo 226.º do referido Anteprojecto aplicam-se aos contratos de adesão que não tenham sido celebrados através de cláusulas contratuais gerais as normas, constantes dos artigos 202.º e seguintes, que regem as cláusulas contratuais gerais, com excepção daquelas que digam respeito à acção inibitória[51].

Note-se que, apesar de as normas relativas às cláusulas contratuais gerais estarem inseridas no Código do Consumidor, a Comissão não limitou a sua aplicação às relações de consumo, mantendo (e bem), o que se verifica na Lei das Cláusulas Contratuais Gerais. Com efeito, consta, expressamente, do artigo 13.º do Anteprojecto que "O disposto nos artigos anteriores não obsta a que este Código abranja outros destinatários, desde que os preceitos em causa não limitem a sua aplicação ao consumidor." Também na apresentação do Anteprojecto do Código do Consumidor, se refere que "(...) estamos perante um "Código do Consumidor" que não tem como destinatário único o *consumidor*, pois em alguns casos o seu âmbito de aplicação abrange *outras pessoas e relações jurídicas* (cfr. a esse propósito o artigo 13.º do Anteprojecto): assim sucede, por exemplo, no domínio das cláusulas contratuais gerais,

---

[50] António Pinto Monteiro, "Sobre o Direito do Consumidor em Portugal e o Anteprojecto do Código do Consumidor", in *Estudos de Direito do Consumidor*, n.º 7, Coimbra, Centro de Direito do Consumo, pág. 253.

[51] Fica, assim, expresso que a acção inibitória não pode ser utilizada para proibir cláusulas às quais faltem os requisitos da generalidade e indeterminação.

da responsabilidade do produtor e dos serviços públicos essenciais. Mas isso, afinal, é o que se verifica *já hoje*, na legislação em vigor, nesses e em outros domínios"[52].

Inserido na Divisão intitulada "Disposições Processuais", determina o artigo 224.º do Anteprojecto do Código do Consumidor que "O uso ou a recomendação de cláusulas contratuais gerais elaboradas para utilização futura, quando contrariem o disposto nos artigos 216.º, 217.º, 219.º, 220.º, 222.º e 223.º, podem ser proibidos através de acção inibitória."

A acção inibitória destinada a proibir a utilização ou recomendação das cláusulas contratais gerais que violem os preceitos indicados no referido artigo 224.º, rege-se pelos artigos 571.º e seguintes do Anteprojecto do Código do Consumidor e, subsidiariamente, pelo disposto nos artigos 558.º a 570.º (que contêm disposições gerais aplicáveis às acções inibitórias previstas no Anteprojecto e elencadas no artigo 558.º) – *cfr.* artigos 225.º e 572.º do Anteprojecto.

Salientaremos, de seguida, apenas algumas das principais alterações constantes do Anteprojecto em matéria da acção inibitória destinada à proibição de cláusulas contratuais gerais.

Através do artigo 578.º do Anteprojecto do Código do Consumidor determina-se em que situações ocorrerá a excepção da litispendência ou a excepção do caso julgado no âmbito da acção inibitória.

Assim, haverá litispendência se, após a proposição da acção inibitória por associação de consumidores ou pelo Ministério Público, outra associação propuser acção idêntica à anterior. Existirá caso julgado se depois de proferida decisão, transitada em julgado, em acção inibitória proposta por associação de consumidores ou pelo Ministério Público, for proposta acção idêntica àquela que foi objecto de julgamento de mérito.

De acordo com o disposto no Código de Processo Civil, estas excepções são ambas de conhecimento oficioso e obstam a que o tribunal

---

[52] *In Código do Consumidor – Anteprojecto*, Lisboa, Instituto do Consumidor, 2006, pág. 8.

conheça do mérito da causa, dando lugar à absolvição da instância, conforme resulta do disposto no n.º 2, do artigo 493.º, na alínea i) do artigo 494.º, na alínea e), do n.º 1, do artigo 288.º e no artigo 495.º do Código de Processo Civil.

Quanto às consequências da proibição definitiva mantém-se a regra de que as cláusulas contratuais gerais objecto de proibição definitiva por decisão transitada em julgado, ou outras cláusulas que se lhes equiparem substancialmente, não podem ser incluídas em contratos que o demandado venha a celebrar, nem continuar a ser recomendadas (*cfr.* n.º 1, do artigo 579.º). No entanto, diferentemente do disposto na Lei das Cláusulas Contratuais Gerais, as cláusulas que, apesar de abrangidas pela proibição judicial do seu uso ou recomendação, sejam inseridas nos contratos por quem ficou vencido na acção inibitória, são inexistentes (e não nulas), pelo que, deixa de ser necessário que o aderente invoque a declaração incidental de nulidade.

Assim, o n.º 2, do artigo 579.º, do Anteprojecto do Código do Consumidor, determina que "Consideram-se excluídas dos contratos singulares, conforme se dispõe na alínea e) do artigo 209.º, as cláusulas que neles hajam sido inseridas apesar da proibição definitiva do seu uso ou recomendação". Por seu turno da referida alínea e), do artigo 209.º, resulta que "Consideram-se excluídas dos contratos singulares (...) as cláusulas que, apesar de abrangidas pela proibição judicial do seu uso ou recomendação, sejam inseridas nos contratos por quem ficou vencido na acção inibitória respectiva."

O Anteprojecto do Código do Consumidor vai, assim, e bem, mais longe que a Lei das Cláusulas Contratuais Gerais. É que, ao considerar as cláusulas proibidas por decisão transitada em julgado excluídas dos contratos singulares, estas cláusulas são afastadas liminarmente dos contratos, sem que produzam quaisquer efeitos, ainda que provisórios.

Relativamente à sanção pecuniária compulsória, deixa de haver, no Anteprojecto do Código do Consumidor, um valor máximo a ser aplicado por cada infracção, podendo o tribunal fixar, aquando da decisão condenatória (e não apenas quando o demandado infringir a proibição em que foi condenado) quer oficiosamente, quer a pedido do autor, a sanção pecuniária compulsória adequada a assegurar o acatamento da proibição imposta, aplicando-se o disposto no artigo 829.º-A do Código Civil com as devidas adaptações (*cfr.* artigo 569.º *ex vi* artigo 572.º, ambos do Anteprojecto).

No que diz respeito à publicidade da decisão condenatória mantém-se a regra de que o demandado pode ser condenado a dar publicidade, a expensas suas, à proibição imposta. No entanto, esta condenação ocorrerá quando o tribunal considerar conveniente, ainda que o autor não tenha peticionado esta condenação do réu. Por outro lado, a publicitação da proibição imposta pode ser efectuada através de publicação integral ou parcial da decisão ou de mera declaração rectificativa, consoante o que se revele mais adequado para eliminar os efeitos persistentes da infracção (*cfr.* artigo 570.º *ex vi* artigo 572.º, ambos do Anteprojecto).

Relativamente ao registo das decisões que tenham proibido o uso ou a recomendação de cláusulas contratuais gerais ou declarem a nulidade de cláusulas inseridas em contratos singulares, mantém-se o dever dos tribunais remeterem cópias dessas decisões, no prazo de 30 dias a contar do trânsito em julgado, à entidade encarregue de organizar e manter actualizado o registo das mesmas, passando agora essa competência a estar atribuída ao Instituto do Consumidor (*cfr.* artigo 580.º do Anteprojecto).

6. Conclusões

Os contratos de adesão potenciam a inserção nos mesmos de cláusulas abusivas. Por esse facto, o legislador cuidou de proibir a utilização ou recomendação de determinadas cláusulas, tidas por abusivas, sancionando com a nulidade as cláusulas proibidas que venham a ser inseridas nos contratos de adesão.

Para o efeito, o legislador enumerou, a título exemplificativo, uma série de cláusulas que proibiu, absolutamente ou relativamente (*cfr.* artigos 18.º, 19.º, 21.º, 22.º), e ao lado deste elenco de cláusulas proibidas consagrou uma cláusula geral de controlo assente no princípio da boa fé (*cfr.* artigos 15.º e 16.º), à luz da qual as cláusulas inseridas nos contratos de adesão terão que ser apreciadas (ainda que não se enquadrem no elenco de cláusulas proibidas constante dos artigos 18.º, 19.º, 21.º e 22.º).

Relativamente à conformidade das cláusulas contratuais face ao disposto nos artigos 15.º, 16.º, 18.º, 19.º, 21.º e 22.º, existe, por um lado, um controlo concreto ou incidental e, por outro lado, um controlo abstracto dessa conformidade.

Como o controlo concreto da conformidade das cláusulas contratuais relativamente ao disposto nos artigos 15.º, 16.º, 18.º, 19.º, 21.º e 22.º, pode não ser suficiente para acautelar a posição do aderente, pois para todos os efeitos o aderente teria que se dirigir ao tribunal e pedir a declaração de nulidade dessas cláusulas, o legislador estipulou, na Lei das Cláusulas Contratuais Gerais, um conjunto de normas processuais que permitem um controlo preventivo ou abstracto sobre as cláusulas contratuais gerais, ainda que não integradas em contratos singulares ou independentemente dessa integração, o que permite uma maior protecção dos aderentes do que aquela que resultaria da actuação isolada dos aderentes que se sentissem lesados.

O referido controlo preventivo será exercido através da acção inibitória, prevista nos artigos 25.º e seguintes da Lei das Cláusulas Contratuais Gerais, analisados ao longo deste trabalho.

Por sua vez, o Anteprojecto do Código do Consumidor, paralelamente às normas que regem as cláusulas contratuais gerais, cuja aplicação não se restringe aos contratos concluídos com consumidores, contém normas que regem a acção inibitória destinada à proibição de cláusulas contratuais gerais.

A acção inibitória destinada à proibição de cláusulas contratuais gerais está, assim, plenamente consagrada no nosso ordenamento jurídico. É inegável a sua importância, dado que constitui um meio processual determinante para afastar do tráfico negocial cláusulas contratuais gerais iníquas que violem as proibições determinadas por lei, permitindo ultrapassar a inércia habitual dos aderentes das mesmas e os inconvenientes de um controlo *a posteriori* que apenas produziria efeitos delimitados ao caso concreto.

7. Bibliografia:

ALVES, João (2006). *Direito dos Consumidores*, Lisboa: Coimbra Editora;
ASCENSÃO, José de Oliveira (1992), *Teoria Geral do Direito Civil*, Vol. III, Lisboa;
ASCENSÃO, José de Oliveira (1995), *O DIREITO Introdução e Teoria Geral*, 9.ª Edição, Coimbra: Livraria Almedina;
BARBOSA, Ana Mafalda Castanheira Neves de Miranda (2001), "Os contratos de adesão no cerne da Protecção do Consumidor", *in Estudos do Direito do Consumidor*, n.º 3, Coimbra: Centro de Direito do Consumo;
COMISSÃO DO CÓDIGO DO CONSUMIDOR (2006), *Código do Consumidor – Anteprojecto*, Lisboa: Instituto do Consumidor;
CORDEIRO, António Menezes (1999), *Tratado de Direito Civil Português*, I Parte Geral, Tomo I, Coimbra: Livraria Almedina;
COSTA, Mário Júlio de Almeida e CORDEIRO, António Menezes (1993), *Cláusulas Contratuais Gerais – Anotação ao Decreto-Lei n.º 446/ 85, de 25 de Outubro*, Coimbra: Livraria Almedina;
COSTA, Mário Júlio de Almeida (1998), *Direito das Obrigações*, 7.ª Edição, Coimbra: Almedina;
DANTAS, Sara Luísa Branco (2002), "As Cláusulas Contratuais Gerais" *in Estudos de Direito do Consumidor*, n.º 4, Coimbra: Centro de Direito do Consumo;
FREITAS, José Lebre de Freitas (1993), "Os meios processuais à disposição dos pleiteantes em sede de condições gerais dos contratos" *in Boletim do Ministério da Justiça*, n.º 426;
MONTEIRO, António Pinto (1999). "Do Direito do Consumo ao Código do Consumidor", *in Estudos de Direito do Consumidor*, n.º 1, Coimbra: Centro de Direito do Consumo;
MONTEIRO, António Pinto (2002), "O novo regime jurídico dos contratos de adesão/cláusulas contratuais gerais", *in Revista da Ordem dos Advogados*, Ano 62, Vol. I;
MONTEIRO, António Pinto (2005). "Sobre o Direito do Consumidor em Portugal e o Anteprojecto do Código do Consumidor", *in Estudos de Direito do Consumidor*, n.º 7, Coimbra: Centro de Direito do Consumo;

SÁ, Almeno de (2005), *Cláusulas Contratuais Gerais e Directiva Sobre Cláusulas Abusivas*, 2.ª Edição, Coimbra: Edições Almedina, S.A.;
SOUSA, Miguel Teixeira (1995), *As partes, o objecto e a prova na acção declarativa,* Lisboa: Lex;
SOUSA, Miguel Teixeira (1997), *Estudos sobre o novo processo civil*, 2.ª Edição, Lisboa: Lex.

Legislação

LEGISLAÇÃO RELEVANTE EM MATÉRIA DE DIREITO DO CONSUMIDOR

JULHO DE 2006 A DEZEMBRO DE 2007*

Decreto-lei n.º 176/2006, de 30 de Agosto

Estabelece o regime jurídico dos medicamentos de uso humano, transpondo a Directiva 2001/83/CE, do Parlamento Europeu e do Conselho, de 6 de Novembro, que estabelece um código comunitário relativo aos medicamentos para uso humano, bem como as Directivas 2002/98/CE, do Parlamento Europeu e do Conselho, de 27 de Janeiro, 2003/63/CE, da Comissão, de 25 de Junho, e 2004/24/CE e 2004/27//CE, ambas do Parlamento Europeu e do Conselho, de 31 de Março, e altera o Decreto-Lei n.º 495/99, de 18 de Novembro.

Marca-se, assim, uma profunda mudança no sector do medicamento, designadamente no que respeita ao fabrico, controlo de qualidade, segurança e eficácia, introdução no mercado e comercialização para uso humano.

Algumas das alterações introduzidas são particularmente relevantes em matéria de protecção do consumidor. É o caso da regulamentação da rotulagem e do folheto informativo, bem como da matéria referente à publicidade dos medicamentos.

Decreto-lei n.º 240/2006, de 22 de Dezembro

Estabelece as regras a que deve obedecer o arredondamento da taxa de juro quando aplicada aos contratos de crédito para aquisição,

---

* Recolha elaborada por Mafalda Miranda Barbosa, Assistente da Faculdade de Direito de Coimbra.

construção e realização de obras em habitação própria permanente, secundária ou para arrendamento e para aquisição de terrenos para construção de habitação própria celebrados entre as instituições de crédito e os seus clientes.

Decreto-lei n.º 51/2007, de 7 de Março

Regula as práticas comerciais das instituições de crédito e assegura a transparência da informação por estas prestada no âmbito da celebração de contratos de crédito para aquisição, construção e realização de obras em habitação própria permanente, secundária ou para arrendamento, bem como para aquisição de terrenos para construção de habitação própria.

Decreto-lei n.º 100/2007, de 2 de Abril

Altera o Decreto-Lei n.º 195/99, de 8 de Junho, estabelecendo um prazo para os consumidores reclamarem o valor das cauções junto das entidades prestadoras de serviços públicos essenciais e dando solução às situações em que a caução não foi reclamada ou restituída.

Decreto-lei n.º 104/2007, de 3 de Abril

Altera o Regime Geral das Instituições de Crédito e Sociedades Financeiras e transpõe para a ordem jurídica interna a Directiva 2006/48/CE, do Parlamento Europeu e do Conselho, de 14 de Junho, relativa ao acesso à actividade das instituições de crédito e ao seu exercício.

Decreto-lei n.º 107/2007, de 10 de Abril

Altera o Decreto-Lei n.º 349/98, de 11 de Novembro, que regula a concessão do crédito à aquisição, construção e realização de obras em habitação, nos regimes geral de crédito, crédito bonificado e crédito jovem bonificado, e o Decreto-Lei n.º 279/2003, de 8 de Novembro, que estabelece as regras a que deve obedecer o tratamento e interconexão dos dados constantes das informações a prestar pelas instituições de crédito mutuantes relativamente a cada contrato de empréstimo à habitação bonificado.

Decreto-lei n.º 171/2007, de 8 de Maio

Estabelece as regras a que deve obedecer o arredondamento da taxa de juro quando aplicado aos contratos de crédito e de financiamento celebrados por instituições de crédito e sociedades financeiras que não se encontrem abrangidos pelo disposto no Decreto-Lei n.º 240/2006, de 22 de Dezembro.

Decreto-lei n.º 173/2007, de 8 de Maio

Estabelece os termos em que a obrigação de indicação das tarifas do transporte aéreo deve ser cumprida bem como certos requisitos a que deve obedecer a mensagem publicitária a este serviço.

Decreto-lei n.º 172/2007, de 8 de Maio

Estabelece o regime aplicável à colocação de isqueiros no mercado, dando execução à Decisão 2006/502/CE, da Comissão, de 11 de Maio, que obriga os Estados membros a tomarem as medidas necessárias para garantir que no mercado apenas se coloquem isqueiros seguros para as crianças e proibir a colocação no mercado de isqueiros novidade.

Decreto-lei n.º 176/2007, de 8 de Maio

Altera da Lei n.º 5/2004, de 10 de Fevereiro (Lei das Comunicações Electrónicas), estabelecendo o regime sancionatório da aquisição, propriedade e utilização de dispositivos ilícitos para fins privados no domínio de comunicações electrónicas.

Decreto-lei n.º 197/2007, de 15 de Maio

Transpõe para a ordem jurídica interna as Directivas 2004/1/CE, da Comissão, de 6 de Janeiro, 2004/19/CE, da Comissão, de 1 de Março, e 2005/79/CE, da Comissão, de 18 de Novembro, bem como a Directiva 2002/72/CE, da Comissão, de 6 de Agosto, relativa aos materiais e objectos de matéria plástica destinados a entrar em contacto com os géneros alimentícios.

Decreto-lei n.º 371/2007, de 6 de Novembro

Altera o decreto-lei n.º 156/2005, de 15 Setembro. Estabelece a obrigatoriedade de disponibilização do livro de reclamações em todos os estabelecimentos de fornecimento de bens ou prestação de serviços aos consumidores. Passa, assim, para além do elenco legal de estabelecimento por lei obrigados a disponibilizar tal instrumento, a ser consagrada uma obrigação geral, cujos pressupostos são a existência de um estabelecimento físico, fixo ou permanente, o contacto directo com o público e o fornecimento de bens ou a prestação de serviços. O elenco legal de estabelecimentos, já alargado pelo citado decreto-lei n.º 156/ /2005, deixa, assim, de estar submetido a um princípio de tipicidade, obviando-se as constantes alterações legislativas sempre que um novo tipo de estabelecimento surja no mercado.

Decreto-lei n.º 384/2007, de 19 de Novembro

Nos contratos de seguros de vida, de acidentes pessoais, passa a impender sobre o segurador um dever de informação em relação ao beneficiário. Consagra-se o mesmo dever para o caso das operações de capitalização com beneficiário em caso de morte. O diploma cria, ainda, um registo central desses contratos de seguro e operações de capitalização.

Jurisprudência

JURISPRUDÊNCIA RELEVANTE EM MATÉRIA DE DIREITO DO CONSUMIDOR

JULHO DE 2006 A DEZEMBRO DE 2007*

CLÁUSULAS CONTRATUAIS GERAIS

Acórdão do Supremo Tribunal de Justiça de 19 de Setembro de 2006

Pronunciando-se sobre um contrato de aluguer de longa duração celebrado com recurso a cláusulas contratuais gerais, o Supremo Tribunal de Justiça vem afirmar que, no âmbito de uma acção inibitória, não deve ser considerada proibida, nos termos da al. j) do n.º 1 do art. 22.º do Decreto-lei n.º 446/85, de 25/10, uma cláusula que estabeleça "que o locatário deve efectuar as reparações do veículo locado na oficina indicada no contrato ou em qualquer oficina oficial da marca do veículo em causa". Do mesmo modo, entende não violar a al. g) do artigo 18.º daquele diploma a cláusula contratual geral que reconheça ao locador o direito de recuperar a viatura locada no local em que a mesma se encontrar, findo o contrato, bem como não entrar em contradição com o disposto no artigo 21.º, al. g), "a cláusula contratual geral que estipule que a falta da assinatura do cônjuge do locatário não significa, em caso algum, que o contrato não tenha sido feito em proveito comum do casal".

Acrescentam os juízes daquele tribunal que "em acção inibitória também não é proibida, nos termos da al. g) do art. 19.º do mesmo

---

* Recolha elaborada por Mafalda Miranda Barbosa, Assistente da Faculdade de Direito de Coimbra.

Decreto-lei, a cláusula contratual geral que fixe a competência exclusiva do tribunal da comarca de Lisboa para os litígios emergentes da execução do contrato em causa".

Mas já será nula "a cláusula contratual geral inserida num contrato de ALD que preveja que a imobilização da viatura locada por qualquer causa não dispensa o locatário do pagamento pontual dos alugueres, nem vincula o locador a substituir aquela viatura", por violar o disposto na al. c) do art. 18.º do mesmo diploma legal.

www.dgsi.pt

Acórdão do Supremo Tribunal de Justiça de 24 de Outubro de 2006

Pronunciando-se sobre um contrato de adesão, o Supremo Tribunal de Justiça sublinha, uma vez mais, que, ao abrigo do Decreto-lei n.º 446/85, de 25/10, o ónus da prova do cumprimento dos deveres de comunicação e de informação, previstos nos artigos 5.º e 6.º daquele diploma, compete ao predisponente. Porém, salienta que a contraparte deverá, previamente, provar que o contrato concretamente em causa foi celebrado com recurso a cláusulas contratuais gerais.

www.dgsi.pt

Acórdão do Tribunal da Relação de Lisboa de 9 de Novembro de 2006

O Tribunal da Relação de Lisboa vem considerar que, num contrato de adesão, "são nulas as cláusulas inseridas em formulários depois da assinatura de um dos contratantes, importando, portanto, a localização física ou espacial, o local onde está inserida a cláusula", pelo que "estão excluídas as cláusulas impressas no verso da página onde consta a assinatura do aderente".

www.dgsi.pt

Acórdão do Tribunal da Relação do Porto de 16 de Novembro de 2006

A Relação do Porto vem, a propósito de um contrato de aluguer de longa duração, afirmar que, embora o regime das cláusulas contratuais gerais vise tutelar fundamentalmente aquele que negoceia com o locador, pode ser aplicado aos co-responsáveis.

Mais directamente, vem considerar que os deveres de comunicação e informação devem ser cumpridos em relação ao fiador, já que "as razões que estiveram na génese da constituição de um regime específico para os contratos de adesão são inteiramente transponíveis para a fiança acoplada a tais contratos".

www.dgsi.pt

Acórdão do Supremo Tribunal de Justiça de 14 de Dezembro de 2006

O Tribunal vem considerar que a "cláusula contratual inserida num contrato de participação em compras em grupo", já que a "prestação a pagar pelo aderente ao grupo fica dependente do preço do bem a adquirir", "não é abusiva nos termos do Dec.-Lei n.º 446/85 de 25/10 ou da Lei n.º 24/96 de 31/07".

www.dgsi.pt

Acórdão do Tribunal da Relação de Lisboa de 8 de Maio de 2007

O Tribunal da Relação de Lisboa qualifica como "um verdadeiro contrato atípico, próximo do contrato de trabalho (artigos 405.º 1152.º do Código Civil), o acordo pelo qual uma empresa, perante pessoa a identificar designada "concorrente" que se vincula a estar disponível para as actividades em causa durante 120 dias, 24 horas por dia, se obriga a prestar-lhe uma determinada compensação monetária independentemente do prémio final e outros, compensação que aponta para a natureza de contraprestação pela actividade/disponibilidade dos contraentes/concorrentes", recusando, concomitantemente, ver nele "um concurso público, que é negócio jurídico unilateral".

Mais refere que "um tal contrato está submetido ao regime das cláusulas contratuais gerais, aplicando-se aos contraentes-concorrentes as proibições que constam dos artigos 21.º e 22.º do Decreto-Lei n.º 446/85, de 25 de Outubro, face ao disposto no artigo 20.º que exclui do âmbito de aplicação daqueles artigos 21.º e 22.º as relações abrangidas

pelo artigo 17.º, ou seja, aquelas entre empresários ou que exerçam profissões liberais, o que não é o caso dos contraentes-concorrentes".
www.dgsi.pt

Acórdão do Supremo Tribunal de Justiça de 17 de Maio de 2007

O STJ vem afirmar que "subjacente ao levantamento de numerário de uma máquina automática de caixa e à operação de pagamento automático está um contrato, designado por "contrato de utilização" do cartão", que deve ser entendido com um contrato de adesão. Na verdade, segundo podemos ler no aresto, as suas cláusulas são "unilateralmente impostas pelo banco, que é, em regra, o contraente mais forte, reduzindo-se a liberdade contratual do titular do cartão à decisão de aderir ou não ao contrato". É por isso que, e continuando a acompanhar o que ali é plasmado, se exige "um controlo *a posteriori* – controlo incidental – das condições gerais inseridas nesse tipo de contrato, ou do seu controlo preventivo – controlo abstracto –, através de uma acção inibitória, destinada a erradicar do tráfico jurídico condições gerais iníquas, independentemente da sua inclusão em contratos singulares, com vista ao restabelecimento do adequado equilíbrio, perdido na contratação massificada".
www.dgsi.pt

Acórdão do Supremo Tribunal de Justiça de 24 de Maio de 2007

O STJ vem considerar que "o dever de comunicação das cláusulas contratuais constante do artigo 5.º do Decreto-Lei n.º 466/85, de 25 de Outubro, [se] destina a que o aderente conheça antecipadamente o conteúdo contratual, isto é, as cláusulas a inserir no negócio" e salientar que o mesmo deve "ser cumprido na fase de negociação, ou pré contratual, e deve ser acompanhado, se solicitado pelo aderente, de esclarecimentos necessários, possibilitando-lhe conhecer o significado e as implicações das cláusulas".

Evidencia, ainda, que "o ónus da prova da comunicação cabe ao contraente que submete as cláusulas ao outro, bastando-se com a remessa do contrato, com todo o seu clausulado, ao aderente para que este o devolva uma vez firmado, designadamente tratando-se de uma sociedade comercial que dispõe de melhores meios de estudo e de analise do que um contraente individual".

No tocante ao controlo do conteúdo do contrato, de que a boa fé constitui uma cláusula de salvaguarda, refere que "só uma grave distorção lesiva dos princípios da boa fé e lisura contratuais gera a nulidade do contrato nos termos do artigo 9.º n.º 2 do Decreto-lei n.º 446/85".

www.dgsi.pt

Acórdão do Tribunal da Relação de Coimbra de 29 de Maio de 2007

Vem afirmar que "não carece de comunicação ao ardente a cláusula contratual geral vertida em contrato singular de seguro automóvel facultativo a excluir a responsabilidade civil da seguradora relativamente a sinistro resultante de condução sob a influência de álcool", na medida em que "a assunção de responsabilidade por parte da seguradora em tal circunstância seria nula por contrária à lei que proíbe tal conduta".

www.dgsi.pt

Acórdão do Supremo Tribunal de Justiça de 12 de Junho de 2007

Considera que "a cláusula penal estabelecida num contrato de locação financeira segundo a qual, em caso de resolução do contrato por incumprimento do locatário, a locadora tem direito a receber do locatário o correspondente ao montante da última renda estipulada por cada mês, ou fracção deste, de mora do locatário na restituição dos equipamentos locados, não é nula nos termos do art. 19.º, al. c) do Decreto-lei n.º 446/85, de 25/10".

www.dgsi.pt

Acórdão do Tribunal da Relação de Lisboa de 8 de Novembro de 2007

Vem considerar que "a cláusula 8.ª constante das condições gerais de serviço da Internet banda larga denominado Netcabo – "o cliente é responsável pela utilização do serviço, nomeadamente pelo pagamento das quantias devidas à TV Cabo, pela utilização do serviço por terceiros, com ou sem o seu conhecimento, salvo após decurso do prazo de 24 horas sobre a comunicação da sua perda ou extravio, nos termos do ponto antecedente" – imputa a responsabilidade do pagamento da utilização do serviço Internet exclusivamente ao cliente mesmo depois da comunicação de perda ou extravio por parte do cliente" e que ela se deve considerar nula por violação do disposto no artigo 21.º, al. f) do Decreto-lei n.º 446/85, de 25/10.

Mais refere não ser inconstitucional o artigo 30.º, n.º 2, daquele diploma, que considera que, "a pedido do autor, pode ainda o vencido ser condenado a dar publicidade à proibição, pelo modo e durante o tempo que o tribunal o determine".

www.dgsi.pt

Acórdão do Tribunal da Relação de Lisboa de 15 de Novembro de 2007

O Tribunal da Relação de Lisboa considera que "é inexigível o pagamento de serviços de valor acrescentado ou de audio-texto ou especiais que impliquem aumento do custo de chamada quando o cliente não declarou expressamente querer aceder aos mesmos".

www.dgsi.pt

Acórdão do Tribunal da Relação de Lisboa de 6 de Dezembro de 2007

Vem considerar válida a cláusula, inserida num contrato de prestação de serviço de telecomunicações móveis, nos termos da qual o utilizador do serviço se obriga a manter o vínculo contratual pelo período de 30 meses sob pena de pagar à operadora a quantia equivalente ao valor das taxas relativas a 30 meses de utilização dos telemóveis.

www.dgsi.pt

Crédito ao Consumo

Acórdão do Supremo Tribunal de Justiça de 5 de Dezembro de 2006

O Supremo Tribunal de Justiça, referindo-se a um contrato de crédito ao consumo, reforça a ideia segundo a qual, "em caso de não entrega pelo vendedor ao consumidor do bem adquirido, assiste a este a faculdade de suspender o pagamento ao financiador das prestações do crédito e de resolver o respectivo contrato". Acresce que, havendo lugar à resolução, "assiste ao consumidor o direito de peticionar do financiador o reembolso das prestações já pagas", não tendo o financiador o direito de receber do consumidor a quantia mutuada.
www.dgsi.pt

Acórdão do Supremo Tribunal de Justiça de 24 de Abril de 2007

"A relação de trilateralidade consagrada no n.º 2 do art.º 12.º do DL n.º 359/91, de 21-09, quanto aos efeitos do incumprimento contratual do vendedor confere ao consumidor a faculdade de accionar o financiador, ou de, quando demandado, alegar a excepção de incumprimento, fazendo-o repercutir no contrato de financiamento".

Para tanto exige a verificação de duas condições: "1.ª) a existência de um acordo prévio entre o credor e o vendedor – acordo dito de exclusividade – em virtude do qual este se obriga a direccionar os seus clientes para aquele com vista à concessão do crédito necessário à aquisição dos bens que ele, vendedor, fornece; 2.ª) e a obtenção do crédito no âmbito desse acordo prévio de exclusividade".
www.dgsi.pt

Acórdão do Supremo Tribunal de Justiça de 3 de Maio de 2007

O STJ vem afirmar que "o contrato de crédito ao consumo, nos termos do Decreto-lei n.º 359/91, de 21 de Setembro, é um contrato de adesão, sujeito por isso ao regime das cláusulas contratuais gerais do Decreto-lei n.º 446/85, de 25 de Outubro, com as posteriores alte-

rações dos Decretos-lei n.º 220/95, de 31 de Agosto, e 249/99, de 7 de Julho", e considera que "as cláusulas inseridas em formulários depois da assinatura dos contratantes que a al. d) do art.8.º do Decreto-lei n.º 446/85 considera excluídas dos contratos singulares são também aquelas que, construídas antes pelo proponente, são incluídas no formulário apresentado abaixo da assinatura das partes contratantes".
www.dgsi.pt

Acórdão do Supremo Tribunal de Justiça de 6 de Novembro de 2007

Vem excluir do âmbito do Decreto-lei n.º 359/91, de 21/09, os créditos concedidos a pessoas colectivas. No fundo, o que o aresto vem sustentar é a inadmissibilidade de se ver numa pessoa jurídica um consumidor.
ww.dgsi.pt

Acórdão do Tribunal da Relação do Porto de 25 de Novembro de 2007

Vem considerar que é nula a fiança prestada no quadro de um contrato de crédito ao consumo quando desacompanhada da entrega de cópia daquele contrato ao fiador.
www.dgsi.pt

Acórdão do Supremo Tribunal de Justiça de 30 de Novembro de 2007

Vem considerar que os contratos de crédito ao consumo são contratos de adesão, pelo que há que ser especialmente cauteloso no que tange ao cumprimento de um dever de informação por parte do financiador.
www.dgsi.pt

SERVIÇOS PÚBLICOS ESSENCIAIS

Acórdão do Tribunal da Relação do Porto de 9 de Novembro de 2006

Vem considerar que quer à prestação do serviço de telefone fixo como à prestação do serviço de telefone móvel é aplicável o regime da lei n.º 23/96, de 26.07, pelo que deve ser aplicado o prazo prescricional previsto no artigo 10.º. O mesmo inicia-se "após a prestação do serviço e não após a sua facturação, servindo a apresentação da factura apenas como acto adequado a interromper a prescrição do direito de exigir o pagamento, acrescendo às situações de interrupção da prescrição contemplados nos arts. 323 a 325 do CC".

www.dgsi.pt

Acórdão do Supremo Tribunal de Justiça de 23 de Janeiro de 2007

O STJ vem afirmar que, "quando o n.º 1 do art. 10.º da Lei n.º 23/96 alude ao direito de exigir o pagamento, não se refere ao direito de o exigir judicialmente, mas o de interpelar o devedor para pagar através da apresentação da factura prevista no art. 9.º-1" e salientar que se não se interpelar o devedor no prazo de seis meses prescreve o crédito do preço do serviço. Para se obstar a tanto, basta, segundo o seu entendimento, que se apresente tempestivamente a factura, atendendo-se, a partir de então, ao prazo prescricional do CC.

www.dgsi.pt

Acórdão do Tribunal da Relação do Porto de 19 de Março de 2007

"No contrato de fornecimento de energia eléctrica estará excluída a responsabilidade do fornecedor, por deficiência desse fornecimento, se estas deficiências resultarem de caso fortuito ou de força maior ou de acto de terceiro".

www.dgsi.pt

Acórdão do Supremo Tribunal de Justiça de 6 de Julho de 2007

Vem considerar que o prazo de prescrição previsto no artigo 310.º , al. g) do CC não se aplica aos serviços públicos essenciais, relativamente aos quais se segue a regra prevista na lei n.º 23/96, de 26/7. Caso particular é o do serviço de telecomunicações, submetido ao regime do Decreto-Lei n.º 381-A/97, de 30/12.

www.dgsi.pt

CONTRATO DE SEGURO

Acórdão do Tribunal da Relação de Lisboa de 30 de Novembro de 2006

O Tribunal da Relação de Lisboa vem afirmar que, "no âmbito de contrato de seguro para cobertura de doenças, o segurado, enquanto consumidor, deve ser informado do preço dos tratamentos, designadamente quando, pretendendo saber se determinados exames complementares a efectivar durante o internamento estavam cobertos pelo capital seguro, lhe é comunicado pela seguradora que tais tratamentos estão autorizados". "A ausência de informação sobre tais custos conjugada com a autorização concedida criam a convicção fundada, que se verificou, de que o custo dos tratamentos está garantido pela seguradora", sendo dever do prestador de serviços informar de forma clara, objectiva e adequada o consumidor (artigos 2, 3.º e 8.º da Lei n.º 24/96, de 31 de Julho)". Pelo que a omissão de tal informação é fonte de responsabilidade, não se podendo considerar que o consumidor incorre "numa situação de enriquecimento sem causa à custa da seguradora que pagou os custos de tais tratamentos cujo montante excedia o capital seguro".

www.dgsi.pt

Índice

Apresentação 3

O CDC – Centro de Direito do Consumo 5

Doutrina 15

    Globalização, Democracia e Direito do Consumidor
    Rui de Alarcão 17

    Direito Civil e Direito do Consumidor
    J. Oliveira Ascensão 29

    A Defesa do Consumidor no Brasil, sob a Óptica dos Tribunais:
    A Aplicação do CDC no Transporte Aéreo
    Carlos Fernando Mathias de Souza 51

    Dos Cuestiones en Torno a la Protección del Consumidor
    en la Compraventa de Productos de Consumo: la Garantía
    del Producto Sustituto y la del Producto que se Obsequia
    con la Compra de otro
    Silvia Díaz Alabart 69

    A Pessoa e o Mercado
    Cristina de Cicco 93

    Harmonização da Linguagem Jurídica ao Nível do Direito
    Contratual Europeu – Breves Notas
    António Pinto Monteiro e *Mafalda Miranda Barbosa* 109

    O Contrato de Viagem Organizada, na Lei Vigente e no Ante-
    projecto do Código do Consumidor
    Joaquim de Sousa Ribeiro 127

Responsabilidade Criminal das Pessoas Colectivas e Entidades Equiparadas – Alterações Introduzidas pela Lei n.º 59/2007, de 4 de Setembro
Maria João Antunes 165

Função Social do Contrato e Direito de Empresa
Rachel Stajn 171

Limites Dogmáticos da Intervenção Judicial na Liberdade Contratual com Fundamento na Função Social dos Contratos
Gerson Luiz Carlos Branco 203

Dano da Privação do Uso
Paulo Mota Pinto 229

A Via Electrónica da Negociação (Alguns Aspectos)
Alexandre Libório Dias Pereira 275

A Vinculação dos Particulares aos Direitos Fundamentais dos Consumidores na Ordem Jurídica Portuguesa: Pode-se/ /Deve-se Pensar em Eficácia Horizontal Directa?
Diovana Barbieiri 291

A Cláusula Compromissória Inserida em Contratos de Adesão Celebrados com Consumidores
Cláudia Sofia Henriques Nunes 347

As Consequências da Alteração das Circunstâncias
André Silva Seabra 397

Deveres de Informação do Credor Perante o Fiador
Daniel Vieira de Macedo Gonçalves 431

Trabalhos de Estudantes do Curso do CDC em Coimbra 465

Do Conceito de Consumidor: Algumas Questões e Perspectivas de Solução
Fernando Baptista de Oliveira 467

Direito dos Contratos – Contrato Electrónico de Consumo
Mário Gabriel de Castro 559

Trabalhos de Estudantes do 2.º Curso do CDC na Madeira 607

Notas Breves sobre a Habitação em Geral e Especificidades
da Região Autónoma da Madeira
Maria da Graça Moniz 609

Algumas Notas sobre as Disposições Processuais da Lei das
Cláusulas Contratuais Gerais
Ana Sofia da Silva Andrade 635

Legislação 673

    Legislação relevante em matéria de direito do consumidor . 675

Jurisprudência 679

    Jurisprudência relevante em matéria de direito do consumidor 681